A book for You
赤本バックナンバー

赤本バックナンバーを1年単位で印刷製本しお届

弊社発行の「**高校別入試対策シリーズ(赤本)**」の収録から外れた 入いただくことができます。

「**赤本バックナンバー**」はamazon(アマゾン)の***プリント・オン・デマンドサービス**によりご提供いたします。

定評のあるくわしい解答解説はもちろん赤本そのまま,解答用紙も付けてあります。

志望校の受験対策をさらに万全なものにするために,「**赤本バックナンバー**」をぜひご活用ください。

⚠*プリント・オン・デマンドサービスとは,ご注文に応じて1冊から印刷製本し,お客様にお届けするサービスです。

ご購入の流れ

① 英俊社のウェブサイト https://book.eisyun.jp/ にアクセス

② トップページの「高校受験」 赤本バックナンバー をクリック

③ ご希望の学校・年度をクリックすると,amazon(アマゾン)のウェブサイトの該当書籍のページにジャンプ

④ amazon(アマゾン)のウェブサイトでご購入

⚠ 納期や配送,お支払い等,購入に関するお問い合わせは,amazon(アマゾン)のウェブサイトにてご確認ください。

⚠ 書籍の内容についてのお問い合わせは英俊社(06−7712−4373)まで。

国私立高校・高専 バックナンバー

⚠表中の×印の学校・年度は,著作権上の事情等により発刊いたしません。あしからずご了承ください。

(アイウエオ順)

※価格はすべて税込表示

学校名	2019年 実施問題	2018年 実施問題	2017年 実施問題	2016年 実施問題	2015年 実施問題	2014年 実施問題	2013年 実施問題	2012年 実施問題	2011年 実施問題	2010年 実施問題	2009年 実施問題	2008年 実施問題	2007年 実施問題	2006年 実施問題	2005年 実施問題	2004年 実施問題	2003年 実施問題
大阪教育大附高池田校舎	1,540円 66頁	1,430円 60頁	1,430円 62頁	1,430円 60頁	1,430円 60頁	1,430円 58頁	1,430円 58頁	1,430円 60頁	1,430円 58頁	1,430円 56頁	1,430円 54頁	1,320円 50頁	1,320円 52頁	1,320円 52頁	1,320円 48頁	1,320円 48頁	
大阪星光学院高	1,320円 48頁	1,320円 44頁	1,210円 42頁	1,210円 34頁	×	1,210円 36頁	1,210円 30頁	1,210円 32頁	1,650円 88頁	1,650円 84頁	1,650円 84頁	1,650円 80頁	1,650円 86頁	1,650円 80頁	1,650円 82頁	1,320円 52頁	1,430円 54頁
大阪桐蔭高	1,540円 74頁	1,540円 66頁	1,540円 68頁	1,540円 66頁	1,540円 66頁	1,430円 64頁	1,540円 68頁	1,430円 62頁	1,430円 62頁	1,540円 68頁	1,430円 62頁	1,430円 62頁	1,430円 60頁	1,430円 62頁	1,430円 58頁		
関西大学高	1,430円 56頁	1,430円 56頁	1,430円 58頁	1,430円 54頁	1,320円 52頁	1,320円 52頁	1,430円 54頁	1,320円 50頁	1,320円 52頁	1,320円 50頁							
関西大学第一高	1,540円 66頁	1,430円 64頁	1,430円 64頁	1,430円 56頁	1,430円 62頁	1,430円 54頁	1,320円 48頁	1,430円 56頁	1,430円 56頁	1,430円 56頁	1,430円 56頁	1,320円 52頁	1,320円 52頁	1,320円 50頁	1,320円 46頁	1,320円 52頁	
関西大学北陽高	1,540円 68頁	1,540円 72頁	1,540円 70頁	1,430円 64頁	1,430円 62頁	1,430円 60頁	1,430円 60頁	1,430円 58頁	1,430円 58頁	1,430円 58頁	1,430円 56頁	1,430円 54頁					
関西学院高	1,210円 36頁	1,210円 36頁	1,210円 34頁	1,210円 34頁	1,210円 32頁	1,210円 32頁	1,210円 32頁	1,210円 32頁	1,210円 28頁	1,210円 30頁	1,210円 28頁	1,210円 30頁	×	1,210円 30頁	1,210円 28頁	×	1,210円 26頁
京都女子高	1,540円 66頁	1,430円 62頁	1,430円 60頁	1,430円 60頁	1,430円 60頁	1,430円 54頁	1,430円 56頁	1,430円 56頁	1,430円 56頁	1,430円 56頁	1,430円 56頁	1,430円 54頁	1,430円 54頁	1,320円 50頁	1,320円 50頁	1,320円 48頁	
近畿大学附属高	1,540円 72頁	1,540円 68頁	1,540円 68頁	1,540円 66頁	1,430円 64頁	1,430円 62頁	1,430円 58頁	1,430円 60頁	1,430円 58頁	1,430円 60頁	1,430円 54頁	1,430円 58頁	1,430円 56頁	1,430円 54頁	1,430円 56頁	1,320円 52頁	
久留米大学附設高	1,430円 64頁	1,430円 62頁	1,430円 58頁	1,430円 60頁	1,430円 58頁	1,430円 58頁	1,430円 58頁	1,430円 58頁	1,430円 56頁	1,430円 58頁	1,430円 54頁	×	1,430円 54頁	1,430円 54頁			
四天王寺高	1,540円 74頁	1,430円 62頁	1,430円 64頁	1,540円 66頁	1,210円 40頁	1,210円 40頁	1,430円 64頁	1,430円 64頁	1,430円 58頁	1,430円 62頁	1,430円 60頁	1,430円 60頁	1,430円 64頁	1,430円 58頁	1,430円 62頁	1,430円 58頁	
須磨学園高	1,210円 40頁	1,210円 40頁	1,210円 36頁	1,210円 42頁	1,210円 40頁	1,210円 40頁	1,210円 38頁	1,210円 38頁	1,320円 44頁	1,320円 48頁	1,320円 46頁	1,320円 48頁	1,320円 46頁	1,320円 44頁	1,210円 42頁		
青教学園高	1,540円 66頁	1,540円 66頁	1,430円 64頁	1,430円 56頁	1,320円 52頁	1,320円 50頁	1,320円 52頁	1,320円 48頁	1,320円 52頁	1,320円 50頁	1,320円 50頁	1,320円 46頁					
西南学院高	1,870円 102頁	1,760円 98頁	1,650円 82頁	1,980円 116頁	1,980円 112頁	1,980円 112頁	1,870円 110頁	1,870円 112頁	1,870円 106頁	1,540円 76頁	1,540円 76頁	1,540円 72頁	1,540円 72頁	1,540円 70頁			
青風高	1,430円 58頁	1,430円 54頁	1,430円 60頁	1,430円 60頁	1,430円 60頁	1,430円 60頁	1,430円 60頁	1,430円 60頁	1,430円 56頁	1,430円 58頁	×	1,430円 56頁	1,430円 58頁	1,430円 54頁	1,430円 54頁		

※価格はすべて税込表示

学校名	2019年 実施問題	2018年 実施問題	2017年 実施問題	2016年 実施問題	2015年 実施問題	2014年 実施問題	2013年 実施問題	2012年 実施問題	2011年 実施問題	2010年 実施問題	2009年 実施問題	2008年 実施問題	2007年 実施問題	2006年 実施問題	2005年 実施問題	2004年 実施問題	2003年 実施問題
清風南海高	1,430円 64頁	1,430円 64頁	1,430円 62頁	1,430円 60頁	1,430円 60頁	1,430円 58頁	1,430円 58頁	1,430円 60頁	1,430円 56頁	1,430円 56頁	1,430円 56頁	1,430円 56頁	1,430円 58頁	1,430円 58頁	1,320円 52頁	1,430円 54頁	
智辯学園和歌山高	1,320円 44頁	1,210円 42頁	1,210円 40頁	1,210円 40頁	1,210円 38頁	1,210円 38頁	1,210円 40頁	1,210円 38頁	1,210円 38頁	1,210円 40頁	1,210円 40頁	1,210円 38頁	1,210円 38頁	1,210円 38頁	1,210円 38頁	1,210円 38頁	
同志社高	1,430円 56頁	1,430円 56頁	1,430円 54頁	1,430円 54頁	1,430円 56頁	1,430円 54頁	1,320円 52頁	1,320円 52頁	1,320円 50頁	1,320円 48頁	1,320円 50頁	1,320円 50頁	1,320円 46頁	1,320円 48頁	1,320円 44頁	1,320円 48頁	1,320円 46頁
灘高	1,320円 52頁	1,320円 46頁	1,320円 48頁	1,320円 46頁	1,320円 46頁	1,320円 48頁	1,210円 42頁	1,320円 44頁	1,320円 50頁	1,320円 48頁	1,320円 46頁	1,320円 48頁	1,320円 48頁	1,320円 46頁	1,320円 44頁	1,320円 46頁	1,320円 46頁
西大和学園高	1,760円 98頁	1,760円 96頁	1,760円 90頁	1,540円 68頁	1,540円 66頁	1,430円 62頁	1,430円 62頁	1,430円 62頁	1,430円 64頁	1,430円 64頁	1,430円 62頁	1,430円 64頁	1,430円 64頁	1,430円 62頁	1,430円 60頁	1,430円 56頁	1,430円 58頁
福岡大学附属大濠高	2,310円 152頁	2,310円 148頁	2,200円 142頁	2,200円 144頁	2,090円 134頁	2,090円 132頁	2,090円 128頁	1,760円 96頁	1,760円 94頁	1,650円 88頁	1,650円 84頁	1,760円 88頁	1,760円 90頁	1,760円 92頁			
明星高	1,540円 76頁	1,540円 74頁	1,540円 68頁	1,430円 62頁	1,430円 62頁	1,430円 64頁	1,430円 64頁	1,430円 60頁	1,430円 58頁	1,430円 56頁	1,430円 56頁	1,430円 54頁	1,430円 54頁	1,430円 54頁	1,320円 52頁	1,320円 52頁	
桃山学院高	1,430円 64頁	1,430円 64頁	1,430円 62頁	1,430円 60頁	1,430円 58頁	1,430円 54頁	1,430円 56頁	1,430円 54頁	1,430円 58頁	1,430円 58頁	1,430円 56頁	1,320円 52頁	1,320円 52頁	1,320円 48頁	1,320円 46頁	1,320円 50頁	1,320円 50頁
洛南高	1,540円 66頁	1,430円 64頁	1,540円 66頁	1,540円 66頁	1,430円 62頁	1,430円 64頁	1,430円 62頁	1,430円 62頁	1,430円 62頁	1,430円 60頁	1,430円 58頁	1,430円 64頁	1,430円 60頁	1,430円 62頁	1,430円 58頁	1,430円 58頁	1,430円 60頁
ラ・サール高	1,540円 70頁	1,540円 66頁	1,430円 60頁	1,430円 62頁	1,430円 60頁	1,430円 58頁	1,430円 60頁	1,430円 60頁	1,430円 58頁	1,430円 54頁	1,430円 60頁	1,430円 54頁	1,430円 56頁	1,320円 50頁			
立命館高	1,760円 96頁	1,760円 94頁	1,870円 100頁	1,760円 96頁	1,870円 104頁	1,870円 102頁	1,870円 100頁	1,760円 92頁	1,650円 88頁	1,760円 94頁	1,650円 88頁	1,650円 86頁	1,320円 48頁	1,650円 80頁	1,430円 54頁		
立命館宇治高	1,430円 62頁	1,430円 60頁	1,430円 58頁	1,430円 58頁	1,430円 56頁	1,430円 54頁	1,430円 54頁	1,320円 52頁	1,320円 52頁	1,430円 54頁	1,430円 56頁	1,320円 52頁					
国立高専	1,650円 78頁	1,540円 74頁	1,540円 66頁	1,430円 64頁	1,430円 62頁	1,430円 62頁	1,430円 62頁	1,540円 68頁	1,540円 70頁	1,430円 64頁	1,430円 62頁	1,430円 62頁	1,430円 60頁	1,430円 58頁	1,430円 60頁	1,430円 56頁	1,430円 60頁

公立高校 バックナンバー

※価格はすべて税込表示

府県名・学校名	2019年 実施問題	2018年 実施問題	2017年 実施問題	2016年 実施問題	2015年 実施問題	2014年 実施問題	2013年 実施問題	2012年 実施問題	2011年 実施問題	2010年 実施問題	2009年 実施問題	2008年 実施問題	2007年 実施問題	2006年 実施問題	2005年 実施問題	2004年 実施問題	2003年 実施問題
岐阜県公立高	990円 64頁	990円 60頁	990円 60頁	990円 60頁	990円 58頁	990円 56頁	990円 58頁	990円 52頁	990円 54頁	990円 52頁	990円 52頁	990円 48頁	990円 50頁	990円 52頁			
静岡県公立高	990円 62頁	990円 58頁	990円 58頁	990円 60頁	990円 60頁	990円 56頁	990円 58頁	990円 58頁	990円 56頁	990円 54頁	990円 52頁	990円 54頁	990円 52頁	990円 52頁			
愛知県公立高	990円 126頁	990円 120頁	990円 114頁	990円 114頁	990円 114頁	990円 110頁	990円 112頁	990円 108頁	990円 108頁	990円 110頁	990円 102頁	990円 102頁	990円 102頁	990円 100頁	990円 100頁	990円 96頁	990円 96頁
三重県公立高	990円 72頁	990円 66頁	990円 66頁	990円 64頁	990円 66頁	990円 64頁	990円 66頁	990円 64頁	990円 62頁	990円 62頁	990円 58頁	990円 58頁	990円 52頁	990円 54頁			
滋賀県公立高	990円 66頁	990円 62頁	990円 60頁	990円 62頁	990円 62頁	990円 46頁	990円 48頁	990円 46頁	990円 48頁	990円 44頁	990円 44頁	990円 44頁	990円 46頁	990円 44頁	990円 44頁	990円 40頁	990円 42頁
京都府公立高(中期)	990円 60頁	990円 56頁	990円 54頁	990円 54頁	990円 56頁	990円 54頁	990円 56頁	990円 54頁	990円 56頁	990円 54頁	990円 52頁	990円 50頁	990円 50頁	990円 50頁	990円 46頁	990円 46頁	990円 48頁
京都府公立高(前期)	990円 40頁	990円 38頁	990円 40頁	990円 38頁	990円 38頁	990円 36頁											
京都市立堀川高 探究学科群	1,430円 64頁	1,540円 68頁	1,430円 60頁	1,430円 62頁	1,430円 64頁	1,430円 60頁	1,430円 60頁	1,430円 58頁	1,430円 58頁	1,430円 64頁	1,430円 54頁	1,320円 48頁	1,210円 42頁	1,210円 38頁	1,210円 36頁	1,210円 40頁	
京都市立西京高 エンタープライジング科	1,650円 82頁	1,540円 76頁	1,650円 80頁	1,540円 72頁	1,540円 72頁	1,540円 70頁	1,320円 46頁	1,320円 50頁	1,320円 46頁	1,320円 44頁	1,210円 42頁	1,210円 42頁	1,210円 38頁	1,210円 38頁	1,210円 40頁	1,210円 34頁	
京都府立嵯峨野高 京都こすもす科	1,540円 68頁	1,540円 66頁	1,540円 68頁	1,430円 64頁	1,430円 64頁	1,430円 62頁	1,210円 42頁	1,210円 42頁	1,320円 46頁	1,320円 44頁	1,210円 42頁	1,210円 40頁	1,210円 40頁	1,210円 36頁	1,210円 36頁	1,210円 34頁	
京都府立桃山高 自然科学科	1,320円 46頁	1,320円 46頁	1,210円 42頁	1,320円 44頁	1,320円 46頁	1,320円 44頁	1,210円 42頁	1,210円 38頁	1,210円 42頁	1,210円 40頁	1,210円 40頁	1,210円 38頁	1,210円 34頁	1,210円 34頁			

※価格はすべて税込表示

府県名・学校名	2019年 実施問題	2018年 実施問題	2017年 実施問題	2016年 実施問題	2015年 実施問題	2014年 実施問題	2013年 実施問題	2012年 実施問題	2011年 実施問題	2010年 実施問題	2009年 実施問題	2008年 実施問題	2007年 実施問題	2006年 実施問題	2005年 実施問題	2004年 実施問題	2003年 実施問題
大阪府公立高(一般)	990円 148頁	990円 140頁	990円 140頁	990円 122頁													
大阪府公立高(特別)	990円 78頁	990円 78頁	990円 74頁	990円 72頁													
大阪府公立高(前期)					990円 70頁	990円 68頁	990円 66頁	990円 72頁	990円 70頁	990円 60頁	990円 58頁	990円 56頁	990円 56頁	990円 54頁	990円 52頁	990円 52頁	990円 48頁
大阪府公立高(後期)					990円 82頁	990円 76頁	990円 72頁	990円 64頁	990円 64頁	990円 64頁	990円 62頁	990円 62頁	990円 62頁	990円 58頁	990円 56頁	990円 58頁	990円 56頁
兵庫県公立高	990円 74頁	990円 78頁	990円 74頁	990円 74頁	990円 74頁	990円 68頁	990円 66頁	990円 64頁	990円 60頁	990円 56頁	990円 58頁	990円 56頁	990円 58頁	990円 56頁	990円 56頁	990円 54頁	990円 52頁
奈良県公立高(一般)	990円 62頁	990円 50頁	990円 50頁	990円 52頁	990円 50頁	990円 52頁	990円 50頁	990円 48頁	990円 48頁	990円 48頁	990円 48頁	990円 48頁	×	990円 44頁	990円 46頁	990円 42頁	990円 44頁
奈良県公立高(特色)	990円 30頁	990円 38頁	990円 44頁	990円 46頁	990円 46頁	990円 44頁	990円 40頁	990円 40頁	990円 32頁	990円 32頁	990円 32頁	990円 32頁	990円 28頁	990円 28頁			
和歌山県公立高	990円 76頁	990円 70頁	990円 68頁	990円 64頁	990円 66頁	990円 64頁	990円 64頁	990円 62頁	990円 66頁	990円 62頁	990円 60頁	990円 60頁	990円 58頁	990円 56頁	990円 56頁	990円 56頁	990円 52頁
岡山県公立高(一般)	990円 66頁	990円 60頁	990円 58頁	990円 56頁	990円 58頁	990円 56頁	990円 58頁	990円 60頁	990円 56頁	990円 56頁	990円 52頁	990円 52頁	990円 50頁				
岡山県公立高(特別)	990円 38頁	990円 36頁	990円 34頁	990円 34頁	990円 34頁	990円 32頁											
広島県公立高	990円 68頁	990円 70頁	990円 74頁	990円 68頁	990円 60頁	990円 58頁	990円 54頁	990円 46頁	990円 48頁	990円 46頁	990円 46頁	990円 46頁	990円 44頁	990円 46頁	990円 44頁	990円 44頁	990円 44頁
山口県公立高	990円 86頁	990円 80頁	990円 82頁	990円 84頁	990円 76頁	990円 78頁	990円 76頁	990円 64頁	990円 62頁	990円 58頁	990円 58頁	990円 60頁	990円 56頁				
徳島県公立高	990円 88頁	990円 78頁	990円 86頁	990円 74頁	990円 76頁	990円 80頁	990円 64頁	990円 62頁	990円 60頁	990円 58頁	990円 60頁	990円 54頁	990円 52頁				
香川県公立高	990円 76頁	990円 74頁	990円 72頁	990円 74頁	990円 72頁	990円 68頁	990円 68頁	990円 66頁	990円 66頁	990円 62頁	990円 62頁	990円 60頁	990円 62頁				
愛媛県公立高	990円 72頁	990円 68頁	990円 66頁	990円 64頁	990円 68頁	990円 64頁	990円 62頁	990円 60頁	990円 62頁	990円 56頁	990円 58頁	990円 56頁	990円 54頁				
福岡県公立高	990円 66頁	990円 68頁	990円 68頁	990円 66頁	990円 60頁	990円 56頁	990円 56頁	990円 54頁	990円 56頁	990円 58頁	990円 52頁	990円 54頁	990円 52頁	990円 48頁			
長崎県公立高	990円 90頁	990円 86頁	990円 84頁	990円 84頁	990円 82頁	990円 80頁	990円 80頁	990円 82頁	990円 80頁	990円 80頁	990円 80頁	990円 78頁	990円 76頁				
熊本県公立高	990円 98頁	990円 92頁	990円 92頁	990円 92頁	990円 94頁	990円 74頁	990円 72頁	990円 70頁	990円 70頁	990円 68頁	990円 68頁	990円 64頁	990円 68頁				
大分県公立高	990円 84頁	990円 78頁	990円 80頁	990円 76頁	990円 80頁	990円 66頁	990円 62頁	990円 62頁	990円 62頁	990円 58頁	990円 58頁	990円 56頁	990円 58頁				
鹿児島県公立高	990円 66頁	990円 62頁	990円 60頁	990円 60頁	990円 60頁	990円 60頁	990円 60頁	990円 60頁	990円 60頁	990円 58頁	990円 58頁	990円 54頁	990円 58頁				

英語リスニング音声データのご案内

英語リスニング問題の音声データについて

赤本収録年度の音声データ　弊社発行の**「高校別入試対策シリーズ（赤本）」に収録している年度**の音声データは,以下の一覧の学校分を提供しています。希望の音声データをダウンロードし，赤本に掲載されている問題に取り組んでください。

赤本収録年度より古い年度の音声データ　**「高校別入試対策シリーズ（赤本）」に収録している年度よりも古い年度**の音声データは,6ページの国私立高と公立高を提供しています。赤本バックナンバー（1～3ページに掲載）と音声データの両方をご購入いただき，問題に取り組んでください。

ご購入の流れ

① 英俊社のウェブサイト https://book.eisyun.jp/ にアクセス
② トップページの「高校受験」 リスニング音声データ をクリック
③ ご希望の学校・年度をクリックすると，オーディオブック（audiobook.jp）のウェブサイトの該当ページにジャンプ

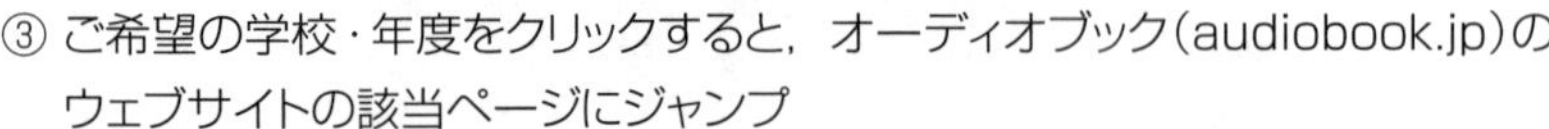

④ オーディオブック（audiobook.jp）のウェブサイトでご購入。※初回のみ会員登録（無料）が必要です。

⚠ ダウンロード方法やお支払い等,購入に関するお問い合わせは,オーディオブック（audiobook.jp）のウェブサイトにてご確認ください。

音声データを入手できる学校と年度

赤本収録年度の音声データ

ご希望の年度を1年分ずつ,もしくは赤本に収録している年度をすべてまとめてセットでご購入いただくことができます。セットでご購入いただくと,1年分の単価がお得になります。

⚠ ×印の年度は音声データをご提供しておりません。あしからずご了承ください。

国私立高（アイウエオ順）

※価格は税込表示

学校名	税込価格				
	2020年	2021年	2022年	2023年	2024年
アサンプション国際高	¥550	¥550	¥550	¥550	¥550
5か年セット	¥2,200				
育英西高	¥550	¥550	¥550	¥550	¥550
5か年セット	¥2,200				
大阪教育大附高池田校	¥550	¥550	¥550	¥550	¥550
5か年セット	¥2,200				
大阪薫英女学院高	¥550	¥550	¥550	¥550	×
4か年セット	¥1,760				
大阪国際高	¥550	¥550	¥550	¥550	¥550
5か年セット	¥2,200				
大阪信愛学院高	¥550	¥550	¥550	¥550	¥550
5か年セット	¥2,200				
大阪星光学院高	¥550	¥550	¥550	¥550	¥550
5か年セット	¥2,200				
大阪桐蔭高	¥550	¥550	¥550	¥550	¥550
5か年セット	¥2,200				
大谷高	×	×	×	¥550	¥550
2か年セット	¥880				
関西創価高	¥550	¥550	¥550	¥550	¥550
5か年セット	¥2,200				
京都先端科学大附高（特進・進学）	¥550	¥550	¥550	¥550	¥550
5か年セット	¥2,200				

※価格は税込表示

学校名	税込価格				
	2020年	2021年	2022年	2023年	2024年
京都先端科学大附高（国際）	¥550	¥550	¥550	¥550	¥550
5か年セット	¥2,200				
京都橘高	¥550	×	¥550	¥550	¥550
4か年セット	¥1,760				
京都両洋高	¥550	¥550	¥550	¥550	¥550
5か年セット	¥2,200				
久留米大附設高	×	¥550	¥550	¥550	¥550
4か年セット	¥1,760				
神戸星城高	¥550	¥550	¥550	¥550	¥550
5か年セット	¥2,200				
神戸山手グローバル高	×	×	×	¥550	¥550
2か年セット	¥880				
神戸龍谷高	¥550	¥550	¥550	¥550	¥550
5か年セット	¥2,200				
香里ヌヴェール学院高	¥550	¥550	¥550	¥550	¥550
5か年セット	¥2,200				
三田学園高	¥550	¥550	¥550	¥550	¥550
5か年セット	¥2,200				
滋賀学園高	¥550	¥550	¥550	¥550	¥550
5か年セット	¥2,200				
滋賀短期大学附高	¥550	¥550	¥550	¥550	¥550
5か年セット	¥2,200				

国私立高（アイウエオ順）

※価格は税込表示

学校名	税込価格				
	2020年	2021年	2022年	2023年	2024年
樟蔭高	¥550	¥550	¥550	¥550	¥550
5か年セット	¥2,200				
常翔学園高	¥550	¥550	¥550	¥550	¥550
5か年セット	¥2,200				
清教学園高	¥550	¥550	¥550	¥550	¥550
5か年セット	¥2,200				
西南学院高（専願）	¥550	¥550	¥550	¥550	¥550
5か年セット	¥2,200				
西南学院高（前期）	¥550	¥550	¥550	¥550	¥550
5か年セット	¥2,200				
園田学園高	¥550	¥550	¥550	¥550	¥550
5か年セット	¥2,200				
筑陽学園高（専願）	¥550	¥550	¥550	¥550	¥550
5か年セット	¥2,200				
筑陽学園高（前期）	¥550	¥550	¥550	¥550	¥550
5か年セット	¥2,200				
智辯学園高	¥550	¥550	¥550	¥550	¥550
5か年セット	¥2,200				
帝塚山高	¥550	¥550	¥550	¥550	¥550
5か年セット	¥2,200				
東海大付大阪仰星高	¥550	¥550	¥550	¥550	¥550
5か年セット	¥2,200				
同志社高	¥550	¥550	¥550	¥550	¥550
5か年セット	¥2,200				
中村学園女子高（前期）	×	¥550	¥550	¥550	¥550
4か年セット	¥1,760				
灘高	¥550	¥550	¥550	¥550	¥550
5か年セット	¥2,200				
奈良育英高	¥550	¥550	¥550	¥550	¥550
5か年セット	¥2,200				
奈良学園高	¥550	¥550	¥550	¥550	¥550
5か年セット	¥2,200				
奈良大附高	¥550	¥550	¥550	¥550	¥550
5か年セット	¥2,200				

※価格は税込表示

学校名	税込価格				
	2020年	2021年	2022年	2023年	2024年
西大和学園高	¥550	¥550	¥550	¥550	¥550
5か年セット	¥2,200				
梅花高	¥550	¥550	¥550	¥550	¥550
5か年セット	¥2,200				
白陵高	¥550	¥550	¥550	¥550	¥550
5か年セット	¥2,200				
初芝立命館高	×	×	×	×	¥550
東大谷高	×	×	¥550	¥550	¥550
3か年セット	¥1,320				
東山高	×	×	×	×	¥550
雲雀丘学園高	¥550	¥550	¥550	¥550	¥550
5か年セット	¥2,200				
福岡大附大濠高（専願）	¥550	¥550	¥550	¥550	¥550
5か年セット	¥2,200				
福岡大附大濠高（前期）	¥550	¥550	¥550	¥550	¥550
5か年セット	¥2,200				
福岡大附大濠高（後期）	¥550	¥550	¥550	¥550	¥550
5か年セット	¥2,200				
武庫川女子大附高	×	×	¥550	¥550	¥550
3か年セット	¥1,320				
明星高	¥550	¥550	¥550	¥550	¥550
5か年セット	¥2,200				
和歌山信愛高	¥550	¥550	¥550	¥550	¥550
5か年セット	¥2,200				

公立高

※価格は税込表示

学校名	税込価格				
	2020年	2021年	2022年	2023年	2024年
京都市立西京高（エンタープライジング科）	¥550	¥550	¥550	¥550	¥550
5か年セット	¥2,200				
京都市立堀川高（探究学科群）	¥550	¥550	¥550	¥550	¥550
5か年セット	¥2,200				
京都府立嵯峨野高（京都こすもす科）	¥550	¥550	¥550	¥550	¥550
5か年セット	¥2,200				

赤本収録年度より古い年度の音声データ

以下の音声データは,赤本に収録以前の年度ですので,赤本バックナンバー(P.1～3に掲載)と合わせてご購入ください。
赤本バックナンバーは1年分が1冊の本になっていますので,音声データも1年分ずつの販売となります。

※価格は税込表示

国私立高(アイウエオ順)

学校名	税込価格																
	2003年	2004年	2005年	2006年	2007年	2008年	2009年	2010年	2011年	2012年	2013年	2014年	2015年	2016年	2017年	2018年	2019年
大阪教育大附高池田校		¥550	¥550	¥550	¥550	¥550	¥550	¥550	¥550	¥550	¥550	¥550	¥550	¥550	¥550	¥550	¥550
大阪星光学院高(1次)	¥550	¥550	¥550	¥550	¥550	¥550	¥550	¥550	¥550	¥550	×	¥550	×	¥550	¥550	¥550	¥550
大阪星光学院高(1.5次)			¥550	¥550	¥550	¥550	¥550	¥550	×	×	×	×	×	×	×	×	×
大阪桐蔭高						¥550	¥550	¥550	¥550	¥550	¥550	¥550	¥550	¥550	¥550	¥550	¥550
久留米大附設高				¥550	¥550	×	¥550	¥550	¥550	¥550	¥550	¥550	¥550	¥550	¥550	¥550	¥550
清教学園高														¥550	¥550	¥550	¥550
同志社高						¥550	¥550	¥550	¥550	¥550	¥550	¥550	¥550	¥550	¥550	¥550	¥550
灘高																¥550	¥550
西大和学園高				¥550	¥550	¥550	¥550	¥550	¥550	¥550	¥550	¥550	¥550	¥550	¥550	¥550	¥550
福岡大附大濠高(専願)											¥550	¥550	¥550	¥550	¥550	¥550	¥550
福岡大附大濠高(前期)				¥550	¥550	¥550	¥550	¥550	¥550	¥550	¥550	¥550	¥550	¥550	¥550	¥550	¥550
福岡大附大濠高(後期)				¥550	¥550	¥550	¥550	¥550	¥550	¥550	¥550	¥550	¥550	¥550	¥550	¥550	¥550
明星高															¥550	¥550	¥550
立命館高(前期)						¥550	¥550	¥550	¥550	¥550	¥550	¥550	¥550	×	×	×	×
立命館高(後期)						¥550	¥550	¥550	¥550	¥550	¥550	¥550	¥550	×	×	×	×
立命館宇治高										¥550	¥550	¥550	¥550	¥550	¥550	¥550	×

※価格は税込表示

公立高(府県順)

府県名・学校名	税込価格																
	2003年	2004年	2005年	2006年	2007年	2008年	2009年	2010年	2011年	2012年	2013年	2014年	2015年	2016年	2017年	2018年	2019年
岐阜県公立高				¥550	¥550	¥550	¥550	¥550	¥550	¥550	¥550	¥550	¥550	¥550	¥550	¥550	¥550
静岡県公立高				¥550	¥550	¥550	¥550	¥550	¥550	¥550	¥550	¥550	¥550	¥550	¥550	¥550	¥550
愛知県公立高(Aグループ)	¥550	¥550	¥550	¥550	¥550	¥550	¥550	¥550	¥550	¥550	¥550	¥550	¥550	¥550	¥550	¥550	¥550
愛知県公立高(Bグループ)	¥550	¥550	¥550	¥550	¥550	¥550	¥550	¥550	¥550	¥550	¥550	¥550	¥550	¥550	¥550	¥550	¥550
三重県公立高				¥550	¥550	¥550	¥550	¥550	¥550	¥550	¥550	¥550	¥550	¥550	¥550	¥550	¥550
滋賀県公立高	¥550	¥550	¥550	¥550	¥550	¥550	¥550	¥550	¥550	¥550	¥550	¥550	¥550	¥550	¥550	¥550	¥550
京都府公立高(中期選抜)	¥550	¥550	¥550	¥550	¥550	¥550	¥550	¥550	¥550	¥550	¥550	¥550	¥550	¥550	¥550	¥550	¥550
京都府公立高(前期選抜 共通学力検査)												¥550	¥550	¥550	¥550	¥550	¥550
京都市立西京高(エンタープライジング科)		¥550	¥550	¥550	¥550	¥550	¥550	¥550	¥550	¥550	¥550	¥550	¥550	¥550	¥550	¥550	¥550
京都市立堀川高(探究学科群)												¥550	¥550	¥550	¥550	¥550	¥550
京都府立嵯峨野高(京都こすもす科)		¥550	¥550	¥550	¥550	¥550	¥550	¥550	¥550	¥550	¥550	¥550	¥550	¥550	¥550	¥550	¥550
大阪府公立高(一般選抜)														¥550	¥550	¥550	¥550
大阪府公立高(特別選抜)														¥550	¥550	¥550	¥550
大阪府公立高(後期選抜)	¥550	¥550	¥550	¥550	¥550	¥550	¥550	¥550	¥550	¥550	¥550	¥550	¥550	×	×	×	×
大阪府公立高(前期選抜)	¥550	¥550	¥550	¥550	¥550	¥550	¥550	¥550	¥550	¥550	¥550	¥550	¥550	×	×	×	×
兵庫県公立高	¥550	¥550	¥550	¥550	¥550	¥550	¥550	¥550	¥550	¥550	¥550	¥550	¥550	¥550	¥550	¥550	¥550
奈良県公立高(一般選抜)	¥550	¥550	¥550	¥550	×	¥550	¥550	¥550	¥550	¥550	¥550	¥550	¥550	¥550	¥550	¥550	¥550
奈良県公立高(特色選抜)				¥550	¥550	¥550	¥550	¥550	¥550	¥550	¥550	¥550	¥550	¥550	¥550	¥550	¥550
和歌山県公立高	¥550	¥550	¥550	¥550	¥550	¥550	¥550	¥550	¥550	¥550	¥550	¥550	¥550	¥550	¥550	¥550	¥550
岡山県公立高(一般選抜)					¥550	¥550	¥550	¥550	¥550	¥550	¥550	¥550	¥550	¥550	¥550	¥550	¥550
岡山県公立高(特別選抜)												¥550	¥550	¥550	¥550	¥550	¥550
広島県公立高	¥550	¥550	¥550	¥550	¥550	¥550	¥550	¥550	¥550	¥550	¥550	¥550	¥550	¥550	¥550	¥550	¥550
山口県公立高					¥550	¥550	¥550	¥550	¥550	¥550	¥550	¥550	¥550	¥550	¥550	¥550	¥550
香川県公立高					¥550	¥550	¥550	¥550	¥550	¥550	¥550	¥550	¥550	¥550	¥550	¥550	¥550
愛媛県公立高					¥550	¥550	¥550	¥550	¥550	¥550	¥550	¥550	¥550	¥550	¥550	¥550	¥550
福岡県公立高				¥550	¥550	¥550	¥550	¥550	¥550	¥550	¥550	¥550	¥550	¥550	¥550	¥550	¥550
長崎県公立高					¥550	¥550	¥550	¥550	¥550	¥550	¥550	¥550	¥550	¥550	¥550	¥550	¥550
熊本県公立高(選択問題A)													¥550	¥550	¥550	¥550	¥550
熊本県公立高(選択問題B)													¥550	¥550	¥550	¥550	¥550
熊本県公立高(共通)					¥550	¥550	¥550	¥550	¥550	¥550	¥550	¥550	×	×	×	×	×
大分県公立高					¥550	¥550	¥550	¥550	¥550	¥550	¥550	¥550	¥550	¥550	¥550	¥550	¥550
鹿児島県公立高					¥550	¥550	¥550	¥550	¥550	¥550	¥550	¥550	¥550	¥550	¥550	¥550	¥550

受験生のみなさんへ

英俊社の高校入試対策問題集

各書籍のくわしい内容はこちら→

近畿の高校入試シリーズ

最新の近畿の入試問題から良問を精選。
私立・公立どちらにも対応できる定評ある問題集です。

近畿の高校入試シリーズ

中1･2の復習

近畿の入試問題から1・2年生までの範囲で解ける良問を精選。
高校入試の基礎固めに最適な問題集です。

最難関高校シリーズ

最難関高校を志望する受験生諸君におすすめのハイレベル問題集。
灘、洛南、西大和学園、久留米大学附設、ラ・サールの最新7か年入試問題を単元別に分類して収録しています。

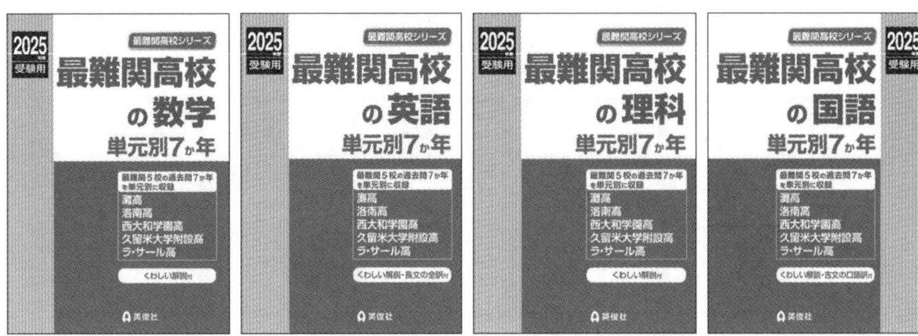

ニューウイングシリーズ　出題率

入試での出題率を徹底分析。出題率の高い単元、問題に集中して効率よく学習できます。

近道問題シリーズ

重要ポイントに絞ったコンパクトな問題集。苦手分野の集中トレーニングに最適です!

数学5分冊

01 式と計算
02 方程式・確率・資料の活用
03 関数とグラフ
04 図形〈1・2年分野〉
05 図形〈3年分野〉

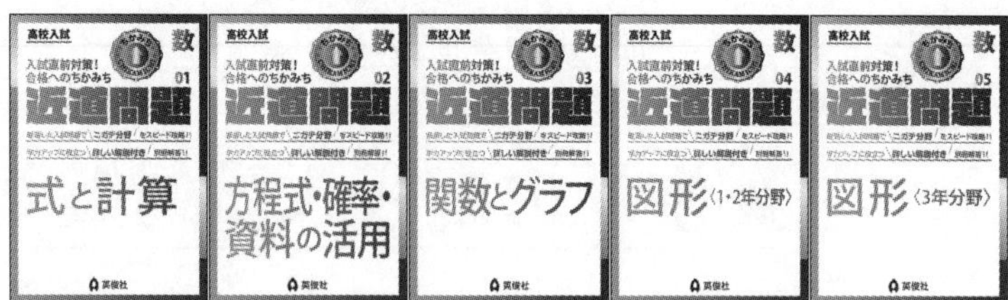

英語6分冊

06 単語・連語・会話表現
07 英文法
08 文の書きかえ・英作文
09 長文基礎
10 長文実践
11 リスニング

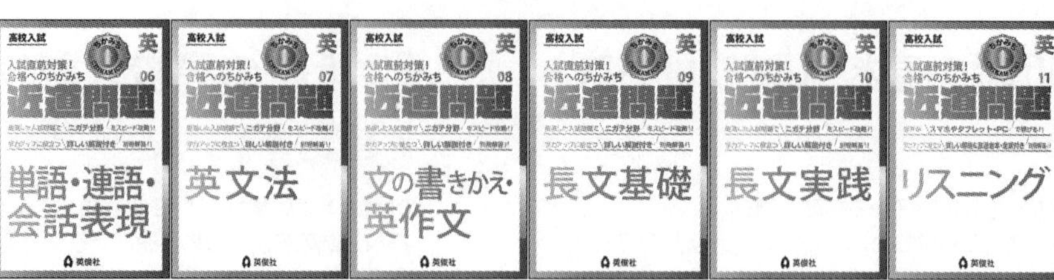

理科6分冊

12 物理
13 化学
14 生物・地学
15 理科計算
16 理科記述
17 理科知識

社会4分冊

18 地理
19 歴史
20 公民
21 社会の応用問題 ー資料読解・記述ー

国語5分冊

22 漢字・ことばの知識
23 文法
24 長文読解 ー攻略法の基本ー
25 長文読解 ー攻略法の実践ー
26 古典

学校・塾の指導者の先生方へ

赤本収録の**入試問題データベース**を利用して、**オリジナルプリント教材**を作成していただけるサービスが登場!! 生徒**ひとりひとりに合わせた**教材作りが可能です。

くわしくは KAWASEMI Lite 検索 で検索!
まずは**無料体験版**をぜひお試しください。

※指導者の先生方向けの専用サービスです。受験生など個人の方はご利用いただけませんので、ご注意ください。

公立高校入試対策シリーズ 3037

もくじ

（注）　著作権の都合により，実際に使用された写真と異なる場合があります。　（編集部）

2020～2024年度のリスニング音声（書籍収録分すべて）は
英俊社ウェブサイト「**リスもん**」から再生できます。
https://book.eisyun.jp/products/listening/index/

再生の際に必要な入力コード→ **64538792**

（コードの使用期限：2025年7月末日）

スマホはこちら ——→

※音声は英俊社で作成したものです。

❖全日制公立高校の入学者選抜について（前年度参考）

※　以下の内容は，2024年度（前年度）に実施された入学者選抜の概要です。2025年度の受検に際しては，2025年度入学者選抜要項等を必ずご確認ください。

1．学区制について

●県立高校（小豆島中央高校を除く。）の普通科又は理数科を志願する場合，出願できる高校が，出願する人の住所によって定められている。ただし，自己推薦選抜については，他学区に住所がある人も出願できる（他学区からの合格者数の上限は入学定員の5％）。これ以外の学科および小豆島中央高校普通科は，県内のどこからでも出願できる。

第1学区と第2学区の住所区分

第1学区：高松市，さぬき市，東かがわ市，小豆郡，木田郡，香川郡

第2学区：丸亀市，坂出市，善通寺市，観音寺市，三豊市，綾歌郡，仲多度郡

各学区ごとの出願可能高校

第1学区に住所のある人が出願できる高校：三本松，津田，高松，高松東，高松南，高松西，高松北，香川中央，高松桜井

第2学区に住所のある人が出願できる高校：坂出，丸亀，丸亀城西，善通寺第一，琴平，高瀬，観音寺第一

ただし，

・第1学区のうち，高松市国分寺町に住所のある人は第2学区の高校へ

・第2学区のうち，丸亀市綾歌町・綾歌郡綾川町に住所のある人は第1学区の高校へ

出願することが可能。

●高松第一高校普通科の通学区域については，次のとおり定められている。なお，音楽科は，県内のどこからでも出願できる。

高松市，丸亀市綾歌町（岡田上，岡田下，岡田西，岡田東，栗熊西，栗熊東，富熊），さぬき市，東かがわ市，小豆郡，木田郡三木町，香川郡直島町，綾歌郡綾川町

2．一般選抜

①募集定員　募集定員は各高校の入学定員から，自己推薦選抜による合格者数および香川県立の併設型中学校から当該併設型高校への入学予定者数を除いた人数。

②出願方式　(1)　入学志願者は，「学区制規則」および「高松一高通学区域規則」に基づいて出願するものとする。

(2)　出願できる高校は1校とする。ただし，自己推薦選抜による合格者および香川県立の併設型中学校から当該高校への入学予定者は出願できない。

(3) 入学志願者は，次の(ア)～(エ)により，第1志望のほか，第2志望についても出願することができる。

(ア) 第1志望については，同一人が同時に2以上の小学科に出願することはできない。

(イ) 同一高校内において，すべての大学科を通して2以上の小学科がある場合は，第1志望の小学科のほかに，他のすべての小学科のうちから第2志望の小学科を選んで出願することができる。この場合，課程を異にする同一名称の小学科は異なる小学科とみなす。なお，小豆島中央高校の普通科においては，特進コースおよび普通コースをそれぞれ一つの小学科とみなして，第1志望，第2志望の扱いができるものとする。

(ウ) 前記(イ)の場合において，第2志望の小学科を農業科，工業科，または水産科のうちの一つの大学科のうちから選ぶ場合に限り，第2志望の小学科として，同一課程内における同一大学科内の二つの小学科を選んで出願することができる。小豆島中央高校の普通科のコースについても同様とする。

(エ) 関連する複数の大学科または小学科をまとめて「くくり募集」をする場合は，第1志望または第2志望の出願にあたっては，それらをまとめて一つの小学科とみなして出願するものとする。

③出願期間 2024年2月14日(水)・15日(木) いずれも9時～16時

④志願変更 入学志願者は，志願変更受付期間内に，1回に限り，出願した学校，課程，大学科，小学科・コースを変更することができる。

・志願変更受付期間 2024年2月20日(火)，21日(水)，22日(木)

受付時間は，2月20日・21日は9時～16時，2月22日は9時～12時。

⑤検査等 (1) 学力検査

(ア) 実施教科・配点：国語・社会・数学・理科・外国語（英語）各50点

(イ) 検査等の日程：2024年3月7日(木)

(2) 適性検査

(ア) 高松工芸高校（デザイン科・工芸科・美術科・インテリア科），善通寺第一高校（デザイン科）および音楽科の入学志願者は，第2志望者も含めて，適性検査を実施する。

(イ) 検査等の日程：2024年3月8日(金)

(3) 面接 入学志願者全員に対して実施する。

日程：2024年3月8日(金)

⑥入学者の選抜方法

(1) 第2志望者がない時の選抜方法

学力の判定の結果，適性検査の成績，調査書の学習の記録以外の記載事項および面接の結果を総合的に考慮し，入学定員の範囲内で合格者を内定する。

●学力の判定は以下の方法による。

① 調査書の学習記録の評価を次の方法で評定合計を算出し，220 点満点で行う。

〈評定合計の算出方法〉

第 1 学年の必修教科の評定合計を a，第 2 学年の必修教科の評定合計を b，第 3 学年の必修教科の評定合計を c，第 3 学年の必修教科の音楽，美術，保健体育，技術・家庭の評定合計を d とし，a + b + 2 (c + d)を計算して，評定合計とする。

② 学力検査の成績は，各教科 50 点満点とし，合計 250 点満点とする。

⑵ 第 2 志望者があるときの選抜方法

㈠ 大学科内に一つの小学科のみがある場合は，その小学科において入学定員の 90 %にあたる人員を第 1 志望者のうちから，前記⑴の方法で選抜して，第 1 次の合格者を内定する。入学定員の残りにあたる人員を，当該大学科の第 1 次の合格者に含まれなかった第 1 志望者と第 2 志望者から，前記⑴の方法で選抜して，第 2 次の合格者を内定する。第 1 次の合格者に第 2 次の合格者を加えて，全体の合格者を内定する。

㈡ 大学科内に二つ以上の小学科がある場合は，前記⑴の方法で各小学科において，当該小学科の入学定員の 60 %にあたる人員を第 1 志望者の中から選抜し，次に当該小学科の入学定員の 30 %にあたる人員を，第 1 志望者であって先の 60 %にあたる人員に含まれなかった者と当該小学科が属する大学科からの第 2 志望者とから選抜して，第 1 次の合格者を内定する。入学定員の残りにあたる人員は，当該大学科内に含まれる小学科を第 1 志望とし，当該小学科を志望する者で第 1 次の合格者に含まれなかった者と他の大学科（他の課程を含む）からの第 2 志望者のうちから，前記⑴の方法で選抜して，第 2 次の合格者を内定する。第 1 次の合格者に第 2 次の合格者を加えて，全体の合格者を内定する。

㈢ 小豆島中央高校の普通科においては，特進コースおよび普通コースをそれぞれ一つの小学科とみなして，上記㈡の方法に準じて入学者を選抜する。

⑦合格者の発表　2024 年 3 月 19 日（火）9 時 30 分

3. 自己推薦選抜

①出願資格　自己推薦選抜に志願することができる者は，次の各号に該当する者とする。

⑴ 2024 年 3 月 31 日までに，中学校もしくはこれに準ずる学校を卒業する見込みのある者

⑵ 合格した場合は，入学する意思が確実である者

②募集人員　各高校の自己推薦選抜の募集人員は 8 ページ「2024 年度自己推薦選抜出願状況」を参照。

③出願方式　⑴ 入学志願者は，「学区制規則」および「高松一高通学区域規則」に基づいて

出願するものとする。

⑵　出願できる高校は１校とする。ただし，香川県立の併設型中学校から当該併設型高校への入学予定者は出願できない。

④出願期間　2024 年 1 月 24 日(水)，25 日(木) いずれも 9 時～16 時

⑤検査等　総合問題，作文，適性検査の 3 種類が実施される。2024 年度入試では，いずれか 1 種類の検査が実施された。各校の検査方法については，6 ページ「**【別表】自己推薦選抜の検査方法**」を参照。

⑴　総合問題　各教科で学習したことを互いに関連づけて考える力や，それを表現する力を問うもので，国語，数学，英語の 3 教科を出題する。

⑵　作文　実施する学校・学科の特性に応じて定める。

⑶　適性検査　各校で実施される適性検査の内容は以下の通り。

高松南高校(生活デザイン科)…中学校までに家庭科で学習した「食物分野に関するもの」「被服分野に関するもの」についての基礎的な実技を行う。

高松工芸高校(デザイン科・工芸科・美術科)・善通寺第一高校(デザイン科)…検査当日指定する基本的で簡単な題材を鉛筆でデッサンする。

坂出高校(音楽科)・高松第一高校(音楽科)…共通課題と選択課題の両方を行う。

⑷　面接　入学志願者全員に対して実施する。

⑸　検査等の日程：2024 年 2 月 1 日(木)

⑥入学者の選抜方法

⑴　各高校の求める生徒像にそって，調査書その他必要な書類，検査の結果及び面接の結果を資料とし，各高校の教育を受けるに足る能力・適性等を総合的に判定して入学者の選抜を行う。

⑵　面接の結果を選抜の資料とするにあたっては，入学志願者の長所が特に顕著に認められる場合，これを評価する。

⑶　合否の判定にあたっては，特別活動の記録など調査書の学習の記録以外の記載事項及びその他の資料についても，これを十分尊重する。

⑦合格者の発表　2024 年 2 月 7 日(水) 9 時 30 分

★2025年度入学者選抜日程

自己推薦選抜	検査・面接：	2025 年 2 月 4 日(火)
	合格者発表：	2025 年 2 月10日(月)
一般選抜	学力検査：	2025 年 3 月11日(火)
	適性検査・面接：	2025 年 3 月12日(水)
	追学力検査・追面接：	2025 年 3 月15日(土)
	追適性検査：	2025 年 3 月16日(日)
	合格者発表：	2025 年 3 月21日(金)

【別表】自己推薦選抜の検査方法（前年度参考）

学校名	小学科	検査方法			
		総合問題	作文	適性検査	その他
三本松	普通科，理数科	○			
石田	生産経済科，園芸デザイン科，農業土木科，生活デザイン科		○		
志度	電子機械科，情報科学科，商業科		○		
津田	普通科	○			
三木	文理科，総合学科	○			
高松工芸	機械科，電気科，工業化学科，建築科	○			
	デザイン科，工芸科，美術科			○	
高松商業	商業科		○		
	情報数理科，英語実務科	○			
高松東	普通科	○			
高松南	普通科，環境科学科，看護科，福祉科	○			
	生活デザイン科			○	
高松西	普通科		○		
高松北	普通科	○			
香川中央	普通科	○			
農業経営	農業生産科，環境園芸科，動物科学科，食農科学科		○		
坂出商業	商業科，情報技術科		○		
坂出	普通科	○			
	音楽科			○	
坂出工業	機械科，電気科，化学工学科，建築科	○			
飯山	看護科，総合学科	○			
丸亀城西	普通科	○			
善通寺第一	デザイン科			○	
琴平	普通科	○			
多度津	機械科，電気科，土木科，建築科，海洋技術科，海洋生産科	○			
笠田	農産科学科，植物科学科，食品科学科，生活デザイン科		○		
高瀬	普通科	○			
観音寺第一	普通科，理数科	○			
観音寺総合	機械科，電気科，電子科				○※1
	総合学科	○※2			○※1※3
高松第一	音楽科			○	

※1　自己PR書の「求める生徒像の該当項目」に応じた3分以内の自己PRとそれに基づく質問。
※2　自己PR書の「求める生徒像の該当項目」が「a」であり，2年次に商業系列，食物系列以外の系列を選択することを希望する者，又は進学後に系列を考えたい者（自己PR書の「小学科」の欄に，「総合学科（／）」と記入した者）。
※3　自己PR書の「求める生徒像の該当項目」が「a」であり，2年次に商業系列，食物系列のいずれかを選択することを明確に志望する者。また，「求める生徒像の該当項目」が「b」である者。

❖2024年度一般選抜出願状況

（注1）一般選抜の募集人員は入学定員から自己推薦選抜合格者等数を差し引いた人数。
（注2）一般選抜の出願者数は，志願変更締切後の確定数。
（注3）競争率＝出願者数÷募集人員
（注4）※印…くくり募集。
（注5）★印…高松北中学校からの入学予定者（96人）を含む。
（注6）☆印…高松北中学校からの入学予定者（96人）を除く。

学校名	大学科	小学科・コース	入学定員	一般選抜			
				募集人員	出願者数	2024年競争率	2023年競争率
小豆島中央	普通	特進コース	30	30	31	1.03	1.07
		普通コース	124	124	102	0.82	0.73
三本松	普・理	普通，理数	※120	96	95	0.99	0.67
石田	農業	生産経済	30	18	17	0.94	0.94
		園芸デザイン	30	18	18	1.00	0.61
		農業土木	30	19	18	0.95	0.94
	家庭	生活デザイン	30	15	12	0.80	0.90
志度	工業	電子機械	30	18	17	0.94	1.11
		情報科学	30	18	15	0.83	1.72
	商業	商業	30	15	17	1.13	1.47
津田	普通		90	72	55	0.76	0.85
三木	文理	文理	70	56	35	0.63	1.02
	総合		74	52	58	1.12	1.11
高松	普通		280	280	296	1.06	1.14
高松工芸	工業	機械	35	24	39	1.63	1.28
		電気	35	24	40	1.67	1.32
		工業化学	35	24	23	0.96	1.16
		建築	35	24	30	1.25	1.52
		デザイン	30	15	27	1.80	2.53
		工芸	70	49	55	1.12	1.47
	美術	美術	24	12	12	1.00	1.17
高松商業	商業	商業	222	133	189	1.42	1.45
	情報	情報数理	33	16	25	1.56	1.88
	外国語	英語実務	40	24	23	0.96	1.38
高松東	普通		234	187	261	1.40	1.35
高松南	普通		156	109	131	1.20	1.37
	農業	環境科学	35	24	18	0.75	1.17
	家庭	生活デザイン	35	24	40	1.67	1.21
	看護	看護	35	24	28	1.17	1.33
	福祉	福祉	30	21	20	0.95	1.05
高松西	普通		280	238	307	1.29	1.20
高松北	普通		★210	☆82	109	1.33	1.33
香川中央	普通		280	210	260	1.24	1.06
高松桜井	普通		280	280	325	1.16	1.19
農業経営	農業	農業生産 環境園芸 動物科学 食農科学	※120	82	56	0.68	0.84

学校名	大学科	小学科・コース	入学定員	一般選抜			
				募集人員	出願者数	2024年競争率	2023年競争率
坂出商業	商業	商業	132	79	88	1.11	0.91
	情報	情報技術	30	17	25	1.47	1.20
坂出	普通		228	217	246	1.13	1.34
	音楽	音楽	20	10	2	0.20	0.60
坂出工業	工業	機械	31	15	20	1.33	1.53
		電気	31	15	6	0.40	1.33
		化学工学	31	19	12	0.63	1.07
		建築	31	15	17	1.13	1.33
丸亀	普通		280	280	284	1.01	1.09
飯山	看護	看護	35	24	22	0.92	1.08
	総合		124	81	90	1.11	0.83
丸亀城西	普通		195	136	176	1.29	1.13
善通寺第一	普通		156	156	160	1.03	1.26
	工業	デザイン	30	19	32	1.68	2.32
琴平	普通		180	126	126	1.00	0.91
多度津	工業	機械	30	19	25	1.32	0.62
		電気	30	20	18	0.90	1.10
		土木	30	19	11	0.58	1.05
		建築	30	19	22	1.16	1.24
	水産	海洋技術	25	16	20	1.25	0.88
		海洋生産	25	16	31	1.94	1.44
笠田	農業	農産科学	30	21	25	1.19	0.71
		植物科学	30	21	21	1.00	0.81
		食品科学	30	21	27	1.29	1.19
	家庭	生活デザイン	30	21	23	1.10	1.10
高瀬	普通		124	93	101	1.09	0.83
観音寺第一	普・理	普通，理数	※214	203	209	1.03	1.03
観音寺総合	工業	機械	30	18	16	0.89	1.78
		電気	30	18	22	1.22	0.89
		電子	30	21	16	0.76	1.22
	総合		148	89	90	1.01	1.13
高松第一	普通		240	240	261	1.09	1.43
	音楽	音楽	25	12	8	0.67	0.58
全日制合計			5,917	4,553	5,056	1.11	1.15

❖2024年度自己推薦選抜出願状況

(注1) ※印…くくり募集。
(注2) ★印…高松北中学校からの入学予定者(96人)を含む。
(参考) 自己推薦選抜による不合格者は，改めて，公立高等学校へ出願することができる。

学校名	大学科	小学科・コース	入学定員	自己推薦選抜募集人員	出願者数
小豆島中央	普通	特進コース	30	－	－
		普通コース	124	－	－
三本松	普･理	普通，理数	※120	24人以内	61
石田	農業	生産経済	30	12人以内	16
		園芸デザイン	30	12人以内	18
		農業土木	30	12人以内	11
	家庭	生活デザイン	30	15人以内	17
志度	工業	電子機械	30	12人以内	19
		情報科学	30	12人以内	14
	商業	商業	30	15人以内	17
津田	普通		90	18人以内	31
三木	文理	文理	70	14人以内	25
	総合		74	22人以内	61
高松	普通		280	－	－
高松工芸	工業	機械	35	11人以内	29
		電気	35	11人以内	29
		工業化学	35	11人以内	13
		建築	35	11人以内	41
		デザイン	30	15人以内	38
		工芸	70	21人以内	57
	美術	美術	24	12人以内	22
高松商業	商業	商業	222	89人以内	207
	情報	情報数理	33	17人以内	36
	外国語	英語実務	40	16人以内	44
高松東	普通		234	47人以内	111
高松南	普通		156	47人以内	74
	農業	環境科学	35	11人以内	17
	家庭	生活デザイン	35	11人以内	31
	看護	看護	35	11人以内	39
	福祉	福祉	30	9人以内	13
高松西	普通		280	42人以内	152
高松北	普通		★210	32人以内	65
香川中央	普通		280	70人以内	124
高松桜井	普通		280	－	－
農業経営	農業	農業生産 環境園芸 動物科学 食農科学	※120	48人以内	55

学校名	大学科	小学科・コース	入学定員	自己推薦選抜募集人員	出願者数
坂出商業	商業	商業	132	53人以内	98
	情報	情報技術	30	15人以内	17
坂出	普通		228	11人以内	60
	音楽	音楽	20	10人以内	11
坂出工業	工業	機械	31	16人以内	30
		電気	31	16人以内	17
		化学工学	31	16人以内	13
		建築	31	16人以内	19
丸亀	普通		280	－	－
飯山	看護	看護	35	11人以内	25
	総合		124	43人以内	67
丸亀城西	普通		195	59人以内	146
善通寺第一	普通		156	－	－
	工業	デザイン	30	11人以内	40
琴平	普通		180	54人以内	95
多度津	工業	機械	30	11人以内	17
		電気	30	11人以内	10
		土木	30	11人以内	12
		建築	30	11人以内	25
	水産	海洋技術	25	9人以内	17
		海洋生産	25	9人以内	28
笠田	農業	農産科学	30	9人以内	27
		植物科学	30	9人以内	17
		食品科学	30	9人以内	22
	家庭	生活デザイン	30	9人以内	20
高瀬	普通		124	31人以内	65
観音寺第一	普･理	普通，理数	※214	11人以内	31
観音寺総合	工業	機械	30	12人以内	19
		電気	30	12人以内	22
		電子	30	12人以内	11
	総合		148	59人以内	102
高松第一	普通		240	－	－
	音楽	音楽	25	13人以内	19
全日制合計			5,917	1,289人以内	2,589

（一 般 選 抜）

❖傾向と対策〈数学〉

出 題 傾 向

		数と式							方程式						関数					図形								資料の活用	
		数の計算	数の性質	平方根の計算	平方根の性質	文字式の利用	式の計算	式の展開・因数分解	一次方程式の計算	一次方程式の応用	連立方程式の計算	連立方程式の応用	二次方程式の計算	二次方程式の応用	比例・反比例	一次関数	関数$y=ax^2$	いろいろな事象と関数	関数と図形	図形の性質	平面図形の計量	空間図形の計量	図形の証明	作図	中3単元 相似	中3単元 三平方の定理	中3単元 円周角の定理	場合の数・確率	資料の分析と活用・標本調査
2024年度	一般選抜	○		○	○	○	○	○			○						○				○	○	○		○	○	○	○	○
2023年度	一般選抜	○	○	○			○	○				○	○		○		○				○	○	○		○	○	○	○	○
2022年度	一般選抜	○		○		○	○	○		○		○	○	○			○		○		○	○	○		○	○	○	○	○
2021年度	一般選抜	○	○	○		○		○				○	○	○			○		○		○	○	○		○	○	○	○	○
2020年度	一般選抜	○		○	○	○	○	○	○	○							○	○			○	○	○		○	○	○	○	○

出 題 分 析

★数と式…………正負の数や平方根の計算，単項式や多項式の計算，因数分解，等式の変形などが出題されている。また，数の性質や文字式を規則性と関連させた内容の出題も見られる。

★方程式…………方程式を解く計算問題のほかに，解と定数に関する問題や，方程式を利用して解法を記述させるような文章題も出題されている。

★関　数…………放物線と直線を主題にしたものや，比例・反比例に関して，比例定数，関数の式を求める問題が出題されている。また，座標平面上の図形とからめた問題，図形や点の移動を題材とした問題も出されている。

★図　形…………平面図形，空間図形について，バランスよく出題されている。円の性質，三平方の定理，合同，相似の利用など多方面にわたっている。また，毎年，証明問題が２題出題されている。

★資料の活用……ヒストグラム，度数分布表，箱ひげ図などを使った資料の分析と活用の問題が出題されている。また，さいころ，くじなどを利用した場合の数や確率の問題も出題され，他分野との融合問題の場合もある。

来年度の対策

①基本事項をマスターすること！

出題は広範囲にわたっているので，教科書の全範囲の復習をし，基本をマスターすることが大切である。出題頻度の高い問題を抽出した「**ニューウイング 出題率 数学**」（英俊社）を使って，効率良く全体の総仕上げをしておこう。

②関数，図形の計量に強くなること！

平面図形，空間図形の計量に関する出題が多い。証明問題は毎年出題されているので，しっかり練習しておこう。また，関数のグラフと図形の融合問題，いろいろな関数についての問題も幅広く演習を重ねておこう。これらの単元が苦手な人は，**数学の近道問題シリーズ「関数とグラフ」「図形〈1・2年分野〉」「図形〈3年分野〉」**（いずれも英俊社）を，弱点補強に役立ててほしい。

英俊社のホームページにて，中学入試算数・高校入試数学の解法に関する補足事項を掲載しております。必要に応じてご参照ください。

URL → https://book.eisyun.jp/

スマホはこちら ――→

❖傾向と対策〈英語〉

出題傾向

		放送問題	語い	音声			英文法					英作文			読解		長文問題										
				語の発音	語のアクセント	文の区切り・強勢	語形変化	英文完成	同意文完成	指示による書きかえ	正誤判断	整序作文	和文英訳	その他の英作文	問答・応答	絵や表を見て答える問題	会話文	長文読解	長文総合	設問の内容							
																				音声・語い	文法事項	英文和訳	英作文	内容把握	文の整序・挿入	英問英答	要約
2024 年度	一般選抜	○												○			○		○	○	○		○	○	○	○	
2023 年度	一般選抜	○												○			○		○	○	○		○	○	○	○	
2022 年度	一般選抜	○												○			○		○	○	○		○	○	○	○	
2021 年度	一般選抜	○												○			○		○	○	○		○	○	○	○	
2020 年度	一般選抜	○												○			○		○	○	○		○	○	○	○	

出題分析

★長文問題は，会話文を含めて毎年３題出題されている。内容に関する設問が中心であるが，和文英訳や語数制限つきの英作文などの設問もある。また，長文中の適語補充や整序作文などの英作文問題では，単語・連語の知識も必要とされる。文法知識に関連させた語形変化の問題も長文中に出されているので，中学校で習う範囲の文法知識はしっかりと身につけておきたい。
★リスニングテストでは，長い英文を聞いて答える問題が出題されることがある。

来年度の対策

①長文を数多く読んでおくこと！

日頃から長文問題に触れ，内容をすばやく読みとる力を身につけておくことが大事。話の流れを整理しながら，効率よく問題を解けるようにしておきたい。また，長文中に出てきた知らない単語・連語も，同時に覚えるようにしよう。**英語の近道問題シリーズ**（全６冊）（英俊社）で苦手単元の学習をしておくとよい。

②リスニングに慣れておくこと！

リスニング問題は今後も出されると思われるので，日頃からネイティブの話す英語に慣れておこう。

③作文に強くなっておくこと！

様々な形式の英作文問題が出されている。必ず条件作文の大問があるので，日頃からいろいろなテーマについて自分の意見を英語で表現できるように練習をしておこう。最後に上記シリーズの「**文の書きかえ・英作文**」（英俊社）を仕上げておくとよい。

❖傾向と対策〈社会〉

出題傾向

		地理							歴史							公民										融合問題
		世界地理			日本地理			世界地理・日本地理総合	日本史					世界史	日本史・世界史総合	政治				経済				国際社会	公民総合	
		全域	地域別	地図・時差（単独）	全域	地域別	地形図（単独）		原始・古代	中世	近世	近代・現代	複数の時代			人権・憲法	国会・内閣・裁判所	選挙・地方自治	総合・その他	しくみ・企業	財政・金融	社会保障・労働・人口	総合・その他			
2024年度	一般選抜							○					○												○	
2023年度	一般選抜							○					○												○	
2022年度	一般選抜							○					○												○	
2021年度	一般選抜							○					○												○	
2020年度	一般選抜							○					○												○	

出題分析

★出題数と時間　最近5年間，大問数は3で一定。小問数は41～47であり，50分の試験時間としては適当な量といえる。だが，資料の読解や文章の正誤判断が必要なため，時間配分には気をつけないといけない。

★出題形式　選択式の方が若干多く出されている。記述式では，短文による説明を求められる問題も，毎年必ず6～8問程度は出されている。また，作図問題も出される。

★出題内容　①地理的内容について

世界地理・日本地理がともに出題されており，世界地理では世界全図や特徴的な地図が提示された上で，位置・自然・産業・貿易などについて問われている。日本地理では日本全図が提示されることもあるが，特定の都道府県や地方，地形図を題材にした問題もあり，バラエティに富んでいる。内容としては気候・産業・人口などについての出題が多い。世界・日本を問わず雨温図の読み取りがよく出題されていることも特徴。

②歴史的内容について

日本史を中心とした出題で，時代を限定しないものとなっている。年表は毎年必ず使われており，時代の流れをしっかり把握しておく必要がある。写真・史料・グラフなども豊富に取り入れた形式が続いており，年代順・時代順に関する問いが多いことも特徴。

③公民的内容について

政治・経済・国際の３分野から出題されている。日本国憲法の条文や統計表，写真，模式図などが多用されており，単に用語を問う問題だけでなく読解力・思考力を試される問題も含まれているので注意を要する。

★難 易 度　全体的に標準レベルの問題がほとんどだが，統計の読み取りや短文記述など日ごろから練習を積んでおかないと得点できない問題もあり，油断は禁物。

来年度の対策

①地図・グラフ・統計・雨温図などを使って学習しておくこと！

地理分野では教科書だけでなく，地図帳・資料集等をうまく活用し，広く丁寧な学習を心がけること。

②人物や代表的な事件について年代とともにまとめておくこと！

歴史分野では年代順や時代判断，時代背景を問う問題がよく出ている。問題にも年表が用いられているので，自分で年表を作成し，重要事項や関連人物などを整理する学習が効果的といえる。また，教科書・参考書などの写真や史料にも注意しておきたい。

③時事問題に関心を持とう！

公民分野では日本国憲法の内容に関する出題がよくみられる。重要な憲法条文は暗記しておこう。また，グラフなどの資料の読解力が求められているので練習も必要。さらに，新聞の解説やインターネットなどを上手に利用し，時事問題に対する理解度も高めておきたい。

④標準的な問題に対する不注意からくるミスをなくすこと！

教科書を中心に基本的な事項を整理し，問題集を利用して基礎知識の確認をしておこう。特に短文記述・統計読解・作図などが苦手な受験生には**社会の近道問題シリーズ「社会の応用問題―資料読解・記述―」**（英俊社）が役に立つ。また，仕上げに出題率の高い問題が収録された「**ニューウイング 出題率 社会**」（英俊社）を使って入試直前の知識の整理を急ごう。

❖傾向と対策〈理科〉

出題傾向

		物理					化学					生物					地学					環境問題
		光	音	力	電流の性質とその利用	運動とエネルギー	物質の性質	物質どうしの化学変化	酸素が関わる化学変化	いろいろな化学変化	酸・アルカリ	植物	動物	ヒトのからだのつくり	細胞・生殖・遺伝	生物のつながり	火山	地震	地層	天気とその変化	地球と宇宙	
2024年度	一般選抜		○		○	○	○	○				○			○			○			○	○
2023年度	一般選抜	○			○	○		○	○		○	○		○	○					○	○	
2022年度	一般選抜			○	○	○	○		○	○		○		○		○	○			○		
2021年度	一般選抜		○		○	○			○	○		○	○		○				○		○	
2020年度	一般選抜			○	○	○	○	○				○		○		○				○	○	

出題分析

★物　理…………光，音，力，運動・力学的エネルギー，電流・磁界・発熱などから，2～3の単元が選ばれ，出題されている。各単元で問われる内容は基礎的。計算は毎年出題され，短文説明・グラフ作成の問題も出題されている。

★化　学…………化学変化についての出題や，気体・水溶液の性質についての出題が多い。物理分野と同様に，2～3の単元についての問題が展開されている。また，計算問題が必ず出されている。

★生　物…………植物のつくり・はたらき，ヒトのからだのしくみ，食物連鎖，細胞・生殖・遺伝などから3つの単元が選ばれ，出題されている。図示・グラフ作成が出されることは少なく，主に選択式・記述式・短文説明の形式で出題されている。

★地　学…………天体・天気・火山や地層から2～3の単元が選ばれ，出題されている。計算・図示・グラフ作成が出題されることもある。また，選択形式の問題の中には，答えを出すのに計算や図示が必要な問題もある。

全体的にみると…各分野から1題ずつ，総合問題が出題されている。各総合問題は2～3の小問に分かれ，各小問ごとに出題される単元が変わっている。

来年度の対策

①短文説明に備えよう！

短文説明の出題率は高く，すべての大問で短文説明の問題が出る可能性がある。また，与えられた言葉の続きを答える，指定された言葉を含めて答えるなど，問題によって形式が変わる。どのような形式で出されていても，答えるべき内容をしっかりと理解しておけば，問題なく書ける。教科書・参考書でしっかりと重要事項の復習をしておこう。

②要領よく問題を解こう！

試験時間に対して問題数が多いので，要領よく問題を解く必要がある。毎年，地学，生物，化学，物理の順番で出題されているので，苦手な分野を後回しにしてもいいだろう。また，問題文も長いので，すばやく問題文を理解できるように日頃から練習しておこう。

③総合問題に備えよう！

総合問題では，難問が少ない反面，出題される範囲が非常に広い。そのため，試験前には重要事項の総復習が必要となる。総復習には，「**ニューウイング 出題率 理科**」（英俊社）を活用してほしい。入試でよく出される問題ばかりを集めているので，最後の仕上げに最適だろう。

❖傾向と対策〈国語〉

出題傾向

		現代文の読解									国語の知識									作文		古文・漢文								
		内容把握	原因・理由	接続語	適語挿入	脱文挿入	段落の働き・論の展開	要旨・主題	心情把握・人物把握	表現把握	漢字の読み書き	漢字・熟語の知識	ことばの知識	慣用句・ことわざ・四字熟語	文法	敬語	文学史	韻文の知識	表現技法	課題作文・条件作文	短文作成・表現力	読解問題	主語・動作主把握	会話文・心中文	要旨・主題	古語の意味・口語訳	仮名遣い	文法・係り結び	返り点・書き下し文	古文・漢文・漢詩の知識
2024 年度	一般選抜	○	○		○	○		○	○		○		○		○					○		○					○			
2023 年度	一般選抜	○	○		○			○	○	○	○		○		○					○		○		○	○		○			
2022 年度	一般選抜	○	○		○		○	○	○	○	○	○	○							○		○			○	○	○			
2021 年度	一般選抜	○	○		○		○	○	○	○	○		○		○					○		○					○			
2020 年度	一般選抜	○	○			○			○		○		○		○					○		○		○		○	○			

【出典】

2024年度　1文学的文章　額賀　澪「風は山から吹いている――Why climb mountains with me?」

②古文 「雨窓閑話」 ③論理的文章 鈴木克美「金魚と日本人」
2023年度 ①文学的文章 まはら三桃「思いはいのり、言葉はつばさ」 ②古文 「浮世物語」
③論理的文章 中村雄二郎「共通感覚論」
2022年度 ①文学的文章 天沢夏月「17歳のラリー」 ②古文 「筆のすさび」
③論理的文章 宮内泰介「歩く、見る、聞く 人びとの自然再生」
2021年度 ①文学的文章 横田明子「四重奏デイズ」 ②古文 「十訓抄」
③論理的文章 河野哲也「人は語り続けるとき、考えていない 対話と思考の哲学」
2020年度 ①文学的文章 浜口倫太郎「シンマイ！」 ②古文 「十訓抄」
③論理的文章 岩崎武雄「哲学のすすめ」

出題分析

★現代文…………文学的文章は内容や理由，心情を問うものが多く，論理的文章は内容把握に加え，脱文挿入，要旨把握に関する設問がよく出題されている。

★古 文…………細かい語句の意味や文法などは出題されていない。文章全体の流れを読みとり，内容をとらえることが求められる。

★漢 字…………現代文の中で読み書きが4題ずつ出題されている。特に難解なものはないが，日頃から意識して漢字を使っておくとよい。

★国語の知識……現代文の中で，品詞名，動詞の活用形や助詞・助動詞の識別といった文法，熟語の構成を問われることがある。

★作 文…………与えられたテーマに基づき，250字程度で自分の意見を書く大問が毎年出題されている。

来年度の対策

長文問題では，本文中の言葉を使って適語を挿入させる問題が出されるので，問題集に多くあたり，文のつながりに気をつけながらまとめる練習をしておきたい。漢字・文法についてもほぼ毎年出題されているので，基本的なところはしっかりおさえておくこと。古文については，内容を把握することが中心となるので，全体の話の流れをつかむ読解力をつけておくことが重要。他に，かなづかいや会話文の指摘に関して，基礎的なことをおさえておく必要がある。また，作文については，自分の意見を考えてまとめる力が求められているので，日常で気になることや興味のあることについて，200～250字程度で思ったことをまとめる練習をしておこう。

長文の読解力，文法や言葉の知識，古文など中学校で学習する内容が総合的に問われているので，**国語の近道問題シリーズ**（全5冊）（英俊社）のような単元別の問題集で苦手分野をなくしておこう。そのうえで，入試で出題率の高い問題を集めた「**ニューウイング 出題率 国語**」（英俊社）をやっておけば万全だろう。

（自己推薦選抜）

❖傾向と対策

〈総合問題〉

☆ 出題数

〈2024年〉 大問数3

☆ 出題内容と対策

数　学……ともに平方根の性質について出題されている。また，平行四辺形，長方形を題材とした図形問題が出題され，証明，面積の計量について問われている。2種類のうち1つめでは相似を利用した面積比の問題，2つめでは円周角，三平方の定理を利用するものであった。

英　語……2種類のうち1つには短めの長文総合問題と対話文の空欄を埋める問題が，もう1つには短めの長文総合問題が出題されている。どちらにも，語数が指定された英作文や適語補充の問題が出されており，作文力，読解力が求められる。放送によるリスニングテストは実施されていない。

国　語……出題内容は，与えられたテーマに基づく作文(150～225字)，読解問題のうち，いずれか1題が指定される。読解問題は，新聞記事が問題文として使用されている。いずれも，きちんと自分の言葉で内容や考えをまとめる力が求められている。身近な問題に関心を払い，意見を持つよう意識するとともに，原稿用紙の正しい使い方もおさえておくこと。

選択式の問題はあまり見られず，記述式解答を求める問題が大半であるため，文章表現力はつけておきたい。

【写真協力】

 ／ ピクスタ株式会社 ／ 公益社団法人香川県観光協会 ／ 国際連合広報センター ／ 国土交通省関東地方整備局　日光砂防事務所 ／ 山梨県 峡東建設事務所 ／ 銚子市ホームページ ／ 帝国書院 ／ 本居宣長記念館

【地形図】

本書に掲載した地形図は，国土地理院発行の地形図・地勢図を使用したものです。

~MEMO~

~MEMO~

香川県公立高等学校
（一般選抜）

2024年度
入学試験問題

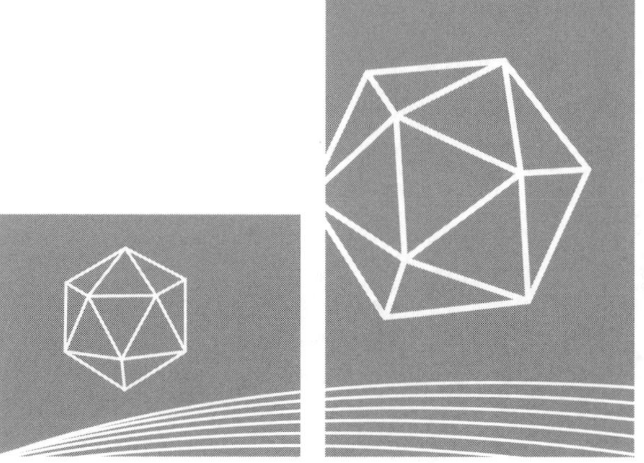
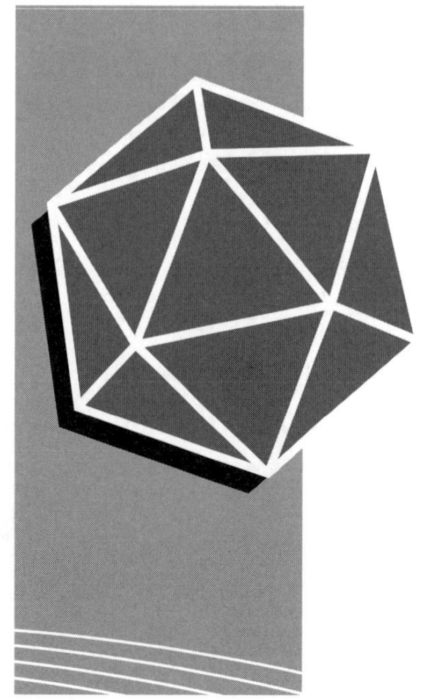

数学

時間　50分　　　満点　50点

1　次の(1)～(7)の問いに答えなさい。

(1)　$7 \times (-2) - (-5)$ を計算せよ。(　　　)

(2)　$a = -3$ のとき，$a^2 + \dfrac{15}{a}$ の値を求めよ。(　　　)

(3)　$4a^3b^2 \div \dfrac{1}{2}ab$ を計算せよ。(　　　)

(4)　連立方程式 $\begin{cases} 3x + 5y = 4 \\ x - y = 4 \end{cases}$ を解け。(　　　)

(5)　$\sqrt{50} - \sqrt{2} + \dfrac{6}{\sqrt{2}}$ を計算せよ。(　　　)

(6)　$(x+3)^2 - (x+3) - 30$ を因数分解せよ。(　　　)

(7)　次の㋐～㋒の数が，小さい順に左から右に並ぶように，記号㋐～㋒を用いて書け。

(　　→　　→　　)

㋐　$-\sqrt{11}$　　㋑　3　　㋒　-4

2　次の(1)～(3)の問いに答えなさい。

(1)　右の図のような，平行四辺形ABCDがあり，∠BADは鈍角である。辺BCをCの方に延長した直線上にBD = BEとなる点Eをとる。

∠ABD = 20°，∠DCE = 60°であるとき，∠CEDの大きさは何度か。(　　　)

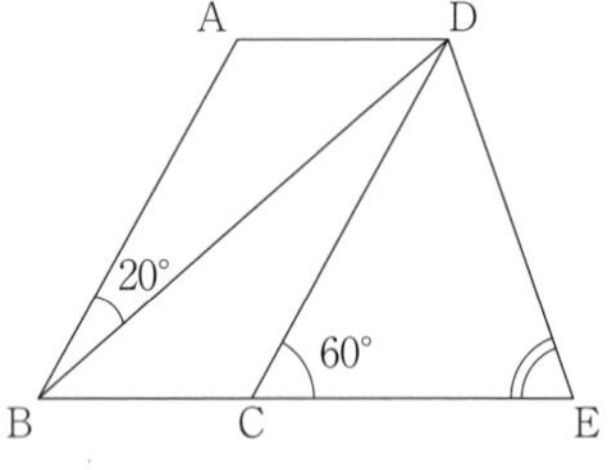

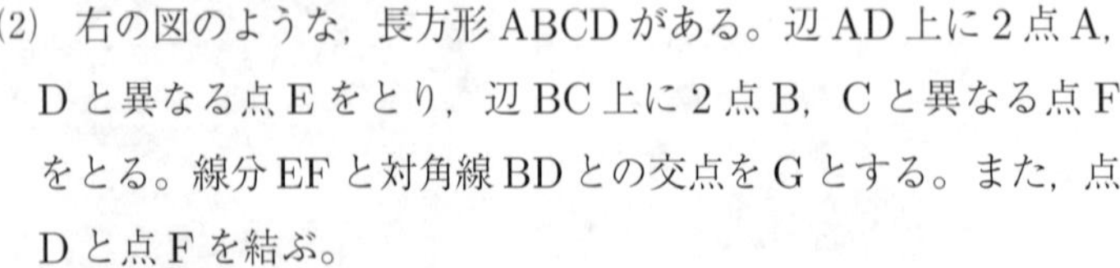

(2)　右の図のような，長方形ABCDがある。辺AD上に2点A，Dと異なる点Eをとり，辺BC上に2点B，Cと異なる点Fをとる。線分EFと対角線BDとの交点をGとする。また，点Dと点Fを結ぶ。

AB = 4 cm，BC = 5 cm，AE = 1 cm，BF = 3 cmであるとき，次のア，イの問いに答えよ。

ア　線分DFの長さは何cmか。(　　　cm)

イ　四角形ABGEの面積は何cm^2か。(　　　cm^2)

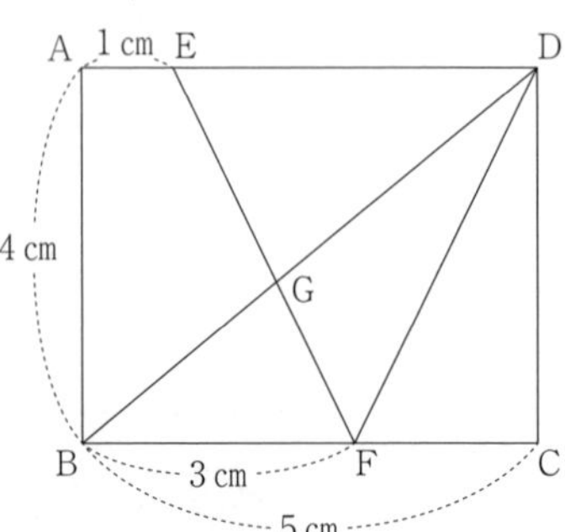

(3) 右の図のような，点Oを中心とする半径2cmの円がある。異なる3点A，B，Cは円周上の点で，∠BAC = 60°である。線分AB，BC，CAの中点をそれぞれD，E，Fとし，3点D，E，Fを通る円をかく。

このとき，点Eを含まない方の$\overset{\frown}{\mathrm{DF}}$と弦DFで囲まれた部分の面積は何$\mathrm{cm}^2$か。なお，円周率には$\pi$をそのまま用いよ。(　　　cm^2)

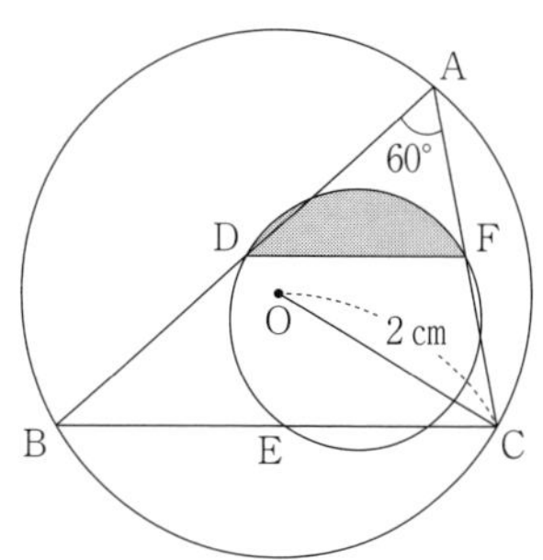

3 次の(1)〜(4)の問いに答えなさい。

(1) 1から6までのどの目が出ることも，同様に確からしい2つのさいころA，Bがある。この2つのさいころを同時に投げるとき，2つの目の数の積が10の約数になる確率を求めよ。(　　　)

(2) 右の表は，ある学級の生徒30人について，ハンドボール投げの記録を度数分布表に整理したものである。この表から，この30人のハンドボール投げの記録の第1四分位数を含む階級の相対度数を求めよ。(　　　)

ハンドボール投げの記録

階級(m)	度数(人)
以上　未満 10 〜 15	3
15 〜 20	6
20 〜 25	12
25 〜 30	9
計	30

(3) 右の図で，点Oは原点であり，放物線①は関数$y = \frac{3}{4}x^2$のグラフで，放物線②は関数$y = -\frac{1}{2}x^2$のグラフである。

2点A，Bは放物線①上の点で，点Aのx座標は－4であり，線分ABはx軸に平行である。点Cは線分AB上の点で，点Bと異なり，そのx座標は正の数である。点Cを通り，y軸に平行な直線をひき，放物線①，放物線②との交点をそれぞれD，Eとする。

これについて，次のア，イの問いに答えよ。

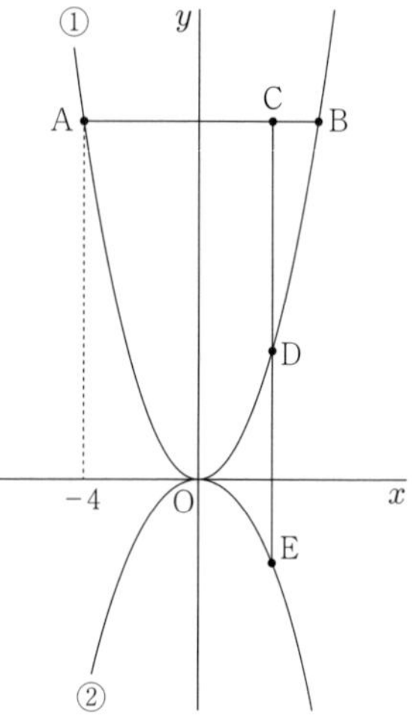

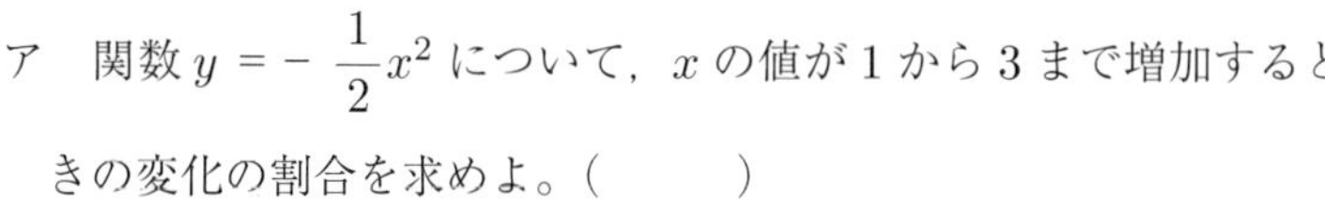

ア 関数$y = -\frac{1}{2}x^2$について，xの値が1から3まで増加するときの変化の割合を求めよ。(　　　)

イ 線分CDの長さと，線分DEの長さが等しくなるとき，点Cのx座標はいくらか。点Cのx座標をaとして，aの値を求めよ。

(　　　)

(4) 2つの奇数がある。これらの数をそれぞれ2乗してできた2つの数の和に2を加えた数は4の倍数であることを，文字式を使って証明せよ。

(　　　　　　　　　　　　　　　　　　　　)

④　次の(1)，(2)の問いに答えなさい。

(1)　白の碁石と黒の碁石がたくさんある。これらを右の図のように，上段には，1列目から，白の碁石，黒の碁石の順にくりかえし並ぶように，それぞれの列に1個ずつ置き，下段には，1列目から，黒の碁石，黒の碁石，白の碁石の順にくりかえし並ぶように，それぞれの列に1個ずつ置く。

	1列目	2列目	3列目	4列目	5列目	6列目	7列目	…
上段	○	●	○	●	○	●	○	…
下段	●	●	○	●	●	○	●	…

たとえば，上段も下段も7列目まで碁石を置いたとき，7列目については，上段が白の碁石，下段が黒の碁石である。また，1列目から7列目までに並んでいるすべての碁石のうち，白の碁石の個数は6個であり，黒の碁石の個数は8個である。

これについて，次のア，イの問いに答えよ。

ア　次の文は，上段も下段も2024列目まで碁石を置いたとき，2024列目の碁石について述べようとしたものである。文中の2つの〔　　〕内にあてはまる言葉を，㋐，㋑から1つ，㋒，㋓から1つ，それぞれ選んで，その記号を書け。(　　と　　)

2024列目については，上段が〔㋐　白の碁石　　㋑　黒の碁石〕，下段が〔㋒　白の碁石　㋓　黒の碁石〕である。

イ　上段も下段もn列目まで碁石を置いたとき，n列目については，上段も下段も白の碁石であった。また，1列目からn列目までに並んでいるすべての碁石のうち，白の碁石の個数と黒の碁石の個数の比は8：11であった。このときのnの値を求めよ。(　　　)

(2)　右の図1のような，1辺の長さが4 cmの立方体がある。点Pは，点Aを出発して辺AE，EF上を通って毎秒1 cmの速さで点Fまで動く点であり，点Qは，点Cを出発して辺CB，BF上を通って毎秒1 cmの速さで点Fまで動く点である。2点P，Qは同時に出発する。右の図2は，2点P，Qが同時に出発してから5秒後の状態を示したものである。

図1

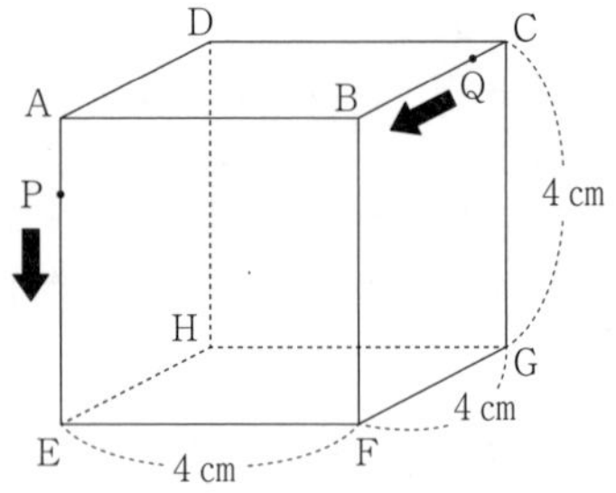

図2

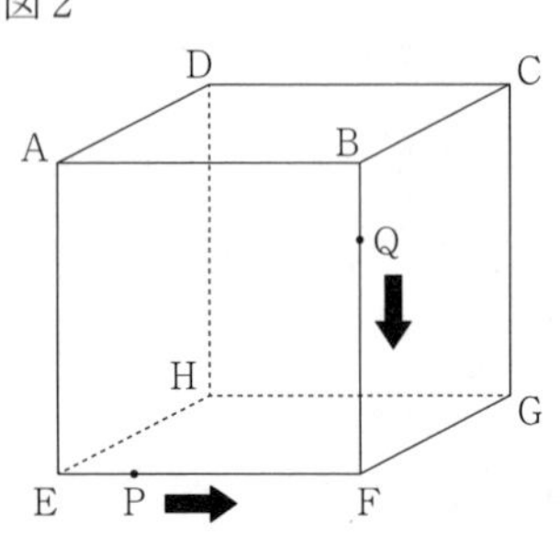

これについて，あとのア～ウの問いに答えよ。

ア　2点P，Qが同時に出発してから4秒後にできる三角すいAPQDの体積は何cm^3か。(　　　cm^3)

イ　2点P，Qが同時に出発してからx秒後にできる△APQの面積は何cm^2か。$4 < x < 8$の場合について，xを使った式で表せ。(　　　cm^2)

ウ　$4 < x < 8$とする。2点P，Qが同時に出発してからx秒後にできる三角すいAPQDの体積が，2点P，Qが同時に出発してから1秒後にできる三角すいAPQDの体積と等しくなるのは，xの値がいくらのときか。xの値を求める過程も，式と計算を含めて書け。

xの値を求める過程(　　　　　　　　　　　　　　　　　　　　　　　　　　　　　　)

答　xの値(　　　)

5 右の図のような円があり，異なる3点A，B，Cは円周上の点で，△ABCは鋭角三角形である。点Aから辺BCに垂線をひき，その交点をDとする。直線ADと円との交点のうち，点Aと異なる点をEとし，点Cと点Eを結ぶ。線分AD上にCE = CFとなる点Fをとる。直線CFと円との交点のうち，点Cと異なる点をGとし，辺ABと線分CGとの交点をHとする。また，点Bと点Gを結ぶ。

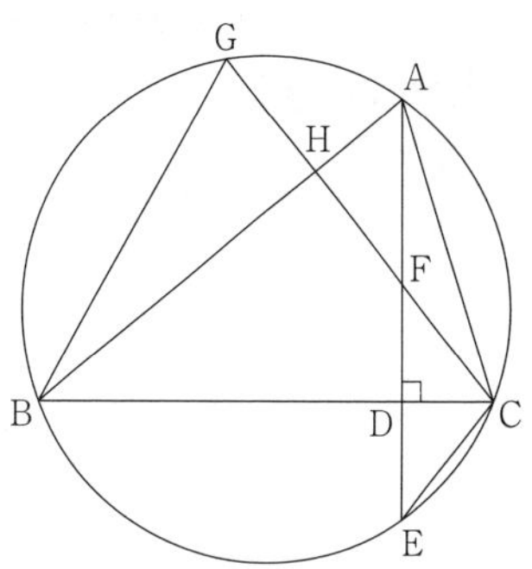

このとき，次の(1)，(2)の問いに答えなさい。

(1) △ACH ∽△GBHであることを証明せよ。

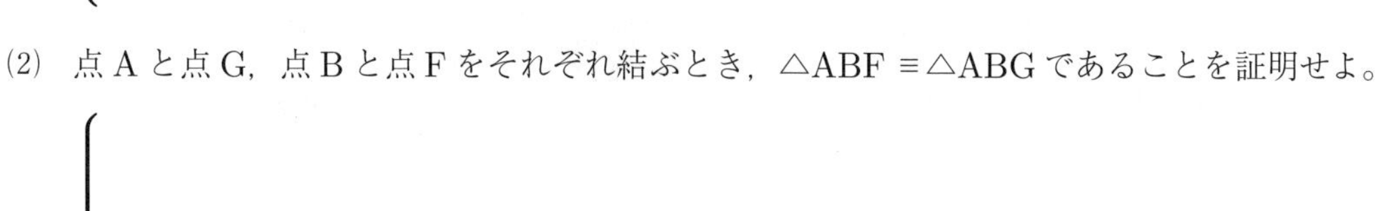

(2) 点Aと点G，点Bと点Fをそれぞれ結ぶとき，△ABF ≡△ABGであることを証明せよ。

英語

時間 50分　　　　満点 50点

(編集部注) 放送問題の放送原稿は英語の末尾に掲載しています。
音声の再生についてはもくじをご覧ください。

1 英語を聞いて答える問題

A 絵を選ぶ問題 (　　　)

①

②

③

④

B 天気予報を選ぶ問題 (　　　)

①

曜日	天気	最高気温	最低気温
金	あめ → くもり	10℃	6℃
土	くもり	15℃	11℃
日	はれ → くもり	20℃	13℃

②

曜日	天気	最高気温	最低気温
金	あめ → くもり	10℃	6℃
土	くもり → あめ	15℃	11℃
日	はれ	20℃	13℃

③

曜日	天気	最高気温	最低気温
金	あめ → くもり	15℃	11℃
土	くもり → あめ	10℃	6℃
日	はれ → くもり	20℃	13℃

④

曜日	天気	最高気温	最低気温
金	あめ → くもり	15℃	11℃
土	くもり	10℃	6℃
日	はれ	20℃	13℃

C 応答を選ぶ問題 (　　　)

ア Yes, I have.　イ I read a lot of English books.　ウ For six years.
エ Seven years ago.

D 対話の内容を聞き取る問題

Manabuが今年の夏に行く都市 (　　　)　Manabuが日本を出発する日 (　　月　　日)
Manabuが今回その都市でしようとしていること (　　　)

E 文章の内容を聞き取る問題　No.1 (　　　)　No.2 (　　　)　No.3 (　　　)

No.1 ア His father.　イ His sister.　ウ His brother.　エ His mother.

No.2 ア He played tennis and watched a movie with children.
イ He played soccer and studied English with children.
ウ He played basketball and cooked a cake with children.
エ He played baseball and read a lot of books with children.

No.3 ア Because Masaki decided to be a teacher and teach elementary school students.
イ Because Masaki decided to ask his teacher about his future job the next day.
ウ Because Masaki decided to get a lot of new experiences to find his future job.
エ Because Masaki decided to study more and go to high school for his future.

2 次の対話文は，オーストラリアから来た留学生のTedと，中学生のRioが遊びに出かけたときの会話である。これを読んで，あとの(1)～(3)の問いに答えなさい。(*印をつけた語句は，あとの㊟を参考にしなさい。)

Rio: The movie was fun! Have you ever watched any other movies in this *series?

Ted: Yes, I have. I like this series very much. Hey, are you hungry? [(a)]

Rio: Sure. ①Let's go to a restaurant and have [ ].

(*at a restaurant*)

Ted: By the way, I was really surprised to see Japanese coins.

Rio: [(b)]

Ted: Because I've never seen coins with *holes in Australia. This is a unique feature, right?

Rio: Yes. Are there any other *differences between Japanese money and *Australian money?

Ted: *Material is different. Australian *banknotes *are made of *plastic. ②We can use them even after we wash them because particular material is used to make them.

Rio: That's interesting! I want to see and touch them. [(c)]

Ted: Just a moment. Oh, I have a five-dollar banknote. [(d)]

Rio: Thank you. Wow, this is smaller than Japanese ones.

Ted: Right. Also, Australian banknotes are more colorful than Japanese ones.

㊟ series：シリーズ　hole(s)：穴　difference(s)：違い　Australian：オーストラリアの
material：素材　banknote(s)：紙幣　are made of ～：～でできている
plastic：プラスチック

(1) 本文の内容からみて，文中の(a)～(d)の[ ]内にあてはまる英文は，次のア～クのうちのどれか。最も適当なものをそれぞれ一つずつ選んで，その記号を書け。

(a)(　　) (b)(　　) (c)(　　) (d)(　　)

ア How about you?　イ Yes, please.　ウ Can I show you Japanese money?
エ Why don't we eat something?　オ Why do you have coins?
カ Here you are.　キ Do you have some?　ク Why were you so surprised?

(2) 下線部①を，「レストランに行って昼食を食べましょう。」という意味にするには，[ ]内に，どのような語を入れたらよいか。最も適当な語を一つ書け。(　　)

(3) 下線部②にparticularという語があるが，この語と同じような意味を表す語は，次のア～エのうちのどれか。最も適当なものを一つ選んで，その記号を書け。(　　)

ア similar　イ special　ウ terrible　エ weak

3　次の文章は，香川県の中学校に通う健太(けんた)が，英語の授業で発表したスピーチである。これを読んで，あとの(1)〜(9)の問いに答えなさい。(＊印をつけた語句は，あとの㊟を参考にしなさい。)

One day, when I was talking with Misa and William, she said to him, "Do you know *wasanbon*?" He answered, "No, I've never ① (hear) of it. What's *wasanbon*?" She answered, "It's a kind of Japanese *sugar. I went to a *wasanbon* *factory. These are for you." She gave us some *wasanbon* candies. We ate her cute presents soon. They were delicious, ② [　　] I looked for other *wasanbon* sweets. I asked my friends about *wasanbon* sweets, and I found various *wasanbon* sweets. For example, Misa ③ [　　] me that she found some *wasanbon* cakes. I was surprised that *wasanbon* was used for many sweets. ④ なぜそれは今，人気なのでしょうか。

To find the answer, I studied about *wasanbon.* Sugar is made from *sugarcane. Some people say that ⑤ *Hiraga Gennai (of　started　the　one　who　is　people) to *grow it in Kagawa. Later, another person *succeeded in producing sugar from the sugarcane and it's called *wasanbon.* To make good *wasanbon*, you need to *stew the juice from sugarcane for a very long time and *knead it many times. Then you *dry it. ⑥ Like this, (is　hard　it　make　very　it　to). Also, *wasanbon* candies have a lot of *shapes. They show four seasons, nature, or animals. To make the shapes, you need *wooden molds and *techniques. By these ⑦ [　　] *processes, we can enjoy both the good *tastes and the beautiful shapes.

By studying about *wasanbon*, I found the good part of Kagawa more. To make wonderful *wasanbon*, great techniques are needed. ⑧ [　　] the *efforts and great techniques, people can enjoy *wasanbon.* I got more interested in it than before. I know that when many people hear the word "Kagawa," they think of *udon.* I want more people to know *wasanbon* and enjoy it, too. ⑨ 私はそれを，インターネットを使って，うどんと同じくらい有名にするつもりです。Let's enjoy *wasanbon* together!

㊟　sugar：砂糖　factory：工場　sugarcane：サトウキビ
Hiraga Gennai：平賀源内（江戸時代の人）　grow：栽培する
succeeded in producing：製造に成功した　stew：煮込む　knead：こねる
dry：乾燥させる　shape(s)：形　wooden mold(s)：木製の型　technique(s)：技術
process(es)：過程　taste(s)：味　effort(s)：努力

(1)　①の（　）内の hear を，最も適当な形になおして一語で書け。(　　　)

(2)　②の[　　]内にあてはまる語は，本文の内容からみて，次のア〜エのうちのどれか。最も適当なものを一つ選んで，その記号を書け。(　　　)

ア　but　　イ　since　　ウ　and　　エ　if

(3)　③の[　　]内にあてはまる語は，次のア〜エのうちのどれか。最も適当なものを一つ選んで，その記号を書け。(　　　)

ア　wanted　　イ　told　　ウ　spoke　　エ　took

(4) 下線部④の日本文を英語で書き表せ。

(　　　　　　　　　　　　　　　　　　　　　　　　　　　　　　　　　　　　)?

(5) 下線部⑤が，「平賀源内は香川でそれを栽培しはじめた人々のうちの一人である。」という意味になるように，(　　) 内のすべての語を，正しく並べかえて書け。

Hiraga Gennai (　　　　　　　　　　　　　　　　　　　　　　　　) to grow it in Kagawa.

(6) 下線部⑥が，「このように，それを作ることはとても難しい。」という意味になるように，(　　) 内のすべての語を，正しく並べかえて書け。

Like this, (　　　　　　　　　　　　　　　　　　　　　　　　　　　　　　).

(7) ⑦の□内にあてはまる語は，本文の内容からみて，次のア～エのうちのどれか。最も適当なものを一つ選んで，その記号を書け。(　　　)

ア difficult　イ sad　ウ cheap　エ short

(8) ⑧の□内にあてはまるものは，次のア～エのうちのどれか。最も適当なものを一つ選んで，その記号を書け。(　　　)

ア Such as　イ At first　ウ Over there　エ Because of

(9) 下線部⑨の日本文を英語で書き表せ。

(　　　　　　　　　　　　　　　　　　　　　　　　　　　　　　　　　　　　).

4 次の英文を読んで，あとの(1)～(8)の問いに答えなさい。(＊印をつけた語句は，あとの㊟を参考にしなさい。)

Arisa is a junior high school student. She was studying various jobs in her town for a *presentation with her classmates, Shotaro and Haruto. In many jobs, they were interested in *agriculture and farmers *growing fruits and vegetables, but they didn't know ① [　　] they should work on at first.

The summer vacation started. Shotaro and Haruto *searched on the Internet to get some information about events to sell a lot of fruits and vegetables. Arisa called her grandfather. He grew *watermelons every year. She asked him, "What is difficult when you are growing watermelons?" He said, "Why don't you help me grow watermelons?" She said, "② <u>That</u> is a good idea!"

Arisa went to her grandfather's house by train. She helped him *water and *harvest watermelons when she stayed with him for two weeks during the summer vacation. The work in the hot weather was hard. She sometimes met snakes. At the end of the day, she was tired and slept well at night. When Arisa and her grandfather were talking, he said, "There are some problems. We sometimes need to worry about the weather. *Weeds *grow quickly and animals come into my *field. My field quickly gets ③ [　　] if I don't *take care of it." She asked, "Why do you continue growing them?" He answered, "Because I like to see people enjoying having watermelons. So I grow delicious watermelons by *trial and error."

One night, Arisa's grandfather was doing something in his room. Arisa asked him, "④ [　　　　]?" "I'm writing in my *diary," he answered. He also showed many notebooks on his desk. He said, "I have been writing a lot of things I learned by trial and error in my diary." ⑤ <u>She was surprised to hear that</u>. She read some of his diary. They were all about growing his watermelons. He wrote the weather, problems, and *advice from his farmer friends. He said, "Of course, when I harvest good watermelons, I am happy, and that is important for me. However, things often don't go well. I think that's also fine because I can learn many things from those experiences." She said, "I agree with you."

On August 20, the presentation members met at Haruto's house to *share their ideas. They were excited and talked. Shotaro said, "Searching on the Internet is fast and convenient!" Haruto said, "I found some information about a cooking class using local vegetables in a newspaper, and I went there with my mother. I realized there were so many dishes using tomatoes." Arisa said, "I learned a lot from my grandfather. ⑥ [　　] is important, but we *fail many times. Learning from trial and error and finding better ways are more important." After sharing their ideas, they decided to keep working on the presentation with trial and error.

㊟ presentation：発表　agriculture：農業　growing：grow（栽培する）の現在分詞
search(ed)：search（検索する）の過去形　watermelon(s)：スイカ　water：水をまく

harvest：収穫する　weed(s)：雑草　grow：成長する　field：畑
take care of ～：～の世話をする　trial and error：試行錯誤　diary：日記　advice：助言
share：共有する　fail：失敗する

(1) ①の□内にあてはまる語は，次のア～エのうちのどれか。最も適当なものを一つ選んで，その記号を書け。(　　)
ア that　イ which　ウ what　エ who

(2) 下線部②の That が指しているのはどのようなことがらか。日本語で書け。
(　　)

(3) ③の□内にあてはまる語は，本文の内容からみて，次のア～エのうちのどれか。最も適当なものを一つ選んで，その記号を書け。(　　)
ア cold　イ bad　ウ good　エ easy

(4) ④の□内には，アリサの質問が入る。本文の内容を参考にして，その質問を4語以上の英文一文で書け。ただし，疑問符，コンマなどの符号は語として数えない。
(　　)?

(5) 下線部⑤に，She was surprised to hear that とあるが，アリサは祖父のどのような発言を聞いてそのように感じたのか。その内容を日本語で書け。
(　　という発言)

(6) ⑥の□内にあてはまるものは，本文の内容からみて，次のア～エのうちのどれか。最も適当なものを一つ選んで，その記号を書け。(　　)
ア Searching on the Internet　イ Getting some advice　ウ Sharing ideas with others
エ Getting good results

(7) 次の(a)，(b)の質問に対する答えを，本文の内容に合うように，(a)は3語以上，(b)は7語以上の英文一文で書け。ただし，ピリオド，コンマなどの符号は語として数えない。
(a) Did Arisa stay with her grandfather for two weeks in the summer vacation?
(　　).
(b) What did Shotaro think about searching on the Internet?
(　　).

(8) 次の㋐～㋕のうちから，本文中で述べられている内容に合っているものを二つ選んで，その記号を書け。(　と　)
㋐ Arisa was studying local jobs for a presentation with two members in her class.
㋑ Shotaro searched on the Internet to find good seasons of harvesting each fruit and vegetable.
㋒ Arisa couldn't sleep well in her grandfather's house at night because it was too hot.
㋓ Arisa found that her grandfather got some advice about growing watermelons from his farmer friends.
㋔ The presentation members were excited when they shared their ideas at school in September.

㋕ Haruto went to a cooking class using local vegetables with Shotaro and found there were many dishes using tomatoes.

5 英語の授業で，次のテーマについて意見を書くことになりました。あなたなら，店で本を買うことと図書館で本を借りることのどちらを選び，どのような意見を書きますか。あなたの意見を，あとの〔注意〕に従って，英語で書きなさい。

I think [　　　　] is better.

(　　　　　　　　　　　　　　　　).

(　　　　　　　　　　　　　　　　).

(　　　　　　　　　　　　　　　　).

(　　　　　　　　　　　　　　　　).

本を読むときは，店で本を買うことと図書館で本を借りることのどちらがよいか。 店で本を買うこと　buying books at a store 図書館で本を借りること　borrowing books from a library

〔注意〕

① 解答欄の[　　]内に buying books at a store または borrowing books from a library のどちらかを書くこと。

② I think [　　] is better.の文に続けて，4文の英文を書くこと。

③ 一文の語数は5語以上とし，短縮形は一語と数える。ただし，ピリオド，コンマなどの符号は語として数えない。

④ 店で本を買うことまたは図書館で本を借りることを選んだ理由が伝わるよう，まとまりのある内容で書くこと。

〈放送原稿〉

今から，2024 年度香川県公立高等学校入学試験「英語を聞いて答える問題」を始めます。問題用紙の問題1を見てください。また，解答用紙の問題1のところも見てください。

問題は，A，B，C，D，E の 5 種類です。

A は，絵を選ぶ問題です。今から，Ken が昨日(きのう)の夜 7 時にしていたことについて，説明を英語で 2 回くりかえします。よく聞いて，その説明にあてはまる絵を，①から④の絵の中から一つ選んで，その番号を書きなさい。

Ken was taking a bath at 7 last night.

（くりかえす）

B は，天気予報を選ぶ問題です。問題用紙の四つの表を見てください。今から，天気予報を英語で 2 回くりかえします。よく聞いて，天気予報の組み合わせとして最も適当なものを，①から④のうちから一つ選んで，その番号を書きなさい。

Good morning. It's Friday. It's raining now, but it will stop raining at 2 in the afternoon, and then it will be cloudy. Tomorrow will still be cloudy, but it won't be rainy. It will be colder than today. On Sunday, the weather will be sunny all day.

（くりかえす）

C は，応答を選ぶ問題です。今から，Mary と Akira の対話を英語で 2 回くりかえします。よく聞いて，Mary の最後のことばに対する Akira の応答として最も適当なものを，アからエのうちから一つ選んで，その記号を書きなさい。

Mary: Wow, you speak English well.

Akira: Thank you. I'm studying English hard to study abroad.

Mary: That's good. How long have you been studying English?

（くりかえす）

D は，対話の内容を聞き取る問題です。今から，Kate と Manabu の対話を英語で 2 回くりかえします。よく聞いて，Manabu が今年の夏に行く都市，Manabu が日本を出発する日，および Manabu が今回その都市でしようとしていることを，それぞれ日本語で書きなさい。

Kate: Where are you going to go this summer, Manabu? Last summer, you went to London, right?

Manabu: Yes. This summer, I'm going to travel to New York.

Kate: That's nice. When are you going to leave Japan?

Manabu: July 25th.

Kate: Great. Baseball is your favorite sport. Are you going to watch a baseball game there?

Manabu: If I had a ticket for it, I would do so. Maybe next time. I'm going to enjoy shopping there this summer.

（くりかえす）

E は，文章の内容を聞き取る問題です。はじめに，Masaki についての英文を読みます。そのあとで，英語で No.1，No.2，No.3 の三つの質問をします。英文と質問は，2 回くりかえします。よく聞いて，質問に対する答えとして最も適当なものを，アからエのうちからそれぞれ一つずつ選んで，その記号を書きなさい。

Masaki is a junior high school student. When he became a third-year student, he began to think about his future job. But he didn't have any ideas. His mother often asked him what he wanted to be in the future. He always answered, "I don't know...."

One day, Masaki joined a volunteer activity at an elementary school. He played soccer with children and studied English together. That was the first experience for him. Before going home, a boy said to Masaki, "It was fun today. You are a great teacher!" From his words, Masaki thought teaching was a good job.

In the evening, Masaki told his parents about the experience at the elementary school. His mother said, "You had a good experience. If you join another event, you can get another experience. Then you may find another job you like. You should get a lot of experiences." Masaki said, "OK. I'll try a lot of things I have never done." His parents looked happy to hear that.

質問です。

No.1　Who often asked Masaki about his future job?

No.2　What did Masaki do at the elementary school?

No.3　Why did Masaki's parents look happy?

(英文と質問をくりかえす)

これで「英語を聞いて答える問題」を終わります。

社会

時間 50分　　満点 50点

① 次の(1)～(9)の問いに答えなさい。

(1) 国会は，選挙に立候補して当選した国会議員が活動する場である。次のア～エのうち，日本国憲法で定められている国会の権限として最も適当なものはどれか。一つ選んで，その記号を書け。
( )

ア 内閣総理大臣を任命すること　イ 条約を締結すること　ウ 憲法改正を発議すること
エ 閣議を開催すること

(2) 私たちが人間らしい豊かな生活を送るための権利は，社会権と呼ばれる。日本国憲法では，社会権の一つとして，健康で文化的な最低限度の生活を営む権利が保障されている。社会権の一つであるこの権利は，一般に何と呼ばれるか。その呼び名を書け。( )

(3) 地方公共団体は，身近な問題の解決を図り，住民の要望に対応しながら，さまざまな仕事をおこなっている。次のア～エのうち，わが国の地方自治のしくみについて述べたものとして誤っているものはどれか。一つ選んで，その記号を書け。( )

ア 地方公共団体には，都道府県，市町村などがあり，都道府県や市町村は住民の意見を政治に反映させるため，住民投票を実施することができる

イ 地方公共団体の首長は，住民の直接選挙で選ばれ，地方議会と対立したとき，議決や審議のやり直しを求めることができる

ウ 地方議会は，住民の直接選挙で選ばれた議員で構成され，地方公共団体の一年間の活動に必要な予算や，首長の不信任を議決することができる

エ 住民は，直接請求権を行使することができ，地方議会の議員の解職を求める場合，一定数以上の署名を集めて首長に請求することができる

(4) わが国の司法（裁判）のしくみに関して，次のa，bの問いに答えよ。

a 私たちは，憲法によって基本的人権が保障されており，争いや事件が起こったときは，憲法や法律などにもとづいて，裁判で解決を図ることができる。下の表は，ある争いに関する裁判の経過についてまとめようとしたものの一部である。表中の X 内には，わが国の下級裁判所の種類のうちの一つを表す言葉が入る。X 内に共通してあてはまる言葉を書け。また，表中の〔 〕内にあてはまる言葉を，㋐，㋑から一つ選んで，その記号を書け。

言葉( )　記号( )

5月1日	原告のAさんは，B社に対する訴えを，簡易裁判所に起こす
6月1日	簡易裁判所で裁判が始まる
8月1日	簡易裁判所は，Aさんの訴えを認める判決を出す
8月8日	被告のB社は，簡易裁判所での判決を不服とし，X に〔㋐ 控訴　㋑ 上告〕する
9月1日	X で裁判が始まる

b　わが国では，裁判にかかる時間を短縮するなど，司法を国民の身近なものにするために，さまざまな司法制度改革がおこなわれてきた。このうち，取り調べの可視化は，司法におけるどのような人権侵害の防止が期待できると考えられるか。簡単に書け。

(　　　　　　　　　　　　　　　　　　　　)

(5)　太郎さんと花子さんは，社会科の授業で，行政の役割や課題について学習した。下の表は，太郎さんと花子さんが，規制緩和をテーマに，行政のあり方について発表するため，効率と公正の観点にもとづいて，意見を整理しようとしたものである。あとのⒶ，Ⓑのカードは，規制緩和について，太郎さんと花子さんの意見をそれぞれまとめたものである。太郎さんと花子さんのそれぞれの意見を，下の表中の［㋐］～［㋓］のいずれかにあてはめるとき，最も適当なものはどれか。それぞれ一つ選んで，その記号を書け。太郎さんの意見(　　　)　花子さんの意見(　　　)

	効率を重視	公正を重視
規制緩和を進める	㋐	㋑
規制緩和を進めない	㋒	㋓

Ⓐ　太郎さんの意見

規制緩和により，例えば，どの地域でも，病院でインターネットを使用した診察ができるようになると，通院する時間を節約できたり，通院のための交通費を抑えたりすることができる。私は，時間やお金などの資源の無駄を省き，より多くの利益を得られるようにすべきだと思う。

Ⓑ　花子さんの意見

規制緩和により，例えば，建築物の高さの制限がなくなると，十分な日当たりが確保できない人が出るなど，良好な環境での生活がおびやかされるかもしれない。私は，すべての人が対等な立場で不当な扱いを受けず，一人ひとりの人権が最大限に尊重される社会にしていくべきだと思う。

(6)　社会の課題を解決するため，政府はさまざまな役割を果たしている。政府の役割についての考え方として，「小さな政府」と「大きな政府」の二つがある。次のア～エのうち，「小さな政府」の考え方にもとづいた政策について述べたものとして最も適当なものはどれか。一つ選んで，その記号を書け。(　　　)

ア　子育てにかかる経済的負担を軽くするため，子どもの医療費を無償化する

イ　医療に関わる人材を確保するため，補助金を支給し医療従事者の所得を引き上げる

ウ　公共施設の管理にかかる経費を削減するため，公共施設の管理を民間の企業にゆだねる

エ　児童・生徒一人ひとりに応じた細かな指導をさらにすすめるため，学校の先生の数を増やす

(7)　次の文は，不況のときに景気を回復させるために日本銀行がおこなうと考えられる金融政策について述べようとしたものである。文中の［　　］内には日本銀行がおこなうと考えられる金融政

策の内容が入る。その内容を**国債**という言葉を用いて，簡単に書け。また，文中の二つの〔　　〕内にあてはまる言葉を，㋐，㋑から一つ，㋒，㋓から一つ，それぞれ選んで，その記号を書け。

内容(　　　　　　　　　　　　　　　　　　　　　　　　　　　　　　　　　　)

記号(　　　と　　　)

日本銀行は，不況のときに，景気を回復させるために，[　　　]ことをおこなう。これにより，銀行などの金融機関の資金量は〔㋐　増える　　㋑　減る〕ため，一般に金融機関の貸出金利が〔㋒　上がり　　㋓　下がり〕，企業が金融機関からお金を借りやすくなり，企業の設備投資などが促される。

(8)　次の文は，為替レート（為替相場）について興味をもった中学生の花子さんが先生に質問したときの会話の一部である。文中の三つの〔　　〕内にあてはまる言葉を，㋐，㋑から一つ，㋒，㋓から一つ，㋔，㋕から一つ，それぞれ選んで，その記号を書け。(　　　と　　　と　　　)

花子：テレビのニュース番組で為替レートという言葉を聞いたのですが，為替レートとは何ですか。

先生：為替レートとは異なる通貨を交換する比率のことで，為替レートは各国の通貨の需要や経済の状況などによって変動しています。日本の円とアメリカのドルの関係を例に考えてみると，為替レートが1ドル＝100円から1ドル＝150円になったとき，ドルに対する円の価値はどのようになるといえますか。

花子：ドルに対する円の価値は〔㋐　高く　　㋑　低く〕なるといえます。

先生：そのとおりです。このような為替レートの変動が起こったとき，一般にアメリカでは日本から輸入する商品の価格が〔㋒　高く　　㋓　安く〕なります。

花子：そのような為替レートの変動が起こると，日本からアメリカに商品を輸出する企業にとっては，競争上〔㋔　有利　　㋕　不利〕になりますね。

先生：そのとおりです。このように，為替レートの変動は私たちの暮らしにも深く関係しています。

(9)　次の文を読んで，あとのa～cの問いに答えよ。

①情報化や②グローバル化の進展に伴い，今日の国際社会は，さまざまな解決すべき課題に直面している。こうした課題の多くは，一国だけの努力で解決できるものではなく，その解決に向けて，③国際社会全体での協力が不可欠である。

a　下線部①に情報化とあるが，情報化が進んだことによって，私たちの生活が便利になった一方で，さまざまな課題も生じている。情報化が進んだことによって生じている課題にはどのようなものがあるか。簡単に書け。

(　　　　　　　　　　　　　　　　　　　　　　　　　　　　　　　　　　　)

b　下線部②にグローバル化とあるが，次の表は，2000年と2020年におけるわが国の輸出と輸入の総額，輸出および輸入相手国（地域）の上位5か国（地域）と，その輸出および輸入の金額，総額に占める割合をそれぞれ示したものである。あとの㋐～㋓のうち，この表からわかることについて述べたものとして，誤っているものはどれか。一つ選んで，その記号を書け。

(　　　)

	2000年		2020年	
	輸出	輸入	輸出	輸入
総額	516542	409384	683991	680108
1位	アメリカ 153559（29.7％）	アメリカ 77789（19.0％）	中国 150820（22.0％）	中国 175077（25.7％）
2位	台湾 38740（7.5％）	中国 59414（14.5％）	アメリカ 126108（18.4％）	アメリカ 74536（11.0％）
3位	韓国 33088（6.4％）	韓国 22047（5.4％）	韓国 47665（7.0％）	オーストラリア 38313（5.6％）
4位	中国 32744（6.3％）	台湾 19302（4.7％）	台湾 47391（6.9％）	台湾 28629（4.2％）
5位	香港 29297（5.7％）	インドネシア 17662（4.3％）	香港 34146（5.0％）	韓国 28416（4.2％）

（注）金額の単位は億円。表中の（　　）内は総額に占める割合を示す。

（「日本国勢図会 2022／23」などにより作成）

㋐　わが国の輸出の総額は，いずれの年も，輸入の総額を上回っている

㋑　アメリカに対する輸出の金額は，いずれの年も，アメリカからの輸入の金額を上回っているが，それぞれの年における輸出と輸入の金額の差は，2000年と比べて2020年の方が小さい

㋒　韓国に対する輸出の金額，輸入の金額，輸出の金額が総額に占める割合，輸入の金額が総額に占める割合のいずれについても，2000年と比べて2020年の方が多い

㋓　2020年における中国に対する輸出の金額と輸入の金額の合計額は，いずれの国（地域）よりも大きく，2020年における中国からの輸入の金額は，2000年と比べて2倍以上である

c　下線部③に国際社会全体での協力とあるが，次の図は，2015年に国際連合で採択された，国際社会全体で2030年までに達成すべき17の目標を示したものの一部である。この目標は，貧困や紛争，地球環境問題などの諸課題の解決に取り組み，将来の世代を含むすべての人々が質の高い生活を送ることのできる持続可能な社会の実現を目指すものである。この2015年に国際連合で採択された，国際社会全体で2030年までに達成すべき17の目標は一般に何と呼ばれるか。その呼び名をアルファベット4字で書け。（　　　）

2　次の(1)～(9)の問いに答えなさい。

(1)　右の略地図は，7世紀半ばの東アジアを表そうとしたものであり，次の文は，略地図中にXで示した国とわが国との関係について述べようとしたものである。文中の〔　　〕内にあてはまる言葉を，㋐，㋑から一つ選んで，その記号を書け。また，文中の□内にあてはまる最も適当な言葉を書け。記号（　　）　言葉（　　）

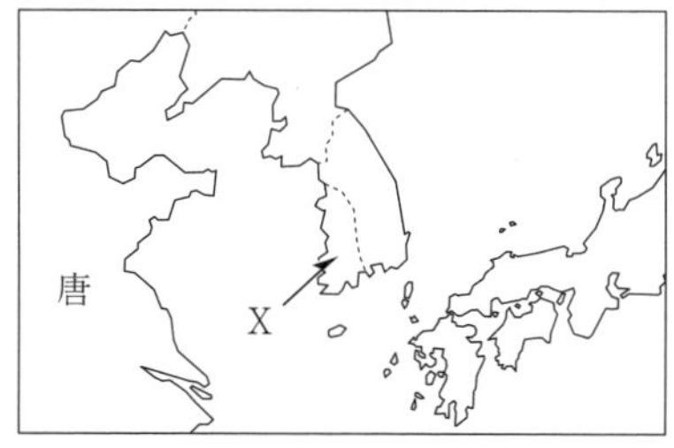

略地図中にXで示した〔㋐　高句麗（コグリョ／こうくり）　㋑　百済（ペクチェ／くだら）〕は，7世紀半ばに唐と新羅（シルラ／しらぎ）の連合軍によって滅ぼされた。この国の復興を助けるために，663年，わが国は大軍を派遣したが，□と呼ばれる戦いで，唐と新羅の連合軍に大敗した。

(2)　下のⒶ，Ⓑのカードは，中学生の太郎さんが香川県内の寺社について調べたことをまとめたものの一部である。これを見て，あとのa，bの問いに答えよ。

Ⓐ　金倉寺（こんぞうじ）

善通寺市にある，①円珍にゆかりのある寺院であり，16世紀におこった争いにより，寺院の大部分が焼失したが，江戸時代に修復された。

Ⓑ　神谷神社

坂出（さかいで）市にある神社で，②鎌倉時代に建てられたとされる本殿は，様式・技法ともに建築当時の特徴を伝えるものとして貴重であり，1955年に国宝に指定された。

a　下線部①に円珍とあるが，円珍は，平安時代に讃岐国（さぬきのくに）で生まれ，わが国の仏教の発展に貢献した人物である。次のア～エのうち，平安時代のわが国の仏教のようすについて述べたものとして最も適当なものはどれか。一つ選んで，その記号を書け。（　　）

ア　唐で学んだ仏教をもとに，空海は真言宗を，最澄（さいちょう）は天台宗をわが国に広めた

イ　聖武天皇は，国ごとに国分寺や国分尼寺（こくぶんにじ）を，都には東大寺を建てさせた

ウ　武士や農民の間で一向宗（浄土真宗）が広がり，各地で一向一揆（いっき）もおきた

エ　日蓮（にちれん）は，法華経（ほけきょう）の題目を唱えれば，人も国家も救われるという教えを広めた

b　下線部②に鎌倉時代とあるが，次のア～エのうち，北条泰時（やすとき）がおこなったこととして最も適当なものはどれか。一つ選んで，その記号を書け。（　　）

ア　武士の慣習をまとめた御成敗式目（貞永式目）を制定した

イ　御家人の生活を救うために，徳政令を出した

ウ　北朝と南朝の争いをおさめ，南北朝を統一した

エ　平泉を拠点として栄えていた奥州（おうしゅう）藤原氏を，攻め滅ぼした

(3) 下の表は，中学生の花子さんが香川県にゆかりのある人物をテーマに調べたことをまとめたものの一部である。これを見て，あとのa～cの問いに答えよ。

人物	内容
細川頼之	室町時代前期に，讃岐国の守護を務め，①室町幕府の将軍を補佐した。
香川之景（信景）	②戦国時代後期に，天霧城を拠点とし，讃岐国の西部を支配した。
松平頼重	③江戸時代初期に，高松藩の藩主として，藩の体制を整えた。

a 下線部①に室町幕府の将軍を補佐したとあるが，室町幕府に置かれていた将軍を補佐する役職は，次のア～エのうちのどれか。一つ選んで，その記号を書け。（　　）

ア 太政大臣　　イ 執権　　ウ 管領　　エ 老中

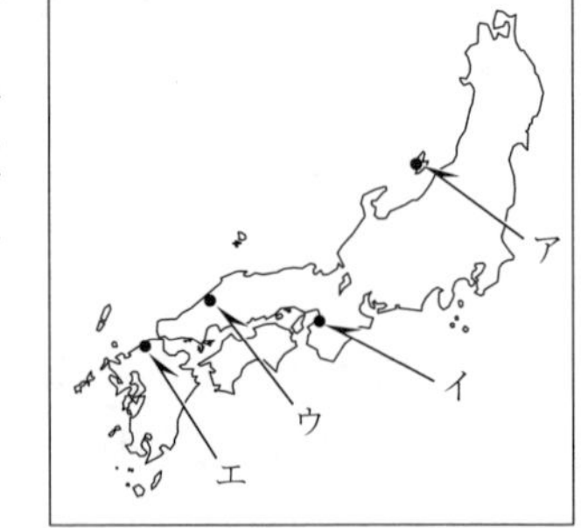

b 下線部②に戦国時代とあるが，戦国時代には，戦国大名などが鉱山の開発をおこなった。わが国の鉱山の一つである石見銀山は，戦国時代には，戦国大名や商人により開発が進められ，江戸時代には，江戸幕府の収入源となった。右の略地図中のア～エのうち，石見銀山の場所はどれか。一つ選んで，その記号を書け。（　　）

c 下線部③に江戸時代初期とあるが，次の㋐～㋒のできごとが，年代の古い順に左から右に並ぶように，記号㋐～㋒を用いて書け。

（　　）→（　　）→（　　）

㋐ 幕領でキリスト教を禁止した　　㋑ オランダ商館を長崎の出島に移した

㋒ ポルトガル船の来航を禁止した

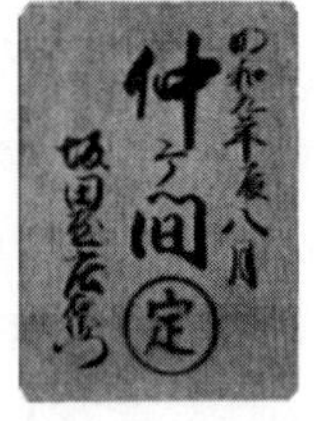

(4) 右の写真は，江戸時代に幕府や藩が株仲間に与えた札を写したものの一部である。江戸時代には，商人の同業者ごとの組織である株仲間が作られ，幕府や藩から特権が認められたことで，大きな利益を上げていた。江戸時代に株仲間は，幕府や藩からどのような特権が認められていたか。**税**・**独占**の二つの言葉を用いて，簡単に書け。

（幕府や藩に　　　　　　　　　　　　　　　　　　　　　　　　　　特権。）
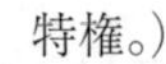

(5) 右の図は，1837年に，天保のききんで苦しむ人々に米や金を分けようと，大阪町奉行所の元役人であったある人物が，弟子などとともに，大商人をおそったできごとを描いたものの一部である。大阪町奉行所の元役人であったこの人物は誰か。その人物名を書け。

（　　）

(6) 19世紀の政治や社会に関して，次のa～cの問いに答えよ。

a 19世紀半ばに「世界の工場」と呼ばれたイギリスは，製品の販売先や原料を求めて世界各地に進出した。その頃のわが国では，欧米諸国との間で通商条約が結ばれ，イギリスを中心とする欧米諸国との貿易が始まった。イギリスを中心とする欧米諸国との貿易が始まったことで，わが国の綿織物や綿糸の生産が打撃を受けたのはなぜか。その理由を簡単に書け。

（　　　　　　　　　　　　　　　　　　　　　　　　　　　　　　）

b　1867年に徳川慶喜(よしのぶ)は朝廷に政権を返上した。その後，徳川慶喜の動きに対して，西郷隆盛や岩倉具視(ともみ)らによって，朝廷は天皇を中心とする政府の成立を宣言した。この宣言は何と呼ばれるか。その呼び名を書け。（　　　）

c　1874年に板垣退助らによって民撰(みんせん)議院設立の建白書が政府に提出された。このできごとによって，わが国において自由民権運動が始まった。次のア～エのうち，板垣退助らが政府を非難して，民撰議院設立の建白書を提出し議会の開設を求めた理由について述べたものとして，最も適当なものはどれか。一つ選んで，その記号を書け。（　　　）

ア　政府が，北海道開拓のためにつくられた官営工場を大商人に安く売り渡そうとしたから

イ　不平等条約改正のために政府がおこなった欧化政策が失敗したから

ウ　政府が，ロシア，ドイツ，フランスからの三国干渉によって遼東(リアオトン／りょうとう)半島を清(しん)に返還したから

エ　政府の中心であった大久保利通らがおこなった政治が専制的であったから

(7)　下の資料は，中学生の花子さんが，「わが国と第一次世界大戦」というテーマで発表するために作成したメモの一部である。これを見て，あとのa，bの問いに答えよ。

◆①第一次世界大戦への参戦	◆わが国におけるデモクラシーの思想の広がり
・ドイツを相手に参戦した。	・第一次護憲運動がおこる。
・山東(シャントン／さんとう)省のドイツの権益を引き継いだ。	・②本格的な政党内閣が成立する。
	・普通選挙への要求が高まる。

a　下線部①に第一次世界大戦とあるが，次の文は第一次世界大戦について述べようとしたものである。文中の二つの〔　　〕内にあてはまる言葉を，㋐，㋑から一つ，㋒，㋓から一つ，それぞれ選んで，その記号を書け。（　　　と　　　）

イギリス，フランス，〔㋐　イタリア　　㋑　ロシア〕は三国協商を成立させ，ドイツやオーストリアと対立した。また，バルカン半島においては，スラブ民族とゲルマン民族が対立した。このような対立から，1914年に第一次世界大戦が始まり，各国では国民や資源が総動員され，総力戦となった。

その後，1919年に開かれた第一次世界大戦の講和会議で，アメリカ大統領の〔㋒　リンカン　㋓　ウィルソン〕が民族自決の考えを呼びかけたことにより，東ヨーロッパの多くの民族の独立が認められた。

b　下線部②に本格的な政党内閣とあるが，1918年に成立した原敬(たかし)内閣は，わが国で最初の本格的な政党内閣である。次の資料Ⅰは，1916年と1918年におけるわが国の衆議院の政党別の議席数をそれぞれ示したものである。また，次の資料Ⅱは，寺内正毅(まさたけ)内閣と原敬内閣における各大臣の所属する政党等をそれぞれ示したものである。原敬内閣はわが国で最初の本格的な政党内閣であるが，寺内正毅内閣と比べて，原敬内閣が本格的な政党内閣であると考えられるのはなぜか。その理由を資料Ⅰ，Ⅱから考えて**大臣**・**議席**の二つの言葉を用いて，簡単に書け。

（寺内正毅内閣と比べて原敬内閣は，　　　　　　　　　　　　　　　　　　　　　　　　　）

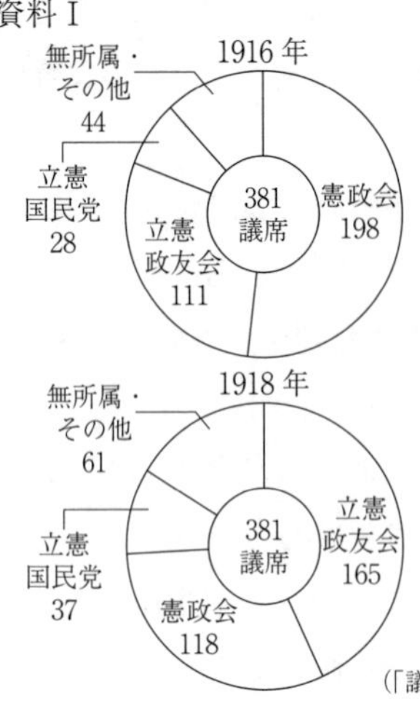

資料Ⅱ

所属する政党等	寺内正毅内閣（1916年）	原敬内閣（1918年）
軍人・元軍人	内閣総理大臣 外務大臣　大蔵大臣 陸軍大臣　海軍大臣	陸軍大臣　海軍大臣
憲政会	—	—
立憲政友会	—	内閣総理大臣 内務大臣　大蔵大臣 司法大臣　文部大臣 農商務大臣　逓信大臣
無所属・その他	内務大臣　司法大臣 文部大臣　農商務大臣 逓信大臣	外務大臣

（注）表中の—は政党等に所属している大臣がいないことを示す。

（「議会制度百年史」などにより作成）

(8)　次の略年表を見て，下のa，bの問いに答えよ。

年代	できごと	
1929	世界恐慌(きょうこう)がおこる	↑
1941	太平洋戦争が始まる	↓Ⓟ
1945	ポツダム宣言が受諾される	↑
1951	サンフランシスコ平和条約が結ばれる	↓Ⓠ

a　年表中のⓅの時期におこった，次の㋐～㋒のできごとが，年代の古い順に左から右に並ぶように，記号㋐～㋒を用いて書け。(　　)→(　　)→(　　)

㋐　わが国は，ドイツとの間で防共協定を結ぶ

㋑　わが国は，資源を求めてフランス領インドシナの南部へ軍を進める

㋒　わが国は，ロンドンで海軍軍縮条約を結ぶ

b　年表中のⓆの時期に，わが国でおこったできごととしてあてはまらないものは，次のア～エのうちのどれか。一つ選んで，その記号を書け。(　　　)

ア　地主から農地を買い上げて，小作人に安く売りわたす農地改革がおこなわれた

イ　国民主権，基本的人権の尊重，平和主義の三つを基本原理とする日本国憲法が公布された

ウ　労働組合の全国組織として日本労働総同盟が結成された

エ　産業や経済を独占，支配してきた財閥の解体が始まった

(9)　1965年にわが国は，ある国の政府を，朝鮮半島の唯一の政府として承認する条約を結び，ある国との国交を正常化させた。ある国の政府を朝鮮半島の唯一の政府として承認して，ある国との国交を正常化させたこの条約は何と呼ばれるか。その呼び名を書け。(　　　)

③ 次の⑴～⑷の問いに答えなさい。

⑴ 下の略地図は，緯線と経線が直角に交わる地図で，経線は等間隔で引かれている。この略地図を見て，あとのa～dの問いに答えよ。

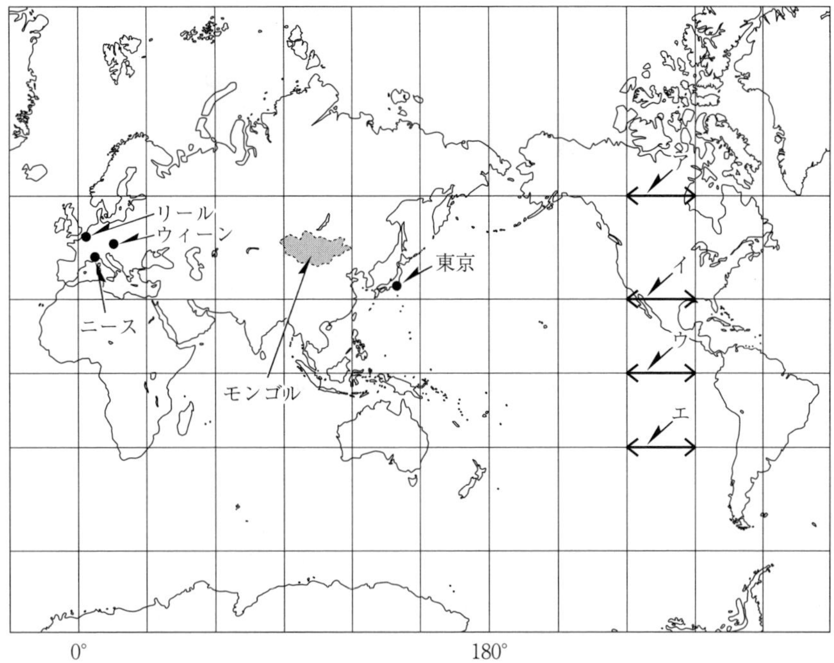

a 略地図中のア～エの⟷で示した長さは，地図上ではすべて同じであるが，実際の距離はそれぞれ異なっている。略地図中のア～エの⟷のうち，実際の距離が最も長いものはどれか。一つ選んで，その記号を書け。（　　　）

b 略地図中の［網掛け］で示したモンゴルは，国土が全く海に面していない。このような，国土が全く海に面していない国は，一般に何と呼ばれるか。その呼び名を書け。（　　　）

c 略地図中のウィーンは，東経15度の経線を標準時子午線としている。東京にいる太郎さんは，ウィーンの現地時間で12月1日の午後10時に開始されるコンサートの生中継をテレビで鑑賞しようと考えた。このコンサートの開始日時は東京の現地時間で12月何日の何時であるか。その日時を午前，午後の区別をつけて書け。（12月　　　日　　　　時）

d 右のグラフは，東京の月平均気温と月降水量を，次のグラフⅠ，Ⅱは，略地図中のリール，ニースのいずれかの月平均気温と月降水量をそれぞれ示したものである。また，あとの文は，先生と太郎さんが，東京の月平均気温と月降水量を示したグラフと，グラフⅠ，Ⅱを見て会話した内容の一部である。文中の［　X　］内にあてはまる内容を**夏**・**冬**の二つの言葉を用いて，簡単に書け。また，文中の〔　　〕内にあてはまる言葉を，㋐，㋑から一つ，㋒，㋓から一つ，それぞれ選んで，その記号を書け。

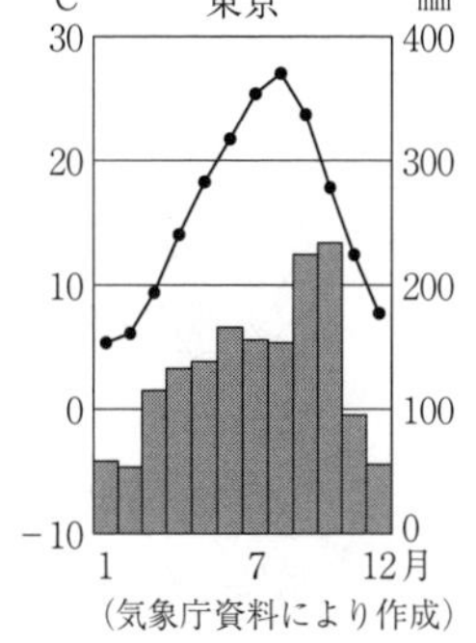

（気象庁資料により作成）

内容（雨が，　　　　　　　　　　　　　　　　）　記号（　　　と　　　）

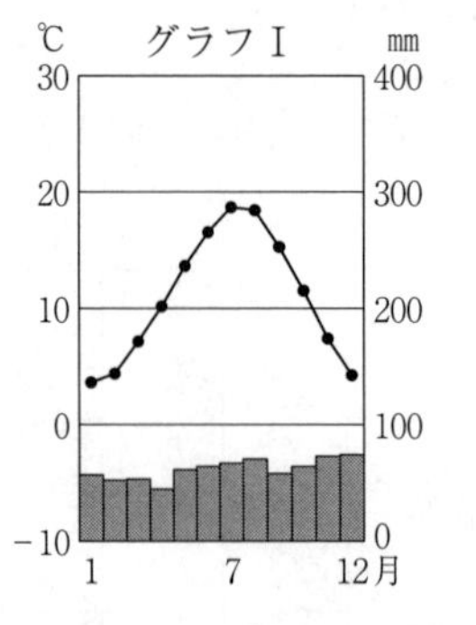

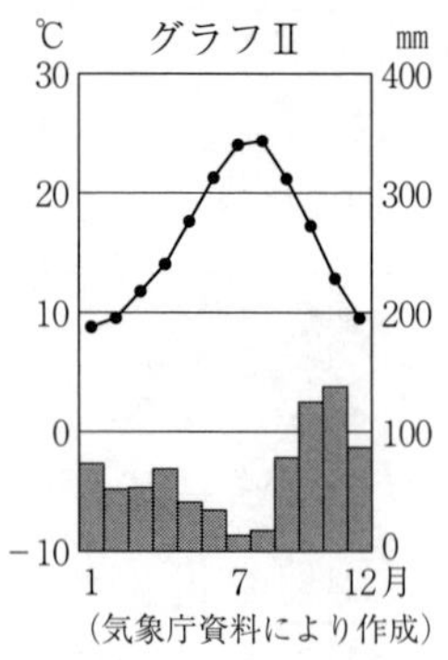

（気象庁資料により作成）

先生：東京とグラフⅠ，Ⅱでそれぞれ示した都市は，いずれも温帯の気候に属していますが，気温と降水量に特徴があります。それぞれのグラフから，どのような特徴が読み取れますか。

太郎：はい。グラフⅠ，Ⅱでそれぞれ示した都市の気温は，東京と比べて，一年を通した気温の差が小さいことがわかります。また，グラフⅠ，Ⅱでそれぞれ示した都市の降水量は，グラフⅠで示した都市では，一年を通して降水量の差が小さいのに対して，グラフⅡで示した都市では，［　X　］という特徴が読み取れます。

先生：そのとおりです。グラフⅠで示した都市は，偏西風とヨーロッパの大西洋岸を流れる〔㋐　暖流　　㋑　寒流〕の影響を受け，一年を通して気温や降水量の差が小さくなります。このことから考えると，グラフⅠで示した都市はどこだと考えられますか。

太郎：はい。グラフⅠで示した都市は〔㋒　リール　　㋓　ニース〕です。

先生：そのとおりです。

(2)　あとの地形図は，旅行で長崎県を訪れた中学生の太郎さんが，五島市の福江島で地域調査をおこなった際に使用した，国土地理院発行の２万５千分の１の地形図（五島福江）の一部である。これに関して，次のa～gの問いに答えよ。

a　尾根とは，山地の一番高いところの連なりのことであるが，地形図中に示したA～Dのうち，尾根を示したものとして最も適当なものはどれか。一つ選んで，その記号を書け。(　　　)

b　太郎さんは，福江島を訪れ，フェリー発着所から市役所に向かった。地形図中のEは，太郎さんがフェリー発着所から市役所に向かったときに通った経路を示したものである。また，次の文は，太郎さんが，地形図中のEで示した経路でフェリー発着所から市役所に向かったときのようすについてまとめたものである。文中の下線部㋐～㋓のうち，誤っているものはどれか。一つ選んで，その記号を書け。(　　　)

フェリー発着所を出発して南西方向に進むと，通りに出た。その通りを渡り，さらに進むと，㋐右前方に城跡が見える角にたどり着いた。その角を右に曲がり，まっすぐ進むと，㋑左側に図書館が見えてきた。さらにまっすぐ進むと，㋒右前方に税務署がある角にたどり着いた。その角を左に曲がり，さらに進むと，右前方に小学校が見える角にたどり着いた。その角を右に曲がり，まっすぐ進むと，㋓左側に郵便局が見えてきた。さらにまっすぐ進むと，右側に市役所があり，市役所にたどり着いた。

c　地形図中のFで示した範囲は，台地である。一般に台地は，水田ではなく主に畑や茶畑などに利用されているが，それはなぜか。**標高・水**の二つの言葉を用いて，簡単に書け。

(　　　　　　　　　　　　　　　　　　　　　　　　　　　　　　　　　　)

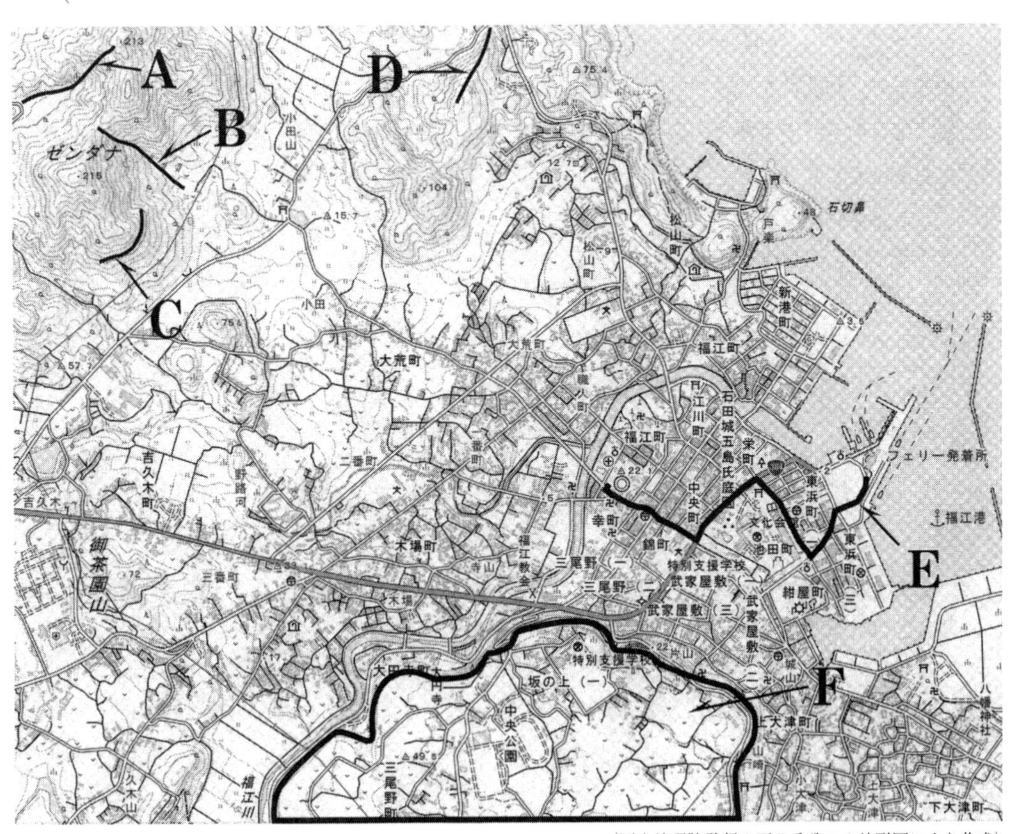

(国土地理院発行2万5千分の1地形図により作成)
(編集部注：原図を縮小しています。)

d　次の資料は，太郎さんが1962年に福江島で発生した福江大火から災害時の対応について考えて，まとめようとしたものの一部である。文中のP，Qの［　　］内にあてはまる言葉の組み合わせとして最も適当なものは，あとのア～カのうちのどれか。一つ選んで，その記号を書け。また，文中の［X］内には，ほかの住民と協力し，災害時にとるべき行動を事前に確認したり，身につけたりするために，参加する活動の内容が入る。その内容は何か。簡単に書け。

記号(　　　)　内容(　　　　　　　　　　　)

> 1962年9月26日深夜に出火し，福江島の市街地のほとんどが焼失した福江大火と呼ばれる大規模な火災が発生した。被災した福江島では，当時，消防隊や警察，自衛隊によって，がれきの撤去や支援物資の配給などがおこなわれた。
>
> このように災害時には，国や都道府県，市区町村などによって［P］と呼ばれる被害者の救助や支援などがおこなわれる。しかし，災害時に，国や都道府県，市区町村などの救助や支援に頼るだけでなく，自らの力で，自分自身や家族を守ることも大切である。さらに，住民が協力し助け合う［Q］と呼ばれる行動をとることが求められる。そのためには，普段から［X］に参加するなど，ほかの住民と協力し，災害時にとるべき行動を事前に確認したり，身につけたりすることが大切である。

ア〔P 自助　Q 共助〕　イ〔P 自助　Q 公助〕
ウ〔P 共助　Q 自助〕　エ〔P 共助　Q 公助〕
オ〔P 公助　Q 自助〕　カ〔P 公助　Q 共助〕

e　福江島の付近の海域には，国連海洋法条約で定められた排他的経済水域が設定されている。次の㋐～㋓のうち，わが国の排他的経済水域において，どの国もわが国の許可なく自由におこなうことができるものはどれか。二つ選んで，その記号を書け。(　　と　　)

㋐　魚などの水産資源をとる
㋑　海底にある鉱産資源を利用する
㋒　フェリーや貨物船で通行する
㋓　パイプラインを敷設(ふせつ)する

f　右の表は，わが国の1970年，1985年，2000年，2015年における遠洋漁業，沖合漁業，沿岸漁業のそれぞれの漁獲量と加工品を含む水産物輸入量の推移を示そうとしたものである。表中のア～エは，遠洋漁業，沖合漁業，沿岸漁業のそれぞれの漁獲量と加工品を含む水産物輸入量のいずれかを示している。ア～エのうち，遠洋漁業の漁獲量と加工品を含む水産物輸入量にあたるものはそれぞれどれか。一つずつ選んで，その記号を書け。

	1970年	1985年	2000年	2015年
ア	75	226	588	426
イ	328	650	259	205
ウ	189	227	158	108
エ	343	211	85	36

(注) 単位は万t

(農林水産省資料などにより作成)

遠洋漁業の漁獲量(　　)　加工品を含む水産物輸入量(　　)

g　太郎さんは，長崎県が観光に力を入れていることを知り，九州地方の観光について調べた。下の表は，2019年における九州地方の各県を目的地とした国内旅行の宿泊旅行者延べ人数と，そのうちの旅行目的が観光・レクリエーションである旅行者数をそれぞれ示したものである。また，下の略地図は，表をもとに各県を目的地とした国内旅行の宿泊旅行者の延べ人数に占める旅行目的が観光・レクリエーションである旅行者数の割合について，作図しようとしたものである。下の略地図中にA，Bで示した県について，凡例(はんれい)に従って作図をおこない，あとの解答欄の図の中に書け。

県名	宿泊旅行者延べ人数(千人)	観光・レクリエーション(千人)
福岡	10281	3682
佐賀	2139	683
長崎	4579	2770
熊本	5125	2219
大分	4906	3291
宮崎	2356	887
鹿児島	3792	2001
沖縄	7235	5446

(「データでみる県勢2021」より作成)

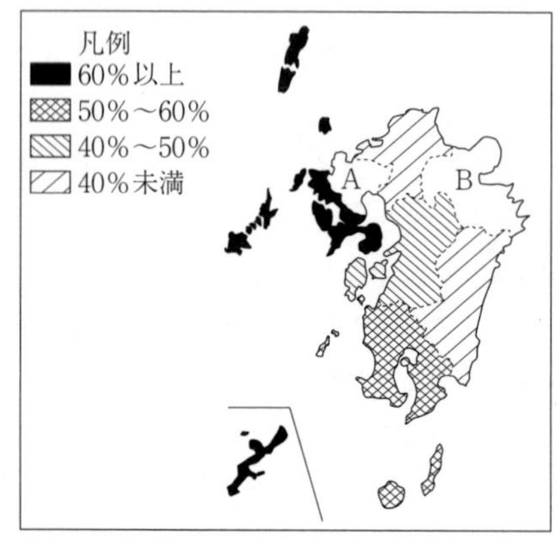

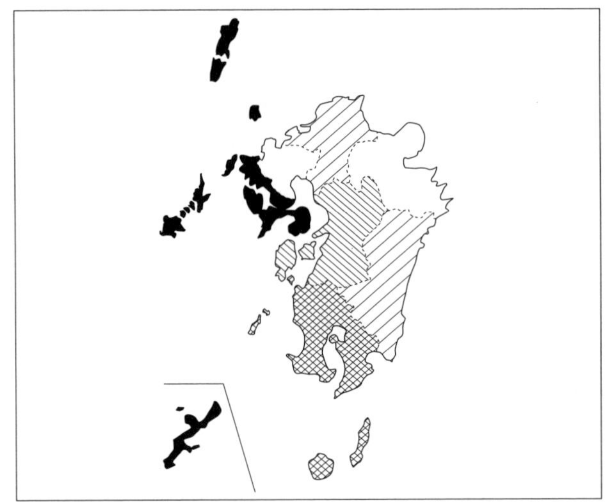

(3) 下の資料Ⅰは，花子さんが，2018年における日本，フランス，オランダ，スウェーデン，カナダの品目別食料自給率の特徴についてまとめたものの一部である。また，資料Ⅱは，2018年における日本，フランス，オランダ，スウェーデン，カナダの品目別食料自給率についてそれぞれ示そうとしたものである。資料Ⅱ中のア～エは，フランス，オランダ，スウェーデン，カナダのいずれかにあたる。資料Ⅱ中のア～エのうち，資料Ⅰから考えると，フランスとスウェーデンにあたるものはそれぞれどれか。一つずつ選んで，その記号を書け。

フランス(　　　)　スウェーデン(　　　)

資料Ⅰ

・穀類の食料自給率よりも，いも類の食料自給率が高いのは，日本とオランダである。
・野菜類の食料自給率と果実類の食料自給率がともに日本よりも低いのは，スウェーデンとカナダである。
・肉類の食料自給率が100％以上であるのは，オランダ，カナダ，フランスである。

資料Ⅱ

	穀類(％)	いも類(％)	野菜類(％)	果実類(％)	肉類(％)
日本	28	73	77	38	51
ア	10	150	347	39	253
イ	197	154	59	25	136
ウ	102	78	34	6	76
エ	176	130	72	65	103

(「データブック　オブ・ザ・ワールド2023」などにより作成)

(4) あとの資料Ⅰは，世界の原油消費量の推移を，資料Ⅱは，アメリカ合衆国，中国，ロシア，インド，日本の原油消費量の推移を，資料Ⅲは，2019年における中国，インド，アメリカ合衆国，ロシア，日本の人口をそれぞれ示したものである。次のア～エのうち，資料Ⅰ～Ⅲからわかることについて述べたものとして最も適当なものはどれか。一つ選んで，その記号を書け。(　　　)

ア　2004年と2009年の世界の原油消費量に占めるアメリカ合衆国の原油消費量の割合を比べると，世界の原油消費量に占めるアメリカ合衆国の原油消費量の割合が小さいのは，2004年である

イ　2009年と2014年のロシア，インド，日本の原油消費量を比べると，2009年から2014年にかけて原油消費量が増加しているのは日本である

ウ　2019年における，中国，ロシア，インドのそれぞれの原油消費量を合わせると，2019年にお

ける世界の原油消費量の5割以上である

エ　2019年における，アメリカ合衆国と中国の一人当たりの原油消費量を比べると，2019年における一人当たりの原油消費量が多いのはアメリカ合衆国である

資料Ⅰ　世界の原油消費量の推移

	2004年	2009年	2014年	2019年
世界の原油消費量(百万ｔ)	3651	3670	3894	4017

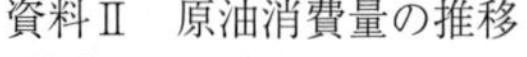

資料Ⅱ　原油消費量の推移

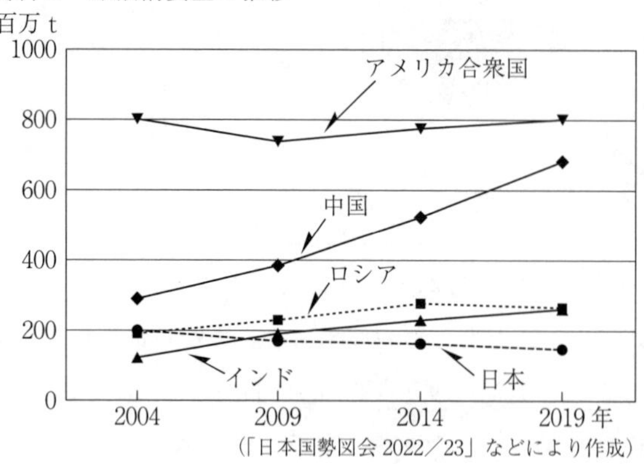

(「日本国勢図会 2022／23」などにより作成)

資料Ⅲ　2019年における人口

国名	人口(百万人)
中国	1434
インド	1366
アメリカ合衆国	329
ロシア	146
日本	126

理科

時間 50分　　満点 50点

1 次のA，Bの問いに答えなさい。

A 太郎さんは，日本のある地点で，5月下旬から6月下旬にかけて，太陽系の惑星の観察をした。観察をした時期によって，見える惑星が異なっていることに興味をもった太郎さんは，太陽系の惑星について調べることにした。下の表は，太陽系の8つの惑星について，地球を1としたときの赤道半径と質量，それぞれの惑星の平均密度，太陽地球間を1としたときの太陽からの平均距離，地球の公転周期を1年としたときのそれぞれの惑星の公転周期をまとめようとしたものであり，表中のP～Rは太陽系の8つの惑星のうちのいずれかである。これに関して，あとの(1)～(4)の問いに答えよ。

表

	惑星	赤道半径（地球＝1）	質量（地球＝1）	平均密度 [g/cm^3]	太陽からの平均距離（太陽地球間＝1）	公転周期 [年]
地球型惑星	地球	1.00	1.00	5.51	1.00	1.00
	金星	0.95	0.82	5.24	0.72	0.62
	P	0.38	0.06	5.43	0.39	0.24
	Q	0.53	0.11	3.93	1.52	1.88
木星型惑星	木星	11.21	317.83	1.33	5.20	11.86
	天王星	4.01	14.54	1.27	19.22	84.25
	海王星	3.88	17.15	1.64	30.11	165.23
	R	9.45	95.16	0.69	9.55	29.53

(1) 太陽系の8つの惑星は，さまざまな特徴から，地球型惑星と木星型惑星の2つのグループに分けることができる。木星型惑星は地球型惑星に比べて，太陽からの平均距離が大きく，公転周期が長いという特徴があるが，このことのほかにどのような特徴があるか。表からわかる特徴を，**赤道半径と質量**　**平均密度**の2つの言葉を用いて，簡単に書け。

（木星型惑星は地球型惑星に比べて，　　　　　　　　　　　　　　　　　　　　　　　）

(2) 太郎さんは，お父さんと，7月以降も続けて金星の観察をした。すると，夕方または明け方には金星を観察できることがあったが，真夜中には金星を観察することができなかった。これに関して，次のa，bの問いに答えよ。

a 右の図は，太郎さんが観察をした6月のある日の太陽と金星と地球の位置関係を模式的に示したものである。地球は，太陽のまわりを1年で1回公転する。それに対して，金星は，約0.62年で1回公転するため，太陽のまわりを1か月あたり約50°公転することになる。次の㋐～㋓のうち，図に示したある日から3か月後の地球と金星の位置関係を模式的に示したものとして，最も適

図

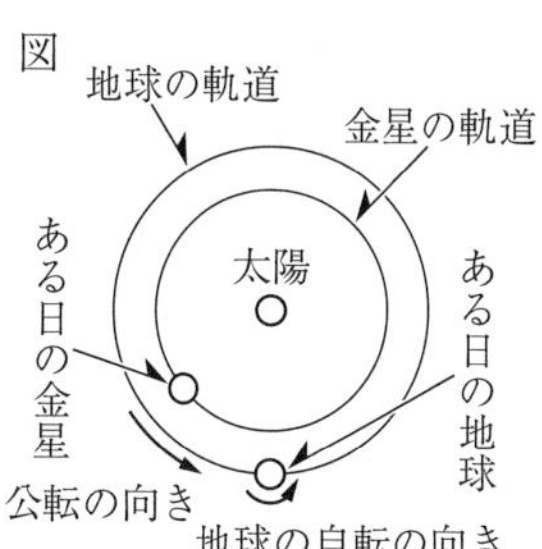

当なものを一つ選んで，その記号を書け。また，太郎さんが観察をした地点では，図に示したある日から３か月後に，金星がいつごろどの方向に見えるか。あとのカ～ケから最も適当なものを一つ選んで，その記号を書け。

位置関係(　　　)　見える時間と方向(　　　)

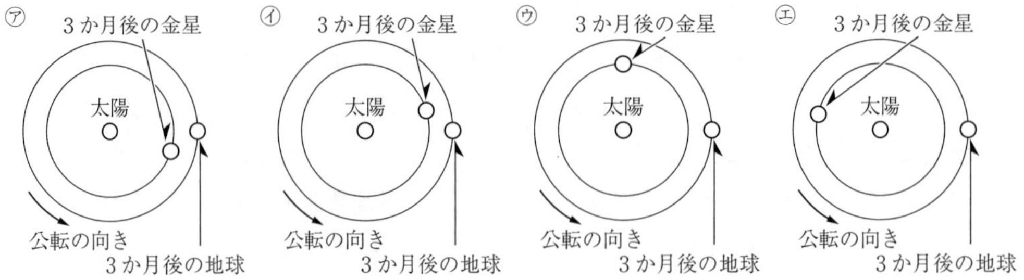

㋐ ３か月後の金星 太陽 公転の向き ３か月後の地球

㋑ ３か月後の金星 太陽 公転の向き ３か月後の地球

㋒ ３か月後の金星 太陽 公転の向き ３か月後の地球

㋓ ３か月後の金星 太陽 公転の向き ３か月後の地球

カ　日の出直前の東の空に見える　　キ　日の出直前の西の空に見える

ク　日の入り直後の東の空に見える　　ケ　日の入り直後の西の空に見える

b　次の文は，金星が真夜中に観察できない理由と，同様の理由で真夜中に観察できない惑星について述べようとしたものである。文中の□内にあてはまる内容を，**公転**の言葉を用いて，簡単に書け。また，文中の〔　〕内にあてはまる言葉を，㋐，㋑から一つ選んで，その記号を書け。内容(地球よりも，　　　　　　　　　している)　記号(　　　)

金星は，□。そのために，地球から見ると，真夜中には観察できない。同様の理由で，前の表中の〔㋐　惑星Ｐ　　㋑　惑星Ｑ〕も真夜中には観察できない。

(3)　太郎さんが観察をした６月のある日，惑星Ｑが見えた。前の表から考えると，惑星Ｑが地球から最も遠い位置にあるときの地球から惑星Ｑまでの距離は，惑星Ｑが地球から最も近い位置にあるときの地球から惑星Ｑまでの距離のおよそ何倍になると考えられるか。次のア～エのうち，最も適当なものを一つ選んで，その記号を書け。(　　　)

ア　1.5倍　　イ　2.5倍　　ウ　2.9倍　　エ　4.8倍

(4)　次の文は，前の表中の惑星Ｒについて述べようとしたものである。文中の２つの〔　〕内にあてはまる言葉を，㋐，㋑から一つ，㋒，㋓から一つ，それぞれ選んで，その記号を書け。

(　　と　　)

惑星Ｒは，〔㋐　水素とヘリウム　　㋑　二酸化炭素〕を主成分とする大気をもち，〔㋒　氷や岩石でできた巨大な環(わ)（リング）をもっている　　㋓　自転軸が公転面に垂直な方向から大きく傾き，ほぼ横倒しになっている〕。

B　地震に関して，次の(1)～(3)の問いに答えよ。

(1)　次の表は，ある地震について，震源からの距離が異なる観測地点①～③における地震の記録をまとめたものである。また，次の図Ⅰは，この表をもとにして，この地震のゆれの始まった時刻と震源からの距離との関係を，初期微動の始まった時刻を○で，主要動の始まった時刻を●で表したものである。これに関して，あとのa～cの問いに答えよ。

表

観測地点	初期微動の始まった時刻	主要動の始まった時刻	震源からの距離
①	22時08分21秒	22時08分24秒	22km
②	22時08分26秒	22時08分33秒	52km
③	22時08分42秒	22時09分00秒	148km

図Ⅰ

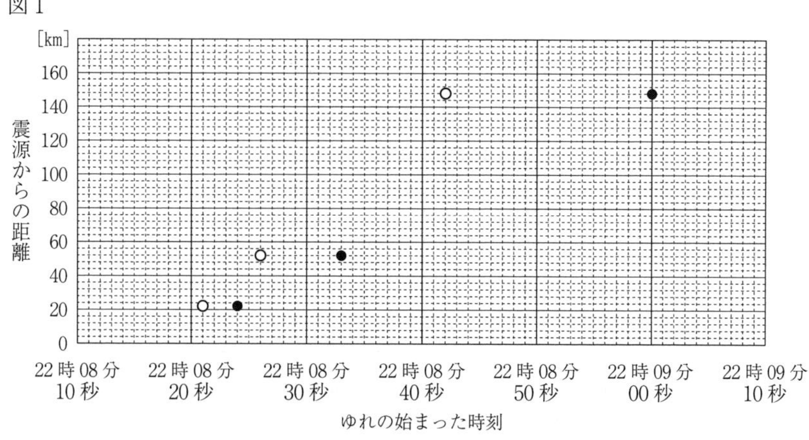

a　図Ⅰに示した観測結果から推測される地震発生の時刻は，いつであると考えられるか。次のア～エのうち，最も適当なものを一つ選んで，その記号を書け。(　　　)

ア　22時08分13秒　　イ　22時08分18秒　　ウ　22時08分21秒

エ　22時08分24秒

b　地震が起こったときに発表される情報には，震度やマグニチュードがある。次の文は，地震の震度とマグニチュードの違いについて述べようとしたものである。文中の3つの〔　〕内にあてはまる言葉を，㋐，㋑から一つ，㋒，㋓から一つ，㋔，㋕から一つ，それぞれ選んで，その記号を書け。(　　と　　と　　)

地震が起こったときに発表される震度は，〔㋐　地震の規模　　㋑　ゆれの大きさ〕を表し，マグニチュードは，〔㋒　地震の規模　　㋓　ゆれの大きさ〕を表す。また，ある一つの地震において，震度は〔㋔　震源からの距離などにかかわらず同じである　　㋕　震源からの距離などによって異なる〕。

c　地震が起こると，P波とS波は，震源で同時に発生し，それぞれほぼ一定の速さで大地を伝わる。また，P波の方がS波よりも速く伝わる。P波とS波の伝わり方の違いを利用したものに緊急地震速報がある。緊急地震速報は，震源に近い地点にある地震計に伝わったP波を感知して，主要動をもたらすS波の到着時刻の予測などを各地に知らせるものである。右の図Ⅱは，太郎さんが，気象庁ホームページを利用して，ある地震の緊急地震速報についてまとめたものの一部で

図Ⅱ　この地震において緊急地震速報が発表されるまでの流れ

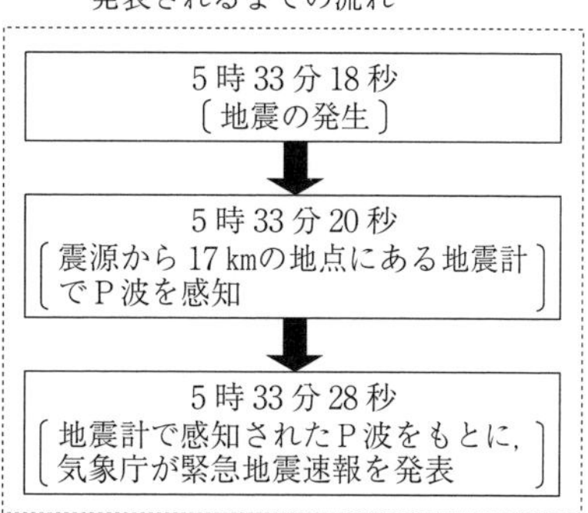

ある。この地震では，地震が発生した5時33分18秒から2秒後の5時33分20秒に，震源から17kmの地点にある地震計でP波が感知されて，その8秒後の5時33分28秒に緊急地震速報が気象庁より発表された。また，震源から73kmの地点では，緊急地震速報の発表から10秒後にS波が到着した。この地震において，震源から154kmの地点では，緊急地震速報の発表から約何秒後にS波が到着したと考えられるか。次のア～エのうち，最も適当なものを一つ選んで，その記号を書け。(　　　)

ア　約16秒後　　イ　約21秒後　　ウ　約32秒後　　エ　約43秒後

(2) 断層とは，岩盤の一部が破壊されて生じる地層や土地のずれのことである。このような断層のうち，過去に繰り返し地震を起こした証拠があり，今後もずれを生じて地震を起こす可能性があると考えられる断層は何と呼ばれるか。その名称を書け。(　　　)

(3) 次の文は，日本列島付近で発生する地震について述べようとしたものである。文中の2つの〔　　〕内にあてはまる言葉を，㋐，㋑から一つ，㋒，㋓から一つ，それぞれ選んで，その記号を書け。(　　　と　　　)

日本列島付近の大陸プレートと海洋プレートが接する境界で発生する地震の震源は，海溝を境として大陸側に多く分布しており，震源の深さは，太平洋側から日本海側に向かって，だんだん〔㋐　深く　　㋑　浅く〕なっている。これは，日本列島付近では，〔㋒　大陸プレートの下に海洋プレート　　㋓　海洋プレートの下に大陸プレート〕が沈み込んでいるためであり，このような場所では，プレートどうしの動きによって，地下に大きな力がはたらく。この力に地下の岩盤がたえられなくなると，岩盤の一部が破壊されて大きな地震が起こる。

2 次のA, B, Cの問いに答えなさい。

A エンドウの種子の形には丸形としわ形の2つの形質がある。丸形は顕性形質であり, しわ形は潜性形質である。このとき, 種子を丸形にする遺伝子をA, しわ形にする遺伝子をaとする。これらの形質がどのように遺伝するかを調べるために, 次の実験をした。これに関して, あとの(1)〜(3)の問いに答えよ。

実験 右の図のように, 丸形の種子を育てた個体どうしをかけ合わせたところ, 得られた子にあたる種子は丸形としわ形の割合がおよそ3:1になった。

図

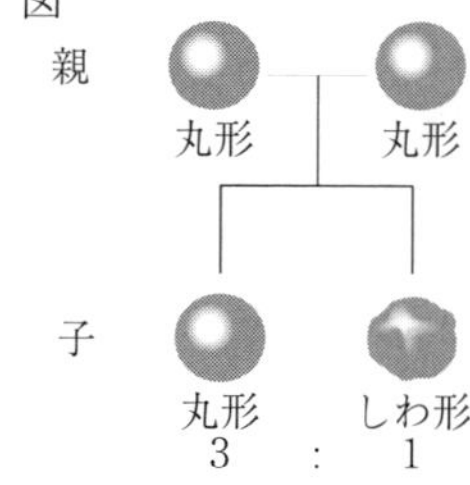

(1) エンドウの種子の形には丸形としわ形の2つの形質があるが, 一つの種子にはどちらか一方の形質しか現れない。エンドウの種子の丸形としわ形のように, 同時に現れない2つの形質どうしは一般に何と呼ばれるか。その名称を書け。(　　　)

(2) 実験の結果から, 親の遺伝子の組み合わせについてどのようなことが考えられるか。次のア〜エのうち, 親の遺伝子の組み合わせについて考えられることを述べたものとして, 最も適当なものを一つ選んで, その記号を書け。(　　　)

ア どちらの個体もAAである

イ どちらの個体もAaである

ウ 一方の個体はAA, もう一方の個体はAaである

エ この実験の結果だけではAとaの遺伝子の組み合わせを推測することはできない

(3) 花子さんと先生は, 実験で得られた子にあたる丸形の種子の遺伝子の組み合わせを推測するために, かけ合わせをして調べる方法について会話した。次の文は, その会話の一部である。文中のP〜Rの□内にあてはまる言葉の組み合わせとして最も適当なものを, 右の表のア〜エから一つ選んで, その記号を書け。(　　　)

	P	Q	R
ア	丸形	AA	Aa
イ	丸形	Aa	AA
ウ	しわ形	AA	Aa
エ	しわ形	Aa	AA

花子:先生, 実験で得られた子にあたる丸形の種子の遺伝子の組み合わせを調べる方法はありませんか。

先生:子にあたる丸形の種子を育てたエンドウの個体に, [P] の純系のエンドウの個体をかけ合わせ, 孫にあたる種子の丸形としわ形の割合を調べることで, 子にあたる丸形の種子のエンドウの個体がもつ遺伝子の組み合わせを推測できますよ。

花子:なるほど。孫にあたる種子の丸形としわ形の割合がおよそ1:1なら, 子にあたる丸形の種子の遺伝子の組み合わせは [Q] と推測でき, 孫にあたる種子のほぼすべてが丸形なら, 子にあたる丸形の種子の遺伝子の組み合わせは [R] と推測できるということですね。

先生:その通りです。

B　植物の花のつくりの違いを調べるために，アブラナの花とマツの花を観察した。これに関して，次の(1)～(4)の問いに答えよ。

(1)　下の図Ⅰは，ルーペを用いて観察したアブラナの花のスケッチであり，下の図Ⅱは，マツの雌花と雄花がついている枝の一部のスケッチである。図Ⅰ中のa，bはそれぞれアブラナの花のめしべまたはおしべのいずれかを，図Ⅱ中のc，dはそれぞれマツの雌花または雄花のいずれかを示している。花粉をつくる部分は，図Ⅰ中のa，bおよび図Ⅱ中のc，dのうちそれぞれどちらか。下の表のア～エのうち，アブラナとマツの，花粉をつくる部分の組み合わせとして最も適当なものを一つ選んで，その記号を書け。(　　　)

図Ⅰ

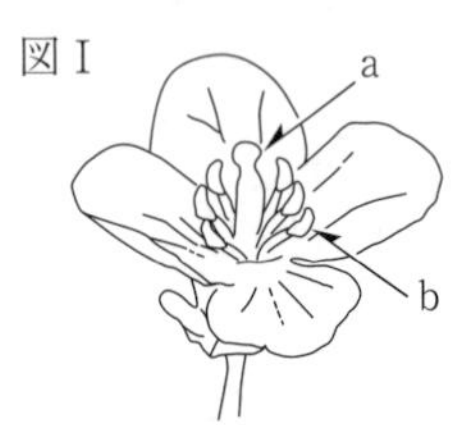

図Ⅱ

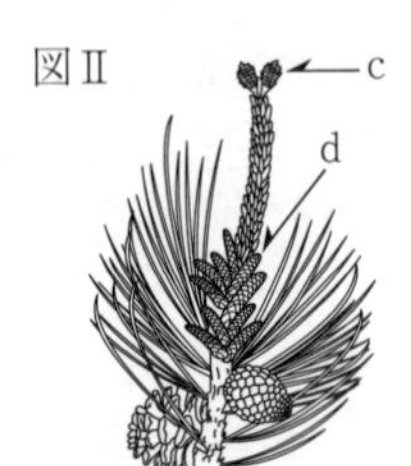

	アブラナ	マツ
ア	a	c
イ	a	d
ウ	b	c
エ	b	d

(2)　右の図Ⅲは，アブラナの花の観察に用いたルーペを示したものである。次の㋐～㋓のうち，ルーペを用いて，手にとったアブラナの花を観察するときの方法について述べたものとして，最も適当なものを一つ選んで，その記号を書け。(　　　)

図Ⅲ

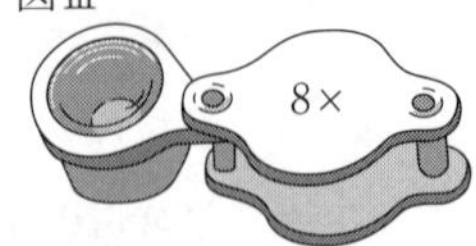

㋐　手にとったアブラナの花にできるだけルーペを近づけたまま，ルーペとアブラナの花をいっしょに前後に動かす

㋑　手にとったアブラナの花にできるだけルーペを近づけ，顔を前後に動かす

㋒　ルーペをできるだけ目に近づけ，手にとったアブラナの花を前後に動かす

㋓　手にとったアブラナの花と顔は動かさずに，ルーペのみを動かす

(3)　アブラナは被子植物に，マツは裸子植物にそれぞれ分類される。被子植物では，花のつくりのうち，胚珠にどのような特徴があるか。その特徴について，**子房**　**胚珠**の2つの言葉を用いて，簡単に書け。(被子植物では，　　　　　　　　　　　　)

(4)　アブラナやマツは種子植物と呼ばれ，種子をつくってなかまをふやすが，ゼニゴケなどのコケ植物は種子をつくらない植物である。次の文は，ゼニゴケがなかまをふやす方法について述べようとしたものである。文中の□内に共通してあてはまる最も適当な言葉を書け。

(　　　)

コケ植物であるゼニゴケには雌株と雄株があり，雌株には□のうができる。そこでつくられる□によってなかまをふやす。

C　太郎さんは，いろいろな生物や細胞の観察をした。これに関して，次の(1)，(2)の問いに答えよ。

(1)　次の図Ⅰは，太郎さんが顕微鏡を用いて，観察をしているようすである。この顕微鏡を用いて観察すると，上下左右が反転して見えた。これに関して，あとのa～cの問いに答えよ。

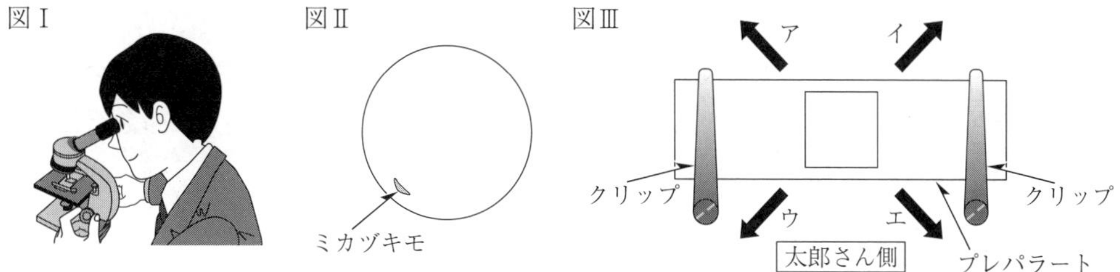

a　前の図Ⅱは，太郎さんがこの顕微鏡を用いて，図Ⅰのように観察したときの太郎さんの視野を模式的に表したものである。このとき，図Ⅱのように視野の左下の位置にミカヅキモが観察された。前の図Ⅲは，このときに顕微鏡のステージにのせたプレパラートのようすを模式的に示したものである。図Ⅲ中のア～エの矢印で示した方向のうち，このミカヅキモを視野の中央で観察するために，プレパラートを動かす方向として最も適当なものを一つ選んで，その記号を書け。(　　　)

b　ミカヅキモは，からだが一つの細胞からできている単細胞生物に分類される。一方，生物の中には，からだが複数の細胞からできている多細胞生物も存在する。次の㋐～㋓のうち，多細胞生物はどれか。正しいものを2つ選んで，その記号を書け。(　　　と　　　)

㋐　オオカナダモ　　㋑　ゾウリムシ　　㋒　ミジンコ　　㋓　アメーバ

c　多細胞生物であるタマネギやヒトのからだでは，形やはたらきが同じ細胞が集まって，組織をつくる。さらに，いくつかの種類の組織が集まり，特定のはたらきをもつ部分をつくる。この部分は何と呼ばれるか。その名称を書け。(　　　)

(2)　太郎さんは，タマネギの表皮の細胞とヒトのほおの内側の細胞を，それぞれ酢酸オルセインで染色したあと，顕微鏡で観察して，スケッチした。これに関して，次のa，bの問いに答えよ。

a　下の㋐，㋑の図は，このときのタマネギの表皮の細胞のスケッチと，ヒトのほおの内側の細胞のスケッチのいずれかを示したものである。下の㋐，㋑の図のうち，タマネギの表皮の細胞のスケッチとして，最も適当なものを一つ選んで，その記号を書け。また，その図を選んだ理由を，図に表されている植物と動物の細胞のつくりの違いから考えて，簡単に書け。

記号(　　　)　理由(植物の細胞には，　　　　　　　　　　　　ため。)

㋐ 　㋑ 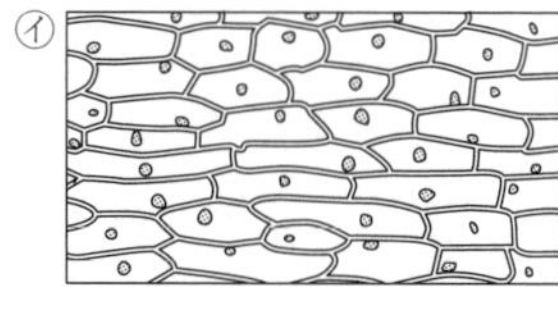

b　タマネギの表皮の細胞とヒトのほおの内側の細胞には，いずれも酢酸オルセインで染色された核がみられた。核の中には染色体があり，染色体は遺伝子をふくんでいる。遺伝子の本体である物質は一般に何と呼ばれるか。その名称をアルファベット3文字で書け。(　　　)

3 次のA，Bの問いに答えなさい。

A 次の文は，スチール缶，アルミニウム缶，カセットコンロで使用するカセットボンベとその中に入っている液体，ペットボトルとその中に入っている飲料についての，太郎さんと花子さんの会話の一部である。これに関して，あとの(1)〜(5)の問いに答えよ。

太郎：スチール缶とアルミニウム缶は見た目がよく似ているから，材質を表示するマークがついていないと区別しにくいね。

花子：スチール缶は鉄でできているのよね。鉄とアルミニウムはどちらも金属だから共通の性質もあるけれど，異なる性質もあるから，材質を表示するマークを確認する以外にも①鉄とアルミニウムを区別する方法はあるよ。

太郎：その方法を使えば，このカセットボンベが鉄でできているのかアルミニウムでできているのかもわかりそうだね。ところで，このカセットボンベをふると，液体が少し入っているような音がするんだけど，何が入っているのかな。

花子：カセットボンベの中には，ブタンという天然ガスの成分が入っているのよ。でも，ブタンは水素や酸素のような気体であると学んだはずだけど。

太郎：②ブタンも水やエタノールのように状態変化をするのかもしれないな。

花子：そうかもしれないわね。また今度学校で先生に聞いてみましょう。

太郎：カセットボンベのような金属容器だと中身が見えないけれど，ペットボトルはガラスびんのように透明だから中身がよく見えるね。表示ラベルによると，中に入っているスポーツドリンクには，③Na^+やCa^{2+}といったイオンが含まれているらしいよ。ペットボトルは軽いし，もし落としてしまっても割れにくいから便利だね。

花子：ペットボトルのようなプラスチック容器は確かに便利だけれど，プラスチックには燃やすと二酸化炭素が発生したり，種類によっては有害な気体が発生したりするものもあるから気をつけないとね。ほかにも，④プラスチックが回収されずに自然界に流出すると環境への影響も問題になるから，きちんと回収して，分別，リサイクルしていくことも大切よね。

(1) 文中の下線部①に鉄とアルミニウムを区別する方法とあるが，次の㋐〜㋓のうち，鉄とアルミニウムを区別する方法として最も適当なものを一つ選んで，その記号を書け。(　　　)

㋐ 電気を通すか通さないかを調べる

㋑ 磁石につくかつかないかを調べる

㋒ みがいて金属光沢が出るか出ないかを調べる

㋓ ハンマーでたたいてうすく広がるか広がらないかを調べる

(2) 太郎さんは鉄とアルミニウムについてさらに調べるため，後日，先生に鉄とアルミニウムのかたまりを用意してもらい，それぞれの質量を測定した。鉄のかたまりの質量は39.5gであり，アルミニウムのかたまりの質量は43.2gであった。また，それぞれの体積を測定すると，鉄のかたまりの体積は5.0cm^3であり，アルミニウムのかたまりの体積は16.0cm^3であった。次の文は，測定の結果からわかることについて述べようとしたものである。文中の［　　］内にあてはまる数値を書け。また，文中の〔　　〕内にあてはまる言葉を，㋐～㋒から一つ選んで，その記号を書け。数値（　　　）　記号（　　　）

測定の結果より，鉄の密度は［　　］g/cm^3 であることがわかる。また，鉄の密度とアルミニウムの密度を比較すると，鉄の密度は〔㋐　アルミニウムの密度よりも大きい　　㋑　アルミニウムの密度と等しい　　㋒　アルミニウムの密度よりも小さい〕ことがわかる。

(3) 文中の下線部②にブタンも水やエタノールのように状態変化をするとあるが，次のア～エのうち，ブタン，水，エタノールの状態変化に共通する性質として最も適当なものを一つ選んで，その記号を書け。（　　　）

ア　液体から固体に状態変化するときに質量が大きくなる性質

イ　液体から固体に状態変化するときに体積が小さくなる性質

ウ　液体から気体に状態変化するときに体積が大きくなる性質

エ　液体から気体に状態変化するときに質量が小さくなる性質

(4) 文中の下線部③に Na^+ や Ca^{2+} といったイオンが含まれているとあるが，次の文はイオンについて述べようとしたものである。文中の〔　　〕内にあてはまる言葉を，㋐，㋑から一つ選んで，その記号を書け。また，文中の［　　］内にあてはまるイオンを表す化学式を書け。

記号（　　　）　化学式（　　　　　）

Na^+ や Ca^{2+} のように，原子が電子を〔㋐　受けとって　　㋑　失って〕，＋（プラス）の電気を帯びたものを陽イオンという。また，－（マイナス）の電気を帯びた陰イオンの一つである硫酸イオンを表す化学式は，［　　］である。

(5) 文中の下線部④に，プラスチックが回収されずに自然界に流出すると環境への影響も問題になるとあるが，近年，自然界に流出したプラスチックによってどのような問題が生じているのか。その問題の例を，プラスチックを燃やすことで生じる問題以外で一つあげ，その一つの例についてプラスチックの性質を含めて簡単に書け。

（プラスチックには，　　　　　　　　　　　　　　　　　　　　という性質があるため，　　　　　　　　　　　　　　　　　　　　　　という問題。）

B　物質の分解について調べるために，次の実験Ⅰ，Ⅱをした。これに関して，あとの(1)～(5)の問いに答えよ。

図Ⅰ

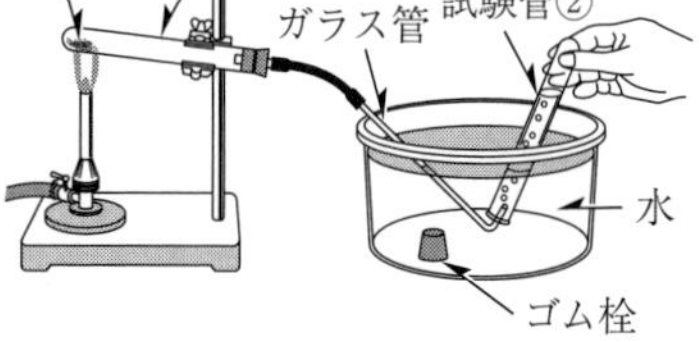

実験Ⅰ　右の図Ⅰのように，かわいた試験管①に酸化銀の黒い粉末を入れて加熱し，発生した気体を水上置換で試験管②に集めた。気体が発生しなくなってから，ガラス管を水の中から取り出し，加熱をやめた。試験管②に集めた気体を調べると，酸素であることがわかった。そのあと，試験管①に残っていた白い固体を調べると，銀であることがわかった。

(1) 次のア～エのうち，試験管②に集めた気体が酸素であることを確かめるための方法と，集めた気体が酸素であることがわかる結果として，最も適当なものを一つ選んで，その記号を書け。

（　　　）

ア　集めた気体に水で湿らせた赤色リトマス紙を近づけると，リトマス紙が青色になる

イ　集めた気体にマッチの火を近づけると，その気体が空気中で音をたてて燃える

ウ　集めた気体に火のついた線香を入れると，線香が炎を出して激しく燃える

エ　集めた気体を石灰水に通じると，石灰水が白くにごる

(2)　よくみがいた銀の表面を高倍率の電子顕微鏡で観察すると，原子とよばれる小さな粒子が集まってできていることがわかる。次のア～エのうち，原子について述べたものとして最も適当なものを一つ選んで，その記号を書け。(　　　)

ア　原子は，現在約 50 種類が確認されている

イ　原子は，原子核と電子からできている

ウ　原子は，種類によらず，質量や大きさは一定である

エ　原子は，化学変化によって，ほかの種類の原子に変わることがある

実験Ⅱ　次の図Ⅱのように，酸化銀の黒い粉末をステンレス皿に入れて加熱したあと，よく冷やしてから質量をはかった。この操作を繰り返しおこない，ステンレス皿の中の物質の質量の変化を調べたところ，はじめは質量が減少したが，やがて減少しなくなった。このときのステンレス皿の中の物質はすべて銀になっていた。次の表Ⅰは，酸化銀の粉末の質量を 1.45g，2.90g，5.80g にしてそれぞれ実験し，加熱後の物質の質量が減少しなくなったときの物質の質量をまとめたものである。

図Ⅱ

表Ⅰ

酸化銀の粉末の質量[g]	1.45	2.90	5.80
加熱後の物質の質量が減少しなくなったときの物質の質量[g]	1.35	2.70	5.40

(3)　表Ⅰをもとにして，酸化銀の粉末の質量と，ステンレス皿の中の物質を加熱して質量が減少しなくなるまでの間に発生した酸素の質量との関係をグラフに表せ。

発生した酸素の質量[g]　0.50　0.40　0.30　0.20　0.10　0

0　1.00　2.00　3.00　4.00　5.00　6.00

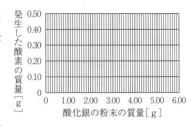

酸化銀の粉末の質量[g]

(4)　実験Ⅱで用いた酸化銀は，すべて銀原子と酸素原子が 2：1 の割合で結びついた化合物である。下の表Ⅱは，銀原子を●，酸素原子を○で表し，酸化銀，銀，酸素をモデルで表したものである。実験Ⅱにおける，酸化銀が分解して銀と酸素ができる化学変化を，化学反応式で表せ。$2Ag_2O$ →(　　　　　)

表Ⅱ

物質名	酸化銀	銀	酸素
モデル	●○●	●	○○

(5)　酸化銀の粉末 7.25g を加熱すると，ステンレス皿の中の物質の質量は 7.05g になった。このとき，分解せずに残っている酸化銀は何 g と考えられるか。(　　　g)

④ 次のA，B，Cの問いに答えなさい。

A 次の実験Ⅰ，Ⅱについて，あとの(1)～(5)の問いに答えよ。

実験Ⅰ 次の図Ⅰのような装置を用いて，電熱線Pに電流を流したときの，水の上昇温度を調べる実験をした。まず，発泡ポリスチレンのカップの中に95gの水を入れ，室温20.5℃と同じになるまで放置しておいた。次に，スイッチを入れて，電熱線Pに4.0Vの電圧を加え，水をときどきかき混ぜながら，5分間電流を流し，電流の大きさと水温を測定した。次に，電熱線Pに加える電圧を8.0V，12.0Vに変え，同じように実験をした。次の表Ⅰは，実験の結果をまとめたものである。

図Ⅰ

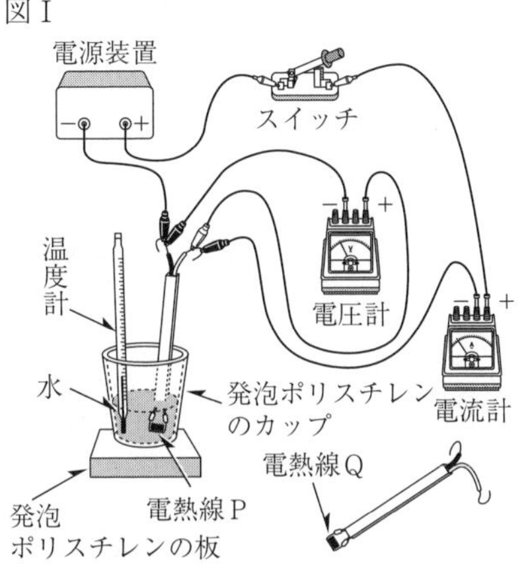

表Ⅰ

電熱線Pに加える電圧[V]	4.0	8.0	12.0
電熱線Pに流れる電流[A]	0.5	1.0	1.5
5分後の水温[℃]	21.5	24.5	29.5

(1) この実験をおこなうために，カップの中に水を入れたところ，水温が室温に比べてかなり低かった。この場合，カップの水を放置して，水温と室温が同じになってから実験をおこなわなければ，電熱線の発熱による水の上昇温度を正確に測定できない。それはなぜか。その理由を簡単に書け。

( )

(2) 電熱線Pの抵抗は何Ωか。(Ω)

実験Ⅱ 図Ⅰの装置で電熱線Pを電熱線Qにとりかえて，実験Ⅰと同じように実験をした。右の表Ⅱは，実験の結果をまとめたものである。

表Ⅱ

電熱線Qに加える電圧[V]	4.0	8.0	12.0
電熱線Qに流れる電流[A]	1.0	2.0	3.0
5分後の水温[℃]	22.5	28.5	38.5

(3) 電熱線Qに4.0Vの電圧を加え，5分間電流を流したとき，電熱線Qが消費した電力量は何Jか。(J)

(4) 次の文は，実験Ⅰ，Ⅱにおいて，電熱線に流れた電流と，水の上昇温度について述べようとしたものである。文中の2つの〔 〕内にあてはまる言葉を，㋐～㋒から一つ，㋓～㋕から一つ，それぞれ選んで，その記号を書け。また，文中の□内にあてはまる数値を書け。

記号(と) 数値( )

電熱線に電流を流す時間と加えた電圧の大きさが同じであるとき，電熱線の抵抗が小さければ，流れる電流の値は〔㋐ 大きくなる ㋑ 変わらない ㋒ 小さくなる〕ため，水の上昇温度は〔㋓ 大きくなる　㋔ 変わらない　㋕ 小さくなる〕。また，電熱線Qに6.0Vの電圧を加え，5分間電流を流したとき，5分後の水温は□℃になると考えられる。

(5) 実験Ⅰで用いた電熱線Pと，実験Ⅱで用いた電熱線Qを用いて，右の図Ⅱのように，電熱線Pと電熱線Qをつなぎ，それぞれの発泡ポリスチレンのカップの中に，水95gを入れ，室温と同じになるまで放置しておいた。その後，スイッチを入れて，水をときどきかき混ぜながら，5分間電流を流した。このとき電圧計は12.0Vを示していた。次の文は，実験Ⅰ，Ⅱの結果から考えて，スイッチを入れてから5分後の電熱線Pによる水の上昇温度と，電熱線Qによる水の上昇温度について述べようとしたものである。文中の□内にあてはまる数値を書け。また，文中の〔　〕内にあてはまる言葉を，㋐，㋑から一つ選んで，その記号を書け。数値(　　　)　記号(　　　)

図Ⅱ

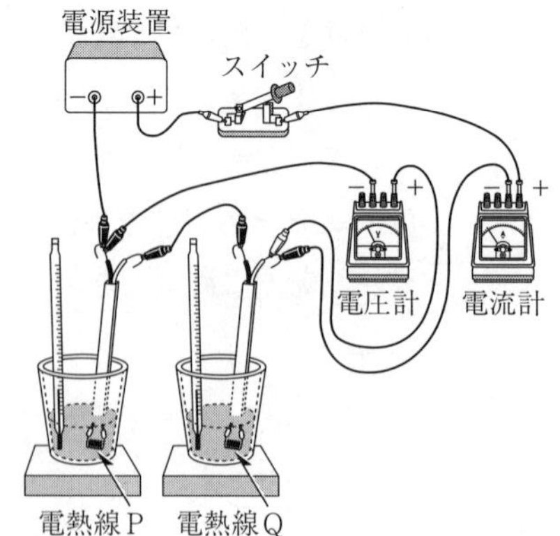

実験Ⅰ，Ⅱの結果より，電熱線Qの消費電力は，電熱線Pの消費電力の□倍になると考えられる。そのため，2つのカップの5分後の水温を比べると〔㋐ 電熱線P　㋑ 電熱線Q〕が入っているカップの方が高いと考えられる。

B 花子さんは，音の性質と伝わり方を調べるために，次の実験をした。これに関して，あとの(1)，(2)の問いに答えよ。

実験 花子さんは，右の図Ⅰのような装置を用いて，異なる高さの音を出す4つのおんさをそれぞれたたいたときに出る音の高さと，簡易オシロスコープの画面に表示される波形との関係を調べた。下の図Ⅱ～Ⅴは，4つのおんさをそれぞれたたいたときに，簡易オシロスコープの画面に表示された波形である。

図Ⅰ

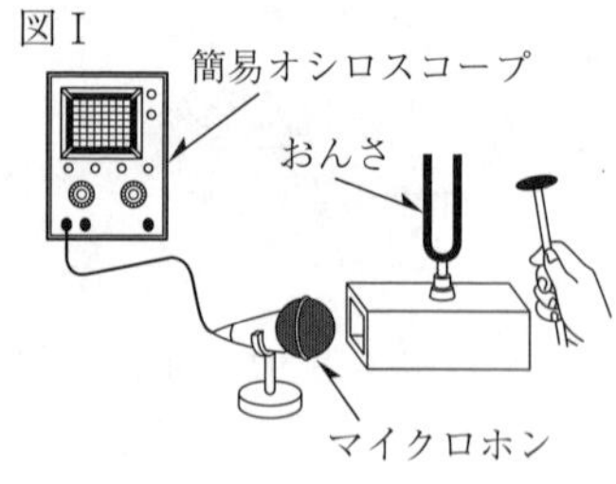

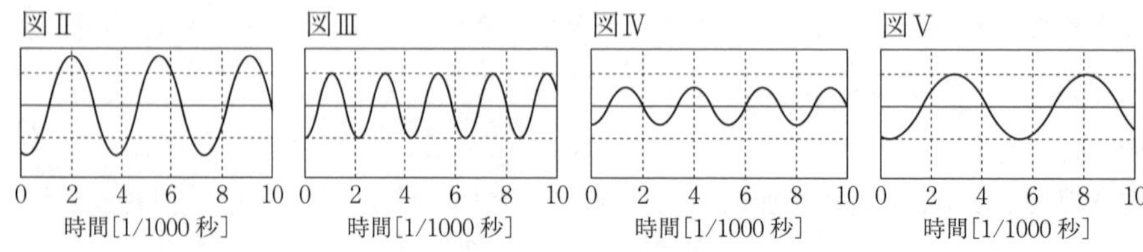

(1) 実験において，4つのおんさの中で最も高い音を出すおんさをたたいたときに，簡易オシロスコープの画面に表示された波形はどれか。次の㋐～㋓のうち，最も適当なものを一つ選んで，その記号を書け。(　　　)

㋐ 図Ⅱ　㋑ 図Ⅲ　㋒ 図Ⅳ　㋓ 図Ⅴ

(2) 花子さんは，音の伝わり方を調べるために，右の図Ⅵのような装置を用いて，鳴り続けているブザーを密閉されたガラス容器の中に入れたのちに，ガラス容器の中の空気を真空ポンプでぬき，聞こえてくるブザーの音の大きさがどのように変化するかを測定器で測定した。次の文は，その測定結果と，そこから考えられることについて述べようとしたものである。文中の2つの〔　〕内にあてはまる言葉を，㋐～㋒から一つ，㋓～㋕から一つ，それぞれ選んで，その記号を書け。(　　と　　)

図Ⅵ

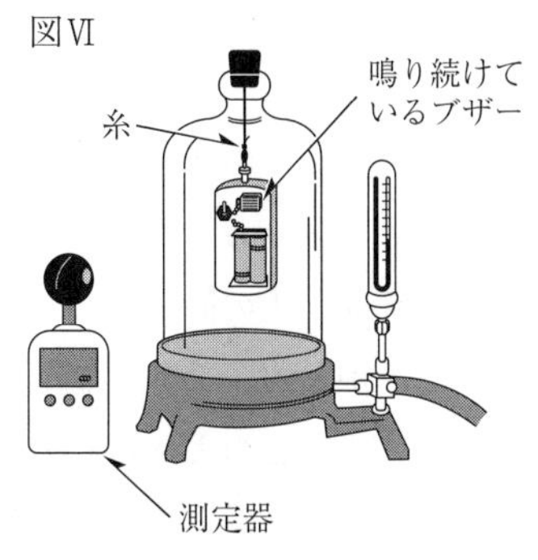

この装置において，ガラス容器の中の空気をぬいていったとき，測定されたブザーの音の大きさは〔㋐ 大きくなった　㋑ 変わらなかった　㋒ 小さくなった〕。このことから，空気は〔㋓ 音を伝える　㋔ 音を伝えるのを妨げる　㋕ 音の伝わり方に影響しない〕と考えられる。

C 太郎さんは，物体の運動やエネルギーについて調べるために，次の実験Ⅰ，Ⅱをした。これに関して，あとの(1)～(5)の問いに答えよ。

実験Ⅰ 右の図Ⅰのような装置を用いて，自由落下させた質量10gのおもりを，一定の間隔で発光するストロボスコープを使って写真にとったところ，下の図Ⅱのようになった。図Ⅱ中のK点は，おもりが手から離れた位置，L～N点はK点でおもりが手を離れてからの0.1秒ごとのおもりの位置である。また，図Ⅰの装置を用いて，いろいろな質量のおもりをいろいろな高さから，静かに手を離して自由落下させ，力学的エネルギー実験器のくいに衝突させたところ，衝突後，くいはおもりと一緒に動いて止まった。下の図Ⅲは，質量が10g，20g，30g，40gのおもりを用いて実験したときの，おもりを離す高さとくいの動いた距離との関係をグラフに表したものである。

図Ⅰ

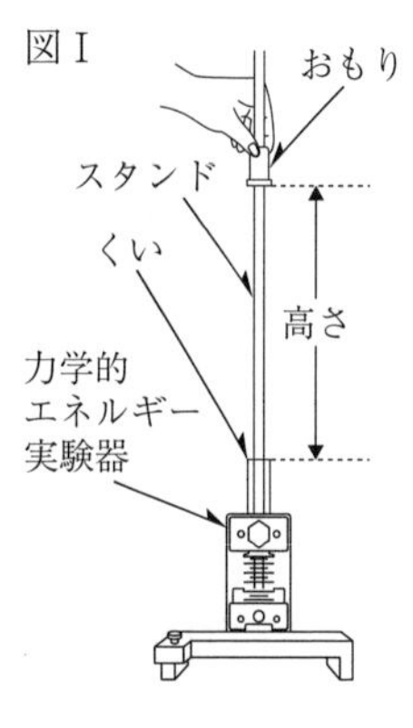

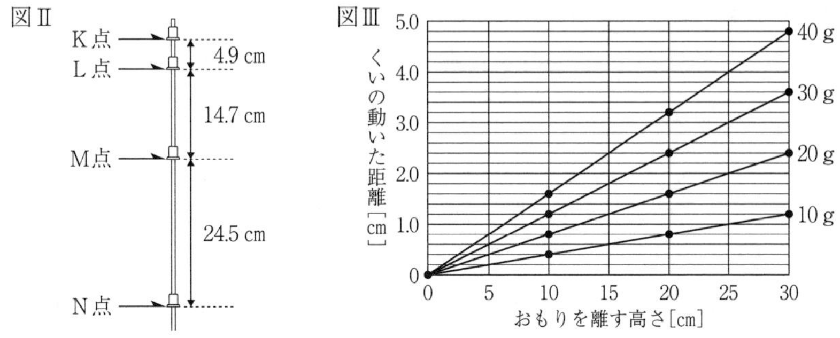

(1) 図Ⅱで，K点とM点の間のおもりの平均の速さは何m/sか。(　　m/s)

(2) 次の文は，実験Ⅰの結果から考えられることについて述べようとしたものである。文中のP，Qの□内にあてはまる最も適当な言葉を，それぞれ簡単に書け。P(　　) Q(　　)

実験Ⅰにおいて，くいの動いた距離が大きいほど，手から離れた位置でおもりがもっていた位置エネルギーが大きいと考えられる。このことから，おもりがもっている位置エネルギーの大きさは，おもりの質量と手を離したときの高さに関係し，おもりの質量が[P]と考えられ，また，手を離したときの高さが[Q]と考えられる。

(3)　実験Ⅰの結果から考えると，この装置を用いて，質量25gのおもりでくいを2.0cm動かすためには，おもりを何cmの高さから落下させればよいと考えられるか。(　　　cm)

実験Ⅱ　下の図Ⅳのような装置を用いて，いろいろな質量の小球をいろいろな高さから静かに転がし，レール上に置いた木片に衝突させたところ，衝突後，木片は小球と一緒に動いて止まった。このようにして木片の動いた距離を繰り返し測定した。また，速さ測定器を用いて，木片に衝突する直前の小球の速さを測定した。下の図Ⅴは，質量が9g，14g，22g，31gの小球を用いて実験したときの，木片に衝突する直前の小球の速さと木片の動いた距離との関係をグラフに表したものである。

図Ⅳ

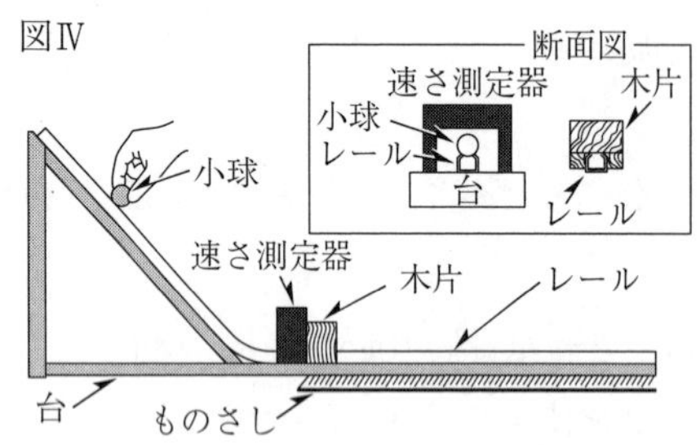

図Ⅴ

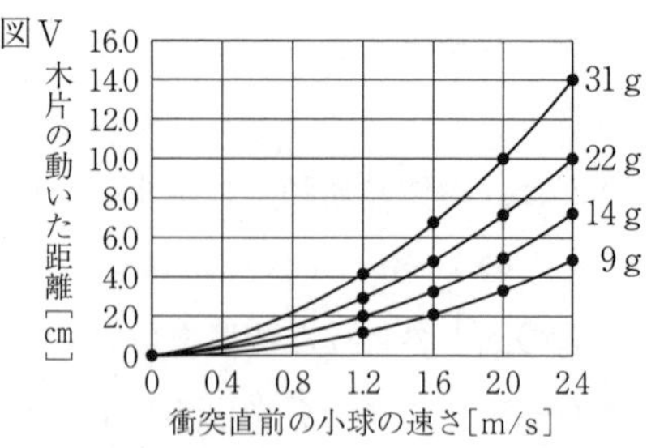

(4)　右の図Ⅵは，小球が木片に衝突したときのようすを模式的に示したものであり，木片が小球から受ける力を矢印(•⟶)で表している。このとき，小球が木片から受ける力を，力のはたらく点がわかるようにして，解答欄の図中に矢印で表せ。

図Ⅵ

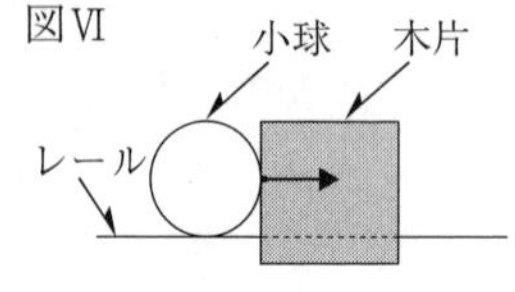

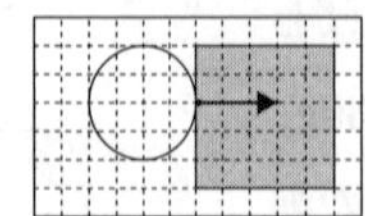

(5)　次の文は，実験Ⅱについての太郎さんと先生の会話の一部である。文中の[　　]内に共通してあてはまる最も適当な言葉を書け。また，文中の2つの〔　　〕内にあてはまる言葉を，㋐，㋑から一つ，㋒～㋔から一つ，それぞれ選んで，その記号を書け。

言葉(　　　)　記号(　　　と　　　)

太郎：小球が木片に衝突した後，木片が動いたということは，衝突後に小球が木片に[　　]をしたということですね。

先生：そうですね。小球がもっている運動エネルギーはどのように変化したのでしょうか。

太郎：はい。小球が木片に[　　]をしたことで，小球がもっていた運動エネルギーが〔㋐　増加　　㋑　減少〕したのだと思います。

先生：その通りです。

太郎：小球の質量や速さを変化させると，木片の動いた距離が変化することから，小球がもっている運動エネルギーが，小球の質量と小球の速さに関係していることがわかるのですね。

先生：そうですね。では，実験Ⅱの結果から考えると，質量 24g の小球を 1.2m/s の速さで木片に衝突させたときに木片が動く距離に比べて，質量 12g の小球を 2.4m/s の速さで木片に衝突させたときに木片が動く距離はどのようになると考えられますか。

太郎：はい。〔㋒ 大きくなる　㋓ 変わらない　㋔ 小さくなる〕と思います。

先生：その通りです。

〔注意〕

一　部分的な書き直しや書き加えなどをするときは、必ずしも「ますめ」にとらわれなくてよい。

二　**題名や氏名は書かないで、**本文から書き始めること。また、本文の中にも氏名や在学（出身）校名は書かないこと。

(150)

(250)

1　雄大な自然の中で樹齢百年を越えて生き続ける大木を再現しようと、様々な工夫を凝らして作られた盆栽を鑑賞する

2　日本の気候に合った農業の方法を追求し、農作物の遺伝子を分析しつつ品種改良をすることで自然の変化に対抗する

3　まだ吹く風も冷たい三月に一枝の桜を花瓶に生けて部屋に飾り、春の暖かな陽気を感じられるような空間を生み出す

4　鳴き声をたよりに草むらに入り捕まえた鈴虫を、虫籠に入れて大切に育てながら夜にはその涼しげな鳴き声を楽しむ

4　あなたの中学校では、校内で行われる運動会を生徒全員が楽しかったと思えるようなものにするためにはどうすればよいかについて、生徒会役員が意見箱を利用して尋ねたところ、生徒から様々な意見が寄せられました。その後、出された意見を生徒会役員が次のA～Dの四種類の視点に分類し、この四種類の視点をもとに、改めてそれぞれのクラスで話し合いが行われることになりました。

A 練習方法の工夫
B 家族や地域と協力するための工夫
C 連帯感を高めるための工夫
D 競技種目の工夫

あなたなら、クラスの話し合いの中で、生徒全員が楽しかったと思えるような運動会にするために、どのような意見を発表しますか。A～Dの中であなたが着目した視点と、発表しようとする具体的な提案を、そう考える理由がよく分かるように、次の条件1～条件4と〔注意〕に従って、解答欄に書きなさい。

条件1　二段落構成で書くこと。

条件2　第一段落にはA～Dのどの視点に着目したかを、着目した理由とともに書くこと。

条件3　第二段落には選んだ視点にもとづいたあなたの提案を、根拠を示して具体的に書くこと。

条件4　原稿用紙の正しい使い方に従って、二百五十字程度で書くこと。ただし、百五十字（六行）以上書くこと。

一つ選んで、その番号を書け。（　　）

1　形容動詞　2　副詞　3　形容詞　4　連体詞

(五)　④のられるは、次の1～4のうちの、どのられると同じ使われ方をしているか。同じ使われ方をしているものを一つ選んで、その番号を書け。（　　）

1　自分で食べられるだけの料理を皿に取ってください

2　子猫が安心するのは母猫に優しくなめられるときだ

3　思いやりの心が感じられる挨拶に私の心は和らいだ

4　遠方から来られるお客様を郷土料理でもてなしたい

(六)　⑤に江戸時代の日本人は、～安心して観賞できるものに仕立てる手法を知っていたとあるが、荒々しい自然を定形に当てはめることで「美しい自然」をつくり出そうとした江戸時代の日本人にとって、安心できる「美しい自然」とはどのようなものであり、それをどのように見ることで安心感を得ていたと筆者は考えているか。「江戸時代の日本人にとって、安心できる『美しい自然』とは、」という書き出しに続けて、六十五字以内で書け。

江戸時代の日本人にとって、安心できる「美しい自然」とは、□□□ことで安心感を得ていた

(七)　⑥に江戸の庶民が上手につきあってきた「自然のしっぽ」だったのではないかとあるが、「自然のしっぽ」と上手につきあってきた江戸の庶民の暮らしとは、どのようなものであったか。次の1～4から最も適当なものを一つ選んで、その番号を書け。（　　）

1　人間にとって害の少ない身近な自然物を利用して、厳しい自然環境下で生き延びる暮らし

2　周囲の自然環境の変化に合わせて生活様式を改変しつつ、自然の力に頼って生きる暮らし

3　日ごとに表情を変えるとらえどころのない自然に身をゆだねて、自然と一体化する暮らし

4　自然を感じさせる要素を取り入れることで日々の生活をいろどり、自然とつながる暮らし

(八)　次の〔　〕内の文は、第1～第10段落のいずれかの段落の最後に続く文である。それはどの段落か。最も適当な段落の番号を書け。

（第　　段落）

〔毎年、ほぼきまった時期に襲来する台風のような、ときには人間を破滅させる自然の暴力に遭遇する機会も多い。〕

(九)　本文を通して筆者が特に述べようとしていることは何か。次の1～4から最も適当なものを一つ選んで、その番号を書け。（　　）

1　日本人が自然と共存しようとする中で生み出された花鳥風月の一つの例が、江戸時代における金魚の流行だといえる

2　自然の厳しさに耐えるしかなかった日本人を慰めてきた金魚や植木などの花鳥風月は、日本が世界に誇る文化である

3　花鳥風月は自然への畏敬の念を表すための美の基準として生み出されたのであり、金魚は自然を体現する存在である

4　身近な自然との共存を重んじる日本伝統の自然愛護の精神は、花鳥風月という形式を通して実践されてきたといえる

(十)　筆者の考える、日本人のつくり上げてきた自然とのつきあい方の具体例として、**あてはまらないもの**はどれか。次の1～4から最も適当なものを一つ選んで、その番号を書け。（　　）

戸の人たちにとって、自然から与え④られる宝物とは、（大自然そのものでなく）手の中に持てるもの、袖の内に隠すことのできるものだ」と、いった。

14　日本人が自然の風景を眺めるときは、知らず知らず、すでに絵に描かれ、歌にうたわれた風景を通して眺め、美しさを評価するのだという。⑤江戸時代の日本人は、荒々しい自然の中から、美しいものだけを選り出し、磨き上げ、安心して観賞できるものに仕立てる手法を知っていた。それがすなわち、花鳥風月だった。日本人が自然を美しく思う前提として、「美しい自然」という定形が予め用意されている。長い年月かけて磨き上げてきた、そのパターンに当てはまるものだけを、「美しい自然」と評価する。準備されたパターンに当てはまるかどうかが、花鳥風月の美しさの基本だった。決まった形に当てはめて眺めるから、美しいと感じるのだという説もある。みんないっしょに、同じ風景に同じ美しさを感じ、同じように見る。それを変だとも、不思議とも思わず、むしろ安心に思う気持が、日本人にあるのではないか。

15　日本人のいう「美しい自然」は、人間社会の近くにあって、人の心を慰め、疲れを癒してくれるものであった。手の中の自然、花鳥風月とは、そういうものだったのではないか。

16　江戸の町方で求められた「自然」は、狭苦しい九尺二間の裏店（裏通りにある粗末な家）住まいに見合う、ミニサイズでなければならなかった。裏長屋の窓に下げられたびいどろ（ガラス）の金魚玉（球形の金魚鉢）の金魚も、植木花卉（観賞用に栽培する植物）園芸も、⑥江戸の庶民が上手につきあってきた「自然のしっぽ」だったのではないか。金魚はやっぱり、花鳥風月の一部だったのではないか。

（鈴木克美「金魚と日本人」より。一部省略等がある。）

㈠　a～dの＝＝のついているかたかなの部分にあたる漢字を楷書で書け。a（　）b（　）c（　さ）d（　）

㈡　①に日本人の考える「花鳥風月」の主たる意味が、本当に「天地自然の美しい景色」なのかというと、そこのところは、少しあやしいとあるが、これはどのようなことをいっているのか。次の1～4から最も適当なものを一つ選んで、その番号を書け。（　）

1　日本の自然は美しいだけのものではなく、「花鳥風月」の意味には自然の厳しさも含まれていることが推測されるということ

2　風流な遊びでもある「花鳥風月」は日本の伝統文化を表したものなので、日本の天地自然と結びつけるのは可能だということ

3　日本人が「花鳥風月」という言葉を天地自然の美しさだととらえているという考えについては、検討の余地があるということ

4　「花鳥風月」の本質は自然の美しさにあるというより、むしろ日本人が親しんできた風流な遊びの中にあるはずだということ

㈢　②に日本人の自然観については、明治時代以来の議論があるとあるが、筆者は、明治時代以来の議論をふまえて、日本人はどのようにして自然と関わってきたと述べているか。それを説明しようとした次の文のア、イの□内にあてはまる最も適当な言葉を、本文中からそのまま抜き出して、それぞれ十字以内で書け。

ア［　　　　　　　　　　］　イ［　　　　　　　　　　］

日本の荒々しい気候の前では［ア］であるため、日本人は自然に対して［イ］ことはせず、西欧の自然観とは異なる考え方にもとづいて、自然の一部を取り出して生活に取り込み、生きていこうとしていたと述べている

㈣　③のめまぐるしくの品詞は何か。次の1～4から最も適当なものを

3 次の文章を読んで、あとの㈠～㈩の問いに答えなさい。なお、1～16は段落につけた番号です。

1 花鳥風月とは「①天地自然（人の手が加わらない自然）の美しい景色。②風流な遊び」と『広辞苑』（国語辞典の一つ）にある。すると、金魚は花鳥風月なのかどうか。金魚を愛する気持は「花鳥風月的な気持」なのかどうか。

2 金魚は「花鳥風月的な生きもの」ではあろう。でも、数百年にわたって人が飼ってきた「家魚（養殖される魚）」の金魚は、「天地自然の美しい景色」ではあるまい。「風流な遊び」なのかどうか。

3 もっとも、①日本人の考える「花鳥風月」の主たる意味が、本当に「天地自然の美しい景色」なのかというと、そこのところは、少しあやしい。

4 ②日本人の自然観については、明治時代以来の議論がある。

5 簡単にいえば、その議論は日本人がいかに「自然」を愛する民族であるかを強調し、立証しようとする人と、日本人が「自然」を理解せず、自然観賞の能力に欠けていると見る人の論争から始まっているようである。

6 日本人の自然観が、欧米人の自然観とはまるで違っているという指摘は、a ムカシからあって、「日本人には自然が理解できない」とまでいう学者もいる。

7 たとえば、長谷川如是閑（明治・大正・昭和期にかけて活動したジャーナリスト）は「日本人の自然観は、文字通り樹を見て森を見ないもので、森林に対する感覚などは、原始人の森林恐怖観から離れていない。日本人はまるで自然を理解していない」と、たいへん手厳しい。

8 古来、日本人は、自然との付き合い方が上手ではなかった。モンスーン気候（季節風の影響が強い地域でみられる気候）地帯の北の端に b イチする日本の自然は、はるか高緯度にあって冬の c サムさは厳しいが、気候の安定して穏やかな西欧の自然に比べると、ずっと荒々しい。

9 そういう風土では、人間の力は小さなものである。自然の強大な力に対して、人々は簡単に諦めたり、天災に対する何らかの因果応報を見出すことで、自分を納得させるしかなかった。昨日の荒々しかった自然が、今日はたちまち、美しい穏やかな自然に変わり、今日の平穏が明日は激変する。気候は③めまぐるしく変動推移する。日本人の伝統的自然観が、西欧的なそれと大きく相違するのは、むしろ自然であろう。

10 日本人は、自然を理解できていなくても、自然の一部を改変して生活に取り込む知恵にはたけていた。「荒々しい自然」の脅威をそらし、「美しい自然」の美しい部分だけを切り取っていた。それがモンスーン気候地帯で自然と共存してきた民族の知恵であった。

11 自然と真っ向から取り組むのは避けて、つきあいやすい一部分だけを取り出して身近に引き寄せ、ときにはサイズも縮めて、自分たちに都合よく改変してきた。これを「日本人の縮み志向」と、否定的または揶揄（からかうこと）的にいう向きもある。疑似自然愛好といえば、その通りであるが、これもはげしく変わる荒々しい自然を取り込んで、背を丸めて生きた人々の生活の知恵だった。

12 こういった日本人の自然観抜きには、江戸の金魚流行は考えにくい。それは籠の中のコマネズミや小鳥飼育、鉢植えの草花栽培などの趣味流行全部に通ずる心だろう。江戸時代の人たちにとっては、金魚も、改変され凝縮された自然、または疑似自然の一部だった。自然と疑似自然の境界も不明瞭だった。その方が、江戸時代には似合っていた。

13 詩人でも劇作家でもあった外交官で、大正十年に東京に来て、関東大震災を d ケイケンした駐日フランス大使のポール・クローデルは「江

うなことをいっているのか。次の1～4から最も適当なものを一つ選んで、その番号を書け。(　　)

1　主君が私よりもあなたを高く評価していることに、どうしても納得ができない

2　あなたは主君にあまりよく思われていないようだから、誤解を解いてあげたい

3　主君はあなたの願いならば、どのようなことでも聞き入れているように思える

4　あなたは他の者ではとうてい及ばないほど、主君から特別に大切にされている

㈢　②にそれは一向にならぬ事なりとあるが、ここでは近習はどのようなことをいっているのか。それを説明しようとした次の文のア、イの□内にあてはまる言葉を、それぞれ五字程度で書け。

ア［　　　　　］　イ［　　　　　］

これからは、ア ことをやめて、その代わりに、常に イ べきだという意見には賛成できないということ

㈣　③に我は飯を以て君にすすむるとあるが、飯を君にすすめるというたとえは、主君に対してどのように接していることをいっているのか。次の1～4から最も適当なものを一つ選んで、その番号を書け。(　　)

1　主君への特別な心配りをすることなく、いつも変わらずにありのままの態度で接していること

2　主君に飽きられてしまわないように気を配り、常に細やかな工夫を欠かさずに接していること

3　主君の怒りに触れることのないように注意し、主君に対していつでも低姿勢で接していること

4　主君が求めるままに応えるのではなく、物足りなく感じられるように意識して接していること

㈤　本文中で、曽呂利は近習に対してどのようなことに気づかせようとしているのか。次の1～4から最も適当なものを一つ選んで、その番号を書け。(　　)

1　身近な食べ物をたとえ話に用いることで、近習がもっと質素な暮らしをすべきであることに気づかせようとしている

2　日常生活のたとえ話を用いて、近習の今の考え方のままでは主君の気持ちに添えないことに気づかせようとしている

3　想像しやすいたとえ話を用いながら、近習の持つ素直さこそが何よりも大切だということに気づかせようとしている

4　現実的ではないたとえ話を用いつつ、近習が思うほど主君は信頼できる人物ではないことに気づかせようとしている

しぶりだと指摘されたことを受けて、内心で感じている［イ］気持ちをなんとかして否定し、押さえ込みたいという思い

(七)　⑥に山の中は［　］だとあるが、［　］内には、岳がこのときの心境で山の中の様子をとらえた言葉が入る。その言葉として最も適当なものを、次の1～4から一つ選んで、その番号を書け。(　　)

1　過酷　　2　静か　　3　退屈　　4　嫌い

(八)　⑦にそれは、腹の底から湧き水のように勝手に流れ出る筑波岳の心根と、対峙するということでもあったとあるが、これは岳のどのような気持ちを述べたものか。本文全体の内容をふまえて、次の1～4から最も適当なものを一つ選んで、その番号を書け。(　　)

1　自然に接する中で、スポーツクライミングに再び挑戦したいと感じるようになり、国方の熱意に応えたいという強い気持ちが生まれ始めている

2　登山道を進む中で、これまで抱えてきた悩みやいらだちから解き放たれたことで、穂高のさりげない優しさに対する感謝の念が生じ始めている

3　岩肌を踏みしめ進む中で、スポーツクライミングや穂高の言葉といった周囲の物事に向き合い、全てが岳を支えていることに気づき始めている

4　穂高と共に登山道を歩く中で、今まで直視を避けていた思いが少しずつこみ上げてきていることを感じ、落ち着いて向き合おうとし始めている

2　次の文章を読んで、あとの(一)～(五)の問いに答えなさい。

(注1)太閤(たいかふ)の近習(きんじゆ)、(注2)曽呂利(そろり)へ尋ねて申すは、「①(注3)御辺誠に君の思し召し(おぼしめし)に叶ひ(かなひ)類(たぐひ)なし。いかがしてかはかくの如く(ごとく)に御意には入るぞや。」といひければ、曽呂利曰はく(いはく)、「飯の風味はどのやうなる物にや。」と問ふ。答へて云ふ(いふ)、「斯(かう)と定まりたる味はなけれども、只(ただ)うまき物なり。」と。曽呂利また「菓子はうまき物にや。」と。答へて曰はく、「うまくしてあまし。」曽呂利「然らば(しからば)、明日より飯をやめて、うまき甘き所の菓子計(ばかり)くひて居給ふ(たまふ)べし。」彼(か)の者聞きて「②それは一向にならぬ事なり。」といふ。曽呂利大いに笑つて「さればの事なり。(注4)貴辺は菓子を以て(もつて)君にすすめ、③我は飯を以て君にすすむる故に、いつ迄(まで)も飽かるるといふ事なく、甘きものは(注5)時宜によりてあしく、飯はいつにてもよき物なり。貴方は心に甘き所を以て、君の用ゐ給はんところを(注6)期(ご)する故、大いに(注7)了簡(れうけん)違へり。我は飯のさたでの風味もなき物なれども、退屈し給ふと云ふ気遣ひなる事なきを事とす。」

(「雨窓閑話」より)

(注1)　太閤の近習＝太閤(豊臣秀吉)のそば近くに仕えていた、ある者。
(注2)　曽呂利＝曽呂利新左衛門(しんざえもん)。豊臣秀吉のそば近くに仕えていたといわれる人物。
(注3)　御辺＝あなた。
(注4)　貴辺＝あなた。
(注5)　時宜によりて＝時と場合によっては。
(注6)　期する＝期待する。
(注7)　了簡＝考え。

(一)　本文中のくひては、現代かなづかいでは、どう書くか。ひらがなを用いて書きなおせ。(　　)

(二)　①に御辺誠に君の思し召しに叶ひ類なしとあるが、ここではどのよ

明感のある孤独だった。

岩肌を足先で踏みしめ、急坂（きゅうはん）を登る。足の動きに合わせて岳の頭や胸の中が掻（か）き回される。記憶や自問自答の渦で最初こそ混沌（こんとん）（物事の区別がはっきりしない様子）としているのに、いつの間にか整理され、淀（よど）みが取れ、澄んでいく。

⑦それは、腹の底から湧き水のように勝手に流れ出る筑波岳の心根と、対峙（たいじ）（向かい合ってじっと動かずにいること）するということでもあった。

（額賀　澪「風は山から吹いている——Why climb mountains with me?」より。一部省略等がある。）

(一) a～dの＝＝のついている漢字のよみがなを書け。

a（　　）b（　　しく）c（　　しく）d（　　）

(二) ①に目で追いきれないとあるが、岳がこのように感じたのはなぜか。次の1～4から最も適当なものを一つ選んで、その番号を書け。（　　）

1　ゆっくりとしたペースで山の雰囲気を味わっていたところ、穂高が忙しく話しかけてきたことに煩わしさを感じたから
2　歩くペースを摑むと周りを眺める余裕が生じ、木々の様子や野鳥の鳴き声といった受け取る情報の多さに気づいたから
3　ペースが整っていくうちに偶然開けた場所に着いたことで、見晴らしのよい場所から山全体を眺めることができたから
4　岳なりのペースで周りを観察しようとしていたが、穂高の木々や野鳥の説明が始まると知識量の多さに圧倒されたから

(三) ②にたまたま飛んできた帽子を拾っただけの新入生を、この人はどうしてこんなにも登山仲間にしたいのだろうとあるが、このとき岳はどのような穂高の様子を、どのように思って見ていたと考えられるか。「新入生の中には、」という書き出しに続けて、**一緒**という語を用いて、六十字以内で書け。

新入生の中には、［　　　　　　　　］と思って見ていた

(四) ③に思いがけず質問に答えてしまうとあるが、なぜ岳は穂高の質問に思いがけず答えてしまったと考えられるか。次の1～4から最も適当なものを一つ選んで、その番号を書け。（　　）

1　絶妙なタイミングの質問に動揺し、スポーツクライミングに対する岳自身の気持ちも既に見抜かれているのではと感じたから
2　スポーツクライミングの技術を用いて体勢を素早く整えられたことで冷静になり、穂高の質問に答える余裕を取り戻したから
3　今でもスポーツクライミングの感覚を忘れていないということは、穂高の前ではなんとしても隠しておきたいことだったから
4　スポーツクライミングについて聞かれ不意に取ってしまった行動が、慣れ親しんだ競技の感覚を思い出させるものだったから

(五) ④の闇雲にの意味として最も適当なものを、次の1～4から一つ選んで、その番号を書け。（　　）

1　先の見通しもなく　　2　何の見返りもなく
3　沈んだ気分のまま　　4　恐怖を抱いたまま

(六) ⑤にムキになっているのが自分でもわかるとあるが、このときの岳の思いはどのようなものだと考えられるか。それを説明しようとした次の文のア、イの［　］内にあてはまる最も適当な言葉を、本文中からそのまま抜き出して、アは五字以内、イは十字程度でそれぞれ書け。

ア［　　　　］　イ［　　　　　　　　　　］

スポーツクライミングの話をする様子を、穂高に［ア］で饒舌な話

覚がスポーツクライミングに似ていて、③思いがけず質問に答えてしまう。

「中学まではバスケをやってたんです。高校入って、物珍しくて始めました」

「俺、あんまりスポーツにc詳しくないんだけど、スポーツクライミングって、登るスピードを競うものなの?」

「ウォールっていう人工の壁を、ホールド(壁に作られた突起物)を手がかりに登るのがスポーツクライミングですけど、実はその中でも種目が三つに分かれてるんですよ。タイムを競うスピード。課題をいくつクリアできたかを競うボルダリング。どれだけ高く登れたかを競うリード。俺はリードが得意でしたね」

話しながら岩の道を登ったせいか、どんどん息が上がってきた。胸の奥が、針で刺されたみたいに痛んでくる。

だが、不思議と息苦しくはない。森の中だからだろうか。気温もバスを降りたときよりずっと涼しく、一度に体内に取り込める空気の量が多い気がした。

「手を滑らせて落ちたら、ロープ一本で宙づり? なかなかスリリングなスポーツだね」

穂高が一際(ひときわ)大きな岩をd慎重に跨(また)ぐ。体が上下するのに合わせて、彼の声が上擦る。

「日常生活では絶対に生身で登ることがない高さを這(は)い上がる種目がリードです。筋力や柔軟性や持久力はもちろん大事ですけど、ホールドが作り出すルートは一種類じゃないんで、最短ルートや難易度の低いルートを選ぶ嗅覚とか視野の広さとか戦略とか、できるだけ少ないパワーで自分の体重を移動させたり持ち上げたりするテクニックとか、いろんなものが勝敗を分けるんです」

ただ④闇雲に上を目指して登るのではない。どのホールドをどちらの手で摑むか。どのホールドに足をかけるか。そこからどのホールドに手を伸ばすか。一瞬の判断が勝負を決める。

「楽しそうに話すんだね」

やっと岩場を抜けただろうかというところで、穂高が再び振り返った。にやりと、岳を煽(あお)るように微笑(ほほえ)む。

正直、面食(く)らった。

「気づいてなかったの?」

「……そんなつもりはないんですけど」

「そう? 国方の勧誘を頑(かたく)なに断ってるのが嘘(うそ)みたいに饒舌(じょうぜつ)(口数が多いこと)に話すなあ、って思いながら聞いてたんだけど」

「穂高先輩がいろいろ聞いてくるからでしょう」

「穂高先輩じゃなくて穂高さんでいいのに」

「穂高先輩がいろいろ聞いてくるからです」

⑤ムキになっているのが自分でもわかる。「そうかなあ」と笑いながら首を傾(かし)げる穂高に、違うとたたみ掛けたくなる。けれど、言葉を重ねれば重ねるほど、きっと穂高の指摘を肯定してしまうことになるのだ。

うるさい、もう辞めたんだからいいだろ。胸の奥で勝手に過去を懐(なつ)かしんでしまう自分を非難しながら、岳は両足を動かした。

⑥山の中は［　　］だ。前後を歩く登山客の話し声や足音、衣擦(きぬず)れの音、木々の枝葉が風に蠢(うごめ)く音や野鳥の声はもちろんするが、すべてが自分から少し離れたところにあって、岳の思考や感情を侵食してこない。穂高が話しかけてこない限り、岳は独りになれた。心地のいい、とても透

国語

時間　五〇分　満点　五〇点

1　次の文章は、高校ではクライミング部に所属していたものの、将来を考えて競技をやめた大学一年生の筑波岳（つくばがく）が、大学のスポーツクライミング部の部長である国方の勧誘を断り続けていたときに、帽子を拾ったことがきっかけで知り合った登山部に所属する上級生の穂高（ほだか）に連れられて、山に登ることになった場面に続くものである。これを読んで、あとの㈠～㈧の問いに答えなさい。

高校のクライミング部を引退したのは昨年の九月。半年以上、激しい運動はしてこなかった。体型は変わっていないはずなのに、意外と筋力や体力は衰えているみたいだ。

「ジョギングとかと一緒で、体が慣れてない最初の十分、十五分はちょっとしんどいんだよ」

振り返らず、歩みも止めず、穂高が言う。息が上がっているのを見透かされ、「そうですか」と短く返した。

「もうちょっとしたら楽になってペースが摑（つか）めるよ」

彼の言う通りだった。十分ほど歩くと、何故（なぜ）か視界が開けた。ずっと見えていたはずの背の高い木々のa輪郭が妙にはっきりして、色が濃くなって、遠くまで見渡せる。何という名前の鳥だろうか、野鳥の鳴き声まで鮮明に聞こえた。

「杉の木、あれがモミの木、あっちは多分、アカガシ」

前を歩く穂高が振り返り、踊るような足取りで周囲の木々を指さす。ゆっくり説明してくれたのに、①目で追いきれない。それほど視界の中の情報量が多い。

しばらく歩くと、登山道が分岐していた。「白雲橋コース」と書かれた看板に沿って、木の根と石が折り重なった急勾配を上って行く。

明らかに道がb険しくなった。歩きやすかった階段は、ごろごろとした岩が転がる道に姿を変えた。足を取られまいと視線が下に集中し、息が苦しくなる。

これでは余計に疲れてしまう気がした。意識して顔を上げると、苔生（こけむ）した巨木の幹に沿って、狐（きつね）色のキノコが点々と顔を出していた。その下に、まるで地中から火が噴き出したみたいな真っ赤なキノコも生えている。

息を合わせたように同じタイミングで、そのキノコを穂高も見ていた。

「これの名前はわかんないや」

ははっと笑って、再び歩き出す。えらく楽しそうだ。普段、一人で登山するときもこうなのだろうか。もしくは、半ば無理矢理連れてきた後輩が一緒にいることが、そんなに愉快なのか。

不可解だった。②たまたま飛んできた帽子を拾っただけの新入生を、この人はどうしてこんなにも登山仲間にしたいのだろう。新入生なんてたくさんいて、その中には岳よりずっと登山に興味を持つ学生がいるはずなのに。

なんで俺を登山部に誘うんですか。深い呼吸の合間（あいま）に問いかけそうになる。聞いたら最後もう逃げられない気がして、慌てて飲み込んだ。

「君はさ、どうしてスポーツクライミングをやってたの」

またもこちらの心を覗（のぞ）き見たみたいに、穂高が聞いてくる。あまりに唐突で、角張った岩に置いた右足のバランスを崩しそうになる。咄嗟（とっさ）に近くにあった巨石に手をかけた。

爪先で岩の角を摑むように踏ん張り、体を前へ前へ進める。その感

数　学

1 【解き方】(1) 与式$=-14+5=-9$

(2) 与式$=(-3)^2+\frac{15}{-3}=9-5=4$

(3) 与式$=4a^3b^2\times\frac{2}{ab}=8a^2b$

(4) 与式を順に①，②とする。①－②×3より，$8y=-8$　よって，$y=-1$　これを②に代入して，$x-(-1)=4$より，$x=3$

(5) 与式$=\sqrt{5^2\times2}-\sqrt{2}+\frac{3\times2}{\sqrt{2}}=5\sqrt{2}-\sqrt{2}+3\sqrt{2}=7\sqrt{2}$

(6) $x+3=\mathrm{A}$とおくと，与式$=\mathrm{A}^2-\mathrm{A}-30=(\mathrm{A}+5)(\mathrm{A}-6)=(x+3+5)(x+3-6)=(x+8)(x-3)$

(7) ㋑だけが正の数だから，㋑が最も大きい。また，$-4=-\sqrt{16}$だから，$-4<-\sqrt{11}$　したがって，3つの数を小さい順に並べると，㋒，㋐，㋑となる。

【答】(1) -9　(2) 4　(3) $8a^2b$　(4) $x=3$，$y=-1$　(5) $7\sqrt{2}$　(6) $(x+8)(x-3)$　(7) ㋒(→)㋐(→)㋑

2 【解き方】(1) AB∥DCより，∠ABC＝∠DCE＝60°だから，∠CBD＝60°－20°＝40°　△BDEはBD＝BEの二等辺三角形だから，∠CED＝(180°－40°)÷2＝70°

(2) ア．CF＝5－3＝2 (cm)　△CDFにおいて，三平方の定理より，DF $=\sqrt{2^2+4^2}=\sqrt{20}=2\sqrt{5}$ (cm)　イ．BとEを結ぶ。EG：GF＝ED：BF＝(5－1)：3＝4：3より，$\triangle\mathrm{BEG}=\triangle\mathrm{BEF}\times\frac{4}{4+3}=\left(\frac{1}{2}\times3\times4\right)\times\frac{4}{7}=6\times\frac{4}{7}=\frac{24}{7}$ (cm²)　また，$\triangle\mathrm{BAE}=\frac{1}{2}\times1\times4=2$ (cm²)だから，四角形ABGE $=\frac{24}{7}+2=\frac{38}{7}$ (cm²)

(3) 円周角の定理より，∠BOC＝60°×2＝120°　△OBCは二等辺三角形だから，OE⊥BCで，△COEは30°，60°の直角三角形となる。よって，EC $=2\times\frac{\sqrt{3}}{2}=\sqrt{3}$ (cm)　中点連結定理より，DF $=\frac{1}{2}$BC＝EC $=\sqrt{3}$ cm　また，EとF，DとEを結ぶと，FE∥AD，FE $=\frac{1}{2}$AB＝ADより，四角形ADEFは平行四辺形だから，∠DEF＝∠DAF＝60°となる。ここで，右図のように，3点D，E，Fを通る円の中心をO′とすると，∠DO′F＝60°×2＝120°　O′からDFに垂線O′Iを下ろすと，IF $=\frac{1}{2}$DF $=\frac{\sqrt{3}}{2}$ (cm)　△FO′Iは30°，60°の直角三角形だから，O′F $=\frac{2}{\sqrt{3}}$IF＝1 (cm)，O′I $=\frac{1}{2}$O′F $=\frac{1}{2}$ (cm)となる。したがって，おうぎ形O′DF $=\pi\times1^2\times\frac{120}{360}=\frac{\pi}{3}$ (cm²)，$\triangle\mathrm{O'DF}=\frac{1}{2}\times\sqrt{3}\times\frac{1}{2}=\frac{\sqrt{3}}{4}$ (cm²)より，求める面積は，$\left(\frac{\pi}{3}-\frac{\sqrt{3}}{4}\right)$cm²

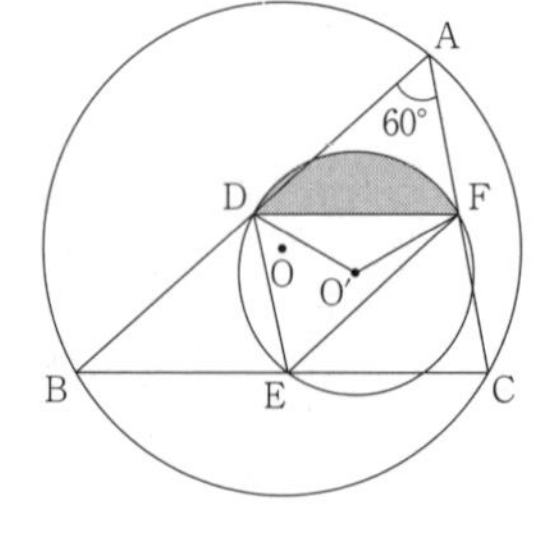

【答】(1) 70°　(2) ア．$2\sqrt{5}$ (cm)　イ．$\frac{38}{7}$ (cm²)　(3) $\frac{\pi}{3}-\frac{\sqrt{3}}{4}$ (cm²)

3 【解き方】(1) A，Bのさいころの目の数をそれぞれ a，b とすると，a，b の組み合わせは全部で，$6 \times 6 = 36$（通り） 10の約数は，1，2，5，10だから，$a \times b$ が10の約数になるのは，$(a,\ b) = (1,\ 1)$，$(1,\ 2)$，$(1,\ 5)$，$(2,\ 1)$，$(2,\ 5)$，$(5,\ 1)$，$(5,\ 2)$ の7通り。よって，求める確率は $\dfrac{7}{36}$。

(2) $30 \div 2 = 15$，$(15 + 1) \div 2 = 8$ より，第1四分位数は，下から8番目の記録だから，$3 + 6 = 9$ より，15m以上20m未満の階級に含まれる。よって，求める相対度数は，$6 \div 30 = 0.2$

(3) ア．$x = 1$ のとき，$y = -\dfrac{1}{2} \times 1^2 = -\dfrac{1}{2}$ $x = 3$ のとき，$y = -\dfrac{1}{2} \times 3^2 = -\dfrac{9}{2}$ よって，求める変化の割合は，$\left\{-\dfrac{9}{2} - \left(-\dfrac{1}{2}\right)\right\} \div (3 - 1) = \dfrac{-4}{2} = -2$ イ．$y = \dfrac{3}{4}x^2$ に，$x = -4$ を代入すると，$y = \dfrac{3}{4} \times (-4)^2 = 12$ だから，A$(-4,\ 12)$ よって，C$(a,\ 12)$ となる。さらに，D$\left(a,\ \dfrac{3}{4}a^2\right)$，E$\left(a,\ -\dfrac{1}{2}a^2\right)$ だから，$\mathrm{CD} = 12 - \dfrac{3}{4}a^2$，$\mathrm{DE} = \dfrac{3}{4}a^2 - \left(-\dfrac{1}{2}a^2\right) = \dfrac{5}{4}a^2$ よって，$12 - \dfrac{3}{4}a^2 = \dfrac{5}{4}a^2$ より，$a^2 = 6$ $a > 0$ だから，$a = \sqrt{6}$

【答】(1) $\dfrac{7}{36}$ (2) 0.2 (3) ア．-2 イ．$\sqrt{6}$

(4) m，n を整数とすると，2つの奇数は，$2\mathrm{m} + 1$，$2n + 1$ と表せる。$(2\mathrm{m} + 1)^2 + (2n + 1)^2 + 2 = 4\mathrm{m}^2 + 4\mathrm{m} + 1 + 4n^2 + 4n + 1 + 2 = 4(\mathrm{m}^2 + n^2 + m + n + 1)$ $\mathrm{m}^2 + n^2 + m + n + 1$ は整数だから，2つの奇数をそれぞれ2乗してできた2つの数の和に2を加えた数は4の倍数となる。

4 【解き方】(1) ア．上段は2列ごとに同じ並びが繰り返され，下段は3列ごとに同じ並びが繰り返される。2と3の最小公倍数は6だから，上段と下段を合わせると，6列を1グループとして，同じ並びが繰り返される。$2024 \div 6 = 337$ あまり2より，2列目と同じだから，上段も下段も下段共に黒の碁石となる。イ．上段も下段も白の碁石だから，n 列目を，$(m + 1)$ 番目のグループの中の3列目だとすると，$n = 6m + 3$ 1つのグループには，白の碁石は5個，黒の碁石は7個並んでおり，1列目から3列目には，白も黒も3個ずつの碁石が並んでいる。よって，$(5m + 3) : (7m + 3) = 8 : 11$ が成り立つから，$11(5m + 3) = 8(7m + 3)$ より，$55m + 33 = 56m + 24$ よって，$m = 9$ したがって，$n = 6 \times 9 + 3 = 57$

(2) ア．出発してから4秒後に，点Pは頂点E上にあり，点Qは頂点B上にある。よって，三角すいAPQDは，三角すいAEBDとなり，求める体積は，$\dfrac{1}{3} \times \left(\dfrac{1}{2} \times 4 \times 4\right) \times 4 = \dfrac{32}{3}$ (cm^3) イ．$4 < x < 8$ のとき，点Pは辺EF上に，点Qは辺BF上にある。このとき，$\mathrm{EP} = \mathrm{BQ} = x - 4$ (cm)，$\mathrm{PF} = \mathrm{QF} = 4 \times 2 - x = 8 - x$ (cm)だから，$\triangle \mathrm{AEP} = \triangle \mathrm{ABQ} = \dfrac{1}{2} \times 4 \times (x - 4) = 2(x - 4)$ (cm^2)，$\triangle \mathrm{PFQ} = \dfrac{1}{2}(8 - x)^2$ (cm^2) したがって，$\triangle \mathrm{APQ} = 4 \times 4 - 2(x - 4) \times 2 - \dfrac{1}{2}(8 - x)^2 = 16 - 4x + 16 - \left(32 - 8x + \dfrac{1}{2}x^2\right) = -\dfrac{1}{2}x^2 + 4x$ (cm^2) ウ．$4 < x < 8$ のとき，三角すいAPQDは，底面を△APQとすると，高さはADなので，その体積は，$\dfrac{1}{3} \times \left(-\dfrac{1}{2}x^2 + 4x\right) \times 4 = -\dfrac{2}{3}x^2 + \dfrac{16}{3}x$ (cm^3) また，出発してから1秒後の三角すいAPQDについて，底面を△ADQとすると高さはAPとなる。$\triangle \mathrm{ADQ} = \dfrac{1}{2} \times 4 \times 4 = 8$ (cm^2)だから，このときの三角すいAPQDの体積は，$\dfrac{1}{3} \times 8 \times 1 = \dfrac{8}{3}$ (cm^3) したがって，$-\dfrac{2}{3}x^2 + \dfrac{16}{3}x = \dfrac{8}{3}$ 整理して，$x^2 - 8x + 4 = 0$ より，$x = \dfrac{-(-8) \pm \sqrt{(-8)^2 - 4 \times 1 \times 4}}{2 \times 1} =$

$\dfrac{8 \pm \sqrt{48}}{2} = \dfrac{8 \pm 4\sqrt{3}}{2} = 4 \pm 2\sqrt{3}$　$4 < x < 8$ より，$x = 4 + 2\sqrt{3}$

【答】 (1) ア．㋑(と)㋓　イ．57　(2) ア．$\dfrac{32}{3}$ (cm³)　イ．$-\dfrac{1}{2}x^2 + 4x$ (cm²)　ウ．$4 + 2\sqrt{3}$

5 **【答】** (1) △ACHと△GBHにおいて，対頂角だから，∠AHC＝∠GHB　$\overset{\frown}{AG}$に対する円周角だから，∠ACH＝∠GBH　よって，2組の角がそれぞれ等しいから，△ACH∽△GBH

(2) △CDEと△CDFにおいて，仮定より，CE＝CF，∠CDE＝∠CDF＝90°　また，CDは共通だから，直角三角形の斜辺と他の1辺がそれぞれ等しく，△CDE≡△CDF　よって，∠DCE＝∠DCF……①　∠CED＝∠CFD……②　△ABFと△ABGにおいて，ABは共通……③　$\overset{\frown}{BE}$に対する円周角だから，∠BAF＝∠DCE……④　$\overset{\frown}{BG}$に対する円周角だから，∠BAG＝∠DCF……⑤　①，④，⑤より，∠BAF＝∠BAG……⑥　また，対頂角だから，∠AFG＝∠CFD……⑦　$\overset{\frown}{AC}$に対する円周角だから，∠AGF＝∠CED……⑧　②，⑦，⑧より，∠AFG＝∠AGF　2つの角が等しいから，△AFGは二等辺三角形となり，AF＝AG……⑨　③，⑥，⑨より，2組の辺とその間の角がそれぞれ等しいから，△ABF≡△ABG

英　語

1 【解き方】A. ケンは「昨夜7時にお風呂に入っていた」と言っている。take a bath =「お風呂に入る」。

B.「金曜日は雨からくもりになる」,「土曜日はくもりだが雨は降らず，金曜日よりも寒い」,「日曜日は一日中晴れ」に合う絵を選ぶ。

C. 英語を勉強している期間を答える文が適当。For six years. =「6年間」。

D.（Manabuが今年の夏に行く都市）マナブは「この夏，ニューヨークへ旅行する予定だ」と言っている。（Manabuが日本を出発する日）July 25th =「7月25日」。（Manabuが今回その都市でしようとしていること）最後にマナブが「この夏は僕はそこで買い物を楽しむつもりだ」と言っている。

E. No.1.「彼（マサキ）の母親はよく彼に将来何になりたいかを尋ねた」と言っている。No.2.「マサキは小学校でのボランティア活動に参加した。彼は子どもたちとサッカーをしたり，一緒に英語を勉強したりした」と言っている。No.3. マサキが母親の「あなたはたくさんの経験を得るべきだ」という言葉に同意し，「僕は今までに一度もしたことがないたくさんのことに挑戦する」と言ったのを聞いて，両親は嬉しそうだった。ウの「マサキが将来の仕事を見つけるのにたくさんの新しい経験を得ることを決心したから」が適当。

【答】A. ②　B. ④　C. ウ

D.（Manabuが今年の夏に行く都市）ニューヨーク　（Manabuが日本を出発する日）7（月）25（日）

（Manabuが今回その都市でしようとしていること）買い物（同意可）

E. No.1. エ　No.2. イ　No.3. ウ

◀全訳▶　A. ケンは昨夜7時にお風呂に入っていました。

B. おはようございます。金曜日です。今は雨が降っていますが，午後2時には雨が止み，そしてそれからくもりになるでしょう。明日はまだくもりですが，雨は降らないでしょう。今日よりも寒いでしょう。日曜日は，天気は一日中晴れでしょう。

C.

メアリー：わあ，あなたは上手に英語を話しますね。

アキラ　：ありがとう。僕は海外で学ぶために英語を一生懸命勉強しています。

メアリー：それはいいですね。あなたはどのくらいの期間英語を勉強していますか？

D.

ケイト：マナブ，この夏はどこに行くの？　この前の夏，あなたはロンドンに行ったのよね？

マナブ：うん。この夏，僕はニューヨークへ旅行する予定だよ。

ケイト：それはいいわね。いつ日本を出発する予定なの？

マナブ：7月25日だよ。

ケイト：いいわね。野球はあなたのお気に入りのスポーツね。そこで野球の試合を見るつもりなの？

マナブ：もしそのためのチケットを持っていれば，そうするのに。たぶん次回だね。この夏は僕はそこで買い物を楽しむつもりだよ。

E. マサキは中学生です。彼は3年生になったとき，将来の仕事について考え始めました。しかし，彼には何の考えもありませんでした。彼の母親はよく彼に将来何になりたいかを尋ねました。彼はいつも「わからない…」と答えました。

ある日，マサキは小学校でのボランティア活動に参加しました。彼は子どもたちとサッカーをしたり，一緒に英語を勉強したりしました。それは彼にとって初めての体験でした。家に帰る前に一人の男の子がマサキに「今日は楽しかった。あなたは素晴らしい先生だよ！」と言いました。彼の言葉から，マサキは教えることはよい仕事だと思いました。

その晩，マサキは両親に小学校での体験について話しました。母親は「あなたはいい経験をしたね。もし別のイベントに参加すれば，あなたは別の経験を得られるわよ。そうすればあなたが気に入る別の仕事が見つかるかもしれないわ。あなたはたくさんの経験を得るべきよ」と言いました。マサキは「わかった。僕は今までに一度もしたことがないたくさんのことに挑戦するよ」と言いました。彼の両親はそれを聞いて嬉しそうでした。

No.1. 誰がよくマサキに将来の仕事について尋ねましたか？

No.2. マサキは小学校で何をしましたか？

No.3. なぜマサキの両親は嬉しそうだったのですか？

2 **【解き方】**(1)(a) 直前でテッドは「お腹がすいている？」と尋ねており，直後のリオの「いいわよ。レストランに行って昼食を食べましょう」につながる言葉を考える。エの「何か食べない？」と提案する文が適当。Why don't we ～?＝「～するのはどうですか？」。(b) 直前でテッドが「日本のコインを見て僕は本当に驚いた」と言っており，直後でテッドが「オーストラリアで穴のあるコインを一度も見たことがないから」と理由を答えていることから考える。クの「どうしてあなたはそんなに驚いたの？」と驚いた理由を尋ねる文が適当。(c) 直前でリオは「私はそれら（オーストラリアの紙幣）を見て，触りたい」と言っており，直後でテッドが「僕は5ドル紙幣を持っている」と答えていることから考える。キの「あなたは何枚か持っている？」と尋ねる文が適当。(d) 直後でリオがお礼を言い，日本の紙幣との違いを述べているので，テッドが持っていた5ドル紙幣をリオに渡したと考えられる。カの「はい，どうぞ」と物を手渡すときの表現が適当。

(2)「昼食を食べる」＝ have lunch。

(3)「紙幣を洗ったあとでさえもそれらを使える」と理由が述べられている部分なので，紙幣の素材が特別だということを表す語であると考えられる。particular ＝「特別な」。

【答】(1)(a) エ　(b) ク　(c) キ　(d) カ　(2) lunch　(3) イ

◀全訳▶

リオ　：映画は楽しかったわ！　このシリーズの他の映画を何か見たことがある？

テッド：うん，あるよ。僕はこのシリーズがとても好きなんだ，ねえ，お腹がすいている？　何か食べない？

リオ　：いいわよ。レストランに行って昼食を食べましょう。

（レストランで）

テッド：ところで，僕は日本のコインを見て本当に驚いたんだ。

リオ　：どうしてそんなに驚いたの？

テッド：オーストラリアで穴のあるコインを一度も見たことがないからだよ。これは独特な特徴だよね？

リオ　：ええ。日本のお金とオーストラリアのお金の間に何か他の違いはある？

テッド：素材が異なっているよ。オーストラリアの紙幣はプラスチックでできているんだ。それらを作るのに特別な素材が使われているから，それらを洗ったあとでさえもそれらを使えるんだ。

リオ　：それはおもしろいわ！　私はそれらを見て，触りたいわ。あなたは何枚か持っている？

テッド：ちょっと待って。ああ，5ドル紙幣を持っているよ。はい，どうぞ。

リオ　：ありがとう。わあ，これは日本のものより小さいわね。

テッド：その通り。それに，オーストラリアの紙幣は日本のものよりもカラフルだよ。

3 **【解き方】**(1)「僕は一度もそれについて聞いたことがない」という意味の文。経験を表す現在完了〈have＋過去分詞〉で表す。「一度も～ない」＝ never ～。hear の活用は hear - heard - heard。

(2) 前の「それら（和三盆のあめ）はおいしかった」と，後ろの「僕は他の和三盆のお菓子を探した」とを，「そして」という意味の and でつなぐ。

(3) that 以下にミサが健太に教えたことの内容が述べられている。tell A that ＝「A に～と言う」。

(4) 理由を尋ねる疑問詞 Why が文頭にくる。「人気がある」＝ popular。

(5)「～の一人」＝ one of ～。「～しはじめた人々」は主格の関係代名詞 who を使って the people who started to ～と表す。

(6)「～することは…だ」= it is … to ～。

(7) 第2段落の中ほどから後半を見る。よい和三盆を作るためには，サトウキビの搾り汁を長時間煮込み，それを何度もこね，それからそれを乾燥させると述べられている。また，和三盆のあめにはたくさんの形があり，その形を作るためには木製の型と技術が必要だとも述べられている。和三盆を作るこれらの過程は「難しい」と考えられる。

(8) 原因や理由を表す語句が入る。「努力と素晴らしい技術『のおかげで』，人々は和三盆を楽しむことができる」という意味の文になる。「～のおかげで，～のために」= because of ～。

(9)「A を B (の状態) にする」= make A B。「～と同じくらい…」= as … as ～。「～することによって」= by ～ing。

【答】(1) heard (2) ウ (3) イ (4) (例) Why is it popular now (5) is one of the people who started

(6) it is very hard to make it (7) ア (8) エ

(9) (例) I will make it as famous as *udon* by using the Internet

◀全訳▶ ある日，僕がミサとウィリアムと話していたとき，彼女が彼に「和三盆を知っている？」と言いました。彼は「いや，僕は一度もそれについて聞いたことがないよ。和三盆とは何？」と答えました。彼女は「それは日本の砂糖の一種なの。私は和三盆の工場に行ったの。これらはあなたたちのためよ」と答えました。彼女は僕たちにいくつかの和三盆のあめをくれました。僕たちはすぐに彼女のかわいいプレゼントを食べました。それらはおいしくて，そして僕は他の和三盆のお菓子を探しました。僕は友達に和三盆のお菓子について尋ね，僕はさまざまな和三盆のお菓子を見つけました。例えば，ミサは和三盆のケーキを見つけたと僕に言いました。僕は和三盆が多くのお菓子に使われていることに驚きました。なぜそれは今，人気なのでしょうか？

その答えを見つけるために，僕は和三盆について勉強しました。砂糖はサトウキビから作られます。何人かの人々は，平賀源内は香川でそれを栽培しはじめた人々のうちの一人であると言います。のちに，別の人がサトウキビから砂糖を製造することに成功し，それは和三盆と呼ばれています。よい和三盆を作るためには，サトウキビの搾り汁をとても長い時間煮込み，それを何度もこねる必要があります。それからそれを乾燥させます。このように，それを作ることはとても難しいです。また，和三盆のあめにはたくさんの形があります。それらは四季や自然，動物を表しています。その形を作るためには，木製の型と技術が必要です。これらの難しい過程によって，よい味と美しい形の両方を楽しむことができるのです。

和三盆について勉強することによって，僕は香川のよい部分をもっと見つけました。素晴らしい和三盆を作るためには，素晴らしい技術が必要とされます。努力と素晴らしい技術のおかげで，人々は和三盆を楽しむことができます。僕は以前よりももっとそれに興味を持つようになりました。多くの人は「香川」という言葉を聞くとき，うどんを思い浮かべると知っています。僕はもっと多くの人に和三盆を知ってもらい，それを楽しんでもらいたいとも思っています。僕はそれを，インターネットを使って，うどんと同じくらい有名にするつもりです。一緒に和三盆を楽しみましょう！

4 **【解き方】**(1) 間接疑問。「最初，彼女たちは何に取り組むべきかわからなかった」という意味の文になる。「何」= what。

(2) アリサの祖父が彼女に言った「私がスイカを栽培するのを手伝うのはどうかな？」という言葉を指している。

(3)「雑草はすぐに成長するし，畑に動物が入ってくる」という状況から，祖父が畑の世話をしないと，畑がどのような状態になるのかを考える。「悪い」= bad。

(4) 直後にアリサの祖父が「私は日記に書き込んでいる」と答えていることから，何をしているのか尋ねる文が入ると考えられる。現在進行形〈be 動詞＋～ing〉の疑問文で表す。

(5) 直前の祖父の発言に着目する。have been ～ing は現在完了進行形で，「ずっと～している」と過去のある時から現在まである動作が継続していることを表す。a lot of things I learned by trial and error =「試行錯誤によって学んだ多くのこと」。things の後ろには目的格の関係代名詞が省略されている。

(6) 第4段落の後半にある祖父の「もちろん，よいスイカを収穫したときは嬉しいし，それは私にとって重要だ。でも，物事はしばしばうまくいかない」という言葉に着目する。「『よい結果を手に入れること』は重要だが，私たちは何度も失敗する」という意味になる。

(7) (a)「アリサは夏休みに2週間彼女の祖父のところに滞在しましたか？」という質問。第3段落の1・2文目に着目する。アリサは2週間祖父のところに滞在したので，Yes で答える。(b)「ショウタロウはインターネットで検索することについてどう思っていましたか？」という質問。第5段落の3文目に着目する。ショウタロウは，それは早くて便利だと思っていた。think that ～＝「～だと思う」。think は think - thought - thought と活用する。

(8) ㋐「アリサはクラスの二人のメンバーと一緒に，発表のために地元の仕事を勉強していた」。第1段落の2文目の内容に合っている。㋑ 第2段落の2文目を見る。ショウタロウは，それぞれの果物や野菜を収穫するよい時期を見つけるためではなく，たくさんの果物や野菜を販売するイベントについての情報を得るためにインターネットで検索した。㋒ 第3段落の5文目を見る。アリサは疲れていて，夜によく眠れた。㋓「アリサは祖父が農家の友達からスイカを栽培することについて助言を得ているとわかった」。第4段落の中ほどを見る。アリサが読んだ祖父の日記に書いてあったので，内容に合っている。㋔ 第5段落の1・2文目を見る。発表メンバーは8月20日にハルトの家に集まって，考えを共有した。㋕ 第5段落のハルトの言葉を見る。ハルトは，地元の野菜を使っている料理教室にショウタロウとではなく，母親と一緒に行った。

【答】 (1) ウ (2) 祖父のスイカ作りを手伝うこと（同意可） (3) イ (4)（例）What are you doing
(5) 試行錯誤によって学んだ多くのことを日記に書いてきた（という発言）（同意可） (6) エ
(7)（例）(a) Yes, she did (b) He thought that it was fast and convenient (8) ㋐(と)㋓

◀全訳▶ アリサは中学生です。彼女はクラスメイトのショウタロウとハルトと一緒に，発表のために町のさまざまな仕事を勉強していました。多くの仕事の中で，彼女たちは果物や野菜を栽培している農業や農家に興味を持っていましたが，最初は何に取り組むべきかわかりませんでした。

夏休みが始まりました。ショウタロウとハルトは，たくさんの果物や野菜を販売するイベントについての情報を得るためにインターネットで検索しました。アリサは彼女の祖父に電話をしました。彼は毎年スイカを栽培していました。彼女は彼に「おじいちゃんがスイカを栽培するとき，何が難しいの？」と尋ねました。彼は「私がスイカを栽培するのを手伝うのはどうかな？」と言いました。彼女は「それはいい考えね！」と言いました。

アリサは電車で彼女の祖父の家に行きました。夏休みの間に2週間彼のところに滞在したとき，彼女は彼が水をまいたり，スイカを収穫したりするのを手伝いました。暑い天候での作業は大変でした。彼女は時々ヘビに遭遇しました。一日の終わりには，彼女は疲れていて，夜はよく眠りました。アリサと祖父が話していたとき，彼は「いくつかの問題がある。私たちはときどき天気について心配する必要がある。雑草はすぐに成長するし，私の畑に動物が入ってくる。もし私が畑の世話をしないと，私の畑はすぐに悪くなるよ」と言いました。彼女は「なぜおじいちゃんはそれらを栽培し続けるの？」と尋ねました。彼は「スイカを食べるのを楽しんでいる人を見るのが好きだからだよ。だから試行錯誤によっておいしいスイカを栽培しているんだよ」と答えました。

ある夜，アリサの祖父が彼の部屋で何かをしていました。アリサは彼に「何をしているの？」と尋ねました。「私は日記に書き込んでいるんだよ」と彼は答えました。彼はまた，机の上のたくさんのノートを見せました。彼は「試行錯誤によって私が学んだ多くのことを日記に書いてきたんだ」と言いました。彼女はそれを聞いて驚きました。彼女は彼の日記のいくつかを読みました。それらは全て彼のスイカを栽培することについてでした。彼は天気，問題，そして農家の友人からの助言を書いていました。彼は「もちろん，よいスイカを収穫したときは嬉しいし，それは私にとって重要だよ。でも，物事はしばしばうまくいかない。それらの経験からたくさんのことを学べるから，私はそれもいいと思っているんだ」と言いました。彼女は「私もおじいちゃんに同意するわ」と言いました。

8月20日，発表メンバーは彼女らの考えを共有するためにハルトの家に集まりました。彼女らはわくわくして，話しました。ショウタロウは「インターネットで検索するのは早くて便利だよ！」と言いました。ハルトは「僕は新聞で地元の野菜を使っている料理教室についての情報をいくつか見つけて，お母さんと一緒にそこに行ったんだ。トマトを使っている料理がとてもたくさんあることに気づいたよ」と言いました。アリサは「私はおじいちゃんから多くを学んだわ。よい結果を手に入れることは重要だけれど，私たちは何度も失敗するわ。試行錯誤から学び，よりよい方法を見つけることはもっと大切なの」と言いました。考えを共有したあと，彼女らは試行錯誤して発表に取り組み続けることに決めました。

5 **【解き方】** 店で本を買うことを選んだ場合は，「読みたいときに本を読める」，「時間を気にする必要がない」，「考えを本に書き込める」などが理由として考えられる。図書館で本を借りることを選んだ場合は，「本を読むためのお金を必要としない」，「興味のあるさまざまなジャンルの本を試せる」，「本のための場所を心配せずにたくさんの本を読める」などが理由として考えられる。

【答】（例 1）buying books at a store ／ I can read books when I want to read. So, I don't have to worry about time. Also, I can write some ideas in books. So, it is useful for me to remember them later.
（例 2）borrowing books from a library ／ First, we don't need money to read books. We can try various kinds of books we're interested in. Second, we don't have to keep books for a long time. We can read many books without worrying about places for books.

社　会

1 【解き方】(1) アは天皇の国事行為，イ・エは内閣の権限。
(2) 生存権の保障を実現させるために社会保障制度が整備されている。
(3) エは「首長」ではなく，選挙管理委員会に請求する。
(4) a. 表中の裁判は，「原告」とあるので民事裁判とわかる。刑事裁判であれば，簡易裁判所の判決に不服があって控訴した場合は，高等裁判所で控訴審がおこなわれる。b.「えん罪」とは，無実の人が罪に問われること。取り調べの可視化により，警察官や検察官による取り調べを録画・録音することが，一部の事件で義務付けられている。
(5)「効率」とは無駄のない状態，「公正」とは公平でかたよっていない状態をさす言葉。太郎さんの意見の「資源の無駄を省き」，花子さんの意見の「不当な扱いを受けず」という部分に注目して判断するとよい。
(6)「小さな政府」は，政府の役割を安全保障や治安の維持などの最小限度にとどめ，経済活動に政府がなるべく加担しないという考え方を持つ。
(7) 日本銀行は，公開市場操作によって市場に出回る通貨量の調整をおこなうことで，景気を安定させている。不況の際には，買いオペレーションをおこなう。
(8) 1ドルを手に入れるのに100円が必要だったのが，150円が必要になった場合，円の価値は下がっていると考えられる。この場合，輸出には有利だが輸入には不利となる。
(9) a. 情報機器を扱う手段や能力を持つ人と持たない人の格差を「デジタル・デバイド」という。また，個人情報の流出も情報化の課題の一つとされている。b. 韓国からの輸入の金額が総額に占める割合は，2000年と比べて2020年の方が少ない。c.「持続可能な開発目標」の略称。

【答】(1) ウ　(2) 生存権　(3) エ
(4) a.（言葉）地方裁判所　（記号）㋐　b. えん罪(または，自白の強要)を防ぐ。(同意可)
(5)（太郎さんの意見）㋐　（花子さんの意見）㋓　(6) ウ
(7)（内容）銀行(または，金融機関)から国債などを買い，その代金を支払う（同意可）（記号）㋐(と)㋓
(8) ㋑(と)㋓(と)㋔
(9) a.（例）ICTを利用できる人とできない人との間で情報格差が生じている。(または，情報システムの障害が生じることで社会が混乱することがある。)　b. ㋒　c. SDGs

2 【解き方】(1) 百済は日本に仏教を正式に伝えた国でもある。白村江の戦いでの敗戦後すぐに，中大兄皇子らは九州北部から瀬戸内にかけて水城(みずき)や山城を造り，唐と新羅の侵攻に備えた。
(2) a. イは奈良時代，ウは室町時代，エは鎌倉時代のようす。b. 北条泰時は鎌倉幕府の3代執権。御成敗式目は1232年に制定された。イ. 1297年に「永仁の徳政令」が出された。ウ. 室町幕府の3代将軍足利義満，エ. 源頼朝がおこなったこと。
(3) a. アは律令制度における朝廷の最高位の役職。イは鎌倉幕府，エは江戸幕府に置かれていた役職。b. 島根県に位置する鉱山で，世界文化遺産に登録されている。c. ㋐は1612年，㋑は1641年，㋒は1639年のできごと。
(4) 1841年から天保の改革をおこなった水野忠邦は，株仲間の営業独占によって物価が上昇したと考え，株仲間の解散を命じた。
(5) 大塩の乱は成功せず，1日でしずめられたが，天保の改革が始まるきっかけの一つとなった。
(6) a. 産業革命がおこったイギリスでは，蒸気機関を動力とした機械が使われ，規格の統一された綿織物が安く大量に生産されていた。また，日本に関税自主権がなかったため，安価な製品が大量に輸入され，国内産業が保護されなかった。b. 摂政・関白の廃止や幕府の廃止などを宣言した。c. アは1881年のできごと。イは欧化政策をすすめた井上馨が1887年に辞任し，政策は失敗に終わった。ウは1895年のできごと。

(7) a. ㋐のイタリアは，ドイツ・オーストリアと三国同盟を結んだ。㋒のリンカンは南北戦争で北部を指導して勝利に導き，奴隷を解放した大統領。b. 政党内閣とは，議会内で多数をしめる政党の党員によって組織される内閣。原敬内閣では，最も多くの議席を獲得している「立憲政友会」の党員が内閣総理大臣をはじめとした多くの大臣になっていることに注目する。

(8) a. ㋐は1936年，㋑は1941年，㋒は1930年のできごと。b. ウは大正時代の1921年のできごと。

(9) 大韓民国との間に結ばれた条約。

【答】 (1) (記号) ㋑　(言葉) 白村江の戦い　(2) a. ア　b. ア　(3) a. ウ　b. ウ　c. ㋐→㋒→㋑

(4) (幕府や藩に)税を納めるかわりに，営業を独占する(または，税を納めるかわりに，独占的に営業をおこなう)(特権。)(同意可)

(5) 大塩平八郎

(6) a. 大量生産された価格が安い綿織物や綿糸が輸入されたから。(同意可)　b. 王政復古の大号令　c. エ

(7) a. ㋑(と)㋓　b. (寺内正毅内閣と比べて原敬内閣は，)ほとんどの大臣が衆議院で最も議席の多い政党の党員で構成されているから。(同意可)

(8) a. ㋒→㋐→㋑　b. ウ　(9) 日韓基本条約

3 **【解き方】** (1) a. メルカトル図法の地図では，赤道から離れ，緯度が高くなるほど実際の距離より長く表される。ウが赤道。b. ほかにスイスやオーストリア，ボツワナ，ザンビアなどがある。c. 経度差15度で1時間の時差が生じる。ウィーンは東経15度の経線，日本は東経135度の経線を標準時子午線としているから，経度差は120度(135度－15度)となり，120÷15より時差は8時間。ウィーンより東にある日本の方が時間は進んでいるので8時間を足して，東京の現地時間は12月2日午前6時となる。d. Ⅰの都市は西岸海洋性気候，Ⅱの都市は地中海性気候に属している。

(2) a. 等高線が山頂からふもとに向かって張り出した形になっているところが尾根になる。b. ㋒は「税務署」ではなく，裁判所が正しい。c. 低地と比べて，水害のリスクが低いため，住宅地に利用されることも多い。d.「共助」の取り組みでは，日ごろから地域の人々と，「顔の見える」関係を構築することも大切とされる。e. 排他的経済水域は，領海の外側にあって海岸線から200海里以内の範囲の水域。沿岸国以外の航行の自由，パイプラインや海底電線の敷設は認められている。f.「遠洋漁業の漁獲量」は1970年代の中ごろから減っており，その原因は，石油危機による燃料代の値上がりや各国の排他的経済水域の設定，資源保護などとされている。「加工品を含む水産物輸入量」は1980年代後半以降，急激に増加してきた。イは沖合漁業，ウは沿岸漁業にあたる。g. 宿泊旅行者の延べ人数に占める旅行目的が観光・レクリエーションである旅行者数の割合は，Aの佐賀県が約32％(683÷2139×100)，Bの大分県が約67％(3291÷4906×100)となるので，それぞれの凡例に従って作図する。

(3) フランスはEU最大の農業国であり，世界有数の小麦輸出国でもあるため，穀類などの自給率が高い。アはオランダ，イはカナダにあたる。

(4) アは「2004年」ではなく，2009年が正しい。イは「増加している」ではなく，減少している。ウは「5割」に満たないので誤り。

【答】 (1) a. ウ　b. 内陸国　c. (12月) 2 (日) 午前6 (時)　d. (内容) (雨が，) 夏に少なく乾燥し，冬に多い (同意可)　(記号) ㋐(と)㋒

(2) a. D　b. ㋒　c. 川や海沿いの平地よりも標高が一段高くなっているため，水が得られにくいから。(同意可)　d. (記号) カ　(内容) 地域の防災訓練 (同意可)　e. ㋒(と)㋓　f. (遠洋漁業の漁獲量) エ　(加工品を含む水産物輸入量) ア　g. (右図)

(3) (フランス) エ　(スウェーデン) ウ　(4) エ

理　科

1 【解き方】A. (2) a. 1か月で金星は約50°公転するとあるので，3か月後の金星の位置は，50°×3 = 150°公転した㋑の位置になる。金星は内惑星なので地球から観察すると太陽と同じ方向に観察され，日の出直前の東の空か，日の入り直後の西の空に見える。図の㋐の地球と金星の位置では日の入り直後の西の空に見え，㋑や㋒の位置では日の出直前の東の空に見える。b. 地球よりも太陽の近くを公転している惑星の公転周期は1年よりも短いので，惑星Pが真夜中には観察できない。

(3) 惑星Qの太陽からの平均距離は地球を1.00とすると1.52なので，惑星Qが地球から最も遠い位置にあるときの地球から惑星Qまでの距離は，1.52 + 1.00 = 2.52　惑星Qが地球から最も近い位置にあるときの地球から惑星Qまでの距離は，1.52 − 1.00 = 0.52　よって，$\frac{2.52}{0.52} \fallingdotseq 4.8$ (倍)

(4) 惑星Rは土星。

B. (1) a. 図Ⅰで初期微動が始まった時刻の点を結んだ直線と，主要動が始まった時刻の点を結んだ直線との交点が地震発生時刻になる。c. 震源から73kmの地点で緊急地震速報の発表から10秒後にS波が到着しているので，S波が到着した時刻は，5時33分28秒＋10秒＝5時33分38秒　地震発生時刻が5時33分18秒なので，震源から73kmの地点にS波が到着するまでにかかった時間は，5時33分38秒－5時33分18秒＝20(秒)　よって，S波の速さは，$\frac{73\ (\text{km})}{20\ (\text{s})} = 3.65\ (\text{km/s})$なので，震源から154kmの地点にS波が到着するまでにかかる時間は，$\frac{154\ (\text{km})}{3.65\ (\text{km/s})} \fallingdotseq 42\ (\text{s})$になり，S波が到着する時刻は，5時33分18秒＋42(秒)＝5時34分0秒なので，5時34分0秒－5時33分28秒＝32(秒)

【答】A. (1) (木星型惑星は地球型惑星に比べて，)赤道半径と質量は大きいが，平均密度が小さい。(同意可)

(2) a. (位置関係) ㋑　(見える時間と方向) カ　b. (内容) (地球よりも，)太陽の近くを公転(または，内側を公転)(している) (同意可)　(記号) ㋐

(3) エ　(4) ㋐(と)㋒

B. (1) a. イ　b. ㋑(と)㋒(と)㋕　c. ウ　(2) 活断層　(3) ㋐(と)㋒

2 【解き方】A. (2) 親の遺伝子の組み合わせがAAとAAの場合，子の遺伝子の組み合わせはすべてAAになるので，すべて丸形の種子になる。親の遺伝子の組み合わせがAAとAaの場合，子の遺伝子の組み合わせはAAとAaになるので，すべて丸形の種子になる。親の遺伝子の組み合わせがAaとAaの場合，子の遺伝子の組み合わせは，AA・Aa・Aa・aaになり，丸形：しわ形＝3：1になる。

(3) 丸形の種子の遺伝子の組み合わせはAAとAaなので，しわ形の純系のaaをかけ合わせると，子の遺伝子の組み合わせがAAなら，孫の遺伝子の組み合わせはすべてAaになり，すべて丸形になる。子の遺伝子の組み合わせがAaなら，孫の遺伝子の組み合わせは，Aa・Aa・aa・aaになり，丸形：しわ形＝1：1になる。

B. (1) 花粉をつくる部分はアブラナではおしべ，マツでは雄花なので，アブラナはb，マツはd。

C. (1) a. 顕微鏡では上下左右が逆に見えているので，視野の左下に見えているミカヅキモの実際の位置は右上になり，プレパラートを左下に移動させれば視野の中心に移動する。

【答】A. (1) 対立形質　(2) イ　(3) エ

B. (1) エ　(2) ㋒　(3) (被子植物では，)子房の中に胚珠がある。(同意可)　(4) 胞子

C. (1) a. ウ　b. ㋐(と)㋒　c. 器官

(2) a. (記号) ㋑　(理由) (植物の細胞には，)細胞壁がみられる(ため。) (同意可)　b. DNA

3 【解き方】A. (1) ㋐・㋒・㋓は金属全般の性質なので，鉄とアルミニウムを区別することはできない。鉄は磁石に引きつけられるが，アルミニウムは引きつけられない。

⑵ 鉄の密度は，$\frac{39.5\,(\mathrm{g})}{5.0\,(\mathrm{cm^3})} = 7.9\,(\mathrm{g/cm^3})$　アルミニウムの密度は，$\frac{43.2\,(\mathrm{g})}{16.0\,(\mathrm{cm^3})} = 2.7\,(\mathrm{g/cm^3})$

⑶ 状態変化では質量は変化しない。一般に，物質が液体から固体に変化するとき，体積は小さくなるが，水は体積が大きくなる。

⑸ 解答例の他に，プラスチックには波や紫外線の影響でくだけて細かくなってしまうという性質があるため，細かくなったプラスチックを生物が食物といっしょに飲みこんでしまうという問題，などでもよい。

B. ⑵ 原子は100以上の種類が確認されており，原子の種類によって質量や大きさは異なる。化学変化の前後で原子の種類と数は変わらず，原子の結びつきが変わる。

⑶ 表Ⅰより，酸化銀1.45gを加熱したときに発生した酸素の質量は，1.45(g)－1.35(g)＝0.10(g)　2.90gのときは，2.90(g)－2.70(g)＝0.20(g)　5.80gのときは，5.80(g)－5.40(g)＝0.40(g)

⑷ 酸化銀→銀＋酸素という反応が起こる。酸化銀の化学式はAg_2O，銀はAg，酸素はO_2で，化学反応式の前後で原子の種類と数を合わせる。

⑸ 発生した酸素の質量は，7.25(g)－7.05(g)＝0.20(g)　⑶より，2.90gの酸化銀を加熱すると0.20gの酸素が発生するので，分解された酸化銀の質量は2.90g。よって，分解せずに残っている酸化銀は，7.25(g)－2.90(g)＝4.35(g)

【答】 A. ⑴ ㋑　⑵ (数値) 7.9　(記号) ㋐　⑶ ウ

⑷ (記号) ㋑　(化学式) $SO_4{}^{2-}$

⑸ (例) (プラスチックには)自然界の微生物に分解されにくい(という性質があるため,)ごみになると陸上や海洋で長時間残ってしまう(という問題。) (同意可)

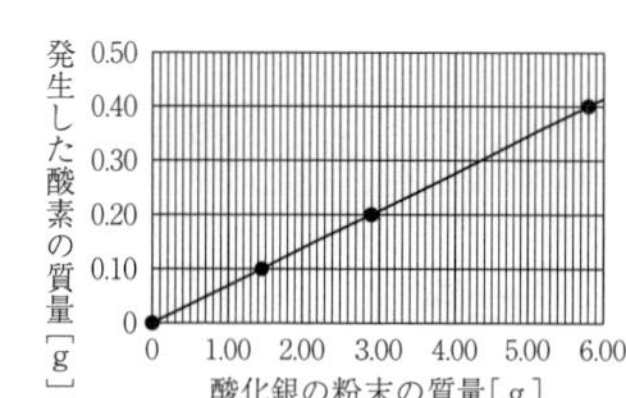

B. ⑴ ウ　⑵ イ　⑶ (前図)　⑷ $(2\,Ag_2O \rightarrow)\ 4\,Ag + O_2$　⑸ 4.35(g)

4 **【解き方】** A. ⑵ 表Ⅰより，電熱線Pに8.0Vの電圧を加えると1.0Aの電流が流れるので，オームの法則より，$\frac{8.0\,(\mathrm{V})}{1.0\,(\mathrm{A})} = 8.0\,(\Omega)$

⑶ 表Ⅱより，電熱線Qに4.0Vの電圧を加えると1.0Aの電流が流れる。5分＝300秒より，4.0(V)×1.0(A)×300(s)＝1200(J)

⑷ 電熱線Qの抵抗は，$\frac{4.0\,(\mathrm{V})}{1.0\,(\mathrm{A})} = 4.0\,(\Omega)$なので，電熱線Qに6.0Vの電圧を加えると，$\frac{6.0\,(\mathrm{V})}{4.0\,(\Omega)} = 1.5\,(\mathrm{A})$になり，電熱線Qが5分間に消費した電力量は，6.0(V)×1.5(A)×300(s)＝2700(J)　⑶より，消費した電力量が1200Jのときの水の上昇温度は，22.5(℃)－20.5(℃)＝2.0(℃)なので，消費した電力量が2700Jのときの水の上昇温度は，$2.0\,(℃) \times \frac{2700\,(\mathrm{J})}{1200\,(\mathrm{J})} = 4.5\,(℃)$　よって，20.5(℃)＋4.5(℃)＝25.0(℃)

⑸ 図Ⅱの回路では電熱線Pと電熱線Qの直列回路なので，それぞれの電熱線に流れる電流の大きさは等しくなる。表Ⅰと表Ⅱで流れる電流の大きさが1.0Aのとき，電熱線Pに加わる電圧は8.0V，電熱線Qに加わる電圧は4.0Vになるので，電熱線Qの消費電力は電熱線Pの消費電力の，$\frac{4.0\,(\mathrm{V}) \times 1.0\,(\mathrm{A})}{8.0\,(\mathrm{V}) \times 1.0\,(\mathrm{A})} = 0.5$ (倍)

B. ⑴ 振動数が多いほど高い音になるので，波の数が最も多い図Ⅲのおんさが最も高い音を出している。

C. ⑴ K点からM点までの時間は，0.1(秒)＋0.1(秒)＝0.2(秒)，K点とM点の間の距離は，4.9(cm)＋14.7(cm)＝19.6(cm)より，0.196mなので，$\frac{0.196\,(\mathrm{m})}{0.2\,(\mathrm{s})} = 0.98\,(\mathrm{m/s})$

⑵ 図Ⅲのグラフより，おもりを離す高さが同じとき，おもりの質量が大きいほど，くいの動いた距離が大きくなり，おもりの質量が同じとき，おもりを離す高さが高いほど，くいの動いた距離が大きくなる。

⑶ 図Ⅲのグラフで，20g のおもりと 30g のおもりのグラフのちょうど中間を通るようなグラフをかくと，おもりを離す高さが 20cm のときにくいが 2.0cm 動く。

⑷ 木片が小球から受ける力と，小球が木片から受ける力は作用・反作用の関係で，同一作用線上にあり，大きさは等しく向きは逆。

⑸ 図Ⅴのグラフより，31g の小球が 1.2m/s の速さで衝突したときの木片の移動距離が 4.0cm，2.4m/s のときが 14.0cm なので，速さが，$\dfrac{2.4\,(\mathrm{m/s})}{1.2\,(\mathrm{m/s})}=2$ (倍)になると，木片の移動距離が，$\dfrac{14.0\,(\mathrm{cm})}{4.0\,(\mathrm{cm})}=3.5$ (倍)になる。22g の小球が 2.4m/s の速さで衝突したときの木片の移動距離が 10.0cm なので，小球の質量が，$\dfrac{31\,(\mathrm{g})}{22\,(\mathrm{g})}\fallingdotseq 1.4$ (倍)になると，木片の移動距離が，$\dfrac{14.0\,(\mathrm{cm})}{10.0\,(\mathrm{cm})}=1.4$ (倍)になる。したがって，質量を 2 倍にするより，速さを 2 倍にする方が木片の移動距離は大きくなる。よって，質量が，$\dfrac{12\,(\mathrm{g})}{24\,(\mathrm{g})}=0.5$ (倍)になったことよりも，速さが，$\dfrac{2.4\,(\mathrm{m/s})}{1.2\,(\mathrm{m/s})}=2$ (倍)になったことのほうが大きな影響をあたえる。

【答】 A. ⑴ まわりの空気によって水があたためられ，水温が上昇するから。(同意可)

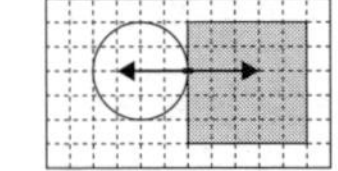

⑵ 8.0 (Ω)　⑶ 1200 (J)　⑷ (記号) ㋐(と)㋓　(数値) 25.0　⑸ (数値) 0.5　(記号) ㋐

B. ⑴ ㋑　⑵ ㋒(と)㋓

C. ⑴ 0.98 (m/s)　⑵ P. 大きいほど大きい　Q. 高いほど大きい (それぞれ同意可)

⑶ 20 (cm)　⑷ (前図)　⑸ (言葉) 仕事　(記号) ㋑(と)㋒

国　語

1 【解き方】㈡ 岳は最初，呼吸が乱れながら登山をしていたが，「十分ほど」歩いたらペースが摑め，「視界が開け」て「遠くまで見渡せる」ようになり，「視界の中の情報量が多い」と感じていることをおさえる。

㈢ 岳が，一緒に登山をしている穂高の様子を見て「えらく楽しそうだ」と感じ，「半ば無理矢理…そんなに愉快なのか」「不可解だ」と思っていることに注目。また，「新入生なんてたくさんいて…岳よりずっと登山に興味を持つ学生がいるはずなのに」と，穂高が岳を登山部に誘っていることについて疑問を抱いていることにも着目する。

㈣ あまりにも「唐突」に，スポーツクライミングをやっていた理由を穂高から聞かれたことで，足の「バランスを崩しそう」になったが，そのときの「爪先で…踏ん張り，体を前へ前へ進める」感覚が，「スポーツクライミングに似て」いたことをきっかけに，穂高の質問に答えはじめている。

㈥ ア．スポーツクライミングについて，「ウォールっていう人工の壁を…俺はリードが得意でしたね」「日常生活では絶対に生身で登ることがない…勝敗を分けるんです」と長々と説明する岳に，穂高は「楽しそうに話すんだね」「饒舌に話すなあ」と感じている。イ．穂高から「国方の勧誘を頑なに断ってるのが嘘みたいに饒舌に話すなあ」と指摘され，岳は「違うとたたみ掛けたくな」ったが，そうすると「穂高の指摘を肯定してしまうことになる」と思い，「うるさい，もう…いいだろ」と自分を非難していることをおさえる。

㈦ 直後に，「前後を歩く登山客の話し声や足音…岳の思考や感情を侵食してこない」とあることに注目。

㈧ 岳は「将来」を考えた結果，スポーツクライミングをやめることに決め，大学に入学後は勧誘を受けても断り続けていた。しかし，穂高と登山をしながら，スポーツクライミングの話題に触れたことで，「過去を懐かし」む気持ちが現れはじめている。岳はそんな自分を「非難」していたが，登山中に感じた「心地のいい…孤独」の中で，自身の考えや気持ちが「いつの間にか整理され…澄んで」いっていることに着目する。

【答】㈠ a．りんかく　b．けわ(しく)　c．くわ(しく)　d．しんちょう　㈡ 2

㈢ (新入生の中には，)岳より登山に興味を持つ学生もいるはずなのに，半ば無理矢理連れてきた岳と一緒にいることが愉快そうな穂高の様子を不可解だ(と思って見ていた)(58字)(同意可)

㈣ 4　㈤ 1　㈥ ア．楽しそう　イ．過去を懐かしんでしまう　㈦ 2　㈧ 4

2 【解き方】㈠ 語頭以外の「は・ひ・ふ・へ・ほ」は「わ・い・う・え・お」にする。

㈡ 続けて，「いかがしてかはかくの如くに御意には入るぞや」と質問していることから考える。

㈢ 曽呂利に「然らば，明日より飯をやめて，うまき甘き所の菓子計くひて居給ふべし」と言われて，近習が「ならぬ」と賛成していないことをおさえる。

㈣「菓子」を例に，近習が「心に甘き所を以て，君の用ゐ給はんところ」を期待していると，曽呂利は非難している。飯は「いつ迄も飽かるるといふ事」がないし，「いつにてもよき物」であり，実際に曽呂利自身も「飯のさたでの風味もなき物なれども…気遣ひなる事なきを事とす」と述べていることをおさえる。

㈤「いかがしてかはかくの如くに御意には入るぞや」と聞いてきた近習に対し，「いつにてもよき物」である「飯」と，「時宜によりてあしく」なる「菓子」の例を挙げつつ，曽呂利が近習について「心に甘き所を以て，君の用ゐ給はんところを期する故，大いに了簡違へり」と指摘していることに着目する。

【答】㈠ くいて　㈡ 4　㈢ ア．飯を食べる　イ．菓子を食べる(それぞれ同意可)　㈣ 1　㈤ 2

◀口語訳▶　太閤の近習が，曽呂利に質問して言いますのは，「あなたは本当に主君のお考えに適していて(それは)他に並ぶものがない。どのようにしてあなたはこのように気に入られたのか。」と言ったところ，曽呂利が言うには，「飯の風味はどのようなものであろうか。」と尋ねる。(近習が)答えて言うには，「こうと決まっている味はないが，単においしい物である。」と。曽呂利は同じように「菓子はおいしいものであろうか。」と。(近習が)答えて言うには，「おいしくて甘い。」曽呂利は「それならば，明日から飯をやめて，おいしくて甘い菓子ばかり食べていなさるのがよい。」(と言った。)近習は(その言葉を)聞いて「それはまったく不可能なことだ。」と言う。曽呂利は大いに笑って「それゆえのことである。あなたは菓子を主君にすすめ，私は飯を主君にすすめるため，いつまでもお飽きになるということなく，甘いものは時と場合によっては悪く，飯はどんなときでも良いものである。あなたは心に甘いところをもって，主君が任につかせなさろうとすることを期待するがために，大いに考えが異なっている。私は飯のしたくにおいては風味もないものではあるけれども，退屈しなさるという気遣いといったことをしないことに専念するのだ。」(と言った。)

3 **【解き方】**㈡「家魚」の金魚が「天地自然の美しい景色」ではないことを指摘し，日本人の「花鳥風月」の対象に疑問を提示していることをおさえる。また，「日本人の自然観」について説明した上で，予め用意された「美しい自然」という定形パターンに「当てはまるかどうかが，花鳥風月の美しさの基本だった」と結論づけていることにも着目する。

㈢ ア．日本人は，「自然との付き合い方が上手ではなかった」と述べたあとで，西欧の自然と比べて「ずっと荒々しい」日本では，「そういう風土では…何らかの因果応報を見出すことで，自分を納得させるしかなかった」と説明している。イ．「ことはせず」と続くので，日本人が自然に対してしなかったことを探す。日本人は，「『荒々しい自然』の脅威をそらし…美しい部分だけを切り取っていた」「自然と真っ向から取り組むのは避けて…自分たちに都合よく改変してきた」と述べていることに着目する。

㈣ 活用のある自立語で，言い切りの形が「〜い」となる形容詞。

㈤ 受け身を表す。1は可能，3は自発，4は尊敬を表す。

㈥ 日本人が「美しい自然」から安心感を得ることについて，直後で，「日本人が自然を美しく思う前提として，『美しい自然』という定形が予め用意されて」おり，定形があるからこそ，「みんないっしょに，同じ風景に同じ美しさを感じ…むしろ安心に思う気持が，日本人にあるのではないか」と考察している。日本人にとっての安心できる「美しい自然」については，「日本人のいう『美しい自然』は…疲れを癒してくれるものであった」と続けている。

㈦ びいどろの金魚玉の金魚や植木花卉園芸が小さいものであり，日本人にとっての「美しい自然」とは「人間社会の近くにあって…疲れを癒してくれるもの」であること，そして「江戸の町方で求められた『自然』は…ミニサイズでなければならなかった」ことから考える。10〜12段落にて，日本人は「自然の一部を改変して生活に取り込む知恵にはたけて」おり，そうした自然観のもとで江戸時代の「金魚流行」や「鉢植えの草花栽培などの趣味流行」があったとも説明している。

㈧ 抜けている一文に「台風」「自然の暴力」とあることに注目。段落の最後で，「荒々しい」自然について述べているところを探す。

㈨ 筆者ははじめに，「数百年にわたって人が飼ってきた『家魚』」の金魚は，「『天地自然の美しい景色』ではあるまい。『風流な遊び』なのかどうか」「日本人の考える『花鳥風月』の主たる意味が…『天地自然の美しい景色』なのか」と疑問をたてている。そして，日本人の自然観について説明し，西欧の自然と比べて「ずっと荒々しい」自然環境にある日本では，「自然の一部を改変して生活に取り込む知恵」をもって「自然と共存してきた」ことをふまえて，「こういった日本人の自然観抜きには，江戸の金魚流行は考えにくい」「金魚はやっぱり，花鳥風月の一部だったのではないか」という考察を導いている。

㈩ 日本の風土では「自然の強大な力に対して，人々は簡単に諦めたり…自分を納得させるしかなかった」ので，「自然の変化に対抗する」ことはしていない。日本の自然の向き合い方として，「『美しい自然』の美しい部分だけを切り取」り，「つきあいやすい一部分だけを取り出して身近に引き寄せ…自分たちに都合よく改変してきた」ことを挙げている。また，日本人は「人間社会の近くにあって…疲れを癒してくれるもの」に対して，「美しい自然」であると感じることに着目する。

【答】㈠ a．昔　b．位置　c．寒(さ)　d．経験　㈡ 3

㈢ ア．人間の力は小さなもの　イ．真っ向から取り組む　㈣ 3　㈤ 2

㈥ (江戸時代の日本人にとって，安心できる「美しい自然」とは，)人間社会の近くにあって，人の心を慰め，疲れを癒やしてくれるものであり，それをみんないっしょに，同じ美しさを感じて，同じように見る(ことで安心感を得ていた)（64字）（同意可）

㈦ 4　㈧（第）8(段落)　㈨ 1　㈩ 2

4 **【答】**（例）

運動会を生徒全員が楽しかったと思えるものにするための工夫として，私はDに着目した。私はスポーツ全般が苦手で，体力もないため，運動会はあまり好きではない。生徒の中には，私のような人や，障害や病気を抱える人など，多様な人がいるのだから，運動能力が高くなくても楽しめる競技種目を設けることが大切だと思う。

そこで，リレーに出場者が協力して解くクイズやパズルなどを取り入れることを提案したい。速く走るという運動能力だけではなく，思考力や団結力も試されるようにすれば，生徒がそれぞれの得意分野で力を発揮することができ，全員が楽しめる場面を作れるからだ。(272字)

~MEMO~

香川県公立高等学校
（自己推薦選抜）

2024年度 入学試験問題

＊各教科の問題はそれぞれ２種類ありますが，そのうち各学校が選んだ１題ずつが出題されます。

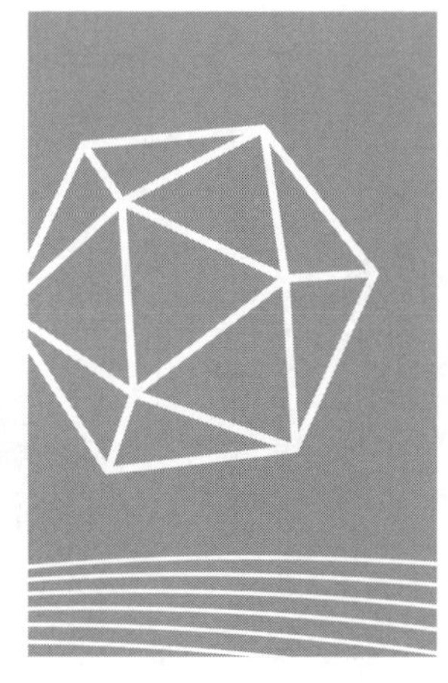
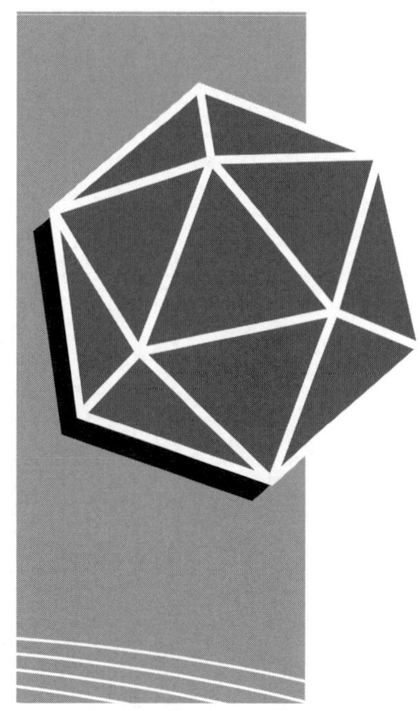

1 (二種類のうちの二)

次の文章を読んで、あとの㈠～㈢の問いに答えなさい。

①翻訳とは、しょせん誤解である――。そう書いたのは『翻訳とはなにか』などの著書で知られる評論家の柳父章だった。異なる世界を自らの言語に変換して伝えるとき、それはどこまでいっても「私たちなりの理解」に過ぎないのだと翻訳史の専門家は言いたかったのだろう。

きのう国立国会図書館で始まった企画展示「知識を世界に求めて」を見に行った。明治維新のころの日本の翻訳事情を紹介する内容だ。西周『洋字ヲ以テ国語ヲ書スルノ論』など200点に上る当時の書物が展示されている。

黄ばんだ紙に刻まれた活字から伝わってくるのは明治の人々の翻訳にかける熱情。開国したばかりの日本の知識層がいかに世界の知識を貪欲(注1)に吸収しようとしていたかがよく分かる。

翻訳家たちを悩ませたのはそもそも当時の日本に存在しない欧米の概念をどう訳すかだった。社会、個人、恋愛、存在……。いまは当たり前に使われる多くの言葉もこのとき生み出された造語だったと聞くと、②不思□な気持ちになる。

そうした翻訳語を「多くの人が咀嚼(注2)し、自分の理解にして日本の発展につなげていった」と同館司書監の倉橋哲朗さん(54)。新たな訳語は世界を日本に伝えただけでなく、日本語を変え、日本の社会を大きく変えた。

言葉は「宝石箱」なのだとも柳父は記した。最初は空っぽだが、宝石が入る箱。生まれたときは意味が伴わなくとも、徐々に言葉として「人々を惹きつける」ようになるのだと。③先人たちの「誤解」に敬意。

(「朝日新聞」〈二〇二二年一一月一二日付〉より)

(注1)　貪欲＝飽きることなく欲しがること。

(注2)　咀嚼＝言葉の意味・内容をよく考えること。

㈠　①に翻訳とは、しょせん誤解であるとあるが、柳父章のこの言葉にこめられた意図を、筆者はどのようなものだと考えているか。それを説明しようとした次の文の□内にあてはまる最も適当な言葉を本文中からそのまま抜き出して、二十字以内で書け。

翻訳とは、□ことであり、結局のところ自分たちなりの理解を表現することでしかないという意図がこめられていると考えている

㈡　②に不思□な気持ちとあるが、これが「奇妙な感覚」という意味になるように、□内にあてはまる漢字一字を書け。(　　)

㈢　③に先人たちの「誤解」に敬意とあるが、筆者は、明治維新のころの翻訳の過程で生まれた新たな翻訳語が、どのようなことを可能にし、どのような役割を果たしたことについて、当時の翻訳家への敬意を示そうとしているのか。「明治維新のころの翻訳の過程で生まれた新たな翻訳語が、」という書き出しに続けて、**概念**という言葉を用いて六十五字以内で書け。

明治維新のころの翻訳の過程で生まれた新たな翻訳語が、□という役割を果たしたことについて、当時の翻訳家への敬意を示そうとしている

総合問題

時間　四五分
満点　三〇点

1 (二種類のうちの一)

私たちは日常において、さまざまな出来事に接し、それに対してさまざまな気持ちを味わっている。あなたは身近な人に自分の感動を伝えたいと思ったときに、どのようにすればその気持ちがよく伝わると考えるか。あなたの考えを、そのように考える理由を示しながら、次の〔注意〕に従って、二百字程度で書きなさい。

〔注意〕

一　段落や構成に注意して百五十字(六行)以上書くこと。

二　原稿用紙の正しい使い方に従って書くこと。ただし、部分的な書き直しや書き加えなどをするときは、必ずしも「ますめ」にとらわれなくてよい。

三　**題名や氏名は書かないで**、本文から書き始めること。また、本文の中にも氏名や在学校名は書かないこと。

(150)　(200)

② （２種類のうちの１）

次の(1)，(2)の問いに答えなさい。

(1)　$n < \sqrt{79} < n + 1$ を満たす自然数 n の値を求めよ。(　　　)

(2)　右の図のような平行四辺形 ABCD がある。辺 CD 上に２点 C，D と異なる点 E をとり，線分 BE と対角線 AC との交点を F とする。対角線 AC 上に CF ＝ AG となる点 G をとり，点 G を通り，線分 BE に平行な直線をひき，辺 AB との交点を H とする。

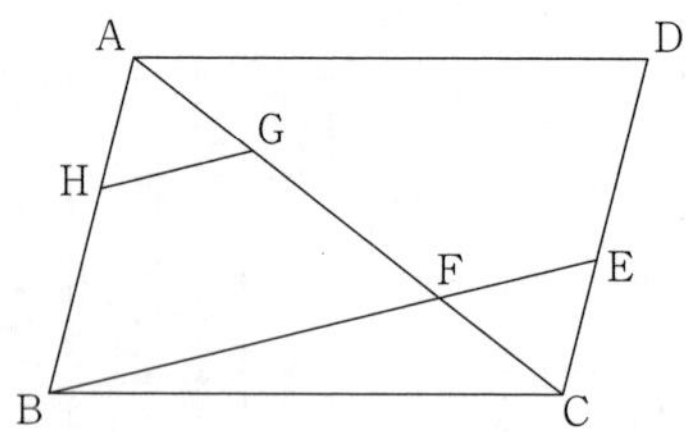

このとき，次のア，イの問いに答えよ。

ア　△AHG ≡ △CEF であることを証明せよ。

イ　AH : HB ＝ 2 : 3 であるとき，△BCF の面積は平行四辺形 ABCD の面積の何倍か。

(　　　倍)

2 (2種類のうちの2)

次の(1), (2)の問いに答えなさい。

(1) 次のア，イの問いに答えよ。

ア $n < \sqrt{24}$ を満たす自然数 n は全部で何個あるか。(　　　個)

イ $(\sqrt{6}+1)^2$ の整数部分を求めよ。(　　　)

(2) 右の図のように，辺 AB が辺 BC より長い長方形 ABCD を，点 C を回転の中心として回転移動して長方形 EFCG をつくったところ，3 点 D，E，F は一直線上にあった。点 G から直線 CD に垂線をひき，その交点を H とする。

このとき，次のア，イの問いに答えよ。

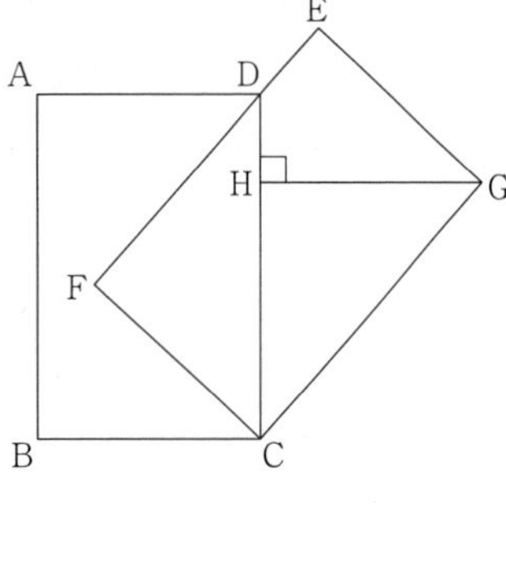

ア CF = GH であることを証明せよ。

(　　　)

イ AD = 3 cm，DH = 1 cm とする。4 点 E，D，H，G を通る円をかく。点 H を含まない $\overset{\frown}{DG}$ 上に $\overset{\frown}{DP}=\overset{\frown}{GP}$ となる点 P をとる。このとき，△DPG の面積は何 cm^2 か。(　　　cm^2)

3（２種類のうちの１）

次の(1)，(2)の問いに答えなさい。

(1)　次の文章は，日本にホームステイ中の Meg が書いた日記の内容である。これを読んで，あとの a～e の問いに答えよ。（＊印をつけた語句は，あとの㊟を参考にしなさい。）

Saturday, [①] 18

I went to Kyoto with my *host family. Kyoto has a lot of traditional temples. I like Kiyomizu Temple the [②]. It was built in the 8th century. I heard the name came from the *fall's pure water. Before I went into the temple, my *host father told me to [③] off my shoes. I saw people *lining up their shoes. There was a big *wooden stage and I enjoyed ④(see) the view from the stage. It was so beautiful. *On our way to the bus stop, I saw many kimono *rental shops and a lot of tourists were wearing kimonos. I said to one of my host family, "I have never tried a kimono, so I [⑤]." We took a lot of pictures of me. I really had a good time in Kyoto.

㊟　host family：ホームステイ先の家族　　fall's pure water：滝の清らかな水
host father：ホームステイ先のお父さん　　lining up ～：～を並べている
wooden stage：木の舞台　　on our way to ～：～へ向かう途中　　rental：レンタルの

a　①の[　　]内に「11 月」という意味の語を，英語一語で書け。(　　　)

b　②の[　　]内にあてはまるものは，次のア～エのうちのどれか。最も適当なものを一つ選んで，その記号を書け。(　　　)

ア　better　　イ　good　　ウ　well　　エ　best

c　③の[　　]内に入る適当な語を，本文の内容に合うように，英語一語で書け。(　　　)

d　④の（　）内の see を最も適当な形になおして書け。(　　　)

e　⑤の[　　]内に入る語句を，Meg になったつもりで，本文の内容に合うように，3 語以上の英語で書け。ただし，コンマなどの符号は語として数えない。

I have never tried a kimono, so I (　　　　　　　　　　　　　　　　　　　　).

(2)　次の対話文は，ファストフード店での店員 A と客 B の会話の一部である。これを読んで，①，②の[　　]内に入る語をそれぞれ英語一語で書け。①(　　　)　②(　　　)

A:　Hi. May I help you?

B:　Yes, please. I'll have two hamburgers.

A:　Sure. Would you like [①] to drink?

B:　No, thank you. [②] much are they?

A:　They are ten dollars.

3 （２種類のうちの２）

次の文章は，香川県でのホームステイを終えたOliverが，帰国後にお世話になった佐藤さん一家に送ったメールの内容である。これを読んで，あとの(1)～(5)の問いに答えなさい。（＊印をつけた語句は，あとの㊟を参考にしなさい。）

Dear Mr. Sato,

How are you? I'm back in Australia. Thank you for the great days in Kagawa. I want to see you again. I have two things [①] tell you.

First, I want to say thank you again. That was my first long *stay overseas. Everything was new to me. I was worried, so for the first three days I stayed in my room. I didn't go anywhere. Then Mr. Sato said to me, "Don't worry. I know how you're feeling. Why don't you do something with us this weekend?" I said to you, "[②]?" You said, "We're going to go *hiking." That weekend I enjoyed hiking very much. It made me change my *mind. From the next weekend, you took me to many places in Kagawa, for example, Shodoshima Island, *Konpirasan* and Ritsurin Garden. I enjoyed visiting them and eating a lot of *udon*. In Kagawa, ③(that had I so were kind you) a good time.

Second, my family moved to *Sydney. I think it's the most beautiful city of forests and lakes in the world. You can stay in a nice *cottage, enjoy swimming and see a lot of *wild animals. I go to junior high school in Sydney. Near my school, there is a zoo called *Taronga Zoo. ④I have been there many times, so I can [　　]. When I saw the *zookeeper's work, it looked a lot of fun. I hear there is an event and we can work as zookeepers in the event. I'm going to try it.

If you come to Sydney, please let me know. Please *keep in touch.

Oliver

㊟ stay：滞在　hiking：ハイキング　mind：考え　Sydney：シドニー　cottage：別荘
wild：野生の　Taronga Zoo：タロンガ動物園　zookeeper('s)：動物園の飼育係
keep in touch：連絡を取り合う

(1) ①の[　　]内に入る適当な語を，本文の内容に合うように，英語一語で書け。(　　　)

(2) ②の[　　]内に入る語句を，Oliverになったつもりで，本文の内容に合うように，4語以上の英語で書け。ただし，コンマなどの符号は語として数えない。

I said to you, "(　　　　　　　　　　)?"

(3) 下線部③の(　　)内のすべての語を，意味が通るように，正しく並べかえて書け。

In Kagawa, (　　　　　　　　　　) a good time.

(4) 下線部④が「私は何回もそこに行ったことがあるから，みんなに何を見るべきかを伝えることができる。」という意味になるように，[　　]内に入る適当な英語を書け。

I have been there many times, so I can (　　　　　　　　　　).

(5) 次のア～エのうち，Oliverのメールに書かれている内容に合っているものを一つ選んで，その記号を書け。(　　　)

ア　Oliver was nervous for the first few days in Kagawa.

イ　Oliver went to many places alone every weekend.

ウ　Oliver doesn't think Sydney is more beautiful than Kagawa.

エ　Oliver is not interested in a job at a zoo.

2024年度／解答

総合問題

1 (二種類のうちの一)【答】(例)

私は，自分の気持ちにぴったりな表現で，そう感じた理由と共に伝えることで，感動がよく伝わると考える。なぜなら，「感動した」と言うだけでは，具体的な気持ちや状況が伝わらないからだ。感動を表す言葉には，さまざまなものがある。例えば「心にしみる」と「心が震える」とでは，異なる印象を与える。状況によって使い分けることで，具体性が増す。また，何のどのような点に感動したのかをくわしく話すと，相手がその状況を想像できるので，より共感を得られやすくなると思う。(225字)

1 (二種類のうちの二)【解き方】(一) 直後で，「異なる世界を…翻訳史の専門家は言いたかったのだろう」と推測していることに着目する。

(三)「明治維新のころの日本の翻訳事情」について，「翻訳者たち」は「当時の日本に存在しない欧米の概念をどう訳すか」について悩み，それらを咀嚼して理解した上で「新たな訳語」を生み出し，その訳語が「世界を日本に伝えただけでなく…日本の社会を大きく変えた」と述べていることをおさえる。

【答】(一) 異なる世界を自らの言語に変換して伝える (19字) (二) 議

(三)(明治維新のころの翻訳の過程で生まれた新たな翻訳語が，)当時の日本語に存在しない欧米の概念を表すことを可能にし，世界を日本に伝えたり，日本語を変え，日本の社会を大きく変えたりした(という役割を果たしたことについて，当時の翻訳家への敬意を示そうとしている) (61字) (同意可)

2 (2種類のうちの1)【解き方】

(1) $8^2 < 79 < 9^2$ より，$8 < \sqrt{79} < 9$　よって，$n = 8$

(2) イ．HG∥BF より，AG : GF = AH : HB = 2 : 3　また，CF = AG だから，AG : GF : CF = 2 : 3 : 2　よって，$CF = AC \times \frac{2}{2+3+2} = \frac{2}{7}AC$ だから，$\triangle BCF = \frac{2}{7}\triangle ABC = \frac{2}{7} \times \frac{1}{2}$ ▱ABCD $= \frac{1}{7}$ ▱ABCD

【答】(1) 8

(2) ア．△AHG と△CEF において，仮定より，AG = CF……①　AB∥DC より，錯角は等しいから，∠HAG = ∠ECF……②　また，HG∥BE より，同位角は等しいから，∠AGH = ∠AFB……③　対頂角だから，∠AFB = ∠CFE……④　③，④より，∠AGH = ∠CFE……⑤　①，②，⑤より，1組の辺とその両端の角がそれぞれ等しいから，△AHG ≡ △CEF　イ．$\frac{1}{7}$ (倍)

2 (2種類のうちの2)【解き方】

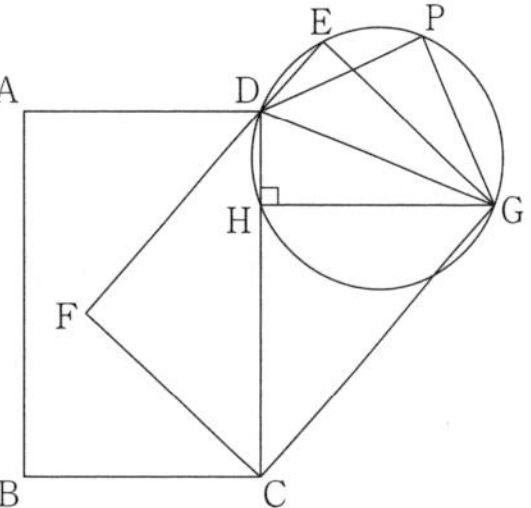

(1) ア．$n < \sqrt{24}$ より，$n^2 < 24$　n は自然数だから，この不等式を満たす n は，1，2，3，4の4個。イ．$(\sqrt{6}+1)^2 = 6 + 2\sqrt{6} + 1 = 7 + 2\sqrt{6} = 7 + \sqrt{24}$　$4^2 < 24 < 5^2$ より，$4 < \sqrt{24} < 5$　よって，$11 < 7 + \sqrt{24} < 12$ だから，$(\sqrt{6}+1)^2$ の整数部分は11。

(2) イ．右図の4点E，D，H，Gを通る円において，∠DHG = 90° だから，DG は直径となる。よって，$\overset{\frown}{DP} = \overset{\frown}{GP}$ のとき，△DPG は直角二等辺三角形となる。GH = CF = DA = 3 cm より，△DGH において，三平方の定理より，$DG = \sqrt{1^2 + 3^2} = \sqrt{10}$ (cm)　よって，$\triangle DPG = \frac{1}{2} \times \sqrt{10} \times \frac{\sqrt{10}}{2} = \frac{10}{4} = \frac{5}{2}$ (cm^2)

【答】(1) ア．4 (個)　イ．11

(2) ア. △CDFと△GCHにおいて，仮定より，CD = GC……① ∠CFD = ∠GHC = 90°……② EF∥GCより，錯角は等しいから，∠CDF = ∠GCH……③ ①，②，③より，直角三角形の斜辺と1つの鋭角がそれぞれ等しいから，△CDF ≡ △GCH よって，CF = GH イ. $\frac{5}{2}$ (cm^2)

3 (2種類のうちの1)【解き方】

(1) a.「11月」= November。b. 直前にtheがあることに注目。like ～ the best =「～が最も好き」。c.「(靴などを)脱ぐ」= take off ～。d.「～することを楽しむ」= enjoy ～ing。e. 直前の「私は今までに着物を試したことがないので」に続く文にする。解答例は「私はそれ（着物）を試してみたい」。oneはa kimonoを表す代名詞。

(2) ① ハンバーガーを注文したあとに飲み物をすすめられている。「飲み物」= something to drink。② 直後で「10ドルです」と答えている。値段を尋ねる疑問詞はHow much。

【答】(1) a. November b. エ c. take d. seeing e.（例）want to try one

(2)（例）① something ② How

◀全訳▶ (1) 11月18日 土曜日

私は私のホームステイ先の家族と京都に行きました。京都にはたくさんの伝統的なお寺があります。私は清水寺が最も好きです。それは8世紀に建てられました。私はその名前は滝の清らかな水から来たと聞きました。私がその寺の中に入る前，私のホームステイ先のお父さんは私に靴をぬぐように言いました。私は靴を並べている人々を見ました。大きな木の舞台があり，私はその舞台から景色を見ることを楽しみました。それはとても美しかったです。バスの停留所へ向かう途中，たくさんの着物レンタルの店が見え，たくさんの観光客が着物を着ていました。私はホームステイ先の家族の1人に「私は今までに着物を試したことがないので，私はそれを試してみたい」と言いました。私たちはたくさんの私の写真を撮りました。私は京都で本当に良い時間を過ごしました。

(2)

A：こんにちは。いかがいたしましょうか？

B：はい，お願いします。私はハンバーガーを2つください。

A：もちろんです。何か飲み物はいかがでしょうか？

B：いいえ，結構です。いくらですか？

A：10ドルです。

3 (2種類のうちの2)【解き方】

(1)「私はあなたたちに伝えるべきことが2つある」。「～するべき…」は形容詞的用法の不定詞を使って表す。

(2) このオリバーの質問に対し，佐藤さんは「私たちはハイキングに行くつもりだ」と言った。be going toやwillを使った疑問文が適切。解答例は「あなたは何をするつもりですか？」。

(3)「あなたたちはとても親切だったので私は良い時間を過ごした」。「とても～なので…」= so ～ that …。

(4)「AにBを伝える」= tell A B。「何を見るべきか」= what to see。

(5) ア.「オリバーは香川での初めの数日間は不安だった」。第2段落の4文目の内容に合っている。イ. 第2段落の最後から3文目を見る。オリバーは佐藤さんたちと一緒に香川のたくさんの場所に行った。1人ではない。ウ. 第3段落の2文目を見る。オリバーはシドニーが世界で最も美しい森と湖の街だと思っている。エ. 第3段落の後半を見る。オリバーは動物園の飼育係の仕事はとても楽しそうで，それをやってみたいと言っている。

【答】(1) to (2)（例）What are you going to do (3) you were so kind that I had

(4)（例）tell everyone what to see (5) ア

◀全訳▶ 親愛なる佐藤さん，

お元気ですか？　私はオーストラリアに戻りました。香川でのすばらしい日々をありがとうございました。私はあなたたちにもう一度会いたいです。私はあなたたちに伝えるべきことが２つあります。

初めに，私はあなたたちにもう一度ありがとうと言いたいです。あれは私の初めての長い海外での滞在でした。すべてが私にとって新しかったです。私は不安だったので，初めの３日間は自分の部屋にいました。私はどこにも行きませんでした。そのとき佐藤さんが私に「心配しないで。私はあなたがどのように感じているのかわかります。この週末私たちと何かしませんか？」と言いました。私はあなたに「あなたは何をするつもりですか？」と言いました。あなたは「私たちはハイキングに行くつもりです」と言いました。その週末私はハイキングをとても楽しみました。それは私の考えを変えました。次の週末から，あなたは私を香川のたくさんの場所，例えば，小豆島，金比羅山，栗林公園に連れていってくれました。私はそれらを訪れることを楽しみ，たくさんうどんを食べました。香川で，あなたたちはとても親切だったので私は良い時間を過ごしました。

２番目に，私の家族はシドニーに引っ越しました。私はそこは世界で最も美しい森と湖の街だと思います。あなたたちはすてきな別荘に滞在し，水泳を楽しんで，たくさんの野生の動物を見ることができます。私はシドニーの中学校に通っています。私の学校の近くに，タロンガ動物園と呼ばれる動物園があります。私は何回もそこに行ったことがあるので，みんなに何を見るべきかを伝えることができます。私が動物園の飼育係の仕事を見たとき，それはとても楽しそうでした。イベントがあり私たちがそのイベントで動物園の飼育係として働くことができると私は聞いています。私はそれをやってみるつもりです。

もしあなたたちがシドニーに来るなら，私に知らせてください。連絡を取り合ってください。

オリバー

~MEMO~

香川県公立高等学校
(一般選抜)

2023年度
入学試験問題

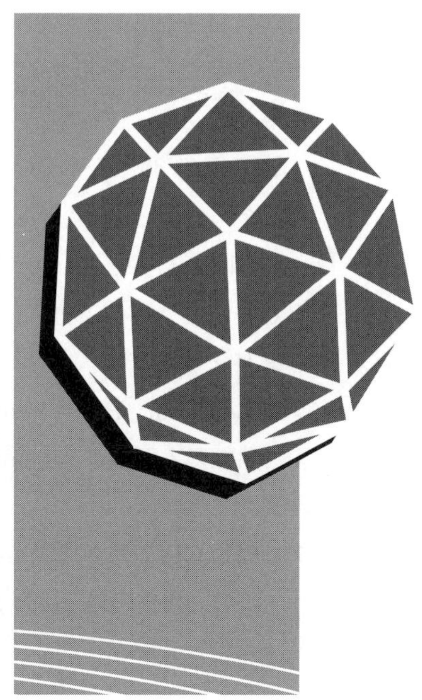

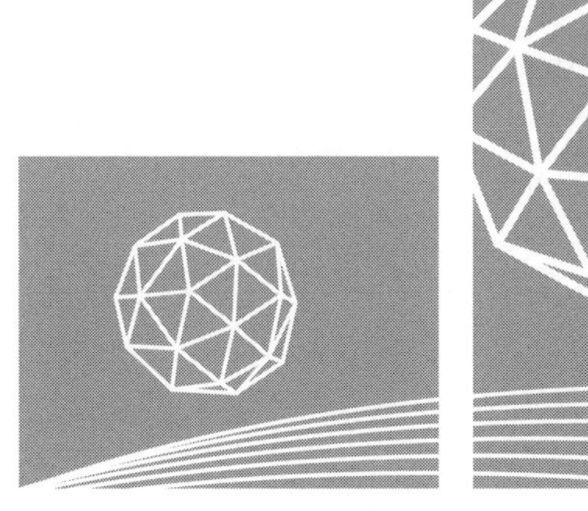

数学

時間 50分　　満点 50点

1 次の(1)〜(7)の問いに答えなさい。

(1) $3 + 8 \div (-4)$ を計算せよ。(　　)

(2) $6 \times \frac{5}{3} - 5^2$ を計算せよ。(　　)

(3) $\frac{x + 2y}{2} + \frac{4x - y}{6}$ を計算せよ。(　　)

(4) $\sqrt{8} - \sqrt{3}(\sqrt{6} - \sqrt{27})$ を計算せよ。(　　)

(5) $(x + 1)(x - 3) + 4$ を因数分解せよ。(　　)

(6) x についての2次方程式 $-x^2 + ax + 21 = 0$ の解の1つが3のとき，a の値を求めよ。

(　　)

(7) 次の㋐〜㋓の数のうち，12の倍数であるものはどれか。正しいものを1つ選んで，その記号を書け。(　　)

㋐ 2×3^4　　㋑ $2 \times 3^2 \times 7$　　㋒ $2^2 \times 3^2 \times 5$　　㋓ $2^3 \times 5 \times 7$

2 次の(1)〜(3)の問いに答えなさい。

(1) 右の図のような，線分ABを直径とする円Oがあり，円周上に2点A，Bと異なる点Cをとる。線分AB上に，2点A，Bと異なる点Dをとる。2点C，Dを通る直線と円Oとの交点のうち，点Cと異なる点をEとする。点Aと点C，点Bと点Eをそれぞれ結ぶ。

$\angle BCE = 35°$，$\angle ADC = 60°$ であるとき，$\angle BEC$ の大きさは何度か。(　　)

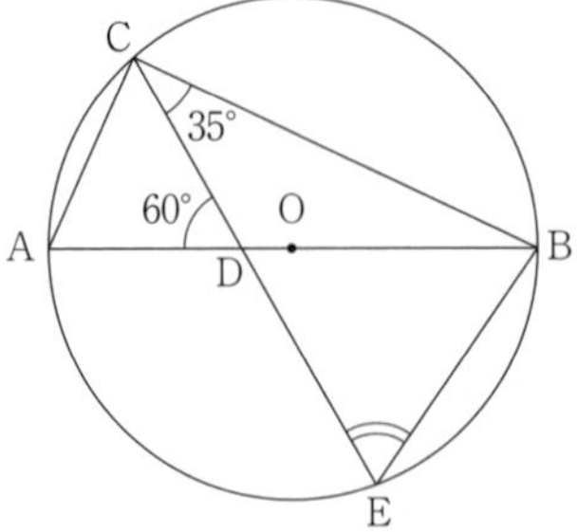

(2) 右の図のような三角柱がある。辺DE上に2点D，Eと異なる点Gをとり，点Gを通り，辺EFに平行な直線と，辺DFとの交点をHとする。

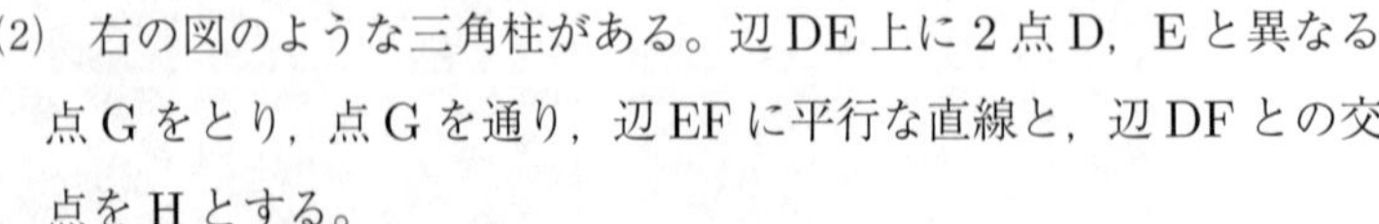

AB = 12cm，BC = 5cm，DG = 9cm，$\angle DEF = 90°$ で，この三角柱の表面積が $240cm^2$ であるとき，次のア，イの問いに答えよ。

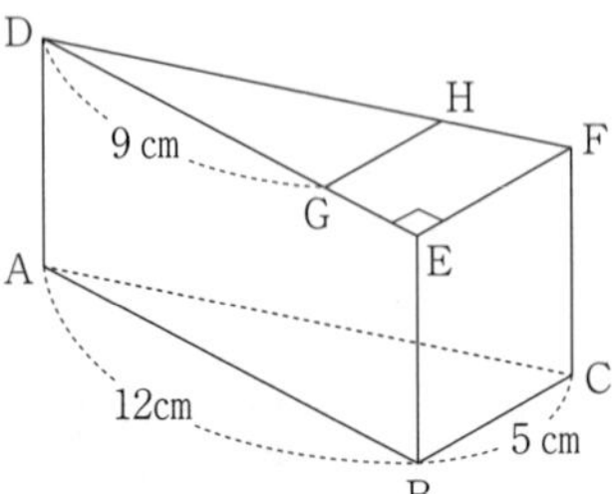

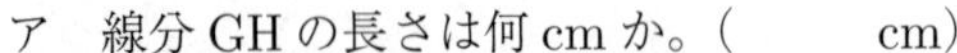

ア 線分GHの長さは何cmか。(　　cm)

イ この三角柱の体積は何 cm^3 か。(　　cm^3)

(3) 右の図のような，正方形ABCDがある。辺CD上に，2点C，Dと異なる点Eをとり，点Aと点Eを結ぶ。点Dから線分AEに垂線をひき，その交点をFとし，直線DFと辺BCとの交点をGとする。点Aを中心として，半径ABの円をかき，線分DGとの交点のうち，点Dと異なる点をHとする。

AB = 5cm，DE = 2cmであるとき，線分GHの長さは何cmか。(　　　cm)

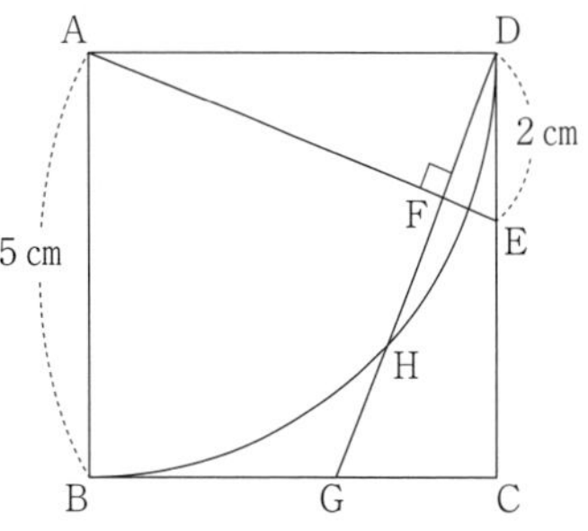

3 次の(1)〜(4)の問いに答えなさい。

(1) yはxに反比例し，$x = 2$のとき$y = 5$である。$x = 3$のときのyの値を求めよ。(　　　)

(2) 2つのくじA，Bがある。くじAには，5本のうち，2本の当たりが入っている。くじBには，4本のうち，3本の当たりが入っている。くじA，Bからそれぞれ1本ずつくじを引くとき，引いた2本のくじのうち，少なくとも1本は当たりである確率を求めよ。(　　　)

(3) 右の図は，A駅，B駅，C駅それぞれの駐輪場にとまっている自転車の台数を，6月の30日間，毎朝8時に調べ，そのデータを箱ひげ図に表したものである。次の㋐〜㋓のうち，この箱ひげ図から読みとれることとして，必ず正しいといえることはどれか。2つ選んで，その記号を書け。(　　と　　)

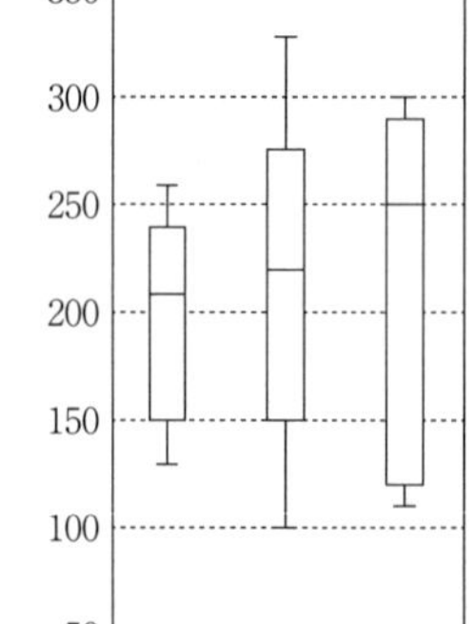

㋐ A駅について，自転車の台数が200台以上であった日数は15日以上である

㋑ A駅とB駅について，自転車の台数が150台未満であった日数を比べると，B駅の方が多い

㋒ B駅とC駅について，自転車の台数の四分位範囲を比べると，C駅の方が大きい

㋓ A駅，B駅，C駅について，自転車の台数の最大値を比べると，C駅がもっとも大きい

(4) 右の図で，点Oは原点であり，放物線①は関数$y = x^2$のグラフである。2点A，Bは放物線①上の点で，点Aのx座標は-2であり，線分ABはx軸に平行である。点Cは放物線①上の点で，そのx座標は負の数である。点Cを通り，x軸に平行な直線をひき，直線OBとの交点をDとする。

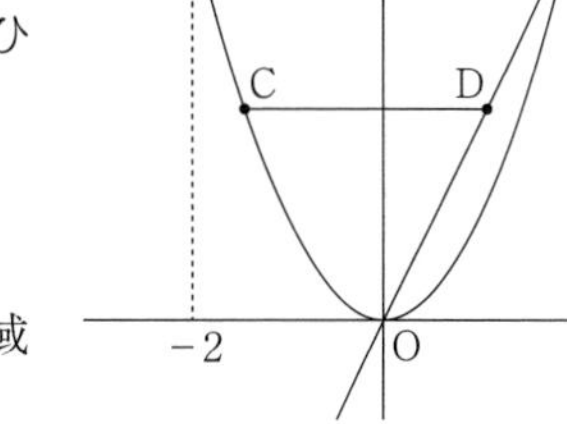

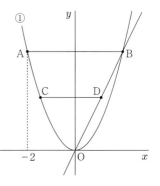

これについて，次のア，イの問いに答えよ。

ア 関数$y = x^2$で，xの変域が$-\frac{3}{2} \leqq x \leqq 1$のとき，$y$の変域を求めよ。(　　　)

イ AB：CD = 8：5であるとき，点Cのx座標はいくらか。点Cのx座標をaとして，aの値を求めよ。aの値を求める過程も，式と計算を含めて書け。

aの値を求める過程(　　　　　　　　　　　　) 答 aの値(　　　)

4　次の(1)，(2)の問いに答えなさい。

(1)　次の会話文を読んで，あとのア，イの問いに答えよ。

先生：ここに何も書かれていないカードがたくさんあります。このカードと何も入っていない袋を使って，次の操作①から操作⑤を順におこなってみましょう。

> 操作①　5枚のカードに自然数を1つずつ書き，その5枚のカードをすべて袋に入れる。
> 操作②　袋の中から同時に2枚のカードを取り出す。その2枚のカードに書いてある数の和を a とし，新しい1枚のカードに a の値を書いて袋に入れる。取り出した2枚のカードは袋に戻さない。
> 操作③　袋の中から同時に2枚のカードを取り出す。その2枚のカードに書いてある数の和を b とし，新しい1枚のカードに $b+1$ の値を書いて袋に入れる。取り出した2枚のカードは袋に戻さない。
> 操作④　袋の中から同時に2枚のカードを取り出す。その2枚のカードに書いてある数の和を c とし，新しい1枚のカードに $c+2$ の値を書いて袋に入れる。取り出した2枚のカードは袋に戻さない。
> 操作⑤　袋の中から同時に2枚のカードを取り出す。その2枚のカードに書いてある数の和を X とする。

花子：私は操作①で5枚のカード[1]，[2]，[3]，[5]，[7]を袋に入れます。次に操作②をします。袋の中から[3]と[5]を取り出したので，[8]を袋に入れます。操作②を終えて，袋の中のカードは[1]，[2]，[7]，[8]の4枚になりました。

太郎：私も操作①で5枚のカード[1]，[2]，[3]，[5]，[7]を袋に入れました。操作②を終えて，袋の中のカードは[3]，[3]，[5]，[7]の4枚になりました。次に操作③をします。袋の中から[3]と[3]を取り出したので，[7]を袋に入れます。操作③を終えて，袋の中のカードは[5]，[7]，[7]の3枚になりました。

花子：操作⑤を終えると，私も太郎さんも X ＝ [P] になりました。

先生：2人とも正しくXの値が求められましたね。

ア　会話文中のPの[　　]内にあてはまる数を求めよ。(　　　)

イ　次郎さんも，花子さんや太郎さんのように，操作①から操作⑤を順におこなってみることにした。そこで，操作①で異なる5つの自然数を書いた5枚のカードを袋に入れた。操作②で取り出した2枚のカードの一方に書いてある数は3であった。操作③で取り出した2枚のカードの一方に書いてある数は1であり，操作③を終えたとき，袋の中にある3枚のカードに書いてある数はすべて同じ数であった。操作⑤を終えると X ＝ 62 になった。このとき，次郎さんが操作①で書いた5つの自然数を求めよ。(　　　　　)

(2)　2日間おこなわれたバザーで，太郎さんのクラスは，ペットボトル飲料，アイスクリーム，ドーナツの3種類の商品を仕入れて販売した。バザーは，1日目，2日目とも9時から15時まで実施された。

1日目の8時に，太郎さんのクラスへ，1日目と2日目で販売するペットボトル飲料とアイスクリームのすべてが届けられた。このとき，1日目に販売するドーナツも届けられた。また，2日目の8時に，2日目に販売するドーナツが届けられ，その個数は，1日目の8時に届けられたドーナツの個数の3倍であった。

ペットボトル飲料は，1日目と2日目で合計280本売れ，1日目に売れたペットボトル飲料の本数は，2日目に売れたペットボトル飲料の本数よりも130本少なかった。

1日目において，1日目の8時に届けられたドーナツはすべて売れた。1日目に売れたアイスクリームの個数は，1日目の8時に届けられたアイスクリームの個数の30%で，1日目に売れたドーナツの個数よりも34個多かった。

2日目は，アイスクリーム1個とドーナツ1個をセットにして販売することにした。1日目が終了した時点で残っていたアイスクリームの個数が，2日目の8時に届けられたドーナツの個数よりも多かったので，ドーナツはすべてセットにできたが，いくつかのアイスクリームはセットにできなかった。セットにできなかったアイスクリームは1個ずつで販売され，セットにしたアイスクリームとは別に4個が売れた。2日目が終了した時点で，アイスクリームは5個，ドーナツは3個残っていた。

これについて，次のア～ウの問いに答えよ。

ア　1日目に売れたペットボトル飲料の本数は何本か。(　　　本)

イ　下線部について，1日目に届けられたアイスクリームの個数をx個，1日目に届けられたドーナツの個数をy個として，yをxを使った式で表せ。(　　　)

ウ　1日目に届けられたアイスクリームの個数をx個，1日目に届けられたドーナツの個数をy個として，x，yの値を求めよ。x，yの値を求める過程も，式と計算を含めて書け。

x，yの値を求める過程(　　　　　　　　　　　　　　　　　　　　　　　)

答　xの値(　　　)　yの値(　　　)

5　右の図のような，鋭角三角形ABCがあり，辺ACを1辺にもつ正方形ACDEを△ABCの外側につくる。辺ACと線分BEとの交点をFとする。点Cから線分BEに垂線をひき，その交点をGとする。点Aを通り，辺ABに垂直な直線をひき，直線CGとの交点をHとする。また，点Fを通り，線分GCに平行な直線をひき，辺CDとの交点をIとする。

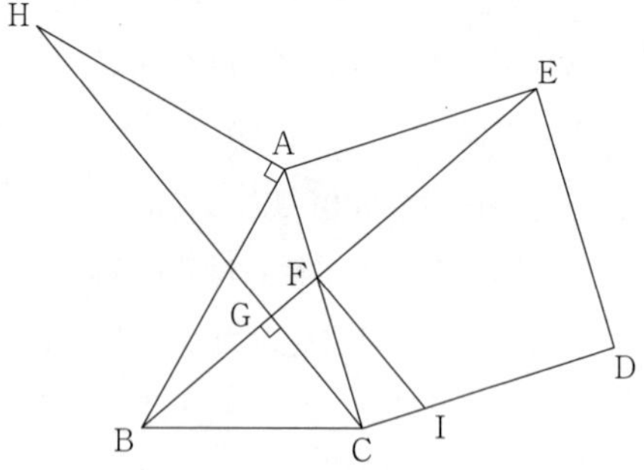

このとき，次の(1)，(2)の問いに答えなさい。

(1)　△CFG ∽△FIC であることを証明せよ。

(2)　直線AHと線分BEとの交点をJ，辺ABと線分CHとの交点をKとする。このとき，BJ = HKであることを証明せよ。

英語

時間 50分　　満点 50点

(編集部注) 放送問題の放送原稿は英語の末尾に掲載しています。
音声の再生についてはもくじをご覧ください。

1 英語を聞いて答える問題

A 絵を選ぶ問題(　　)

①

②

③

④

B 学校行事を選ぶ問題(　　)

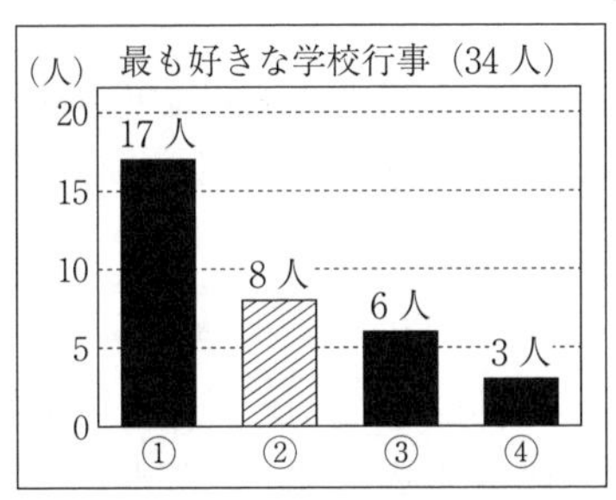

ア sports day　イ school festival　ウ chorus competition
エ English drama competition

C 応答を選ぶ問題(　　)

ア Don't drink too much.　イ OK. I'll buy some milk at the supermarket.
ウ My pleasure.　エ Oh, good. Let's use your milk.

D 対話の内容を聞き取る問題

待ち合わせ場所(　　)　待ち合わせ時刻(午前　時　分)

Yuji が Nancy に持ってくるように言ったもの(　　)

E 文章の内容を聞き取る問題 No.1(　　) No.2(　　) No.3(　　)

No.1 ア A mountain.　イ A bike shop.　ウ The sea.　エ The station.

No.2 ア To visit temples.　イ To enjoy nature.　ウ To work in Shikoku.
エ To talk to Ken.

No.3 ア To thank Ken for taking Jim to a bike shop.
イ To ride a bike and go around Shikoku with Ken.
ウ To tell Ken about the temples in Shikoku.
エ To take Ken to wonderful places in the U.K.

2 次の対話文は，中学生のAyaと，アメリカから来た留学生のBobとの，学校からの帰り道での会話である。これを読んで，あとの(1)〜(3)の問いに答えなさい。（＊印をつけた語句は，あとの㊟を参考にしなさい。）

Aya: Hi, Bob. [(a)]

Bob: It was a lot of fun. *Especially, a history class was very interesting.

Aya: [(b)]

Bob: I studied about some famous castles in Japan. I want to visit them.

Aya: That's great. Do you know there is a famous castle in Kagawa? [(c)]

Bob: Thank you. Hey, what is that *shed? I see many vegetables in the shed.

Aya: That is a vegetable store. Many *kinds of vegetables are sold there. ① They are [ ] than the vegetables in supermarkets.

Bob: Oh, really? That's interesting! Where is the staff member?

Aya: That store has no staff member. *Farmers come there and just put their vegetables.

Bob: Is it true? ② It's incredible that there is no staff member. I can't believe that. [(d)]

Aya: You choose vegetables you want to buy and put money into the box.

Bob: I see. Farmers and *customers believe each other. That may also be one of the wonderful Japanese cultures.

㊟ especially：特に　shed：小屋　kind(s) of：種類の　farmer(s)：農家　customer(s)：客

(1) 本文の内容からみて，文中の(a)〜(d)の[ ]内にあてはまる英文は，次のア〜クのうちのどれか。最も適当なものをそれぞれ一つずつ選んで，その記号を書け。

(a)(　　) (b)(　　) (c)(　　) (d)(　　)

ア How can we buy those vegetables?　イ What do you want to buy?

ウ I want to go to those places someday.　エ What's your favorite class?

オ How are you today?　カ I'll take you there someday.

キ What did you study in the class?　ク How was school today?

(2) 下線部①を，「それらは，スーパーマーケットの野菜より安いです。」という意味にするには，[ ]内に，どのような語を入れたらよいか。最も適当な語を一つ書け。(　　)

(3) 下線部②に incredible という語があるが，この語と同じような意味を表す語は，次のア〜エのうちのどれか。最も適当なものを一つ選んで，その記号を書け。(　　)

ア popular　イ amazing　ウ important　エ useful

③ 次の文章は，香川県の中学校に通う蓮（れん）が，英語の授業で発表したスピーチである。これを読んで，あとの(1)～(9)の問いに答えなさい。（＊印をつけた語句は，あとの㊟を参考にしなさい。）

I *moved to Kagawa two years ago. Since I came here, I have found many interesting things such as *udon*, *Konpirasan*, and *olives. Every culture has a long history and makes me ① (excite).

One day, when I was having dinner with my family, my grandmother was using a new *plate. The plate was very beautiful and ② ☐ special. I said to her, ③ <u>"Please (me plate your let see new)</u>. I like the beautiful *patterns *drawn by hand. Where did you buy that plate?" My grandmother said, "Oh, I didn't buy it. ④ ☐, I *drew the patterns on it. Have you ever heard of *lacquer art? *Lacquer is used to make this plate and I drew some patterns on it. My friend is an *instructor of lacquer art. ⑤ <u>彼は私にそれのやり方を見せました</u>。Why don't you join the class?" I was surprised and said, "I've heard of lacquer art, but I didn't know that we could try it in Kagawa. I want to try it."

A few days later, I went to the lacquer art class. ⑥ ☐ first, it was difficult for me to draw patterns. However, an instructor helped me a lot to make a plate. After the class, I said to the instructor, "Thank you for helping me. It was fun." The instructor said, "I'm glad to hear that. Lacquer art is one of the traditional *crafts in Kagawa. To tell many people about lacquer art, I started this class and have been making new lacquer art *works to *match our life. I think we have to tell this traditional craft to the next *generation. ⑦ <u>私は，もっと多くの若い人々が，それに興味をもつことを望みます</u>。" When I went home, I *thought about her words and called my friend to talk about it. And I decided to join ⑧ ☐ traditional craft class with him.

Do you like Kagawa? My answer is yes. I love Kagawa and I'm happy to live in Kagawa. ⑨ <u>I think Kagawa (cultures don't has we traditional know which many)</u>. I want to learn about them more. Why don't we find those cultures?

㊟ moved：move（引っ越す）の過去形　olive(s)：オリーブ　plate：皿　pattern(s)：模様
drawn by hand：手描きの　drew：draw（描く）の過去形　lacquer art：漆芸　lacquer：漆
instructor：講師　craft(s)：工芸　work(s)：作品　match：合う　generation：世代
thought：think（考える）の過去形

(1) ①の（　）内の excite を，最も適当な形になおして一語で書け。（　　　）

(2) ②の ☐ 内にあてはまる語は，本文の内容からみて，次のア～エのうちのどれか。最も適当なものを一つ選んで，その記号を書け。（　　　）

ア looked　イ made　ウ found　エ sounded

(3) 下線部③が，「あなたの新しい皿を私に見せてください。」という意味になるように，（　）内のすべての語を，正しく並べかえて書け。

Please (　　　　　　　　　　　　　　　　　　　　).

(4) ④の ☐ 内にあてはまる語は，本文の内容からみて，次のア～エのうちのどれか。最も適当

なものを一つ選んで，その記号を書け。(　　　)

ア　Also　　イ　Then　　ウ　Usually　　エ　Actually

(5)　下線部⑤の日本文を英語で書き表せ。

(　　　　　　　　　　　　　　　　　　　　　　　　　　　　　　　　　).

(6)　⑥の□内にあてはまる語は，次のア～エのうちのどれか。最も適当なものを一つ選んで，その記号を書け。(　　　)

ア　To　　イ　At　　ウ　For　　エ　With

(7)　下線部⑦の日本文を英語で書き表せ。

(　　　　　　　　　　　　　　　　　　　　　　　　　　　　　　　　　).

(8)　⑧の□内にあてはまる語は，次のア～エのうちのどれか。最も適当なものを一つ選んで，その記号を書け。(　　　)

ア　another　　イ　other　　ウ　others　　エ　many

(9)　下線部⑨が，「私は，香川には私たちが知らない多くの伝統的な文化があると思います。」という意味になるように，(　　)内のすべての語を，正しく並べかえて書け。

I think Kagawa (　　　　　　　　　　　　　　　　　　　　　　　　　　　　).

4 次の英文を読んで，あとの(1)～(8)の問いに答えなさい。（＊印をつけた語句は，あとの㊟を参考にしなさい。）

Genki is a junior high school student in Kagawa. He is a member of the soccer club and practices soccer after school every day. He plays soccer very well, so he has been a *regular player in the team since he was a first-year student. In the team, the *coach, Mr. Tanaka, always tells the players to run hard for the team during games. However, Genki didn't like running and often *skipped it. Also, he sometimes *blamed his team members for their *mistakes.

When Genki became a second-year student, he *thought he could be *captain of the team. However, he couldn't. One of his team members, Wataru, was *chosen as captain. He couldn't play as well as Genki, and he was a *bench player. Genki didn't understand why Wataru was chosen as captain.

One day, a practice game was held. Genki was not in the members for the game. He got ①[　　] and asked Mr. Tanaka, "Why am I a bench member?" He answered, "Think about ②<u>it</u> *by yourself. When you know the answer, you will be a better player." Genki watched the game next to Wataru. Then, he found some good points in Wataru. During the game, when team members made mistakes, Wataru was always *encouraging them. Also, he brought some *drinks quickly and gave them to the players with some helpful messages. Genki was surprised and asked Wataru, "Why are you working so hard?" He answered, "Because it's all for the team. Well, I often feel sad because I can't become a regular player. But I want to do anything I can do for the team." From those words, Genki found that he was only thinking about himself and Wataru was thinking about others. After the game, Wataru started to clean the ground *ahead of anyone else. Genki said, "③[　　　　]?" Wataru said with a smile, "Of course, you can." Then, they cleaned the ground together. After that, Mr. Tanaka asked Genki, "Did you understand why Wataru was captain?" He answered, "Yes. Wataru showed me that it was important to think about others and work hard for the team. He is a great person. I want to ④[　　]."

Genki and Wataru became third-year students, and the last *tournament started. In the tournament, Genki was a regular player, but Wataru was still a bench player. During the games, Genki didn't skip running and kept encouraging his team members. It was all for the team. They kept winning and finally won the tournament. Also, Genki got The Best Player *Award. He was *interviewed and said, "I got this award because all the members worked hard for the team." ⑤<u>His team members were happy to hear that</u>. Genki also said, "I want to say 'thank you' to Wataru, our captain. I learned a lot of important things from him. He ⑥[　　] me a lot." Wataru was looking at him with a smile.

㊟ regular player：レギュラー選手　coach：監督　skipped：skip（サボる）の過去形
blamed：blame（責める）の過去形　mistake(s)：失敗　thought：think（思う）の過去形

captain：キャプテン　chosen：choose（選ぶ）の過去分詞　bench player：控え選手
by yourself：あなた自身で　encouraging：encourage（励ます）の現在分詞　drink(s)：飲み物
ahead of ～：～より先に　tournament：トーナメント　award：賞
interviewed：interview（インタビューする）の過去分詞

(1) ①の［　　］内にあてはまる語は，本文の内容からみて，次のア～エのうちのどれか。元気(げんき)の様子を表すものとして，最も適当なものを一つ選んで，その記号を書け。（　　）
ア busy　イ angry　ウ sleepy　エ tired

(2) 下線部②の it が指しているのはどのようなことがらか。日本語で書け。
（　　　　　　　　　　　　）

(3) ③の［　　］内には，元気の質問が入る。本文の内容を参考にして，その質問を 4 語以上の英文一文で書け。ただし，疑問符，コンマなどの符号は語として数えない。
（　　　　　　　　　　　　）?

(4) ④の［　　］内にあてはまるものは，本文の内容からみて，次のア～エのうちのどれか。最も適当なものを一つ選んで，その記号を書け。（　　）
ア play soccer well like him　イ play soccer well like you　ウ be the person like him
エ be the person like you

(5) 下線部⑤に，His team members were happy to hear that とあるが，チームのメンバーは元気のどのような発言をうれしく思ったのか。その内容を日本語で書け。
（　　　　　　　　　　　　という発言）

(6) ⑥の［　　］内にあてはまる語は，本文の内容からみて，次のア～エのうちのどれか。最も適当なものを一つ選んで，その記号を書け。（　　）
ア watched　イ asked　ウ studied　エ changed

(7) 次の(a)，(b)の質問に対する答えを，本文の内容に合うように，(a)は 9 語以上，(b)は 3 語以上の英文一文で書け。ただし，ピリオド，コンマなどの符号は語として数えない。
(a) What does Mr. Tanaka always tell the players to do during games?
（　　　　　　　　　　　　）.
(b) Did Genki become captain of the team when he became a second-year student?
（　　　　　　　　　　　　）.

(8) 次の㋐～㋕のうちから，本文中で述べられている内容に合っているものを二つ選んで，その記号を書け。（　　と　　）
㋐ Before Genki became a second-year student, he often skipped running for the team.
㋑ Genki couldn't play soccer as well as Wataru, so he was a bench player.
㋒ During the practice game, Genki gave his team members some drinks quickly.
㋓ Wataru often felt sad because he had a lot of things to do for the team.
㋔ Wataru showed Genki that it was important to think about himself more without thinking about others.
㋕ During the last tournament, Genki was a regular player and worked hard for the team.

5 英語の授業で，次のテーマについて意見を書くことになりました。あなたなら，一人での旅行と友人との旅行のどちらを選び，どのような意見を書きますか。あなたの意見を，あとの〔注意〕に従って，英語で書きなさい。

I think [　　　] is better.

(　　　　　　　　　　　　　　　　　　　　).
(　　　　　　　　　　　　　　　　　　　　).
(　　　　　　　　　　　　　　　　　　　　).
(　　　　　　　　　　　　　　　　　　　　).

旅行に行くなら，一人での旅行と友人との旅行のどちらがよいか。
一人での旅行　traveling alone
友人との旅行　traveling with my friends

〔注意〕

① 解答欄の[　　　]内に traveling alone または traveling with my friends のどちらかを書くこと。

② I think [　　　] is better.の文に続けて，4 文の英文を書くこと。

③ 一文の語数は 5 語以上とし，短縮形は一語と数える。ただし，ピリオド，コンマなどの符号は語として数えない。

④ 一人での旅行または友人との旅行を選んだ理由が伝わるよう，まとまりのある内容で書くこと。

〈放送原稿〉

今から，2023 年度香川県公立高等学校入学試験「英語を聞いて答える問題」を始めます。問題用紙の問題1を見てください。また，解答用紙の問題1のところも見てください。

問題は，A，B，C，D，E の 5 種類です。

A は，絵を選ぶ問題です。今から，Koji が昨日(きのう)の昼食後にしたことについて，説明を英語で 2 回くりかえします。よく聞いて，その説明にあてはまる絵を，①から④の絵の中から一つ選んで，その番号を書きなさい。

Koji washed the dishes with his father after lunch yesterday.

（くりかえす）

B は，学校行事を選ぶ問題です。問題用紙のグラフを見てください。Junko が，クラスの 34 人の生徒に，「最も好きな学校行事」をたずねたところ，四つの学校行事があげられました。今から，Junko がその結果を英語で発表します。よく聞いて，グラフの②にあてはまる学校行事として最も適当なものを，アからエのうちから一つ選んで，その記号を書きなさい。英文は 2 回くりかえします。

Our school has interesting school events. Half of my classmates like the school festival the best. You may think that the sports day is also popular, but the English drama competition is more popular than that. Three students like the chorus competition the best.

（くりかえす）

C は，応答を選ぶ問題です。今から，Megu と George の対話を英語で 2 回くりかえします。よく聞いて，Megu の最後のことばに対する George の応答として最も適当なものを，アからエのうちから一つ選んで，その記号を書きなさい。

Megu: Let's make fruit juice! I have apples and bananas. Do we need anything else?

George: How about milk?

Megu: I wish I had it.

（くりかえす）

D は，対話の内容を聞き取る問題です。今から，Nancy と Yuji の対話を英語で 2 回くりかえします。よく聞いて，Nancy と Yuji の待ち合わせ場所，待ち合わせ時刻，および Yuji が Nancy に持ってくるように言ったものを，それぞれ日本語で書きなさい。

Nancy: Let's finish our project in the library on Saturday.

Yuji: Sounds nice. Where will we meet?

Nancy: How about meeting at the park next to the library? It will take about five minutes to the library.

Yuji: OK. So, will we meet at 8:50?

Nancy: Well, is 8:30 too early? I think there will be a lot of people in front of the library at 9.

Yuji: All right. It's not too early. We will do the project all day, so let's have lunch together. Please bring some money.

（くりかえす）

E は，文章の内容を聞き取る問題です。はじめに，Ken についての英文を読みます。そのあとで，英語でNo.1, No.2, No.3の三つの質問をします。英文と質問は，2回くりかえします。よく聞いて，質問に対する答えとして最も適当なものを，アからエのうちからそれぞれ一つずつ選んで，その記号を書きなさい。

Ken's hobby is riding a bike. He liked the sea, so he often went to see it by bike. He wanted to cross it someday to see a wider world.

One day, when Ken was riding a bike, he found the man who was in trouble. He didn't look Japanese, so Ken asked him in English, "Can I help you?" The man said to him, "I have a problem with my bike." Ken decided to take him to the nearest bike shop. The man's name was Jim, and he came from the U.K. to visit temples in Shikoku by bike. He almost finished visiting 88 temples. Ken said to Jim, "I want to be a strong man like you." Jim said to him, "You are already strong, because you tried to help me without anyone's help." Ken was happy to hear that. Ken said to Jim, "I'll go to the U.K. in the future, so please take me to wonderful places there by bike." Jim said with a smile, "Of course!"

質問です。

No.1　Where did Ken like to go by bike?

No.2　Why did Jim come to Shikoku?

No.3　What did Ken ask Jim to do in the future?

(英文と質問をくりかえす)

これで「英語を聞いて答える問題」を終わります。

社会

時間　50分　　　満点　50点

1　次の(1)～(9)の問いに答えなさい。

(1)　日本国憲法では，人間らしい豊かな生活を送るための権利として，社会権が保障されている。次のア～エのうち，日本国憲法で保障されている社会権にあてはまるものはどれか。一つ選んで，その記号を書け。(　　　)

ア　選挙に立候補する権利　　　イ　国が保有する情報の公開を求める権利

ウ　個人が財産を所有する権利　　エ　労働者が労働組合を結成する権利

(2)　わが国の政治に関して，次のa～cの問いに答えよ。

a　わが国の政治は，議院内閣制を採用している。次のア～エのうち，わが国の議院内閣制のしくみについて述べたものとしてあてはまらないものはどれか。一つ選んで，その記号を書け。(　　　)

ア　内閣総理大臣は，国会議員の中から，国会の指名によって選ばれる

イ　国会議員は，国会での発言について，免責特権をもっている

ウ　衆議院は，内閣不信任決議をおこなうことができる

エ　内閣は，国会に対して連帯して責任を負う

b　刑事裁判は，私たちの生命や身体に直接かかわるため，被疑者や被告人に対する権利が日本国憲法で保障されており，定められた手続きによって裁判が進められる。次の文は，わが国の刑事裁判の手続きについて述べようとしたものである。文中の二つの〔　　〕内にあてはまる言葉を，㋐，㋑から一つ，㋒，㋓から一つ，それぞれ選んで，その記号を書け。(　　と　　)

刑事裁判は，殺人や盗みのような，法律などに違反する犯罪があったかどうかを判断し，犯罪があった場合はそれに対する刑罰を決める裁判である。警察は，原則として〔㋐　裁判官　㋑　弁護人〕が発行する令状がなければ，逮捕することはできない。〔㋒　警察官　㋓　検察官〕は，被疑者が罪を犯した疑いが確実で，刑罰を科すべきだと判断すると，被疑者を被告人として起訴する。

c　地方公共団体は，地域の身近な仕事をにない，住民の意思や要望を反映させながら，さまざまな仕事をおこなっている。次のア～エのうち，地方公共団体の仕事としてあてはまらないものはどれか。一つ選んで，その記号を書け。(　　　)

ア　交通違反の取り締まり　　イ　上下水道の整備　　ウ　家庭裁判所の運営

エ　火災の予防や消火

(3)　右の写真は，国際連合のある機関の会議のようすを写したものである。この機関では，国際連合のすべての加盟国が平等に1票をもっており，世界のさまざまな問題について話し合ったり，決議を出したりする。この機関は何と呼ばれるか。その呼び名を書け。(　　　)

(4)　先進国と発展途上国の間には，大きな経済格差が存在している。ま

た，発展途上国のなかでも，急速に工業化が進むなどして，大きく経済発展している国と，産業の発展や資源の開発がおくれている国との間で経済格差が広がっている。このように発展途上国の間で経済格差が広がっていることは何と呼ばれるか。その呼び名を書け。(　　　)

(5)　税金に関して，次のa，bの問いに答えよ。

a　右の表は，アメリカ，日本，イギリス，フランスにおける2019年度の国と地方の税収全体に占める，直接税と間接税の割合をそれぞれ示そうとしたものであり，表中のⓍ，Ⓨには，直接税，間接税のいずれかが入る。また，次の文は，直接税と間接税について述べようとしたものである。文中のA，Bの□内にあてはまる言葉の組み合わせとして最も適当なものは，あとのア～エのうちのどれか。一つ選んで，その記号を書け。(　　　)

	Ⓧ	Ⓨ
アメリカ	24 %	76 %
日本	33 %	67 %
イギリス	44 %	56 %
フランス	46 %	54 %

(財務省資料により作成)

直接税，間接税は，税を負担する人と税を納める人が一致しているかどうかによる分類であり，税を負担する人と税を納める人が異なる税のことを［A］という。また，表中の各国のⓍとⓎの割合に着目すると，Ⓧに入るのは［B］である。

ア　A　直接税　　B　直接税　　イ　A　直接税　　B　間接税

ウ　A　間接税　　B　直接税　　エ　A　間接税　　B　間接税

b　わが国は，所得税に累進課税と呼ばれるしくみを採用している。この累進課税は，どのようなしくみか。**所得**　**税率**の二つの言葉を用いて，簡単に書け。

(　　　　　　　　　　　　　　　　しくみ。)

(6)　次の文は，大学生のあきおさんが自転車を購入した状況について述べたものである。文中の下線部㋐～㋓のうち，自転車の購入についての契約が成立したのはどの時点か。最も適当なものを一つ選んで，その記号を書け。(　　　)

香川県内の大学に通っているあきおさんが，新しい自転車を買いたいと思い，大学近くの自転車店を訪れ，㋐<u>店員に「かっこいい自転車を探しているんです。」と言ったところ，店員から新製品の自転車をすすめられた</u>。店員から「今ならキャンペーンで割引があるので，この値段で購入できますよ。」と言われたあきおさんは，㋑<u>「じゃあ，これを買います。」と言い，店員が「お買い上げありがとうございます。」と答えた</u>。そして，あきおさんは，㋒<u>注文票に住所や氏名などを記入し，代金を支払った</u>。後日，あきおさんは，㋓<u>自宅に配達された自転車を受け取った</u>。

(7)　わが国で設立される株式会社のしくみについて述べた次のア～エのうち，<u>誤っているもの</u>はどれか。一つ選んで，その記号を書け。(　　　)

ア　株主は，株式会社が借金を抱えて倒産した場合，出資した金額以上の負担を負う必要がある

イ　株主は，株式会社の生産活動などで得られた利潤の一部を配当として受け取る権利を有する

ウ　株主は，株式会社の経営方針などについて，株主総会で意見を述べることができる

エ　株式会社は，株式を発行することで必要な資金を多くの人々から集めることができる

(8)　市場に関して，次のa，bの問いに答えよ。

a　次の文は，景気変動と市場における価格の関係について述べようとしたものである。文中の

三つの〔　　〕内にあてはまる言葉を，㋐，㋑から一つ，㋒，㋓から一つ，㋔，㋕から一つ，それぞれ選んで，その記号を書け。(　　と　　と　　)

不況の時期には，一般的に〔㋐　デフレーション　　㋑　インフレーション〕と呼ばれる，物価が〔㋒　上昇　　㋓　下落〕し続ける現象が生じやすい。このような現象が生じるのは，不況の時期の市場においては，需要が供給を〔㋔　上回る　　㋕　下回る〕状態になりやすく，需要と供給のバランスがとれるように価格が変動するためである。

b　市場において商品を供給する企業が1社のみ，または少数しかないときには，企業どうしの競争がおこりにくいため，価格が不当に高く維持され，消費者が不利益を受けることがある。そこで，わが国では，市場における健全な競争を促すためのある法律が1947年に制定されており，公正取引委員会がその運用をになっている。この法律は一般に何と呼ばれるか。その呼び名を書け。(　　　)

(9)　花子さんは，社会科の授業で，わが国の労働環境に関する問題点と今後の課題というテーマで探究し，その成果を発表することにした。次の図は，その成果をまとめようとしたものの一部である。これを見て，あとのa～cの問いに答えよ。

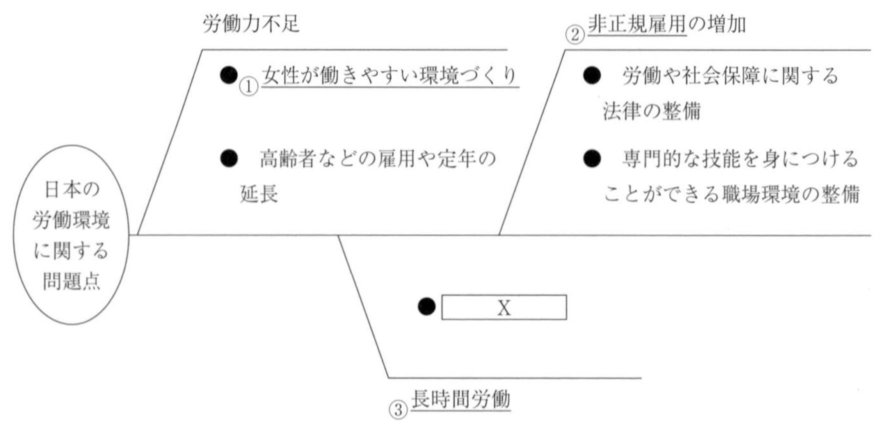

a　下線部①に女性が働きやすい環境づくりとあるが，右のグラフは，2001年と2021年における，女性の年齢別にみた働いている割合を，それぞれ示したものである。また，次の文は，このグラフから考えられることについて述べようとしたものである。文中の□内には，30代の女性の働いている割合が，20代後半と比べて低くなっている理由として考えられる内容が入る。その内容を簡単に書け。

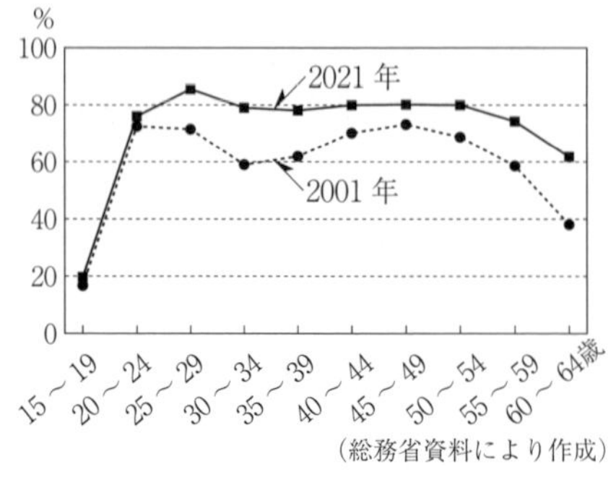

(総務省資料により作成)

(　　　)と(　　　)が両立しにくい

2021年における女性の働いている割合は，2001年と比べて増加しており，女性の働く環境は改善されつつあると考えられる。しかし，依然として，30代の女性の働いている割合は，20代後半と比べて低くなっている。その理由の一つとして，□状況にあることが考えられる。共生社会の実現に向けて，男性と女性が対等な立場で活躍できる社会のしくみをつくる取り組みが引き続き求められている。

b　下線部②に非正規雇用とあるが，次のグラフは，2019 年における正社員と，アルバイトや派遣社員などの非正規雇用の形態で働く労働者（非正規労働者）の年齢別の 1 時間あたりの賃金をそれぞれ示したものである。このグラフから，非正規労働者の賃金には，どのような特徴があると読み取れるか。**年齢**という言葉を用いて，簡単に書け。

（　　　　　　　　　　　　　　　　　　　　　　　　　　　　　　　　　）

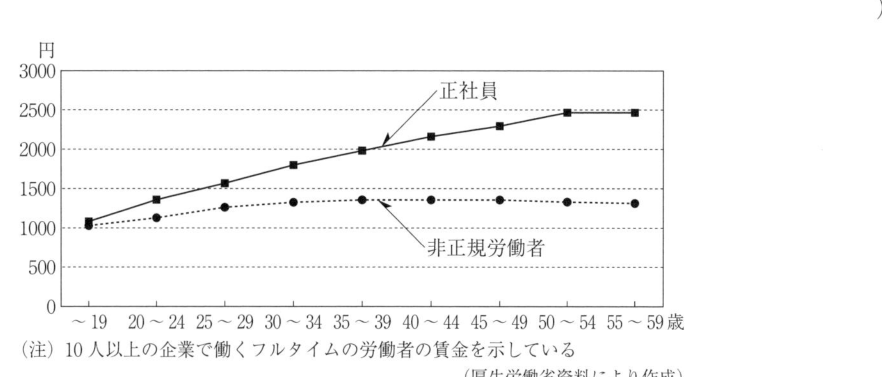

（注）10 人以上の企業で働くフルタイムの労働者の賃金を示している

（厚生労働省資料により作成）

c　下線部③に長時間労働とあるが，わが国では，長時間労働に伴う健康への悪影響などが問題になっており，長時間労働を改善するための取り組みが求められている。図中の［ X ］内には，企業が労働時間の短縮のためにおこなっていると考えられる取り組みの内容が入る。その内容を一つ簡単に書け。

（　　　　　　　　　　　　　　　　　　　　　　　　　　　　　　　　　）

2 次の(1)～(8)の問いに答えなさい。

(1) 青森県の三内丸山遺跡は，縄文時代を代表する遺跡の一つである。次のア～エのうち，縄文時代の特徴について述べたものとして最も適当なものはどれか。一つ選んで，その記号を書け。
( )

ア 大陸と交流があり，奴国（なこく）の王が漢（後漢）の皇帝から金印を授けられた
イ 支配者を埋葬するための巨大な前方後円墳が，各地につくられるようになった
ウ 食物が豊かにみのることなどを祈るために，土偶がつくられた
エ 打製石器を使って，ナウマンゾウなどの大型動物を捕まえるようになった

(2) 飛鳥時代のわが国では，東アジアの国々の制度を取り入れながら，国家のしくみが整えられた。こうしたなかで，唐の制度にならい，刑罰のきまりと政治のきまりについて定めたある法律が701年に完成した。701年に完成したこの法律は何と呼ばれるか。その呼び名を書け。( )

(3) 次の資料は，平安時代の学習をした花子さんが，摂関政治が終わりをむかえた時期に着目し，調べた結果をまとめたものの一部である。これを見て，あとのa～cの問いに答えよ。

摂関政治の終わりについて
・藤原氏との血縁関係がうすい後三条天皇が即位した
・後三条天皇が天皇中心の政治をおこない，①藤原頼通（よりみち）をはじめとする貴族の②荘園（しょうえん）を停止するなど，荘園の管理を強化した
・次の表の時代や，それ以降も，摂政や関白になっている藤原氏は存在するが，その政治への影響力は抑えられていたようだ

天皇	生没年	在位期間	即位した年齢
71代 後三条天皇	1034年～1073年	1068年～1072年	35歳
72代 白河天皇	1053年～1129年	1072年～1086年	20歳
73代 ③堀河天皇	1079年～1107年	1086年～1107年	8歳

a 下線部①に藤原頼通とあるが，藤原氏が実権をにぎって摂関政治をおこなっていた頃には，国風文化が最も栄えた。次のア～エのうち，国風文化について述べたものとして最も適当なものはどれか。一つ選んで，その記号を書け。( )
ア 「古今和歌集」などの，かな文字を使った文学作品が生まれた
イ 地方の国ごとに，自然や産物などをまとめた「風土記（ふどき）」がつくられた
ウ 「一寸法師」や「浦島太郎」などの，お伽（とぎ）草子と呼ばれる絵入りの物語がつくられた
エ 平氏の繁栄や戦いをえがいた「平家物語」が，琵琶（びわ）法師により弾き語られた

b 下線部②に荘園とあるが，わが国の土地の所有に関する次の㋐～㋒のできごとが，年代の古い順に左から右に並ぶように，記号㋐～㋒を用いて書け。(→ →)
㋐ 全国の田畑の検地がおこなわれ，実際に耕作している農民に土地の所有権が認められた
㋑ 口分田が不足してきたために，新たな開墾地の私有を認める法が定められた
㋒ 有力貴族や大寺社が寄進を受けて領主となることで，その保護を受けた荘園が増えた

c　下線部③に堀河天皇とあるが，次の文は，花子さんが，幼少の堀河天皇が即位したとき，だれがどのような立場で政治を動かすようになったのかについて説明しようとしたものである。文中の〔　　〕内にあてはまる言葉を，㋐，㋑から一つ選んで，その記号を書け。また，文中の□内にあてはまる最も適当な言葉を書け。記号(　　　)　言葉(　　　)

幼少の堀河天皇が即位したとき，摂政や関白の力を抑えて〔㋐　後三条天皇　　㋑　白河天皇〕が上皇として政治を動かすようになった。このときからみられるようになった，位をゆずった天皇が上皇という立場で実権をにぎっておこなう政治を□という。

(4)　2022年に瀬戸内国際芸術祭が開催されたことで，香川県内の芸術や文化に興味をもった太郎さんは，香川県のさまざまな文化財を調べた。次のⒶ，Ⓑのカードは，太郎さんが香川県の文化財について調べたことをまとめたものの一部である。これを見て，あとのa，bの問いに答えよ。

Ⓐ　花園上皇の書

鎌倉時代末期の1332年に書かれたとされる花園上皇自筆の手紙であり，高松藩主の家に伝えられてきた。この書には，戦乱の鎮圧を祈願する儀式の準備をすることや，①楠木正成(くすのきまさしげ)の行方の捜索をすることについての指示などが書かれている。

Ⓑ　久米(くめ)通賢の測量の道具

江戸時代後期に坂出(さかいで)の塩田開発などに貢献した久米通賢が，独自の発想で自作した「地平儀」である。これを用いてつくられた香川県内の詳細な地図は，②江戸時代後期につくられた正確な日本地図と同様に精度が高い。

a　下線部①に楠木正成とあるが，この人物は後醍醐(ごだいご)天皇のもと，鎌倉幕府をほろぼすために幕府軍と戦った。鎌倉幕府を倒すことに成功した後醍醐天皇は，天皇中心の新しい政治を始めた。後醍醐天皇による天皇中心のこの政治は，何と呼ばれるか。その呼び名を書け。(　　　)

b　下線部②に江戸時代後期につくられた正確な日本地図とあるが，江戸時代後期に全国の海岸線を測量して歩き，正確な日本地図をつくった人物はだれか。次のア～エから一つ選んで，その記号を書け。(　　　)

ア　伊能忠敬　　イ　本居宣長　　ウ　杉田玄白　　エ　滝沢馬琴

(5)　室町時代から江戸時代の社会に関して，次のa，bの問いに答えよ。

a　次の文は，室町時代後期のある都市について述べたものである。この都市は，右の略地図中にア～エで示した都市のうちのどれか。一つ選んで，その記号を書け。(　　　)

戦乱から復興したこの都市では，町衆と呼ばれる裕福な商工業者たちによって町の自治がおこなわれ，中断されていた祭りも盛大に催されるようになった。また，この都市の西陣では，絹織物の生産が盛んになった。

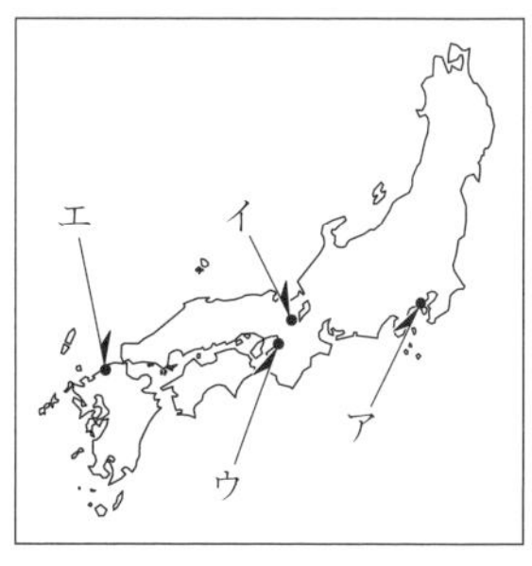

b　江戸時代中期の18世紀になると，問屋と農民とが結びつくようになる。この結びつきから生まれた生産形態の一つに問屋制家内工業がある。この問屋制家内工業のしくみはどのようなものであったか。**材料や道具**　**製品**の二つの言葉を用いて，簡単に書け。

問屋が,（　　　　　　　　　　　　　　　　　　　　　　　　　　）しくみ。

(6)　次のⒶ, Ⓑのカードは, 太郎さんが18世紀から19世紀の欧米諸国について調べたことをまとめようとしたものの一部である。それぞれのカードの〔　　〕内にあてはまる言葉を, ㋐, ㋑から一つ, ㋒, ㋓から一つ, それぞれ選んで, その記号を書け。（　　と　　）

Ⓐ　アメリカの独立	Ⓑ　フランス革命
北アメリカの〔㋐　スペイン　　㋑　イギリス〕植民地は, 新たな課税をめぐって関係の悪化した本国との間に独立戦争をおこし, 独立宣言を出した。植民地側がこの戦争に勝利したことで, 独立が認められ, 合衆国憲法が定められた。	フランスでは, 市民が立ち上がって革命が始まり, 王政が廃止された。革命の広がりをおそれた他のヨーロッパ諸国による攻撃を受けたが,〔㋒　ナポレオン　　㋓　クロムウェル〕がこれをしりぞけ, 市民の自由や平等を保障した法典を定めて, 革命の成果を守った。

(7)　右の略年表を見て, 次のa～cの問いに答えよ。

年代	できごと
1868	戊辰(ぼしん)戦争が始まる
1885	内閣制度がつくられる
1895	下関条約が結ばれる
1914	第一次世界大戦が始まる

（1868～1885の期間：Ⓟ，1895～1914の期間：Ⓠ）

a　下線部に戊辰戦争とあるが, この戦争に勝利した新政府は, わが国を中央集権国家とするため, 1869年に全国の藩主に土地や人民を天皇（政府）に返させた。この土地や人民を天皇（政府）に返させた政策は何と呼ばれるか。その呼び名を書け。（　　　）

b　年表中のⓅの時期におこった次の㋐～㋒のできごとが, 年代の古い順に左から右に並ぶように, 記号㋐～㋒を用いて書け。（　　→　　→　　）

㋐　西郷隆盛を中心として, 最大規模の士族の反乱がおこった

㋑　国会開設を求めて, 大阪で国会期成同盟が結成された

㋒　岩倉使節団が欧米諸国に派遣された

c　年表中のⓆの時期におこったできごとは, 次の㋐～㋓のうちのどれか。一つ選んで, その記号を書け。（　　）

㋐　わが国が琉球(りゅうきゅう)藩を廃止し, 沖縄県を設置した

㋑　朝鮮でわが国からの独立を求める三・一独立運動がおこった

㋒　わが国が中国に二十一か条の要求を示し, その大部分を認めさせた

㋓　ロシアがわが国に旅順(リュイシュン/りょじゅん)と大連(ターリエン/だいれん)の租借権をゆずりわたした

(8)　20世紀のわが国のあゆみに関して, 次のa～dの問いに答えよ。

a　次のア～エのうち, 大正時代の社会や文化について述べたものとして最も適当なものはどれか。一つ選んで, その記号を書け。（　　）

ア　新たな情報源となるラジオ放送が, はじめて開始された

イ　各地に高速道路がつくられ, 新幹線も開通した

ウ　作曲家の滝廉太郎が, 西洋の音楽を取り入れた数々の名曲をつくった

エ　映画監督の黒澤明(くろさわあきら)の作品が, 世界的にも高い評価を受けた

b　右の写真は，中国の訴えを受けて国際連盟が派遣したリットン調査団が調査をしているようすを写したものである。この調査団の報告をもとに国際連盟で決議された内容に反発したわが国は，国際連盟を脱退した。わが国が国際連盟を脱退したのは，国際連盟においてどのようなことが決議されたからか。決議された内容を簡単に書け。

満州国を（　　　）ことや，日本軍の（　　　）ことが決議された。

c　1945年にわが国の選挙法が改正され，選挙権が認められる有権者の資格が変わった。右の表は，1942年と1946年に実施された衆議院議員総選挙のときの，わが国における全人口に占める有権者の割合をそれぞれ示したものである。1946年のわが国における全人口に占める有権者の割合を，1942年と比較すると，大幅に増加していることがわかる。わが国における全人口に占める有権者の割合が大幅に増加したのは，1945年に有権者の資格がどのようになったからか。簡単に書け。

総選挙実施年	全人口に占める有権者の割合(%)
1942年	20.0
1946年	48.7

（総務省資料などにより作成）

（　　　　　　　　　　　　　　　　　　　　　　　　　　　　）

d　わが国は，サンフランシスコ平和条約に調印していなかったある国と，1956年に両国の戦争状態を終了して国交を回復する宣言を結んだ。この結果，わが国の国際連合への加盟が実現した。1956年にわが国が，サンフランシスコ平和条約に調印していなかったある国と結んだこの宣言は，何と呼ばれるか。その呼び名を書け。（　　　）

3 次の(1)～(6)の問いに答えなさい。

(1) 次の略地図は，アテネからの距離と方位が正しくあらわされているものである。この略地図を見て，あとのa～dの問いに答えよ。

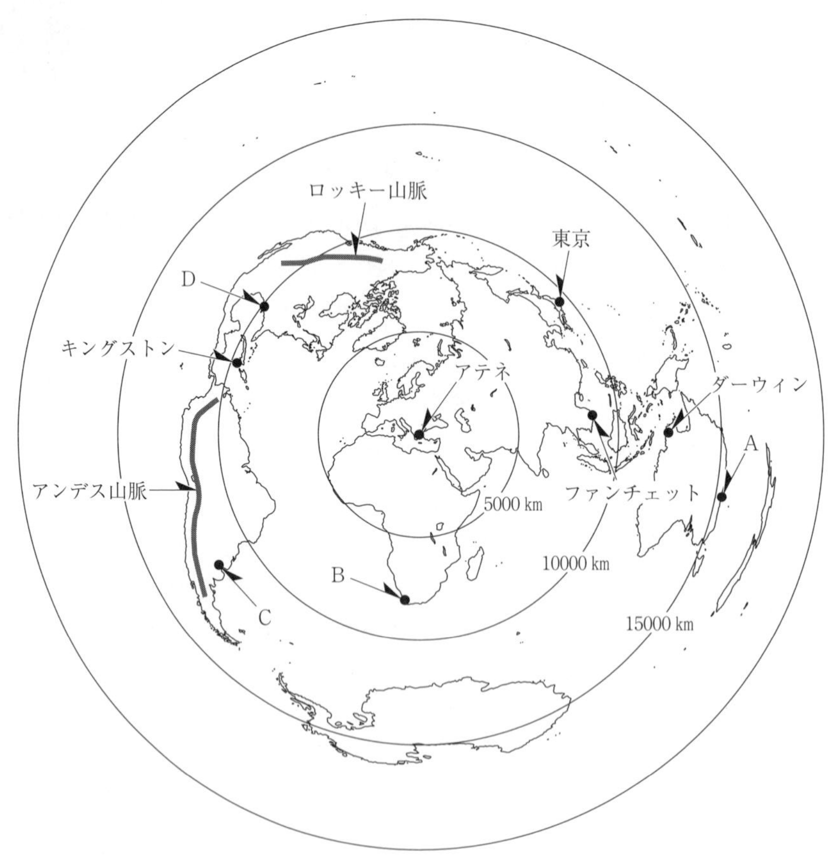

a 略地図中にA～Dで示した都市のうち，アテネからの距離が最も遠い都市はどこか。一つ選んで，その記号を書け。(　　　)

b 略地図中のキングストンは，西経75度の経線を標準時子午線としている。東京が3月20日午後3時であるとき，キングストンの日時は3月何日の何時であるか。その日時を午前，午後の区別をつけて書け。(3月　　日　　　　時)

c 略地図中のロッキー山脈やアンデス山脈，日本列島を含む造山帯は何と呼ばれるか。その造山帯名を書け。(　　　造山帯)

d 次の資料Ⅰ，Ⅱは，略地図中のファンチェット，ダーウィンのいずれかの月平均気温と月降水量をそれぞれ示したものである。また，あとの文は，花子さんと先生が，資料Ⅰ，Ⅱを見て会話した内容の一部である。文中の二つの〔　　〕内にあてはまる言葉を，㋐，㋑から一つ，㋒，㋓から一つ，それぞれ選んで，その記号を書け。また，文中の X 内にあてはまる内容を赤道という言葉を用いて，簡単に書け。

記号(　　と　　)

内容(　　　　　　　　　　　　　　　　　　)

資料Ⅰ

	1月	2月	3月	4月	5月	6月	7月	8月	9月	10月	11月	12月
気温(℃)	28.3	28.2	28.3	28.3	27.0	25.2	24.8	25.5	27.7	29.0	29.3	28.9
降水量(mm)	468.0	412.1	317.9	106.4	21.5	0.4	0.0	0.7	14.3	70.4	145.1	270.4

(気象庁資料により作成)

資料Ⅱ

	1月	2月	3月	4月	5月	6月	7月	8月	9月	10月	11月	12月
気温(℃)	25.6	26.0	27.2	28.7	29.1	28.3	27.8	27.6	27.6	27.5	27.2	26.3
降水量(mm)	6.8	0.8	1.1	26.8	140.9	154.8	176.2	158.7	167.8	165.1	96.8	23.9

(気象庁資料により作成)

花子：資料Ⅰ，Ⅱにおいて，二つの都市は一年を通じて気温が高く，とても暑いことがわかります。月ごとの気温の変化をよく見ると，気温が比較的高い時期と比較的低い時期があることもわかります。また，降水量は多い月と少ない月がはっきりとしています。

先生：そうですね。これらの都市は，気温の比較的高い時期は降水量が多い雨季に，気温が比較的低い時期は降水量の少ない乾季になっています。これらの特徴から資料Ⅰの都市はどちらの都市だといえますか。

花子：はい。資料Ⅰの都市は〔㋐　ファンチェット　　㋑　ダーウィン〕です。資料Ⅰの気温と降水量の特徴をみると，6月から8月が〔㋒　雨季　　㋓　乾季〕になっていることから，資料Ⅰの都市が［　X　］と考えられるからです。

先生：そのとおりです。

(2) 次の文は，山梨県で撮影した右の写真にみられる地形とその特徴について述べようとしたものである。文中の［　A　］内にあてはまる最も適当な言葉を書き，［　B　］内にあてはまる地形の特徴を簡単に書け。

A(　　　　)

B(　　　　)

川が山間部から平野や盆地に出た所に土砂がたまってできた［　A　］と呼ばれる地形がみられる。この地形の中央部はつぶが大きい砂や石でできていて，［　B　］ため，古くから果樹園などに利用されている。

(3) 次の資料Ⅰは，世界全体の米の生産量と輸出量の変化をそれぞれ示したものである。また，資料Ⅱは，2018年における世界全体の米の生産量と輸出量に占めるおもな国の割合をそれぞれ示したものである。これに関して，あとのa，bの問いに答えよ。

資料Ⅰ　世界全体の米の生産量と輸出量の変化

	生産量(万t)	輸出量(万t)
2006年	64108	3055
2009年	68509	2973
2012年	73301	3982
2015年	74009	4242
2018年	76284	4567

(「世界国勢図会 2021／2022」などにより作成)

資料Ⅱ　2018年における世界全体の米の生産量と輸出量に占めるおもな国の割合

米の生産国	世界全体の米の生産量に占める割合(%)	米の輸出国	世界全体の米の輸出量に占める割合(%)
中国	27.8	インド	25.4
インド	22.9	タイ	24.2
インドネシア	7.8	ベトナム	10.7
バングラデシュ	7.1	パキスタン	8.6
ベトナム	5.8	アメリカ合衆国	5.9
タイ	4.2	中国	4.5
その他	24.4	その他	20.7

(「世界国勢図会 2021／2022」により作成)

a　資料Ⅰで示した世界全体の米の生産量の変化と，資料Ⅱで示した2018年における世界全体の米の生産量に占めるおもな国の割合を，それぞれグラフを用いて表したい。次の表中のア～エのうち，それぞれを表すグラフの組み合わせとして最も適当なものはどれか。一つ選んで，その記号を書け。(　　　)

	ア	イ	ウ	エ
資料Ⅰで示した世界全体の米の生産量の変化	棒グラフ	帯グラフ	折れ線グラフ	円グラフ
資料Ⅱで示した2018年における世界全体の米の生産量に占めるおもな国の割合	折れ線グラフ	棒グラフ	円グラフ	帯グラフ

b　資料Ⅰ，Ⅱからわかることを述べた次のア～エのうち，誤っているものはどれか。一つ選んで，その記号を書け。(　　　)

ア　世界全体の米の生産量は，2006年と比べて2015年の方が多い

イ　世界全体の米の生産量に占める輸出量の割合は，2006年と比べて2009年の方が大きい

ウ　2018年において，タイの米の輸出量は1000万t以上ある

エ　2018年において，インドの米の生産量は，インドの米の輸出量の10倍以上ある

(4)　わが国の工業は，加工貿易を通じて発展してきたが，1980年代に入ってから，アメリカ合衆国やヨーロッパ諸国に進出して，自動車などの工業製品を現地でも生産するようになった。それはなぜか。その理由を簡単に書け。

わが国と，アメリカ合衆国やヨーロッパ諸国との間で，(　　　　　　　　　　　　　　　　　　　　)

(5)　次の㋐～㋒の略地図は，1955～1975年，1975～1995年，1995～2015年のいずれかの期間における，都道府県別の20年間での人口増加率をそれぞれ示したものである。㋐～㋒の略地図が，期間の古い順に左から右に並ぶように，記号㋐～㋒を用いて書け。(　　→　　→　　)

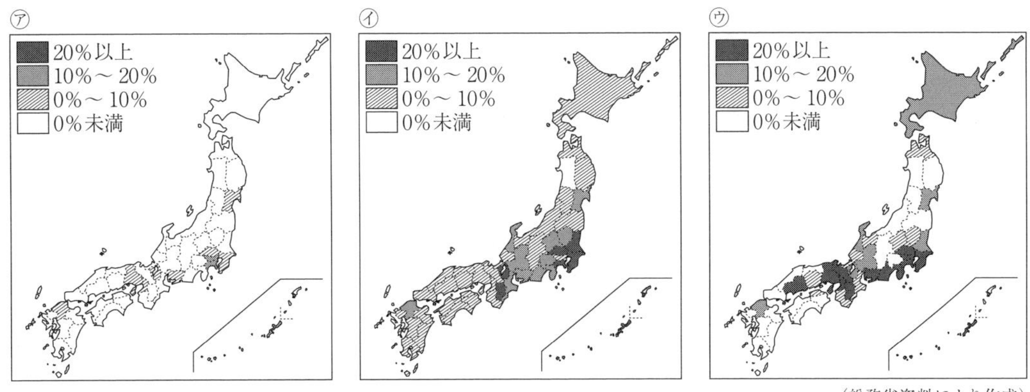

(総務省資料により作成)

(6)　次の地形図は，旅行で栃木県を訪れた中学生の太郎さんが，日光市で地域調査をおこなった際に使用した，国土地理院発行の2万5000分の1の地形図（日光北部）の一部である。これに関して，あとのa～eの問いに答えよ。

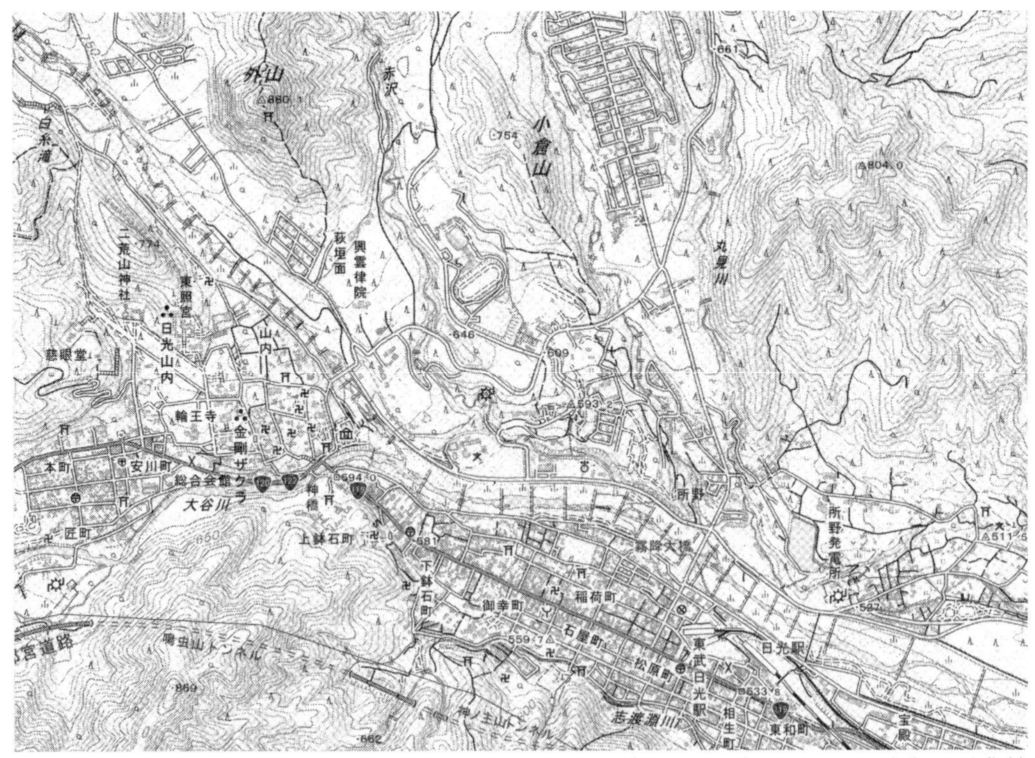

(国土地理院発行2万5000分の1地形図により作成)
(編集部注：原図を縮小しています。)

a　地形図中の「東照宮」と「日光駅」の直線距離を，この地形図上で約9.6cmとするとき，この間の実際の距離は約何mか。その数字を書け。(約　　　m)

b　この地形図において，警察署から見たとき，「外山」の山頂はどの方位にあるか。その方位を8方位で書け。(　　　)

c　右の写真は，地形図中の河川に設置されているある施設を写したものの一部である。この施設は，大雨によってひきおこされる，ある自然現象による災害を防ぐために設置されている。この自然現象は何か。次のア～エから，最も適当なものを一つ選んで，その記号を書け。(　　　)

ア　火砕流　　イ　液状化　　ウ　土石流　　エ　高潮

d　太郎さんは，日光市には多くの森林があることを知り，わが国の林業について興味をもった。右の表は，1965年，1990年，2015年におけるわが国の木材の生産量，消費量，輸入量をそれぞれ示そうとしたものである。表中のX～Zは，わが国の木材の生産量，消費量，輸入量のいずれかを示している。X～Zにあてはまるものの組み合わせとして正しいものは，次のア～エのうちのどれか。一つ選んで，その記号を書け。

	1965年	1990年	2015年
X	75210	113070	72871
Y	20182	81945	50242
Z	56616	31297	24918

(注)　単位は千 m^3

(林野庁資料により作成)

(　　　)

ア　X　生産量　　Y　消費量　　Z　輸入量

イ　X　消費量　　Y　生産量　　Z　輸入量

ウ　X　生産量　　Y　輸入量　　Z　消費量

エ　X　消費量　　Y　輸入量　　Z　生産量

e　次の資料Ⅰは，太郎さんが，北関東工業地域，京葉工業地域，東海工業地域，瀬戸内工業地域の特徴についてまとめたものの一部である。また，資料Ⅱは，この四つの工業地域の2018年における製造品出荷額等の総額と，金属，機械，化学，食料品，繊維の製造品出荷額等が総額に占める割合を，それぞれ示そうとしたものである。資料Ⅱ中のア～エのうち，資料Ⅰから考えると，北関東工業地域にあてはまるものはどれか。一つ選んで，その記号を書け。(　　　)

資料Ⅰ

【北関東工業地域の特徴】

大消費地に近接した内陸部に位置しており，製造品出荷額等の総額が高い。自動車や電子製品など機械の製造が盛んである。

【京葉工業地域の特徴】

臨海部に位置しており，鉄鋼業や石油化学工業が発達している。金属と化学の製造品出荷額等の合計額が総額の6割以上を占めている。

【東海工業地域の特徴】

京浜工業地帯と中京工業地帯の中間に位置している。オートバイや自動車などの製造が盛んで，機械の製造品出荷額等が総額の半分以上を占めている。

【瀬戸内工業地域の特徴】

高度経済成長期に急成長し，製造品出荷額等の総額が高い。臨海部に位置しており，機械だけでなく，鉄鋼業や石油化学工業など，金属や化学の製造品も盛んに出荷している。

資料Ⅱ

	製造品出荷額等の総額(億円)	金属(%)	機械(%)	化学(%)	食料品(%)	繊維(%)	その他(%)
ア	323038	18.8	34.7	23.1	7.6	2.0	13.8
イ	315526	14.3	44.8	10.2	15.3	0.6	14.8
ウ	176639	8.2	52.0	10.9	13.2	0.7	15.0
エ	132118	20.8	13.0	41.5	15.4	0.2	9.1

(「日本国勢図会 2021/22」により作成)

理科

時間　50分　　　　満点　50点

1　次のA，Bの問いに答えなさい。

A　太郎さんは，日本のある地点Xで，7月上旬のある日，太陽の動きを観察した。これに関して，次の(1)，(2)の問いに答えよ。

(1)　太郎さんは，下の図Ⅰのように，9時から15時まで，1時間ごとの太陽の位置を，透明半球上にフェルトペンで記録した。このとき，フェルトペンの先のかげが透明半球の中心である図Ⅰ中の点Oの位置にくるように記録した。その後，記録した点をなめらかな線で結び，透明半球上に太陽の動いた道筋をかいた。下の図Ⅱは，この観察結果を記録した透明半球を，真上から見たものであり，図Ⅱ中の点Oは，透明半球の中心である。図Ⅱ中の点P，点Qは，太陽の動いた道筋を延長した線と透明半球のふちとが交わる点であり，点Pは日の出の位置を，点Qは日の入りの位置を表している。下の表Ⅰは，図Ⅱ中の点Pから点Qまで透明半球上にかいた太陽の動いた道筋に紙テープを重ねて，点Pと1時間ごとの太陽の位置と点Qを紙テープに写しとり，点Pから各時刻の点までの長さと点Pから点Qまでの長さをそれぞれはかった結果をまとめたものである。これに関して，あとのa～eの問いに答えよ。

図Ⅰ
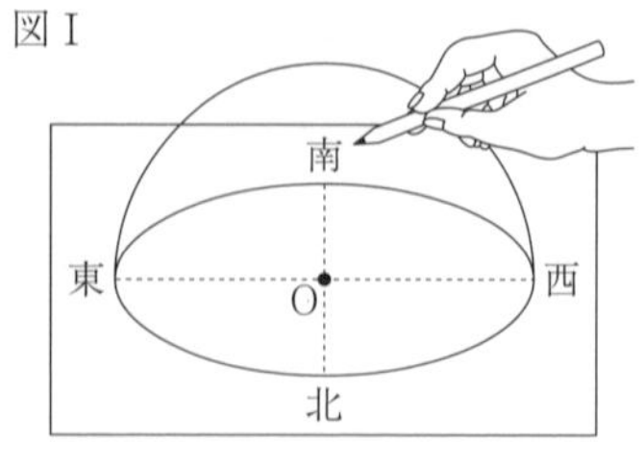

図Ⅱ
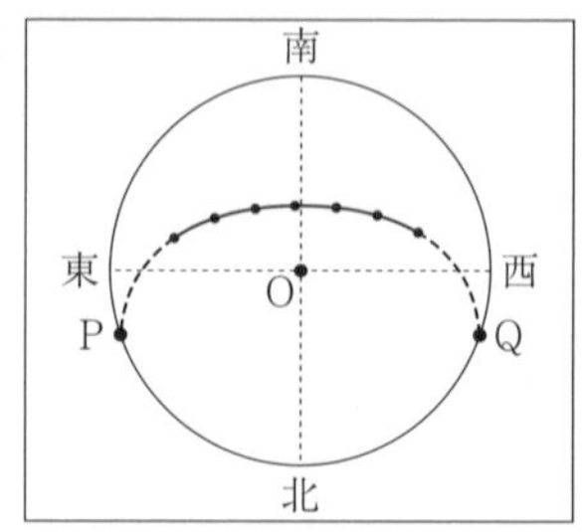

表Ⅰ

点の位置	点P	9時	10時	11時	12時	13時	14時	15時	点Q
点Pから各点までの長さ[cm]	0	10.4	13.0	15.6	18.2	20.8	23.4	26.0	37.2

a　天体の位置や動きを示すために，空を球状に表したものを天球という。太陽の動きを観察するために用いた透明半球は，天球を表している。図Ⅰ，図Ⅱ中の透明半球の中心である点Oは，何の位置を表しているか。簡単に書け。(　　　の位置)

b　次の文は，透明半球上に記録された太陽の動きをもとに，地上から見た太陽の1日の動きについて述べようとしたものである。文中の〔　　〕内にあてはまる言葉を，㋐，㋑から一つ選んで，その記号を書け。また，文中の□内にあてはまる最も適当な言葉を書け。

記号(　　　)　言葉(　　　)

図Ⅱの記録から，地上から見た太陽は透明半球上を東から西へ移動していることがわかる。これは，地球が地軸を中心にして〔㋐　東から西　　㋑　西から東〕へ自転しているために起こる見かけの動きで，太陽の□と呼ばれる。

c　表Ⅰの結果から，太郎さんが観察した日の，地点Xにおける日の入りの時刻は，いつごろであると考えられるか。次のア～エから最も適当なものを一つ選んで，その記号を書け。

(　　)

ア　18時40分ごろ　　イ　19時00分ごろ　　ウ　19時20分ごろ　　エ　19時40分ごろ

d　太郎さんは，地点Xとは異なる地点において，この日の太陽の動きについて調べることにした。右の表Ⅱは，日本の同じ緯度にある地点Yと地点Zでの，この日における日の出の時刻と日の入りの時刻を示したものである。次の文は，地点Yと地点Zにおけるこの日の太陽の南中時刻と南中高度について述べようとしたものである。文中の2つの〔　〕内にあてはまる言葉を，㋐，㋑から一つ，㋒～㋔から一つ，それぞれ選んで，その記号を書け。(　　と　　)

表Ⅱ

地点	日の出の時刻	日の入りの時刻
Y	4時34分	18時59分
Z	5時01分	19時26分

この日の太陽の南中時刻は，地点Yの方が地点Zよりも〔㋐　早い　㋑　遅い〕。また，この日の地点Yの太陽の南中高度は，〔㋒　地点Zより高く　㋓　地点Zと同じに　㋔　地点Zより低く〕なる。

e　北半球では，太陽の南中高度は，夏至の日は高く，冬至の日は低くなる。地点Xにおける太陽の南中高度が，太郎さんが観察した7月上旬のある日の太陽の南中高度と再び同じ高度になるのはいつごろか。次のア～エのうち，最も適当なものを一つ選んで，その記号を書け。

(　　)

ア　この日から約2か月後　　イ　この日から約5か月後　　ウ　この日から約8か月後
エ　この日から約11か月後

(2)　地球は公転面に垂直な方向に対して地軸を約23.4°傾けたまま公転しているため，季節によって太陽の南中高度や昼の長さに違いが生じる。夏は太陽の南中高度が高くなることで，太陽の光が当たる角度が地表に対して垂直に近づくとともに，太陽の光が当たる昼の長さが長くなるため，気温が高くなる。太陽の光が当たる角度が地表に対して垂直に近づくと，気温が高くなるのはなぜか。**面積**の言葉を用いて簡単に書け。

(　　　　　　　　ため。)

B　次の(1)，(2)の問いに答えよ。

(1)　大気（空気）に関して，次のa～cの問いに答えよ。

a　気圧について調べるために，空き缶に水を少し入れて加熱し，沸騰させたあと加熱をやめて，ラップシートで空き缶全体を上からくるみ，空き缶のようすを観察した。しばらくすると，空き缶がつぶれた。次の文は，空き缶がつぶれた理由について述べようとしたものである。文中の2つの〔　〕内にあてはまる言葉を，㋐，㋑から一つ，㋒，㋓から一つ，それぞれ選んで，その記号を書け。(　　と　　)

空き缶の加熱をやめたあと，ラップシートで全体を上からくるんだ空き缶の中では，しばらくすると，水蒸気が液体の水に状態変化した。そのため，空き缶の中の気体の量が〔㋐　増え　㋑　減り〕，空き缶の中の気体の圧力が，空き缶の外の気圧よりも〔㋒　大きく　㋓　小さく〕なったことで，空き缶がつぶれた。

b　空気は，海上や大陸上に長くとどまると，気温や湿度が広い範囲でほぼ一様なかたまりになる。たとえば，日本付近では，夏に南の海上でとどまると，あたたかく湿った性質をもち，冬に北の大陸上でとどまると，冷たく乾いた性質をもつようになる。このような，性質が一様で大規模な空気のかたまりは，一般に何と呼ばれるか。その名称を書け。(　　　)

c　地球の各緯度帯では，年間を通じて大規模で規則的な風が吹き，地球規模での大気の動きが見られる。北半球における極付近および赤道付近の地表近くで吹く風の向きを模式的に表すとどうなるか。次の㋐〜㋓のうち，最も適当なものを一つ選んで，その記号を書け。(　　　)

㋐
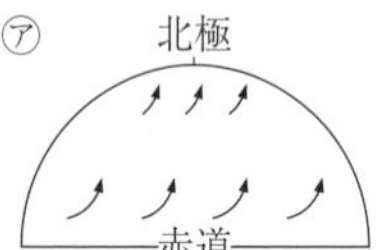

㋑
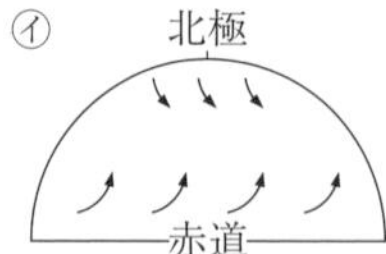

㋒
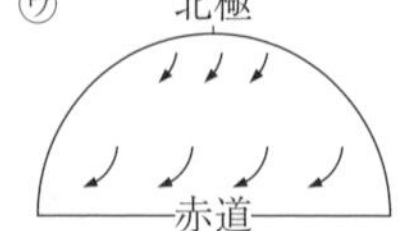

㋓
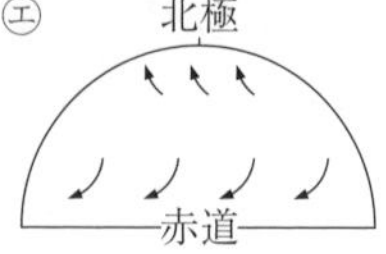

(2)　台風に関して，次のa〜cの問いに答えよ。

a　次の文は，台風の発生と進路について述べようとしたものである。文中の2つの〔　　〕内にあてはまる言葉を，㋐，㋑から一つ，㋒，㋓から一つ，それぞれ選んで，その記号を書け。(　　　と　　　)

日本の南のあたたかい海上で発生した〔㋐　温帯低気圧　　㋑　熱帯低気圧〕のうち，最大風速が約17m/s以上に発達したものを台風という。日本付近に近づく台風は，太平洋高気圧の〔㋒　ふちに沿って　　㋓　中心付近を通って〕進むため，夏から秋にかけて太平洋高気圧が弱まると，北上することが多くなる。北上した台風は，偏西風の影響を受け，東よりに進路を変える傾向がある。

b　北半球の低気圧の中心付近では，周辺から低気圧の中心に向かって，反時計回りにうずをえがくように風が吹き込む。下の図は，ある年の9月に発生したある台風の進路を模式的に表したものである。図中の○は，9月29日9時から9月30日6時までの，3時間ごとのこの台風の中心の位置を表している。下の表は，日本のある地点において，9月29日9時から9月30日6時までの気圧と風向を観測したデータをまとめたものである。図中に●で示したア〜エのうち，この観測をおこなった地点だと考えられるのはどこか。最も適当なものを一つ選んで，その記号を書け。(　　　)

図

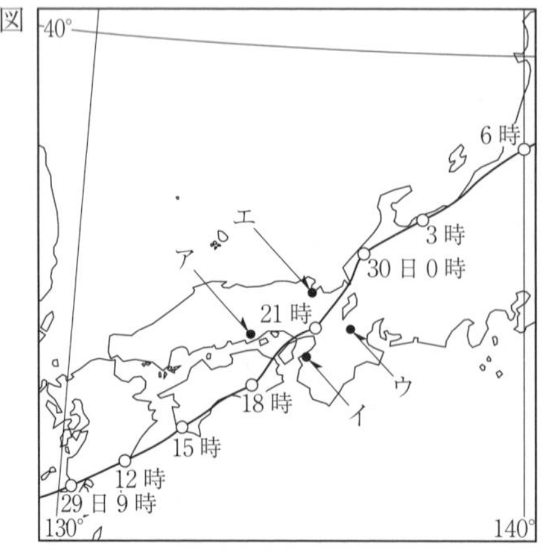

表

日時		気圧[hPa]	風向
9月29日	9時	1009.6	東北東
	12時	1005.6	東北東
	15時	1001.1	北東
	18時	997.5	北
	21時	1002.4	西
9月30日	0時	1007.3	西
	3時	1009.8	西北西
	6時	1013.0	西

c　台風の中心付近では，あたたかく湿った空気が集まり，強い上昇気流が生じる。次のア～エのうち，強い上昇気流により発達し，短い時間に強い雨を降らせることが多い雲はどれか。最も適当なものを一つ選んで，その記号を書け。(　　　)

ア　高積雲　　イ　積乱雲　　ウ　高層雲　　エ　乱層雲

2　次のA，B，Cの問いに答えなさい。

A　生物の生殖やその特徴について，次の(1)，(2)の問いに答えよ。

(1)　ヒキガエルは，雌がつくる卵と雄がつくる精子が受精して受精卵となり，細胞分裂をくり返しながら個体としてのからだのつくりを完成させていく。これについて，次のa，bの問いに答えよ。

a　ヒキガエルのように，雌の卵と雄の精子が受精することによって子をつくる生殖は，何と呼ばれるか。その名称を書け。（　　　　生殖）

b　次の㋐～㋔は，ヒキガエルの発生における，いろいろな段階のようすを模式的に示したものである。㋐の受精卵を始まりとして，㋑～㋔を発生の順に並べると，どのようになるか。左から右に順に並ぶように，その記号を書け。（㋐ →　　→　　→　　→　　）

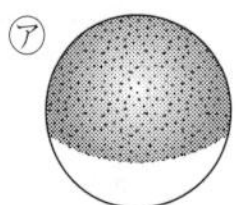

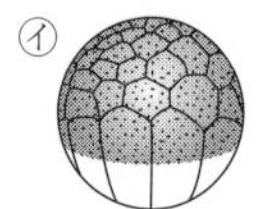

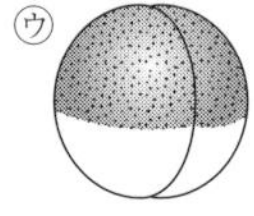

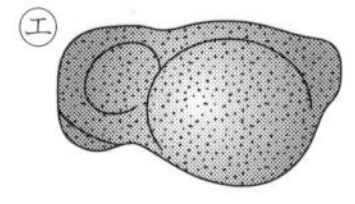

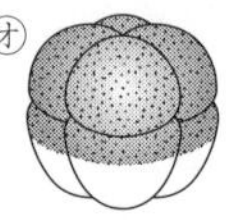

(2)　イソギンチャクのなかまの多くは，雌雄の親を必要とせず，受精をおこなわない生殖によって子をつくることができる。このような生殖によってつくられた子の形質は，親の形質と比べてどのようになるか。簡単に書け。

（　　　　　　　　　　　　　　　　　　　　　　　　　　）

B　光合成について調べるために，ふ（緑色でない部分）のある葉をもつ鉢植えのアサガオを使って，次のような実験をした。

下の図のような，ふのある葉を選び，葉の一部をアルミニウムはくで表裏ともにおおい，その葉がついている鉢植えのアサガオを一日暗室に置いた。その後，その葉に十分に日光を当てたあと，茎から切り取り，アルミニウムはくをはずして，葉を熱湯につけてから，90℃のお湯であたためたエタノールにつけた。その葉を水洗いしたあと，ヨウ素溶液につけてその葉の色の変化を観察した。下の表は，図中のa～dで示した部分のヨウ素溶液に対する色の変化についてまとめたものである。これに関して，あとの(1)～(4)の問いに答えよ。

図

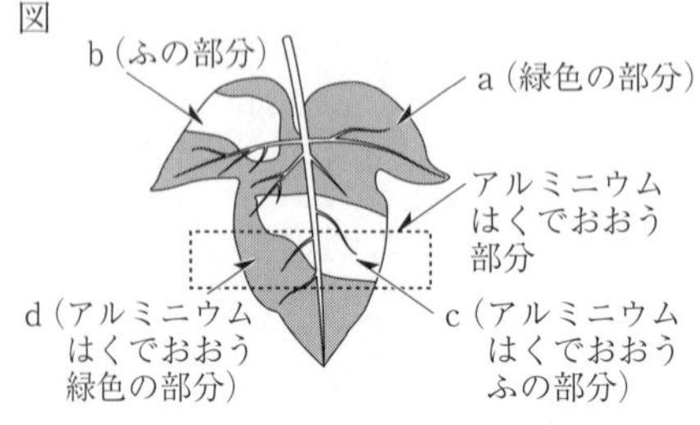

表

	色の変化
a	青紫色になった
b	変化しなかった
c	変化しなかった
d	変化しなかった

(1)　この実験では，アサガオの葉をあたためたエタノールにつけることによって，ヨウ素溶液につけたときの色の変化が観察しやすくなる。それはなぜか。その理由を簡単に書け。

（エタノールにつけることによって，　　　　　　　　　　　　　　ため。）

(2)　実験の結果，図中のaで示した部分がヨウ素溶液によって青紫色に変化したことから，ある有機物がその部分にあったことがわかる。この有機物は何と呼ばれるか。その名称を書け。

（　　　　）

(3)　次の文は，実験の結果をもとに光合成について述べようとしたものである。文中のP，Qの□内にあてはまる図中のa～dの記号の組み合わせとして最も適当なものを，あとの㋐～㋕からそれぞれ一つずつ選んで，その記号を書け。P(　　　)　Q(　　　)

図中の［P］の部分を比べることによって，光合成には光が必要であることがわかる。また，図中の［Q］の部分を比べることによって，光合成は緑色の部分でおこなわれていることがわかる。

㋐　aとb　㋑　aとc　㋒　aとd　㋓　bとc　㋔　bとd　㋕　cとd

(4)　アサガオの葉は，上から見たときに重なり合わないように茎についているものが多い。葉が重なり合わないように茎についていることの利点を，簡単に書け。

(　　　　　　　　　　　　　　　　　　　　　　　　　　　　)

C　ヒトのからだとつくりに関して，次の(1)，(2)の問いに答えよ。

(1)　ヒトの神経と筋肉のはたらきに関して，次のa～cの問いに答えよ。

a　ヒトは，いろいろな刺激を受けとって反応している。目は光の刺激を受けとり，耳は音の刺激を受けとる。目や耳などのように，外界からの刺激を受けとる器官は，一般に何と呼ばれるか。その名称を書け。(　　　器官)

b　ヒトが，目の前のものを手に取ろうとしてうでを動かすとき，目で受けとった光の刺激が，信号として神経系を伝わり，やがて命令の信号としてうでの筋肉に伝わる。次の㋐～㋓のうち，この反応において，信号が神経系を伝わる経路を模式的に表しているものはどれか。最も適当なものを一つ選んで，その記号を書け。(　　　)

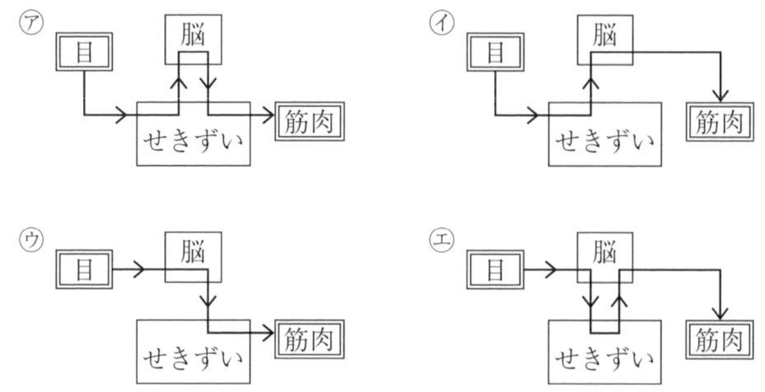

c　右の図Ⅰは，ヒトのうでの筋肉と骨格のようすを模式的に表したものである。次の文は，ヒトがうでを曲げている状態からうでをのばすときの筋肉と神経について述べようとしたものである。文中のP～Rの□内にあてはまる言葉の組み合わせとして最も適当なものを，下の表のア～エから一つ選んで，その記号を書け。(　　　)

図Ⅰ

筋肉L

筋肉M

うでを曲げている状態からのばすとき，図Ⅰ中の筋肉Lは［P］，筋肉Mは［Q］。うでを曲げている状態からのばすとき，筋肉に命令の信号を伝える運動神経は，［R］神経の一つである。

	P	Q	R
ア	縮み	ゆるむ	中枢
イ	縮み	ゆるむ	末しょう
ウ	ゆるみ	縮む	中枢
エ	ゆるみ	縮む	末しょう

(2)　ヒトの肺による呼吸のしくみに関して，次のa〜cの問いに答えよ。

a　ヒトの肺による呼吸のしくみについて考えるため，右の図Ⅱのように，穴をあけたペットボトルのふたにゴム風船を固定したストローをさしこみ，これを下半分を切りとってゴム膜をはりつけたペットボトルにとりつけた装置を用いて実験をした。この装置のゴム膜を手でつまんで引き下げると，ゴム風船はふくらんだ。次の文は，ゴム膜を手でつまんで引き下げたときのゴム風船の変化から，ヒトの肺による呼吸のしくみについて述べようとしたものである。文中の2つの〔　　〕内にあてはまる言葉を，㋐，㋑から一つ，㋒，㋓から一つ，それぞれ選んで，その記号を書け。(　　　と　　　)

図Ⅱ

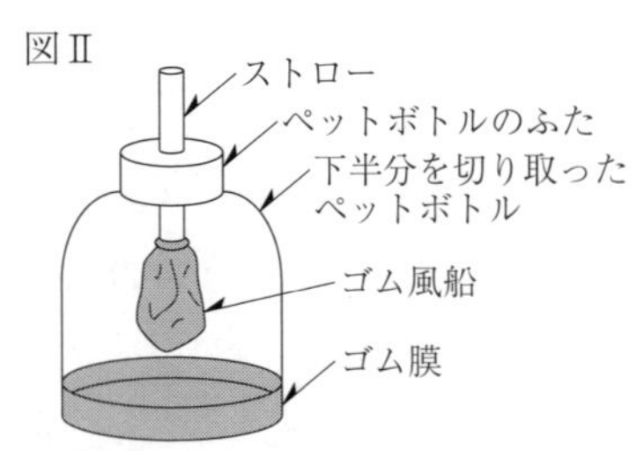

図Ⅱの実験では，ゴム膜を引き下げると，〔㋐　ゴム風船内に空気が入った　　㋑　ゴム風船内から空気が出ていった〕。この装置のペットボトル内の空間を胸部の空間，ゴム膜を横隔膜，ゴム風船を肺と考えると，ヒトのからだでは，横隔膜が下がることで，胸部の空間が広がり，空気が〔㋒　肺から押し出される　　㋓　肺に吸いこまれる〕と考えられる。

b　下の図Ⅲは，ヒトの吸う息とはく息に含まれる気体の体積の割合（%）の例を表そうとしたものであり，図Ⅲ中のX〜Zには，酸素，窒素，二酸化炭素のいずれかが入る。下の表のア〜エのうち，図Ⅲ中のX〜Zにあてはまる気体の組み合わせとして最も適当なものを一つ選んで，その記号を書け。(　　　)

図Ⅲ

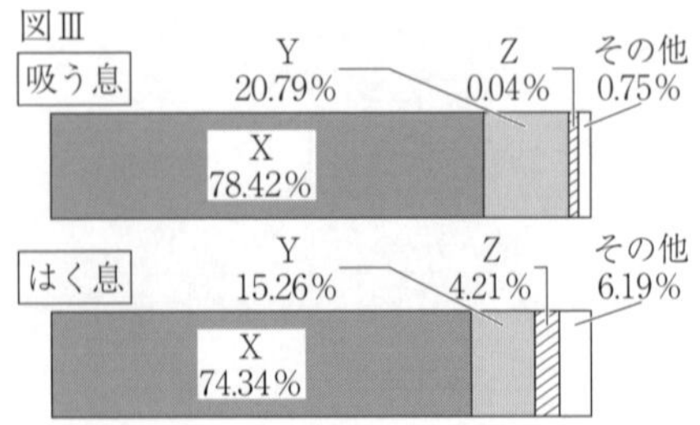

	X	Y	Z
ア	窒素	二酸化炭素	酸素
イ	窒素	酸素	二酸化炭素
ウ	酸素	窒素	二酸化炭素
エ	酸素	二酸化炭素	窒素

c　肺は，肺胞という小さな袋がたくさんあることで，酸素と二酸化炭素の交換を効率よくおこなうことができる。それはなぜか。簡単に書け。

(肺胞がたくさんあることで，　　　　　　　　　　　　　　　　　　　　　から。)

③　次のA，Bの問いに答えなさい。

A　異なる5種類の水溶液Ⓐ～Ⓔがある。これらの水溶液は，下の［　　］内に示した水溶液のうちのいずれかである。

うすい塩酸	うすい水酸化ナトリウム水溶液	砂糖水	食塩水	エタノール水溶液

水溶液Ⓐ～Ⓔを用いて，次の実験Ⅰ～Ⅲをした。これに関して，あとの(1)～(5)の問いに答えよ。

実験Ⅰ　右の図Ⅰのような装置を用意し，Ⓐ～Ⓔをそれぞれ装置に入れて電流を流すと，Ⓐ，Ⓑ，Ⓒには電流が流れ，両極から気体が発生した。Ⓓ，Ⓔには電流が流れず，気体も発生しなかった。Ⓐ，Ⓑ，Ⓒをそれぞれ装置に入れたときに陽極から発生した気体を調べると，Ⓐを入れたときに陽極から発生した気体は酸素であり，Ⓑを入れたときとⒸを入れたときに陽極から発生した気体は，いずれも塩素であることがわかった。

図Ⅰ

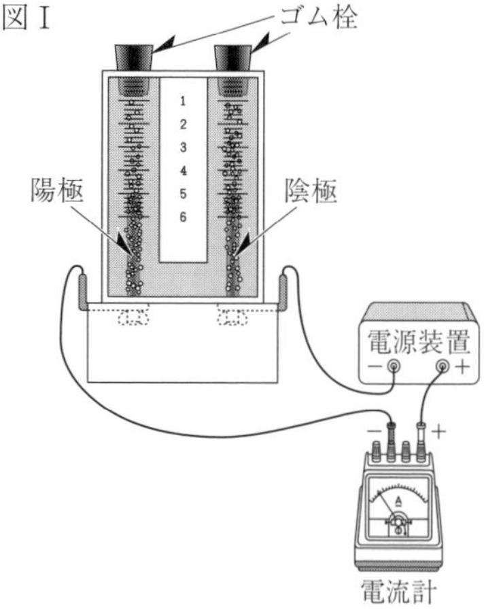

実験Ⅱ　右の図Ⅱのように，緑色のpH試験紙を，電流を流しやすくするために硝酸カリウム水溶液でしめらせてガラス板の上に置き，両端をクリップでとめて電源装置につないだ。pH試験紙の上にⒷとⒸを1滴ずつつけると，ⒷをつけたところのpH試験紙の色は赤色に変化したが，Ⓒをつけたところの色は緑色のまま変化しなかった。次に，電源装置から電圧を加え，時間の経過とともにpH試験紙がどのように変化するかを観察した。

図Ⅱ

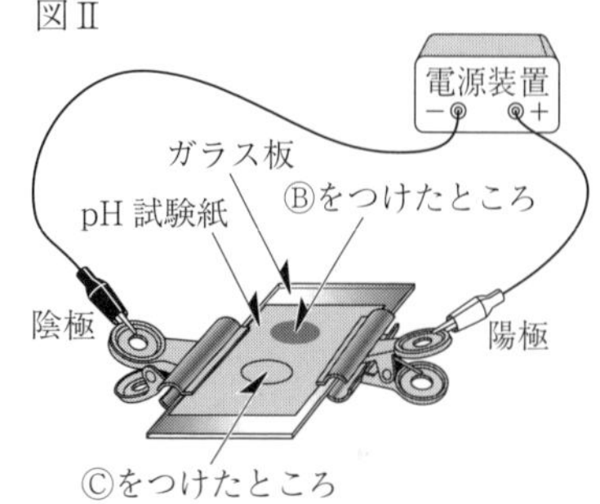

実験Ⅲ　Ⓐをビーカーに10.0cm^{3}とり，BTB溶液を1～2滴加えてガラス棒でよくかき混ぜながら，Ⓑを少しずつ加えていった。Ⓑを2.0cm^{3}加えるごとに，できた水溶液の色を調べた。下の表は，その結果をまとめたものである。Ⓑを合計8.0cm^{3}加えたときにできた水溶液のpHの値は，ちょうど7であった。

表

加えたⒷの体積の合計[cm^3]	2.0	4.0	6.0	8.0	10.0
できた水溶液の色	青色	青色	青色	緑色	黄色

(1)　実験Ⅰで，Ⓐを入れたときに装置の陰極から発生した気体は何か。その名称を書け。(　　　)

(2)　Ⓓ，Ⓔがそれぞれどの水溶液であるかを調べるためには，実験Ⅰに加えてどのような操作をおこなえばよいか。次の操作㋐～操作㋒のうち最も適当なものを一つ選び，操作をおこなったときの変化とそのことからわかる水溶液の種類について簡単に書け。

(Ⓓと Ⓔに操作　　をおこなったとき，　　　　　　　　　　　　ほうの水溶液の種類が　　　　であることがわかり，　　　　　　　　　　　　ほうの水溶液の種類が　　　　であることがわかる。)

操作㋐　石灰石を加える

操作㋑　スライドガラスに1滴とり，水を蒸発させる

操作㋒　フェノールフタレイン溶液を1～2滴加える

(3)　次の文は，実験Ⅱで電圧を加えたときのpH試験紙の変化について述べようとしたものである。文中の2つの〔　　〕内にあてはまる言葉を，㋐，㋑から一つ，㋒，㋓から一つ，それぞれ選んで，その記号を書け。(　　　と　　　)

電圧を加えてしばらくすると，pH試験紙にⒷをつけて赤色に変化したところが〔㋐　陽極　㋑　陰極〕に向かって移動した。このことから，pH試験紙の色を赤色に変化させるイオンは〔㋒　＋(プラス)の電気　㋓　－(マイナス)の電気〕を帯びていると考えられる。

(4)　実験Ⅰと実験Ⅱの結果から，Ⓒの水溶液の種類と，Ⓒの溶質が水溶液中で電離していることがわかる。Ⓒの溶質の電離を表す式を，化学式を用いて書け。(　　　→　　　＋　　　)

(5)　実験Ⅲにおいて，Ⓑを2.0cm^{3}ずつ加えてできる水溶液中には何種類かのイオンが含まれている。Ⓑを合計6.0cm^{3}加えて水溶液の色が青色のままであるとき，この水溶液に含まれているイオンのうち，数が最も多いイオンは何か。その名称を書け。(　　　　イオン)

B　物質と酸素の結びつきについて調べるために，次の実験Ⅰ～Ⅲをした。これに関して，あとの(1)～(4)の問いに答えよ。

実験Ⅰ　右の図Ⅰのように，けずり状のマグネシウムを，ステンレス皿に入れてガスバーナーで加熱したあと，よく冷やしてから質量をはかった。さらに，これをよくかき混ぜて再び加熱し，よく冷やしてから質量をはかった。この操作を繰り返しおこない，ステンレス皿の中の物質の質量の変化を調べた。下の表Ⅰは，1.20gのけずり状のマグネシウムを用いて実験したときの結果をまとめたものである。けずり状のマグネシウムを加熱すると，はじめは質量が増加したが，やがて増加しなくなった。

図Ⅰ

表Ⅰ

加熱回数[回]	0	1	2	3	4	5
加熱後のステンレス皿の中の物質の質量[g]	1.20	1.60	1.80	2.00	2.00	2.00

(1)　表Ⅰから，はじめは質量が増加したが，やがて増加しなくなったことがわかる。質量が増加しなくなったのはなぜか。その理由を簡単に書け。

(　　　　　　　　　　　　　　　　　　　　　　　　　　　　　　　　から。)

(2)　実験Ⅰでは，けずり状のマグネシウムが酸素と結びついて酸化マグネシウムができた。実験Ⅰにおいて，1回目に加熱したあとのステンレス皿の中の物質の質量は1.60gであった。このとき，酸素と結びつかずに残っているマグネシウムは何gであったと考えられるか。

(　　　g)

実験Ⅱ　実験Ⅰと同じようにして，けずり状のマグネシウムの質量を変えて実験した。下の表Ⅱは，けずり状のマグネシウムの質量を1.20g，1.50g，1.80g，2.10gにしてそれぞれ実験し，加熱後の物質の質量が増加しなくなったときの物質の質量をまとめたものである。

表Ⅱ

けずり状のマグネシウムの質量[g]	1.20	1.50	1.80	2.10
加熱後の物質の質量が増加しなくなったときの物質の質量[g]	2.00	2.50	3.00	3.50

(3)　表Ⅱをもとにして，加熱後の物質の質量が増加しなくなったときの，けずり状のマグネシウムの質量と，結びついた酸素の質量との関係をグラフに表せ。

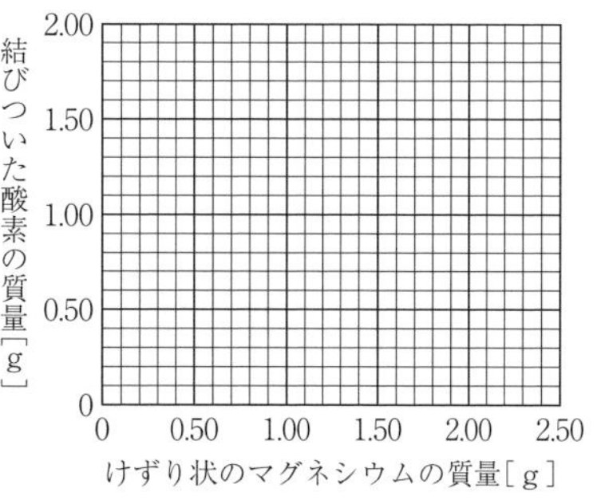

実験Ⅲ　右の図Ⅱのように，空気中でマグネシウムリボンに火をつけ，火のついたマグネシウムリボンを二酸化炭素の入った集気びんの中に入れた。マグネシウムリボンは，空気中では強い光を発生させながら燃焼していたが，集気びんの中に入れてもしばらくの間，火がついたまま燃焼し続け，あとに白色の物質と黒色の物質ができた。できた物質を調べたところ，白色の物質は酸化マグネシウムで，黒色の物質は炭素であることがわかった。

図Ⅱ

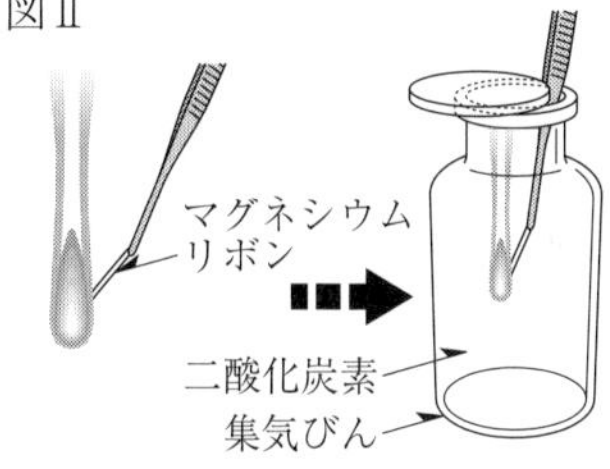

次に，酸化銅と乾燥した炭素粉末を混ぜ合わせた混合物を試験管に入れて加熱すると，気体が発生した。発生した気体を調べると二酸化炭素であることがわかった。気体が発生しなくなったところで加熱をやめ，試験管に残っていた赤色の固体を調べると，銅であることがわかった。

(4)　実験Ⅲの結果から考えて，次の㋐～㋒の物質を酸素と結びつきやすい順に並べかえると，どのようになるか。左から右に順に並ぶように，その記号を書け。(　　→　　→　　)

㋐　マグネシウム　　㋑　銅　　㋒　炭素

4　次のA，B，Cの問いに答えなさい。

A　凸レンズによる像のでき方について，次の(1)，(2)の問いに答えよ。

(1)　下の図Ⅰのように，光源とK字型に切り抜いた厚紙，凸レンズ，スクリーンを光学台に並べた装置を用いて，スクリーンにうつる像のでき方を調べる実験をした。K字型に切り抜いた厚紙の下の端を光軸（凸レンズの軸）に合わせ，光軸とスクリーンの交点をX点とし，スクリーンに鮮明な像ができるようにした。スクリーンの凸レンズ側にはどのような像ができるか。あとの㋐～㋓から最も適当なものを一つ選んで，その記号を書け。(　　　)

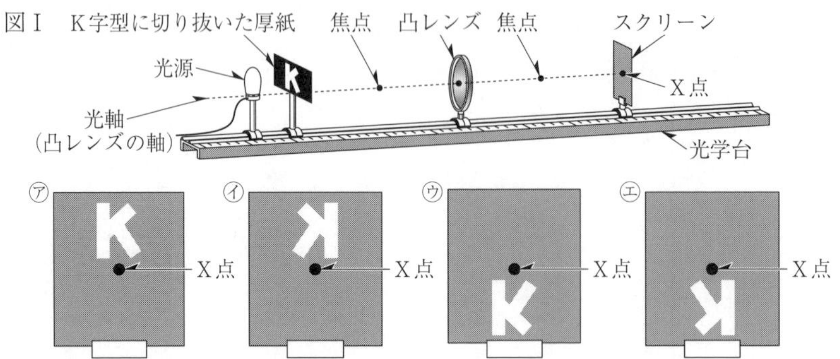

(2)　下の図Ⅱのように，物体（光源）と凸レンズ，スクリーンを光学台に並べた装置を用いて，凸レンズによる物体の像のでき方を調べる実験をした。下の図Ⅲは，それを模式的に表したものである。次の文は，スクリーンにできる物体の鮮明な像の大きさと，物体とスクリーンの位置について述べようとしたものである。文中の2つの〔　　〕内にあてはまる言葉を，㋐，㋑から一つ，㋒，㋓から一つ，それぞれ選んで，その記号を書け。(　　　と　　　)

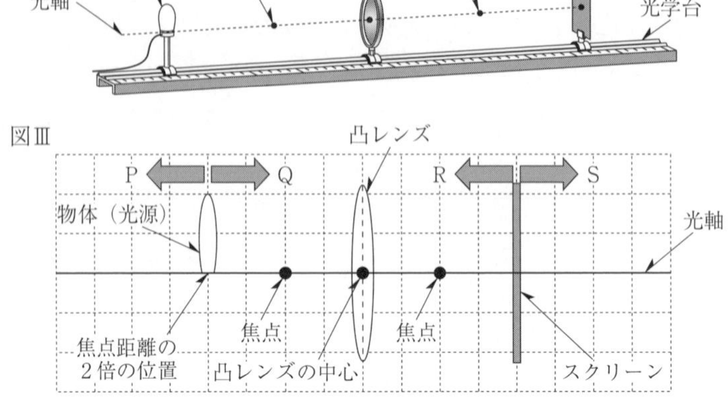

図Ⅲのように，物体を凸レンズの焦点距離の2倍の位置に置き，スクリーンを物体の鮮明な像ができる位置に置いた。このとき，像の大きさは，物体の大きさと同じであった。物体の大きさに比べて，スクリーンにできる物体の鮮明な像の大きさを小さくするには，物体を図Ⅲ中の〔㋐　P　　㋑　Q〕の向きに，スクリーンを図Ⅲ中の〔㋒　R　　㋓　S〕の向きにそれぞれ移動させるとよい。

B　電流がつくる磁界や，電磁誘導について調べる実験Ⅰ，Ⅱをした。これに関して，あとの(1)～(5)の問いに答えよ。

実験Ⅰ　下の図Ⅰのように，コイルを厚紙の中央にくるようにさしこんで固定した装置と 3.0 Ω の電熱線 L と 6.0 Ω の電熱線 M を用いて回路を作り，コイルの北側に磁針 W，西側に磁針 X，南側に磁針 Y，東側に磁針 Z を置いた。スイッチ②は入れずに，スイッチ①のみを入れ，この回路に電流を流し，この装置を真上から観察すると，下の図Ⅱのように，磁針 W 及び磁針 Y の N 極は北を，磁針 X 及び磁針 Z の N 極は南をさした。

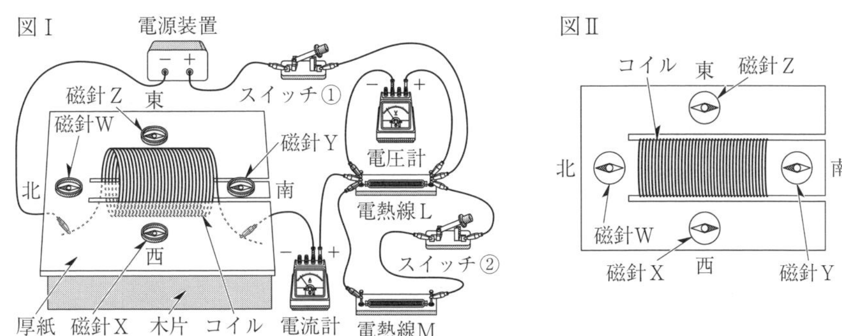

(1)　このとき，電流計は 1.5A を示していた。電圧計は何 V を示していると考えられるか。

(　　　V)

(2)　次の文は，真上から見た厚紙上のコイルのまわりの磁力線のようすと磁界の強さについて述べようとしたものである。文中の 2 つの〔　　〕内にあてはまる言葉を，㋐，㋑から一つ，㋒，㋓から一つ，それぞれ選んで，その記号を書け。(　　　と　　　)

図Ⅰの回路に電流を流した状態で，厚紙の上に鉄粉を一様にまいて，厚紙を指で軽くたたくと鉄粉の模様が現れた。鉄粉の模様や磁針のさす向きをもとに，真上から見た厚紙上のコイルのまわりの磁力線のようすを模式的に表すと，右の〔㋐　図Ⅲ　　㋑　図Ⅳ〕のようになると考えられる。また，このとき，図Ⅱ中において，磁針 X の位置の磁界に比べて，磁針 Y の位置の磁界は〔㋒　強い　㋓　弱い〕と考えられる。

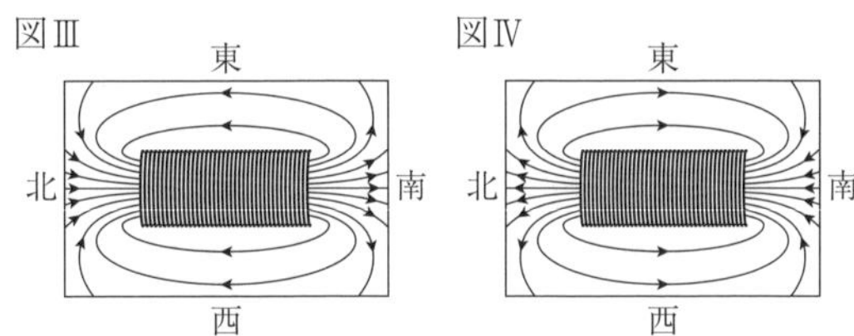

(3)　図Ⅰの装置で，スイッチ①のみを入れた状態で，さらにスイッチ②を入れ，電源装置の電圧を変化させると，電流計は 1.8A を示していた。このとき，電圧計は何 V を示していると考えられるか。(　　　V)

実験Ⅱ　右の図Ⅴのように，コイルを検流計につなぎ，棒磁石の N 極を下向きにして，棒磁石の N 極を水平に支えたコイルの上からコイルの中まで動かす実験をすると，検流計の針は左に少し振れた。

(4)　検流計の針の振れをこの実験より大きくするには，どのようにすればよいか。その方法を一つ書け。

(　　　　　　　　　　)

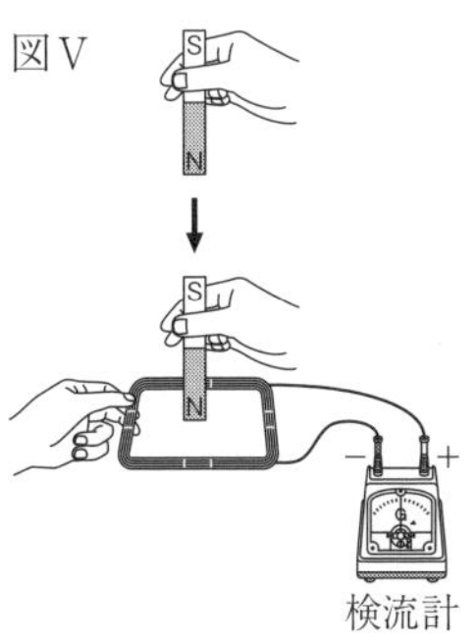

(5) 下の図Ⅵのように，水平に支えたコイルの面の向きと検流計のつなぎ方は実験Ⅱと同じ状態で，棒磁石のS極を上向きにして，棒磁石のS極をコイルの下からコイルの中まで動かし，いったん止めてから元の位置まで戻した。このとき，検流計の針の振れ方はどのようになると考えられるか。あとのア～エのうち，最も適当なものを一つ選んで，その記号を書け。(　　　)

図Ⅵ

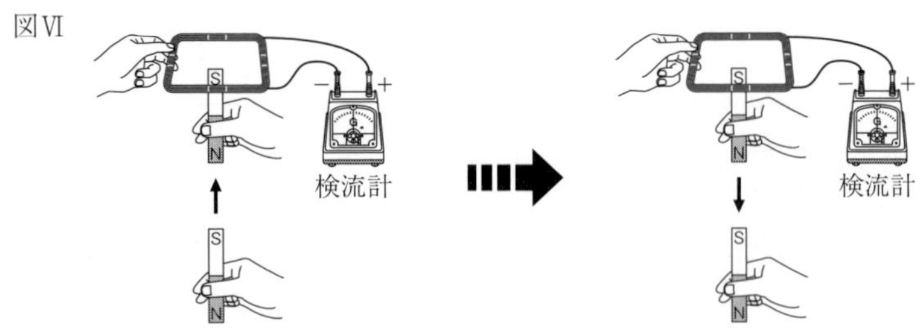

ア　右に振れて，一度真ん中に戻り，左に振れる

イ　左に振れて，一度真ん中に戻り，右に振れる

ウ　右に振れて，一度真ん中に戻り，再び右に振れる

エ　左に振れて，一度真ん中に戻り，再び左に振れる

C　滑車をとりつけた力学台車を用いて，次の実験Ⅰ～Ⅲをした。これに関して，あとの(1)～(5)の問いに答えよ。

実験Ⅰ　下の図Ⅰのように，力学台車につけた糸をばねばかりに結びつけた。次に，力学台車が図の位置より30cm高くなるように，ばねばかりを真上に5.0cm/sの一定の速さで引き上げた。このとき，ばねばかりは6.0Nを示していた。

実験Ⅱ　下の図Ⅱのように，実験Ⅰで使った力学台車に糸をつけ，その糸をスタンドに固定した滑車にかけ，ばねばかりに結びつけた。次に，力学台車の後ろの端がP点にくるように力学台車をなめらかな斜面上に置き，力学台車の後ろの端がP点の位置より30cm高くなるように，ばねばかりを真上に一定の速さで引き上げると，力学台車は斜面にそって9.0秒かけて上がった。このとき，ばねばかりは4.0Nを示していた。

実験Ⅲ　下の図Ⅲのように，実験Ⅰで使った力学台車の滑車に糸をかけ，糸の一端をスタンドに固定し，もう一端をばねばかりに結びつけた。次に，力学台車が図の位置より30cm高くなるように，ばねばかりを真上に8.0cm/sの一定の速さで引き上げた。

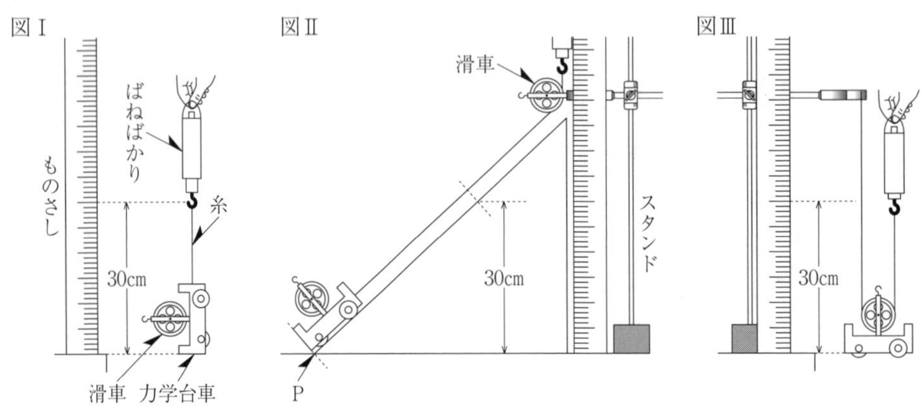

(1) 実験Ⅰにおいて，滑車をとりつけた力学台車を引き始めて１秒後から３秒後までの間の，糸が力学台車を引く力と，滑車をとりつけた力学台車にはたらく重力の関係について述べた，次のア～エのうち，最も適当なものを一つ選んで，その記号を書け。(　　　)

ア　糸が力学台車を引く力の大きさと，滑車をとりつけた力学台車にはたらく重力の大きさは等しい

イ　糸が力学台車を引く力の大きさより，滑車をとりつけた力学台車にはたらく重力の大きさの方が大きい

ウ　滑車をとりつけた力学台車にはたらく重力の大きさより，糸が力学台車を引く力の大きさの方が大きい

エ　滑車をとりつけた力学台車にはたらく重力の大きさより，糸が力学台車を引く力の大きさの方が大きく，その差はだんだん大きくなる

(2) 実験Ⅱにおいて，糸が力学台車を引く力がした仕事の大きさは何Ｊか。(　　　J)

(3) 次の文は，実験Ⅲにおける力学台車のもつエネルギーの変化について述べようとしたものである。文中のQ，Rの［　　］内にあてはまる言葉の組み合わせとして最も適当なものを右の表のア～エから一つ選んで，その記号を書け。(　　　)

	Q	R
ア	大きくなる	大きくなる
イ	大きくなる	変わらない
ウ	変わらない	大きくなる
エ	変わらない	変わらない

力学台車を引き始めて１秒後から３秒後までの間に，力学台車のもつ運動エネルギーは［Q］。このとき，力学台車のもつ力学的エネルギーは［R］。

(4) 実験Ⅰ～Ⅲにおいて，力学台車を図Ⅰ～Ⅲの位置より30cm高くなるまで引き上げるとき，実験Ⅰでの糸が力学台車を引く仕事率をs，実験Ⅱでの糸が力学台車を引く仕事率をt，実験Ⅲでの糸が力学台車を引く仕事率をuとする。s～uを仕事率の小さい順に並べかえたとき，１番目と３番目はそれぞれどれになると考えられるか。その記号を書け。

１番目(　　　)　３番目(　　　)

(5) 右の図Ⅳのように，実験Ⅲにおいて，力学台車におもりＸをとりつけ，実験Ⅲと同じようにばねばかりを引き上げたところ，ばねばかりは4.0Nを示していた。次に，おもりＸをとりはずし，力学台車におもりＹをとりつけ，実験Ⅲと同じようにばねばかりを引き上げたところ，ばねばかりは5.0Nを示していた。実験Ⅲの力学台車におもりＸとおもりＹを同時にとりつけ，実験Ⅲと同じようにばねばかりを引き上げるとき，ばねばかりは何Nを示していると考えられるか。(　　　N)

図Ⅳ

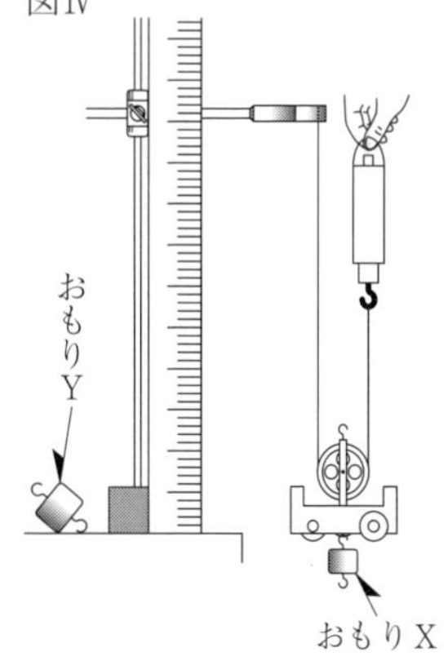

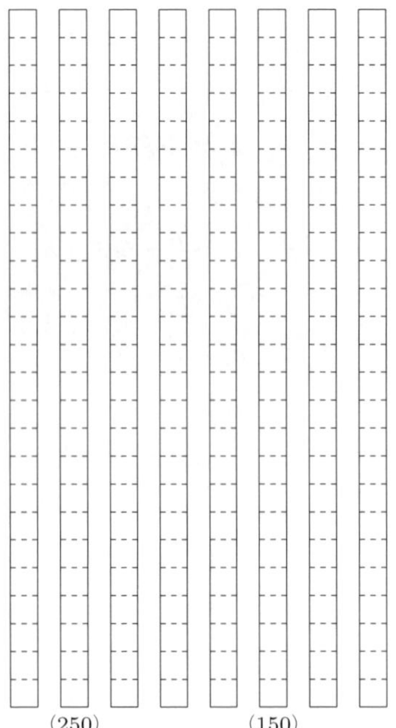
(250)
(150)

の企てを、どのようなものだととらえているか。それを説明しようとした次の文のア、イの□内にあてはまる最も適当な言葉を、アは第1段落～第3段落の中から、イは第4段落～第7段落の中からそのまま抜き出して、アは十字以内、イは三十字以内でそれぞれ書け。

ア［　　　　］

イ［　　　　］

筆者は、デュシャンとケージの企てを、展覧会場などの芸術がなされる場での行為の本質を［ア］ことによって、芸術における［イ］ものだととらえている

(十) 本文を通して筆者が特に述べようとしていることは何か。次の1～4から最も適当なものを一つ選んで、その番号を書け。（　　）

1　社会と無関係には生きられない人間という存在を自覚し、社会に浸透している知識を生活の中で生かすことも重要である

2　高度な知識は特別な文化や社会の中でしか成立しないため、人間と社会の関係をとらえ直し改めていくことが求められる

3　人間は社会との関係の中に生きていることを認識し、何の疑問もなく受け入れてきた事柄を見つめ直すことも大切である

4　人間と社会の関係が人間同士の関係に与える影響の強さを理解し、社会通念の正しさを確認していくことが必要とされる

4　あなたは国語の授業の中で、「これからの社会で私たちに求められる力」について議論しています。最初にクラスメートの花子さんが次のような意見を発表しました。あなたなら、花子さんの発言に続いてどのような意見を発表しますか。あなたの意見を、あとの条件1～条件3と〔注意〕に従って、解答欄に書きなさい。

花子――私は、これからの社会では自分以外の人々のことを受け入れる力が求められると思います。私たちの社会では、海外に住む人たちとも協力して、様々なことを行う必要があります。そのような中で、相手の発言にこめられた思いや考え方を理解しようと努力して、相手の存在を受け入れていく力が大切になるのではないでしょうか。皆さんは、これからの社会では、私たちにどのような力が求められると思いますか。

条件1　花子さんの意見をふまえて、「これからの社会で私たちに求められる力」に対するあなたの意見を書くこと。

条件2　身近な生活における体験や具体例などを示して書くこと。

条件3　原稿用紙の正しい使い方に従って、二百五十字程度で書くこと。ただし、百五十字（六行）以上書くこと。

〔注意〕

一　部分的な書き直しや書き加えなどをするときは、必ずしも「ますめ」にとらわれなくてよい。

二　**題名や氏名は書かないで**、本文から書き始めること。また、本文の中にも氏名や在学（出身）校名は書かないこと。

(一) a～dの＝＝のついているかたかなの部分にあたる漢字を楷書で書け。a(　　) b(　　) c(　　的) d(　　)

(二) ①に意味を持った関係のなかにあるとあるが、これはどのようなことをいっているのか。次の1～4から最も適当なものを一つ選んで、その番号を書け。(　　)

1 私たちが自らの意思を態度で示すことで、周囲との間に新たな関わりが生じるということ

2 私たちのふるまいは他者の行為に意味をもたらし、社会の価値観を変化させるということ

3 私たちにとって社会と関わることには、自己の存在価値を発見する意義があるということ

4 私たちは自分の意図にかかわらず意味付けされ、常に周囲と影響しあっているということ

(三) ②のおもむろにの意味として最も適当なものを、次の1～4から一つ選んで、その番号を書け。(　　)

1 慌ただしく　2 落ち着いて
3 形式ばって　4 上品ぶって

(四) ③にそれは、生きるということとほとんど同義語でさえあるとあるが、筆者がこのようにいうのはどうしてか。次の1～4から最も適当なものを一つ選んで、その番号を書け。(　　)

1 私たちの日常生活の中におけるあらゆる行いは、自己表現となりうると考えているから

2 私たちは他者からの評価を得ることで、自分の生きる目的が見つかると考えているから

3 私たちは集団の中で生きていくために、周囲からの理解が必要であると考えているから

4 私たちの行為は全て芸術的な表現であり、あらゆる人の人生は芸術だと考えているから

(五) ④に現実と十分に噛み合わず、宙に浮いてしまうことになるとあるが、筆者が、知識や理論や技法が現実と十分に噛み合わず、宙に浮いてしまうことになるといっているのはどうしてか。「知識や理論や技法が」という書き出しに続けて、**日常生活**という語を用いて七十字以内で書け。

知識や理論や技法が［　　　　　　　　　　］ため

(六) ⑤のとらえの活用形を、次の1～4から一つ選んで、その番号を書け。(　　)

1 未然形　2 連用形　3 連体形　4 仮定形

(七) 本文中の［　］内に共通してあてはまる言葉は何か。次の1～4から最も適当なものを一つ選んで、その番号を書け。(　　)

1 否定的　2 効果的　3 固定的　4 総合的

(八) ⑥に立ち入った専門的な知識や理論や技法とあるが、専門的な知識や理論や技法とはどのようなものであると筆者はいっているか。それを説明しようとした次の文の［　］内にあてはまる最も適当な言葉を、本文中からそのまま抜き出して、十五字以内で書け。

［　　　　　　　　］

特定の社会や文化においてのみ通用する日常経験の知とは異なり、［　］もの

(九) ⑦にさきにふれたデュシャンとケージの企てとあるが、筆者は彼ら

4　ところで私たちは、そのようにして生き、なにかをつくり出し、表現していくとき、否応なしに、日常生活のなかで自己をとりまくものについて、自分の感じたこと、知覚したこと、思ったことにのっとり、それらを出発点としないわけにはいかない。もっとも能動的な制作や創造や表現についても、やはりそうである。もとより複雑化した世界にcセッキョク的に対処して活動するためには、いろいろとそれなりに立ち入った知識や理論や技法が必要とされるだろう。けれどもそれらの知識や理論や技法は、日常生活のなかで何気なしに自分が感じ、知覚し、思ったことと結びつくことなしには、生かされることができない。たとえ、それ自身としてどんなにすぐれた知識や理論や技法であっても、その結びつきを欠くときには④現実と十分に嚙み合わず、宙に浮いてしまうことになるだろう。それらが私たちにとって内面化されず、私たち自身のものにならないからである。知恵の喪失といわれることもそこから出てくる。

5　いや、もともと、知識も理論も技法も私たちの一人ひとりによってよく使いこなされてはじめて、すぐれた知識、理論、技法になりうるのだから、dゲンミツにいえば、およそ私たち一人ひとりの日常経験とまったく切りはなされた、それ自身としてすぐれた知識や理論や技法などというものは、どこにも存在しない。

6　にもかかわらず、通常私たちは、それらを日常の経験とはまったく別個の、独立したものとして考え、⑤とらえている。どうしてであろうか。それはなによりも、日常経験の上に立つ知が〈常識〉として□にとらえられたからであろう。私たち一人ひとりの間では日常経験は一般に共通性と安定性を持ったものとしてあるが、そのような共通性と安定性の上に立った知としての常識である。その共通性と安定性は、概して一つの文化、一つの社会のうちのものである。けれども、ともかくこうして、私たちの間の共通の日常経験の上に立つ知が、〈常識〉として□にとらえられたのである。そして一方で、常識が常識としてこのように考えられるとき、他方で、⑥立ち入った専門的な知識や理論や技法も、それと独立した別個のものとして考えられることになるのである。たしかに高度の知識や理論や技法は、日常経験の知をこえ、また限られた社会や文化をこえて広い範囲に有効性を持ちうるだろう。しかしそれは、そうした知識や理論や技法が、さまざまな社会や文化のうちで人々の日常経験に広く開かれ、それらと結びつくからである。また逆に日常経験の知としての常識も、本来はそうした知識や理論や技法に向かって開かれているものなのである。

7　常識とは、私たちの間の共通の日常経験の上に立った知であるとともに、一定の社会や文化という共通の意味場のなかでの、わかりきったもの、自明になったものを含んだ知である。ところが、このわかりきったもの、自明になったものは、そのなんたるかが、なかなか気づきにくい。常識の持つ曖昧さ、わかりにくさもそこにある。その点で、⑦さきにふれたデュシャンとケージの企てが、〈芸術作品〉の通念（約束事）の底を突き破り、そこに芸術の分野で、日常化された経験の底にある自明性をはっきり露呈させたことは、甚だ興味深い。この場合、日常経験の自明性が前提とされ、信じられていなければ、その二つの企ては共にもともと根拠を失い、〈作品〉として成り立たないだろう。しかしながら二人の作品の場合、そのような日常経験の自明性は、もはや単に信じられているのではない。信じられていると同時に、実は宙吊りにされ、問われているのである。

（中村雄二郎「共通感覚論」より。一部省略等がある。）

狩りを楽しむために、獲物となる野鳥の退治を禁止しました。その結果、野鳥によって畑は荒らされ、民は困っていたのです。

花子――それは、本文中で述べられている、良い政治を表す「仁政」とは正反対ですね。

先生――そうですね。では、このお坊さんは、主君に対してどのようなことを特に伝えたかったのだと思いますか。

花子――［　　　］ということではないでしょうか。「仁政」をおこなった晋の大王の例え話を用いることで、説得力を持たせ、何とか主君に理解してもらおうとしたのだと思います。

先生――その通りですね。ただ意見を述べるのではなく、より分かりやすく伝えようとしたところにお坊さんの工夫が感じられますね。

1　自分の楽しみとしてすることでも、国や民への負担がないように気を配ってこそ、良い政治を行う主君である

2　自分が楽しいと思うことは、国中に広めて民が楽しく暮らせるように努めてこそ、良い政治を行う主君である

3　自分の楽しみは後回しにして、国の安定と民の幸せを願って全力を尽くしてこそ、良い政治を行う主君である

4　自分が楽しむ姿を見せることにより、民に国の豊かさを示し安心感を与えてこそ、良い政治を行う主君である

---

③　次の文章を読んで、あとの㈠～㈩の問いに答えなさい。なお、①～⑦は段落につけた番号です。

①　私たちの一人ひとりは、ただ個人として在るのでないばかりか、単に集団の一員として在るのでもなくて、①意味を持った関係のなかにある、とこそ言わなければならない。だからこそ、自分では社会や政治にまったく関心を持たなくとも、私たちはそれらと無関係でいることはありえないことにもなるのである。むろんそれは、物理的、自然的な関係ではなくて、意味的、価値的な関係である。そうした関係のなかでは、すべての態度、なにもしないことでさえ、いわば一つの行為になり、なんらかの意味を帯びてくる。

②　そのことをきわめて鋭くとらえ、表わしているのは、現代芸術である。たとえば或る画家は、白い便器になにもaカコウせずにそのまま「泉」と名づけて、展覧会に出品しようとした（マルセル・デュシャン）。また或る作曲家は、ピアニストに対して演奏会場のステージのピアノの前に②おもむろに腰を掛けるなり四分三十三秒間なにもしないままでいるように指示し、その間にきこえてくる自然音に聴衆の耳を傾けさせて、それを「四分三十三秒」と名づけた（ジョン・ケージ）。bイップウ変わったこの二つの例が現代芸術にとって画期的な〈作品〉であるとされるのも、そこにあるのが単なる奇抜な思いつきではなくて、それをこえたものだからであろう。展覧会場や演奏会場という特定の意味場そのものを生かして、つくることや表現することのなんたるかを、根本から問いなおしたものだからであろう。

③　このように私たち人間にとって、なにかをつくり出したり表現したりすることは、なんら特別のことではない。③それは、生きるということとほとんど同義語でさえある。

2 次の文章を読んで、あとの㈠～㈤の問いに答えなさい。

むかし晋（注1）（しん）といふ国の大王、鴈（注2）（がん）をおもしろがりて、多く飼はせらるるに、糠（注3）（ぬか）を餌に①あたへらる。糠すでに皆（注4）になりしかば、市に行きて買ひ求む。後には米と糠との値段おなじ物になる。臣下申すやう、「米と糠と同じ値段ならば、②糠を求めずともすぐに米をくはせよ」と申されしを、君（注5）仰（おほ）せ有りけるは、米は人の食物なり。糠を食（じき）することかなはず。鴈は糠をくらふことなれば、米と糠と同じ値段なりとも、米にかへて鴈にあたへよ。百姓のためよき事なりと仰せられし。米を出（い）だして糠に替へしかば、③国中にぎはひてよろこびけり。これを思ふに、国主の好み給（たま）ふ物ありとも、国家のために費（注6）（つひえ）ならず、百姓の痛み愁（うれ）へにならざるをこそ、仁政ともいふべきを、わがおもしろき遊びのため人をいたむる政（まつりごと）は、よき事にあらず。

（「浮世物語」より）

（注1）晋＝中国に存在した国。
（注2）鴈＝水鳥の仲間。
（注3）糠＝玄米を白米にする過程で出た皮などが砕けて粉となったもの。
（注4）皆になりしかば＝全て無くなったので。
（注5）君＝君主。ここでは晋の大王のこと。
（注6）費ならず＝無駄とならず。

㈠ ①のあたへは、現代かなづかいでは、どう書くか。ひらがなを用いて書きなおせ。（　）

㈡ ②に糠を求めずともすぐに米をくはせよとあるが、臣下がこのように言ったのはなぜか。次の1～4から最も適当なものを一つ選んで、その番号を書け。（　）

1 鴈の餌である糠の値段が上がり、手に入りにくくなったため、より安価で多くの蓄えがある米を食べさせた方が出費を抑えられると考えたから

2 王のまねをして鴈を飼う民が増えたことで、餌となる糠が足りなくなることを心配して、国が保管している米を先に消費すべきだと考えたから

3 鴈の餌には米よりも糠の方がよいという情報が広まり、買い求める人が増えたため、鴈の飼育を続けるには米を餌にするしかないと考えたから

4 糠と米の値段を比べてみると、どちらを餌にしても金銭的な負担に差が無くなったので、国が蓄えている米を食べさせる方がいいと考えたから

㈢ ③に国中にぎはひてよろこびけりとあるが、国中が豊かになり、人々がよろこんだのはどうしてか。それを説明しようとした次の文の［　］内にあてはまる言葉を、本文中からそのまま抜き出して、五字以内で書け。［　　　　　］

晋の大王が、国や臣下の都合よりも、［　］にどうするのがよいかを重視して、国が持っている米を糠と交換したから

㈣ 本文中には、「　」で示した会話の部分以外に、もう一箇所会話の部分がある。その会話の言葉はどこからどこまでか。初めと終わりの三字をそれぞれ抜き出して書け。初め［　　　］　終わり［　　　］

㈤ 次の会話文は、この文章についての、先生と花子さんの会話の一部である。会話文中の［　］内にあてはまる最も適当な言葉を、あとの1～4から一つ選んで、その番号を書け。（　）

先生――実はこの文章は、あるお坊さんが、民を困らせている主君に対して忠告をする物語の一部であり、晋の大王の例え話が用いられています。お坊さんに忠告されているこの主君は、鷹（たか）を使った

(六) ⑤に長い眉毛の下の落ちくぼんだ目が、やわらかな光を放っているとあるが、このときのグンウイの思いはどのようなものだと考えられるか。次の1～4から最も適当なものを一つ選んで、その番号を書け。（　）

1 鋭い感性を持ち豊かな言葉の知識を身につけているチャオミンの利発さに驚かされ、自分に匹敵する知性の持ち主と実感して胸を熱くしている

2 チャオミンの個性的な言葉選びと屈託のない明るさに引き込まれ、自分のために作ってくれた歌を聞き感謝の思いが胸いっぱいに広がっている

3 広い世界への純粋な好奇心をみずみずしい言葉選びで見事に表現したチャオミンの歌に感じ入り、きらめくような若い才能をいつくしんでいる

4 チャオミンの幼い言葉づかいとあどけなく純真な様子に親心を刺激されて、守り導いていくことが年長者の使命であると決意を新たにしている

(七) 本文中には、知っている限りの知識から未知の光景を懸命に思い描こうとして、気持ちを高ぶらせているチャオミンの様子を、比喩を用いて表している一文がある。その一文として最も適当なものを見つけて、初めの五字を抜き出して書け。□□□□□

(八) 本文中のチャオミンについて述べたものとして最も適当なものはどれか。本文全体の内容をふまえて、次の1～4から一つ選んで、その番号を書け。（　）

1 言葉の世界の魅力をまだ実感できていなかったが、グンウイの博識さに接することで、今後は自分も海の向こうで学んでいきたいと考えている

2 父の胸に秘められた思いを受け継ぎ、グンウイに温かな励ましをもらって、優しく美しい言葉には人の心を開く力があることを強く感じている

3 字を書けるようになりたい一心で練習に励んでいたが、グンウイに才能を見いだされたことで、言葉を学び学問の道をきわめたいと考え始めた

4 筆を買ってきてくれた父の思いに触れ、グンウイと話すうちに、言葉の力で自分の世界をいろどり豊かなものにしたいという思いを抱き始めた

い眉毛の下の落ちくぼんだ目が、やわらかな光を放っている。

「言葉を大事にするんだよ」

そう言われてチャオミンはうなずいた。

この筆で一生懸命おけいこをして、いつか歌うようにニュウシュを書こう。

チャオミンはぎゅっと筆を握りしめた。

筆はまるで生きているようにあたたかかった。

（まはら三桃「思いはいのり、言葉はつばさ」より。一部省略等がある。）

(一) a〜dの══のついている漢字のよみがなを書け。

a（　　）　b（　　いた）　c（　　んだ）　d（　　きとおって）

(二) ①にチャオミンは大きくうなずくと、両手に持った筆を胸に押しつけてぎゅうっと抱きしめるようにしたとあるが、このときのチャオミンの気持ちはどのようなものだと考えられるか。次の1〜4から最も適当なものを一つ選んで、その番号を書け。（　　）

1　自分の心の中の思いを父がいつも察してしまうことに照れくささを感じながらも、自分だけの力で美しい筆を手に入れたことを誇らしく思っている

2　自分の思いを父が受けとめて字を学ぶことを応援してくれていることに感謝しつつ、これからこの筆で字の練習ができる喜びに心をおどらせている

3　自分を喜ばせようと父が色々と考えてくれたことへのお礼の言葉をこの筆で書こうと思いながら、かわいらしい飾りのついた筆に心を奪われている

4　自分の才能を評価してくれる父の気持ちを裏切るまいと気を引き締めることで、筆を手に入れて浮かれがちになる気持ちを落ち着けようとしている

(三) ②のは、次の1〜4のうちの、どののと同じ使われ方をしているか。同じ使われ方をしているものを一つ選んで、その番号を書け。（　　）

1　満天の星を眺めるのが楽しみだな

2　コーヒーの味がなんとなく苦手だ

3　君の選ぶ服はどれもおしゃれだね

4　あの柱のところまで競走しようよ

(四) ③にそして海の向こうは異国だとあるが、このときグンウイは、チャオミンにどのようなことを気づかせようとしたと考えられるか。それを説明しようとした次の文のア、イの□内にあてはまる最も適当な言葉を、本文中からそのまま抜き出して、アは五字程度、イは十五字以内でそれぞれ書け。

ア［　　　　　］　イ［　　　　　　　　　　　　　　　］

サンゴや海がどういうものなのかを知らず、説明されても少しも［ア］ほどに、ごく身近な限られた世界の中で生きていたチャオミンに、海の中や海の向こうの異国など、この世界は広く、まだまだ［イ］のだということを気づかせようとした

(五) ④にああ　この筆は　海を行く船の櫂とあるが、このときチャオミンが、筆を「海を行く船の櫂」と例えたのは、筆をどのようなものだととらえたからだと考えられるか。「この筆で、」という書き出しに続けて、五十字程度で書け。

この筆で、［　　　　　　　　　　　　　　　　　　　　　　　　］も［　　　　　　　　　　　　　　　　　　　　　　　　］のだととらえたから

チャオミンは首をひねった。なにしろ生まれてこのかた、海というものを見たことがない。そう言われてもぜんぜんぴんとこないのだ。

「瀟川(しょうせん)みたいなところですか」

瀟川は、隣の町との境目を作る大きな川で、渡し船が行き交い、水牛がぷかぷかと水浴びをしている。チャオミンが知っている川の中でいちばん大きい。

けれどもグンウイはゆっくりと首を左右に振った。

「もっともっと大きなところだ。海は見渡す限りに広い。そしていつも動いている。川のような流れはないが、ザブンザブンと寄せてはかえす波がある」

「ザブンザブン」と、チャオミンはくりかえしてみた。口の中が楽しくc弾んだ。

「たくさんの生命がそこから生まれる。朝日ものぼる」

「ほーっ」

頭の中が水でいっぱいになった。

チャオミンは改めて筆を見る。確かに赤い持ち手の飾りは、水にとけるお日様の光みたいにd透きとおって見えた。

「③そして海の向こうは異国だ」

続いた声に、チャオミンは、はっと顔をあげた。グンウイは、はるか遠くを見渡すように空の向こうをながめていた。

「異国?」

「そうだ。ちがう国。そこには、俺たちとはちがう顔の人たちが、知らない暮らしをしているんだ」

少年が言った。チャオミンはじっと考えてみた。山のほうにはハル族が住んでいて、町には漢族が住んでいるのと同じように、海の向こうにはちがう人が住んでいるのだろうか。

どんな人たちかな、としきりに頭をひねってみたが、チャオミンにはまったく想像がつかなかった。

「この国は広い。そして長い歴史も持っている。けれども世界はもっと広い。わたしたちの知らないことに満ちている。そういうことも、その筆で勉強なさい」

「はい」

チャオミンはかみしめるように返事をして、筆をそっと握ってみた。見たことのない大きな大きな水の大地に触れたような気分になった。きいたことのない、波の音をきいたような気分にもなった。心がすっと広がったように、晴れ晴れとする。

チャオミンの口からおもわず歌がこぼれた。

——ザブンザブン
海から生まれたサンゴの筆で
一生懸命おけいこしよう
ザブンザブン
そして異国のことも知りたいな
④ああ この筆は 海を行く船の櫂(かい)(船をこぐための道具)——

するとグンウイは嬉しそうに笑った。

「ああ、おじょうさんは歌が上手だなあ。歌うのもうまいが、歌詞がいい。母さんに教わったのかい?」

「いいえ、今考えたの」

「ほう、それはいい」と、グンウイのしわがれ声が優しくなった。⑤長

国語

時間　五〇分
満点　五〇点

1　次の文章は、女性が文字を学ぶことが珍しかった時代、漢族とハル族が住む山間部の村に暮らす十歳のチャオミンが、女性だけが用いる美しい文字「ニュウシュ」の存在を知って夢中で勉強していたところ、村はずれに少年と住むグンウイの畑でチャオミンが拾わせてもらった落花生を、ある日、父がふもとの町で売り、土産を買って帰った場面に続くものである。これを読んで、あとの(一)～(八)の問いに答えなさい。

それは筆だった。父さんのものよりもかなり細く、赤い石のような飾りがついている。

「これを、私に？」

「ああ、チャオミンの筆だよ」

「わぁ、嬉しい！　ありがとう、父さん」

思いがけない贈り物に、チャオミンが目をまん丸にしてお礼を言うと、父さんは静かに首を横に振った。

「いいや、それはチャオミンが自分で買ったものだよ」

「私が？」

「ああ、そうだ。落花生を拾ってね」

ａ不思議そうに首をかしげたチャオミンに、父さんはいたずらっぽく笑った。

「それでもっとニュウシュを練習するといい」

「えっ？」

思わぬ言葉にチャオミンは目を見開いて、父さんを見た。

「うん、わかった」

①チャオミンは大きくうなずくと、両手に持った筆を胸に押しつけてぎゅうっと抱きしめるようにした。

「私、これを見せてくる。お礼を言わなくちゃ」

チャオミンがたどりついたのは、山のふもとの畑だった。

ちょうど畑にはグンウイと少年の姿があった。寒さから作物を守るためか、畑にわらをかけている。

「グンウイさーん」

大きな声でチャオミンが呼ぶと、おじいさんはかがめていた腰を伸ばした。そばで少年が何事かという顔でこちらを見ている。チャオミンはそばへ急いだ。

「お礼に来ました。ここの落花生のおかげで、これを買ってもらったんです」

チャオミンは切れた息のまま、両手に乗せた筆を二人に見せた。

「ほう。サンゴだね」

グンウイはチャオミンの筆に目をやって言った。グンウイの声は少ししわがれている。ｂ乾いた地面のひび割れみたいな声だ。

「サンゴ？　これは筆です。私の筆です」

チャオミンがしげしげと手のひらを見ると、

「この竹軸の飾りだよ」と、グンウイは筆に張りつけてある赤い部分を指さした。

「サンゴという②のは、海の底にあるんだよ。海というのは、見渡す限りの豊かな水だ。広い広い水の大地だ」

「水の大地？」

2023年度／解答

数　学

1 【解き方】(1) 与式 $= 3 - 2 = 1$

(2) 与式 $= 10 - 25 = -15$

(3) 与式 $= \dfrac{3(x+2y)+(4x-y)}{6} = \dfrac{3x+6y+4x-y}{6} = \dfrac{7x+5y}{6}$

(4) 与式 $= 2\sqrt{2} - \sqrt{3}(\sqrt{6} - 3\sqrt{3}) = 2\sqrt{2} - 3\sqrt{2} + 9 = 9 - \sqrt{2}$

(5) 与式 $= x^2 - 2x - 3 + 4 = x^2 - 2x + 1 = (x-1)^2$

(6) 2 次方程式に $x = 3$ を代入して，$-9 + 3a + 21 = 0$　よって，$3a = -12$ より，$a = -4$

(7) $12 = 2^2 \times 3$ より，12 の倍数であるのは㋒。

【答】(1) 1　(2) -15　(3) $\dfrac{7x+5y}{6}$　(4) $9 - \sqrt{2}$　(5) $(x-1)^2$　(6) -4　(7) ㋒

2 【解き方】(1) AB は直径だから，$\angle ACB = 90°$　よって，$\angle ACE = 90° - 35° = 55°$　△ACD で，$\angle BAC = 180° - (55° + 60°) = 65°$　$\overset{\frown}{BC}$に対する円周角だから，$\angle BEC = \angle BAC = 65°$

(2) ア．△DEF において，GH∥EF より，GH：EF = DG：DE　EF = BC，DE = AB より，GH：5 = 9：12　よって，12GH = 45 より，GH $= \dfrac{15}{4}$ (cm)　イ．BE = x cm とする。△ABC において，三平方の定理より，AC $= \sqrt{12^2 + 5^2} = \sqrt{169} = 13$ (cm)　三角柱の表面積が 240cm^2 だから，$\left(\dfrac{1}{2} \times 5 \times 12\right) \times 2 + (12 + 5 + 13) \times x = 240$　これを解くと，$60 + 30x = 240$ より，$x = 6$　したがって，求める体積は，$\left(\dfrac{1}{2} \times 5 \times 12\right) \times 6 = 180$ (cm^3)

(3) A と H を結ぶと，△ADF と△AHF は直角三角形で，AD = AH (半径)，AF は共通だから，△ADF ≡△AHF　よって，DF = HF　また，△AED と△DEF において，∠AED = ∠DEF (共通)，∠ADE = ∠DFE = 90° より，△AED ∽△DEF となる。ここで，△AED において，三平方の定理より，AE $= \sqrt{5^2 + 2^2} = \sqrt{29}$ (cm)だから，AE：AD = DE：DF より，$\sqrt{29} : 5 = 2$：DF　よって，DF $= \dfrac{10}{\sqrt{29}} = \dfrac{10\sqrt{29}}{29}$ (cm)　また，∠EAD + ∠DEA = 90°，∠GDC + ∠DEA = 90° より，△AED ≡△DGC もいえるから，DG = AE $= \sqrt{29}$cm　したがって，GH $= \sqrt{29} - \dfrac{10\sqrt{29}}{29} \times 2 = \dfrac{9\sqrt{29}}{29}$ (cm)

【答】(1) 65°　(2) ア．$\dfrac{15}{4}$ (cm)　イ．180 (cm^3)　(3) $\dfrac{9\sqrt{29}}{29}$ (cm)

3 【解き方】(1) 式を $y = \dfrac{a}{x}$ として，$x = 2$，$y = 5$ を代入すると，$5 = \dfrac{a}{2}$ より，$a = 10$　よって，$y = \dfrac{10}{x}$ に $x = 3$ を代入して，$y = \dfrac{10}{3}$

(2) くじ A，くじ B のひき方は全部で，$5 \times 4 = 20$ (通り)　くじ A の 3 本のはずれくじを，a_1，a_2，a_3，くじ B のはずれくじを b とすると，2 本とも外れくじを引くのは，(A，B) = (a_1，b)，(a_2，b)，(a_3，b)の 3 通り。よって，少なくとも 1 本は当たりくじを引くのは，$20 - 3 = 17$ (通り)だから，求める確率は $\dfrac{17}{20}$。

(3) ㋐ A 駅についての中央値（第 2 四分位数）は 200 より大きいから，正しい。㋑ この箱ひげ図からは判断できない。㋒ 箱ひげ図の四角形の長さはC駅のほうが長いから，正しい。㋓ 最大値はB駅がもっとも大きい。

(4) ア．$x = 0$ で最小値 $y = 0$ をとり，$x = -\frac{3}{2}$ で最大値，$y = \left(-\frac{3}{2}\right)^2 = \frac{9}{4}$ をとる。よって，求める y の変域は，$0 \leqq y \leqq \frac{9}{4}$　イ．2点A，Bは y 軸について対称となる。A $(-2,\ 4)$ だから，B $(2,\ 4)$ で，$\mathrm{AB} = 4$　また，C $(a,\ a^2)$ より，点Dの y 座標は a^2 で，直線OBの式は $y = 2x$ だから，この式に $y = a^2$ を代入して，$a^2 = 2x$ より，$x = \frac{a^2}{2}$　よって，$\mathrm{D}\left(\frac{a^2}{2},\ a^2\right)$ となるから，$\mathrm{CD} = \frac{a^2}{2} - a$　したがって，$4 : \left(\frac{a^2}{2} - a\right) = 8 : 5$ より，$8\left(\frac{a^2}{2} - a\right) = 20$　整理すると，$a^2 - 2a - 5 = 0$　これを解いて，$a = \frac{-(-2) \pm \sqrt{(-2)^2 - 4 \times 1 \times (-5)}}{2 \times 1} = \frac{2 \pm \sqrt{24}}{2} = \frac{2 \pm 2\sqrt{6}}{2} = 1 \pm \sqrt{6}$　点Cの x 座標は負だから，$a = 1 - \sqrt{6}$

【答】 (1) $\frac{10}{3}$　(2) $\frac{17}{20}$　(3) ㋐(と)㋒　(4) ア．$0 \leqq y \leqq \frac{9}{4}$　イ．(a の値) $1 - \sqrt{6}$

4 **【解き方】** (1) ア．太郎さんが操作③を終えた時点で，袋の中のカードの数は，5，7，7。操作④と⑤で，この3数の和に2を加えた数がXとなるから，$\mathrm{X} = 5 + 7 + 7 + 2 = 21$　イ．操作③を終えたとき，袋の中にある3枚のカードの数を x とすると，$3x + 2 = 62$ より，$x = 20$　また，操作③で取り出した1のカードは，操作②で戻したカードにはならないから，1，3，20のカードは，操作①で袋に入れたことになる。操作③を終えたあと，3枚のカードの数がすべて20になるのは，$a = 20$，$b + 1 = 20$ のときだから，$20 - 3 = 17$，$20 - 1 - 1 = 18$ より，求める5つの自然数は，1，3，17，18，20となる。

(2) ア．1日目に a 本売れたとすると，$a + (a + 130) = 280$ より，$2a = 150$　よって，$a = 75$　イ．1日目に売れたアイスクリームの個数は，$x \times \frac{30}{100} = \frac{3}{10}x$ (個)だから，$y + 34 = \frac{3}{10}x$　よって，$y = \frac{3}{10}x - 34$　ウ．イより，$y = \frac{3}{10}x - 34$……①　2日目に売れたアイスクリームの個数は，$x - \frac{3}{10}x - 5 = \frac{7}{10}x - 5$ (個)だから，2日目にドーナツとセットにして売れたアイスクリームの個数は，$\left(\frac{7}{10}x - 5\right) - 4 = \frac{7}{10}x - 9$ (個)　また，2日目に売れたドーナツの個数は，$(3y - 3)$ 個。よって，$\frac{7}{10}x - 9 = 3y - 3$ より，$y = \frac{7}{30}x - 2$……②　①，②を連立方程式として解くと，$x = 480$，$y = 110$

【答】 (1) ア．21　イ．1，3，17，18，20

(2) ア．75 (本)　イ．$y = \frac{3}{10}x - 34$　ウ．(x の値) 480　(y の値) 110

5 **【解き方】** (2) 図は右図のようになる。

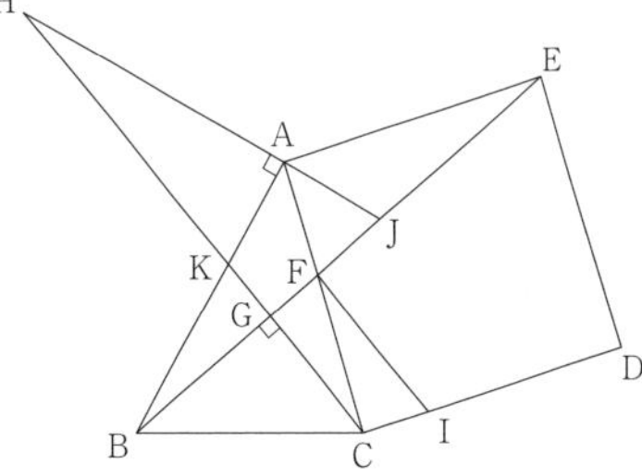

【答】 (1) △CFGと△FICにおいて，CG∥IFより，錯角が等しいから，∠FCG = ∠IFC……①　仮定より，∠CGF = 90°……②　四角形ACDEは正方形だから，∠FCI = 90°……③　②，③より，∠CGF = ∠FCI……④　①，④より，2組の角がそれぞれ等しいから，△CFG∽△FIC

(2) △ABEと△AHCにおいて，四角形ACDEは正方形だから，AE = AC……①　∠EAC = ∠HAB = 90° より，∠BAE = 90° + ∠BAC，∠HAC = 90° + ∠BAC　よって，∠BAE = ∠HAC……②　また，△EAF，△CGFは直角三角形だから，∠AEB = 90° − ∠AFE，∠ACH = 90° − ∠CFG　対頂角だから，∠AFE = ∠CFG　よって，∠AEB = ∠ACH……③　①，②，③より，1組

の辺とその両端の角がそれぞれ等しいから，△ABE ≡△AHC　よって，△ABJ と△AHK において，AB = AH……④　∠ABJ = ∠AHK……⑤　仮定より，∠BAJ = ∠HAK = 90°……⑥　④，⑤，⑥より，1 組の辺とその両端の角がそれぞれ等しいから，△ABJ ≡△AHK　したがって，BJ = HK

英　語

1 **【解き方】** A.「コウジは昨日の昼食後，父親と皿を洗った」と言っている。

B.「クラスメートの半分は，学園祭が最も好き」,「運動会よりも英語劇大会の方が人気がある」,「3 人の生徒は合唱コンクールが最も好き」と言っている。

C.「牛乳もあったらいいな」とメグに言われたジョージの返答。イの「わかった。僕はスーパーマーケットで牛乳を買うよ」が適当。

D.（待ち合わせ場所）ナンシーが「図書館の隣の公園で会うのはどう？」と提案し，ユウジは了承している。（待ち合わせ時刻）9 時には図書館の前にたくさんの人がいると思われるので，二人は「8 時 30 分」に待ち合わせることにした。（Yuji が Nancy に持ってくるように言ったもの）最後にユウジが「お金を持ってきて」と言っている。

E. No.1.「ケンは海が好きだったので，よく自転車で海を見に行った」とある。ケンが自転車で行くのが好きだった場所は「海」。No.2.「ジムは自転車で四国の寺院を訪れるためにイギリスから来た」とある。ジムが四国に来た理由は「寺院を訪れるため」。No.3.「ケンはジムに『僕は将来イギリスに行くつもりなので，自転車でそこの素晴らしい場所に連れていってください』と言った」とある。ケンがジムに将来してくれるように頼んだ内容は「イギリスの素晴らしい場所にケンを連れていくこと」。

【答】 A. ③　B. エ　C. イ

D.（待ち合わせ場所）公園（同意可）（待ち合わせ時刻）（午前）8（時）30（分）（Yuji が Nancy に持ってくるように言ったもの）お金（同意可）

E. No.1. ウ　No.2. ア　No.3. エ

◀全訳▶　A. コウジは昨日の昼食後，父親と皿を洗いました。

B. 私たちの学校には，おもしろい学校行事があります。私のクラスメートの半分は，学園祭が最も好きです。運動会も人気だと思うかもしれませんが，それよりも英語劇大会の方が人気があります。3 人の生徒は合唱コンクールが最も好きです。

C.

メグ　　：フルーツジュースを作りましょう！　リンゴとバナナがあるわ。他に何か必要かな？
ジョージ：牛乳はどう？
メグ　　：あったらいいわね。

D.

ナンシー：土曜日に図書館で私たちのプロジェクトを終えましょう！
ユウジ　：いいね。どこで会おうか？
ナンシー：図書館の隣の公園で会うのはどう？　図書館まで約 5 分かかるわ。
ユウジ　：わかった。では，8 時 50 分に会おうか？
ナンシー：うーん，8 時 30 分は早すぎるかしら？　9 時には図書館の前にたくさんの人がいると思うの。
ユウジ　：わかった。早すぎることはないよ。一日中プロジェクトをするから，一緒に昼食を食べようよ。いくらかお金を持ってきて。

E. ケンの趣味は自転車に乗ることです。彼は海が好きだったので，よく自転車で海を見に行きました。彼はより広い世界を見るために，いつか海を渡りたいと思っていました。

ある日，ケンは自転車に乗っているとき，困っている男性を見つけました。彼は日本人に見えなかったので，ケンは彼に英語で「お手伝いしましょうか？」と尋ねました。その男性は彼に「私の自転車に問題があるんです」と言いました。ケンは彼を一番近い自転車店に連れていくことにしました。その男性の名前はジムで，自転車で四国の寺院を訪れるためにイギリスから来ていました。彼は八十八ケ所の寺院めぐりをほぼ終えていました。ケンはジムに「私はあなたのような強い男になりたいと思っています」と言いました。ジムは彼に「誰の助けも借りずに私を助けようとしたから，あなたはすでに強いですよ」と言いました。ケンはそれを聞いてうれしかったです。ケンはジムに「僕は将来イギリスに行くつもりなので，自転車でそこの素晴らしい場所に連れていってください」と言いました。ジムは「もちろん！」と笑顔で言いました。

No.1. ケンは自転車でどこに行くのが好きでしたか？

No.2. なぜジムは四国に来たのですか？

No.3. ケンはジムに将来何をしてくれるように頼みましたか？

2 【解き方】(1) (a) 直後でボブが「それはとても楽しかった」と感想を答えているので，「今日の学校はどうだった？」が適当。(b) 直後でボブが勉強したことの具体的な内容を答えているので，「あなたはその授業で何を勉強したの？」が適当。(c) 直後でボブが「ありがとう」とお礼を述べているので，「私はいつかそこにあなたを連れていってあげる」が適当。(d) 直後でアヤが無人の野菜販売所での野菜の買い方を説明しているので，「僕たちはどうやってあれらの野菜を買うことができるの？」が適当。

(2)「安い」= cheap。「～より安い」なので比較級にする。

(3) incredible は「信じられないほど素晴らしい」「驚くべき」という意味。ボブが野菜販売所に従業員がいないことに驚いていることから考える。

【答】(1) (a) ク　(b) キ　(c) カ　(d) ア　(2) cheaper　(3) イ

◀全訳▶

アヤ：こんにちは，ボブ。今日の学校はどうだった？

ボブ：とても楽しかったよ。特に歴史の授業はとてもおもしろかったよ。

アヤ：あなたはその授業で何を勉強したの？

ボブ：日本のいくつかの有名な城について勉強したんだ。僕はそれらを訪れたいよ。

アヤ：それは素晴らしいわね。香川県に有名なお城があるのを知っている？　私はいつかそこにあなたを連れていってあげるわ。

ボブ：ありがとう。ねえ，あの小屋は何？　小屋にはたくさんの野菜が見えるよ。

アヤ：あれは野菜販売所よ。そこにはたくさんの種類の野菜が売られているの。それらはスーパーマーケットの野菜より安いのよ。

ボブ：へえ，そうなの？　それはおもしろい！　従業員はどこにいるの？

アヤ：あの店には従業員がいないのよ。農家がそこに来て，彼らの野菜をただ置くだけなのよ。

ボブ：それは本当かい？　従業員がいないのは驚きだよ。僕はそれを信じられないよ。僕たちはどうやってあれらの野菜を買うことができるの？

アヤ：買いたい野菜を選んで，箱にお金を入れるのよ。

ボブ：なるほど。農家とお客さんはお互いを信じているんだね。それもまた素晴らしい日本の文化の一つなのかもしれないね。

3 【解き方】(1) make A B =「A を B の状態にする」。「人」が興奮している状態のときは excited，「ものごと」が人を興奮させる状態のときは exciting を用いる。ここでは「私」が興奮している状態なので，excited にする。

(2) 空欄を含む文は「その皿はとても美しく，特別なものに～」という意味になる。look ～ =「～のように見える」。

(3)「あなたの新しい皿を私が見ることを許してください」と考える。「A が～することを許す」= 〈let ＋ A ＋原形不定詞〉。

(4) どこでその皿を買ったのかと聞かれたが，買ったものではなく，自分が模様を描いた皿であることを伝えている。相手の発言や予想を「実は～なんです」と訂正するときには actually を使う。

(5)「A に B を見せる」= show A B。「～のやり方」= how to do ～。

(6) at first =「最初は」。

(7)「～ということを望む」= I hope〔that〕～。「～に興味をもつ」= be interested in ～。

(8) 直後に traditional craft class と単数名詞が続いていることに注目する。選択肢のなかで単数のものを指すときに使われるのは another のみ。another ～ =「別の～」。

(9) 目的格の関係代名詞 which を使い，後ろから cultures を修飾する形で表す。

【答】 (1) excited (2) ア (3) let me see your new plate (4) エ (5) (例) He showed me how to do it
(6) イ (7) (例) I hope that more young people will be interested in it (8) ア
(9) has many traditional cultures which we don't know

◀全訳▶ 私は2年前に香川に引っ越してきました。私はここに来て以来，うどん，こんぴらさん，オリーブなど，おもしろいものをたくさん見つけました。どの文化にも長い歴史があり，私をわくわくさせます。

ある日，私が家族で夕食を食べていると，祖母が新しい皿を使っていました。その皿はとても美しく，特別なものに見えました。私は彼女に「あなたの新しい皿を僕に見せて。僕は手描きの美しい模様が好きなんだ。そのお皿をどこで買ったの？」と言いました。祖母は「あら，私はそれを買ったのではないの。実は，私がそれに模様を描いたのよ。漆芸って聞いたことがある？ 漆がこの皿を作るのに使われていて，私がそれにいくらか模様を描いたのよ。私の友人は漆芸の講師なの。彼が私にそれのやり方を見せてくれたの。その教室に参加したらどう？」と言いました。私は驚いて「僕は漆芸って聞いたことはあるけれど，香川でそれに挑戦できるとは知らなかった。僕はそれに挑戦してみたい」と言いました。

数日後，私は漆芸教室に行きました。最初は，模様を描くのは私にとって難しかったです。しかし，講師は私が皿を作るのをたくさん手伝ってくれました。教室のあと，私は講師に「手伝ってくださってありがとうございました。楽しかったです」と言いました。講師は「それを聞いてうれしいです。漆芸は香川の伝統工芸の一つです。私は漆芸について多くの人に伝えるために，この教室を始めて私たちの生活に合う新しい漆芸作品を作っています。私はこの伝統工芸を次の世代に伝えていかなければならないと思います。私は，もっと多くの若い人々が，それに興味をもつことを望みます」と言いました。私は家に帰るとき，彼女の言葉について考え，それについて話すために私の友人に電話しました。そして，彼と一緒に別の伝統工芸の教室に参加することにしました。

あなたは香川は好きですか？ 私の答えは「はい」です。私は香川が大好きで，香川に住んでいて幸せです。私は，香川には私たちが知らない多くの伝統的な文化があると思います。私はそれらについてもっと学びたいです。それらの文化を見つけてみませんか？

4 **【解き方】** (1) キャプテンになれなかった上，自分が試合のメンバーに選ばれると思っていたのに，控え選手になったときの元気の気持ち。angry =「怒っている」。

(2) 元気が田中先生に尋ねた直前の質問の内容を指す。

(3) 試合後，誰よりも先にグラウンドを掃除し始めたワタルに対して元気が言った質問である。直後にワタルが Of course, you can. と答えているので，Can I ～?を使う疑問文にする。「それから，一緒にグラウンドを掃除した」とあるので，一緒に掃除をしてもよいか尋ねる文が入る。join ～ =「～に合流する」。

(4) レギュラー選手になれなくても，他の人のことを考えてチームのために一生懸命に働くワタルを見て感じたことを元気が田中先生に話している場面であることから考える。「僕は彼（ワタル）のような人になりたいと思う」と言った。

(5) 元気がインタビューで答えた直前の発言に着目する。

(6) 元気は「ワタルからたくさんの大事なことを学んだ」と言っており，ワタルのおかげで元気の考え方が変化していることに着目する。change ～＝「～を変える」。

(7) (a)「田中先生は試合中，選手たちに何をするようにいつも言っていますか？」という質問。第1段落の4文目に着目する。tell A to ～＝「A に～するように言う」。(b)「元気は2年生になったとき，チームのキャプテンになりましたか？」という質問。第2段落の1・2文目に着目する。元気はチームのキャプテンにならなかったので，No で答える。

(8) ㋐「元気は2年生になる前，チームのために走ることをよくサボった」。第1段落の5文目を見る。正しい。㋑ 第2段落の4文目を見る。He はワタルを指しており，「ワタルは元気ほど上手にプレイできず，控え選手だった」と言っている。㋒ 第3段落の前半を見る。練習試合の間，チームのメンバーに素早く飲み物を渡していたのはワタル。㋓ 第3段落の中ほど，ワタルが一生懸命に働いている理由を答えた部分に着目する。ワタルは，レギュラー選手になれないからよく悲しい思いをするけれど，チームのためにできることは何でもしたいと述べている。㋔ 第3段落の後半を見る。ワタルは他の人のことを考えてチームのために一生懸命に働くことが大事だということを元気に教えた。㋕「最後のトーナメント中，元気はレギュラー選手でチームのために一生懸命に働いた」。最終段落の1～4文目を見る。正しい。

【答】(1) イ　(2) なぜ元気が控え選手なのかということ（同意可）　(3)（例）Can I join you　(4) ウ

(5) メンバー全員がチームのために一生懸命に働いたからこそ，元気はこの賞を手に入れた（という発言）（同意可）

(6) エ　(7)（例）(a) He always tells them to run hard for the team　(b) No, he didn't　(8) ㋐（と）㋕

◀全訳▶　元気は香川県の中学生です。彼はサッカー部のメンバーで，毎日放課後にサッカーの練習をしています。彼はサッカーがとても上手なので，1年生のとき以来ずっとチームのレギュラー選手です。チームにおいて，監督の田中先生は，試合中チームのために一生懸命走るように選手たちにいつも言っています。しかし，元気は走るのが好きではなく，よく走ることをサボりました。また，彼は時々，チームのメンバーの失敗を責めました。

元気が2年生になったとき，彼はチームのキャプテンになれると思っていました。しかし，彼はなれませんでした。彼のチームメンバーの1人であるワタルがキャプテンとして選ばれました。彼は元気ほど上手にプレイできず，控え選手でした。元気はなぜワタルがキャプテンに選ばれたのか理解できませんでした。

ある日，練習試合が行われました。元気は試合のメンバーに入っていませんでした。彼は怒って田中先生に「なぜ僕は控え選手なのですか？」と尋ねました。彼は「君自身でそれを考えなさい。答えがわかったとき，君はより良い選手になるよ」と答えました。元気はワタルの隣で試合を見ました。すると彼は，ワタルのいくつかの良いところを見つけました。試合中，チームのメンバーが失敗をしたとき，ワタルはいつも彼らを励ましていました。また，彼は素早く飲み物をいくつか持ってきて，いくつかの役立つメッセージをそえて選手たちに渡しました。元気は驚いてワタルに「なぜ君はそんなに一生懸命に働いているの？」と尋ねました。彼は「全てはチームのためだよ。まあ，僕はレギュラー選手になれないからよく悲しい思いをするよ。でも，僕がチームのためにできることは何でもしたいんだ」と答えました。それらの言葉から，元気は自分が自分のことしか考えておらず，ワタルは他の人のことを考えていることがわかりました。試合後，ワタルは誰よりも先にグラウンドを掃除し始めました。元気は「(一緒にやってもいい)？」と言いました。ワタルは笑顔で「もちろん，いいよ」と言いました。それから，彼らは一緒にグラウンドを掃除しました。そのあと，田中先生は元気に「なぜワタルがキャプテンになったか理解したか？」と尋ねました。彼は「はい。ワタルは他の人のことを考えてチームのために一生懸命に働くことが大事だと僕に教えてくれました。彼は素晴らしい人です。僕は彼のような人になりたいと思います」と答えました。

元気とワタルは3年生になり，最後のトーナメントが始まりました。トーナメントでは，元気はレギュラー選手でしたが，ワタルはまだ控え選手でした。試合中，元気は走るのをサボらず，チームのメンバーを励まし続けました。それは全てチームのためでした。彼らは勝ち続け，最終的にトーナメントに勝ちました。また，元気は最優秀選手賞を受賞しました。彼はインタビューを受けて「メンバー全員がチームのために一生懸命に働いたからこそ，僕はこの賞を手に入れたのです」と言いました。彼のチームのメンバーはそれを聞いてうれしく思いました。元気はまた「僕は僕たちのキャプテンであるワタルに『ありがとう』と言いたいです。僕は彼からたくさんの大事なことを学びました。彼は僕をずいぶん変えてくれました」と言いました。ワタルは笑顔で彼を見ていました。

5 **【解き方】**一人での旅行を選んだ場合は，「自分の行きたい場所に行ける」「自分の好きなことができる」「予定の変更がしやすい」などが理由として考えられる。友人との旅行を選んだ場合は，「困ったときに助けてもらえる」「体験を共有できる楽しさがある」などが理由として考えられる。

【答】（例 1）traveling alone ／ I don't have to think about other people. So, I can go to the places I want to visit. I can also change my plan easily. If I find my favorite place, I can stay there for a long time.

（例 2）traveling with my friends ／ First, when I'm in trouble, they will help me. So, I feel safe to travel with them. Second, we can enjoy many things together. So, it is also fun to talk about the same experiences later.

社　会

1 **【解き方】**(1) 労働基本権に含まれる団結権の説明を選択。社会権では，他に生存権や教育を受ける権利，勤労の権利が保障されている。アは参政権のうちの被選挙権，イは新しい人権のうちの知る権利，ウは自由権のうちの財産権。

(2) a. イは「議院内閣制のしくみ」ではなく，国会議員の特権について述べた文。b. ㋑は刑事事件で被疑者または被告人の弁護のために選ばれた人。原則として弁護士がつとめる。㋒には起訴する権限がない。c.「司法権の独立」が原則であり，家庭裁判所が地方公共団体から干渉を受けることはない。

(3) 毎年9月に開かれている。

(4) 途上国の中には工業化を果たした国や，鉱産資源が豊富な国もあり，格差の拡大が目立ってきている。

(5) a. 間接税には，消費税や酒税などがある。イギリスやフランスの消費税率は20％で，日本も2019年に消費税率が10％に引き上げられたことで，近年は間接税の比率が上がっている。b. 低所得者と高所得者の所得の格差を減らし，所得の再分配を図っている。

(6) たがいの合意があれば，契約書をかわさなくても口頭で契約は成立する。

(7) 株主には，出資した分だけ会社に対して責任を負う有限責任が課される。

(8) a. 不況は，経済活動が低迷し，家計の収入も減少する状態。b. 市場で商品を供給する企業が1社だけの状態を独占，少数しかない状態を寡占という。

(9) a. 30代は，出産や子育てを行う時期にあたることが多い。b. 非正規労働者は，正社員と同じ仕事をしても賃金が低く，雇用も不安定なことが多い。「年齢が高くても，賃金が低く抑えられている。」などの解答も可。c. テレワークやフレックスタイム制の導入も取り組みの一つ。「多様な働き方を労働者が選択できる制度の整備」などの解答も可。

【答】(1) エ　(2) a. イ　b. ㋐(と)㋓　c. ウ　(3) 総会　(4) 南南問題

(5) a. エ　b. 所得が高い人ほど，税率が高くなる(しくみ。)(同意可)　(6) ㋑　(7) ア

(8) a. ㋐(と)㋓(と)㋕　b. 独占禁止法

(9) a. 育児(と)仕事(が両立しにくい)(同意可)　b. 年齢が高くなるにつれて，正社員との賃金の格差が拡大している。(同意可)　c. (例) 情報通信技術を活用した業務の効率化

2 **【解き方】**(1) アは弥生時代，イは古墳時代，エは旧石器時代について述べた文。

(2) 律は刑罰の決まり，令は政治の決まりのこと。

(3) a. 国風文化は，平安時代中期から後期にかけて栄えた日本風の文化。イは奈良時代，ウは室町時代，エは鎌倉時代の文化について述べた文。b. ㋐は安土桃山時代，㋑は奈良時代，㋒は平安時代のできごと。c. 院政は，白河上皇が1086年に始めた政治の形態。

(4) a. 後醍醐天皇が公家を重視する政策を採ったため武士の不満が高まり，建武の新政はわずか2年ほどで失敗に終わった。b. イは『古事記伝』を著した国学者，ウは『解体新書』を出版した医師・蘭学者，エは『南総里見八犬伝』などを書いた小説家。

(5) a. イの京都について述べた文で，戦乱とは「応仁の乱」のこと。b. 19世紀ごろからは，工場を建設し，人を雇って分業で製品を作らせる工場制手工業が発達した。

(6) ㋑から独立したアメリカ合衆国は，独立戦争で最高司令官をつとめたワシントンが初代大統領となった。㋓は，イギリスのピューリタン革命の指導者。

(7) a. その後，中央集権体制を強化するため，廃藩置県がおこなわれた。b. ㋐は1877年，㋑は1880年，㋒は1871年のできごと。c. ㋓は1905年に結ばれたポーツマス条約の内容。㋐は1879年，㋑は1919年，㋒は1915年のできごと。

(8) a. イ・エは昭和時代，ウは明治時代の社会や文化について述べた文。b. リットン調査団は，日本が起こし

た満州事変（柳条湖事件）について調査した。c. 太平洋戦争後にわが国の女性は初めて参政権を得た。d. 鳩山一郎内閣によって調印された。

【答】(1) ウ　(2) 大宝律令　(3) a. ア　b. ㋑→㋒→㋐　c. （記号）㋑　（言葉）院政　(4) a. 建武の新政　b. ア

(5) a. イ　b. （問屋が,）農民に材料や道具を貸して，生産させた製品を買い取る（または，製品をつくらせる）（しくみ。）（同意可）

(6) ㋑（と）㋒　(7) a. 版籍奉還　b. ㋒→㋐→㋑　c. ㋓

(8) a. ア　b. （満州国を）承認しない（ことや，日本軍の）撤兵を求める（ことが決議された。）（同意可）　c. 20歳以上の男女に選挙権が認められること（または，女性の選挙権が認められるよう）になったから。（同意可）　d. 日ソ共同宣言

3【解き方】(1) a. アテネからそれぞれの都市との距離は，A は約 15000km，B は 5000～10000km の間，C は 10000～15000km の間，D は約 10000km。b. 経度差 15 度で 1 時間の時差が生じる。日本の標準時子午線は東経 135 度なので，日本とキングストンの経度差は 210 度（135 度＋ 75 度）。210 ÷ 15 から時差は 14 時間とわかる。本初子午線をはさんで東にある日本の方が時間は進んでいるので 14 時間を引いて，キングストンでは 3 月 20 日午前 1 時となる。c. 太平洋を取り囲むように連なる造山帯。d. ファンチェットはベトナムの南部，ダーウィンはオーストラリアの北部に位置する都市。2 つの都市はともにサバナ気候に属しているが，南半球に位置するダーウィンの季節は，北半球とは反対になる。

(2) 山梨県の甲府盆地に広がる扇状地では，ぶどうやももの栽培がさかん。

(3) a. 資料Ⅰは棒グラフ，資料Ⅱは帯グラフで表すこともできる。b. 世界全体の米の生産量に占める輸出量の割合は，2006 年は約 4.8 %（3055 ÷ 64108 × 100），2009 年は約 4.3 %（2973 ÷ 68509 × 100）であり，2006 年の方が大きい。

(4) 1980 年代のアメリカ合衆国では，輸入した日本製の自動車が多く売れたことにより，アメリカ国内の自動車メーカーの生産が衰退し，雇用問題などが生じた。

(5) 1955～1975 年は，高度経済成長期に就職などで地方から都市部への人口移動が多かったことから㋒。1975～1995 年は，日本全体の人口増加は続いた一方，高度経済成長期の後，地方から都市部への移動が縮小したことから㋑。1995～2015 年は，出生率が低下し，日本全体の人口が増加から減少に転じたことから㋐。

(6) a. 実際の距離は，（地図上の長さ）×（縮尺の分母）で求められることから，約 9.6 × 25000 ＝約 240000cm より，約 2400m となる。b. 警察署は，東武日光駅の北側に位置する。c. 写真の施設は，砂防堰堤（えんてい）。d. 日本の木材の消費量に対する国内生産量の割合は，1960 年代後半から減少が続いてきた。しかし，近年は増加傾向にあり，自給率が高まっている。e. アは瀬戸内工業地域，ウは東海工業地域，エは京葉工業地域にあてはまる。

【答】(1) a. A　b. （3 月）20（日）午前 1（時）　c. 環太平洋（造山帯）　d. （記号）㋑（と）㋓　（内容）赤道より南に位置している（同意可）

(2) A. 扇状地　B. 水はけがよい（または，水が地下にしみこみやすい）（同意可）　(3) a. ウ　b. イ

(4) （わが国と，アメリカ合衆国やヨーロッパ諸国との間で,）貿易摩擦が激しくなった（または，関税などをめぐって貿易上の対立がおこった）から。（同意可）

(5) ㋒→㋑→㋐　(6) a. （約）2400（m）　b. 北西　c. ウ　d. エ　e. イ

理　科

1 【解き方】A. ⑴ c. 表Ⅰより，9時から10時までを見ると，1時間あたりの紙テープの長さは，13.0 (cm) − 10.4 (cm) = 2.6 (cm)　また，15時から日の入りの時刻の点Qまでの紙テープの長さは，37.2 (cm) − 26.0 (cm) = 11.2 (cm)　15時から日の入りまでにかかる時間は，$\frac{11.2\,(\text{cm})}{2.6\,(\text{cm})}$ ≒ 4.3 (時間) より，約4時間18分。よって，日の入りの時刻は，15時の約4時間18分後なので，19時20分ごろが適当。d. 地点Yは地点Zよりも，日の出・日の入りの時刻が早いので，南中時刻も早くなる。また，地点Yと地点Zは同じ緯度にあるので，同じ日の南中高度は同じ。e. 夏至は6月下旬なので，7月上旬は，夏至からおよそ20日後にあたり，太陽の南中高度は夏至の日よりも少し低くなる。その後，季節が進むと，太陽の南中高度はどんどん低くなり，冬至を過ぎるとだんだん高くなっていく。再び7月上旬の南中高度と同じ高度になるのは，夏至のおよそ20日前の6月のはじめ頃と考えられる。よって，再び7月上旬の南中高度と同じ高度になるのは，観測した日のおよそ11か月後。

⑵ 解答例の他に，同じ面積に当たる光の量が多くなるため，などでもよい。

B. ⑵ b. 台風は低気圧なので，中心に向かって反時計回りにうずをえがくように風が吹き込むことから考える。表より，9月29日18時の風向が北なので，観測地点はアと考えられる。

【答】A. ⑴ a. 観測者(の位置)（同意可）　b.（記号）㋑　（言葉）日周運動　c. ウ　d. ㋐(と)㋓　e. エ

⑵（例）単位面積あたりに地面が得るエネルギーが多くなる(ため。)

B. ⑴ a. ㋑(と)㋓　b. 気団　c. ㋒　⑵ a. ㋑(と)㋒　b. ア　c. イ

2 【解き方】B. ⑶ 表より，光合成がおこなわれているのは，光が当たる緑色の部分だけであることがわかる。よって，光合成に光が必要であるかどうかは，光以外の条件が同じになる，光が当たる緑色の部分と，光が当たらないようにアルミニウムはくでおおわれた緑色の部分を比べることでわかる。また，光合成が緑の部分でおこなわれることは，葉の色以外の条件が同じになる，光が当たる緑色の部分と，光が当たるふの部分を比べることでわかる。

C. ⑴ b. 目で受けとった刺激は，視神経を通って脳に伝えられる。脳で出された命令の信号は，せきずいを通して運動神経に伝わり，運動神経からうでの筋肉に伝わる。

⑵ a. ゴム膜を引き下げると，ペットボトル内の体積が大きくなるので，ペットボトル内の圧力が小さくなり，風船がふくらむ。b. 吸う息は空気なので，気体の体積の割合は，大部分は窒素で，約20％が酸素。吐く息では，酸素がとりこまれ，二酸化炭素が出てくるので，酸素の割合が減少し，二酸化炭素の割合が増加する。

【答】A. ⑴ a. 有性(生殖)　b.（㋐→）㋒→㋔→㋑→㋓　⑵ 親の形質と同じになる。(同意可)

B. ⑴ (エタノールにつけることによって，)葉が脱色される(ため。)（同意可）　⑵ デンプン

⑶ P. ㋒　Q. ㋐　⑷ 光をたくさん受けることができる。(同意可)

C. ⑴ a. 感覚(器官)　b. ㋒　c. エ

⑵ a. ㋐(と)㋓　b. イ　c. (肺胞がたくさんあることで，)空気にふれる表面積が大きくなる(から。)（同意可）

3 【解き方】A. ⑴ Ⓐを電気分解すると，陽極から酸素が発生したことから，Ⓐはうすい水酸化ナトリウム水溶液で，水が電気分解されたと考えられる。よって，陰極から発生する気体は水素。

⑵ ⒹとⒺには電流が流れないので，非電解質の砂糖水かエタノール水溶液。操作㋐は塩酸かどうか，操作㋒は水溶液がアルカリ性かどうかを確認する操作なので，砂糖水とエタノール水溶液を見分けるのには不適。

⑶ Ⓑをつけた pH 試験紙が赤色に変化したので，Ⓑは酸性の水溶液で，うすい塩酸とわかる。酸は電離して＋の電気を帯びた水素イオンを生じ，水素イオンが pH 試験紙を赤色に変えるので，赤色に変化した部分は陰極に向かって移動する。

⑷ 実験Ⅰより，Ⓒは電気分解すると陽極から塩素が発生するので，塩素原子を含む水溶液であることがわかる。

実験Ⅱより，Ⓒは中性であることがわかるので，Ⓒは食塩水。食塩水の溶質は塩化ナトリウムで，水溶液中ではナトリウムイオンと水酸化物イオンに電離する。

(5) Ⓑのうすい塩酸を $6.0cm^3$ 加えても，水溶液の色が青色のままなので，完全に中和はしていない。うすい塩酸から生じる水素イオンは，Ⓐのうすい水酸化ナトリウム水溶液から生じる水酸化物イオンとすべて反応して水になる。水溶液中には，水素イオンと反応せずに残った水酸化物イオンと，ナトリウムイオン，塩化物イオンがふくまれているが，完全に中和していないので，ナトリウムイオンの方が塩化物イオンよりも数が多い。

B. (2) 表Ⅰより，1.20g のマグネシウムと結びつく酸素の質量は，2.00 (g) − 1.20 (g) = 0.80 (g) なので，マグネシウムと酸素は，1.20 (g)：0.80 (g) = 3：2 の質量比で結びつく。1 回目の加熱でマグネシウムと結びついた酸素の質量は，1.60 (g) − 1.20 (g) = 0.40 (g)　この 0.40g の酸素と結びついているマグネシウムの質量は，$0.40\,(g) \times \frac{3}{2} = 0.60\,(g)$　よって，酸素と結びつかずに残っているマグネシウムの質量は，1.20 (g) − 0.60 (g) = 0.60 (g)

(3) 加熱後の物質の質量が増加しなくなったときの物質の質量から，けずり状のマグネシウムの質量を引いて，結びついた酸素の質量を求め，グラフを作成する。

(4) マグネシウムと二酸化炭素を反応させると，酸化マグネシウムと炭素が生成するので，炭素よりマグネシウムの方が酸素と結びつきやすい。また，酸化銅と炭素を反応させると，二酸化炭素と銅が生成するので，銅より炭素の方が酸素と結びつきやすい。

【答】A. (1) 水素

(2) (Ⓓと Ⓔに操作)㋑(をおこなったとき，)スライドガラスに白い固体が残った(ほうの水溶液の種類が)砂糖水(であることがわかり，)スライドガラスになにも残らなかった(ほうの水溶液の種類が)エタノール水溶液(であることがわかる。)(同意可)

(3) ㋑(と)㋒　(4) $NaCl \rightarrow Na^{+} + Cl^{-}$　(5) ナトリウム(イオン)

B. (1) すべてのマグネシウムが酸素と結びついた(から。)(同意可)

(2) 0.60 (g)　(3) (右図)　(4) ㋐→㋒→㋑

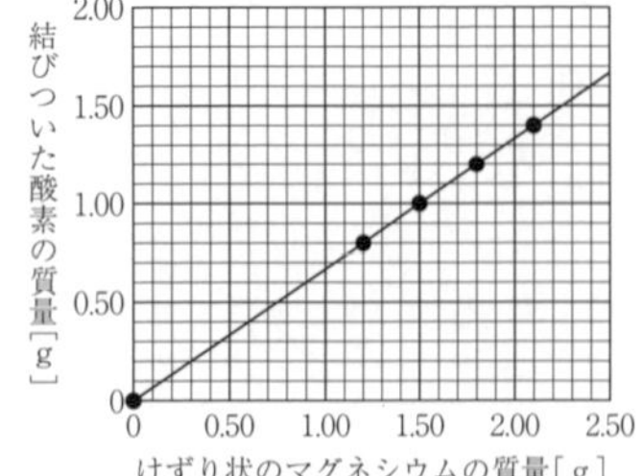

4 【解き方】A. (1) 実像なので，光軸より下に，上下左右が反転した像ができる。

(2) 物体が焦点距離の 2 倍の位置よりも遠い位置にあるとき，凸レンズで屈折した光が，焦点距離の 2 倍の位置よりも凸レンズに近い位置に集まり，物体よりも小さな実像ができる。

B. (1) オームの法則より，1.5 (A) × 3.0 (Ω) = 4.5 (V)

(2) 図Ⅱの磁針の N 極がさす向きが磁界の向き。磁針 Y の位置は，磁力線の間隔がせまいので，磁界が強い。

(3) 3.0 Ωの電熱線 L と 6.0 Ωの電熱線 M の並列回路なので，回路全体の抵抗を R Ωとすると，$\frac{1}{R\,(\Omega)} = \frac{1}{3.0\,(\Omega)} + \frac{1}{6.0\,(\Omega)}$　これを解いて，R = 2.0 (Ω)　よって，電圧計が示す値は，1.8 (A) × 2.0 (Ω) = 3.6 (V)

(4) 解答例の他に，コイルの巻き数を増やす・力の強い磁石を近づける，などでもよい。

(5) N 極をコイルの上から近づけると検流計の針は左に振れるので，反対の S 極をコイルの反対側から近づけるとき，検流計の針の振れ方は左に振れる。棒磁石をいったん止めると，磁界が変化しないので電流は流れず，検流計の針は一度真ん中に戻る。棒磁石をもとの位置に戻すときは，S 極をコイルの下に遠ざける動きになるので，はじめと反対の向きに電流が流れ，検流計の針は右に振れる。

C. (1) 物体が一定の速さで動くとき，物体にはたらく力はつりあっている。

(2) 6.0N の重力がはたらく力学台車を 30cm の高さまで引き上げるので，30cm = 0.3m より，6.0 (N) × 0.3

(m) = 1.8 (J)

(3) 力学台車を一定の速さで引き上げているので，運動エネルギーは変化しない。力学台車は引き上げられると，位置エネルギーが大きくなるので，力学的エネルギーは大きくなる。

(4) 実験Ⅰ～Ⅲで，同じ力学台車を同じ高さまで引き上げるので，糸が力学台車を引く力がした仕事はすべて同じで，1.8J。実験Ⅰで力学台車を 30cm 引き上げるのにかかる時間は，$\frac{30\ (\mathrm{cm})}{5.0\ (\mathrm{cm/s})} = 6.0\ (\mathrm{s})$なので，仕事率 s は，$\frac{1.8\ (\mathrm{J})}{6.0\ (\mathrm{s})} = 0.3\ (\mathrm{W})$　実験Ⅱで力学台車を 30cm 引き上げるのにかかる時間は 9.0 秒なので，仕事率 t は，$\frac{1.8\ (\mathrm{J})}{9.0\ (\mathrm{s})} = 0.2\ (\mathrm{W})$　実験Ⅲで力学台車を 30cm 引き上げるとき，動滑車を用いているので，糸を引く長さは 2 倍になり，30 (cm) × 2 = 60 (cm)　力学台車を 30cm 引き上げるのにかかる時間は，$\frac{60\ (\mathrm{cm})}{8.0\ (\mathrm{cm/s})} = 7.5\ (\mathrm{s})$なので，仕事率 u は，$\frac{1.8\ (\mathrm{J})}{7.5\ (\mathrm{s})} = 0.24\ (\mathrm{W})$

(5) 力学台車とおもり X を図Ⅳのように引き上げたとき，動滑車を用いているので，ばねばかりの示す値は，引き上げる物体にはたらく重力の大きさの半分になる。力学台車とおもり X にはたらく重力の大きさは，4.0 (N) × 2 = 8.0 (N)　実験Ⅰより，力学台車にはたらく重力の大きさは 6.0N なので，おもり X にはたらく重力の大きさは，8.0 (N) − 6.0 (N) = 2.0 (N)　同様に，力学台車とおもり Y にはたらく重力の大きさは，5.0 (N) × 2 = 10.0 (N)　おもり Y にはたらく重力の大きさは，10.0 (N) − 6.0 (N) = 4.0 (N)　力学台車におもり X とおもり Y を同時にとりつけると，これらにはたらく重力の大きさは，6.0 (N) + 2.0 (N) + 4.0 (N) = 12.0 (N)　よって，実験Ⅲと同じように，動滑車を用いてばねばかりを引き上げるとき，必要な力は引き上げる物体にはたらく重力の大きさの半分になるので，ばねばかりが示す値は，$\frac{12.0\ (\mathrm{N})}{2} = 6.0\ (\mathrm{N})$

【答】 A. (1) ㊀ (2) ㋐(と)㋒　B. (1) 4.5 (V)　(2) ㋑(と)㋒　(3) 3.6 (V)　(4) (例) 磁石を速く動かす。(5) イ
C. (1) ア　(2) 1.8 (J)　(3) ウ　(4) (1 番目) t　(3 番目) s　(5) 6.0 (N)

国　語

1 【解き方】㈡ チャオミンのうなずきは，父さんの「もっとニュウシュを練習するといい」という言葉に対してであることに着目する。父さんがくれた筆は「思いがけない贈り物」であり，「もっとニュウシュを練習するといい」という父さんの言葉に「えっ？」と驚き，「思わぬ言葉」だと感じたこともあわせて考える。

㈢ 格助詞の「の」で，「～もの」「～こと」という体言の代用。2・3は格助詞の「の」であるが，2は連体修飾語を作るもの，3は主格。4は，連体詞「あの」の一部。

㈣ ア．「サンゴや海」について説明されたときのチャオミンの反応が入るので，「サンゴというのは，海の底にあるんだよ。海というのは…水の大地だ」というグンウイの言葉に対するチャオミンの反応をとらえる。イ．「そして海の向こうは異国だ」と言ったあと，この「世界」について，グンウイが「この国は広い。そして長い歴史も持っている。けれども世界はもっと広い…そういうことも，その筆で勉強なさい」と言っていることをおさえる。

㈤「櫂」は，船が前に進むための道具。歌を口ずさむ前の記述で「筆」を握ったチャオミンが，「見たことのない…水の大地」や「きいたことのない，波の音」を筆から感じていることに注目。また，「ニュウシュを練習するといい」と言われた筆で，「おけいこしよう」「そして異国のことも知りたい」と歌っていることもあわせて考える。

㈥ チャオミンの歌をグンウイは「嬉しそうに笑っ」てほめており，歌詞をチャオミンが「今考えた」ということに「ほう，それはいい」と感心している。直後で「言葉を大事にするんだよ」と，チャオミンの未来を思う言葉を口にしていることもふまえて考える。

㈦ チャオミンにとって未知の光景は「海」や「異国」なので，それらについての説明を聞いて想像しているところに着目する。「海」には「波がある」と聞いたチャオミンは，「ザブンザブン」と波の音をくりかえして「口の中が楽しく弾ん」でおり，「たくさんの生命が…朝日ものぼる」というさらなる説明を聞いて，「ほーっ」と声をあげている。

㈧ 父さんから筆をもらったときのチャオミンは，筆を「抱きしめるように」しながら，これからこの筆で「ニュウシュを練習する」ことに喜びを感じている。グンウイと話しながら筆を「そっと握っ」た場面では，この筆で「見たことのない」ものに触れることができる喜びを感じているので，グンウイとの会話をきっかけに，チャオミンは自分の知らない世界を「知りたい」と思い始めている。

【答】㈠ a. ふしぎ　b. かわ(いた)　c. はず(んだ)　d. す(きとおって)　㈡ 2　㈢ 1

㈣ ア．ぴんとこない　イ．知らないことに満ちている（12字）

㈤（この筆で，）文字を勉強して広い世界について学ぶことによって，海の向こうの異国などの知らない世界と自分をつないでくれる(ものだととらえたから)（52字）（同意可）

㈥ 3　㈦ 頭の中が水　㈧ 4

2 【解き方】㈠ 語頭以外の「は・ひ・ふ・へ・ほ」は「わ・い・う・え・お」にする。

㈡ 直前の「米と糠と同じ値段ならば」に注目。

㈢「米を出だして糠に替へし」という措置をとったことについて，大王が「百姓のためよき事なり」と言っている。

㈣ おっしゃるという意味を持つ，「仰せ」という言葉に着目する。「米をくはせよ」という臣下の意見に，大王が返答している。

㈤「晋の大王」の例え話をふまえて，「国王の好み給ふ物ありとも…百姓の痛み愁へにならざるをこそ，仁政ともいふべき」「わがおもしろき遊びのため人をいたむる政は，よき事にあらず」と述べていることをおさえる。

【答】㈠ あたえ　㈡ 4　㈢ 百姓のため　㈣（初め）米は人　（終わり）事なり　㈤ 1

◀口語訳▶　昔，晋という国の大王が，鴈を面白く思って，たくさん飼っていらっしゃる折に，糠を餌としてお与えになっていた。糠がもう全て無くなったので，市場に行って買い求めた。しまいに米と糠との値段が同じになった。臣下の者が申し上げるには，「米と糠とが同じ値段だったら，糠を買わないで米を食べさせましょう」と申し上げたところ，大王のお言葉にあったのは，「米は人の食べ物である。糠を食べることはできない。鴈は糠を食べるということであるので，米と糠とが同じ値段であるとしても，米を糠に交換して鴈に与えなさい。百姓のために良いことである」とおっしゃった。米を持ち出して糠に替えたので，国中が豊かになって（国民は）よろこんだ。この話から思うのは，国主がお好みになる物であっても，国家のために無駄とならず，百姓の痛みや嘆きにならないことこそ，人民を思いやる良い政治というにふさわしいものであるのに，自分の面白い遊びのために人民をいためつける政治は，良いことではない。

3 **【解き方】**㈡ 続く記述に「だからこそ，自分では社会や政治に…無関係でいることはありえない」「なにもしないことでさえ…なんらかの意味を帯びてくる」とある。自分で「関心を持た」ず，「なにもしない」状態でも，「意味」が生まれるということをおさえる。

㈣「それ」というのは，直前の「なにかをつくり出したり表現したりすること」であり，前の「現代芸術」の例を受けている。「白い便器になにもカコウせずに」出品しようとしたことや，ピアニストに「なにもしないままでいるように指示し」たことが，「なにもしないことでさえ，いわば一つの行為になり，なんらかの意味を帯びてくる」ことの例であることをふまえて，「なにもしないこと」でさえ「表現」であることをおさえる。

㈤ 直後の「私たちにとって…私たち自身のものにならないから」に注目。また，直前の記述から，「その結びつきを欠く」ときに生じる現象であることをおさえる。「その結びつき」とは，前で説明している「知識や理論や技法」と，「日常生活のなかで何気なしに自分が感じ，知覚し，思ったこと」との結びつきのことである。

㈥「て」に続く形である。

㈦「すぐれた知識，理論，技法」が，「日常の経験」から「独立したもの」としてとらえられている理由を示した部分である。あとで「常識が常識として…独立した別個のものとして考えられることになる」とあることから，先に「日常の経験」に関係する知が，すべて「常識」という概念でくくられ，他の知と区別されていたという経緯をおさえる。「日常経験」に関係する知を，すべてひとくくりにまとめているという意味になる言葉を考える。

㈧ 直後の一文で，「日常経験の知」との違いを述べている。「日常経験の知」は通用する範囲が限定的であることをおさえ，広く通用することを示した文言を書き抜く。

㈨ ア．デュシャンとケージの作品の概要をそれぞれ示したあとの，二つの作品についての筆者の分析に着目する。「展覧会場や演奏会場という…根本から問いなおしたもの」であると述べている。イ．直前では，「一定の社会や文化」のなかで「自明になったもの」は「そのなんたるか」に気づきにくく，常識の曖昧さやわかりにくさの原因となっていることを述べている。それに対して「デュシャンとケージの企て」によって「芸術の分野で」明らかにされたものについて，筆者は「甚だ興味深い」と語っていることから考える。

㈩ 筆者は冒頭で，私たちは自分の関心の有無に関わらず必ず社会と関係しており，そのなかではすべての態度が「なんらかの意味を帯びてくる」ことを，デュシャンとケージの例を用いて説明している。その後，日常経験と知識との関係に話を移し，常識とは「日常経験の上に立つ知」であり，「共通の意味場のなか」で「自明になったもの」であると述べている。ここで再びデュシャンとケージの例を用いて，二人の例は，「日常化された経験の底にある自明性」を露呈させ，問いかけていることに意味があるとしている。

【答】㈠ a．加工　b．一風　c．積極(的)　d．厳密　㈡ 4　㈢ 2　㈣ 1

㈤（知識や理論や技法が）日常生活のなかで何気なしに自分が感じ，知覚し，思ったこととの結びつきを欠くときには，私たちにとって内面化されず，私たち自身のものにならない(ため)（69字）（同意可）

㈥ 2　㈦ 3　㈧ 広い範囲に有効性を持ちうる（13字）

㈨ ア．根本から問いなおした　イ．日常化された経験の底にある自明性をはっきり露呈させた（26字）　㈩ 3

4 **【答】**（例）

私は，これからの社会では情報の真偽を見分ける力が求められると思います。私は以前，一学年上の先輩達は私達の学年のことを快く思っていないと友人から聞き，先輩達に近づきにくく感じていましたが，学校行事での交流がきっかけで友人の情報が誤解であることを知り，協力できたという経験をしました。外国の方や世代の異なる人と協力する際にも，相手に関する誤った情報や偏見に惑わされないことが大切だと思います。そしてそれが，花子さんの言う相手を受け入れることにもつながっていくと思います。(234字)

香川県公立高等学校
（一般選抜）

2022年度
入学試験問題

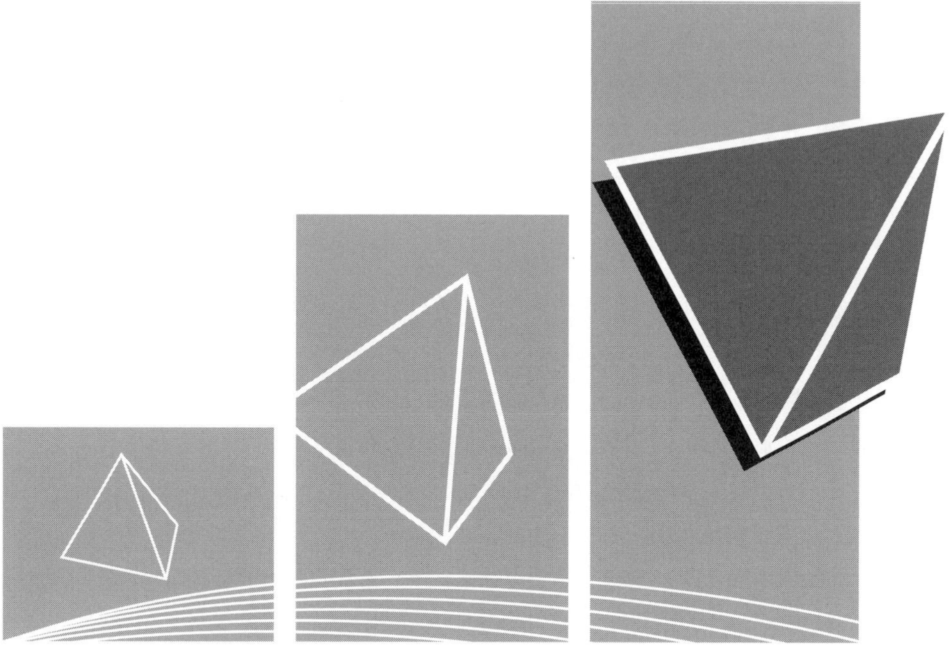

数学

時間　50分　　　　満点　50点

1　次の(1)～(7)の問いに答えなさい。

(1)　$3 \times (-5) + 9$ を計算せよ。(　　　)

(2)　$5(x - 2y) - (4x + y)$ を計算せよ。(　　　)

(3)　$(6a^2 - 4ab) \div 2a$ を計算せよ。(　　　)

(4)　$(\sqrt{8} + 1)(\sqrt{2} - 1)$ を計算せよ。(　　　)

(5)　$3x^2 - 12$ を因数分解せよ。(　　　)

(6)　2次方程式 $(x - 2)^2 = 5$ を解け。(　　　)

(7)　次の㋐～㋓のうち，n がどのような整数であっても，連続する2つの奇数を表すものはどれか。正しいものを1つ選んで，その記号を書け。(　　　)

㋐　n, $n + 1$　　㋑　$n + 1$, $n + 3$　　㋒　$2n$, $2n + 2$　　㋓　$2n + 1$, $2n + 3$

2　次の(1)～(3)の問いに答えなさい。

(1)　右の図のような，AD∥BC の台形 ABCD があり，AB ＝ BD である。

∠ABD ＝ 50°，∠BDC ＝ 60° であるとき，∠BCD の大きさは何度か。(　　　)

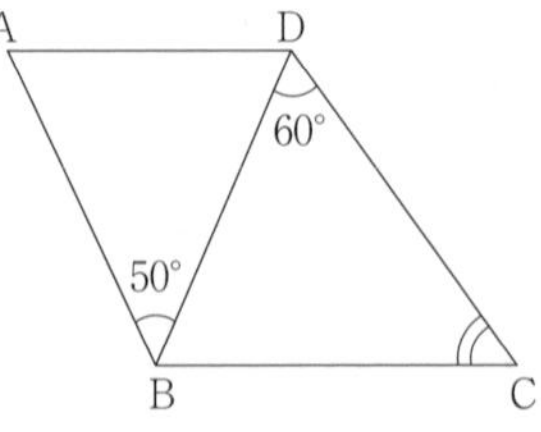

(2)　右の図のような四角すいがあり，底面は長方形で，4辺 AB，AC，AD，AE の長さはすべて等しい。点 C と点 E を結ぶ。

BC ＝ 8 cm，CD ＝ 4 cm，△ACE の面積が $30 cm^2$ であるとき，次のア，イの問いに答えよ。

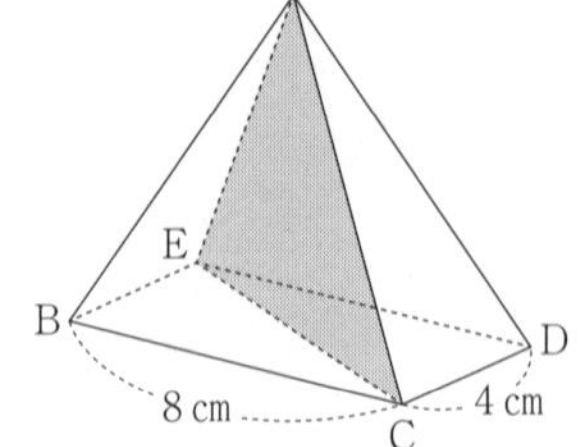

ア　次の㋐～㋓の辺のうち，面 ABC と平行な辺はどれか。正しいものを1つ選んで，その記号を書け。(　　　)

㋐　辺 BE　　㋑　辺 DE　　㋒　辺 AD　　㋓　辺 AE

イ　この四角すいの体積は何 cm^3 か。(　　　cm^3)

(3)　右の図のような円があり，異なる3点 A，B，C は円周上の点で，△ABC は正三角形である。辺 BC 上に，2点 B，C と異なる点 D をとり，2点 A，D を通る直線と円との交点のうち，点 A と異なる点を E とする。また，点 B と点 E を結ぶ。

AB ＝ 4 cm，BD：DC ＝ 3：1 であるとき，△BDE の面積は何 cm^2 か。

(　　　cm^2)

3　次の(1)〜(4)の問いに答えなさい。

(1)　1から6までのどの目が出ることも，同様に確からしいさいころが1個ある。このさいころを2回投げて，1回目に出た目の数をa，2回目に出た目の数をbとするとき，$10a+b$の値が8の倍数になる確率を求めよ。（　　　）

(2)　右の表は，4月から9月までの6か月間に，太郎さんが図書館で借りた本の冊数を月ごとに記録したものである。太郎さんは，10月に4冊の本を図書館で借りたので，10月の記録をこの表に付け加えようとしている。次の文は，10月の記録をこの表に付け加える前後の代表値について述べようとしたものである。文中の2つの〔　　〕内にあてはまる言葉を，㋐〜㋒から1つ，㋓〜㋕から1つ，それぞれ選んで，その記号を書け。（　　と　　）

月	4	5	6	7	8	9
冊数(冊)	1	6	4	2	8	3

太郎さんが図書館で借りた本の冊数について，4月から9月までの6か月間における月ごとの冊数の平均値に比べて，4月から10月までの7か月間における月ごとの冊数の平均値は，〔㋐　大きい　　㋑　変わらない　　㋒　小さい〕。また，4月から9月までの6か月間における月ごとの冊数の中央値に比べて，4月から10月までの7か月間における月ごとの冊数の中央値は，〔㋓　大きい　　㋔　変わらない　　㋕　小さい〕。

(3)　右の図で，点Oは原点であり，放物線①は関数$y=\frac{1}{4}x^2$のグラフである。

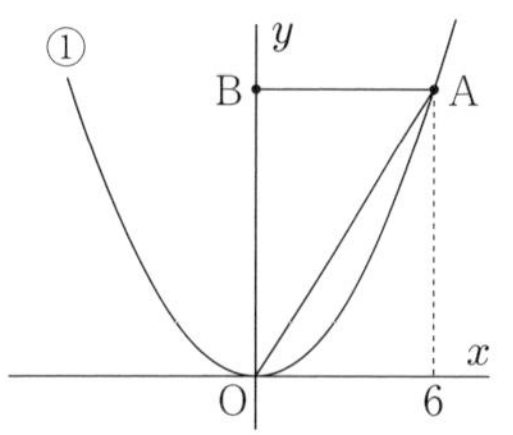

点Aは放物線①上の点で，そのx座標は6である。点Aを通り，x軸に平行な直線をひき，y軸との交点をBとする。また，点Oと点Aを結ぶ。

これについて，次のア，イの問いに答えよ。

ア　関数$y=\frac{1}{4}x^2$について，xの値が-3から-1まで増加するときの変化の割合を求めよ。

（　　　）

イ　x軸上に，x座標が負の数である点Pをとり，点Pと点Bを結ぶ。∠OAB＝∠BPOであるとき，直線APの式を求めよ。（　　　）

(4)　ある店で売られているクッキーの詰め合わせには，箱A，箱B，箱Cの3種類があり，それぞれ決まった枚数のクッキーが入っている。箱Cに入っているクッキーの枚数は，箱Aに入っているクッキーの枚数の2倍で，箱A，箱B，箱Cに入っているクッキーの枚数の合計は27枚である。花子さんが，箱A，箱B，箱Cを，それぞれ8箱，4箱，3箱買ったところ，クッキーの枚数の合計は118枚であった。このとき，箱A，箱Bに入っているクッキーの枚数をそれぞれa枚，b枚として，a，bの値を求めよ。a，bの値を求める過程も，式と計算を含めて書け。

（　　　　　　　　　　　　　　　　　　　　　　　　　　　　　　　　　　　）

答　aの値（　　　）　bの値（　　　）

4　次の(1)，(2)の問いに答えなさい。

(1)　右の図1のような立方体や正四面体があり，次のルールにしたがって，これらの立体に • 印をつける。

図1

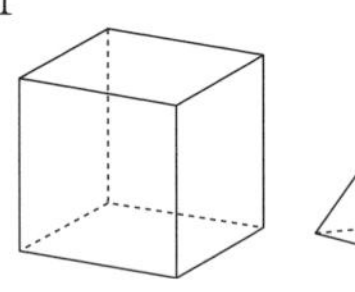
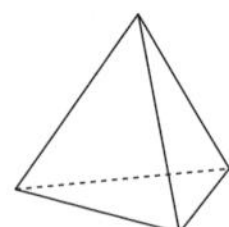

【ルール】

① 最初に，2以上の自然数を1つ決め，それを n とする。

② ①で決めた n の値に対して，図1のような立方体と正四面体に，次のように • 印をつける。

立方体については，

各辺を n 等分するすべての点とすべての頂点に • 印をつける。

正四面体については，

各辺を n 等分するすべての点とすべての頂点に • 印をつける。また，この正四面体の各辺の中点に • 印がつけられていない場合には，この正四面体の各辺の中点にも • 印をつける。

③ ②のようにして，立方体につけた • 印の個数を a 個，正四面体につけた • 印の個数を b 個とする。

たとえば，最初に，n を2に決めて • 印をつけたとき，• 印をつけた立方体と正四面体は右の図2のようになり，$a = 20$，$b = 10$ である。

図2

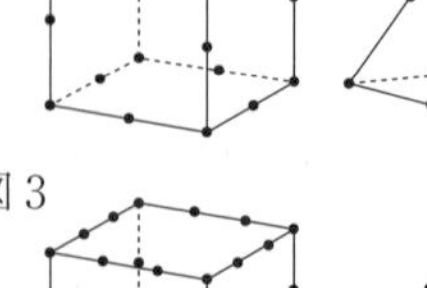
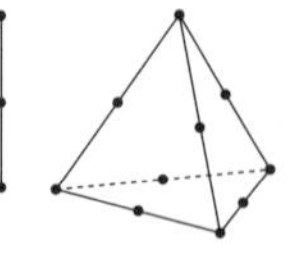

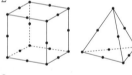

また，最初に，n を3に決めて • 印をつけたとき，• 印をつけた立方体と正四面体は右の図3のようになり，$a = 32$，$b = 22$ である。

図3

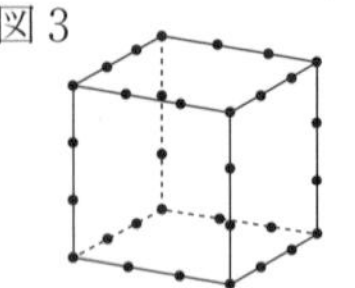
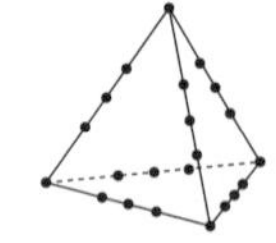

これについて，次のア，イの問いに答えよ。

ア　最初に，n を5に決めて • 印をつけたときの，a の値を求めよ。

(　　　)

イ　2以上の自然数 n の値に対して，ルールにしたがって • 印をつけたとき，$a - b = 70$ となった。このようになる n の値をすべて求めよ。(　　　)

(2)　次の図1のように，BC = 6 cm，CD = 8 cm の長方形ABCDと，FG = 6 cm，GH = 4 cm の長方形EFGHがある。点Aと点Eは重なっており，点Fは辺ABをAの方に延長した直線上にあり，点Hは辺DAをAの方に延長した直線上にある。

図1の状態から，長方形ABCDを固定して，点Eが対角線AC上にあるようにして，矢印の向きに長方形EFGHを平行移動させる。次の図2は，移動の途中の状態を示したものである。

点Eが，点Aを出発して，毎秒1 cmの速さで，対角線AC上を点Cに重なるまで動くとき，点Eが点Aを出発してから x 秒後に，長方形ABCDと長方形EFGHが重なってできる図形をSとして，あとのア〜ウの問いに答えよ。

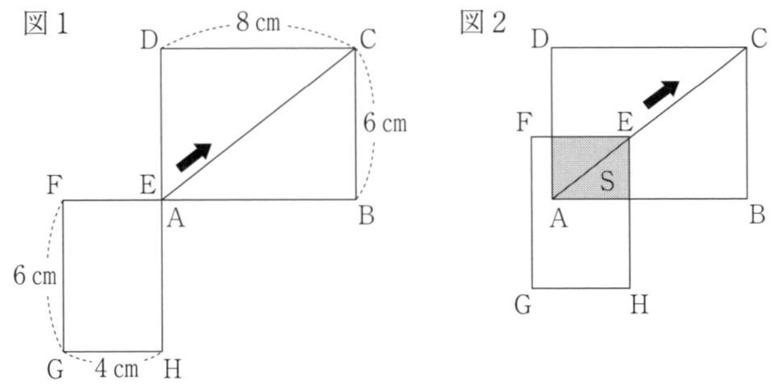

ア　点Fが辺DA上にあるとき，図形Sの面積は何 cm^2 か。(　　　　cm^2)

イ　$0 \leqq x \leqq 5$，$5 \leqq x \leqq 10$ のそれぞれの場合について，図形Sの面積は何 cm^2 か。x を使った式で表せ。$0 \leqq x \leqq 5$ のとき(　　　　cm^2)　$5 \leqq x \leqq 10$ のとき(　　　　cm^2)

ウ　点Eが点Aを出発してから t 秒後にできる図形Sの面積に比べて，その6秒後にできる図形Sの面積が5倍になるのは，t の値がいくらのときか。t の値を求める過程も，式と計算を含めて書け。

(　　　　　　　　　　　　　　　　　　　　　　　　　　　　)　答　t の値(　　　)

5　右の図のような，線分ABを直径とする半円Oがあり，$\overset{\frown}{AB}$ 上に2点A，Bと異なる点Cをとる。∠BACの二等分線をひき，半円Oとの交点のうち，点Aと異なる点をDとする。線分ADと線分BCとの交点をEとする。また，点Cと点Dを結ぶ。

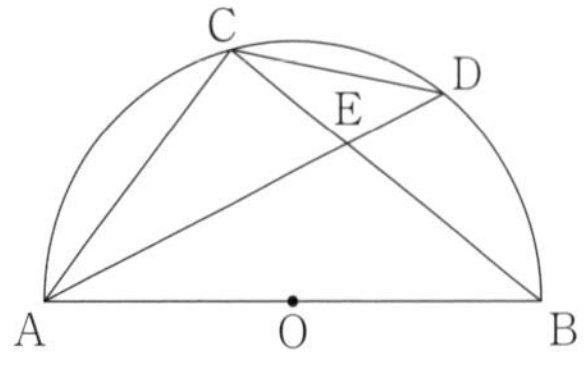

このとき，次の(1)，(2)の問いに答えなさい。

(1)　△ACD ∽ △AEBであることを証明せよ。

(　　　　　　　　　　　　　　　　　　　　　　　　　　　　)

(2)　点Dから線分ABに垂線をひき，その交点をFとする。線分DFと線分BCとの交点をGとする。点Oと点Dを結び，線分ODと線分BCとの交点をHとする。点Oと点Gを結ぶとき，△OFG ≡ △OHGであることを証明せよ。

(　　　　　　　　　　　　　　　　　　　　　　　　　　　　)

英語

時間　50分　　　　満点　50点

（編集部注）放送問題の放送原稿は英語の末尾に掲載しています。
音声の再生についてはもくじをご覧ください。

1　英語を聞いて答える問題

A　絵を選ぶ問題（　　　）

①

②

③

④

B　予定表を選ぶ問題（　　　）

①

曜日	予定
月	サッカー
火	サッカー
水	買い物
木	サッカー
金	

②

曜日	予定
月	サッカー
火	
水	サッカー
木	買い物
金	サッカー

③

曜日	予定
月	サッカー
火	サッカー
水	
木	サッカー
金	買い物

④

曜日	予定
月	サッカー
火	買い物
水	サッカー
木	
金	サッカー

C　応答を選ぶ問題（　　　）

ア　Here's your change.　　イ　I'm fine.　　ウ　OK. I'll take it.　　エ　Please come again.

D　対話の内容を聞き取る問題

Emiが行こうとしている場所（　　　）

Emiが選ぶ交通手段でその場所までかかる時間（　　　分）

Emiが楽しみにしていること（　　　　　　　　　　こと）

E　文章の内容を聞き取る問題　No.1（　　　）　No.2（　　　）　No.3（　　　）

No.1　ア　A city library.　　イ　A language school.　　ウ　A museum.
　　　エ　A supermarket.

No.2　ア　To listen to English songs.
　　　イ　To go to America, China, and India.
　　　ウ　To read an English newspaper.
　　　エ　To speak English more.

No.3　ア　Because it was easy to learn some English words and expressions.
　　　イ　Because he wanted to have more time to speak English at home.
　　　ウ　Because he didn't like to speak English with his friends at school.
　　　エ　Because it was the homework which his teacher told him to do.

2　次の対話文は，日本の中学校に来ている留学生のEmmaと，クラスメートのRikoの会話である。これを読んで，あとの(1)～(3)の問いに答えなさい。(＊印をつけた語句は，あとの㊟を参考にしなさい。)

Riko: Hi, Emma. [(a)]

Emma: I'm OK, but I've been busy this week. [(b)]

Riko: I'm going to go to a new *aquarium on Sunday. I love *penguins.

Emma: Oh, you love penguins. In my country, Australia, you can see penguins *in wildlife.

Riko: Wow, ①I can't [ ] it! If I were in Australia, I could see penguins in wildlife. They are small and so cute!

Emma: I know. But I watched the news about a *giant penguin.

Riko: What? A giant penguin? Tell me more about it.

Emma: The news said a penguin's leg *fossil was found. It was from about 60 *million years ago. And the giant penguin was about 1.6 meters tall and 80 *kilograms.

Riko: Really? [(c)] I don't like big sea animals. If giant penguins were in this world, ②I would be very scared of them.

Emma: Don't worry. That's a very long time ago, and penguins in this world are so cute. I want to see penguins in the new aquarium. [(d)]

Riko: Sure. Let's enjoy cute little penguins in this world!

㊟ aquarium：水族館　penguin(s)：ペンギン　in wildlife：野生の　giant：巨大な
fossil：化石　million：100万　kilogram(s)：キログラム

(1) 本文の内容からみて，文中の(a)～(d)の[ ]内にあてはまる英文は，次のア～クのうちのどれか。最も適当なものをそれぞれ一つずつ選んで，その記号を書け。

(a)(　　)　(b)(　　)　(c)(　　)　(d)(　　)

ア　What were you doing?

イ　They are too expensive!

ウ　How are you?

エ　What are your plans for this weekend?

オ　What did you do last night?

カ　They help me with my English.

キ　It is taller and bigger than me!

ク　Can I join you?

(2) 下線部①を，「私はそれを信じることができない。」という意味にするには，[ ]内に，どのような語を入れたらよいか。最も適当な語を一つ書け。(　　)

(3) 下線部②にscaredという語があるが，この語と同じような意味を表す語は，次のア～エのうちのどれか。最も適当なものを一つ選んで，その記号を書け。(　　)

ア　angry　　イ　happy　　ウ　excited　　エ　afraid

③ 次の文章は，中学生の晃二(こうじ)が，英語の授業で発表した，「剣道から学んだこと」というタイトルのスピーチである。これを読んで，あとの(1)～(9)の問いに答えなさい。（＊印をつけた語句は，あとの㊟を参考にしなさい。）

My grandfather is 70 years old. He has a *kendo school and *teaches kendo to many people. He sometimes *gives trial lessons to people who are interested in kendo, and I often help him in the lessons.

One day, a boy came to the trial lesson. I knew him. His name was John. He came to Japan one year ago. I said to him, "I didn't know that you were interested in kendo." He said, "I'm interested in Japanese culture. I've heard ①[　　] kendo, but I've never *done it before. When did you begin to practice kendo?" I answered, "I ②(begin) it ten years ago. Today I will help you learn kendo."

When we were talking about kendo, John said to me, "When I was learning Japanese, I found that some Japanese words such as judo, shodo, and kendo have the same sound '*dou*'. ③<u>それが何を意味するのかを私に言うことはできますか</u>。" I said, "It means a 'way' in English. Becoming a good player is *the same as walking on a long way. Look at my grandfather. Now he is an *expert ④[　　] he has practiced again and again to become a better player. He has not only good kendo *skills but also *respects for his *opponents. ⑤<u>A (called　my　like　person　is　grandfather) an expert</u>." My grandfather heard this and said, "A good kendo player should not forget respects for all people. This is the kendo *spirit." John said, "Wow, kendo is great. I ⑥[　　] all people in the world were kendo players." I asked him, "Why?" He answered, "Because if everyone had this kendo spirit, the world would be ⑦[　　] of respects and a more wonderful place!" When I heard this, I found kendo's great *power. I said to him, "I will become a good player and ⑧<u>I (popular　try　kendo　to　will　make) in the world</u>." John said to me, "Great! You can do it!" Everyone, ⑨<u>剣道が，将来，他の国々に広がるだろうことを想像してください</u>。 Such a world is cool, isn't it? If you are interested in kendo, why don't you walk on a long way to the same dream together?

㊟ kendo school：剣道の道場　teach(es)：教える　gives trial lessons：体験レッスンを開く
done：do の過去分詞　the same as ～：～と同じ　expert：熟練者　skill(s)：技術
respect(s)：敬意　opponent(s)：対戦相手　spirit：精神　power：ちから

(1) ①の[　　]内にあてはまる語は，本文の内容からみて，次のア～エのうちのどれか。最も適当なものを一つ選んで，その記号を書け。(　　　)

ア in　イ of　ウ on　エ at

(2) ②の（　）内の begin を，最も適当な形になおして一語で書け。(　　　)

(3) 下線部③の日本文を英語で書き表せ。

(　　　　　　　　　　　　　　　　　　　　　　　　　　)?

(4) ④の[　　]内にあてはまる語は，本文の内容からみて，次のア～エのうちのどれか。最も適当なものを一つ選んで，その記号を書け。(　　　)

ア because　　イ when　　ウ while　　エ if

(5) 下線部⑤が，「私の祖父のような人が，熟練者と呼ばれているのです。」という意味になるように，（　　）内のすべての語を，正しく並べかえて書け。

A (　　　　　　　　　　　　　　　　　　　　　　　) an expert.

(6) ⑥の □ 内にあてはまる語は，本文の内容からみて，次のア～エのうちのどれか。最も適当なものを一つ選んで，その記号を書け。(　　　)

ア know　　イ agree　　ウ want　　エ wish

(7) ⑦の □ 内にあてはまる語は，本文の内容からみて，次のア～エのうちのどれか。最も適当なものを一つ選んで，その記号を書け。(　　　)

ア free　　イ tired　　ウ full　　エ little

(8) 下線部⑧の（　　）内のすべての語を，本文の内容からみて，意味が通るように，正しく並べかえて書け。

I (　　　　　　　　　　　　　　　　　　　　　　　) in the world.

(9) 下線部⑨の日本文を英語で書き表せ。

Everyone, (　　　　　　　　　　　　　　　　　　　　　　　).

4　次の英文を読んで，あとの(1)～(8)の問いに答えなさい。(＊印をつけた語句は，あとの㊟を参考にしなさい。)

Yuta is a junior high school student. One day, his father, Kazuo, asked Yuta, "What are you going to do during summer vacation?" Yuta answered, "I'm not going to do anything special. Our town is so *boring." Kazuo said, "Really? ①[　　　]?" Yuta said, "Because this town doesn't have anything interesting for me." Kazuo said, "Are you sure? We have many *chances to enjoy interesting events in our town. For example, every summer, a vegetable cooking contest is held at the park. Why don't you join it?" Yuta said, "That's nice. I like cooking." Yuta decided to join the contest.

On Saturday, Yuta searched for a *recipe for a dish with vegetables on the Internet and *served the dish to Kazuo. Yuta said to Kazuo, "It's delicious, right?" Kazuo said, "It tastes good. *By the way, where are these vegetables from?" Yuta answered, "I don't know." Kazuo asked Yuta, "Then, do you know why the contest is held in our town?" Yuta said, "No. Tell me the reason." Kazuo said, "A cooking *workshop will be held at a *community center tomorrow. The answer will be there." Then Yuta said, "I'll go there to find the answer."

On Sunday, people cooked their dishes and served them at the workshop. Every dish was made with only local summer vegetables from his town. Yuta enjoyed eating them. He was ②[　　　] to know that his town had many local delicious summer vegetables. Yuta said to people around him, "All the summer vegetables here are so great. I like these *tomatoes the best." A man who *grows tomatoes said, "I'm glad to hear ③<u>that</u>. I want many people to know tomatoes here are so nice. However, I have ④[　　　] to *introduce these tomatoes to many people." Just after Yuta heard about that, Yuta remembered his father's words. Then, ⑤<u>he finally found the answer he wanted</u>. The contest is held to introduce delicious vegetables in this town to many people. Then, Yuta decided to cook a dish with the tomatoes for the contest and said to the man, "I'll introduce these sweet tomatoes to many people!"

A week later, a lot of people from Yuta's town and other towns came to the contest. Yuta *did his best but couldn't win the contest. However, he was very happy to get *comments such as "Delicious! I love this tomato." and "I didn't know our town has such a sweet tomato." After the contest, Yuta walked with Kazuo around the park and saw a lot of people who were talking about the dishes of the contest. They looked happy. Yuta said to Kazuo, "Through this great experience, I ⑥[　　　]. So, I want to know more about my *hometown." Then, a little girl came to Yuta and said, "Your dish was best for me. What's the name of the dish?" Yuta answered with a smile, "Sweet hometown."

㊟　boring：退屈な　　chance(s)：機会　　recipe：調理法　　served：serve（出す）の過去形
by the way：ところで　　workshop：勉強会　　community center：公民館
tomato(es)：トマト　　grow(s)：育てる　　introduce：紹介する
did his best：最善を尽くした　　comment(s)：コメント　　hometown：故郷

(1)　①の[　　　]内には，勇太(ゆうた)に対する和夫(かずお)の質問が入る。本文の内容を参考にして，その質問を4語以上の英文一文で書け。ただし，疑問符，コンマなどの符号は語として数えない。

(　　　　　　　　　　　　　　　　　　　　　　　　　　　　　　　　　　)?

(2)　②の[　　　]内にあてはまる語は，本文の内容からみて，次のア～エのうちのどれか。最も適当なものを一つ選んで，その記号を書け。(　　　)

ア　sad　　イ　surprised　　ウ　tired　　エ　kind

(3)　下線部③の that が指しているのはどのようなことがらか。日本語で書け。

(　　　　　　　　　　　　　　　　　　　　　　　　　　　　　　　　　　)

(4)　④の[　　　]内にあてはまる語は，本文の内容からみて，次のア～エのうちのどれか。最も適当なものを一つ選んで，その記号を書け。(　　　)

ア　no reason　　イ　no chance　　ウ　some ideas　　エ　some places

(5)　下線部⑤に，he finally found the answer he wanted とあるが，勇太はどのようなことがわかったのか。その内容を日本語で書け。

(　　　　　　　　　　　　　　　　　　　　　　　　　　　　　　　　　　)

(6)　⑥の[　　　]内にあてはまるものは，本文の内容からみて，次のア～エのうちのどれか。最も適当なものを一つ選んで，その記号を書け。(　　　)

ア　studied everything about tomatoes　　イ　learned how to grow vegetables

ウ　knew the way of using the Internet　　エ　found a good point of this town

(7)　次の(a)，(b)の質問に対する答えを，本文の内容に合うように，(a)は5語以上，(b)は3語以上の英文一文で書け。ただし，ピリオド，コンマなどの符号は語として数えない。

(a)　What is held every summer in Yuta's town?

(　　　　　　　　　　　　　　　　　　　　　　　　　　　　　　　)．

(b)　Did Yuta win the contest?

(　　　　　　　　　　　　　　　　　　　　　　　　　　　　　　　)．

(8)　次の㋐～㋕のうちから，本文中で述べられている内容に合っているものを二つ選んで，その記号を書け。(　　と　　)

㋐　Yuta had no plans to do during summer vacation before deciding to join the contest.

㋑　Kazuo tried to hold the workshop to sell local summer vegetables in his town.

㋒　Yuta enjoyed eating many vegetables from different places in Japan at the workshop.

㋓　There were only a few people who came to the vegetable cooking contest.

㋔　Kazuo wanted to cook a dish with sweet tomatoes with Yuta after the contest.

㋕　Yuta became interested in his hometown after the vegetable cooking contest.

5　英語の授業で，次のテーマについて意見を書くことになりました。あなたなら，田舎と都会のどちらを選び，どのような意見を書きますか。あなたの意見を，あとの〔注意〕に従って，英語で書きなさい。

I think living in [　　　　] is better.

( ).
( ).
( ).
( ).

将来，あなたが暮らしたい場所は，田舎と都会のどちらか。 田舎　the country 都会　a city

〔注意〕

① 解答欄の[　　　]内に the country または a city のどちらかを書くこと。

② I think living in [　　　] is better.の文に続けて，4 文の英文を書くこと。

③ 一文の語数は 5 語以上とし，短縮形は一語と数える。ただし，ピリオド，コンマなどの符号は語として数えない。

④ 田舎または都会を選んだ理由が伝わるよう，まとまりのある内容で書くこと。

〈放送原稿〉

今から，2022年度香川県公立高等学校入学試験「英語を聞いて答える問題」を始めます。問題用紙の問題①を見てください。また，解答用紙の問題①のところも見てください。

問題は，A，B，C，D，Eの5種類です。

Aは，絵を選ぶ問題です。今から，Yumiが今していることについて，説明を英語で2回くりかえします。よく聞いて，その説明にあてはまる絵を，①から④の絵の中から一つ選んで，その番号を書きなさい。

Yumi is making a cake with her mother now.

(くりかえす)

次は，Bの問題です。Bは，予定表を選ぶ問題です。問題用紙の四つの予定表を見てください。今から，MikiとKotaの来週の放課後の予定についての対話を英語で2回くりかえします。よく聞いて，①から④の予定表のうち，Kotaの来週の放課後の予定表として最も適当なものを一つ選んで，その番号を書きなさい。

Miki: I'm going to go to a movie on Monday. I'm excited. How about you, Kota?

Kota: That's good. I'm very busy next week. I'm going to practice soccer on Monday, Wednesday, and Friday. And I'm going to go shopping to buy soccer shoes on Tuesday. I have no plans on Thursday, so I'm thinking about what I can do on that day.

(くりかえす)

次は，Cの問題です。Cは，応答を選ぶ問題です。今から，店員とTakashiの対話を英語で2回くりかえします。よく聞いて，店員の最後のことばに対するTakashiの応答として最も適当なものを，アからエのうちから一つ選んで，その記号を書きなさい。

Salesclerk: Hello. May I help you?

Takashi: Yes, please. I like this sweater. How much is this?

Salesclerk: It's 20 dollars.

(くりかえす)

次は，Dの問題です。Dは，対話の内容を聞き取る問題です。今から，Emiとホテルの受付係の対話を英語で2回くりかえします。よく聞いて，Emiが行こうとしている場所，Emiが選ぶ交通手段でその場所までかかる時間，およびEmiが楽しみにしていることを，それぞれ日本語で書きなさい。

Emi: Excuse me.

Staff: Yes.

Emi: I'm trying to go to the station around here. Could you tell me how to get there?

Staff: Sure. You can use a bus or a taxi. It's 15 minutes by bus or 5 minutes by taxi.

Emi: OK. I'll use a bus because I have enough time. Oh, I have one more question. Is there any good food to eat?

Staff: Well, apples are famous here. You should eat apple pies.

Emi: That's nice. I can't wait to eat apple pies! Thank you for your help.

(くりかえす)

最後は，Eの問題です。Eは，文章の内容を聞き取る問題です。はじめに，Takuyaによる英語のスピーチを読みます。そのあとで，英語でNo.1，No.2，No.3の三つの質問をします。英文と質問は，2回くりかえします。よく聞いて，質問に対する答えとして最も適当なものを，アからエのうちからそれぞれ一つずつ選んで，その記号を書きなさい。

I like English. I'm studying English hard. This summer, I went to a language school in my town to join an English program. I met people from different countries such as America, China, and India there. They all talked with each other in English, but I couldn't speak English well.

The next day, I told my English teacher about it and said, "I have studied English hard during class. Is there any other good way to improve my English?" She said, "You should have more time to speak English. For example, after you learn some English words and expressions during class, you should try to talk with someone and use them. Practice is important in learning English."

After that, I started to speak English more. At school, I talk with my English teacher only in English. And at home, I want to talk with someone in English, but my family cannot speak English. So I talk to "myself" in English at home. Now, I've got more time to speak English. I will improve my English more.

質問です。

No.1　Where did Takuya go in summer?

No.2　What did the teacher tell Takuya to do?

No.3　Why did Takuya start to talk to himself in English?

(英文と質問をくりかえす)

これで「英語を聞いて答える問題」を終わります。

社会

時間 50分　　満点 50点

1 次の(1)～(5)の問いに答えなさい。

(1) 私たちが個人として尊重され，国家から不当に強制や命令をされない権利が自由権である。次のア～エのうち，日本国憲法が定める自由権にあてはまるものはどれか。一つ選んで，その記号を書け。(　　)

ア 国や地方公共団体が保有している情報の公開を求める権利

イ 労働者が団結して行動できるように，労働組合を結成する権利

ウ 自分の権利や利益を守るために，裁判所に公正に判断してもらう権利

エ 宗教を信仰するかどうかや，どの宗教を信仰するかを自分で決める権利

(2) わが国の政治のしくみに関して，次のa～dの問いに答えよ。

a わが国の政治は，国会，内閣，裁判所のそれぞれが独立し，権力の抑制を図る三権分立を採用している。国会の各議院には，証人喚問をおこなったり，政府に記録の提出を求めたりするなど，正しい政策の決定に必要な情報を収集する権限が与えられている。この権限は何と呼ばれるか。その呼び名を書け。(　　)

b 次の表は，平成30年から令和2年の国会における議員提出法案の提出件数と成立件数，内閣提出法案の提出件数と成立件数をそれぞれ示そうとしたものである。表中のⒶ～Ⓒには，議員提出法案の成立件数，内閣提出法案の提出件数，内閣提出法案の成立件数のいずれかが入る。Ⓐ～Ⓒにあてはまる言葉の組み合わせとして最も適当なものは，あとのア～エのうちのどれか。一つ選んで，その記号を書け。(　　)

	平成30年	平成31年及び令和元年	令和2年
議員提出法案の提出件数(件)	159	96	89
Ⓐ	78	72	66
Ⓑ	73	68	62
Ⓒ	29	22	13

(内閣法制局資料により作成)

ア Ⓐ 内閣提出法案の提出件数(件)　Ⓑ 内閣提出法案の成立件数(件)
Ⓒ 議員提出法案の成立件数(件)

イ Ⓐ 内閣提出法案の提出件数(件)　Ⓑ 議員提出法案の成立件数(件)
Ⓒ 内閣提出法案の成立件数(件)

ウ Ⓐ 内閣提出法案の成立件数(件)　Ⓑ 内閣提出法案の提出件数(件)
Ⓒ 議員提出法案の成立件数(件)

エ Ⓐ 議員提出法案の成立件数(件)　Ⓑ 内閣提出法案の提出件数(件)
Ⓒ 内閣提出法案の成立件数(件)

c　国会における内閣総理大臣の指名について，投票の結果が右の表のようになったとする。次の文は，この投票の結果の場合において，国会がX～Zのうちのどの人物を内閣総理大臣に指名するかについて述べようとしたものである。文中の〔　　〕内にあてはまる人物として適当なものを，㋐～㋒から一つ選んで，その記号を書け。また，文中の[　　]内には，日本国憲法の規定により，国会がその人物を内閣総理大臣に指名する理由が入る。その理由を簡単に書け。

衆議院（総議員数 465）		参議院（総議員数 245）	
人物	得票数(票)	人物	得票数(票)
X	55	X	130
Y	170	Y	95
Z	240	Z	20

(　　　)(　　　　　　　　　　　　　　　　　　　　　　　　　　　　　)

上のような結果の場合，衆議院はZを，参議院はXを，それぞれ内閣総理大臣として指名する議決をおこなうこととなる。衆議院と参議院が異なった議決をおこなったため，日本国憲法の規定により，両院協議会を必ず開かなければならない。両院協議会において意見が一致しない場合，国会は〔㋐　X　　㋑　Y　　㋒　Z〕を内閣総理大臣として指名する。その理由は，日本国憲法の規定により，[　　　　　]からである。

d　太郎さんは，社会科の授業で，学習のまとめとして，わが国の政治のしくみを発表することになった。次の資料Ⅰ，Ⅱは，太郎さんが発表するために，国または地方公共団体の政治のしくみの一部をそれぞれ示そうとしたものである。図中の[ア]～[エ]は，国会，内閣，地方議会，地方公共団体の首長，のいずれかにあたる。[ア]～[エ]のうち，地方議会にあたるものはどれか。一つ選んで，その記号を書け。(　　　)

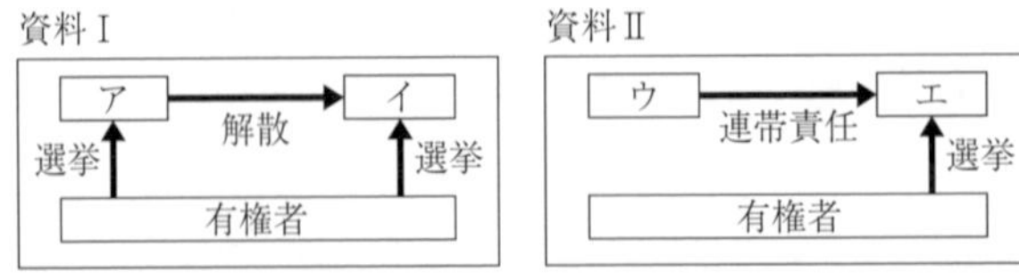

(3)　地球環境問題の解決には，国際協力が必要である。1997年に温室効果ガスの排出量の削減目標を定めた京都議定書が採択された。京都議定書は，先進国と発展途上国との間で温室効果ガスの排出量の削減に対する考え方に違いがあるなど，課題が指摘されていた。この課題を解決するために，ある合意が2015年に多くの国家間で採択され，先進国も発展途上国も温室効果ガスの排出削減に取り組むことが決められた。この合意は何と呼ばれるか。その呼び名を書け。(　　　)

(4)　次の図は，起業に興味をもった中学生の花子さんが，株式会社における資金の流れについて調べ，まとめたものの一部である。これを見て，あとのa～eの問いに答えよ。

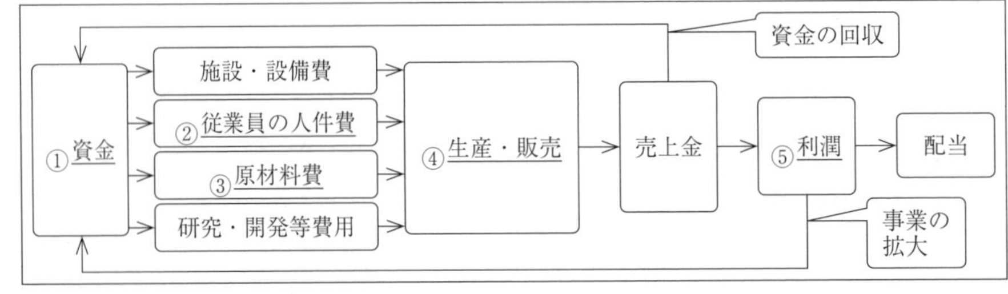

a　下線部①に資金とあるが，次の㋐～㋓の資金の集め方のうち，直接金融にあてはまるものは

どれか。二つ選んで，その記号を書け。（　　と　　）

㋐　銀行からお金を借りる　　㋑　銀行から預金を引き出す

㋒　社債などの債券を発行してお金を借りる　　㋓　株式を発行する

b　下線部②に従業員の人件費とあるが，次の表は，ある従業員のある月の給与明細を示したものである。給与は，労働の対価として支給される賃金や各種の手当の合計である総支給額から，所得税や健康保険などが総控除額として差し引かれて支給される。あとのア〜エのうち，この表から読み取れるものとして最も適当なものはどれか。一つ選んで，その記号を書け。

（　　）

総支給額 257,706	基本給	残業代	休日出勤手当	住宅手当	通勤手当
	191,000	13,566	10,260	10,000	32,880
総控除額 45,083	所得税	住民税	健康保険	厚生年金	雇用保険
	5,700	9,900	9,265	18,935	1,283
差引支給額	212,623				

（東京都主税局ホームページにより作成）

ア　この従業員が勤める企業の配当　　イ　この従業員の間接税の納税額

ウ　この従業員が納める社会保険料　　エ　この従業員の公的扶助の受給額

c　下線部③に原材料費とあるが，次の資料Ⅰは，コーヒー豆１ポンド（約454グラム）あたりの国際価格の推移を，資料Ⅱは，コーヒー豆１ポンドあたりの，フェアトレードの取り組みによる価格の推移をそれぞれ示したものである。フェアトレードとは，何を目的にどのようなことをする取り組みか。資料Ⅰ，Ⅱを見て，**発展途上国・価格**の二つの言葉を用いて，簡単に書け。

（　　　　　　　　　　　　　　　　　　　　）

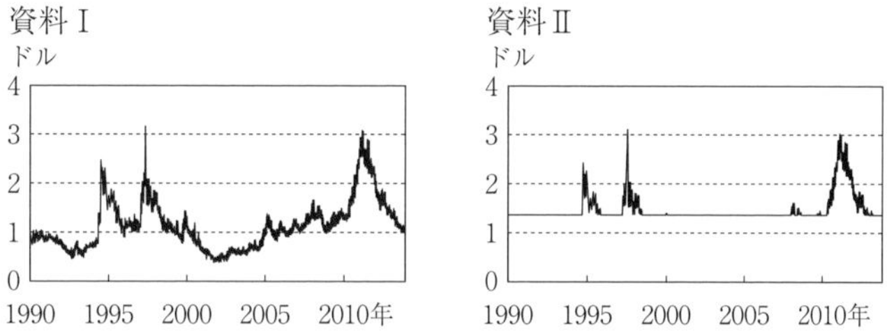

資料Ⅰ

資料Ⅱ

（FAIRTRADE INTERNATIONAL ホームページなどにより作成）

d　下線部④に生産・販売とあるが，次のア〜エのうち，製造物責任法（PL法）について述べたものとして最も適当なものはどれか。一つ選んで，その記号を書け。（　　）

ア　消費者が不当に高い価格で購入することを防ぐため，企業の健全な競争の促進と公正な取り引きの確保について定めている

イ　容器包装，小型家電，自動車，食品などのリサイクルについて定めている

ウ　訪問販売などによる契約の場合，一定期間内であれば消費者側から無条件に契約を解除できることについて定めている

エ　消費者が欠陥商品により被害をうけた場合，企業に対して賠償請求ができることについて定めている

e　下線部⑤に利潤とあるが，近年では，企業は利潤を求めるだけではなく，社会的責任を果たすべきであると考えられている。企業が果たすことを求められている社会的責任には，どのようなことがあるか。一つ簡単に書け。(　　　　　　　　　　　　　　　　　　　　　　　)

(5)　国際連合について，次のa，bの問いに答えよ。

a　国際連合は，国連憲章にもとづいた安全保障理事会の決定により，侵略などをした国に対して制裁を加えることができる。このようにして国際社会の平和と安全の維持を図ることは，何と呼ばれるか。次のア～エから一つ選んで，その記号を書け。(　　　)

ア　集団的自衛権　　イ　平和維持活動　　ウ　集団安全保障　　エ　人間の安全保障

b　次の文は，安全保障理事会の決議のルールについて述べようとしたものである。文中の〔　　〕内にあてはまる言葉を，㋐，㋑から一つ選んで，その記号を書け。また，文中の□内にあてはまる最も適当な言葉を書け。(　　)(　　　)

安全保障理事会は，常任理事国5か国，非常任理事国10か国で構成され，平和に関する決議をおこなうことができる。その決議において，〔㋐　常任理事国　　㋑　常任理事国と非常任理事国〕のすべての国は□と呼ばれる権限をもつため，1か国でも反対すると決議ができなくなる。

2 次の(1)〜(7)の問いに答えなさい。

(1) 佐賀県の吉野ケ里遺跡は，弥生時代を代表する遺跡の一つである。次のア〜エのうち，弥生時代におこなわれたこととしてあてはまらないものはどれか。一つ選んで，その記号を書け。

( )

ア 稲作　イ 鉄器の使用　ウ 青銅器の使用　エ 国分寺の建立

(2) 中学生の太郎さんは，2021年11月に新500円硬貨が発行されたことをきっかけに，わが国で使用された貨幣の歴史に興味をもった。次の表は，太郎さんがわが国で使用された貨幣について調べ，まとめたものの一部である。これを見て，あとのa〜eの問いに答えよ。

富本銭		①7世紀ごろの天武天皇の時代に，わが国でつくられた，最も古い銅銭ではないかと考えられている。
和同開珎		唐の貨幣にならってわが国でつくられた貨幣である。本格的に物と交換できるお金として使用された。
宋銭		②宋との貿易のなかで輸入されて国内に流通した。③鎌倉時代にも国内に流通し，室町時代に入っても使用された。
明銭		④明との貿易のなかで大量に輸入されて，広く国内に流通した。定期市でも多く使用された。
寛永通宝		江戸幕府が新たにつくった銅貨である。広く流通して，農民も貨幣を使う機会が増えた。米の生産を中心としていた農民の生活が変化するなかで，⑤諸産業が発達した。

a 下線部①に7世紀ごろの天武天皇の時代とあるが，次のア〜エのうち，天武天皇がおこなったこととして最も適当なものはどれか。一つ選んで，その記号を書け。( )

ア 十七条の憲法を定めて，役人の心構えを示した

イ 壬申の乱に勝利して，天皇を中心とする政治のしくみをつくっていった

ウ わが国ではじめて，全国の戸籍を作成した

エ 平安京に都を移して，政治を立て直すために国司に対する監督を強化した

b 下線部②に宋との貿易とあるが，次のア〜エのうち，日宋貿易について述べたものとして最も適当なものはどれか。一つ選んで，その記号を書け。( )

ア 平清盛が，現在の神戸市にあった港を整備し，積極的に貿易をおこなった

イ 貿易をおこなう港が長崎に限定されて，生糸などの輸入がおこなわれた

ウ 朱印状によって海外への渡航を許可された船が，貿易をおこなった

エ 菅原道真によって停止が提案されるまで，派遣がおこなわれた

c 下線部③に鎌倉時代とあるが，この時代には，2度にわたって元軍がわが国に襲来した。こ

の元軍の襲来があったときに，幕府の執権であった人物はだれか。その人物名を書け。

(　　　)

d　下線部④に明との貿易とあるが，次の文は，日明貿易が開始された頃のわが国の文化の特色について述べようとしたものである。文中の二つの〔　　〕内にあてはまる言葉を，㋐，㋑から一つ，㋒，㋓から一つ，それぞれ選んで，その記号を書け。(　　と　　)

日明貿易が開始された頃のわが国の文化は，〔㋐　足利義満　　㋑　足利義政〕が京都に建てた金閣にその特色がよく表れている。〔㋒　北山文化　　㋓　東山文化〕と呼ばれるこの頃の文化は，貴族の文化と武士の文化を合わせた特色をもち，禅宗や大陸の文化の影響も見られる。

e　下線部⑤に諸産業が発達したとあるが，右の図は，江戸時代に現在の千葉県の九十九里浜でおこなわれていた鰯(いわし)漁のようすを描いたものである。江戸時代の九十九里浜では，鰯漁が盛んにおこなわれていた。その主な理由の一つに，綿(わた)(綿花)などの商品作物の栽培が盛んになったことがあげられる。鰯は，綿(綿花)などの商品作物の栽培においてどのように用いられたか。簡単に書け。(　　　　　　　　　　)

(3)　安土桃山時代から江戸時代の政治や社会に関して，次のa～cの問いに答えよ。

a　次のア～エのうち，豊臣秀吉が国内の統治のためにおこなったこととして最も適当なものはどれか。一つ選んで，その記号を書け。(　　　)

ア　関白として，朝廷の権威を利用して，全国の大名の争いに介入し停戦を命じた
イ　幕府と藩の力で，全国の土地と民衆を支配する体制をつくった
ウ　琵琶(びわ)湖のほとりに安土城を築いて，全国統一のための拠点とした
エ　守護大名の細川氏と対立して，京都から全国に広がる戦乱を繰り広げた

b　次の㋐～㋒のできごとが，年代の古い順に左から右に並ぶように，記号㋐～㋒を用いて書け。

(　　→　　→　　)

㋐　裁判や刑の基準を定めた公事方御定書(くじかたおさだめがき)が制定された
㋑　物価の上昇をおさえるため，株仲間の解散が命じられた
㋒　大名に江戸と領地を1年ごとに往復させる参勤交代の制度が定められた

c　江戸時代には，幕府によって宗門改(しゅうもんあらため)が命じられ，宗門改帳が各地で作成された。この宗門改は，どのような目的でおこなわれたのか。簡単に書け。

領民の信仰する宗教が，(　　　　　　　　　　)ことを証明させるため。

(4)　幕末から明治時代のできごとに関して，次のa，bの問いに答えよ。

a　次の㋐～㋒のできごとが，年代の古い順に左から右に並ぶように，記号㋐～㋒を用いて書け。

(　　→　　→　　)

㋐　江戸幕府の15代将軍であった徳川慶喜(よしのぶ)は，政権を朝廷に返上した
㋑　尊王攘夷(じょうい)の考え方をとる長州藩は，関門(下関)海峡を通る外国船を砲撃した
㋒　土佐(とさ)藩出身の坂本龍馬(りょうま)らのなかだちにより，薩摩(さつま)藩と長州藩の間で同盟が結ばれた

b　わが国は，1875年に，ロシアと樺太(からふと)・千島交換条約を結び，両国の国境を確定した。次のア

～エのうち，この条約によって定められたわが国の領土を▒で示した略地図として最も適当なものはどれか。一つ選んで，その記号を書け。(　　　)

ア
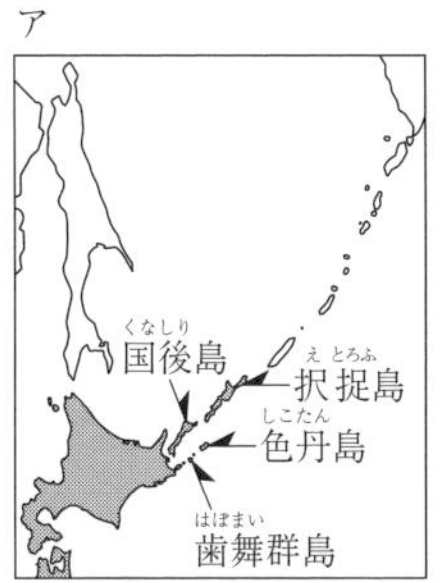

イ
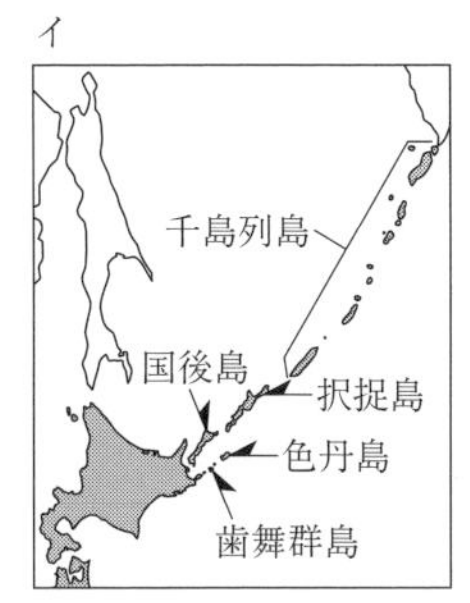

ウ
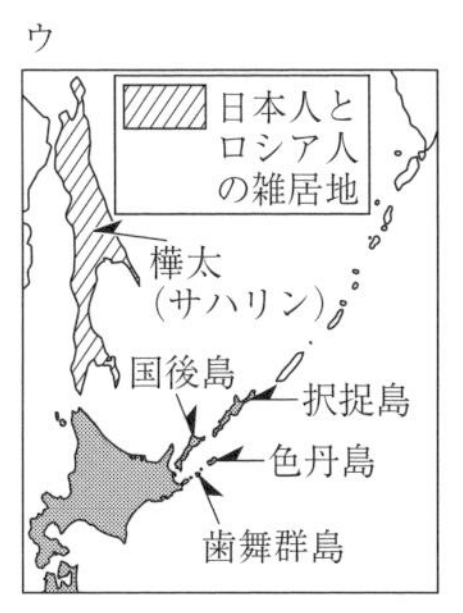

エ

(5) 右の略年表を見て，次のa～dの問いに答えよ。

年代	できごと
1894	日英通商航海条約が結ばれる ↑Ⓟ
1904	日露戦争が始まる ↓
1914	①第一次世界大戦が始まる
1921	②ワシントン会議が開かれる
1929	③世界恐慌(きょうこう)がおこる

a　年表中のⓅの時期におこったできごととしてあてはまらないものは，次のア～エのうちのどれか。一つ選んで，その記号を書け。(　　　)

ア　官営の八幡(やはた)製鉄所が操業を開始した

イ　大日本帝国憲法が発布された

ウ　清(しん)で義和団事件がおこり，列強の連合軍に鎮圧された

エ　三国干渉により，わが国は遼東(リアオトン／りょうとう)半島を清に返還した

b　年表中の下線部①に第一次世界大戦とあるが，右のグラフは，大正時代のわが国の輸出額の推移を示したものであり，第一次世界大戦中の1914年～1918年頃は輸出額が大幅に伸びていることがわかる。この頃のわが国は，大戦景気と呼ばれるかつてない好況であった。わが国の輸出額が大幅に伸びたのはなぜか。その理由を，わが国における第一次世界大戦の経済的な影響に着目して，簡単に書け。

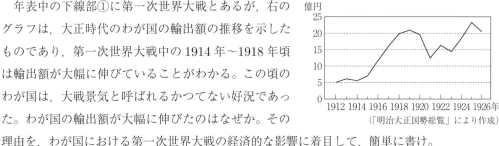

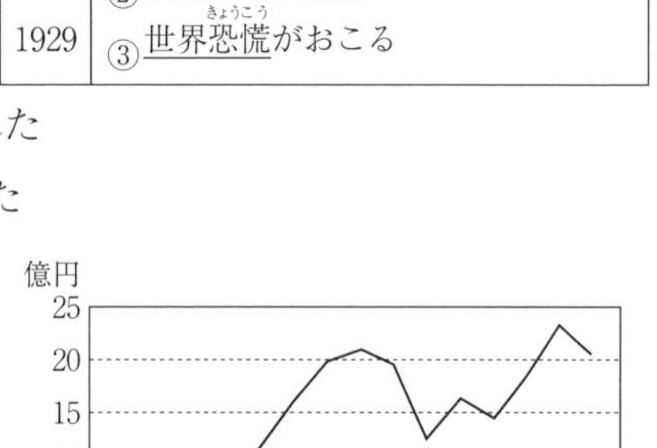

(「明治大正国勢総覧」により作成)

(　　　　　　　　　　　　　　　　　　　　　　　　　　　　　　　　　)

c　年表中の下線部②にワシントン会議とあるが，次のア～エのうち，この会議で決められた内容について述べたものはどれか。一つ選んで，その記号を書け。(　　　)

ア　わが国は日英同盟を解消し，列強とともに海軍の軍備を制限した

イ　わが国はソ連との国交を回復した

ウ　わが国はアメリカとの間で，関税自主権を回復した

エ　わが国は中国の山東(シャントン／さんとう)省の旧ドイツ権益を引きついだ

d　年表中の下線部③に世界恐慌とあるが，次の文は，世界恐慌に対する欧米諸国の政策について述べようとしたものである。文中の二つの〔　　〕内にあてはまる言葉を，㋐，㋑から一つ，㋒，㋓から一つ，それぞれ選んで，その記号を書け。(　　と　　)

世界恐慌とその後の不況に対して，イギリスやフランスなどは，本国と植民地や，関係の深い国や地域との貿易を拡大する一方，それ以外の国から輸入される商品にかける税(関税)を〔㋐　高く　　㋑　低く〕するブロック経済と呼ばれる政策をおこなった。ソ連は，〔㋒　レー

ニン　㊁　スターリン〕の指導の下，計画経済をおし進めた結果，世界恐慌の影響をほとんど受けず，国内生産を増強し，アメリカに次ぐ工業国となった。

(6)　右の新聞記事は，1945年8月15日に重大な放送がおこなわれることを予告したものの一部である。1945年8月14日にわが国は，アメリカなどの連合国が無条件降伏を求めたある宣言を受け入れて降伏することを決定し，8月15日に昭和天皇がラジオ放送で国民に知らせた。連合国がわが国に無条件降伏を求めたこの宣言は何と呼ばれるか。その呼び名を書け。(　　　)

けふ正午に重大放送
國民必ず嚴粛に聽取せよ
十五日正午重大放送が行はれる、この放送は眞に未曾有の重大放送であり一億國民は嚴粛に必ず聽取せねばならない

(7)　20世紀のわが国の政治や外交に関して，次のa，bの問いに答えよ。

a　1950年に連合国軍総司令部（GHQ）は，わが国の政府に指令を出して，警察予備隊を創設させた。次の㋐～㊁のうち，GHQが警察予備隊の創設の指令を出すきっかけとなった当時の国際的なできごととして最も適当なものはどれか。一つ選んで，その記号を書け。

(　　　)

㋐　朝鮮戦争が始まった　　㋑　中国で五・四運動がおこった
㋒　日中共同声明が発表された　　㊁　ソ連が解体した

b　サンフランシスコ平和条約が結ばれた後も，引き続きアメリカの統治下におかれた沖縄では，長い間，わが国への復帰を求める運動がおこなわれていた。わが国の政府は，アメリカ政府と交渉を進め，1972年，ある内閣のときに沖縄のわが国への復帰が実現した。この内閣の内閣総理大臣はだれか。次のア～エから一つ選んで，その記号を書け。(　　　)

ア　吉田茂（しげる）　イ　岸信介（のぶすけ）　ウ　池田勇人（はやと）　エ　佐藤栄作

3 次の(1)〜(6)の問いに答えなさい。

(1) 次の略地図は，緯線と経線が直角に交わる地図で，経線は等間隔で引かれている。この略地図を見て，あとのa〜eの問いに答えよ。

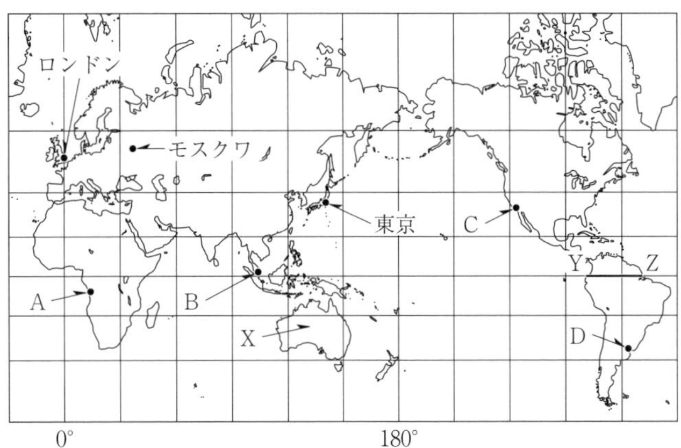

a 略地図中にA〜Dで示した都市のうち，赤道をはさんで反対側に移すと，東京と緯度がほぼ同じになる都市はどれか。最も適当なものを一つ選んで，その記号を書け。(　　)

b 次の表は，略地図中のロンドンから東京に向かうある飛行機の，ロンドンを出発した日時をイギリスの標準時で，東京に到着した日時をわが国の標準時で示したものである。この飛行機がロンドンを出発してから東京に到着するまでにかかった時間は，何時間何分か。その数字を書け。(　　時間　　分)

ロンドンを出発した日時	東京に到着した日時
2月9日19時00分	2月10日15時50分

c 略地図中にXで示した大陸は，六大陸の一つである。この大陸は何と呼ばれるか。その呼び名を書け。(　　大陸)

d 略地図中のモスクワはロシアの首都であり，亜寒帯（冷帯）に属している。次のア〜エのグラフのうち，モスクワの月平均気温と月降水量を表したものはどれか。一つ選んで，その記号を書け。(　　)

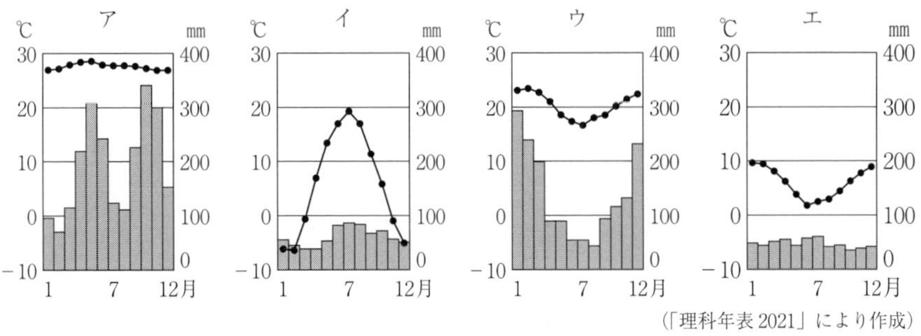

(「理科年表 2021」により作成)

e 次のア〜エのうち，略地図中のY——Zの断面図として最も適当なものはどれか。一つ選んで，その記号を書け。(　　)

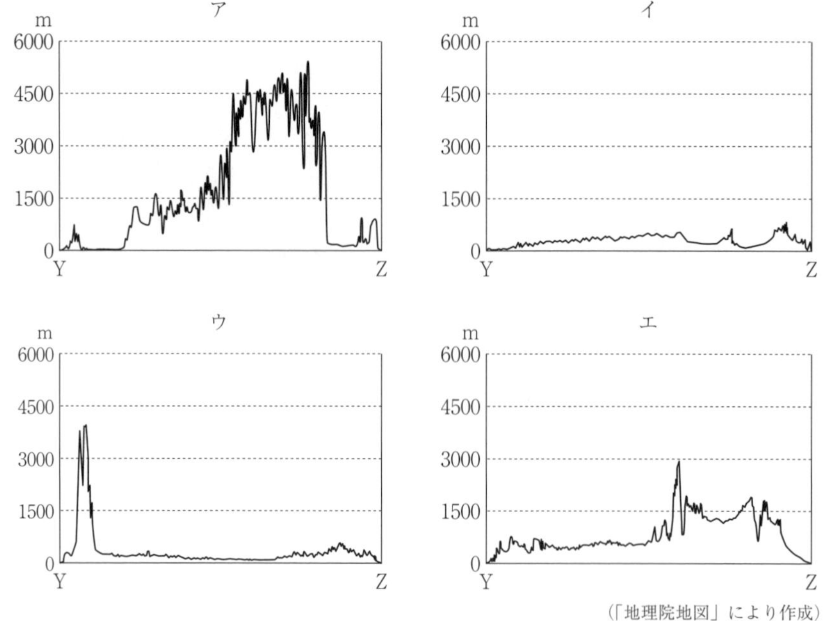

(「地理院地図」により作成)

(2)　次の資料は，2015年におけるインドの年齢別人口構成比を示したものである。また，右の図は，その資料をもとに作成しようとしている人口ピラミッドである。資料を用いて，右の人口ピラミッドを完成させよ。

図

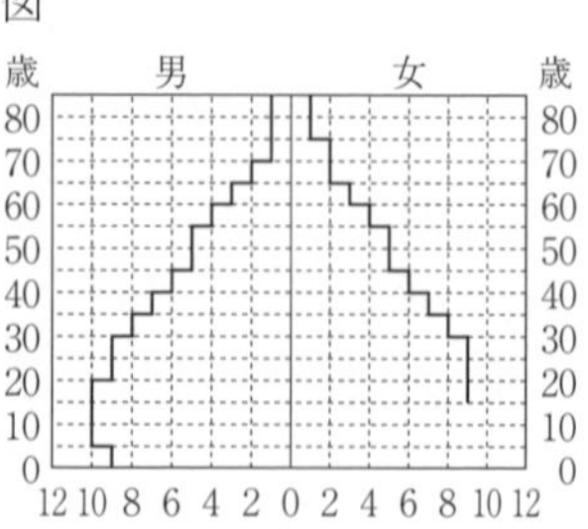

資料

年齢(歳)	男(%)	女(%)	年齢(歳)	男(%)	女(%)
0～ 4	9	9	45～49	5	5
5～ 9	10	10	50～54	5	5
10～14	10	9	55～59	4	4
15～19	10	9	60～64	3	3
20～24	9	9	65～69	2	2
25～29	9	9	70～74	1	2
30～34	8	8	75～79	1	1
35～39	7	7	80以上	1	1
40～44	6	6			

(注)　表中の数字は，小数点以下を四捨五入してある。

(総務省資料により作成)

(3)　次の資料Ⅰ，Ⅱは，わが国とタイとの貿易について，1970年と2018年における，タイへの輸出品の構成とタイからの輸入品の構成をそれぞれ示したものである。資料Ⅰ，Ⅱからわかることについて述べたあとの㋐～㋓のうち，誤っているものはどれか。一つ選んで，その記号を書け。

(　　　)

資料Ⅰ　タイへの輸出品の構成

2018 年 輸出総額 35625 億円

機械類	鉄鋼	自動車部品	プラスチック	金属製品	その他
41.2%	14.2	8.5	3.6	3.3	29.2

(「数字でみる日本の 100 年」により作成)

資料Ⅱ　タイからの輸入品の構成

1970 年 輸入総額 683 億円

天然ゴム	とうもろこし	魚介類	ほたる石	麻	その他
29.7%	20.6	8.0	5.3	5.1	31.2

2018 年 輸入総額 27707 億円

機械類	肉類	プラスチック	魚介類	自動車部品	その他
38.0%	7.9	5.0	4.0	3.7	41.4

(「数字でみる日本の 100 年」により作成)

㋐　1970 年において，タイからの輸入総額は，タイへの輸出総額よりも少ない

㋑　タイへの機械類の輸出額は，1970 年と比べて 2018 年の方が多い

㋒　タイからの魚介類の輸入額は，1970 年と比べて 2018 年の方が少ない

㋓　2018 年において，自動車部品のタイへの輸出額は，タイからの輸入額よりも多い

(4)　次のア～エの略地図は，2017 年における都道府県別の，第三次産業就業者の割合，総人口に占める 65 歳以上の人口の割合，人口密度，工業生産額（製造品出荷額等）のいずれかについて，それぞれ上位 10 都道府県を▒で示したものである。ア～エのうち，工業生産額（製造品出荷額等）を示した略地図はどれか。一つ選んで，その記号を書け。(　　　)

ア

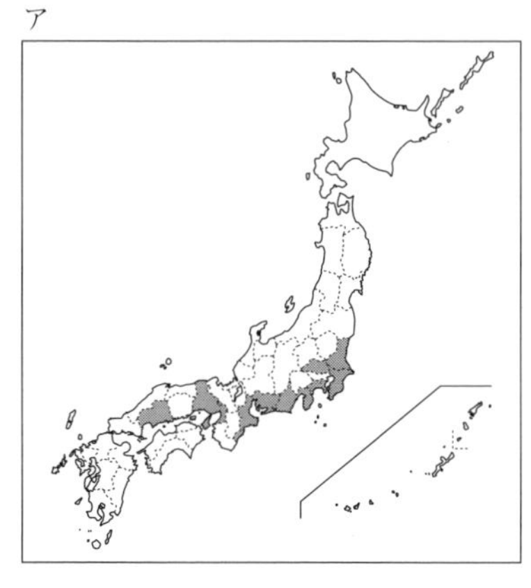

イ

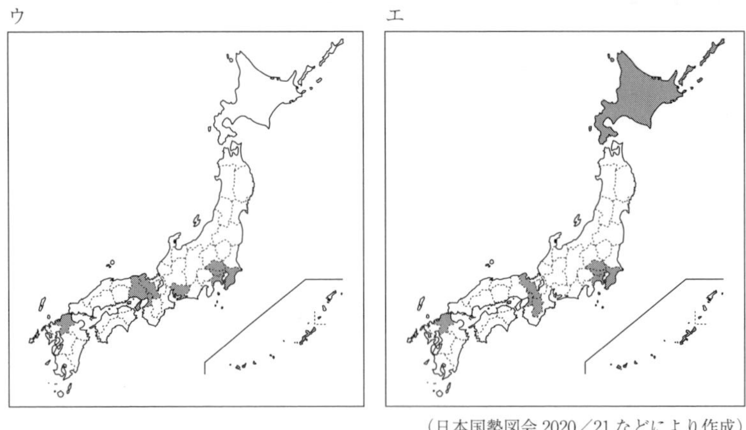

（日本国勢図会 2020／21 などにより作成）

(5)　次の地形図は，旅行で秋田県を訪れた中学生の太郎さんが，大潟(おおがた)村で地域調査をおこなった際に使用した，国土地理院発行の２万5000分の１の地形図（大潟）の一部である。これに関して，あとのa〜fの問いに答えよ。

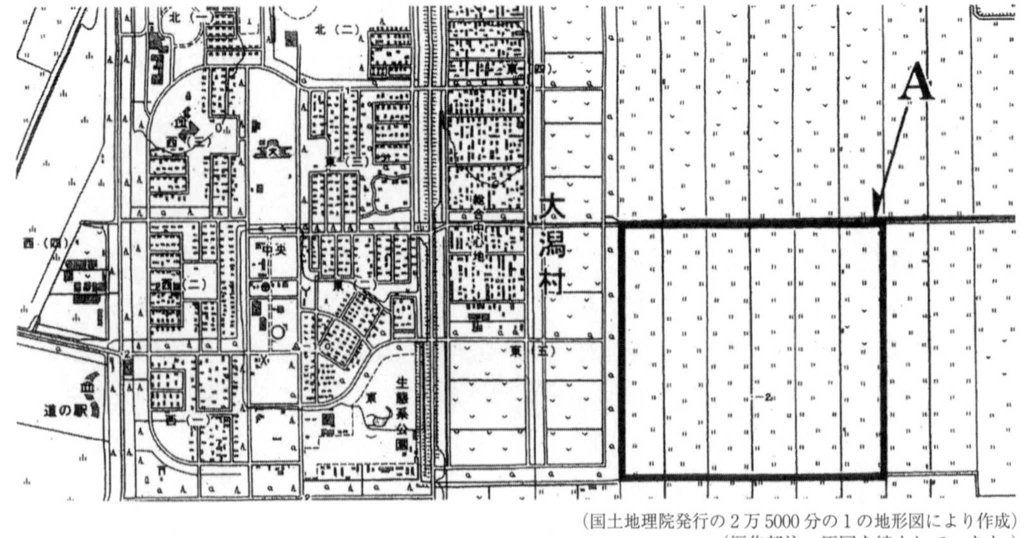

（国土地理院発行の２万5000分の１の地形図により作成）
（編集部注：原図を縮小しています。）

a　地形図中にAで示した範囲を，この地図上で縦約3.9cm，横約4.1cmの長方形とするとき，Aで示した範囲の周囲の実際の距離は約何mか。その数字を書け。（約　　　m）

b　次のア〜エのうち，地形図中にみられないものはどれか。一つ選んで，その記号を書け。
（　　　）

ア　寺院　　イ　消防署　　ウ　老人ホーム　　エ　交番

c　大潟村には，東経140度の経線が通っている。右の略地図は，東経140度の経線が通る地域を示している。東経140度の経線が通る県のうち，県名と県庁所在地の都市名が異なる県は二つある。その二つの県の県庁所在地の都市名は，次の㋐〜㋓のうちのどれか。二つ選んで，その記号を書け。(　　と　　)

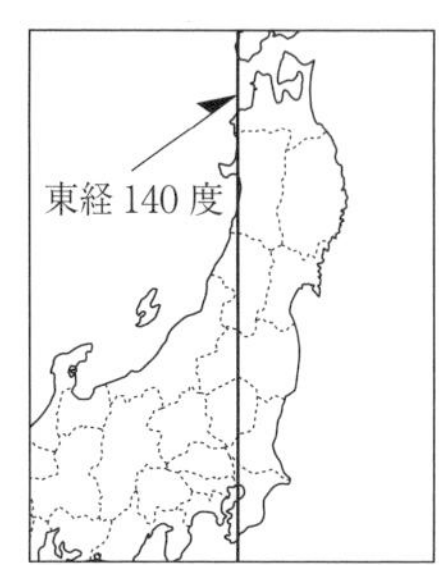

㋐　水戸市　　㋑　宇都宮市　　㋒　前橋市　　㋓　甲府市

d　大潟村が属する秋田県の沖合には，ある暖流が流れている。この暖流は何と呼ばれるか。その呼び名を書け。(　　　海流)

e　太郎さんは，大潟村の農業について調べた。次の資料Ⅰは，2015年における大潟村の耕地面積別農家戸数を，資料Ⅱは，2015年における全国の農家一戸あたりの耕地面積を，資料Ⅲは，2015年における大潟村と全国の農家一戸あたりの農業産出額をそれぞれ示したものである。資料Ⅰ〜Ⅲから，大潟村の農業にはどのような特徴があると読みとれるか。**耕地**・**高い**の二つの言葉を用いて，簡単に書け。(　　　　　　　　　　　　　　　　　　　　　　　)

資料Ⅰ

耕地面積	戸数(戸)
10ha未満	14
10ha以上20ha未満	339
20ha以上	147

資料Ⅱ

全国の農家一戸あたりの耕地面積(ha)	2.5

資料Ⅲ

	大潟村	全国
農家一戸あたりの農業産出額(万円)	2106	639

(農林水産省資料などにより作成)

f　太郎さんは，秋田市にある秋田空港を訪れ，秋田空港からわが国のいくつかの都市やその近郊にある空港に旅客機が就航していることを知った。次の図は，秋田空港，新千歳(ちとせ)空港(札幌)，東京国際空港(東京)，中部国際空港(名古屋)，大阪国際空港(大阪)について，それぞれの空港間の2018年における旅客輸送数を示そうとしたものである。図中の ア 〜 エ のうち，東京国際空港(東京)にあたるものはどれか。一つ選んで，その記号を書け。(　　　)

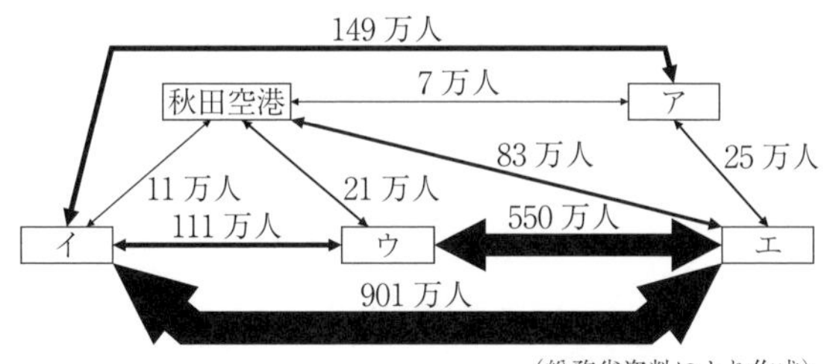

(総務省資料により作成)

(6)　現在，わが国では，発電量全体の中で火力発電が大きな割合を占めている。次の図は，わが国の主な火力発電所の位置を示しており，わが国の火力発電所の多くは臨海部に立地していることがわかる。また，次の表は，2019年におけるわが国の石炭，石油，天然ガスの自給率をそれぞれ示したものである。わが国の火力発電所の多くが臨海部に立地しているのはなぜか。表をもとに，その理由を簡単に書け。

火力発電の燃料の自給率が(　　　　)ので，(　　　　　　　　　　　　　　　　)から。

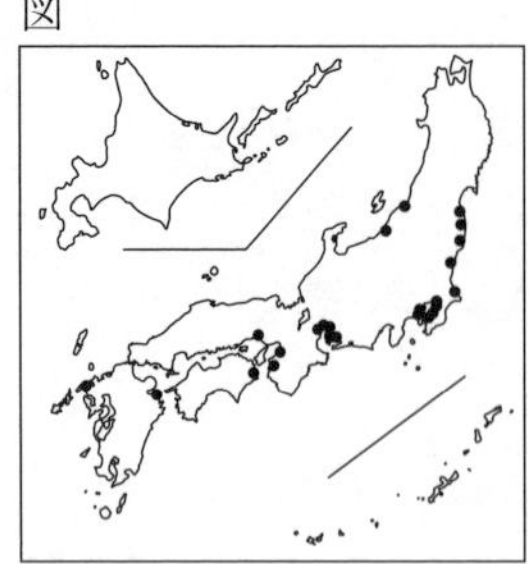

表

	自給率（%）
石炭	0.4
石油	0.3
天然ガス	2.3

（注）最大出力 200 万 kW 以上の発電所のみを示している。

（「日本国勢図会 2020／21」により作成）

理科

時間　50分　　　　満点　50点

1　次のA，Bの問いに答えなさい。

A　気象に関して，次の(1)～(3)の問いに答えよ。

(1)　太郎さんは，学校の校庭で，ある年の11月19日9時に，気象観測をおこなった。下の表Ⅰは，そのときの気象観測の結果の一部であり，下の図Ⅰは，そのときの乾湿計の一部を示したものである。また，下の表Ⅱは，湿度表の一部である。これに関して，あとのa，bの問いに答えよ。

表Ⅰ

観測場所	学校の校庭
天気	くもり
雲量	10
風向	西南西
風力	2

図Ⅰ

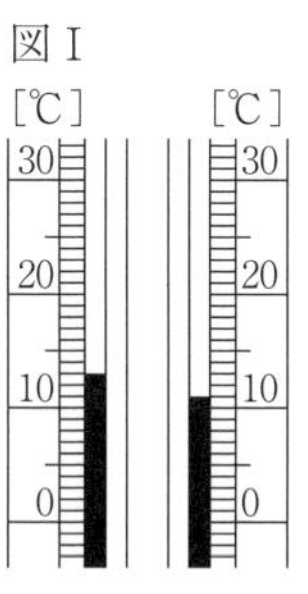

表Ⅱ

乾球の示度[℃]	乾球と湿球の示度の差[℃]					
	0.0	1.0	2.0	3.0	4.0	5.0
15	100	89	78	68	58	48
14	100	89	78	67	57	46
13	100	88	77	66	55	45
12	100	88	76	65	53	43
11	100	87	75	63	52	40

a　次のア～エのうち，気象観測についての説明として最も適当なものを一つ選んで，その記号を書け。（　　　）

ア　天気は，雲が空をしめる割合である雲量と，雲の形を観測して決める

イ　気温と湿度は，風通しのよい直射日光の当たる場所に乾湿計を置いて測定する

ウ　風向は，風向計やけむりがたなびく向きなどで調べ，風が吹いていく方位を16方位で表す

エ　風力は，風力階級表を用いて，0～12の13段階で判断する

b　図Ⅰと表Ⅱより，太郎さんが観測をおこなった11月19日9時の湿度を求めよ。

（　　　%）

(2)　右の図Ⅱは，太郎さんが観測をおこなった11月19日9時における日本付近の天気図である。太郎さんは，図Ⅱの天気図から，太郎さんが住んでいる地域では，11月20日に前線が通過すると予測した。これに関して，次のa，bの問いに答えよ。

図Ⅱ

a　図Ⅱ中にXで示した等圧線は，何hPaを示しているか。

（　　　hPa）

b　太郎さんは，気象庁ホームページを利用して11月20日の気象観測のデータを集めた。次の表Ⅲは，太郎さんが住んでいる地域のある地点における，11月20日3時から24時までの気象観測のデータをまとめたものである。また，この日，この地点では，前線が通過し

たことを確認できた。あとの文は，この地点を前線が通過した時刻と，この地点を通過した前線について述べようとしたものである。表Ⅲの気象観測のデータから考えて，文中の２つの〔　〕内にあてはまる言葉を，㋐，㋑から一つ，㋒，㋓から一つ，それぞれ選んで，その記号を書け。(　　と　　)

表Ⅲ

時刻	3	6	9	12	15	18	21	24
天気	雨	雨	くもり	くもり	雨	くもり	晴れ	晴れ
気温[℃]	17.0	15.8	18.2	22.3	17.7	17.6	16.0	15.1
湿度[%]	86	87	83	69	92	86	72	67
気圧[hPa]	1002.7	1002.9	1001.5	997.1	998.7	999.7	1001.4	1002.6
風向	南南西	北西	南南西	南南東	北	東南東	北北西	北西
風力	1	2	1	2	2	2	2	4

11月20日の〔㋐　9時から12時　　㋑　12時から15時〕にかけての気温と風向の変化から，この時間帯に，この地点を〔㋒　温暖　　㋓　寒冷〕前線が通過したと考えられる。

(3) 次の文は，「山がかさ雲をかぶれば近いうちに雨」という天気にかかわるいい伝えについての太郎さんと先生の会話の一部である。これについて，あとのa，bの問いに答えよ。

太郎：「山がかさ雲をかぶれば近いうちに雨」といういい伝えにある，かさ雲は，どのようなときにできるのですか。

先生：低気圧や前線が接近すると，あたたかくしめった空気が入ってきます。その空気が，山の斜面に沿って上昇すると，かさ雲ができることがありますよ。あたたかくしめった空気が上昇すると，どのように変化するか覚えていますか。

太郎：はい。[　X　]そのため，上昇した空気の温度は下がります。

先生：そうですね。では，次に，しめった空気の温度が下がることで雲ができるしくみについて考えてみましょう。

太郎：はい。[　Y　]

先生：その通りです。かさ雲ができるしくみは，低気圧や前線による天気の変化と関係しているのですよ。

a　次の文は，会話文中のXの[　　]内にあてはまる，あたたかくしめった空気が上昇するときの変化について述べようとしたものである。次の文中の２つの〔　〕内にあてはまる言葉を，㋐，㋑から一つ，㋒，㋓から一つ，それぞれ選んで，その記号を書け。

(　　と　　)

あたたかくしめった空気が上昇すると，上空ほど気圧は〔㋐　高い　　㋑　低い〕ので，上昇する空気は〔㋒　膨張　　㋓　収縮〕します。

b　会話文中のYの[　　]内にあてはまる，しめった空気の温度が下がることで雲ができるしくみについての説明を，**露点・水蒸気**の言葉を用いて，簡単に書け。

(しめった空気の温度が下がることで，　　　　　　　　　　　　　　　　，雲ができます。)

B　次の(1)〜(3)の問いに答えよ。

(1)　下の図は，太郎さんが，花こう岩と安山岩，香川県で産出される庵治(あじ)石を観察したときのスケッチである。太郎さんは，スケッチしたあと，花こう岩を鉄製の乳鉢の中で細かく砕いた。細かく砕いた破片をルーペで観察したところ，色や形が異なる3種類の鉱物P〜Rが見られた。あとの表Ⅰは，鉱物P〜Rを観察し，その主な特徴をまとめたものである。これについて，あとのa〜cの問いに答えよ。

図　花こう岩

安山岩

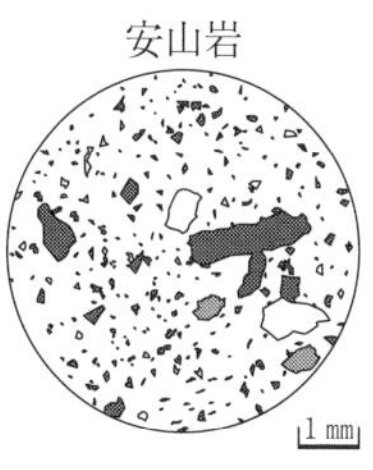

庵治石

表Ⅰ

	鉱物P	鉱物Q	鉱物R
主な特徴	黒色の板状で，決まった方向にうすくはがれる	無色で，不規則な形に割れる	白色の柱状で，決まった方向に割れる

a　表Ⅰ中の鉱物P〜Rの鉱物名の組み合わせとして最も適当なものを，右の表のア〜エから一つ選んで，その記号を書け。（　　　）

	鉱物P	鉱物Q	鉱物R
ア	キ石	セキエイ	チョウ石
イ	クロウンモ	セキエイ	チョウ石
ウ	キ石	チョウ石	セキエイ
エ	クロウンモ	チョウ石	セキエイ

b　太郎さんが観察した安山岩は，比較的大きな結晶になった鉱物の部分と，大きな結晶になれなかった細かい粒などの部分からできている。このうち，比較的大きな結晶になった鉱物の部分は何と呼ばれるか。その名称を書け。（　　　）

c　図のスケッチから考えると，庵治石は，比較的大きな結晶になった鉱物だけでできており，花こう岩とつくりが似ていることがわかる。次の文は，庵治石のつくりやでき方について述べようとしたものである。文中の2つの〔　　〕内にあてはまる言葉を，㋐，㋑から一つ，㋒，㋓から一つ，それぞれ選んで，その記号を書け。（　　　と　　　）

庵治石のように，比較的大きな結晶になった鉱物だけでできている岩石は，マグマが〔㋐　地下深く　　㋑　地表や地表付近〕で，〔㋒　ゆっくり　　㋓　急に〕冷えて固まってできたと考えられる。

(2)　次の文は，マグマと火山に関しての太郎さんと先生の会話の一部である。これについて，次のa，bの問いに答えよ。

先生：太郎さんが観察した岩石は，マグマが冷えて固まってできる火成岩のなかまですね。

太郎：はい。たしか，マグマは火山の特徴とも関係していましたよね。

先生：そうですね。特に，マグマのねばりけは，溶岩の色や噴火のようすと関係が深かったですね。

太郎：火成岩のほかにも火山に関係する岩石はありますか。

先生：堆積岩には，火山と関係しているものがありますよ。火山から噴出した火山灰が堆積して固まると［ X ］という岩石になります。

a　会話文中の下線部に，マグマのねばりけとあるが，次の文は，マグマのねばりけと火山の噴火のようすについて述べようとしたものである。次の文中の2つの〔　　〕内にあてはまる言葉を，㋐，㋑から一つ，㋒，㋓から一つ，それぞれ選んで，その記号を書け。

（　　と　　）

マグマのねばりけが〔㋐　小さい（弱い）　　㋑　大きい（強い）〕火山ほど，噴火によってふき出す溶岩や火山灰などの噴出物の色は白っぽいことが多く，〔㋒　激しく爆発的な　㋓　比較的おだやかな〕噴火になることが多い。

b　会話文中のXの［　　］内にあてはまる言葉として最も適当なものを，次の㋐～㋓から一つ選んで，その記号を書け。（　　）

㋐　チャート　　㋑　れき岩　　㋒　石灰岩　　㋓　凝灰岩

(3)　火山のもたらす恵みの一つに地熱発電がある。地熱発電は，地下のマグマの熱エネルギーを利用して発電しているため，発電量が天候に左右されず，二酸化炭素を排出しないという長所がある。下の表のア～エのうち，発電方法と発電に利用するエネルギー，長所の組み合わせとして最も適当なものを一つ選んで，その記号を書け。（　　）

	発電方法	発電に利用するエネルギー	長所
ア	風力発電	風による空気の運動エネルギー	発電量が天候に左右されない
イ	バイオマス発電	生物資源の燃焼による熱エネルギー	大気中の二酸化炭素を減少させる
ウ	水力発電	高い位置にある水の位置エネルギー	エネルギー変換効率が高い
エ	太陽光発電	太陽光の熱エネルギー	発電量が安定している

2 次のA，B，Cの問いに答えなさい。

A 自然界の生態系に関して，次の(1)，(2)の問いに答えよ。

(1) 次の文は，自然界における生物どうしのつながりについて述べようとしたものである。文中のP，Qの［　　］内にあてはまる最も適当な言葉を，それぞれ書け。P（　　　）Q（　　　）

自然界では，生物どうしの間に，食べる，食べられるという関係が見られる。このような生物どうしのひとつながりの関係を［ P ］という。実際には，多くの動物が複数の種類の植物や動物を食べるため，一通りの単純なつながりではなく，［ P ］が複雑な網の目のようにからみあっている。この網の目のようなつながりを［ Q ］という。

(2) 右の図は，自然界における生物どうしの数量的関係を模式的に示したものであり，つり合いが保たれた状態を表している。図の状態から，何らかの原因で，肉食動物の数量が減ってつり合いがくずれたが，長い時間をかけて，つり合いが保たれたもとの状態にもどった場合，生物の数量はその間，どのように変化したと考えられるか。次の㋐～㋒が，最も適当な順に左から右に並ぶように，その記号を書け。（肉食動物の数量が減少→　　→　　→　　→もとの状態）

図

肉食動物
草食動物
植物

つり合いが保たれた状態

㋐ 草食動物の数量がふえ，植物の数量が減る

㋑ 肉食動物の数量が減り，植物の数量がふえる

㋒ 肉食動物の数量がふえ，草食動物の数量が減る

B デンプンの消化とそれにかかわる消化酵素のはたらきについて調べるために，次の実験をした。これに関して，あとの(1)～(5)の問いに答えよ。

実験 下の図Ⅰのように，4本の試験管a～dにデンプン溶液を5 cm^3 ずつ入れ，試験管aとbには水でうすめただ液1 cm^3 を，試験管cとdには水1 cm^3 を，それぞれ入れた。次に，約40℃の湯に10分間つけたあと，試験管a～dを湯から取り出し，試験管aとcには，ヨウ素液をそれぞれ2滴加えて，色の変化を観察した。試験管bとdには，ベネジクト液をそれぞれ少量加え，十分に加熱したあと，色の変化を観察した。下の表は，そのときの色の変化をまとめたものである。

図Ⅰ

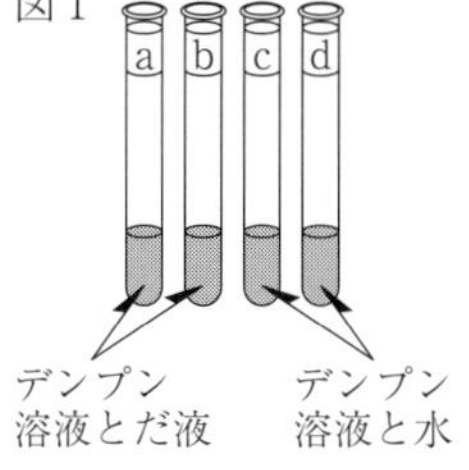

表

	加えた液	色の変化
試験管a	ヨウ素液	変化なし
試験管b	ベネジクト液	赤褐色になった
試験管c	ヨウ素液	青紫色になった
試験管d	ベネジクト液	変化なし

(1) 下線部に十分に加熱したとあるが，次の㋐～㋓のうち，試験管に入った溶液をガスバーナーで加熱するときの操作として最も適当なものを一つ選んで，その記号を書け。（　　　）

㋐ ゴム栓で試験管にすきまなくふたをしてから加熱する

㋑ 加熱を始めてしばらくたってから沸騰石を入れる

㋒ ときどき試験管の口から中をのぞきこんで，ようすを確認する

㋓ 試験管を軽くふりながら加熱する

(2)　次の文は，実験の結果からわかることを述べようとしたものである。文中のP，Qの［　　］内にあてはまる試験管の組み合わせとして最も適当なものを，次のア～カからそれぞれ一つずつ選んで，その記号を書け。P（　　　）　Q（　　　）

この実験において，試験管［ P ］で見られた溶液の色の変化を比べることで，だ液のはたらきにより，デンプンがなくなったことがわかる。また，試験管［ Q ］で見られた溶液の色の変化を比べることで，だ液のはたらきにより，麦芽糖などができたことがわかる。

ア　aとb　　イ　aとc　　ウ　aとd　　エ　bとc　　オ　bとd　　カ　cとd

(3)　次の文は，デンプンの消化について述べようとしたものである。文中の2つの〔　　〕内にあてはまる言葉を，㋐，㋑から一つ，㋒，㋓から一つ，それぞれ選んで，その記号を書け。

（　　　と　　　）

デンプンは，だ液にふくまれる消化酵素である〔㋐　ペプシン　　㋑　アミラーゼ〕によって分解されたあと，〔㋒　胃液　　㋓　すい液〕にふくまれる消化酵素や，小腸のかべの消化酵素によって，さらに分解されてブドウ糖になる。

(4)　デンプンは，さまざまな消化酵素のはたらきでブドウ糖に分解されたのち，小腸のかべから吸収される。小腸のかべには，たくさんのひだがあり，その表面には小さな突起が多数ある。右の図Ⅱは，この小さな突起の断面を模式的に示したものである。これに関して，次のa，bの問いに答えよ。

図Ⅱ

R　S

a　小腸のかべのひだの表面にある小さな突起は何と呼ばれるか。その名称を書け。（　　　）

b　小腸のかべから吸収された栄養分（養分）のうち，アミノ酸は図Ⅱ中にRで示した管に入り，脂肪酸とモノグリセリドは脂肪となって図Ⅱ中にSで示した管に入る。次の文は，ブドウ糖が小腸のかべから吸収されて入る管と吸収されたあとに運ばれる器官について述べようとしたものである。文中の2つの〔　　〕内にあてはまる言葉を，㋐，㋑から一つ，㋒，㋓から一つ，それぞれ選んで，その記号を書け。（　　　と　　　）

ブドウ糖は，小腸のかべから吸収されて図Ⅱ中に〔㋐　R　　㋑　S〕で示した管に入る。吸収されたブドウ糖が最初に運ばれる器官は，〔㋒　肝臓　　㋓　心臓〕である。

(5)　ブドウ糖をはじめとして，消化管で吸収された栄養分は，全身の細胞に運ばれ，成長や活動に使われる。栄養分が使われると不要な物質が生じ，体外に排出される。じん臓は，排出にかかわる器官の一つである。じん臓のはたらきを一つ，簡単に書け。

（　　　　　　　　　　　　　　　　　　　　　　　　　　）

C　植物の蒸散について調べるために，単子葉類の一つであるムラサキツユクサを用いて，次の実験Ⅰ，Ⅱをした。これに関して，あとの(1)～(5)の問いに答えよ。

実験Ⅰ　ムラサキツユクサの葉の表側の表皮と裏側の表皮をそれぞれはぎ取り，その表皮を小さく切ってスライドガラスの上に広げて置いた。次に，水を1滴落としてからカバーガラスをかけてプレパラートをつくり，それぞれ顕微鏡で観察した。

(1) プレパラートをつくるときには，観察しやすくするために，右の図Ⅰに示すように，カバーガラスを端からゆっくりと静かにおろしてかけるのがよい。それはなぜか。その理由を簡単に書け。

(　　　　　　　　　　　　　　　　　　　　　　　　)

図Ⅰ

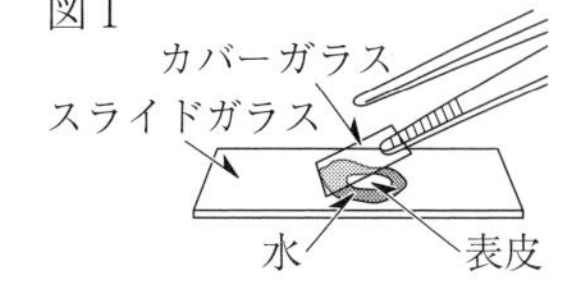

(2) 次の文は，顕微鏡で観察したときの，倍率や対物レンズの先端からプレパラートまでの距離について述べようとしたものである。文中の□内にあてはまる数値を書け。また，文中の〔　〕内にあてはまる言葉を，㋐～㋒から一つ選んで，その記号を書け。

数値(　　　) 記号(　　　)

まず，15 倍の接眼レンズと 10 倍の対物レンズを用いて観察した。このとき顕微鏡の倍率は，□倍である。この倍率で観察した後，接眼レンズの倍率はそのままで，対物レンズの倍率を 40 倍にかえて観察した。それぞれピントを合わせて観察したとき，40 倍の対物レンズの先端からプレパラートまでの距離は，10 倍の対物レンズの先端からプレパラートまでの距離と比べて〔㋐ 近くなる　㋑ 変わらない　㋒ 遠くなる〕。

(3) 右の図Ⅱは，顕微鏡で観察した葉の裏側の表皮の細胞を模式的に示したものである。葉の裏側の表皮では，三日月形の細胞が，葉の表側の表皮よりも多く見られた。図Ⅱ中にXで示した，2つの三日月形の細胞に囲まれたすきまは何と呼ばれるか。その名称を書け。

(　　　)

図Ⅱ

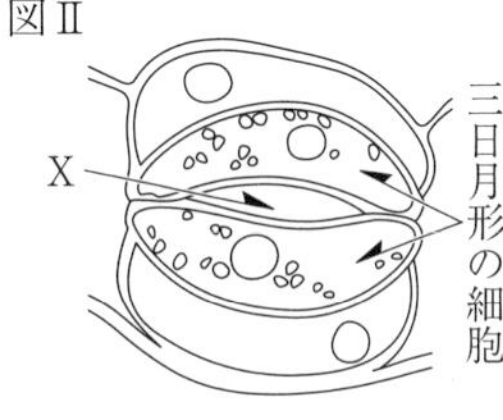

実験Ⅱ　葉の大きさと枚数がほとんど等しいムラサキツユクサの茎を4本，同じ量の水を入れたメスシリンダーP～S，蒸散を防ぐためのワセリンを用意した。メスシリンダーPにはそのままの茎を，メスシリンダーQにはすべての葉の表側にワセリンをぬった茎を，メスシリンダーRにはすべての葉の裏側にワセリンをぬった茎を，メスシリンダーSにはすべての葉の表側と裏側にワセリンをぬった茎を入れ，それぞれのメスシリンダーの水面に，水面からの蒸発を防ぐために同じ量の油を注いだ。下の図Ⅲは，そのようすを模式的に示したものである。メスシリンダー全体の質量をそれぞれ電子てんびんで測定し，風通しのよい明るいところに3時間放置したあと，再び全体の質量をそれぞれ測定すると，メスシリンダーP～Sのすべてで質量の減少がみられた。あとの表は，その質量の減少量の結果をまとめたものである。

図Ⅲ

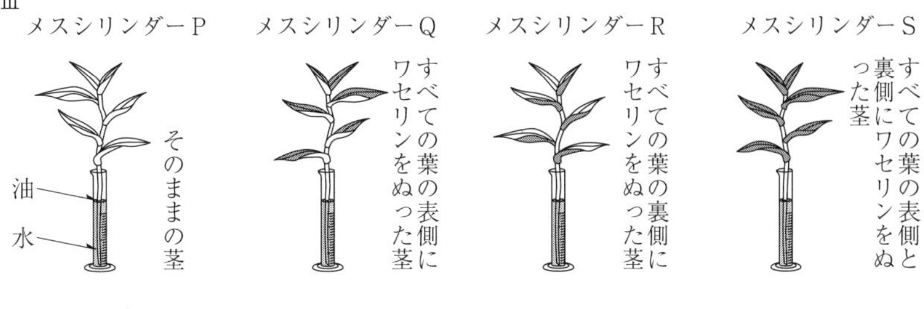

表

メスシリンダー	P	Q	R	S
質量の減少量[g]	1.24	0.95	0.65	0.40

(4) 次のア～カのうち，実験Ⅱの結果からわかることについて述べたものとして，最も適当なものを一つ選んで，その記号を書け。(　　　)

ア　葉の表側と裏側の蒸散量に差はなく，葉以外からも蒸散していることがわかる
イ　葉の表側と裏側の蒸散量に差はなく，葉以外からは蒸散していないことがわかる
ウ　葉の表側は裏側よりも蒸散量が多く，葉以外からも蒸散していることがわかる
エ　葉の表側は裏側よりも蒸散量が多く，葉以外からは蒸散していないことがわかる
オ　葉の裏側は表側よりも蒸散量が多く，葉以外からも蒸散していることがわかる
カ　葉の裏側は表側よりも蒸散量が多く，葉以外からは蒸散していないことがわかる

(5) ムラサキツユクサの茎を，赤インクで着色した水の入った三角フラスコに入れたまま，3時間放置した。その後，この茎をできるだけうすく輪切りにし，顕微鏡で観察した。右の図Ⅳは，このときの茎の横断面の一部のようすを模式的に示したものである。図Ⅳ中にYで示した管は濃く着色されており，根から吸収した水や，水にとけた肥料分の通り道になっている。この管は何と呼ばれるか。その名称を書け。(　　　)

図Ⅳ

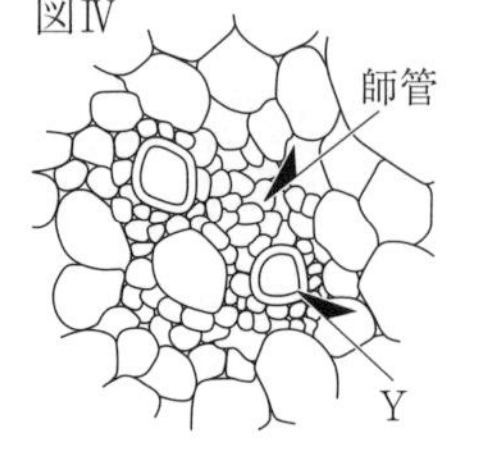

3 次のA，Bの問いに答えなさい。

A 化学変化の前後で，物質の質量がどのように変化するかを調べるために，次の実験Ⅰ～Ⅲをした。これに関して，あとの(1)～(4)の問いに答えよ。

実験Ⅰ うすい硫酸 $10cm^3$ が入ったビーカーと，うすい水酸化バリウム水溶液 $10cm^3$ が入ったビーカーの質量をまとめて電子てんびんではかった。次に，そのうすい硫酸をうすい水酸化バリウム水溶液に静かに加えたところ，水溶液が白くにごった。これを静かに置いておくと，ビーカーの底に白い固体が沈殿した。この白い固体が沈殿しているビーカーと，うすい硫酸が入っていたビーカーの質量をまとめて電子てんびんではかったところ，反応の前後で質量の変化はなかった。

(1) 実験Ⅰにおける，うすい硫酸とうすい水酸化バリウム水溶液が反応して白い固体ができたときの化学変化を，化学反応式で表せ。($H_2SO_4 + Ba(OH)_2 \rightarrow$ 　　　　)

実験Ⅱ 下の図Ⅰのように，うすい塩酸と炭酸水素ナトリウムをプラスチックの容器に入れて密閉し，その容器全体の質量を電子てんびんではかった。次に，その密閉したプラスチックの容器の中で，うすい塩酸と炭酸水素ナトリウムを混ぜ合わせると気体が発生した。反応後のプラスチックの容器全体の質量を電子てんびんではかったところ，反応の前後で質量の変化はなかった。

図Ⅰ

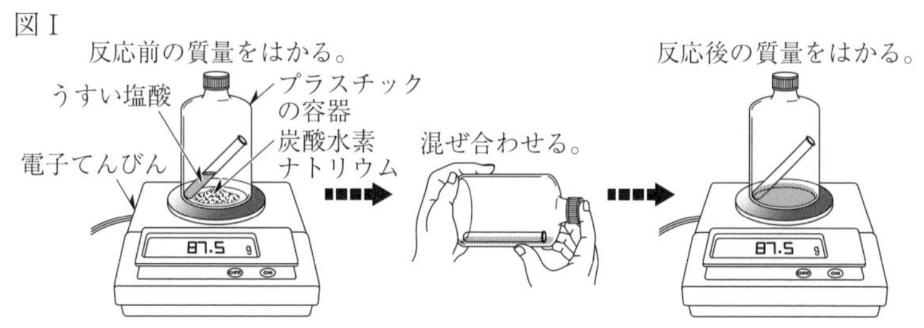

(2) 実験Ⅰ，Ⅱのそれぞれの文中の下線部に，反応の前後で質量の変化はなかったとあるが，次の文は，化学変化の前後で，その反応に関係している物質全体の質量が変化しない理由について述べようとしたものである。文中の2つの〔 〕内にあてはまる言葉を，㋐，㋑から一つ，㋒，㋓から一つ，それぞれ選び，その記号を書け。また，文中の□内にあてはまる最も適当な言葉を書け。記号(　　と　　)　言葉(　　)

化学変化の前後で，その反応に関係している物質全体の質量が変化しないのは，反応に関わった物質をつくる原子の組み合わせは変化〔㋐ する　㋑ しない〕が，反応に関わった物質をつくる原子の種類と数は変化〔㋒ する　㋓ しない〕ためである。このように，化学変化の前後で，その反応に関係している物質全体の質量が変わらないことを□の法則という。

(3) 実験Ⅱで，気体が発生しなくなってから，プラスチックの容器のふたをゆっくりとあけ，もう一度ふたを閉めてから，再びプラスチックの容器全体の質量を電子てんびんではかったところ，質量は減少していた。ふたをあけて，もう一度ふたを閉めたプラスチックの容器全体の質量が減少したのはなぜか。その理由を簡単に書け。

(　　　　　　　　　　)

実験Ⅲ 下の図Ⅱのように，うすい塩酸 $20cm^3$ が入ったビーカーの質量を電子てんびんではかった。次に，そのうすい塩酸に炭酸水素ナトリウムを静かに加えて反応させたところ，気体が発生した。気体が発生しなくなったあと，反応後のビーカー全体の質量をはかった。この方法で，うすい塩酸 $20cm^3$ に対して，加える炭酸水素ナトリウムの質量を，0.5g，1.0g，1.5g，2.0g，2.5g，3.0g にして，それぞれ実験した。あとの表は，その結果をまとめたものである。

図Ⅱ

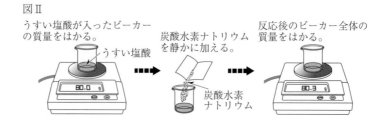

うすい塩酸が入ったビーカーの質量をはかる。
うすい塩酸
80.0 g
炭酸水素ナトリウムを静かに加える。
炭酸水素ナトリウム
反応後のビーカー全体の質量をはかる。
80.3 g

表

うすい塩酸 $20cm^3$ が入ったビーカーの質量[g]	80.0	80.0	80.0	80.0	80.0	80.0
加えた炭酸水素ナトリウムの質量[g]	0.5	1.0	1.5	2.0	2.5	3.0
反応後のビーカー全体の質量[g]	80.3	80.6	80.9	81.2	81.7	82.2

(4) 実験Ⅱ，Ⅲの結果から考えて，実験Ⅲで用いたのと同じうすい塩酸をビーカーに $30cm^3$ とり，それに炭酸水素ナトリウム 4.0g を加えて，十分に反応させたとき，発生する気体は何 g と考えられるか。(　　　g)

B 太郎さんは次の実験Ⅰ〜Ⅲをした。これに関して，あとの(1)〜(6)の問いに答えよ。

実験Ⅰ 砂糖，食塩，エタノール，プラスチック，スチールウールをそれぞれ燃焼さじの上にのせ，炎の中に入れて加熱し，燃えるかどうかを調べた。加熱したときに火がついて燃えたものは，右の図Ⅰのように石灰水が入った集気びんの中に入れて，火が消えるまで燃焼させた。そのあと，燃焼さじを集気びんから取り出し，集気びんをよくふって石灰水の変化を調べた。加熱したときに火がつかず燃えなかったものも，石灰水が入った集気びんの中に入れて，温度が下がるまでしばらく待った。そのあと，燃焼さじを集気びんから取り出し，集気びんをよくふって石灰水の変化を調べた。下の表Ⅰは，その結果をまとめたものである。

図Ⅰ

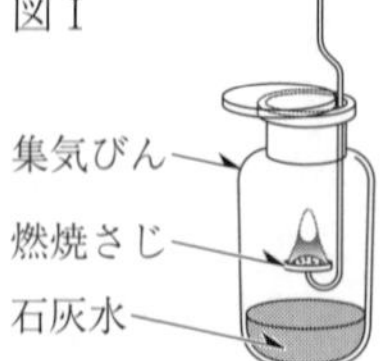

表Ⅰ

調べたもの	砂糖	食塩	エタノール	プラスチック	スチールウール
加熱したときのようす	燃えた	燃えなかった	燃えた	燃えた	燃えた
石灰水のようす	白くにごった	変化なし	白くにごった	白くにごった	変化なし

(1) 実験Ⅰで調べたもののうち，砂糖は有機物に分類される。次の㋐〜㋓のうち，表Ⅰの結果と調べたものの特徴をふまえて，実験Ⅰで調べたものが有機物かどうかを説明したものとして，最も適当なものを一つ選んで，その記号を書け。(　　　)

㋐ 食塩は燃えなかったが，砂糖と同じように白い固体なので有機物である

㋑ エタノールは燃えたが，砂糖と違って液体なので有機物ではない

㋒ プラスチックは燃えたが，砂糖と違って人工的に合成された物質なので有機物ではない

㋓ スチールウールは燃えたが，砂糖と違って燃えたあとに集気びんの中の石灰水を変化させなかったので有機物ではない

(2) 火がついて燃える物質には，実験Ⅰで調べた固体や液体以外にも，天然ガスに含まれるメタンや，水の電気分解で生成する水素などの気体がある。メタンや水素は，燃焼するときに熱が発生するため，エネルギー源として利用される。一方で，空気中でメタンと水素がそれぞれ燃焼するときに発生する物質には違いがある。どのような違いがあるか。簡単に書け。

(メタンが燃焼するときには　　　　　　　　，水素が燃焼するときには　　　　　　　　という違いがある。)

実験Ⅱ　鉄粉と活性炭をビーカーに入れてガラス棒で混ぜ，温度計で温度をはかった。そのときの物質の温度は23.0℃であった。次に，右の図Ⅱのように，ビーカー内に食塩水をスポイトで5，6滴加えてガラス棒でかき混ぜると，反応が起こって物質の温度が上がった。最も高くなったときの物質の温度は75.0℃であった。

図Ⅱ

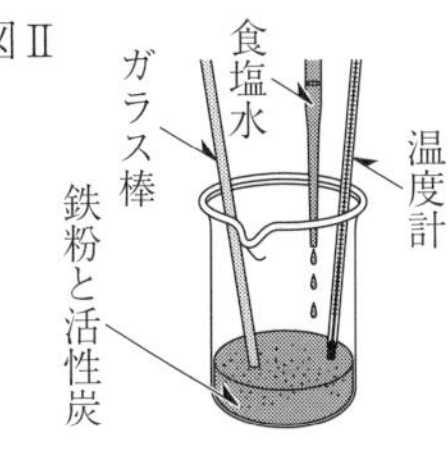

(3) 次の文は，実験Ⅱで起こった化学変化に関して述べようとしたものである。文中のP，Qの［　　］内にあてはまる最も適当な言葉を，それぞれ書け。P(　　　) Q(　　　)

実験Ⅱでは，ビーカー内の鉄粉が空気中にある酸素と化合して温度が上がった。このような，物質が酸素と化合する化学変化を［ P ］といい，この反応は市販の化学かいろにも利用されている。このように，化学変化のときに温度が上がる反応を［ Q ］反応という。

実験Ⅲ　太郎さんは実験Ⅱの結果から，「化学変化が起こるときにはいつも温度が上がる」という仮説を立てた。その仮説を確かめるために，先生と相談して，室温と同じ温度になったいろいろな物質をビーカー内で混ぜ合わせて，反応が起こる前の物質の温度と，反応により最も温度が変化したときの物質の温度を記録した。下の表Ⅱは，その結果をまとめたものである。

表Ⅱ

混ぜ合わせた物質	反応が起こる前の物質の温度[℃]	最も温度が変化したときの物質の温度[℃]
塩酸と水酸化ナトリウム水溶液	23.0	29.5
塩化アンモニウムと水酸化バリウム	23.0	5.0
酸化カルシウムと水	23.0	96.0

(4) 塩酸は塩化水素が水にとけた水溶液である。塩化水素は水にとけると電離する。塩化水素の電離を表す式を化学式を用いて書け。(　　　→　　　＋　　　)

(5) 塩化アンモニウムと水酸化バリウムを混ぜ合わせると，アンモニアが発生する。次のア～ウのうち，アンモニアの集め方として，最も適しているものを一つ選んで，その記号を書け。また，その集め方をするのは，アンモニアがどのような性質をもつからか。その性質を**水・空気**の言葉を用いて書け。

記号(　　　) 性質(　　　　　　　　　　　　　　という性質。)

ア　上方置換法　　イ　下方置換法　　ウ　水上置換法

(6) 次の文は，実験Ⅱと実験Ⅲの結果についての太郎さんと先生の会話の一部である。あとのア～エのうち，文中のXの［　　］内にあてはまる言葉として最も適当なものを一つ選んで，その記号を書け。(　　　)

太郎：鉄粉と活性炭に食塩水を加えて混ぜ合わせたときや，塩酸と水酸化ナトリウム水溶液を混ぜ合わせたときのように，化学変化が起こるときには温度が上がるということがわかりました。特に，酸化カルシウムと水を混ぜ合わせたときには70℃以上も温度が上がって驚きました。

先生：太郎さんの仮説は「化学変化が起こるときにはいつも温度が上がる」というものでしたね。では，塩化アンモニウムと水酸化バリウムを混ぜ合わせてアンモニアが発生したときの結果はどう考えますか。

太郎：化学変化が起こるときには［　X　］のではないかと思います。

先生：その通りです。

ア　温度が上がるはずなので，この反応は化学変化とはいえない

イ　温度が上がるはずなので，混ぜ合わせる量を増やせば熱が発生して温度が上がる

ウ　温度が上がると考えていましたが，温度が下がる反応もある

エ　温度が上がると考えていましたが，温度が下がったのでこの結果は除いたほうがよい

4 次のA，B，Cの問いに答えなさい。

A 太郎さんは，スキー競技のテレビ中継の録画を見ながら，理科の授業で学習したことについて考えた。これに関して，次の(1)～(5)の問いに答えよ。

(1) 右の図Ⅰは，ある選手が水平面上を滑っているようすを模式的に表したものであり，この選手にはたらく重力を矢印（⟶）で，水平面に平行な方向とそれに垂直な方向を，等間隔にひいた破線（-----）で表してある。また，右の図Ⅱは，この選手が斜面上を滑っているようすを模式的に表したものであり，この選手にはたらく重力を矢印（⟶）で，斜面に平行な方向とそれに垂直な方向を，等間隔にひいた破線（-----）で表してある。図Ⅱの斜面上で，この選手にはたらく重力の斜面に平行な分力の大きさは，この選手にはたらく重力の大きさの何倍と考えられるか。

図Ⅰ

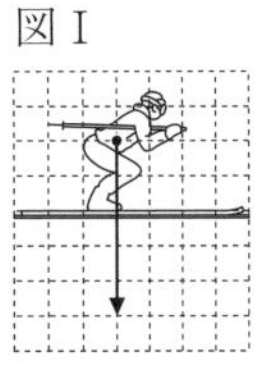

図Ⅱ

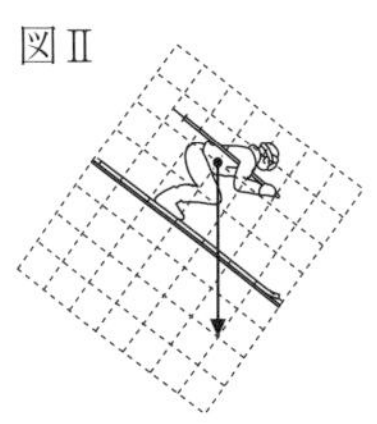

（　　　倍）

(2) 右の図Ⅲは，ある選手が起伏のあるコースを滑っているようすを模式的に表したものである。この選手はX点を通過したあと，X点より下にあるY点を通過して，X点より下にあり，Y点より上にあるZ点を通過した。この選手がX点，Y点，Z点を通過するときの速さをそれぞれx，y，zとする。このとき，x，y，zの関係は$x < z < y$であった。このときのX～Z点でこの選手がもつ運動エネルギーや位置エネルギーの関係について述べた，次のア～エのうち，最も適当なものを一つ選んで，その記号を書け。（　　　）

図Ⅲ

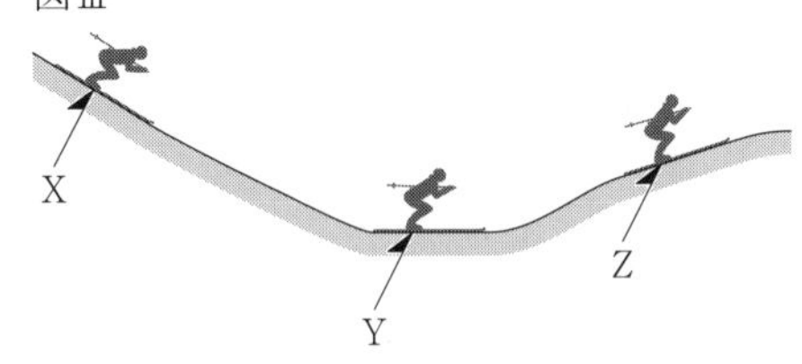

ア　Y点はX点に比べ，位置エネルギー，運動エネルギーともに増加している

イ　Z点はY点に比べ，位置エネルギーは増加しているが，運動エネルギーは変化していない

ウ　Z点はX点に比べ，位置エネルギーは減少しているが，運動エネルギーは増加している

エ　X点，Y点，Z点のうち，運動エネルギーが最小のところはY点である

(3) 太郎さんは，テレビの録画の映像が$\frac{1}{30}$秒で1コマになっていることを用いて，スロー再生を行い，ある選手の速さを調べた。右の図Ⅳは，この選手のスキー板の前の端がちょうどゴールライン上に達した瞬間のようすである。この瞬間から，テレビの録画の映像を6コマ進めたときに，スキー板の後ろの端がちょうどゴールライン上に達した。この選手のスキー板の，前の端から後ろの端までの長さは1.8mであり，この選手がゴールライン上を通過する間，スキー板はゴールラインに対して垂直であった。ゴールライン上を通過する間の，この選手の平均の速さは何m/sと考えられるか。（　　　m/s）

図Ⅳ

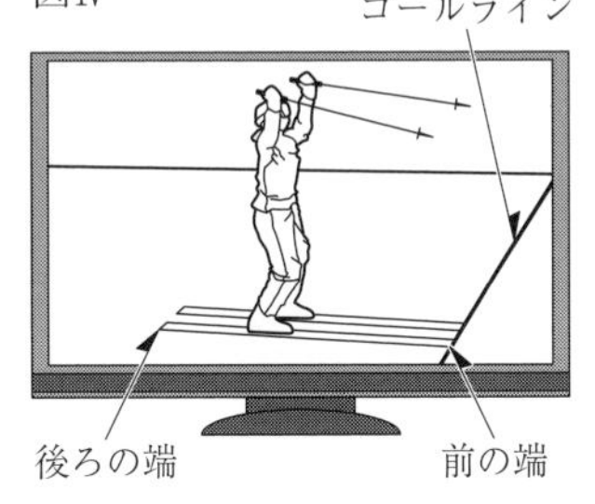

(4)　右の図Ⅴは，選手がコースを滑り降りたあと，リフトで山頂のスタート地点まで登るようすを示したものである。リフトは選手に仕事をすることで，重力に逆らって，高い位置に移動させている。次の文は，リフトが選手にする仕事と仕事率について述べようとしたものである。文中の２つの〔　　〕内にあてはまる言葉を，㋐～㋒から一つ，㋓～㋕から一つ，それぞれ選んで，その記号を書け。(　　　と　　　)

図Ⅴ
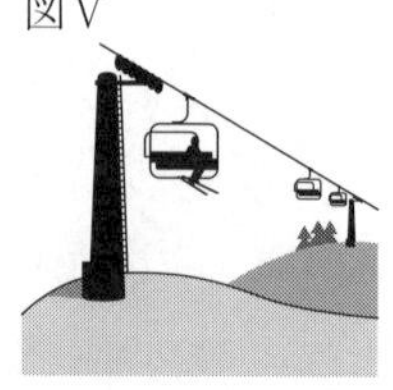

リフトで選手を山頂のスタート地点まで運ぶとき，体重が重い選手にリフトがする仕事の大きさに比べて，体重が軽い選手にリフトがする仕事の大きさは〔㋐　大きい　　㋑　変わらない　　㋒　小さい〕。また，同じ選手を運ぶとき，山頂に着くまでの時間が長い低速リフトの仕事率に比べて，山頂に着くまでの時間が短い高速リフトの仕事率は〔㋓　大きい　　㋔　変わらない　　㋕　小さい〕。

(5)　靴で雪の上に立つと雪に沈むが，それに比べて，スキー板を履いて雪の上に立つと沈みにくい。スキー板は，力のはたらく面積を大きくすることで圧力を小さくし，雪に沈みにくくなるという利点がある道具である。これとは逆に，力のはたらく面積を小さくすることで圧力を大きくした身近な道具の例を一つあげ，その一つの例について，圧力を大きくすることの利点を簡単に書け。

(　　　は，力のはたらく面積を小さくすることで圧力を大きくし，　　　　　　する道具である。)

B　右の図のような装置を用いて，ばねを引く力の大きさと，ばねの長さとの関係を調べる実験をした。ばねＸの上端をスタンドに固定し，ばねＸの下端におもりＰをつるして，おもりＰが静止したときのばねＸの長さを，スタンドに固定したものさしを用いて測定する。この方法で同じ質量のおもりＰの個数を増やしながら，ばねＸの長さを測定した。次に，強さの異なるばねＹにとりかえて，同様にして，ばねＹの長さを測定した。下の表は，その結果をまとめたものである。これについて，あとの(1)，(2)の問いに答えよ。

図
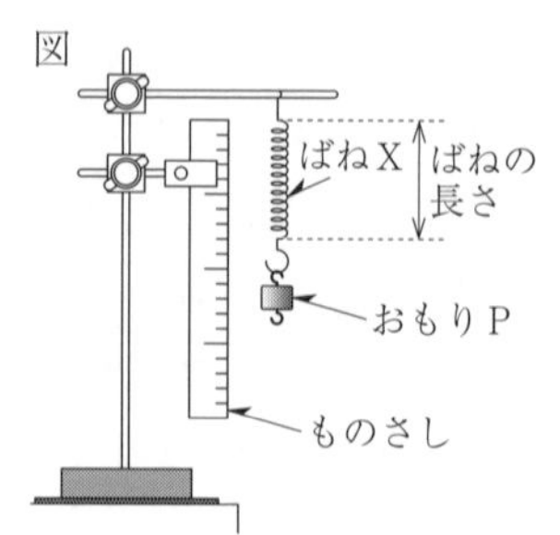

表

おもりＰの個数[個]	0	1	2	3	4	5
ばねＸの長さ[cm]	6.0	8.0	10.0	12.0	14.0	16.0
ばねＹの長さ[cm]	4.0	4.8	5.6	6.4	7.2	8.0

(1)　ばねを引く力の大きさとばねののびは比例することから考えて，ばねＸののびとばねＹののびを同じにするとき，ばねＸを引く力の大きさは，ばねＹを引く力の大きさの何倍になると考えられるか。(　　　倍)

(2)　実験で用いたおもりＰとは異なる質量のおもりＱを用意した。図の装置を用いて，ばねＸに１個のおもりＱをつるしたところ，ばねＸの長さは7.0cmであった。次に，ばねＹにとりかえて，２個のおもりＰと３個のおもりＱを同時につるすと，表から考えて，ばねＹののびは何cmになると考えられるか。(　　　cm)

C　電熱線に加わる電圧と流れる電流を調べる実験Ⅰ，Ⅱをした。これに関して，あとの(1)〜(5)の問いに答えよ。

実験Ⅰ　右の図Ⅰのように電熱線Pと電熱線Qをつないだ装置を用いて，電熱線Pと電熱線Qに加わる電圧と流れる電流の関係を調べた。まず，電熱線Pに加わる電圧と流れる電流を調べるために，図Ⅰのスイッチ①だけを入れて電圧計と電流計の示す値を調べた。下の表Ⅰは，その結果をまとめたものである。次に，図Ⅰのスイッチ①とスイッチ②を入れ，電圧計と電流計の示す値を調べた。下の表Ⅱは，その結果をまとめたものである。

図Ⅰ

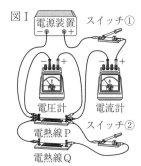

表Ⅰ

電圧[V]	0	1.0	2.0	3.0	4.0
電流[mA]	0	25	50	75	100

表Ⅱ

電圧[V]	0	1.0	2.0	3.0	4.0
電流[mA]	0	75	150	225	300

(1)　次の文は，電流計の使い方について述べようとしたものである。文中の2つの〔　　〕内にあてはまる言葉を，㋐，㋑から一つ，㋒〜㋔から一つ，それぞれ選んで，その記号を書け。

（　　と　　）

電流計は，電流をはかろうとする回路に対して〔㋐　直列　　㋑　並列〕につなぐ。また，5A，500mA，50mAの3つの−(マイナス)端子をもつ電流計を用いて電流をはかろうとする場合，電流の大きさが予想できないときは，はじめに〔㋒　5A　　㋓　500mA　　㋔　50mA〕の−端子につなぐようにする。

(2)　電熱線Pの抵抗は何Ωか。（　　　Ω）

(3)　表Ⅰ，Ⅱをもとにして，電熱線Qに加わる電圧と，電熱線Qに流れる電流の関係をグラフに表したい。グラフの縦軸のそれぞれの（　　）内に適当な数値を入れ，電熱線Qに加わる電圧と，電熱線Qに流れる電流の関係を，グラフに表せ。

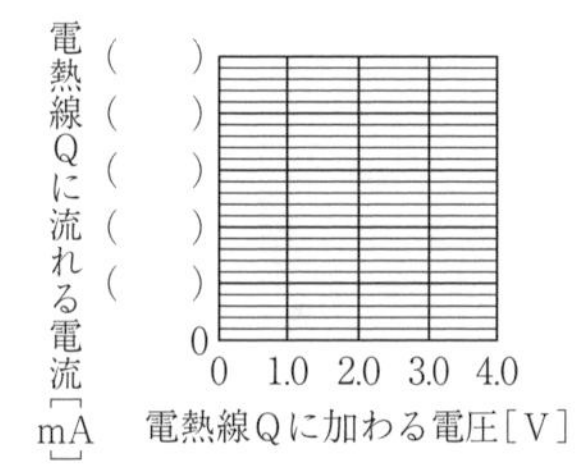

実験Ⅱ　実験Ⅰと同じ電熱線Pと電熱線Qを用いた右の図Ⅱのような装置のスイッチを入れ，電圧計と電流計の示す値を調べた。このとき，電圧計は3.0V，電流計は50mAを示した。

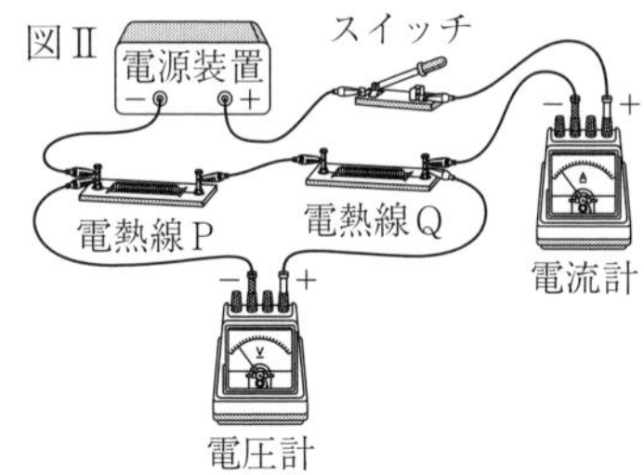

(4)　実験Ⅰ，Ⅱの結果から考えて，実験Ⅱの電熱線Qに加わっている電圧は何Vであると考えられるか。（　　　V）

(5)　図Ⅰの装置のすべてのスイッチと，図Ⅱの装置のスイッチを入れた状態から，それぞれの回路に加わる電圧を変えたとき，電流計はどちらも75mAを示した。このときの図Ⅱの電熱線Pで消費する電力は，このときの図Ⅰの電熱線Pで消費する電力の何倍か。（　　　倍）

冬美――相手がどのような枠組みで世界を理解しているかを常に意識して、Ⓓ相手と同じ枠組みで物事を捉えようとすることで揺るぎない枠組みを構築していくことが大切になるよね。

(十)　本文を通して筆者が特に述べようとしていることは何か。次の1～4から最も適当なものを一つ選んで、その番号を書け。（　　）

1　「聞く」という行為は他者との関わりを通して共同認識を構築してくれるだけでなく、物事の真実を明らかにすべき時にも非常に有効なものとなる

2　想像力を働かせて「聞く」ことが地域社会を理解する唯一の手段であるため、みずからの認識の再構築よりも想像力を養うことを優先すべきである

3　相手の全体性を会話の中で再構築するためには、言葉や感覚に対して自分の感性を働かせることなく受け身の姿勢で話を「聞く」ことが必要である

4　多面的で流動的な自然や社会と私たちとの関係の再構築のため、社会全体への感受性を働かせて「聞く」という行為を続けていくことが求められる

4　あなたは国語の授業の中で、「成長するために大切なこと」について議論しています。最初にクラスメートの太郎さんが次のような意見を発表しました。あなたなら、太郎さんの発言に続いてどのような意見を発表しますか。あなたの意見を、あとの条件1～条件3と〔注意〕に従って、解答欄に書きなさい。

太郎――私は、成長するためにはいろいろな人からの助言をしっかり受け止めることが大切だと思います。実際に、部活動で悩んでいたときに、先輩からアドバイスをいただいて、新しい考え方に気づくことができました。周囲の助言をよく聞くことで、これからも私は成長していけると思います。皆さんは、成長するためにはどのようなことが大切だと思いますか。

条件1　太郎さんの意見をふまえて、「成長するために大切なこと」に対するあなたの意見を書くこと。
条件2　身近な生活における体験や具体例などを示しながら書くこと。
条件3　原稿用紙の正しい使い方に従って、二百五十字程度で書くこと。ただし、百五十字（六行）以上書くこと。

〔注意〕
一　部分的な書き直しや書き加えなどをするときは、必ずしも「ますめ」にとらわれなくてよい。
二　**題名や氏名は書かないで**、本文から書き始めること。また、本文の中にも氏名や在学（出身）校名は書かないこと。

(150)

(250)

4　話を聞くときに働かせるべき「想像力」の例を挙げることにより、後に述べられている感受性がどういうものかを捉えやすくする役割

(六)　④に生活者の「意味世界」を重視しとあるが、生活者の「意味世界」を重視するべきだと筆者がいうのはどうしてか。それを説明しようとした次の文のア、イの［　］内にあてはまる最も適当な言葉を、本文中からそのまま抜き出して、アは十字以内、イは二十字以内でそれぞれ書け。

ア［　　　　］
イ［　　　　　　　　　　］

［ア］を用いて解釈するのではなく、現場の人びとの視点に立ち、物事を見たり考えたりすることによって、それぞれの世界には、［イ］ということに気づくことができるから。

(七)　⑤に社会のダイナミズムや多元性への想像力とあるが、これはどのような想像力のことをいっているのか。次の1～4から最も適当なものを一つ選んで、その番号を書け。（　）

1　自分が現在直面している事象そのものだけではなく、その変化や背後にあるであろう多くの要素に対してできる限り広範に想像できる力

2　自分が実感している現実の表面的な部分の観察に基づいた客観的な考察を通して、過去に起こった事実とその背景を鮮明に想像できる力

3　実際に見聞きしたことで地域社会の全体像を把握するために、現実の様々な情報を集めて今後の社会の変化について明確に想像できる力

4　地域社会では様々な事実がからみ合い広がっていることを理解した上で、その歴史にとらわれず未来のことについて多様に想像できる力

(八)　⑥の一様でないの意味として最も適当なものを、次の1～4から一つ選んで、その番号を書け。（　）

1　同じ状態ではない　　2　見通しが立たない
3　すぐに理解できない　　4　意思が統一できない

(九)　次の会話文は、⑦の「フレーム」とはどのような枠組みであるかを理解するために、春男さんたちが授業で話し合ったときの内容の一部である。次の文中のⒶ～Ⓓの＝をつけた部分のうち、本文から読み取れる内容と**異なっているもの**を一つ選んで、その記号を書け。（　）

春男――私たちは、自分の身のまわりで起きていることの意味を自分なりに捉えるときには、Ⓐ意識しているかどうかは別にして、必ず何かしらの枠組みを通して考えることになるんだね。そんなことは、気にしたことなんてなかったね。

夏希――自分と同じ体験をした他の人が、その体験をどう思っているかについて考えるときは、できるだけ相手の立場に立って考えようとしても、Ⓑ人によって生活や文化が違うので、相手と全く同じ枠組みで見ているとは限らないと思うよ。

秋人――同じ枠組みを選ぼうと努力しても、それぞれの生き方が違うわけだから、やっぱり違いは生じてくるよ。けれど、自分を取りまく世界を認識するのに枠組みを通さずにいられない以上、Ⓒ自分や相手の枠組みを意識しながら相手の話を聞くことが大切だと思うんだ。だって、自分の枠組みの幅を広げないと、世界への認識は深まらないから。

と言ってよい。人びとの「生活」について話を聞きたいと考えたとき、すでに「生活」という「フレーム」がdゼンテイになっている。こちらの思う「生活」と相手の「生活」では、その範囲は違っているかもしれない。

20 「フレーム」があること自体は悪いことではないし、人間の認識はそれから完璧に逃れることはできない。求められるのは、つねに「フレーム」について意識をすることだ。現実を見るなかで、あるいは、話を聞く中で、その「フレーム」を絶えず壊したり再構築したりすることが求められる。実のところ、これはなかなかむずかしい。しかし、それを助けてくれるのも、やはり現場のディテールである。現場のディテールを見落とさないという意識があれば、あらかじめ持っている「フレーム」の組み直しが必ず必要になってくるに違いない。

(宮内泰介「歩く、見る、聞く　人びとの自然再生」より。一部省略等がある。)

(一)　a～dの═のついているかたかなの部分にあたる漢字を楷書で書け。a(　　なる)　b(　　)　c(　　)　d(　　)

(二)　①の相互と、上下の文字の意味のつながり方が同じ熟語を、次の1～4から一つ選んで、その番号を書け。(　　)

1　就職　　2　歓喜　　3　必要　　4　温泉

(三)　②に聞き手がしゃしゃり出ては、そのダイナミズムは絶たれてしまうとあるが、筆者がこのようにいうのは、「物語」がどのようなもので、聞き手にはどのようなことが求められると考えているからか。「物語は、それが語られたときの雰囲気や」という書き出しに続けて、本文中の言葉を用いて、五十字以内で書け。

物語は、それが語られたときの雰囲気や［　　　］

(四)　③に聞くという行為が根本的であるとあるが、筆者がこのようにいうのはどうしてか。次の1～4から最も適当なものを一つ選んで、その番号を書け。(　　)

1　相手の全体性をより強く認識するためには、意識的に新しい物語を生み出していく必要があり、聞くという行為はその手段として最も効果的だから

2　人は聞かれるという行為を経て認識を再構築するものであり、聞くという行為そのものが、自然や社会との関係の再構築を促すはたらきを持つから

3　合意形成のために必要なコミュニケーションには、みずからの認識よりも、聞くという行為を通して構築されていく新しい物語のほうが重要だから

4　私たちが新しい物語を創造するためには、誰かに聞かれるという行為を通して、みずからの認識を周りに深く理解させていかなければならないから

(五)　第9段落は、本文中においてどのような役割を果たしているか。次の1～4から最も適当なものを一つ選んで、その番号を書け。(　　)

1　既に述べられた「感受性」とはつながりのない一般的な具体例を用いることで、この後に話の内容が大きく変化することを伝える役割

2　聞くべきことの内容を分かりやすく挙げることにより、後で述べられる「共同認識」を構築する際に用いる問いかけ方を例示する役割

3　相手の全体性を再構築するために想像すべきことの具体例を示して、ここまでに述べられてきた「物語」の創造についてまとめる役割

7 聞くこと自体が共同認識の構築であり、新しい物語の創造であり、そして合意形成のプロセスでもある。自然との関係、社会の中での関係を再構築するときの、最も基本的かつ根本的な方法が「聞く」という行為である。

8 ③聞くという行為が根本的であるだけに、ただ聞けばよいというわけにはいかない。「聞く」にあたっての感受性、人や社会に対する聞き手の感受性が大事になってくる。

9 聞いている相手の話が、地域社会のさまざまないとなみや歴史の中でどういう位置づけにあるか。（たとえば昭和三〇年ごろの話を聞いているとすれば）昭和三〇年ごろというと、この地域全体はどういう様子だったか。食べものの話、電気の話、学校の話、親族の話、祭りの話、そうした地域の多面性が、その人の話の中でどう位置づけられそうか。

10 そのような想像力を働かせながら、話を聞く。相手の話の向こうにある家族や友人関係、あるいは小さいころの経験や大人になってからの経験、そうしたものへの想像力も大切だ。

11 マクロ（非常に大きいこと）からミクロ（非常に小さいこと）までのさまざまな社会のなかにその人のいとなみがあり、地域の自然がある。狭い「自然」だけ、狭い「文化」だけでない、生活の全体性に対する感受性。地域社会全体に対する感受性。社会学的感受性とでもいうべき、そのような感受性が重要になってくる。

12 社会学的感受性のまず第一は、現場の事実、④生活者の「意味世界」を重視し、そのリアリティから物事を見ようとする姿勢だ。

13 「意味世界」とは、人が、自分を取りまく世界について、こうなっている、あるいはこうあるべきだ、と解釈しているその体系だ。決められた枠組みで物事を見るのではなく、現場の人びとの意味世界から何かを見よう、考えようという姿勢が、社会学的感受性の第一だ。

14 数字で表されない、言葉や感覚で表されるものへの感性、「自然との共生」「持続可能性」といった大きな物語に収斂（しゅうれん）（集まって一つにまとまること）されないものへの感性とも言ってよいだろう。それぞれの地域、それぞれの人生には、決して代替できない固有の価値があり、意味がある。そこに思いをいたすことが、まずもって大切なことだ。

15 社会学的感受性の第二は、⑤社会のダイナミズムや多元性への想像力である。

16 今見ている「現実」、今聞いている「歴史」は地域社会のダイナミックな動きの一局面に過ぎない。その「現実」の背景には、マクロからミクロまでのさまざまな背景がbフクザツにからみあっている。語りの向こうにあるもの、その時代時代の状況、地域の揺れ動く状況、背景にあるcセイサク。それらに思いをいたす。その人がもっている人的ネットワークの広がりを想像する。地域社会の中でのその人の位置はどのようなものか、その人の話の前の時代には何があったか。その人の話は、地域の歴史の中で、どう位置づけられるか。一年後に同じことを聞いても同じ話になりそうか。

17 社会も個人も、つねに動いている。また⑥一様でない。そうしたことへの想像力が求められる。

18 そして社会学的感受性の第三は、「フレーミング（枠組み形成）」への意識である。

19 いくら現場のディテール（全体の中の細部）から物事を見ようとしても、ディテールは無数にある。そのどこに注目するかは、私たちの⑦「フレーム」にかかっている。「フレーム」とは、私たちが物事を見るときの「枠組み」である。「フレーム」を通さないで物事を見ることは不可能

2　中納言は諸芸や学問を文化として奨励するべきと考えており、筆者は本来の職務を果たす妨げにならない程度に諸芸を楽しむのがよいと考えている

3　中納言は諸芸や学問をいずれもやりすぎないことがよいものと考えており、筆者は天下を治める道に通じる学問は諸芸とは異なるものと考えている

4　中納言は諸芸や学問を国を治めるために必要な教養と考えており、筆者は諸芸や学問などよりも家や国のことを大切に思うべきであると考えている

3　次の文章を読んで、あとの㈠～㈩の問いに答えなさい。なお、1～20は段落につけた番号です。

1　聞くという作業は、たいへんおもしろく、奥深い作業だ。聞くといういとなみの中には、私たちが自然や社会とどう向き合うべきかについての示唆が含まれている。

2　聞き取り調査というと、あらかじめ作っておいた質問があって、それに対して話し手が「答(こたえ)」を語る、というイメージをもつかもしれない。しかし、聞き取り調査はそういうものではない。実際にやってみると、それはすぐにわかる。

3　聞くといういとなみは、aタンなるQ&Aでなく、①相互的なコミュニケーションを通して、相手の全体性を話の中で再構築することだ。

4　私たちの認識は、一人では成り立たない。一人ひとりの認識そのものが、他人との関係のなかで成立している。それは日々構築されるものだとも言える。何かを聞かれる者は、その聞かれるという行為によって、みずからの認識を再構築する。

5　語られたことは、「真実」であるというよりも、聞き手と語り手の相互作用やその場の空気といった条件下で創造された「物語」である。社会的真実とは、常にそうした「物語」である。聞き書きは、それ自体が新たに作られた「物語」であり、だからこそダイナミックないとなみたりえる。

6　だからといって、②聞き手がしゃしゃり出ては、そのダイナミズム(活発さ)は絶たれてしまう。聞き手の姿勢としては、まずもって耳を傾けること、受容的に聞くことが重要になってくる。もちろん、耳を傾けるというのは透明人間になることではない。積極的に相手を受容することで、物語が生まれる。

2 次の文章を読んで、あとの(一)～(五)の問いに答えなさい。

(注1)小早川中納言(こばやかはちゅうなごん)殿、三原(みはら)の館に①おはしける時、京の人来りて、この頃(注2)京わらんべの(注3)謡(うたひ)に、「おもしろの春雨(はるさめ)や。花のちらぬほどふれかし」とうたふよし②語りければ、③中納言殿感じ給(たま)ひて、「それはすべての物事に渉(わた)りてことわりある謡なり。いかばかりおもしろき物も、よき程といふ事ありて、茶や(注4)香やおもしろくても、(注5)猿楽がおもしろくても、学問がおもしろくても、本業を喪(うしな)はぬほどになすべき事なり」と(注6)仰(おほ)せられしよし。いかにも茶香猿楽の類(たぐひ)はさる事なれども、学問して本業を喪ふとおほせしは本意違(たが)へり。学問は身を修め家を斉(ととの)へ、国天下を(注7)平治するの道なれば、その本業を失ふは学問にはあらず。身修まり家斉ひては、④いかで本業を失ふべきや。

（「筆のすさび」より）

（注1）小早川中納言＝小早川隆景(たかかげ)。戦国時代・安土桃山時代の武将。
（注2）京わらんべ＝京の町の若者。
（注3）謡＝詩歌や文章に節をつけて歌ったもの。
（注4）香＝香木の香りを楽しむ芸道。
（注5）猿楽＝能楽の古い呼び方。
（注6）仰せられしよし＝おっしゃったということだ。
（注7）平治する＝世の中を平和に治める。

(一) ①のおはしは、現代かなづかいでは、どう書くか。ひらがなを用いて書きなおせ。（　　）

(二) ②に語りければとあるが、これはだれが何をしたことを表現しているのか。次の1～4から最も適当なものを一つ選んで、その番号を書け。（　　）

1 京の知人を訪ねていた中納言が、京の町で若者が歌っていた謡について尋ねたこと
2 中納言を訪ねてきた京の人が、京の若者の間で流行している謡を話題に出したこと
3 京の町中で中納言に出会った若者が、近頃気に入っている謡を中納言に教えたこと
4 中納言の館に滞在していた京の若者が、中納言に求められて京の謡を披露したこと

(三) ③に中納言殿感じ給ひてとあるが、中納言が感心したのはなぜか。それを説明しようとした次の文の□内にあてはまる言葉を、本文中からそのまま抜き出して、五字以内で書け。□□□□□

「なんと趣深い春雨だことよ。花が散らない程度に降ってくれ」という意味を持つ謡が、広く一般に通用する世の□を含んでいると感じたため

(四) ④にいかで本業を失ふべきやとあるが、これはどういう意味か。次の1～4から最も適当なものを一つ選んで、その番号を書け。（　　）

1 どうして本業を失わないといえるのか
2 どうすれば本業を失っても許されるか
3 どうして本業を失うことがあるものか
4 どうすれば本業を失わなくてすむのか

(五) 本文の中で述べられている、茶や香、猿楽などの諸芸と学問についての、中納言と筆者の考えとして最も適当なものを、次の1～4から一つ選んで、その番号を書け。（　　）

1 中納言は諸芸や学問を本来の職務を果たしたうえでなすべきものと考えており、筆者は諸芸や学問を追究することを最優先とするべきと考えている

きの川木の気持ちはどのようなものだと考えられるか。次の1～4から最も適当なものを一つ選んで、その番号を書け。（　　）

1　川木は、負けても平常心を失わない徹に憧れていたため、日本で暮らす徹と遠く離れることになっても、自分を忘れてほしくないと思っている

2　川木は、地道な練習を欠かさない徹を温かく見守っており、新たな道へ踏み出す自分を誇らしく感じながらも、徹との別れを寂しく思っている

3　川木は、妥協せず努力を続ける徹の姿に励まされてきたため、これからも徹の存在を感じることで、前向きな自分であり続けたいと思っている

4　川木は、いつも冷静な態度で試合に臨む徹を目標にしており、一時の感情のすれ違いで、尊敬し合える徹との関係を壊したくないと思っている

(七)　本文中には、徹に自分の思いを伝えようとして空回りしている川木の様子を、徹が比喩的に捉えたことが表されている一文がある。その一文として最も適当なものを見つけて、初めの三字を抜き出して書け。

(八)　本文中の徹について述べたものとして最も適当なものはどれか。本文全体の内容をふまえて、次の1～4から一つ選んで、その番号を書け。（　　）

1　川木の才能に引け目を感じていたが、川木の言葉に向き合ってその思いを知ったことで、新たな視点で川木との関係を捉え始めている

2　川木をうらやましく思うばかりで視野を狭くしていたが、川木が悩みを打ち明けたことで、川木に対して仲間意識が生まれ始めている

3　川木の留学にあせりと失望を感じていたが、出会ってからの思い出を語り合ったことで、共に目標に向け努力する決意が芽生えている

4　川木を説得することを半ばあきらめかけていたが、人知れず努力する川木の姿に気づいたことで、憧れの思いがわき上がってきている

助けられてるんだ」

「そんな精神論……」

苦し紛れの反論は、自分でも無意味だとわかっていた。なぜなら、

「テニスはメンタルスポーツだからな」

川木はにやっと笑う。

そうだ。

③そしてダブルスにおいて選手の精神は、二つで一つだ。

当たり前のようで、わかっていなかったこと。

「ダブルスパートナー、誰だってよかったわけじゃねえよ」

ぼそりと、川木はそう言って、遠くを見る目になった。

「なあ徹、おまえはずっと前見ててくれよ。俺がアメリカ行っても、どこにいても、④俺の背中ちゃんと見ててくれよ」

その目に何が映っているのか、その日、俺はようやく少しだけわかったような気がする。

（天沢夏月「17歳のラリー」より。一部省略等がある。）

㈠　a～dの――のついている漢字のよみがなを書け。

a（　　）　b（　　わせて）　c（　　）　d（　　まれて）

㈡　①に俺は言葉を失いかけたとあるが、徹が言葉を失いかけたのは、これまで川木をどのようなものと感じていた徹が、川木の発言のどのような点を意外に感じたからか。「川木に『勝ったときは徹のおかげだ』と言われ、これまで川木を」という書き出しに続けて、三十五字以内で書け。

川木に「勝ったときは徹のおかげだ」と言われ、これまで川木を［　　　　　　　　　　　　　　　　　　　　　　　　　　　　　　　　　　］ような点を意外に感じたから

㈢　②に追い越し走とか俺すげえキツくってさとあるが、川木は追い越し走についての話をする中で、徹にどのようなことを伝えようとしていると考えられるか。次の1～4から最も適当なものを一つ選んで、その番号を書け。（　　）

1　徹に印象的な出来事を思い出してもらうことで、日本で最後に出る試合でも、二人で一緒に勝負に挑みたいと伝えようとしている

2　川木を過大評価していた徹に、川木も様々な悩みを抱えながら練習に取り組む、ごく普通の選手であることを伝えようとしている

3　川木の言葉にいまだ納得しきれない徹に対し、具体的な出来事を通して、川木には真似のできない徹の良さを伝えようとしている

4　徹の卑屈な態度を指摘することを通して、徹が逃げずに川木を乗り越えていくことが、徹の成長につながると伝えようとしている

㈣　本文中の［　　］内にあてはまる表現として最も適当なものを、次の1～4から一つ選んで、その番号を書け。（　　）

1　笑いが止まらなくなって

2　和やかな気持ちになって

3　寂しさがこみ上げて

4　居心地が悪くなって

㈤　③にそしてダブルスにおいて選手の精神は、二つで一つだとあるが、徹がこのことを意識したきっかけは、徹がどのようなことを知ったことだと考えられるか。その内容を**信念**という語を用いて、四十字程度で書け。

［　　］を知ったこと

㈥　④に俺の背中ちゃんと見ててくれよとあるが、このように言ったと

は毎日出るし、ラリー長くなっても根気強くチャンス待つし、決め所はきちんとエース決めるようなやつが、いるんだよ」

川木が言いながら、またボールを拾いにいった。なにをしているんだ、こいつは。

「そんな化け物みたいなやつ、いねえよ」

俺が言うと、川木は笑った。

「おまえのことだよ、徹」

ぽーん、とボールが放られて、無意識に手を伸ばしていたようだった。ぽすっと手の中に収まったボールを見て、川木を見た。

「……は?」

「だから、徹のことだって」

もう一度言って、川木は空を見上げた。

ついこないだまで桜の花びらが舞っていたはずの空は、一層青さを増して、初夏の気配をｂ漂わせている。風が吹いて、鼻孔をくすぐる。薬を飲んだはずの鼻がむずがゆい。

くしゃみを一つした。川木が笑った。

「一年の頃からずっと、すげーなあって思ってた。入部した最初の頃ってさ、一年は全然打たせてもらえなくて外周とかめっちゃ走らされるじゃん。②追い越し走とか俺すげえキツくってさ」

追い越し走というのは、部員が一列になって一定の速度で走りながら、一番後ろの人が列の一番先頭まで走って先頭者になる、というのを延々繰り返すランニングだ。ただ走り続けるのと比べて加減速を繰り返すので負担が大きく、体力のないやつはそのうち追い越せなくなって列から脱落していく。

「翼がスタミナ馬鹿だろ。あいつが先頭になるとなんかペース上がって追い越すのほんとしんどいんだよ。絶対嫌がらせしてんだぜ」

確かに山本は強かった。追い越し走で脱落したことがないのは山本と、それから、

「でも徹だけは、いつも山本に食らいついていってたからな」

……そう。最後にはいつも、俺と山本が二人で追い越し走するという地獄絵図になっていたっけ。

「最初はなんか弱っちそうだなと思ってた。でも徹は朝練は絶対毎日最初に出てるし、練習中もすげえ真面目だし、冷静だし、どんどん上手くなるし、プレーはｃ丁寧でミスもないし、決め所は絶対ミスんねえし」

俺はだんだん［　　］きて、遮ろうと思った。でもそのとき、川木が言ったのだ。

「なにより徹は、下を見ないから」

――下を見るな。

コーチに言われた言葉。自分の中にｄ刻まれている信念。

誰にも気づかれていないと思っていた。ましてや自分のことなんか、まるで眼中にないだろうと思っていた川木なんかに。

ずっと見ていたのだろうか。

俺が川木の背中を見続けたように。

その背中は振り返らないと思っていた。

俺のことなんか見ていないのだと思っていた。

同じ場所にはいないのだと思っていた。

――でも。

「おまえが前見てるから、俺も下見ないようにしようって思うんだぜ。おまえが背中見てるって思うと、なんか背筋が伸びるんだ。だからダブルスの方が安定してるんだよ。おまえが同じコートにいるだけで、すげえ

国語

時間　五〇分
満点　五〇点

1　次の文章は、高校のテニス部に所属する俺（徹（てつ））が、ダブルスでペアを組んでいる川木がスカウトされてアメリカに留学すると知り、部長の山本翼と同様に割り切れなさを抱いていたところ、ある日、川木と言い合いになり、「勝てば川木のおかげだと思うし、負けたら俺のせいだと思う」という日頃の思いを告げ、ペアを解消したいと伝えた場面に続くものである。これを読んで、あとの㈠～㈧の問いに答えなさい。

テニスコートは校舎を挟んでａ校庭の反対側にあるので、昼休みにこっちの方にくる人は少なくて、なんだか別世界のように感じる。コートの上に、俺と川木だけ。だけど、俺は一人だ。ここには俺しかいない。川木は別次元の存在だ。同じコートの上に立っていても、川木は俺と同じ土俵でテニスをしていたことなんて、一度だってないのだ。

でも、どうせあと数ヶ月（すうかげつ）待てば川木はいなくなる。今揉（も）める必要なんてなかったのに、言ってしまった自分にちくちくと後悔が込み上げてきたとき、

「嫌だ」

川木の声は小さかったが、やけに大きくコートに響いて、俺は顔を上げた。

川木の真顔がそこにあった。

テニスをしているときだけに見せる、ぎらぎらとした夏の日差しのようなまなざし。

「話聞いてたのか？」

「聞いてたけど納得はしてねえ」

「納得なんか求めてねえよ。どうせ川木にはわからない」

「俺は勝ったとき徹のおかげだと思うし、負けたら自分のせいだと思ってる」

①俺は言葉を失いかけた。

かろうじて言い返した。

「真似（まね）すんな」

「マジなんだな、これが」

いつぞや聞いた口調で川木は笑う。なぜ笑うのだろう。俺は今度こそ言葉を失う。

「なあ徹。俺はおまえが思ってくれてるほどすげえ選手じゃねえよ」

コートの隅っこに落ちているボールを見つけて、川木が小走りに拾いにいく。拾ったボールをくるくると手の中で転がしてから俺に向かって投げる。俺がひょいと避（よ）けると「避けんなよッ」と怒鳴る。

「すぐ調子崩すし、調子崩れたら戻らねーし、朝練は気分乗らなきゃ出ねーし、ラリー長くなるとついつい一発エース（相手にボールを打ち返すチャンスを与えずに得点すること）に頼っちまうし、でもミスるし」

言いながら川木は、俺が避けたボールを拾いにいった。一人で「取ってこい」をやっている犬みたいだ。

「それでも川木は、インハイ（全国高等学校総合体育大会）に出てる。それだけの力がある。海外にだって呼ばれてる。それだけ認められてるってことだろ。誰でもいいわけじゃない。それは、川木じゃなきゃダメってことだろ」

俺は淡々と事実を述べる。川木がもう一度ボールを投げる。俺は避ける。

「この世界には、調子崩さないし、調子崩しても自力で戻せるし、朝練

2022年度／解答

数　学

1 【解き方】(1) 与式＝$-15+9=-6$

(2) 与式＝$5x-10y-4x-y=x-11y$

(3) 与式＝$\dfrac{6a^2}{2a}-\dfrac{4ab}{2a}=3a-2b$

(4) 与式＝$(2\sqrt{2}+1)(\sqrt{2}-1)=4-2\sqrt{2}+\sqrt{2}-1=3-\sqrt{2}$

(5) 与式＝$3(x^2-4)=3(x+2)(x-2)$

(6) $x-2=\pm\sqrt{5}$ より，$x=2\pm\sqrt{5}$

(7) ㋐ 連続する2つの整数を表す。㋑ n が偶数のときは連続する2つの奇数を表すが，n が奇数のときは連続する2つの偶数を表す。㋒ $2n$ は必ず偶数だから，連続する2つの偶数を表す。㋓ $2n$ は必ず偶数だから，連続する2つの奇数を表す。

【答】(1) -6　(2) $x-11y$　(3) $3a-2b$　(4) $3-\sqrt{2}$　(5) $3(x+2)(x-2)$　(6) $x=2\pm\sqrt{5}$　(7) ㋓

2 【解き方】(1) △ABDは二等辺三角形だから，∠ADB＝$(180°-50°)\div 2=65°$　AD∥BCより，∠DBC＝∠ADB＝65°　△BCDの内角の和より，∠BCD＝$180°-(60°+65°)=55°$

(2) ア．㋐，㋒，㋓は面ABCと交わり，CB∥DEより，㋑は面ABCと平行になる。イ．△BCEで三平方の定理より，CE＝$\sqrt{8^2+4^2}=4\sqrt{5}$ (cm)　AからCEに垂線AHを下ろすと，△ACE＝30cm^2 より，$\dfrac{1}{2}\times 4\sqrt{5}\times$ AH＝30だから，AH＝$3\sqrt{5}$ (cm)　よって，求める体積は，$\dfrac{1}{3}\times 4\times 8\times 3\sqrt{5}=32\sqrt{5}$ (cm^3)

(3) 右図のように，AからBCに垂線AHを下ろすと，HはABの中点だから，BH＝HC＝2cm　また，BD：DC＝3：1より，BD＝3cm，DC＝1cm，HD＝$2-1=1$ (cm)となる。AH＝$\dfrac{\sqrt{3}}{2}$AB＝$2\sqrt{3}$ (cm)だから，△ADC＝$\dfrac{1}{2}\times 1\times 2\sqrt{3}=\sqrt{3}$ (cm^2)　また，△ADHについて，三平方の定理より，AD＝$\sqrt{(2\sqrt{3})^2+1^2}=\sqrt{13}$ (cm)　円周角の定理より，△ADCと△BDEは2つの角が等しいから，△ADC∽△BDE　相似比は，AD：BD＝$\sqrt{13}$：3となるから，面積比は，$(\sqrt{13})^2:3^2=13:9$　よって，△BDE＝$\dfrac{9}{13}$△ADC＝$\dfrac{9\sqrt{3}}{13}$ (cm^2)

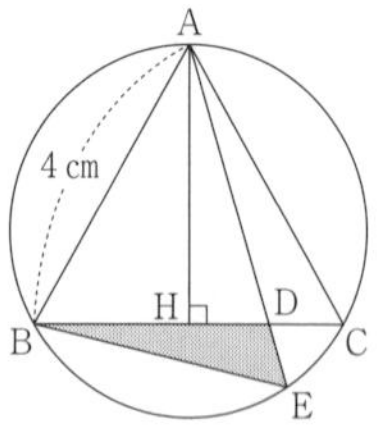

【答】(1) 55°　(2) ア．㋑　イ．$32\sqrt{5}$ (cm^3)　(3) $\dfrac{9\sqrt{3}}{13}$ (cm^2)

3 【解き方】(1) $10a+b$ が8の倍数になるのは，$(a, b)=(1, 6)$，$(2, 4)$，$(3, 2)$，$(5, 6)$，$(6, 4)$の5通り。a，b の組み合わせは全部で，$6\times 6=36$ (通り)だから，求める確率は $\dfrac{5}{36}$。

(2) 借りた本の冊数の4月から9月までの合計は，$1+6+4+2+8+3=24$ (冊)だから，この6か月の平均値は，$24\div 6=4$ (冊)　10月の4冊を加えると，合計は28冊になるから，この7か月の平均値は，$28\div 7=4$ (冊)で等しくなる。また，4月から9月までの借りた本の冊数を少ない順に並べると，1，2，3，4，6，8。よって，この6か月の中央値は，$\dfrac{3+4}{2}=3.5$ (冊)　10月の4冊を加えると中央値は4冊になるから，大きくなる。

⑶ ア．$y = \frac{1}{4}x^2$ に，$x = -3$ を代入して，$y = \frac{1}{4} \times (-3)^2 = \frac{9}{4}$　$x = -1$ を代入して，$y = \frac{1}{4} \times (-1)^2 = \frac{1}{4}$　よって，求める変化の割合は，$\left(\frac{1}{4} - \frac{9}{4}\right) \div \{(-1)-(-3)\} = (-2) \div 2 = -1$　イ．$y = \frac{1}{4}x^2$ に，$x = 6$ を代入して，$y = \frac{1}{4} \times 6^2 = 9$ より，A (6, 9)　右図のように，点(6, 0)をCとすると，ABと x 軸は平行だから，∠OAB＝∠AOC　よって，∠BPO＝∠AOCとなるから，BP∥AO　すなわち，四角形ABPOは平行四辺形となる。OP＝AB＝6より，P (－6, 0)だから，APの傾きは，$\frac{9-0}{6-(-6)} = \frac{9}{12} = \frac{3}{4}$ で，直線APの式は，$y = \frac{3}{4}x + b$ と表せる。点Pの座標の値を代入して，$0 = \frac{3}{4} \times (-6) + b$ より，$b = \frac{9}{2}$　したがって，求める式は，$y = \frac{3}{4}x + \frac{9}{2}$

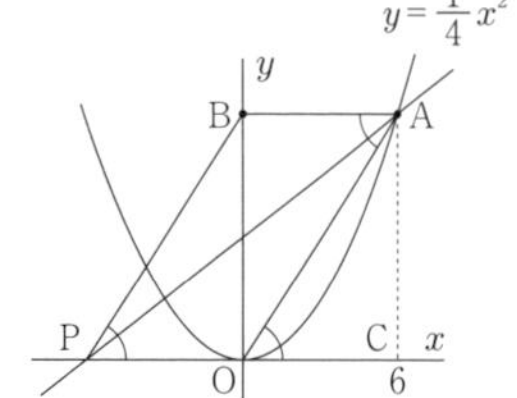

⑷ 箱Cに入っているクッキーの枚数は $2a$ 枚と表せる。箱A，箱B，箱Cに入っているクッキーの枚数の合計より，$a + b + 2a = 27$　整理して，$3a + b = 27$……①　花子さんが買ったクッキーの枚数の合計より，$8a + 4b + 2a \times 3 = 118$　整理して，$7a + 2b = 59$……②　②－①×2より，$a = 5$　①に代入して，$3 \times 5 + b = 27$ より，$b = 12$

【答】⑴ $\frac{5}{36}$　⑵ ㋑(と)㋓　⑶ ア．－1　イ．$y = \frac{3}{4}x + \frac{9}{2}$　⑷ (a の値) 5　(b の値) 12

4 **【解き方】**⑴ ア．辺を n 等分する点は，各辺に $(n-1)$ 個ある。立方体は辺が12本，頂点が8個だから，$n = 5$ のとき，$a = 4 \times 12 + 8 = 56$　イ．2以上の自然数 n について，$a = 12(n-1) + 8 = 12n - 4$　また，正四面体は，辺が6本，頂点が4個あるから，(i) n が偶数のとき，各辺の中点は n 等分する点に含まれるから，$b = 6(n-1) + 4 = 6n - 2$　(ii) n が奇数のとき，n 等分する点と中点に•印をつけるから，$b = 6(n-1) + 6 + 4 = 6n + 4$　したがって，$a - b = 70$ となるのは，(i)のとき，$(12n-4)-(6n-2) = 70$ より，$n = 12$　12は偶数だから条件を満たす。(ii)のとき，$(12n-4)-(6n+4) = 70$ より，$n = 13$　13は奇数だから条件を満たす。

⑵ ア．次図Ⅰのように，図形Sは長方形ABCDと相似な四角形となる。長方形ABCDの隣り合う2辺の比は，8：6＝4：3だから，図形Sの隣り合う2辺は，4 cmと3 cmとなる。したがって，このときの図形Sの面積は，$4 \times 3 = 12$ (cm^2)　イ．アのとき，三平方の定理より，$AE = \sqrt{4^2 + 3^2} = 5$ (cm)　$AC = \sqrt{8^2 + 6^2} = 10$ (cm)だから，図形Sは，$0 \leqq x \leqq 5$ のとき次図Ⅱのように，$5 \leqq x \leqq 10$ のとき次図Ⅲのようになる。図Ⅱにおいて，図形Sは長方形AIEJで，対角線で区切られた2つの直角三角形は，3辺の比が3：4：5となる。よって，AE＝x cmより，$AI = \frac{4}{5}x$ cm，$EI = \frac{3}{5}x$ cmだから，図形Sの面積は，$\frac{4}{5}x \times \frac{3}{5}x = \frac{12}{25}x^2$ (cm^2)　図Ⅲにおいて，図形Sは長方形KLEFで，AE＝x cmより，$EL = \frac{3}{5}x$ cm　KL＝4 cmだから，図形Sの面積は，$\frac{3}{5}x \times 4 = \frac{12}{5}x$ (cm^2)　ウ．点Eが点Aから点Cまで動く10秒間の途中の6秒間について考えるから，t の値の範囲は，$0 \leqq t \leqq 4$ となる。このとき，$6 \leqq t + 6 \leqq 10$ だから，t 秒後の図形Sの面積は $\frac{12}{25}t^2$ cm^2，$(t+6)$ 秒後の図形Sの面積は $\frac{12}{5}(t+6)$ cm^2 となる。したがって，$5 \times \frac{12}{25}t^2 = \frac{12}{5}(t+6)$　整理して，$t^2 - t - 6 = 0$ だから，$(t-3)(t+2) = 0$　よって，$t = 3, -2$　$0 \leqq t \leqq 4$ だから，$t = 3$

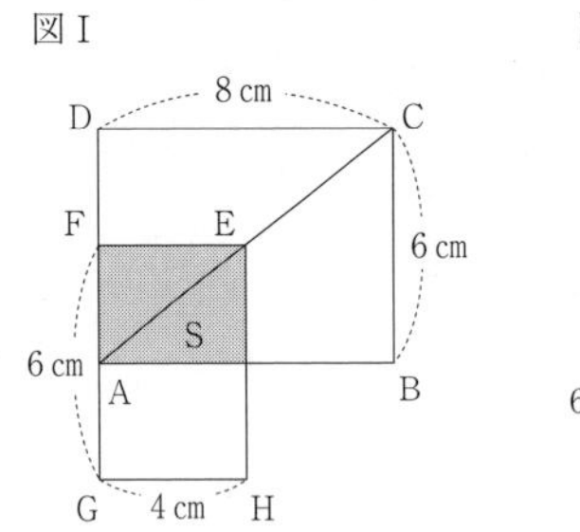

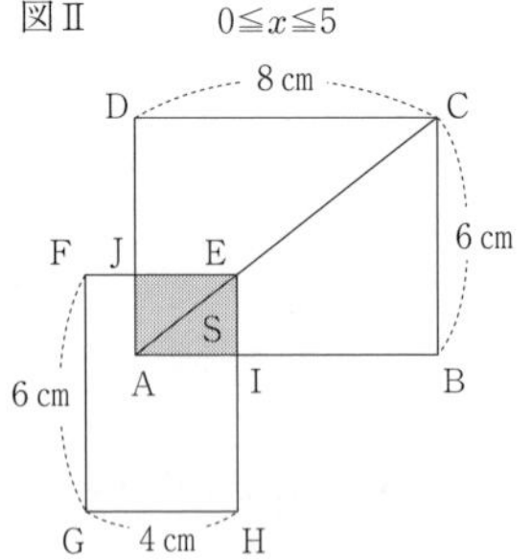

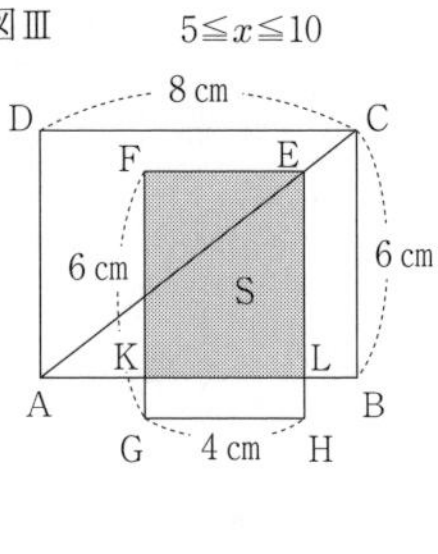

【答】 (1) ア．56　イ．12，13

(2) ア．12 (cm^2)　イ．($0 \leqq x \leqq 5$ のとき) $\dfrac{12}{25}x^2$ (cm^2)　($5 \leqq x \leqq 10$ のとき) $\dfrac{12}{5}x$ (cm^2)　ウ．(t の値) 3

5 **【解き方】** (2) 図は右図のようになる。

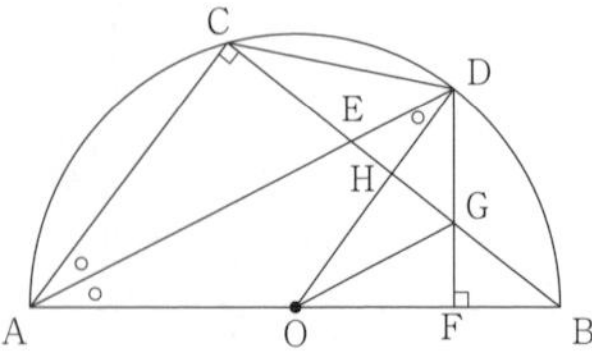

【答】 (1) △ACD と△AEB において，仮定より，∠CAD = ∠EAB……①　$\overset{\frown}{AC}$ に対する円周角だから，∠ADC = ∠ABE……②　①，②より，2 組の角がそれぞれ等しいから，△ACD ∽△AEB

(2) 円 O の半径だから，OA = OD……①　OD = OB……②　①より，△OAD は二等辺三角形だから，∠OAD = ∠ODA　仮定より，∠CAD = ∠OAD だから，∠CAD = ∠ODA　よって，錯角が等しいから，AC ∥ OD……③　△ODF と△OBH において，共通だから，∠DOF = ∠BOH……④　AB は直径だから，∠ACB = 90°　③より，同位角は等しいから，∠OHB = ∠ACB = 90°　また，仮定より，∠OFD = 90° だから，∠OFD = ∠OHB = 90°……⑤　②，④，⑤より，直角三角形の斜辺と 1 つの鋭角がそれぞれ等しいから，△ODF ≡△OBH　よって，OF = OH……⑥　△OFG と△OHG において，OG は共通……⑦　⑤より，∠OFG = ∠OHG = 90°……⑧　⑥，⑦，⑧より，直角三角形の斜辺と他の 1 辺がそれぞれ等しいから，△OFG ≡△OHG

英　語

1 【解き方】A.「ユミは今，母親とケーキを作っている」と言っている。

B. コウタは「月曜日と水曜日と金曜日にサッカーを練習する」,「火曜日にサッカーシューズを買うために買い物へ行く」,「木曜日には予定がない」と話している。

C. タカシはセーターの値段を聞いて,「わかりました。それを買います」と言った。

D. (Emi が行こうとしている場所) エミは「私はこの辺りの駅へ行きたい」と話している。(Emi が選ぶ交通手段でその場所までかかる時間) 受付係は「バスなら 15 分，タクシーなら 5 分」と話しているが，エミは時間があるのでバスを選んだ。(Emi が楽しみにしていること) 受付係にアップルパイを紹介されて，エミは「私はアップルパイを食べるのが待ち切れない」と言っている。

E. No.1. 夏にタクヤはどこへ行ったか？→タクヤは「この夏，私はある英語のプログラムに参加するために，私の町にある語学学校へ行った」と話している。No.2. 先生はタクヤに何をするように言ったか？→タクヤは先生が「あなたは英語を話す時間をもっと多く持つべきだ」と言ったと話している。No.3. タクヤはなぜ英語で自分自身に話しかけることを始めたか？→タクヤは「家で私は英語でだれかと話したいが，私の家族は英語を話すことができない」と話している。

【答】A. ③　B. ④　C. ウ

D. (Emi が行こうとしている場所) 駅 (同意可)　(Emi が選ぶ交通手段でその場所までかかる時間) 15 (分)　(Emi が楽しみにしていること) アップルパイを食べる(こと) (同意可)

E. No.1. イ　No.2. エ　No.3. イ

◀全訳▶　A. ユミは今，彼女の母親とケーキを作っています。

B.

ミキ　：私は月曜日に映画に行くつもりなの。わくわくしているわ。あなたはどう，コウタ？

コウタ：それはいいね。ぼくは来週とても忙しいんだ。ぼくは月曜日と水曜日と金曜日にサッカーを練習するつもりだ。そして，火曜日にサッカーシューズを買うために買い物へ行くつもりだ。木曜日には予定がないから，その日に何ができるのかを考えているよ。

C.

店員　：こんにちは。ご用はございますか？

タカシ：ええ，お願いします。私はこのセーターが気に入っています。これはいくらですか？

店員　：それは 20 ドルです。

D.

エミ　：すみません。

受付係：はい。

エミ　：私はこの辺りの駅へ行きたいのです。そこへの行き方を教えてもらえませんか？

受付係：わかりました。あなたはバスかタクシーを使うことができます。バスなら 15 分，タクシーなら 5 分です。

エミ　：わかりました。時間が十分あるので，私はバスを使います。ああ，私にはもう 1 つ質問があります。食べるための良いものはありますか？

受付係：ええと，ここではリンゴが有名です。あなたはアップルパイを食べるべきです。

エミ　：いいですね。私はアップルパイを食べるのが待ち切れません！　お手伝いをありがとうございます。

E. 私は英語が好きです。私は熱心に英語を勉強しています。この夏，私はある英語のプログラムに参加するために，私の町にある語学学校へ行きました。私はそこでアメリカ，中国，インドのような，いろいろな国の出身の人たちと会いました。彼らはみんな英語でお互いに話しましたが，私は英語を上手に話すことができませんでした。

その次の日，私はそのことを英語の先生に話して，「私は授業中ずっと熱心に英語を勉強してきました。私の英語を向上する何か他の良い方法がありますか？」と言いました。彼女は「あなたは英語を話す時間をもっと多く持つべきです。例えば，授業中に英語の単語や表現を学んだあと，あなたはだれかと話して，それらを使うようにすべきです。英語を学んでいるときには，練習は重要です」と言いました。

そのあと，私はもっと英語を話し始めました。学校で，私は英語の先生と英語だけで話します。そして，家で私は英語でだれかと話したいのですが，私の家族は英語を話すことができません。だから，私は家では英語で「自分自身」に話しかけます。今，私は英語を話す時間をより多く得ました。私はもっと私の英語を向上させるつもりです。

No.1. 夏にタクヤはどこへ行きましたか？

No.2. 先生はタクヤに何をするように言いましたか？

No.3. タクヤはなぜ英語で自分自身に話しかけることを始めたのですか？

2 **【解き方】**(1) (a) 次にエマが「元気です」と答えている→「お元気ですか？」。(b) 次にリコが「私は日曜日に新しい水族館へ行く予定です」と答えている→「この週末のあなたの計画は何ですか？」。(c) エマが，化石で見つかったペンギンの背の高さが約 1.6 メートル，体重が 80 キログラムであることをリコに話した→「それは私より背が高く，私より大きいです」。(d) 次にリコが「もちろん，いいですよ」と答えている→「あなたと一緒に行ってもいいですか？」。

(2)「～を信じる」= believe ～。

(3)「もし巨大なペンギンが世界にいたら，私は彼らをとても『恐れる』でしょう」。「～を恐れる」= be afraid of ～。

【答】(1) (a) ウ　(b) エ　(c) キ　(d) ク　(2) believe　(3) エ

◀全訳▶

リコ：こんにちは，エマ。元気？

エマ：元気よ，でも今週はずっと忙しいの。この週末のあなたの計画は何？

リコ：私は日曜日に新しい水族館へ行く予定よ。私はペンギンが大好きなの。

エマ：ああ，あなたはペンギンが大好きなのね。私の国のオーストラリアでは，野生のペンギンを見ることができるのよ。

リコ：わあ，私はそれを信じることができない！　もし私がオーストラリアにいたら，野生のペンギンを見ることができるのに。彼らは小さくてとてもかわいいわ！

エマ：そうね。でも私は巨大なペンギンについてのニュースを見たわ。

リコ：何ですって？　巨大なペンギン？　それについて私にもっと教えて。

エマ：そのニュースではペンギンの脚の化石が見つかったと言っていたわ。それは約 6000 万年前のものだったの。そしてその巨大なペンギンはおよそ 1.6 メートルの背の高さがあり，80 キログラムだったの。

リコ：本当に？　それは私より背が高くて大きいのね。私は大きな海の動物が好きではないわ。もし巨大なペンギンが世界にいたら，私は彼らをとても恐れるでしょう。

エマ：心配しないで。それはずっと昔のことで，この世界のペンギンはとてもかわいいわ。私は新しい水族館でペンギンを見てみたい。あなたと一緒に行っていい？

リコ：もちろんよ。この世界の小さくてかわいいペンギンを楽しみましょう！

3 **【解き方】**(1)「私は剣道のことを聞いたことがあった」。「～のことを聞く」= hear of ～。

(2)「私は 10 年前にそれを始めた」。「10 年前」とあることから，過去形になる。

(3)「～を…に言う」= tell … ～。「それが何を意味するのか」は間接疑問文〈疑問詞＋主語＋動詞〉で表す。

(4)「彼はより良い剣士になるために何度も何度も練習した『ので』，今，彼は熟練者である」。理由を表す接続詞の because があてはまる。

(5)「～のような」= like ～。受動態の文になる。

(6)「私は世界のすべての人々が剣道の剣士ならいいと思う」。仮定法の文である。「～であればよいと思う」= wish ～。

(7)「世界は敬意に満ちているだろう」。「～でいっぱいである」= be full of ～。

(8)「私は世界で剣道が人気になるよう努めるつもりだ」。「～しようとする」= try to ～。「～を…にする」= make ～ …。

(9)「～を想像する」= imagine ～。「～に広がる」= spread to ～。「将来」= in the future。

【答】 (1) イ (2) began (3) (例) Can you tell me what it means (4) ア

(5) person like my grandfather is called (6) エ (7) ウ (8) will try to make kendo popular

(9) (例) please imagine that kendo will spread to other countries in the future

◀全訳▶ 私の祖父は70歳です。彼は剣道の道場を所有していて，たくさんの人々に剣道を教えています。彼は時々，剣道に興味がある人々に体験レッスンを開き，私はよくそのレッスンで彼を手伝います。

ある日，一人の男の子がその体験レッスンに来ました。私は彼を知っていました。彼の名前はジョンでした。彼は1年前に日本に来ました。私は彼に「きみが剣道に興味があることを知らなかったよ」と言いました。彼は「ぼくは日本の文化に興味があるんだ。ぼくは剣道のことを聞いたことがあったけれど，以前に一度もやったことがない。きみはいつ剣道を練習し始めたの？」と言いました。私は「ぼくはそれを10年前に始めたんだ。今日，ぼくはきみが剣道を学ぶのを手伝うよ」と言いました。

私たちが剣道について話していたとき，ジョンが私に「日本語を学んでいたとき，ぼくは柔道，書道，そして剣道のようないくつかの日本語が『どう』という同じ音を持つことに気づいた。それが何を意味するのかをぼくに言うことができる？」と言いました。私は「それは英語の『way』を意味しているんだ。良い剣士になるのは，長い道を歩くことと同じなんだ。ぼくの祖父を見て。彼はより良い剣士になるために何度も何度も練習したので，今，彼は熟練者だ。彼は良い剣道の技術を持っているだけでなく，彼の対戦相手への敬意も持っている。ぼくの祖父のような人が，熟練者と呼ばれているんだ」と言いました。私の祖父がこれを聞いて，「良い剣道の剣士はすべての人に対する敬意を忘れてはならない。これが剣道の精神だよ」と言いました。ジョンは「わあ，剣道はすごいね。ぼくは世界のすべての人々が剣道の剣士ならいいと思う」と言いました。私は彼に「どうしてなの？」とたずねました。彼は「もしすべての人がこの剣道の精神を持ったら，世界は敬意に満ちて，より素晴らしい場所になるよ！」と答えました。これを聞いたとき，私は剣道の偉大なちからに気づきました。私は彼に，「ぼくは立派な剣士になって，世界で剣道が人気になるよう努めるつもりだ」と言いました。ジョンは私に「すごい！　あなたにはそれができるよ！」と言いました。みなさん，剣道が，将来，他の国々に広がるだろうことを想像してください。そのような世界はかっこいいですよね？　もしみなさんが剣道に興味があるなら，同じ夢への長い道を一緒に歩いてみませんか？

4 **【解き方】** (1) 直前で勇太が「私たちの町はとても退屈だ」と言い，和夫の質問を受けたあとで「この町には，私にとって興味深いものが何もないからだ」と答えている→「あなたはなぜそう思うのか？」などの文が考えられる。

(2)「彼の町にはたくさんのおいしい地元の夏野菜があることを知って，彼は驚いた」。「～して驚く」= be surprised to ～。

(3) 直前にある I like these tomatoes the best.という勇太の言葉がその内容になる。

(4)「しかしながら，私にはこれらのトマトを多くの人に紹介する機会がない」。「機会」= chance。

(5) 第2段落の後半で，和夫は勇太に，勉強会に行けばコンテストが開かれる理由がわかると話した。勉強会での出来事を通じて，勇太は地元の野菜の紹介のためにコンテストが開催されることがわかった。

(6) コンテストの体験を通じて，勇太はどんなことがわかったか？→「私は『この町の良いところを知った』」。

(7) (a) 勇太の町では毎年夏に何が開催されるか？→「野菜の料理コンテスト」。(b) 勇太はコンテストで優勝したか？→最終段落の2文目に「勇太は最善を尽くしたが，コンテストで優勝することはできなかった」とあるので，No で答える。

(8) ㋐「勇太はコンテストに参加することを決める前は，夏休み中にすることの計画がなかった」。第1段落を見る。正しい。㋑ 第2・3段落で勉強会について書かれているが，和夫が勉強会を開こうとしたという内容は書かれていない。㋒ 第3段落の2文目に，勉強会の料理について「すべての料理は彼の町の地元の夏野菜だけで作られた」とある。㋓ 最終段落の1文目に「1週間後，勇太の町や他の町から多くの人々がコンテストへやってきた」とある。㋔「コンテストのあと，和夫は勇太と一緒に甘いトマトで料理を作りたいと思った」という内容は書かれていない。㋕「野菜の料理コンテストのあと，勇太は自分の故郷に興味を持つようになった」。最終段落の後半を見る。正しい。

【答】 (1) (例) Why do you think so　(2) イ　(3) 勇太がこれらのトマトが一番好きだということ（同意可）
(4) イ　(5) コンテストは，この町のおいしい野菜を多くの人に紹介するために開かれること（同意可）　(6) エ
(7) (例) (a) A vegetable cooking contest is　(b) No, he didn't　(8) ㋐(と)㋕

◀全訳▶　勇太は中学生です。ある日，彼の父親の和夫が勇太に「おまえは夏休みの間に何をするつもりだ？」とたずねました。勇太は，「特別なことをするつもりはないよ。ぼくたちの町はとても退屈だ」と答えました。和夫は「本当か？　(なぜそう思うんだ)？」と言いました。勇太は「この町には，ぼくにとって興味深いものが何もないからだ」と言いました。和夫は「それは確かか？　私たちの町には興味深いイベントを楽しむ多くの機会があるぞ。例えば，毎年夏に，公園で野菜の料理コンテストが開催される。それに参加してはどうだ？」と言いました。勇太は「それはいいね。ぼくは料理をするのが好きだ」と言いました。勇太はそのコンテストに参加することにしました。

土曜日に，勇太はインターネットで野菜の料理の調理法を探し，和夫にその料理を出しました。勇太は和夫に「それはおいしいよね？」と言いました。和夫は「おいしいよ。ところで，これらの野菜はどこから来たものだい？」と言いました。勇太は「知らないよ」と答えました。和夫は勇太に「それでは，おまえはどうして私たちの町でそのコンテストが開催されるのかを知っているかい？」とたずねました。勇太は「いいや。その理由をぼくに教えて」と言いました。和夫は「明日公民館で料理の勉強会が開催されるんだ。その答えはそこにあるよ」と言いました。すると，勇太は「答えを見つけるためにそこへ行ってみるよ」と言いました。

日曜日に，人々は勉強会で料理をつくって，それらを出しました。すべての料理は彼の町の地元の夏野菜だけで作られました。勇太はそれらを食べることを楽しみました。彼の町にはたくさんのおいしい地元の夏野菜があることを知って彼は驚きました。勇太はまわりにいた人たちに「ここにある夏野菜は全部，本当においしいですね。ぼくはこのトマトが一番好きです」と言いました。トマトを育てている男の人は，「それを聞いてうれしいよ。私は多くの人たちにここのトマトがとてもおいしいことを知ってもらいたい。しかしながら，私にはこれらのトマトを多くの人たちに紹介する機会がないんだ」と言いました。そのことを聞いたすぐあとに，勇太は父親の言葉を思い出しました。そのとき，彼はとうとう彼が求めていた答えがわかりました。そのコンテストはこの町のおいしい野菜を多くの人々に紹介するために開催されるのです。それで，勇太はコンテストのためにトマトを使った料理を作ることを決めて，その男の人に「ぼくはこの甘いトマトを多くの人に紹介するつもりです！」と言いました。

1週間後，勇太の町や他の町から多くの人々がコンテストへやってきました。勇太は最善を尽くしましたが，コンテストで優勝することはできませんでした。しかしながら，「おいしい！　私はこのトマトが大好きです！」や「私は私たちの町にこのように甘いトマトがあることを知りませんでした」というようなコメントをもらって，彼はとても喜びました。コンテストのあと，勇太は和夫と公園を歩き，コンテストの料理について話しているたくさんの人々を見ました。彼らは幸せそうに見えました。勇太は和夫に「この素晴らしい体験を通して，ぼくはこの町の良いところを知ったよ。だから，ぼくは自分の故郷についてもっと知りたいよ」と言いました。

そのとき，幼い女の子が勇太のところへ来て，「私はあなたの料理が一番おいしかった。その料理の名前は何？」と言いました。勇太はほほえみながら，「スウィート・ホームタウンだよ」と言いました。

5 **【解き方】** 田舎を選んだ場合は「人とのつながりが深い」ことや「自然が豊かである」ことなどが理由として考えられる。都会を選んだ場合は「交通が便利である」ことや「店がたくさんある」ことなどが理由として考えられる。

【答】（例 1）the country ／ People in the country know each other well. So, when we have problems there, we try to help each other. Also, there are quiet places with mountains and rivers. So, we can enjoy climbing mountains and fishing in the rivers.

（例 2）a city ／ First, there are many trains and buses in a city. It is helpful when we are out. Second, we can find many big stores in a city. So, it is easy to buy things we want.

社　会

1 【解き方】(1) エは精神の自由に含まれる「信教の自由」の説明。アは新しい人権のうちの知る権利，イは社会権のうちの団結権，ウは請求権のうちの裁判を受ける権利。

(2) b. 立法府に属する議員の提出した法案の数が，内閣の提出した法案の数よりも少ないことが問題視されている。c. 衆議院の優越とは，国会の審議や議決などにおいて，衆議院に参議院よりも強い権限が認められていること。内閣総理大臣の指名において，両議院の議決が異なり，両院協議会が開かれても一致しない場合は，衆議院の議決が国会の議決になると定められている。d. 地方では，有権者が首長と議員を直接選挙で選ぶ「二元代表制」が採用されており，首長には議会を解散する権限がある。一方，国政においては，国民が選出した国会議員の中から首相が指名され，内閣は国会に対し連帯して責任を負う「議院内閣制」が採られている。

(4) a. 直接金融とは，企業が証券市場において株式や社債を発行し，投資家から直接資金を集めること。これに対し，預金者が金融機関に預けた預金を，企業が金融機関を通して借り受けることを間接金融という。b. 社会保険とは，病気や失業，老齢などに備えて保険料を支払い，いざという時に給付を受ける制度のこと。この場合，社会保険料には「健康保険」や「厚生年金」,「雇用保険」があてはまる。c. フェアトレードを行うことは，一時的な募金と異なり継続的な利益につながるため，労働者の生活の安定が保証されると考えられている。d. 消費者保護のための法律。アは独占禁止法，ウは特定商取引法におけるクーリング・オフ制度の説明。イのような各種のリサイクル法も定められている。e. 企業の社会的責任はCSRとも呼ばれる。「社会貢献活動をすること」や「環境に配慮すること」などの解答も可。

(5) a. 複数国が参加する国際組織を設け，加盟国を侵略した国に対し，その他の加盟国が協力してこれを阻止し，平和を維持すること。b. 常任理事国は，アメリカ・イギリス・フランス・ロシア・中国の5か国。非常任理事国は，2年間の任期で10か国が選出されるが，拒否権を持たない。

【答】(1) エ

(2) a. 国政調査権　b. ア　c. ㋒，衆議院の優越が認められている（同意可）　d. イ　(3) パリ協定

(4) a. ㋒(と)㋓（順不同）　b. ウ　c. 発展途上国の生産者の自立した生活を支えることを目的に，農作物などを一定以上の価格で買い取る取り組み。(同意可)　d. エ　e.（例）従業員の生活を守ること。

(5) a. ウ　b. ㋐，拒否権

2 【解き方】(1) エは奈良時代におこなわれたこと。

(2) a. 672年の壬申の乱で勝利した大海人皇子が，翌年に即位して天武天皇となった。アは聖徳太子，ウは天智天皇，エは桓武天皇がおこなった。b. イは「鎖国」中におこなわれた，中国・オランダとの貿易。ウは朱印船貿易，エは遣唐使の説明。d. 日明貿易は，1404年に足利義満が始めた。「東山文化」は，8代将軍足利義政の時代に栄えた，禅宗の影響を強く受けた文化。e. 江戸時代には，商品作物の栽培に購入した肥料（金肥）が用いられるようになり，鰯は干鰯(ほしか)と呼ばれる肥料に加工された。

(3) a. イは江戸幕府，ウは織田信長，エは山名持豊(もちとよ)（宗全(そうぜん)）の説明。b. ㋐は18世紀半ば，㋑は19世紀半ば，㋒は17世紀前半のできごと。c. キリスト教に対する禁教政策の一環として民衆の信仰調査がおこなわれた。

(4) a. ㋐は1867年，㋑は1863年，㋒は1866年のできごと。b. 樺太・千島交換条約により，樺太をロシア領，千島列島を日本領とし，国境を画定させた。

(5) a. 大日本帝国憲法は，1889年に公布された。アは1901年，ウは1900年～1901年，エは1895年のできごと。b. ヨーロッパで軍需物資の需要が高まったことや，世界的に船舶が不足したことなどから，日本では，鉄鋼・造船業を中心に重工業などが発達し，輸出額も急増した。「戦場とならなかったわが国に，軍需品の注文があいついだから。」や「連合国などへの工業製品の輸出が大幅に増えたから。」などの解答も可。c. 各国の主力艦の保有を制限するワシントン海軍軍縮条約が結ばれた。イは日ソ共同宣言，ウは日米通商航海

条約，エは二十一カ条の要求の説明。d. ブロック経済は，域外から輸入される商品に高い関税をかけて締め出す保護貿易政策。「レーニン」は，ロシア革命を主導してソ連を建国した革命家であり，その後継者であるスターリンが五か年計画によって工業化を進めた。

(7) a. 朝鮮戦争が1950年に始まり，在日米軍が出動したことから，日本国内の治安を維持するという名目で，警察予備隊が創設された。㋑は1919年，㋒は1972年，㋓は1991年のできごと。b. 非核三原則を提唱するなどし，のちにノーベル平和賞を受賞した。

【答】(1) エ (2) a. イ b. ア c. 北条時宗 d. ㋐(と)㋒ (順不同) e. 肥料として用いられた。(同意可)

(3) a. ア b. ㋒→㋐→㋑ c. (領民の信仰する宗教が,)仏教である(ことを証明させるため。)(同意可)

(4) a. ㋑→㋒→㋐ b. イ

(5) a. イ b. (例) 戦争に必要な船舶や鉄鋼などを生産し，重工業が急成長したから。c. ア d. ㋐(と)㋓ (順不同)

(6) ポツダム宣言 (7) a. ㋐ b. エ

③ 【解き方】(1) a. 赤道は，Bのすぐ南を通っている。東京は，およそ北緯36度のため，南緯がおよそ36度の都市を選ぶ。b. 日本は東経135度の経線を，イギリスは0度の経線(本初子午線)を標準時子午線としている。経度差15度ごとに1時間の時差が生じるため，135 ÷ 15より，日本の時刻はイギリスより9時間早く，飛行機は日本の標準時で2月10日4時に出発したことになる。d. 亜寒帯は，夏には樹木が生育する程度に気温が上がる一方，冬の気温が低くなる気候帯。e. 南アメリカ大陸の西岸には，アンデス山脈が南北にそびえているため，Y付近の標高が非常に高くなっている。

(3) 魚介類の輸入額は，1970年は約55億円，2018年は約1108億円であり，2018年の方が多い。

(4) 日本では，関東地方から九州北部にかけての「太平洋ベルト」で工業がさかんであり，主要な工業地帯・地域はここに集中している。ウも同様の県が上位になっているが，沖縄県では工業があまりさかんではない。イは総人口に占める65歳以上の人口の割合，ウは人口密度，エは第三次産業就業者の割合。

(5) a. 地図上での長方形の一周の長さは約16cm。地図の縮尺が2万5000分の1のため，実際の長さは，16 × 25000より約400000cm＝約4000mとなる。b. イは市街地の中央部，ウは北西部，エは南西部にみられる。c. 東経140度の経線が通る県は，青森県・秋田県・山形県・福島県・栃木県・茨城県・千葉県。このうち，㋐は茨城県，㋑は栃木県の県庁所在地。e. 全国の農家一戸あたりの耕地面積が2.5haであるのに対し，大潟村では，ほとんどの農家の耕地面積が10ha以上となっている。農家一戸あたりの農業産出額も，全国の3倍以上となっており，農家一戸あたりの耕地が広く，産出額が高いことが読み取れる。f. 東京国際(羽田)空港は，日本で最も国内線の旅客数が多い空港であり，特に大阪や北海道との間の旅客数が多い。ただし，東京―大阪間では新幹線の利用客が多いことにも注意。アは中部国際空港，イは新千歳空港，ウは大阪国際空港。

(6) 日本は，火力発電の燃料に用いる石炭や石油，天然ガスの大部分を輸入に頼っていることが読み取れる。これらの資源の輸入は船でおこなわれるため，発電所は沿岸部に立地することが多い。

【答】(1) a. D b. 11(時間) 50(分) c. オーストラリア(大陸) d. イ e. ウ

(2) (右図) (3) ㋒ (4) ア

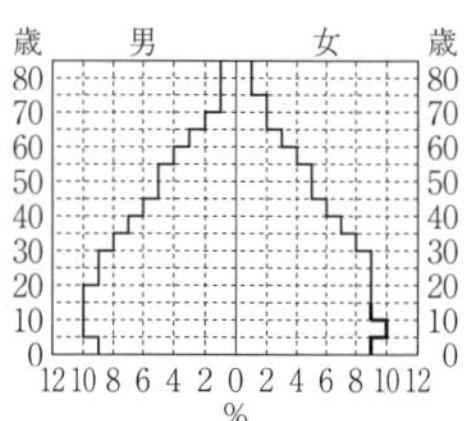

(5) a. (約) 4000 (m) b. ア c. ㋐(と)㋑ (順不同) d. 対馬(海流) e. 広い耕地で農業をおこなっており，農家一戸当たりの農業産出額が高い。(同意可) f. エ

(6) (火力発電の燃料の自給率が)低い(ので,)燃料を船で輸入しやすい(から。)(同意可)

理　科

1 【解き方】A. (1) a. ア. 雲の形の観測は不要。イ. 乾湿計は直射日光の当たらない場所に置く。ウ. 風向は風が吹いてくる方向を 16 方位で表す。b. 図 I より，乾球と湿球の示度の差は，13.0 (℃) − 11.0 (℃) = 2.0 (℃)　湿度表で乾球の示度 13 ℃と示度の差 2.0 ℃の交わったところの数値を読んで 77 %。

(2) a. 等圧線は 1000hPa を基準として，4 hPa ごとに引き，20hPa ごとに太線にする。高気圧は中心に行くほど気圧が高くなるので，X で示された等圧線は，1020 (hPa) − 4 (hPa) = 1016 (hPa)　b. 温暖前線が通過すると，雨がやみ気温が上がる。寒冷前線が通過すると，にわか雨が降り気温が下がる。風は南寄りから北寄りに変わる。

B. (1) a. キ石は有色鉱物の一種で，花こう岩にはふくまれない。b. 安山岩は火山岩。火山岩のつくりは石基と斑晶からなる斑状組織。

(3) ウ. 水の位置エネルギーを運動エネルギー，電気エネルギーへと変換する。電気エネルギーへの変換効率は，火力発電が約 50 %に対して水力発電が約 80 %と高い。

【答】A. (1) a. エ　b. 77 (%)　(2) a. 1016 (hPa)　b. ㋑(と)㋓

(3) a. ㋑(と)㋒　b. (しめった空気の温度が下がることで，) 露点に達した空気中の水蒸気が水滴に変わり(，雲ができます。) (同意可)

B. (1) a. イ　b. 斑晶　c. ㋐(と)㋒　(2) a. ㋑(と)㋒　b. ㋓　(3) ウ

2 【解き方】A. (2) 肉食動物が減少した後の変化の初期には，草食動物は肉食動物に食べられることが少なくなるので増加し，草食動物が増加すると植物は食べられることが多くなるので減少する。

B. (1) ㋑ 沸騰させる場合は，あらかじめ沸騰石を入れておく。

(2) P. だ液を入れない試験管 c にはデンプンが残っているが，だ液を入れた試験管 a にはデンプンが残っていない。Q. だ液を入れない試験管 d には麦芽糖ができていないが，だ液を入れた試験管 b には麦芽糖ができている。

(3) ペプシンは胃液にふくまれる消化酵素。

(4) b. R の毛細血管にはブドウ糖とアミノ酸が入る。S のリンパ管には脂肪が入る。

(5) 解答例の他に，栄養分などの必要なものを血液中に戻すはたらき・血液中の塩分などの量を一定に保つはたらき，などでもよい。

C. (2) 顕微鏡の倍率＝接眼レンズの倍率×対物レンズの倍率より，15 × 10 = 150 (倍)　対物レンズは高倍率ほど筒が長いので，プレパラートに近くなる。

(4) メスシリンダー Q はメスシリンダー R よりも質量の減少量が多いので，葉の裏側は表側よりも蒸散量が多いことがわかる。メスシリンダー S により，葉以外からも蒸散していることがわかる。

【答】A. (1) P. 食物連鎖　Q. 食物網　(2) (肉食動物の数量が減少→) ㋐→㋒→㋑ (→もとの状態)

B. (1) ㋓　(2) P. イ　Q. オ　(3) ㋑(と)㋓　(4) a. 柔毛　b. ㋐(と)㋒

(5) (例) 血液中の尿素などの不要な物質をとり除くはたらき。

C. (1) 気泡が入らないようにするため。(同意可)　(2) (数値) 150　(記号) ㋐　(3) 気孔　(4) オ　(5) 道管

3 【解き方】A. (1) 中和反応で塩と水ができる。白い固体は塩の硫酸バリウム。

(3) うすい塩酸と炭酸水素ナトリウムが反応して二酸化炭素が発生する。

(4) 表より，炭酸水素ナトリウムの質量を，0.5g，1.0g，1.5g，2.0g，2.5g，3.0g としたとき，それぞれ発生した気体の質量は，80.0 (g) + 0.5 (g) − 80.3 (g) = 0.2 (g)，80.0 (g) + 1.0 (g) − 80.6 (g) = 0.4 (g)，80.0 (g) + 1.5 (g) − 80.9 (g) = 0.6 (g)，80.0 (g) + 2.0 (g) − 81.2 (g) = 0.8 (g)，80.0 (g) + 2.5 (g) − 81.7 (g) = 0.8 (g)，80.0 (g) + 3.0 (g) − 82.2 (g) = 0.8 (g)　よって，うすい塩酸 20cm^3 と炭酸水素ナトリウム 2.0g が過不足なく反応して，気体が 0.8g 発生したことがわかる。うすい塩酸 30cm^3 に対

して炭酸水素ナトリウム 4.0g は過剰（3.0g が過不足なく反応）なので，うすい塩酸 $30cm^3$ がちょうど反応したときに発生する気体の質量は，$0.8\,(\mathrm{g}) \times \dfrac{30\,(\mathrm{cm}^3)}{20\,(\mathrm{cm}^3)} = 1.2\,(\mathrm{g})$

B. (1) 有機物は炭素をふくむ化合物。燃えると炭素が酸素と結びついて二酸化炭素ができる。

(2) メタンが燃焼するときの化学反応式は，$CH_4 + 2O_2 \rightarrow CO_2 + 2H_2O$　水素が燃焼するときの化学反応式は，$2H_2 + O_2 \rightarrow 2H_2O$

(4) 水にとけて，水素イオンと塩化物イオンに電離する。

(6) 発熱反応に対し，反応するときに周囲から熱をうばう吸熱反応がある。

【答】 A. (1) ($H_2SO_4 + Ba(OH)_2 \rightarrow$) $BaSO_4 + 2H_2O$　(2) (記号) ㋐(と)㋓　(言葉) 質量保存

(3) 容器内の気体の一部が容器から逃げたから。(同意可)　(4) 1.2 (g)

B. (1) ㋓

(2) (メタンが燃焼するときには)二酸化炭素と水が発生するが(，水素が燃焼するときには)水だけが発生する(という違いがある。)(同意可)

(3) P. 酸化　Q. 発熱　(4) $HCl \rightarrow H^+ + Cl^-$

(5) (記号) ア　(性質) 水にとけやすく，空気より軽い(という性質。)(同意可)　(6) ウ

4 **【解き方】** A. (1) 図Ⅰで，選手にはたらく重力の大きさは目盛り 5 個分。図Ⅱで，重力の作用点から引いた斜面に平行な直線と斜面に垂直な直線の一部を 2 辺とし，重力を表す矢印を対角線とする長方形をかくと，分力は右図のように表せる。重力の斜面に平行な分力の大きさは目盛り 3 個分なので，$\dfrac{3}{5} = 0.60$ (倍)

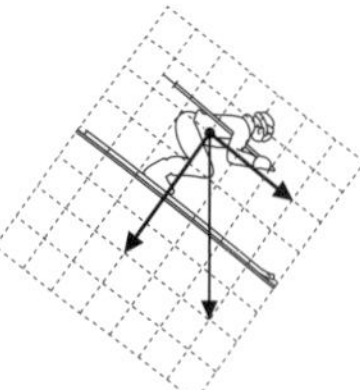

(2) 位置エネルギーと運動エネルギーの和は一定になる。運動エネルギーが増加すると速さも速くなる。

(3) 6 コマ進めるのに要した時間は，$\dfrac{1}{30}\,(\mathrm{s}) \times 6 = 0.2\,(\mathrm{s})$　よって，$\dfrac{1.8\,(\mathrm{m})}{0.2\,(\mathrm{s})} = 9.0\,(\mathrm{m/s})$

(4) 仕事の大きさは「力の大きさ×力の向きに動いた距離」で表される。仕事率は「仕事の大きさ÷仕事に要した時間」で表されるので，時間が短いほど大きくなる。

(5) 解答例の他に，フォークや針などの道具でもよい。

B. (1) 表より，おもり P が 2 個のときのばね X ののびは，10.0 (cm) − 6.0 (cm) = 4.0 (cm)　バネ Y ののびが 4.0cm になるのは，4.0 (cm) + 4.0 (cm) = 8.0 (cm) より，おもり P が 5 個のとき。よって，$\dfrac{2\,(\text{個})}{5\,(\text{個})} = 0.40$ (倍)

(2) おもり Q が 1 個のときのばね X ののびは，7.0 (cm) − 6.0 (cm) = 1.0 (cm)　おもり P が 1 個のときのばね X ののびは，8.0 (cm) − 6.0 (cm) = 2.0 (cm)　$\dfrac{1.0\,(\mathrm{cm})}{2.0\,(\mathrm{cm})} = 0.5$ より，おもり Q はおもり P の 0.5 個分にあたる。つるしたおもりの合計の個数をおもり P で表すと，2 (個) + 3 (個) × 0.5 = 3.5 (個)　よって，ばね Y ののびは，$4.0\,(\mathrm{cm}) \times \dfrac{3.5\,(\text{個})}{5\,(\text{個})} = 2.8\,(\mathrm{cm})$

C. (2) 表Ⅰより，加わる電圧が 4.0V のとき，流れる電流は，100mA = 0.1A なので，オームの法則より，$\dfrac{4.0\,(\mathrm{V})}{0.1\,(\mathrm{A})} = 40\,(\Omega)$

(3) 並列回路では，各電熱線に加わる電圧は電源の電圧と等しく，各電熱線に流れる電流の和は回路全体に流れる電流と等しい。表Ⅱの電流は回路全体に流れる電流を表しているので，電熱線 Q に流れる電流は，電圧が 0 V のとき 0 mA，1.0V のとき，75 (mA) − 25 (mA) = 50 (mA)　2.0V のとき，150 (mA) − 50 (mA) =

100 (mA)　3.0V のとき，225 (mA) − 75 (mA) = 150 (mA)　4.0V のとき，300 (mA) − 100 (mA) = 200 (mA)　オームの法則より，グラフは原点を通る直線になる。

(4) 直列回路では，どの点にも同じ大きさの電流が流れ，各電熱線に加わる電圧の和は電源の電圧に等しい。電熱線 P に加わる電圧は，50mA = 0.05A より，0.05 (A) × 40 (Ω) = 2.0 (V)　よって，電熱線 Q に加わる電圧は，3.0 (V) − 2.0 (V) = 1.0 (V)

(5) 表Ⅱより，図Ⅰで 75mA の電流が流れるときの電圧は 1.0V なので，電熱線 P に流れる電流は，$\dfrac{1.0\,(\mathrm{V})}{40\,(\Omega)}$ = 0.025 (A)　このとき，電熱線 P で消費する電力は，1.0 (V) × 0.025 (A) = 0.025 (W)　図Ⅱで電熱線 P に加わる電圧は，75mA = 0.075A より，0.075 (A) × 40 (Ω) = 3.0 (V)　電熱線 P で消費する電力は，3.0 (V) × 0.075 (A) = 0.225 (W)　よって，$\dfrac{0.225\,(\mathrm{W})}{0.025\,(\mathrm{W})}$ = 9.0 (倍)

【答】 A. (1) 0.60 (倍)　(2) ウ　(3) 9.0 (m/s)　(4) ㋒(と)㋓

(5) (例) 包丁(は，力のはたらく面積を小さくすることで圧力を大きくし，) 食品を切りやすく(する道具である。)

B. (1) 0.40 (倍)　(2) 2.8 (cm)

C. (1) ㋐(と)㋒　(2) 40 (Ω)　(3) (右図)　(4) 1.0 (V)　(5) 9.0 (倍)

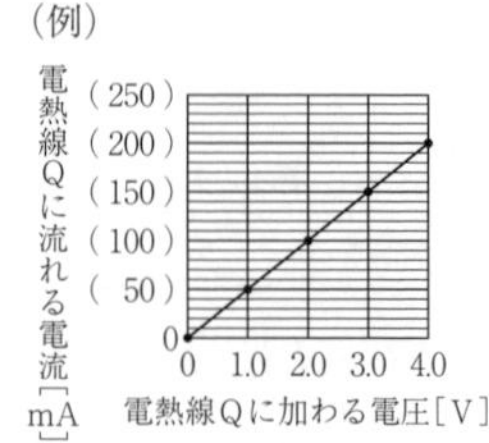

国　語

1 【解き方】(二) 川木のことを「別次元の存在」「俺と同じ土俵でテニスをしていたことなんて，一度だってない」と思い，「勝てば川木のおかげだ」と思っていた徹が，逆に川木から「俺は勝ったとき徹のおかげだと思う」と言われたことに着目する。

(三)「化け物みたいなやつ」というのは「おまえのことだよ」と言ったのに，「は？」とピンと来ていない徹に，さらに「一年の頃からずっと，すげーなあって思ってた」と追い越し走のことを話していることから考える。

(四)「遮ろうと思った」とあることから，「徹は朝練は絶対毎日最初に出てるし…決め所は絶対ミスんねえし」などのほめ言葉を聞かされているときの徹の様子を考える。

(五) ダブルスにおける「選手の精神」は，前の川木の言葉にある「おまえが前見てるから…すげえ助けられてるんだ」を指している。「下を見ない」とは，徹の「自分の中に刻まれている信念」であり，「誰にも気づかれていない」と思っていた。しかし，川木がこの「信念」からの行動を「ずっと見ていた」と知って，徹は改めて川木のことを「ダブルスパートナー」だと意識している。

(六) 徹が常に「下を見ない」ことに感心し，「おまえが背中見てるって思うと，なんか背筋が伸びるんだ」と言っていることに着目する。

(七)「真似すんな」「マジなんだな，これが」や「俺がひょいと避けると『避けんなよッ』と怒鳴る」と，ペアを解消したい徹としたくない川木がかみあっていないところに着目する。徹に受けとめてもらおうとボールを投げる川木について，「みたいだ」を用いて表しているところをおさえる。

(八)「川木は俺と同じ土俵でテニスをしていたことなんて，一度だってないのだ」と考えていた徹が，「なにより徹は，下を見ないから」という言葉を聞いて，川木は自分のことを「ずっと見ていた」のだと気づき，「同じ場所にはいないのだと思っていた。——でも」「ようやく少しだけわかったような気がする」と感じるようになっている。

【答】(一) a. こうてい　b. ただよ(わせて)　c. ていねい　d. きざ(まれて)

(二) (川木に「勝ったときは徹のおかげだ」と言われ，これまで川木を)別次元の存在だと感じていた徹が，川木の発言の自分を頼りにしている(ような点を意外に感じたから)(32字)(同意可)

(三) 3　(四) 4

(五) 誰にも気づかれていないと思っていた下を見ないという自分の信念に，川木が気づいていたこと(を知ったこと)(43字)(同意可)

(六) 3　(七) 一人で　(八) 1

2 【解き方】(一) 語頭以外の「は・ひ・ふ・へ・ほ」は「わ・い・う・え・お」にする。

(二)「小早川中納言殿」が三原の館にいらっしゃったとき，その館に「京の人」がやって来て，この頃の「京わらんべの謡」について語っている。

(三) 謡について「それはすべての物事に渉りてことわりある謡なり」と言っている。

(四)「いかで」は，下に「べき」という推量の助動詞が続いているので，「どうして〜か，いやそんなことはない」という反語の意味になる。

(五) 中納言は，「茶や香」「猿楽」「学問」ともに，「本業を喪はぬほどになすべき事なり」と言っている。これに対し，筆者は「学問して本業を喪ふとおほせしは本意違へり」と異を唱えている。

【答】(一) おわし　(二) 2　(三) ことわり　(四) 3　(五) 3

◀口語訳▶　小早川中納言殿が，三原の館にいらっしゃった時，京の人がやって来て，この頃京の町の若者が，「なんと趣深い春雨だことよ。花が散らない程度に降ってくれ」と歌っていると語ったところ，中納言殿は感心なさって，「それはすべての物事にわたって通用する世の道理を含んだ歌である。どれほど趣深いものでも，ちょうどよいあんばいというのがあって，茶や香といった芸道に心を向けても，猿楽に心を向けても，学問に心を向けても，本業を見失わない程度にすべきである」とおっしゃったということだ。いかにも茶香猿楽の類いはそうではあるけれど，学問に夢中になって本業を見失うとおっしゃったことには納得できない。学問は身を修め家をととのえ，天下を治めるための道であるので，本業を見失うこととして学問があるわけではない。身を修め家をととのえることで，どうして本業を失うことがあるものか。

3【解き方】㈡ 同意の漢字の組み合わせ。1は，上の漢字が動作を表し，下の漢字がその対象を表している。3・4は，上の漢字が下の漢字を修飾している。

㈢「聞き手と語り手の相互作用やその場の空気といった条件下で創造された」ものが，「物語」だと述べている。だからこそ，「聞き手の姿勢としては，まずもって耳を傾けること…が重要になってくる」「耳を傾けるというのは…積極的に相手を受容すること」と説明している。

㈣ 前で，「何かを聞かれる者は，その聞かれるという行為によって，みずからの認識を再構築する」と述べている。また，「自然との関係，社会の中での関係を再構築するときの，最も基本的かつ根本的な方法が『聞く』という行為である」とも述べている。

㈤「たとえば…聞いているとすれば」に注目。「聞き手の感受性が大事になってくる」という前の段落の内容を受けて，「聞いている相手の話」と「地域社会のさまざまないとなみや歴史」との関連を感受性によって想像すべきだと具体例を挙げ，この後の「想像力も大切だ」という内容につなげている。

㈥「決められた枠組みで物事を見るのではなく，現場の人びとの意味世界から何かを見よう，考えようという姿勢が，社会学的感受性の第一だ」と述べている。そして，「それぞれの地域，それぞれの人生には，決して代替できない固有の価値があり，意味がある」ということに思いをいたすことが，「まずもって大切なことだ」と続けている。

㈦ 直後でくわしく説明している。今目にしている「現実」や「歴史」は「地域社会のダイナミックな動きの一局面に過ぎない」，「その『現実』の背景には…さまざまな背景がフクザツにからみあっている」と指摘した後で，「社会も個人も，つねに動いている」「一様でない」ということに対する「想像力が求められる」と述べている。

㈨「フレーム」は「私たちが物事を見るときの『枠組み』」だと説明した後で，個人個人で「その範囲は違っているかもしれない」し，「絶えず壊したり再構築したりすることが求められる」ものでもあると述べている。

㈩「聞くという作業は，たいへんおもしろく，奥深い作業だ」とはじめ，「聞く」ことには「みずからの認識を再構築する」ことや「自然との関係，社会の中での関係を再構築する」ことといった意義があると述べている。そして，「聞く」にあたっては「社会学的感受性」が必要であり，重要となる「社会学的感受性」を三つ挙げている。

【答】㈠ a. 単(なる)　b. 複雑　c. 政策　d. 前提　㈡ 2

㈢ (物語は，それが語られたときの雰囲気や)聞き手と語り手の相互作用といった条件のもとで創造されるもので，聞き手には積極的に相手を受容すること(が求められると考えているから) (49字) (同意可)

㈣ 2　㈤ 4　㈥ ア．決められた枠組み　イ．代替できない固有の価値があり，意味がある (20字)　㈦ 1

㈧ 1　㈨ Ⓓ　㈩ 4

4【答】(例)

周囲の助言をよく聞くことも大切なことだと思います。それに加えて，自分でいろいろ試して失敗してみることも大切だと思います。

野球をしている私は，試合で失敗をするたびに自分の課題を思い知り，それを乗り越えるために必死に練習し，そうしているうちに技術が上達していきました。失敗をくり返すことでしか成長できない部分もあると思いますし，失敗したからこそ周囲の人からの助言を理解できることもあると思います。失敗をおそれずに挑戦し，失敗したら次に失敗しないためにどうするのかを考える。これも成長にとって大切なことだと思います。(270字)

香川県公立高等学校
（一般選抜）

2021年度
入学試験問題

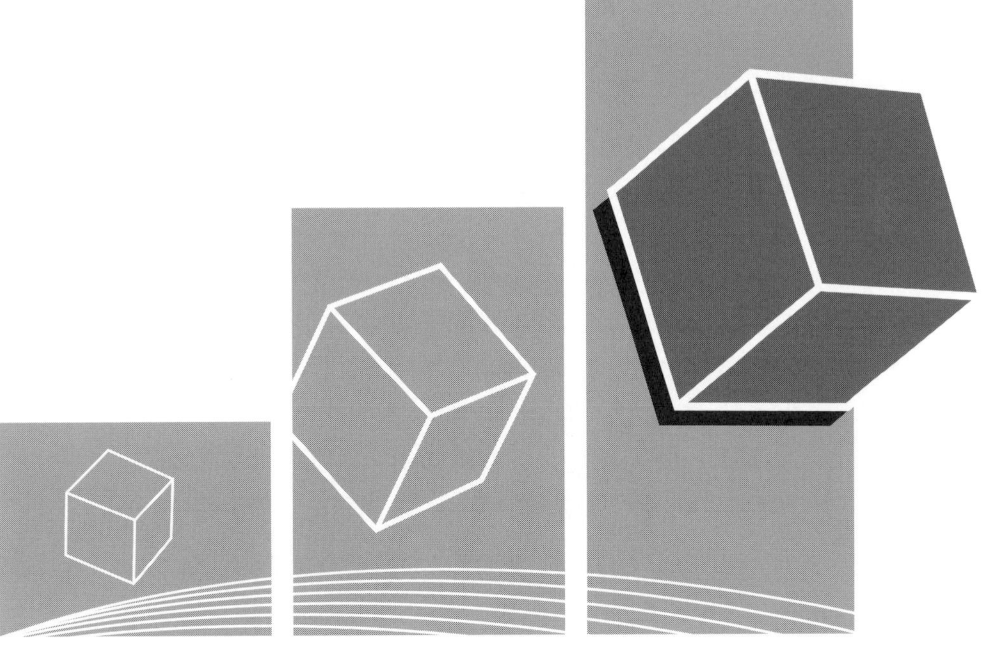

数学

時間　50分　　　　満点　50点

1　次の(1)〜(7)の問いに答えなさい。

(1)　$2 - (-5) - 4$ を計算せよ。(　　　)

(2)　$3 \div \dfrac{1}{4} \times (-2^2)$ を計算せよ。(　　　)

(3)　等式 $3(4x - y) = 6$ を y について解け。(　　　)

(4)　$\sqrt{12} - \dfrac{9}{\sqrt{3}}$ を計算せよ。(　　　)

(5)　$xy - 6x + y - 6$ を因数分解せよ。(　　　)

(6)　2次方程式 $x^2 + 5x + 2 = 0$ を解け。(　　　)

(7)　次の㋐〜㋒の数の絶対値が，小さい順に左から右に並ぶように，記号㋐〜㋒を用いて書け。

(　　→　　→　　)

㋐　−3　　㋑　0　　㋒　2

2　次の(1)〜(3)の問いに答えなさい。

(1)　右の図のような，線分ABを直径とする半円Oがある。$\overset{\frown}{AB}$上に2点A，Bと異なる点Cをとる。また，点Oを通り，線分ACに垂直な直線をひき，半円Oとの交点をDとする。

∠OAC = 20°であるとき，∠ACDの大きさは何度か。

(　　　)

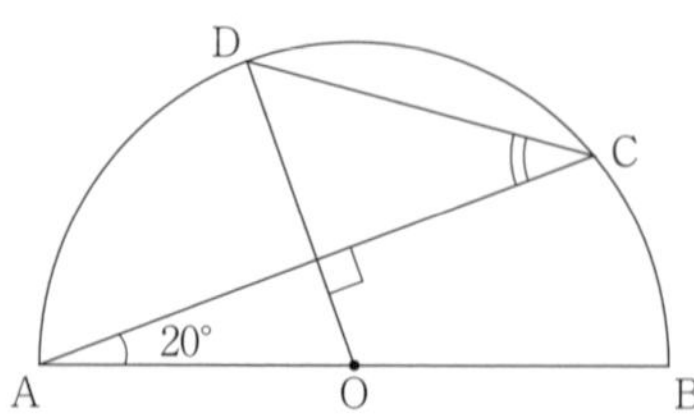

(2)　右の図のような，∠OAB = ∠OAC = ∠BAC = 90°の三角すいOABCがある。辺OBの中点をDとし，辺AB上に2点A，Bと異なる点Pをとる。点Cと点D，点Dと点P，点Pと点Cをそれぞれ結ぶ。

OA = 6 cm，AC = 4 cm，BC = 8 cmであるとき，次のア，イの問いに答えよ。

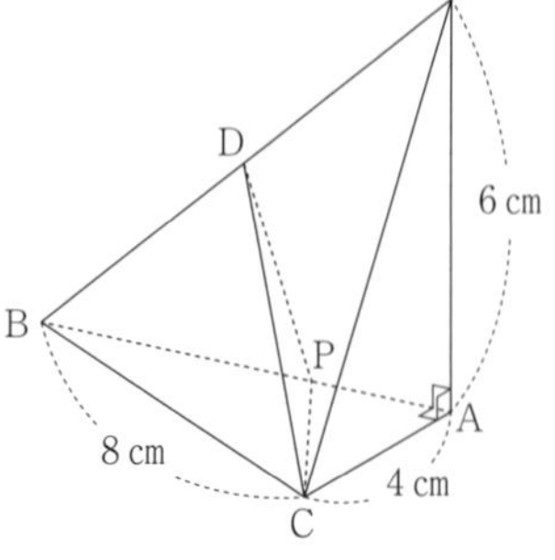

ア　次の㋐〜㋓のうち，この三角すいに関して正しく述べたものはどれか。1つ選んで，その記号を書け。(　　　)

㋐　∠OCA = 60°である　　㋑　面OABと面OACは垂直である

㋒　辺OCと面ABCは垂直である　　㋓　辺OAと線分CDは平行である

イ　三角すいDBCPの体積が，三角すいOABCの体積の $\dfrac{1}{3}$ 倍であるとき，線分BPの長さは何cmか。(　　　cm)

(3) 右の図のような，$\angle ACB = 90^\circ$ の直角三角形ABCがある。$\angle ABC$ の二等分線をひき，辺ACとの交点をDとする。また，点Cを通り，辺ABに平行な直線をひき，直線BDとの交点をEとする。

AB = 5 cm，BC = 3 cm であるとき，線分BEの長さは何cmか。

(　　　cm)

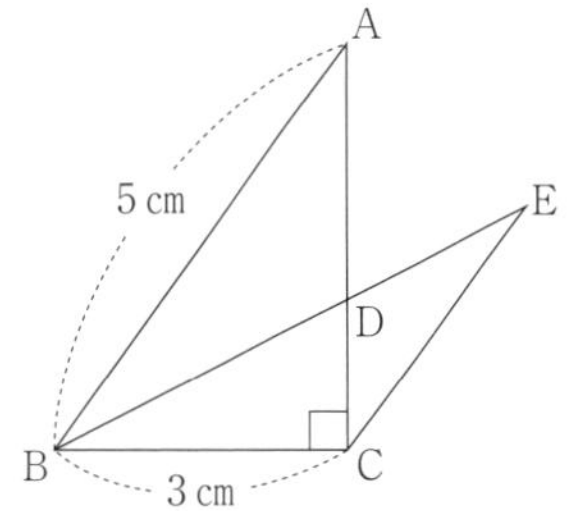

3 次の(1)～(4)の問いに答えなさい。

(1) 右の表は，ある学級の生徒10人について，通学距離を調べて，度数分布表に整理したものである。この表から，この10人の通学距離の平均値を求めると何kmになるか。(　　　km)

通学距離

階級(km)	度数(人)
以上　未満 0 ～ 1	3
1 ～ 2	4
2 ～ 3	2
3 ～ 4	1
計	10

(2) 数字を書いた5枚のカード[1]，[1]，[2]，[3]，[4]がある。この5枚のカードをよくきって，その中から，もとにもどさずに続けて2枚を取り出し，はじめに取り出したカードに書いてある数を a，次に取り出したカードに書いてある数を b とする。このとき，$a \geqq b$ になる確率を求めよ。(　　　)

(3) 右の図で，点Oは原点であり，放物線①は関数 $y = -\frac{1}{3}x^2$ のグラフである。放物線②は関数 $y = ax^2$ のグラフで，$a > 0$ である。

2点A，Bは，放物線②上の点で，点Aの x 座標は－3であり，線分ABは x 軸に平行である。また，点Aを通り，y 軸に平行な直線をひき，放物線①との交点をCとし，直線BCをひく。

これについて，次のア，イの問いに答えよ。

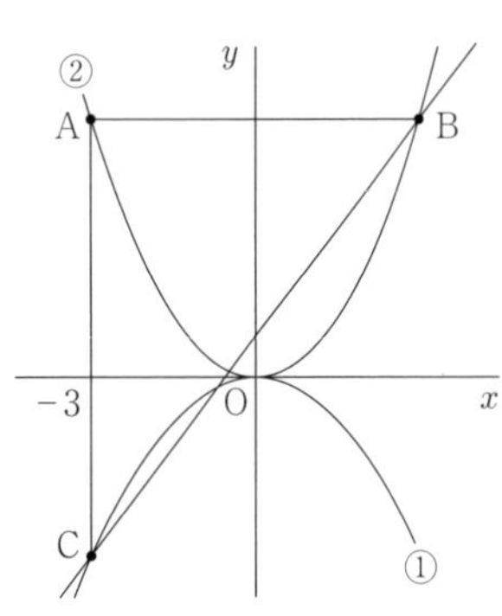

ア 関数 $y = -\frac{1}{3}x^2$ で，x の変域が $-1 \leqq x \leqq 2$ のとき，y の変域を求めよ。(　　　)

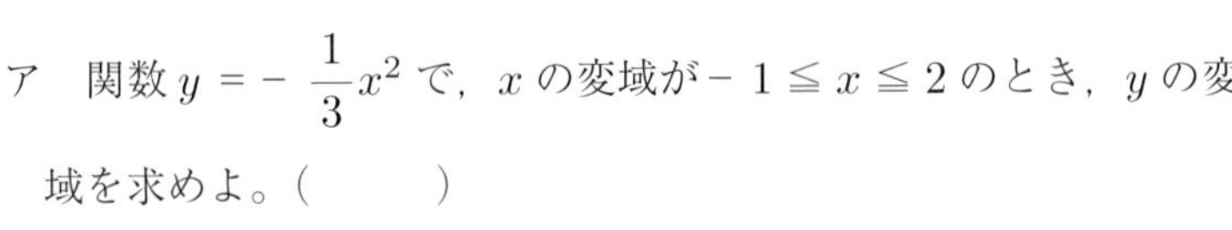

イ 直線BCの傾きが $\frac{5}{4}$ であるとき，a の値を求めよ。(　　　)

(4) 右の図のように，AB = 20cm，AD = 10cm の長方形ABCDの紙に，幅が x cm のテープを，辺ABに平行に2本，辺ADに平行に4本はりつけた。図中の■は，テープがはられている部分を示している。テープがはられていない部分すべての面積の和が，長方形ABCDの面積の36％であるとき，x の値はいくらか。x の値を求める過程も，式と計算を含めて書け。

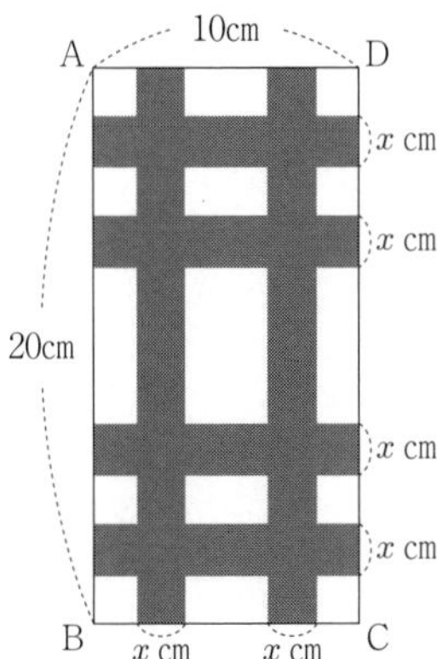

x の値を求める過程(　　　　　　　　　　　　　　　　)

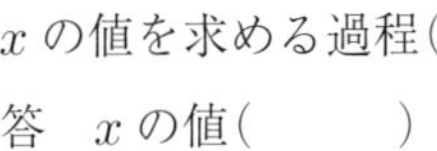

答 x の値(　　　)

4　次の(1)，(2)の問いに答えなさい。

(1)　下の図1のような，1面だけ黒く塗られた，1辺の長さが1cmの立方体がたくさんある。この立方体を，黒く塗られた面をすべて上にして，すきまなく組み合わせ，いろいろな形の四角柱をつくる。たとえば，下の図2の四角柱は，図1の立方体をそれぞれ3個，4個，6個，27個組み合わせたものである。

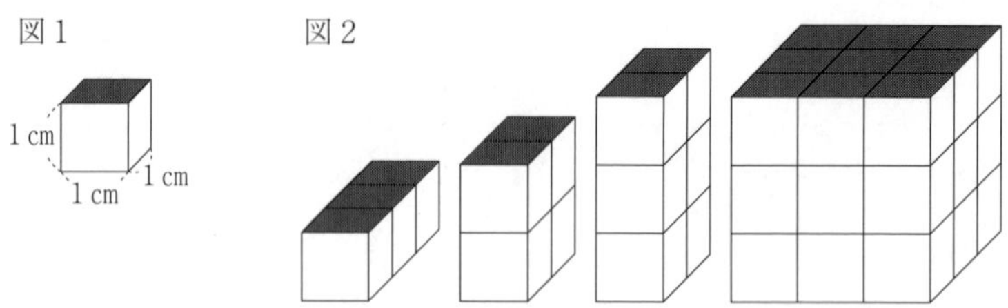

このとき，高さが等しく，上の面の黒い長方形が合同な四角柱は，同じ形の四角柱だとみなす。たとえば，下の図3の2つの四角柱は，高さが2cmで等しく，上の面の黒い長方形が合同であるから，同じ形の四角柱だとみなす。したがって，図1の立方体を4個組み合わせた四角柱をつくるとき，下の図4のように，異なる形の四角柱は，全部で4通りできる。

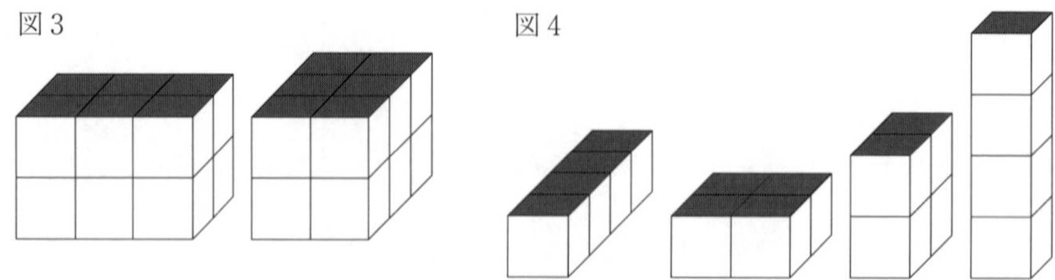

下の表は，図1の立方体をn個組み合わせた四角柱をつくるとき，異なる形の四角柱が全部でm通りできるとして，nとmの値をまとめようとしたものである。

四角柱をつくるために組み合わせた図1の立方体の数n(個)	2	3	4	5	6	7	8	9	…
異なる形の四角柱の数m(通り)	2	2	4	2	p	2	6	4	…

これについて，次のア，イの問いに答えよ。

ア　表中のpの値を求めよ。(　　　)

イ　$m = 4$となるnのうち，2けたの数を1つ求めよ。(　　　)

(2)　太郎さんと次郎さんは，次のルールにしたがって，ゲームをおこなった。

これについて，あとのア～ウの問いに答えよ。

【ルール】

太郎さんと次郎さんのどちらか1人が，表と裏の出方が同様に確からしい硬貨を3枚同時に投げる。この1回のゲームで，表と裏の出方に応じて，次のように得る点数を決める。

3枚とも表が出れば，

　　太郎さんの得る点数は4点，次郎さんの得る点数は0点

2枚は表で1枚は裏が出れば，

　　太郎さんの得る点数は2点，次郎さんの得る点数は1点

1枚は表で2枚は裏が出れば，
次郎さんの得る点数は2点，太郎さんの得る点数は1点
3枚とも裏が出れば，
次郎さんの得る点数は4点，太郎さんの得る点数は0点

ア　太郎さんが3回，次郎さんが3回硬貨を投げて6回のゲームをおこなったとき，1枚は表で2枚は裏が出た回数は3回であり，3枚とも表が出た回数，2枚は表で1枚は裏が出た回数，3枚とも裏が出た回数はともに1回ずつであった。このとき，太郎さんが得た点数の合計は何点か。
（　　　点）

イ　太郎さんが5回，次郎さんが5回硬貨を投げて10回のゲームをおこなったとき，2枚は表で1枚は裏が出た回数は1回であった。このとき，次郎さんが得た点数の合計は何点か。10回のゲームのうち，3枚とも表が出た回数をa回，3枚とも裏が出た回数をb回として，次郎さんが得た点数の合計をaとbを使った式で表せ。（　　　点）

ウ　太郎さんが5回，次郎さんが5回硬貨を投げて10回のゲームをおこなったとき，2枚は表で1枚は裏が出た回数は1回であった。また，この10回のゲームで，表が出た枚数の合計は12枚であって，次郎さんが得た点数の合計は太郎さんが得た点数の合計より7点大きかった。このとき，10回のゲームのうち，3枚とも表が出た回数と3枚とも裏が出た回数はそれぞれ何回か。3枚とも表が出た回数をa回，3枚とも裏が出た回数をb回として，a，bの値を求めよ。a，bの値を求める過程も，式と計算を含めて書け。

a，bの値を求める過程（　　　　　　　　　　　　　　　　　　　　）
答　aの値（　　　）　bの値（　　　）

5　右の図のような，正方形ABCDがあり，辺AD上に，2点A，Dと異なる点Eをとる。∠BCEの二等分線をひき，辺ABとの交点をFとする。辺ABをBの方に延長した直線上にDE = BGとなる点Gをとり，線分GEと線分CFとの交点をHとする。点Eを通り，辺ABに平行な直線をひき，線分CFとの交点をIとする。

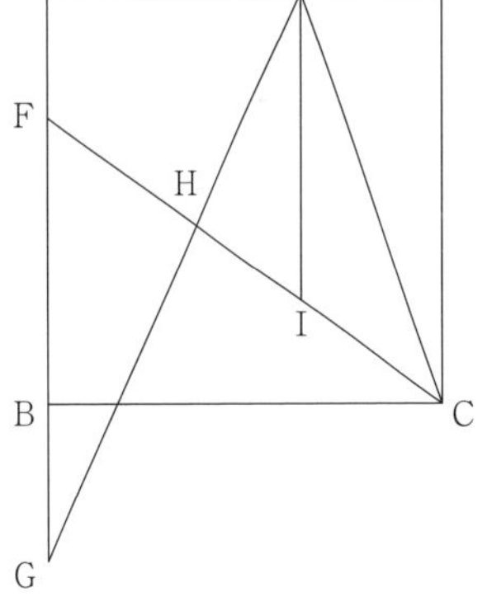

このとき，次の(1)，(2)の問いに答えなさい。

(1)　△FGH ∽ △IEHであることを証明せよ。

（　　　　　　　　　　　　　）

(2)　CE = FGであることを証明せよ。

（　　　　　　　　　　　　　）

英語

時間　50分　　　　満点　50点

（編集部注）放送問題の放送原稿は英語の末尾に掲載しています。
音声の再生についてはもくじをご覧ください。

1　英語を聞いて答える問題

A　絵を選ぶ問題（　　　）

①

②

③

④

B　スポーツを選ぶ問題（　　　）

最も好きなスポーツ（35人）

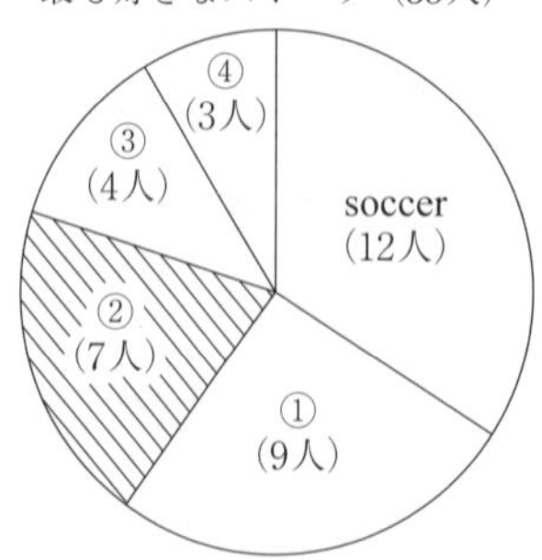

ア　badminton　　イ　baseball　　ウ　swimming　　エ　basketball

C　応答を選ぶ問題（　　　）

ア　I visited there yesterday.

イ　You're welcome.

ウ　Because it's a beautiful picture.

エ　That's a good idea.

D　対話の内容を聞き取る問題

Ellen と Sam の待ち合わせ場所(　　　の前)

Ellen と Sam の待ち合わせ時刻(午前　　時　　分)

Ellen が Sam に持って行くほうがよいと言ったもの(　　　)

E　文章の内容を聞き取る問題　No.1（　　　）　No.2（　　　）　No.3（　　　）

No.1　ア　On Saturday morning.

イ　On Saturday afternoon.

ウ　On Sunday morning.

エ On Sunday afternoon.

No.2 ア To give some presents to Junko.

イ To say to his mother “Thank you.”

ウ To make Junko’s mother happy.

エ To think about what to buy for his mother.

No.3 ア Because Yuta went to a flower shop and bought some flowers for her.

イ Because Yuta told her to buy him some presents.

ウ Because Yuta gave a letter to her and said, “Thank you for being a nice mom.”

エ Because Yuta said to her, “I couldn’t decide what to do for you.”

2　次の対話文は，日本の中学校に来ている留学生のMaryと，クラスメートのSakiが，買い物に行ったときの会話である。これを読んで，あとの(1)～(3)の問いに答えなさい。（＊印をつけた語句は，あとの㊟を参考にしなさい。）

Saki:　This is the supermarket I always go to. [(a)]

Mary:　No. This is my first time. It looks good. Well, what are you going to buy?

Saki:　①I need some eggs to make a cake.

Mary:　OK. Let's go.

(*after shopping*)

Mary:　I heard that the *cashier said, "*'My bag' o omochidesuka?*" Did she say, "Do you have 'my' bag?"

Saki:　Yes, she did.

Mary:　So, do you have her bag?

Saki:　[(b)] I don't even know her.

Mary:　②What does that [　　]?

Saki:　"Do you have 'my bag'?" is "Do you need a *plastic bag?" If you need a plastic bag, it *costs five yen in this store. All stores started to *charge us for plastic bags last July in Japan.

Mary:　Oh, I see! [(c)] I always bring "my bag." But in my country, we say *reusable bags in English.

Saki:　Really? I thought "my bag" was English.

Mary:　[(d)] But we don't use the words to say "reusable bag." It's a different way of saying.

Saki:　I see. That's interesting!

㊟　cashier：レジ係　plastic bag：プラスチック製のレジ袋　cost(s)：費用がかかる
charge ～ for …：～に…の料金を請求する　reusable：再使用可能な

(1)　本文の内容からみて，文中の(a)～(d)の[　　]内にあてはまる英文は，次のア～クのうちのどれか。最も適当なものをそれぞれ一つずつ選んで，その記号を書け。

(a)(　　　)　(b)(　　　)　(c)(　　　)　(d)(　　　)

ア　No, I don't.　イ　We didn't use bags.　ウ　So, where are you going?
エ　Yes, it is English.　オ　I don't know how to buy it.　カ　Have you ever come here?
キ　It's the same in my country.　ク　No, they speak English.

(2)　下線部①の英文の中で，ふつう最も強く発音される語は，次のア～エのうちのどれか。最も適当なものを一つ選んで，その記号を書け。(　　　)

I need(ア) some eggs(イ) to make(ウ) a cake(エ).

(3)　下線部②を，「それはどういう意味ですか。」という意味にするには，[　　]内に，どのような語を入れたらよいか。最も適当な語を一つ書け。(　　　)

3 次の文章は，中学生の隆史(たかし)が，英語の授業で発表した，「留学生 Tom から学んだこと」というタイトルのスピーチである。これを読んで，あとの(1)～(9)の問いに答えなさい。（＊印をつけた語句は，あとの㊟を参考にしなさい。）

Studying English can open a door to a new world. I learned it from my friend Tom. He is from the U.K. and stayed in my house last year. He likes Japan and came to Japan to learn Japanese *culture. I used English a lot and enjoyed ① (talk) with him.

One day, ② [ ] we were watching TV, Japanese kabuki *appeared in a commercial on TV. Then, Tom said, "Oh, it's kabuki! Kabuki *was performed at a *theater in London about ten years ago. ③ 私の両親は私をその場所へ連れて行きました。It was the first experience for me and then I became interested in kabuki. Takashi, what is your favorite kabuki *play?" I said, "I don't know.... I have never seen real kabuki." Tom looked surprised and said, "Kabuki has a long history. It is one of the ④ [ ] Japanese cultures. So I thought all Japanese knew about kabuki." I felt very sad because I ⑤ [ ] answer the question from him well.

The next day, I visited my grandmother to ask about kabuki. ⑥ She likes kabuki and (lot showed of a pictures me) which were taken in *Kanamaru-za. Those pictures made me excited. Soon I decided to go to *Kanamaru-za* to see kabuki with Tom and bought two *tickets for a kabuki play.

On the day, when I arrived at *Kanamaru-za*, ⑦ 私は異なる言語を話している多くの人々を見ました。Tom said to me, "*You see, kabuki is very popular in other countries. Japanese people have a great culture!" I was really happy to hear that. After watching kabuki, I became interested in kabuki and felt that I wanted to know more about other Japanese cultures.

⑧ From that experience, I thought that learning about our own country (as learning was other important countries as about). Studying English *broadened my view, and I got a chance to understand Japanese culture more. So now I am studying Japanese things ⑨ [ ] its history, food, and famous places. I will study English harder and tell people in other countries many good points of Japan in the future!

㊟ culture：文化　appeared in a commercial：コマーシャルで流れた
was performed：上演された　theater：劇場　play：作品
Kanamaru-za：琴平町にある，現存する日本最古の芝居小屋　ticket(s)：チケット
you see：ほらね　broadened my view：私の視野を広げた

(1) ①の（　）内の talk を，最も適当な形になおして一語で書け。（　　）

(2) ②の [ ] 内にあてはまる語は，本文の内容からみて，次のア～エのうちのどれか。最も適当なものを一つ選んで，その記号を書け。（　　）

ア before　イ after　ウ if　エ when

(3) 下線部③の日本文を英語で書き表せ。

（　　　　　　　　　　　　　　　　　　　　）.

(4) ④の [ ] 内にあてはまる語は，本文の内容からみて，次のア～エのうちのどれか。最も適当

なものを一つ選んで，その記号を書け。(　　　)

ア　busy　　イ　new　　ウ　traditional　　エ　similar

(5)　⑤の［　　　］内にあてはまるものは，本文の内容からみて，次のア～エのうちのどれか。最も適当なものを一つ選んで，その記号を書け。(　　　)

ア　could　　イ　could not　　ウ　must　　エ　must not

(6)　下線部⑥の(　　)内のすべての語を，本文の内容からみて，意味が通るように，正しく並べかえて書け。

She likes kabuki and (　　　　　　　　　　　　　　) which were taken in *Kanamaru-za*.

(7)　下線部⑦の日本文を英語で書き表せ。

(　　　　　　　　　　　　　　　　　　　　　　　　　　　　).

(8)　下線部⑧が，「その経験から，私は自分の国について学ぶことは，他の国について学ぶことと同じくらい大切だと思いました。」という意味になるように，(　　)内のすべての語を，正しく並べかえて書け。

From that experience, I thought that learning about our own country

(　　　　　　　　　　　　　　　　　　　　　　　　　　　　).

(9)　⑨の［　　　］内にあてはまるものは，本文の内容からみて，次のア～エのうちのどれか。最も適当なものを一つ選んで，その記号を書け。(　　　)

ア　such as　　イ　because of　　ウ　kind of　　エ　look like

4 次の英文を読んで，あとの(1)～(8)の問いに答えなさい。（＊印をつけた語句は，あとの㊟を参考にしなさい。）

Yuki is a junior high school student. She worked hard as the leader of the brass band club. Her school was famous for its brass band, so every club member wanted to win the contest. They practiced hard and often talked about what to do to win the contest. But something was *lacking in their music. They were *irritated. One day, Ken, one of the members, said, "Our club is not ① [　　], so I will stop joining it." Yuki couldn't say anything to him.

On Saturday afternoon, Yuki met Ken near the school. He was going to a *retirement home to see his grandmother. He said, "My grandmother likes music, so I often visit her to talk about it." Yuki said to him, "I was going home now, but can I come with you?" He looked surprised, but said "Yes."

At the retirement home, Ken's grandmother, Masako, said to Yuki, "You will have a contest soon, right?" Yuki said to her, "Yes. But I think we can't win the contest." Masako looked at Yuki, and then said to Ken, "Please play the piano *as usual." When he began to play the piano, all the *elderly people *got together. While he was playing the piano, Ken sometimes talked to them. Yuki said to Masako, "Wow! Look at Ken! What a happy face! He doesn't look happy in our club." Masako said to Yuki, "Ken wants elderly people to enjoy music, and ② <u>they also understand his wish</u>. They look really happy, right?" Yuki looked at their happy faces. They looked *united through music.

Two weeks later, Yuki, Ken and other club members visited the retirement home. They wanted elderly people to listen to their music. At first, the members played music as usual. Then Ken asked the elderly people, "③ [　　　　]?" One of them answered, "I would like to listen to your school song. Many of us *graduated from your school." Yuki and other members wanted them to sing the song and ④ [　　] their school days, and decided to play it slowly. When they began to play it, the *audience became excited and many of them sang it *happily. Yuki said to Ken, "*Until now, we've thought about ⑤ [　　]. However, the important thing is to think about how to make the audience happy." Ken said to her, "Yes. That is lacking in our music!"

Two months later, the day of the contest came. At the *side of the stage, the members were very nervous. Then Ken said, "My grandmother is in the audience!" Some of the elderly people in the retirement home were there to listen to their music. Yuki said to the members, "Let's make the audience happy through our music. By doing ⑥ <u>so</u>, all the people here will be united." The members looked happy. Yuki said to them, "Now, let's go!"

㊟ lacking：足りない　irritated：いらいらして　retirement home：老人ホーム
as usual：いつものように　elderly：お年寄りの
got together：get together（集まる）の過去形　united：ひとつになって
graduated：graduate（卒業する）の過去形　audience：観客　happily：幸せそうに

until now：今まで　　side：かたわら

(1)　①の［　　］内にあてはまる語は，本文の内容からみて，次のア～エのうちのどれか。最も適当なものを一つ選んで，その記号を書け。(　　　)

ア　weak　　イ　sad　　ウ　young　　エ　fun

(2)　下線部②に，they also understand his wish とあるが，彼らが健(けん)のどのような願いを理解していると，昌子(まさこ)は思ったのか。その内容を日本語で書け。

(　　　　　　　　　　　　　　　　　　　　　　　　　　　　という願い)

(3)　③の［　　］内には，健の質問が入る。本文の内容を参考にして，その質問を 7 語以上の英文一文で書け。ただし，疑問符，コンマなどの符号は語として数えない。

(　　　　　　　　　　　　　　　　　　　　　　　　　　　　)?

(4)　④の［　　］内にあてはまる語は，本文の内容からみて，次のア～エのうちのどれか。最も適当なものを一つ選んで，その記号を書け。(　　　)

ア　learn　　イ　break　　ウ　remember　　エ　answer

(5)　⑤の［　　］内にあてはまるものは，本文の内容からみて，次のア～エのうちのどれか。最も適当なものを一つ選んで，その記号を書け。(　　　)

ア　winning the contest　　イ　singing a song happily　　ウ　joining the club

エ　playing music with elderly people

(6)　下線部⑥の so が指しているのはどのようなことがらか。日本語で書け。

(　　　　　　　　　　　　　　　　　　　　　　　　　　　　)

(7)　次の(a)，(b)の質問に対する答えを，本文の内容に合うように，(a)は 3 語以上，(b)は 2 語以上の英文一文で書け。ただし，ピリオド，コンマなどの符号は語として数えない。

(a)　Did Ken tell Yuki to come to see his grandmother when he met her near the school?

(　　　　　　　　　　　　　　　　　　　　　　　　　　　　).

(b)　Who asked Ken to play the piano in the retirement home?

(　　　　　　　　　　　　　　　　　　　　　　　　　　　　).

(8)　次の㋐～㋕のうちから，本文中で述べられている内容に合っているものを二つ選んで，その記号を書け。(　　と　　)

㋐　When Ken said, "I will stop joining the club," Yuki said to him, "Don't do that."

㋑　Ken often visited the retirement home to talk about music with his grandmother.

㋒　When Ken played the piano, Yuki was surprised because he knew how to play the piano.

㋓　The club members visited the elderly people to listen to the music they were going to play.

㋔　When the club members played the school song, many elderly people sang it together.

㋕　The club members were nervous to find the elderly people in the retirement home at the contest.

5 英語の授業で，次のテーマについて意見を書くことになりました。あなたなら，新聞とインターネットのどちらを選び，どのような意見を書きますか。あなたの意見を，あとの〔注意〕に従って，英語で書きなさい。

I think getting information from [　　　] is better.

(　　　　　　　　　　　　　　　　　　　　　).
(　　　　　　　　　　　　　　　　　　　　　).
(　　　　　　　　　　　　　　　　　　　　　).
(　　　　　　　　　　　　　　　　　　　　　).

世の中の情報を得る手段として，新聞とインターネットのどちらがよいか。 新聞　a newspaper インターネット　the Internet

〔注意〕

① 解答欄の[　　　]内に a newspaper または the Internet のどちらかを書くこと。
② I think getting information from [　　　] is better.の文に続けて，四文の英文を書くこと。
③ 一文の語数は5語以上とし，短縮形は1語と数える。ただし，ピリオド，コンマなどの符号は語として数えない。
④ 新聞またはインターネットを選んだ理由が伝わるよう，まとまりのある内容で書くこと。

〈放送原稿〉

今から，2021 年度香川県公立高等学校入学試験「英語を聞いて答える問題」を始めます。問題用紙の問題①を見てください。また，解答用紙の問題①のところも見てください。

問題は，A，B，C，D，E の 5 種類です。

A は，絵を選ぶ問題です。今から，Kenta が昨日の昼食後にしたことについて，説明を英語で 2 回くりかえします。よく聞いて，その説明にあてはまる絵を，①から④の絵の中から一つ選んで，その番号を書きなさい。

Kenta played the violin after lunch yesterday.

(くりかえす)

次は，B の問題です。B は，スポーツを選ぶ問題です。問題用紙のグラフを見てください。Shiho が，クラスの 35 人の生徒に，「最も好きなスポーツ」をたずねたところ，5 つのスポーツがあげられました。今から，Shiho がその結果を英語で発表します。よく聞いて，グラフの②にあてはまるスポーツとして最も適当なものを，アからエのうちから一つ選んで，その記号を書きなさい。英文は 2 回くりかえします。

The most popular sport is soccer in our class. And nine students like baseball the best. Badminton is more popular than basketball. Swimming is not so popular. Three students like swimming the best.

(くりかえす)

次は，C の問題です。C は，応答を選ぶ問題です。今から，Leo と Emily の対話を英語で 2 回くりかえします。よく聞いて，Leo の最後のことばに対する Emily の応答として最も適当なものを，アからエのうちから一つ選んで，その記号を書きなさい。

Leo: Look at that beautiful mountain!

Emily: Wow, I have never seen such a beautiful mountain before.

Leo: Why don't we take a picture of it?

(くりかえす)

次は，D の問題です。D は，対話の内容を聞き取る問題です。今から，Ellen と Sam の対話を英語で 2 回くりかえします。よく聞いて，Ellen と Sam の待ち合わせ場所，Ellen と Sam の待ち合わせ時刻および Ellen が Sam に持って行くほうがよいと言ったものを，それぞれ日本語で書きなさい。

Ellen: My sister, Lisa, has a tennis game tomorrow. Do you want to come?

Sam: Sure. I want to watch it.

Ellen: So, let's meet in front of the library at 7:20 tomorrow morning.

Sam: Wow, that's too early for me.

Ellen: How about meeting at 7:50? The tennis game starts at 9:00.

Sam: OK. I hope she will win the game.

Ellen: I'm very excited. Oh, you should bring something to drink. It will be sunny tomorrow.

(くりかえす)

最後は，E の問題です。E は，文章の内容を聞き取る問題です。はじめに，Yuta についての英文を読みます。そのあとで，英語でNo.1，No.2，No.3の三つの質問をします。英文と質問は，2回くりかえします。よく聞いて，質問に対する答えとして最も適当なものを，アからエのうちからそれぞれ一つずつ選んで，その記号を書きなさい。

Yuta is a junior high school student. On Saturday afternoon, Yuta went to the park with his classmate, Junko. She said to him, "Mother's Day is tomorrow. What are you going to do for your mother?" He said, "I have never thought about it. How about you?" She said, "I will buy some flowers." He was surprised and said, "I have never given my mother any presents." Then, he decided to give his mother something special.

On that evening, Yuta thought about what to buy for his mother, but he could not find any good presents. He felt sorry. Then, he called Junko to ask her about his mother's presents. He said, "I can't decide what to give to my mother. What should I do?" Junko answered, "Don't worry, Yuta. Just say 'Thank you' to her."

On Mother's Day, after Yuta had dinner with his family, he said to his mother, "Mom, today is Mother's Day. I have no presents but here's a letter for you. Thank you for being a nice mom." This made his mother happy.

質問です。

No.1　When did Yuta and Junko go to the park?

No.2　What did Junko tell Yuta to do on the phone?

No.3　Why was Yuta's mother happy?

(英文と質問をくりかえす)

これで「英語を聞いて答える問題」を終わります。

社会

時間　50分　　　　満点　50点

1　次の(1)～(7)の問いに答えなさい。

(1)　太郎さんのクラスでは，わが国の政治のしくみについての学習のまとめとして，レポートをつくった。次の表は，各班がレポートに掲載した内容を示したものである。これを見て，あとのa～dの問いに答えよ。

1班	天皇の国事行為について
2班	裁判所を見学したことについて

3班	日本国憲法のしくみについて
4班	議院内閣制の特徴について

a　1班の内容に関して，日本国憲法では，天皇は日本国の象徴として位置づけられており，国の政治について権限をもたず，国事行為をおこなうと定められている。次のア～エのうち，日本国憲法で天皇の国事行為として定められているものはどれか。一つ選んで，その記号を書け。

(　　　)

ア　予算を作成すること　　イ　法律を公布すること　　ウ　内閣総理大臣を指名すること
エ　条約を承認すること

b　2班の内容に関して，次の文は，太郎さんが，国民審査の対象となる裁判官の所属する裁判所を見学したとき，その裁判官と交わした会話の一部である。あとの表中のア～エのうち，文中のX，Yの□内にあてはまる言葉の組み合わせとして最も適当なものはどれか。一つ選んで，その記号を書け。(　　　)

太郎　：さきほどは，ていねいに説明をしていただき，本当にありがとうございました。

裁判官：こちらこそ，見学してくださり，ありがとうございました。太郎さんが見学したこの裁判所は，［　X　］する権限をもっています。

太郎　：はい。学校でもそのように学習しました。

裁判官：また，さきほど見学した時にも話をしましたが，犯罪と刑罰は法律で定めなければならず，犯罪の疑いをかけられた場合でも，取り調べや裁判は，法にもとづいておこなわれます。取り調べにおいては，自白を強要されず，自分に不利なことを話す必要はありません。

太郎　：これらは，自由権のうち，［　Y　］を保障している内容のことですね。

裁判官：はい。そのとおりです。

	X	Y
ア	重大なあやまちのあった裁判官をやめさせるかどうかを決定	身体の自由(生命・身体の自由)
イ	重大なあやまちのあった裁判官をやめさせるかどうかを決定	精神の自由
ウ	法律が憲法に違反していないかどうかを最終的に決定	身体の自由(生命・身体の自由)
エ	法律が憲法に違反していないかどうかを最終的に決定	精神の自由

c　3班の内容に関して，日本国憲法は，国の理想や基本的なしくみ，政府と国民との関係などを

定めている。国民の自由や権利を守るために憲法によって政治権力を制限し，憲法にのっとって国を運営することは，何主義と呼ばれるか。その呼び名を書け。(　　　)

d　4班の内容に関して，わが国は議院内閣制を採用しており，内閣は国会に対して連帯して責任を負う。次の文は，国会と内閣の関係について述べようとしたものである。文中の□内には，日本国憲法の規定により，内閣不信任の決議案が可決された場合，内閣がおこなわなければならない内容が入る。その内容を簡単に書け。

(　　　　　　　　　　　　　　　　　　　　)

内閣不信任の決議案が可決された場合，内閣は，□しなければならない。

(2)　わが国の選挙のしくみに関して，次のa，bの問いに答えよ。

a　わが国では，国民の政治参加の手段の一つとして選挙権が保障されており，四つの原則にもとづいて選挙がおこなわれている。四つの原則のうち，18歳以上のすべての国民に選挙権を保障する原則は，次のア～エのうちのどれか。一つ選んで，その記号を書け。(　　　)

ア　直接選挙　　イ　普通選挙　　ウ　平等選挙　　エ　秘密選挙

b　花子さんは，社会科の授業で，わが国では，多様な民意を政治に反映させるために，さまざまな特徴がある選挙制度が採用されていることを学んだ。小選挙区制による選挙において，1区から4区までの各選挙区に，A党，B党，C党からそれぞれ一人ずつ立候補し，各選挙区における各政党の候補者の得票数が次の表のようになったとする。この選挙の結果について述べたあとのア～エのうち，正しいものはどれか。一つ選んで，その記号を書け。(　　　)

	1区	2区	3区	4区	合計
A党の候補者の得票数(千票)	30	60	80	40	210
B党の候補者の得票数(千票)	40	70	30	50	190
C党の候補者の得票数(千票)	60	40	60	70	230

ア　三つの政党のうち，得票数の合計が最も少ない政党が，最も多くの議席を獲得した

イ　三つの政党のうち，議席をいずれの選挙区においても獲得できなかった政党がある

ウ　四つの選挙区のうち，当選者の得票数が最も多いのは1区である

エ　四つの選挙区のうち，いずれの選挙区においても，当選者の得票数より，死票の方が多い

(3)　次の表は，2016年度における東京都，静岡県，香川県の地方交付税交付金，人口1人あたりの地方交付税交付金，歳入総額に占める地方税の割合をそれぞれ示したものである。地域により地方交付税交付金に差が見られるのは，地方交付税交付金にはどのような役割があるからか。簡単に書け。

(地方交付税交付金には，　　　　　　　　　　　　　という役割があるから。)

	東京都	静岡県	香川県
地方交付税交付金(億円)	0	1594	1114
人口1人あたりの地方交付税交付金(円)	0	43227	114625
歳入総額に占める地方税の割合(%)	74.7	47.0	29.8

(総務省資料により作成)

(4)　今日の資本主義経済では，企業の自由な競争を原則としながらも，政府による介入や調整がおこなわれている。政府の経済へのかかわりに関して，次のa，bの問いに答えよ。

a　わが国では，消費者の利益を守り，企業に健全な競争を促すことを目的に，独占禁止法が定められている。この法律を実際に運用するために，内閣府の下にある機関が設けられている。この機関は何と呼ばれるか。その呼び名を書け。(　　　　)

b　わが国では，生活の基盤となる電気，ガス，水道などの料金や鉄道の運賃などは，国民生活の安定のために，国や地方公共団体の決定や認可が必要とされている。このように，国や地方公共団体の決定や認可により，市場に左右されずに決まる価格は何と呼ばれるか。その呼び名を書け。(　　　　)

(5)　次の資料Ⅰは，わが国の経済成長率の推移を示したものである。また，資料Ⅱは，わが国の一般会計における歳出額，税収額，国債発行額の推移をそれぞれ示したものである。これらの資料を見て，あとのa～cの問いに答えよ。

資料Ⅰ

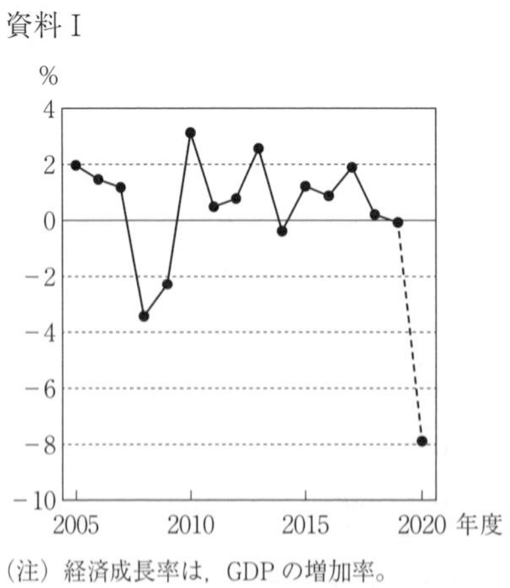

(注) 経済成長率は，GDPの増加率。
2020年度は4月から6月までの速報値。

(内閣府資料により作成)

資料Ⅱ

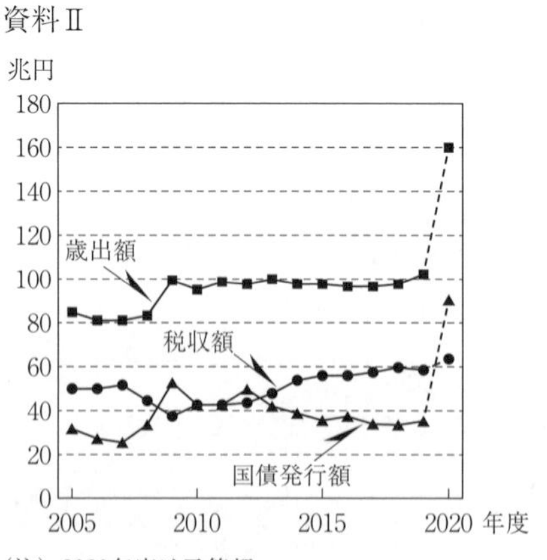

(注) 2020年度は予算額。

(財務省資料により作成)

a　資料Ⅰと資料Ⅱに関して，次の文は，財政と景気について述べようとしたものである。文中のP～Rの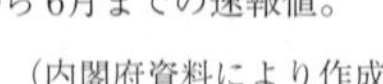内にあてはまる言葉の組み合わせとして最も適当なものは，右の表中のア～カのうちのどれか。一つ選んで，その記号を書け。

(　　　　)

	P	Q	R
ア	国債の発行	税収	歳出
イ	国債の発行	歳出	税収
ウ	税収	歳出	国債の発行
エ	税収	国債の発行	歳出
オ	歳出	国債の発行	税収
カ	歳出	税収	国債の発行

経済成長率が大きく低下するなど景気の落ち込みがみられるとき，政府は［P］を増やし，景気の落ち込みを緩和しようとする。また，［P］の増加分を［Q］でまかなえない場合には，［R］によってまかなわれる。

b　資料Ⅰに関して，次のア～エのうち，不景気（不況）のときにおこる一般的な傾向について述べたものとして最も適当なものはどれか。一つ選んで，その記号を書け。(　　　　)

ア　失業者が増えて商品の需要量が供給量より少なくなるため，物価は上昇する

イ　人々の所得が減って商品の需要量が供給量より少なくなるため，物価は下落する

ウ　企業の倒産が増えて商品の供給量が需要量より少なくなるため，物価は下落する

エ　企業の生産量が減って商品の需要量が供給量より少なくなるため，物価は上昇する

c　資料Ⅱ中に国債発行額とあるが，次の資料は，中学生の，みかさん，ゆりさん，まさしさん，けんじさんが，新たな国債発行を抑制するために考えた政策を示したものである。他の歳入額と歳出額について変化がないとした場合，新たな国債発行を抑制する効果のある政策を考えた中学生の組み合わせとして最も適当なものは，あとのア～エのうちのどれか。一つ選んで，その記号を書け。(　　　)

みか　：相続税の税率を引き下げて税収を減らし，防衛関係費を増やす

ゆり　：消費税の税率を引き上げて税収を増やし，公共事業費を減らす

まさし：所得税の税率を引き下げて税収を減らし，国債を返済するための国債費を増やす

けんじ：法人税の税率を引き上げて税収を増やし，生活保護などの社会保障関係費を減らす

ア〔みか と まさし〕　イ〔みか と けんじ〕　ウ〔ゆり と まさし〕

エ〔ゆり と けんじ〕

(6)　わが国では，仕事や職場における，性別による差別の禁止や男女平等を定めたある法律が，1985年に制定され，1986年に施行された。この法律は一般に何と呼ばれるか。その呼び名を書け。

(　　　)

(7)　右のグラフは，2005年1月から2020年1月までの，アメリカの通貨1ドルに対する日本円の為替相場の推移を示したものである。グラフ中の点Aから点Bに為替相場が変化した場合について述べた次のア～エのうち，誤っているものはどれか。一つ選んで，その記号を書け。(　　　)

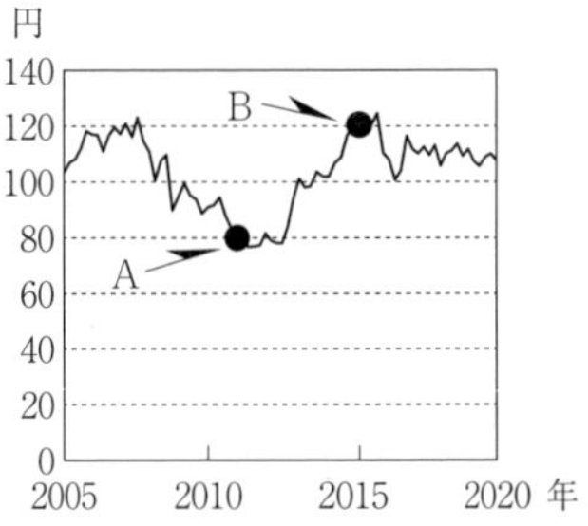

(日本銀行資料により作成)

ア　点Aから点Bの変化は，円安である

イ　点Aから点Bの変化により，アメリカから日本に輸入された商品の円での価格は上昇する

ウ　点Aから点Bの変化により，日本からアメリカに輸出された商品のドルでの価格は下落する

エ　点Aの時点で円をドルに換えて，点Bの時点でそのドルを円に再び換えると，点Aの時点よりも円でみた金額は減少している

2　次の(1)～(6)の問いに答えなさい。

(1)　次の資料は，中学生の太郎さんが香川県の歴史について調べたものを社会科の授業で発表するために作成したポスターの一部である。これを見て，あとのa～dの問いに答えよ。

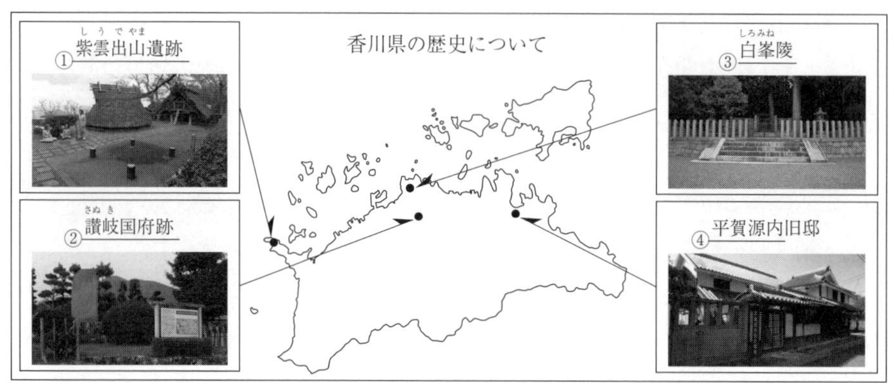

a　下線部①に紫雲出山遺跡とあるが，この遺跡は，瀬戸内海を見下ろす高い山の上にある弥生時代を代表する集落の遺跡の一つである。次のア～エのうち，弥生時代のできごとについて述べたものはどれか。一つ選んで，その記号を書け。(　　　)

ア　邪馬台国の卑弥呼が魏に使いを送り，倭王の称号と金印などを授けられた
イ　進んだ制度や文化を取り入れるために，遣隋使が送られた
ウ　百済の復興を助けるために送られた倭の軍が，唐・新羅の連合軍に白村江の戦いで敗れた
エ　唐にわたった最澄が，仏教の新しい教えをわが国に伝えた

b　下線部②に讃岐国府跡とあるが，この遺跡は，讃岐国の役所が8世紀頃にはこの地にあったことを示すものであり，2020年3月に国の史跡の指定を受けた。全国を統一して支配するために，8世紀頃の律令国家において，地方はどのように治められていたか。**都　地方の豪族**の二つの言葉を用いて，簡単に書け。

(国ごとに　　　　　　　　　　　　　　　　　　　　　　　　　　　　　　　　　　　)

c　下線部③に白峯陵とあるが，白峯陵は，現在の坂出市に流された崇徳上皇の陵墓である。次の文は，太郎さんが授業で発表するために崇徳上皇について調べたことをまとめようとしたものである。文中の〔　　〕内にあてはまる言葉を，㋐，㋑から一つ選んで，その記号を書け。また，文中の［　　］内にあてはまる最も適当な言葉を書け。(　　)(　　　)

崇徳上皇は，朝廷における政治の実権をめぐる後白河天皇との対立からおこった〔㋐　保元の乱　㋑　壬申の乱〕で敗れたのち，現在の坂出市に流され，死後，白峯陵に葬られた。この地を訪れたとされる西行は，歌人として有名であり，後鳥羽上皇の命令によって藤原定家らが編集した歌集である［　　　］にも西行の歌が収められている。

d　下線部④に平賀源内とあるが，平賀源内は，現在のさぬき市に生まれ，西洋の学問を学び，エレキテルを製作するなど，多方面で活躍した。平賀源内が活躍した頃，江戸幕府の老中であった田沼意次は，幕府の財政を立て直すために政治改革をおこなった。次のア～エのうち，幕府の財政を立て直すために田沼意次がおこなったこととして最も適当なものはどれか。一つ選んで，その記号を書け。(　　　)

ア 上米(あげまい)の制を定め，大名から米を幕府に献上させた

イ 株仲間の結成や長崎貿易における海産物の輸出を奨励した

ウ 各地に倉を設けて米を蓄えさせ，商品作物の栽培を制限した

エ 江戸や大阪周辺の土地を幕府の領地にしようとした

(2) 次の資料は，中学生の花子さんが鎌倉時代から室町時代にかけての産業のようすと民衆の生活のようすについてまとめたワークシートの一部である。これを見て，あとのa，bの問いに答えよ。

産業のようす	民衆の生活のようす
・二毛作が始まり，牛馬による耕作や肥料の使用もおこなわれ，生産力が向上した ・各地で特産物が生産され，①定期市などで取引された	・惣(そう)と呼ばれる自治組織が有力な農民を中心に運営された ・②土一揆(いっき)がおこり，近畿地方を中心に広がった

a 下線部①に定期市とあるが，右の図は，鎌倉時代に現在の岡山県に開かれた定期市で，ある人物が仏教の教えを広めるようすを描いたものである。この人物は，諸国をまわり，念仏の札を配ったり，踊(おどり)念仏を取り入れたりすることで念仏の教えを広め，時宗を開いた。この人物は誰か。その人物名を書け。(　　　)

b 下線部②に土一揆とあるが，この土一揆では，土倉や酒屋が襲われた。土一揆で，土倉や酒屋が襲われたのは，当時の土倉や酒屋がどのようなことを営んでいたからか。簡単に書け。

(　　　　　　　　　　)

(3) 次のⒶ～Ⓒのカードは，中学生のみかさんが，戦国時代の終わりから江戸時代のはじめまでの学習のまとめとして，作成したものであり，カードに書かれているできごとがおこった年代の古い順に左から右に並べられている。これを見て，あとのa，bの問いに答えよ。

Ⓐ 豊臣秀吉が関東の北条氏を倒し，全国を統一した	Ⓑ 徳川家康が関ヶ原の戦いで石田三成(みつなり)を倒した	Ⓒ 徳川家康が征夷(せいい)大将軍となり，江戸幕府を開いた

a 次のⓍ，Ⓨは，みかさんが新しく作成したカードである。Ⓧ，Ⓨのカードを，Ⓐ～Ⓒのカードとともに，そのできごとがおこった年代の古い順に左から右に並べたものとして正しいものは，あとのア～エのうちのどれか。一つ選んで，その記号を書け。(　　　)

Ⓧ 織田信長が足利義昭(よしあき)を京都から追放して室町幕府を滅ぼした	Ⓨ 徳川家康が大阪城を攻めて豊臣氏を滅ぼした

ア〔Ⓧ→Ⓐ→Ⓑ→Ⓨ→Ⓒ〕　イ〔Ⓐ→Ⓧ→Ⓑ→Ⓨ→Ⓒ〕　ウ〔Ⓧ→Ⓐ→Ⓑ→Ⓒ→Ⓨ〕

エ〔Ⓐ→Ⓧ→Ⓑ→Ⓒ→Ⓨ〕

b Ⓒのカード中の下線部に江戸幕府とあるが，江戸幕府は，大名が幕府の許可なく城を修理したり，大名どうしが無断で結婚したりすることなどを禁止したある法令を定めた。大名を統制するために，将軍の代替わりごとに出されたこの法令は何と呼ばれるか。その呼び名を書け。

(　　　)

(4) 次の文は，18 世紀末から 19 世紀半ばの東アジア情勢とわが国の対応について述べようとしたものである。文中の二つの〔　　〕内にあてはまる言葉を，㋐，㋑から一つ，㋒，㋓から一つ，それぞれ選んで，その記号を書け。(　　と　　)

18 世紀末から，わが国の沿岸には，ロシアなどの外国船が頻繁に現れるようになった。江戸幕府は，1825 年に異国船打払(うちはらい)令を出して，わが国の沿岸に接近してくる外国船を追い払う方針を示した。この方針を批判した高野長英や渡辺崋山(わたなべかざん)らの蘭学(らんがく)者たちが，1839 年に幕府によって処罰される〔㋐　蛮社の獄　　㋑　安政の大獄〕がおこった。しかし，1842 年，アヘン戦争で清(しん)が〔㋒　オランダ　　㋓　イギリス〕に敗れたことに大きな衝撃を受けた幕府は，異国船打払令を見直し，寄港した外国船に燃料や水を与えるように命じた。

(5) 明治時代の政治や社会に関して，次の a～c の問いに答えよ。

a　右の図は，明治時代のはじめの東京のようすを描いたものである。都市では，レンガづくりの西洋建築や馬車が見られるようになり，また，洋服の着用や牛肉を食べることも広まるなど，欧米の文化がさかんに取り入れられ，それまでの生活に変化が見られるようになった。明治時代のはじめに見られたこのような風潮は何と呼ばれるか。その呼び名を書け。(　　　)

b　1881 年に政府が 10 年後に国会を開くことを約束すると，国会開設に備えて政党をつくる動きが高まった。1882 年に大隈重信が，国会開設に備えて結成した政党は何と呼ばれるか。その呼び名を書け。(　　　)

c　次の図は，日露戦争の講和条約であるポーツマス条約の内容について不満をもつ人々が政府を攻撃した日比谷(ひびや)焼き打ち事件のようすを描いたものである。また，次の表は，日清戦争と日露戦争におけるわが国の動員兵力，死者数，戦費とわが国が得た賠償金についてそれぞれ示したものである。当時の国民がポーツマス条約の内容について不満をもったのはなぜか。次の表から考えて，その理由を簡単に書け。

(日清戦争に比べ，日露戦争は，　　　　　　　　　　にもかかわらず，　　　　　　　　　　から。)

	日清戦争	日露戦争
動員兵力(万人)	24.1	108.9
死者数(万人)	1.4	8.5
戦費(億円)	2.3	18.3
賠償金(億円)	3.1	0

(「日本長期統計総覧」などにより作成)

(6) 右の略年表を見て，次のa～dの問いに答えよ。

年代	できごと	
1914	第一次世界大戦が始まる	↑
1931	①満州事変が始まる	Ⓟ
1937	日中戦争が始まる	↓
1945	国際連合が成立する	↑
1973	②石油危機がおこる	Ⓠ
1991	ソ連が解体される	↓

a 年表中のⓅの時期におこったできごととしてあてはまらないものは，次の㋐～㋓のうちのどれか。一つ選んで，その記号を書け。(　　　)

㋐ ロシア革命の影響をおそれて，わが国やアメリカなどがシベリア出兵をおこなった

㋑ 民族自決の考え方に影響を受けて，三・一独立運動が，朝鮮各地に広がった

㋒ アメリカから始まった世界恐慌(きょうこう)の影響により，わが国で昭和恐慌がおこった

㋓ わが国は，ドイツ，イタリアと日独伊三国同盟を結び，結束を強化した

b 年表中の下線部①に満州事変とあるが，満州の主要地域を占領した関東軍は，1932年に満州国の建国を宣言した。この1932年に，わが国では五・一五事件がおこった。五・一五事件がもたらした影響を**政党内閣**という言葉を用いて，簡単に書け。

(　　　　　　　　　　　　　　　　　　　　)

c 年表中のⓆの時期におこった次の㋐～㋒のできごとが，年代の古い順に左から右に並ぶように，記号㋐～㋒を用いて書け。(　　→　　→　　)

㋐ 日中平和友好条約が結ばれる

㋑ 「ベルリンの壁」が取り払われる

㋒ 北大西洋条約機構（NATO）が結成される

d 年表中の下線部②に石油危機とあるが，次の文は，わが国における石油危機以降の経済の状況について述べようとしたものである。文中の二つの〔　　〕内にあてはまる言葉を，㋐，㋑から一つ，㋒，㋓から一つ，それぞれ選んで，その記号を書け。(　　と　　)

1973年に，〔㋐ 朝鮮戦争　　㋑ 中東戦争〕の影響を受けて，石油の価格が大幅に上がった。この石油危機によって大きな打撃を受けたわが国は，省エネルギーや経営の合理化により乗り切った。1980年代後半からは，銀行の資金援助を受けた企業が，余った資金を土地や株に投資し，地価や株価が異常に高くなる〔㋒ 高度経済成長　　㋓ バブル経済〕と呼ばれる好景気が生じた。

3　次の(1)～(6)の問いに答えなさい。

(1)　次の略地図を見て，あとの a～e の問いに答えよ。

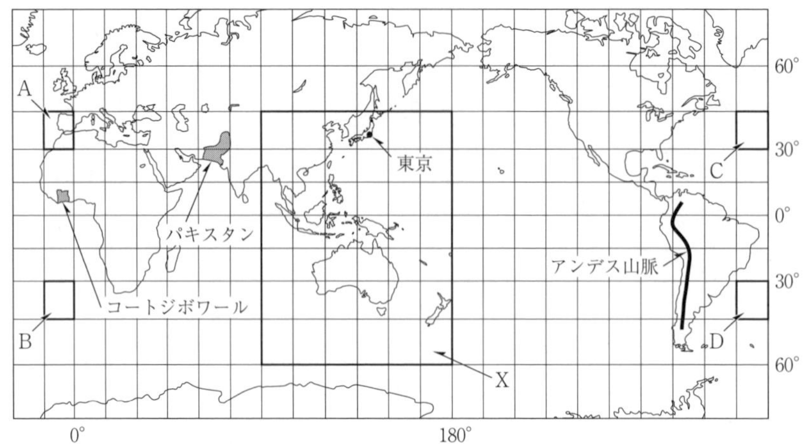

a　地球は球体であり，北極点を，地球の中心を通って正反対側に移した地点は南極点である。略地図中の東京を，地球の中心を通って正反対側に移した地点は，略地図中の A～D のうち，どの範囲内に位置するか。最も適当なものを一つ選んで，その記号を書け。(　　　)

b　略地図中のアンデス山脈では，標高 3000m 以上の高地で暮らしている人々がいる。次の㋐～㋓のうち，アンデス山脈の標高 3000m 以上の高地でおこなわれている農牧業の特徴について述べたものとして最も適当なものはどれか。一つ選んで，その記号を書け。(　　　)

㋐　温暖で夏が暑く乾燥する気候に適したオリーブやぶどう，オレンジなどが栽培されている

㋑　1 年を通して暑い地域でよく育つキャッサバやタロいも，ヤムいもなどが栽培されている

㋒　オアシスの周辺での乾燥に強い穀物などの栽培や，らくだや羊などの遊牧がおこなわれている

㋓　寒さに強いじゃがいもなどの栽培や，リャマやアルパカなどの放牧がおこなわれている

c　右の写真は，略地図中のパキスタンにおけるある宗教の礼拝堂の前で祈りをささげる人々のようすを写したものである。この宗教を信仰する人々は，聖地メッカに向かって 1 日 5 回の礼拝をおこなうことや豚肉を食べないことなど，この宗教のきまりに従いながら生活している。この宗教は何と呼ばれるか。その呼び名を書け。(　　　教)

d　略地図中に X で示した地域において，主な火山を▲で示したとき，その分布を表したものとして最も適当なものは，次のア～エのうちのどれか。一つ選んで，その記号を書け。(　　　)

ア
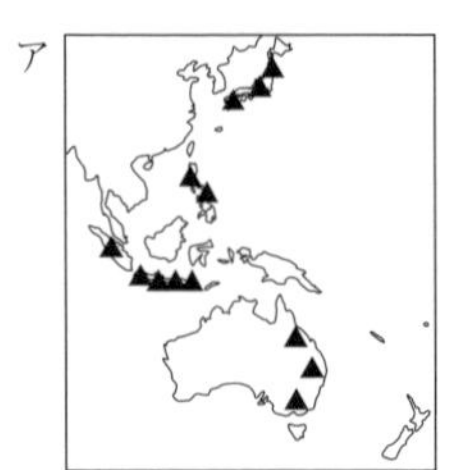

イ

ウ
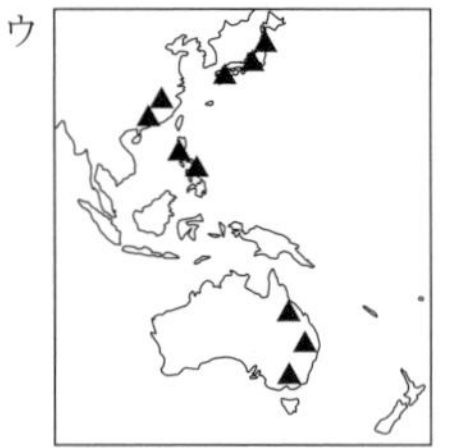

エ

e　中学生の太郎さんは，略地図中のコートジボワールでは，カカオ豆が多く生産されていることを知った。太郎さんは，「カカオ豆の国際価格の変動が，コートジボワールの輸出総額に影響する」と予想し，それを確認するために三つの資料を用意することにした。カカオ豆の国際価格の推移とコートジボワールの輸出総額の推移を示す資料のほかに，次の㋐～㋓のうちのどの資料を準備すれば，予想を確認することができるか。最も適当なものを一つ選んで，その記号を書け。(　　　)

㋐　コートジボワールにおけるカカオ豆の生産量の推移を示す資料

㋑　コートジボワールにおけるカカオ豆の消費量の推移を示す資料

㋒　コートジボワールにおけるカカオ豆の輸出額の推移を示す資料

㋓　コートジボワールにおけるカカオ豆の輸入額の推移を示す資料

(2)　次の地形図は，旅行で千葉県を訪れた中学生の太郎さんが，銚子(ちょうし)市で地域調査をおこなった際に使用した，国土地理院発行の２万５千分の１の地形図（銚子）の一部である。これに関して，あとのa～eの問いに答えよ。

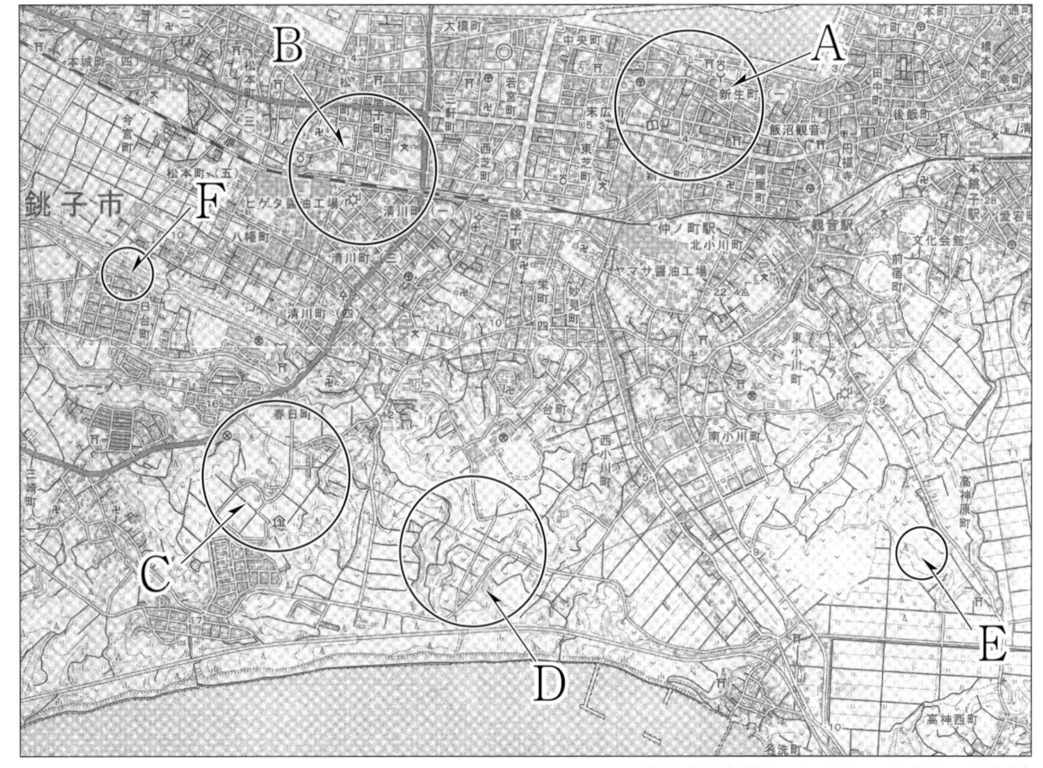

（国土地理院発行２万５千分の１地形図により作成）
（編集部注：原図を縮小しています。）

a　地形図中の市役所と銚子駅を結んだ直線距離を，この地図上で約2.4cmとするとき，この間の実際の距離は約何mか。その数字を書け。(約　　　m)

b　この地形図から読みとれることについて述べた次のア～エのうち，誤っているものはどれか。一つ選んで，その記号を書け。(　　　)

ア　地形図中にAで示した地域には，官公署がみられる

イ　地形図中にBで示した地域には，発電所または変電所がみられる

ウ　地形図中にCで示した地域には，博物館または美術館がみられる

エ　地形図中にDで示した地域には，風車がみられる

c　地形図中にEで示した地域の等高線の間隔は，地形図中にFで示した地域の等高線の間隔よりも広い。Eの地域の傾斜と，Fの地域の傾斜を比べると，Eの地域の傾斜はどうであるか。簡単に書け。(Eの地域の傾斜の方が，　　　　　　　　　　)

d　太郎さんは，千葉県の成田(なりた)国際空港は旅客輸送だけではなく貨物輸送もおこなっていることを知り，わが国の貨物輸送について調べた。次の表は，太郎さんが，2019年における成田国際空港，千葉港，東京港，名古屋港の輸出額と主な輸出品目をまとめたものである。表中のア～エのうち，成田国際空港にあたるものはどれか。一つ選んで，その記号を書け。(　　　)

	輸出額(億円)	主な輸出品目
ア	123068	自動車，自動車部品，エンジン，金属加工機械
イ	105256	半導体等製造装置，科学光学機器（カメラなど），金，電気回路用品
ウ	58237	半導体等製造装置，自動車部品，コンピュータ部品，エンジン
エ	7180	石油製品，化学製品（プラスチックなど），鉄鋼，自動車

（「日本国勢図会 2020／21」により作成）

e　右の地図は，太郎さんが銚子市のホームページで見つけたハザードマップの一部である。このようなハザードマップは，全国の市町村などで作成されている。ハザードマップは，どのような目的で作成されるか。簡単に書け。

(　　　　　　　　　　　　　　)

（銚子市ホームページにより作成）

(3)　太郎さんは，わが国の気候について学び，日本海側の気候の特徴について調べることにした。次の資料は，福井市の月平均気温と月降水量を示したものである。この資料を見て，あとのa，bの問いに答えよ。

	1月	2月	3月	4月	5月	6月	7月	8月	9月	10月	11月	12月
気温(℃)	3.0	3.4	6.8	12.8	17.7	21.6	25.6	27.2	22.7	16.6	11.0	5.9
降水量(mm)	285	170	157	127	146	167	233	128	202	145	205	273

（気象庁資料により作成）

a　右のグラフは，太郎さんが福井市の月平均気温と月降水量を表そうとしたものである。資料を用いて，8月の気温と降水量について作図し，右のグラフを完成させよ。

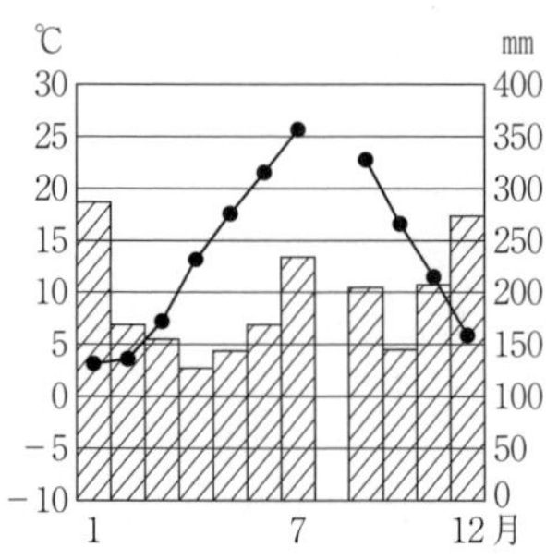

b　次の文は，太郎さんが福井市など日本海側の地域において，冬の降水量が多い理由についてまとめようとしたものである。文中の［　　　］内に共通してあてはまる言葉を書け。(　　　)

わが国の気候には，夏に太平洋から暖かく湿った大気を運び，

冬にユーラシア大陸から冷たく乾いた大気を運ぶ［　　］と呼ばれる風が影響している。日本海側では，北西から吹く冬の［　　］が，日本海をわたるときに，水蒸気を含んで雲をつくり，山地にぶつかって雨や雪を降らせる。

(4)　次の資料Ⅰは，2015年における関東地方の6県から東京都へ通勤・通学する人口をそれぞれ示したものである。また，資料Ⅱは，2015年における関東地方の6県の人口をそれぞれ示したものである。資料Ⅰ，Ⅱからわかることについて述べたあとのア～エのうち，誤っているものはどれか。一つ選んで，その記号を書け。(　　　)

資料Ⅰ

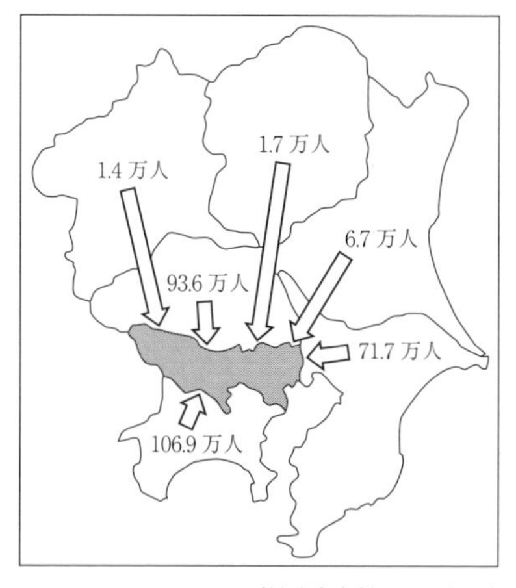

(総務省資料により作成)

資料Ⅱ

県名	人口(万人)
茨城	292
栃木	197
群馬	197
埼玉	727
千葉	622
神奈川	913

(総務省資料により作成)

ア　神奈川県から東京都へ通勤・通学する人口は，埼玉県から東京都へ通勤・通学する人口より多い

イ　千葉県から東京都へ通勤・通学する人口が，千葉県の人口に占める割合は10％以上である

ウ　茨城県，埼玉県，神奈川県のうち，各県の人口に占める東京都へ通勤・通学する人口の割合が最も高いのは，神奈川県である

エ　埼玉県，千葉県，神奈川県から東京都へ通勤・通学する人口の合計は，茨城県，栃木県，群馬県から東京都へ通勤・通学する人口の合計の20倍以上である

(5)　右の表は，わが国の2008年，2013年，2018年の水力発電，火力発電，原子力発電，太陽光発電の発電電力量の推移をそれぞれ示したものである。表中のア～エのうち，原子力発電と太陽光発電にあたるものはそれぞれどれか。一つずつ選んで，その記号を書け。

原子力発電(　　　)　太陽光発電(　　　)

	発電電力量(百万kWh)		
	2008年	2013年	2018年
ア	798930	987345	823589
イ	258128	9303	62109
ウ	83504	84885	87398
エ	11	1152	18478

(経済産業省資料により作成)

(6)　次の表は，中学生の花子さんが東北地方の農業について調べるため，2019年における東北地方の各県の面積と耕地面積についてまとめようとしたものである。この表を見て，あとのa～cの問いに答えよ。

県名	県の面積 (km^2)	耕地面積 (km^2)			X (%)
			田の面積 (km^2)	畑の面積 (km^2)	
青森	9646	1505	796	709	52.9
岩手	15275	1498	941	557	62.8
宮城	7282	1263	1044	219	82.7
秋田	11638	1471	1289	182	87.6
山形	9323	1173	926	248	78.9
福島	13784	1396	986	410	70.6

(総務省資料により作成)

a　表中に示した六つの県のうち，県名と県庁所在地の都市名が異なる県はいくつあるか。その数字を書け。(　　　)

b　次のア～エのうち，表中の X 内にあてはまるものはどれか。一つ選んで，その記号を書け。(　　　)

ア　県の面積に占める耕地面積の割合　　イ　県の面積に占める田の面積の割合

ウ　耕地面積に占める田の面積の割合　　エ　耕地面積に占める畑の面積の割合

c　次の文は，花子さんが農家の佐藤さんにインタビューしたときの会話の一部である。文中の Y 内には，農家のどのような取り組みがあてはまるか。具体的に一つ書け。

(　　　　　　　　　　　　　　　　　　　　　　　　　　　　　　　　　　)

花子さん：貿易自由化によって輸入農産物が増えていますが，何か影響はありますか。

佐藤さん：はい。おおいにあります。輸入農産物は国内産と比較して安価なものが多いので，私たちは，農産物の品質や安全性を高めることを心がけています。

花子さん：農産物の品質や安全性を高めるために，具体的にどのような取り組みをしていますか。

佐藤さん：　　　　　　　　　Y　　　　　　　　　。

花子さん：なるほど。価格以外のところで輸入農産物と競争しているんですね。

理科

時間 50分　　満点 50点

1 次のA，Bの問いに答えなさい。

A 天体に関して，次の(1)，(2)の問いに答えよ。

(1) 下の図Ⅰは，日本のある地点で，1月1日の午後11時に見える北極星と，恒星Xの位置を，それぞれ示したものである。また，下の図Ⅱは，同じ地点で同じ時刻に見えるオリオン座の位置を示したものである。これに関して，あとのa，bの問いに答えよ。

図Ⅰ

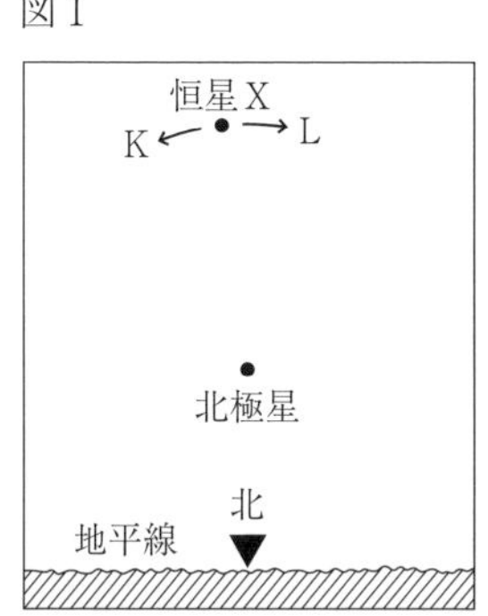

図Ⅱ

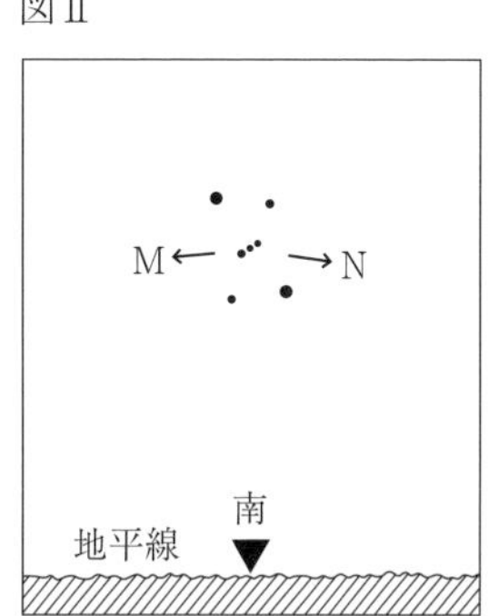

a 次の文は，恒星Xとオリオン座の動きについて述べようとしたものである。文中の2つの〔　〕内にあてはまる言葉を，㋐，㋑から一つ，㋒，㋓から一つ，それぞれ選んで，その記号を書け。また，恒星Xやオリオン座がこのような向きに動いて見えるのはなぜか。その理由を簡単に書け。

言葉(　　と　　)

理由(このような向きに星が動いて見えるのは，地球が　　から　　へ　　ため。)

同じ地点で，しばらく観察をすると，恒星Xは，図Ⅰ中の位置から北極星を中心に，〔㋐ Kの向き　㋑ Lの向き〕に動いて見える。また，オリオン座は図Ⅱ中の位置から，〔㋒ Mの向き　㋓ Nの向き〕に動いて見える。

b 同じ地点で観察するとき，オリオン座を図Ⅱとほぼ同じ位置に見ることができるのは，次のア～エのうちのどのときか。最も適当なものを一つ選んで，その記号を書け。(　　)

ア この日から1か月後の日の午後9時ごろ

イ この日から1か月後の日の午前1時ごろ

ウ この日から2か月後の日の午後8時ごろ

エ この日から2か月後の日の午前2時ごろ

(2) 次の図Ⅲは，太陽のまわりを公転する地球と，天球上の一部の星座を模式的に示したものであり，図Ⅲ中のP～Sは，春分，夏至，秋分，冬至のいずれかの日の地球の位置を示している。これに関して，あとのa～cの問いに答えよ。

図Ⅲ

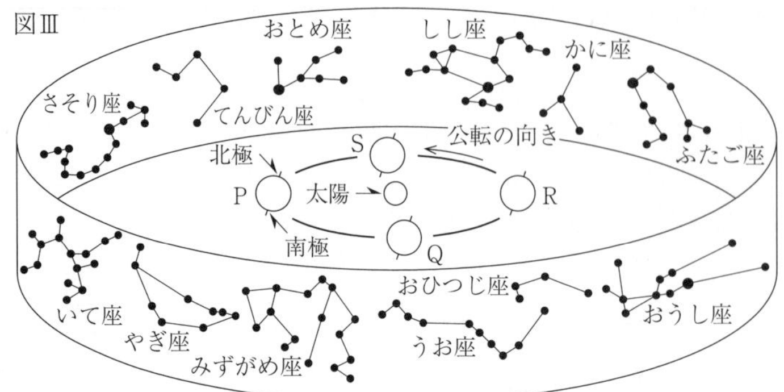

a　図Ⅲ中のPは，春分，夏至，秋分，冬至のうち，いずれの日の地球の位置を示しているか。次のア～エのうち，最も適当なものを一つ選んで，その記号を書け。(　　　)

ア　春分の日　　イ　夏至の日　　ウ　秋分の日　　エ　冬至の日

b　次のア～エのうち，日本のある地点での星座の見え方について述べたものとして，最も適当なものを一つ選んで，その記号を書け。(　　　)

ア　地球が図Ⅲ中のQの位置にあるとき，真夜中に観察すると，南の空にはうお座が，西の空にはおうし座が見える

イ　地球が図Ⅲ中のQの位置にあるとき，明け方に観察すると，南の空にはいて座が，西の空にはうお座が見える

ウ　地球が図Ⅲ中のSの位置にあるとき，真夜中に観察すると，南の空にはふたご座が，西の空にはおひつじ座が見える

エ　地球が図Ⅲ中のSの位置にあるとき，明け方に観察すると，南の空にはさそり座が，西の空にはおとめ座が見える

c　地球から見た太陽は，星座の星の位置を基準にしたとき，地球が公転しているために，図Ⅲの星座の中を移動し，1年でひと回りしてもとの星座にもどっているように見える。このような，星座の中の太陽の通り道は，何と呼ばれるか。その名称を書け。(　　　)

B　地層に関して，次の(1)，(2)の問いに答えよ。

(1)　地層に興味をもった太郎さんは，クラスの友達と，学校の近くにある道路の切り通しへ出かけ，地層を観察した。右の図Ⅰは，太郎さんが観察した地層をスケッチしたものである。これに関して，次のa～dの問いに答えよ。

図Ⅰ

泥岩(でいがん)の層
砂岩の層
れき岩の層
石灰岩の層
1m

a　太郎さんは，地層の近くに転がっているれき岩を拾い，右の図Ⅱのようなルーペを用いて表面を観察した。次の文は，手に持ったれき岩を観察するときのルーペの使い方について述べようとしたものである。文中の2つの〔　　〕内にあてはまる言葉を，㋐，㋑から一つ，㋒，㋓から一つ，それぞれ選んで，その記号を書け。(　　　と　　　)

図Ⅱ

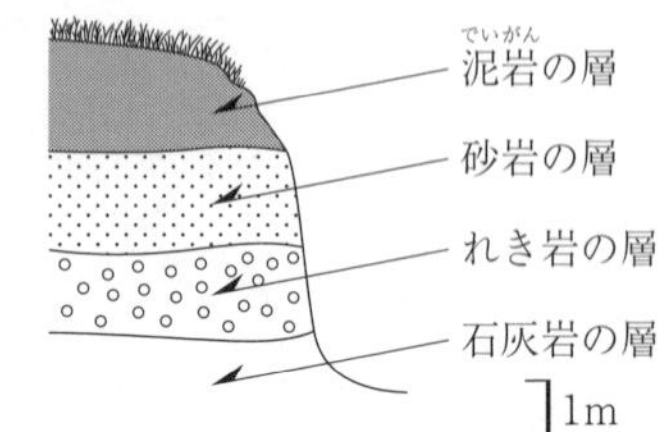

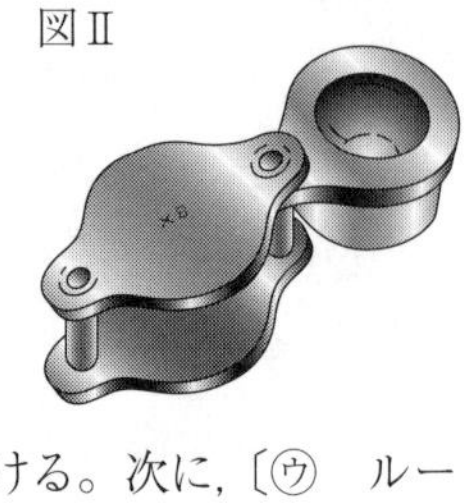

まず，ルーペをできるだけ〔㋐　手に持ったれき岩　　㋑　目〕に近づける。次に，〔㋒　ルー

ぺ　㊓　手に持ったれき岩〕を動かしながら，よく見える位置をさがす。

b　太郎さんが観察したれき岩は，まるみを帯びたれきの粒でできていた。れきの粒がまるみを帯びているのはなぜか。その理由を簡単に書け。

（れきの粒がまるみを帯びているのは，　　　　　　　　　　　　　　　　　　　　　　ため。）

c　図Ⅰ中に示した石灰岩の層の中から，サンゴの化石が見つかった。サンゴの化石は，それを含む地層が堆積した当時の環境を知る手がかりとなる。サンゴの化石を含む石灰岩の層は，どのような環境で堆積したと考えられるか。次のア〜エのうち，最も適当なものを一つ選んで，その記号を書け。（　　　）

ア　あたたかくて深い海　　イ　あたたかくて浅い海　　ウ　つめたくて深い海

エ　つめたくて浅い海

d　図Ⅰのスケッチを見ると，石灰岩の層の上には，れき岩，砂岩，泥岩の層が下から順に堆積していることがわかる。次の文は，れき岩が堆積してから砂岩が堆積を始めるまでの間に，この地域でおこった変化について述べようとしたものである。文中のX，Yの［　　］内にあてはまる言葉の組み合わせとして最も適当なものを，下の表のア〜エから一つ選んで，その記号を書け。（　　　）

図Ⅰ中のスケッチに示した，れき岩，砂岩，泥岩の層が海底でできたものとすると，れき岩が堆積してから砂岩が堆積を始めるまでの間に，この地域では，［X］により，［Y］へと変わったと考えられる。

	X	Y
ア	土地の隆起や海水面の低下	海岸から近い，浅い海
イ	土地の隆起や海水面の低下	海岸から遠い，深い海
ウ	土地の沈降や海水面の上昇	海岸から近い，浅い海
エ	土地の沈降や海水面の上昇	海岸から遠い，深い海

(2)　下の図Ⅲは，ある川の河口付近の地形を模式的に示したものである。図Ⅲ中に示したP〜Sは，この川の河口付近の地層を調べるためにボーリングをおこなった地点を示しており，P〜Sの各地点の標高は同じである。また，この地域では，断層やしゅう曲は見られず，凝灰岩の層が一定の厚さで平面状に広がっている。下の図Ⅳは，P〜Sの各地点でおこなったボーリングによって得られた試料をもとにして作成した柱状図である。これに関して，あとのa，bの問いに答えよ。

図Ⅲ

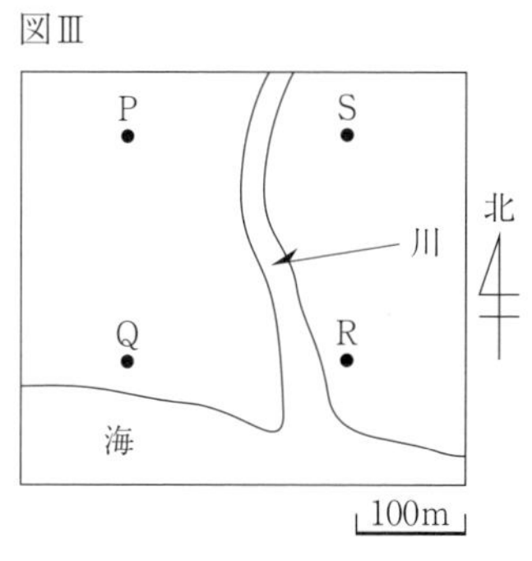

図Ⅳ

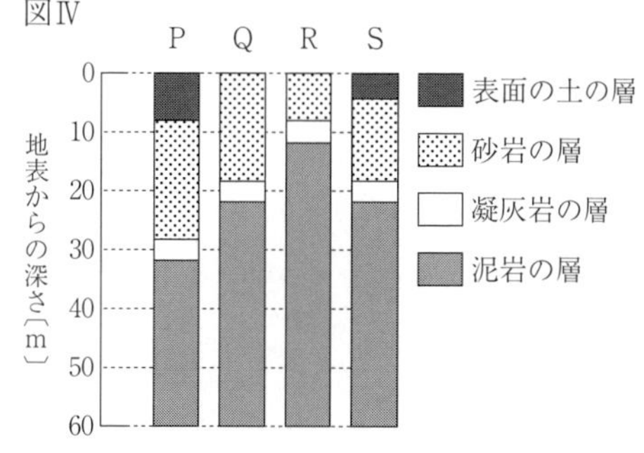

a　この地域の地層には，傾きが見られる。図Ⅲ，Ⅳから判断して，凝灰岩の層は，どの方位にいくにつれて低くなっていると考えられるか。次のア～エのうち，最も適当なものを一つ選んで，その記号を書け。(　　　)

ア　北東　　イ　南東　　ウ　南西　　エ　北西

b　図Ⅳ中に示した泥岩の層の中からビカリアの化石が見つかった。ビカリアの化石は，その化石を含む層が堆積した年代を決めるのに役立つ。次の文は，ビカリアのように，その化石を含む層ができた年代を決めるのに役立つ生物のなかまがもつ特徴について述べようとしたものである。文中の2つの〔　　〕内にあてはまる言葉を，㋐，㋑から一つ，㋒，㋓から一つ，それぞれ選んで，その記号を書け。(　　　と　　　)

その化石を含む層ができた年代を決めるのに役立つ生物のなかまは，地球上の〔㋐　広い範囲　　㋑　せまい範囲〕にすんでいて，〔㋒　長い期間にわたって栄えた　　㋓　短い期間にのみ栄えて絶滅した〕という特徴をもつ。

2 次のA，B，Cの問いに答えなさい。

A 身のまわりの自然の中で生活している動物は，いくつかのなかまに分けることができる。これに関して，次の(1)～(5)の問いに答えよ。

(1) 下の図Iは，カブトムシ，イカ，コウモリ，メダカ，イモリ，トカゲ，ハトを，からだのつくりや生活のしかたなどの特徴をもとになかま分けをしたものである。図I中の観点①～③には，あとの表で示したア～ウのいずれかが，一つずつあてはまる。観点①～③にあてはまるものとして，最も適当なものを，表のア～ウから一つずつ選んで，その記号を書け。

観点①(　　　) 観点②(　　　) 観点③(　　　)

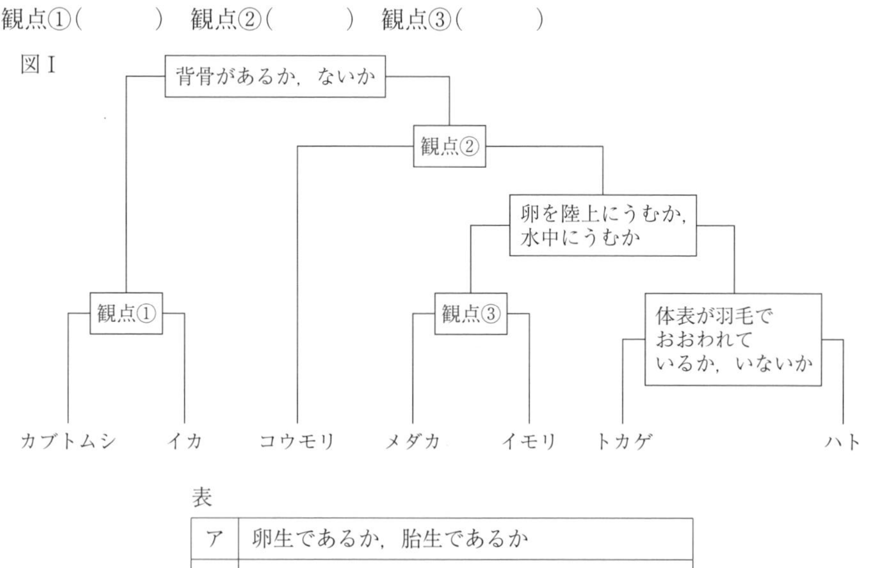

表

ア	卵生であるか，胎生であるか
イ	肺で呼吸することがあるか，肺ではしないか
ウ	外とう膜があるか，ないか

(2) カブトムシのような節足動物は，からだをおおっている殻をもっている。からだを支えたり保護したりするはたらきをしているこの殻は，何と呼ばれるか。その名称を書け。(　　　)

(3) 右の図IIは，イカを解剖し，からだの中のつくりを観察したときのスケッチである。図II中にP～Sで示した部分のうち，呼吸器官はどれか。最も適当なものを一つ選んで，その記号を書け。

(　　　)

図II

P S Q R

(4) 次の文は，太郎さんと先生の会話の一部である。これに関して，あとのa，bの問いに答えよ。

太郎：昨日，学校周辺の野外観察会に参加しました。

先生：それはよかったですね。どのような生物が観察できましたか。

太郎：コウモリやハト，トカゲやイモリも観察できました。トカゲとイモリは見た目がよく似ていますが，同じ仲間なんですか。

先生：トカゲとイモリをよく観察するとちがいが見られます。［　X　］このように，ハ虫類は，両生類よりも乾燥に強く，陸上生活に合うようにからだのしくみを変化させたと考えられています。

太郎：そうだったのですね。よく理解できました。そういえば，去年の冬に参加した観察会では，トカゲやイモリは観察できませんでした。

先生：そうですね。どうしてか考えてみましょう。

a　次の文は，会話文中のXの[　　]内にあてはまる，トカゲとイモリのちがいについて述べようとしたものである。次の文中の2つの〔　　〕内にあてはまる言葉を，㋐，㋑から一つ，㋒，㋓から一つ，それぞれ選んで，その記号を書け。(　　と　　)

トカゲは，〔㋐　湿った皮膚　　㋑　うろこ〕でおおわれています。また，卵にもちがいがあり，トカゲは，〔㋒　殻のある　　㋓　殻のない〕卵をうみます。

b　太郎さんが，冬に参加した観察会で，トカゲやイモリが観察できなかったのは，トカゲやイモリが活動しなくなったからである。次の文は，トカゲやイモリが冬に活動しなくなる理由について述べようとしたものである。文中のY，Zの[　　]内にあてはまる言葉の組み合わせとして，最も適当なものを，下の表のア～エから一つ選んで，その記号を書け。(　　)

トカゲやイモリのような動物は，[Y]と呼ばれ，冬に活動をしなくなるのは，[Z]からである。

	Y	Z
ア	変温動物	まわりの温度が下がっても，体温がほぼ一定に保たれている
イ	変温動物	まわりの温度が下がると，体温が下がる
ウ	恒温動物	まわりの温度が下がっても，体温がほぼ一定に保たれている
エ	恒温動物	まわりの温度が下がると，体温が下がる

(5)　ホ乳類であるコウモリ，クジラ，ヒトについて，コウモリの翼，クジラのひれ，ヒトのうでを調べてみると，骨格の形や並び方に，基本的に共通のつくりがみられる。このことは，共通の祖先から進化したことを示す証拠と考えられる。このように，形やはたらきはちがっていても，基本的には同じつくりで，起源が同じであると考えられる器官は何と呼ばれるか。その名称を書け。(　　)

B　植物の呼吸と光合成について調べるために，次のような実験をした。

まず，透明なポリエチレンの袋a～cを用意し，下の図Ⅰのように，袋a，cに新鮮なコマツナの葉を入れ，袋bには植物を入れず，それぞれの袋に十分な空気を入れて口を閉じた。次に，袋a，bを光が当たらない暗いところに，袋cを光が十分に当たる明るいところにそれぞれ3時間置いた。その後，次の図Ⅱのように，袋a～cの中の空気をそれぞれ石灰水に通して，石灰水の変化を観察した。次の表は，その結果をまとめたものである。これに関して，あとの(1)，(2)の問いに答えよ。

図Ⅰ

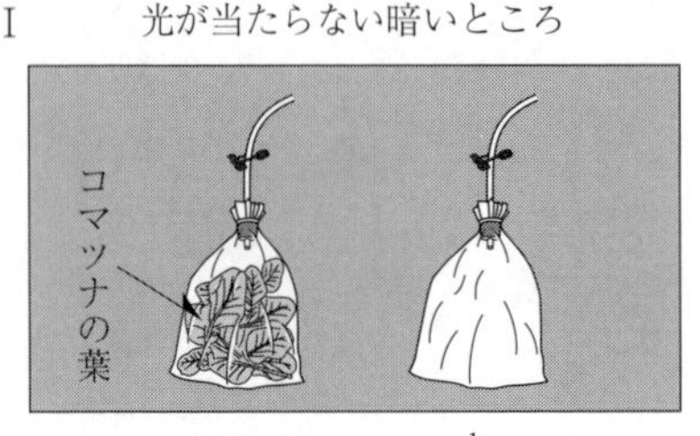

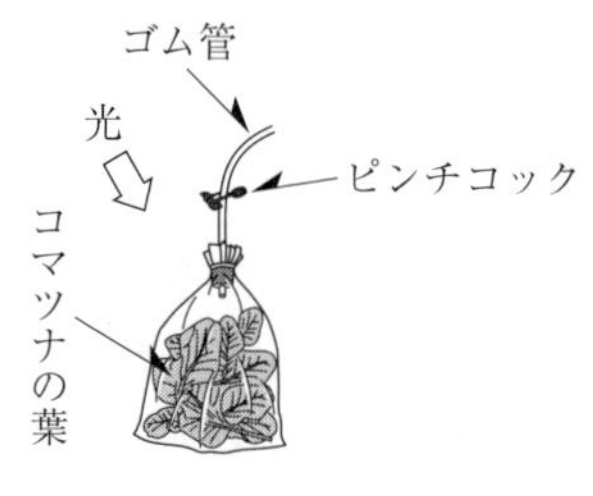

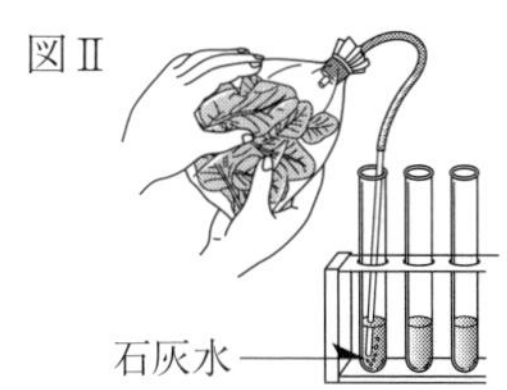

表

袋	石灰水の変化
a	白くにごる
b	変化しない
c	変化しない

(1) 植物を入れた袋a, cに加え, 植物を入れず, 空気だけを入れた袋bを含めて実験をおこなうのはなぜか。その理由を簡単に書け。

(によるものだということを確認するため。)

(2) 右の図Ⅲは, 植物がおこなう呼吸と光合成における気体の出入りを模式的に示したものである。次の文は, 袋a, cの実験結果について述べようとしたものである。文中のP～Rの［　］内にあてはまる言葉の組み合わせとして最も適当なものを, 下の表のア～エから一つ選んで, その記号を書け。(　　)

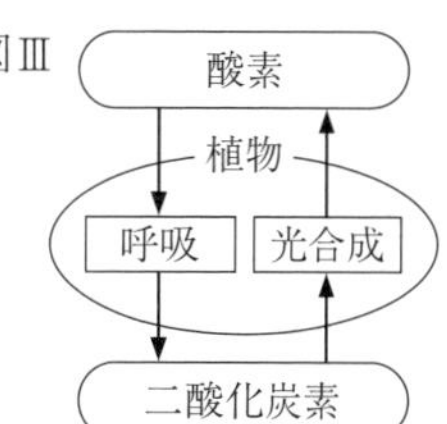

袋a内のコマツナの葉では, ［P］のみおこなわれているため, 袋aの中の空気を通すと石灰水が白くにごった。一方, 袋c内のコマツナの葉では, ［P］がおこなわれているが, 同時に［Q］もおこなわれている。このとき, ［P］によって放出される二酸化炭素の量よりも, ［Q］によって吸収される二酸化炭素の量の方が［R］ため, 袋cの中の空気を通しても石灰水が変化しなかった。

	P	Q	R
ア	呼吸	光合成	少ない
イ	光合成	呼吸	多い
ウ	呼吸	光合成	多い
エ	光合成	呼吸	少ない

C 花子さんは, 植物の体細胞分裂のようすを調べる実験をした。次のレポートは, 花子さんがおこなったその実験についてまとめようとしたものの一部である。これに関して, あとの(1)～(5)の問いに答えよ。

【テーマ】 タマネギの根の体細胞分裂

【方法】

① タマネギの種子を, 吸水させたろ紙の上にまき, 20～25℃で暗いところに4日間置いた。

② 長さが10mm程度になった根の先端を, 3mmぐらい切り取り, ⓐうすい塩酸に4分間ひたしたのち, 取り出して水ですすいだ。

③ 水ですすいだ根をスライドガラスの上に置き, えつき針で細かくほぐし, ⓑ染色液を1滴落として10分間置いた。

④ カバーガラスをかけて, さらにその上をろ紙でおおい, 親指でゆっくりと押しつぶした。

⑤ できあがったプレパラートを顕微鏡で観察し, いろいろな段階のようすをスケッチした。

【スケッチ】

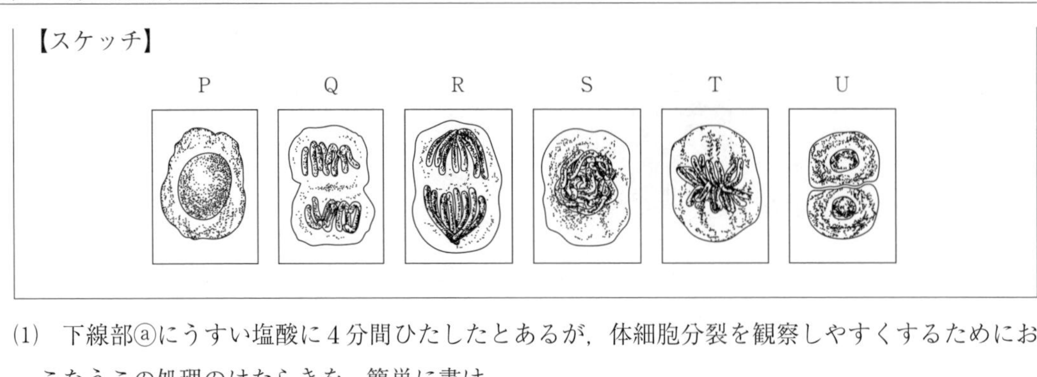

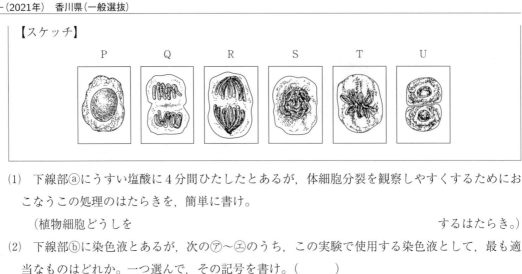

(1) 下線部ⓐにうすい塩酸に4分間ひたしたとあるが，体細胞分裂を観察しやすくするためにおこなうこの処理のはたらきを，簡単に書け。

(植物細胞どうしを　　　　　　　　　　　　　　　　　　　　するはたらき。)

(2) 下線部ⓑに染色液とあるが，次の㋐～㋓のうち，この実験で使用する染色液として，最も適当なものはどれか。一つ選んで，その記号を書け。(　　　)

㋐ ヨウ素溶液　㋑ ベネジクト溶液　㋒ 酢酸オルセイン溶液

㋓ フェノールフタレイン溶液

(3) レポート中のP～Uは，観察した体細胞分裂のいろいろな段階のようすをスケッチしたものである。Pを始まりとして，Uが最後になるように，P～Uを体細胞分裂の順に左から右に並べるとどのようになるか。次のア～エのうち，最も適当なものを一つ選んで，その記号を書け。

(　　　)

ア　P→S→T→Q→R→U　　イ　P→S→T→R→Q→U

ウ　P→T→S→Q→R→U　　エ　P→T→S→R→Q→U

(4) 次の文は，細胞のつくりと体細胞分裂について述べようとしたものである。文中の□内に共通してあてはまる最も適当な言葉を書け。(　　　)

細胞は，核とそのまわりの□からできている。□のいちばん外側には細胞膜があり，植物細胞ではさらにその外側に細胞壁がある。体細胞分裂では，まず，核から染色体が生じ，それが分かれることで2個の核ができる。続いて，□が2つに分かれ，2個の細胞ができる。

(5) 体細胞分裂では，分裂が始まる前にそれぞれの染色体が複製され，同じものが2本ずつできる。染色体が複製される理由を簡単に書け。

(複製前の細胞と分裂直後の細胞の　　　　　　　　　　　　　　　　　　ため。)

③ 次のA，Bの問いに答えなさい。

A 次の実験Ⅰ，Ⅱをした。これに関して，あとの(1)～(5)の問いに答えよ。

実験Ⅰ 5つのビーカーに蒸留水，食塩水，砂糖水，うすい塩酸，うすい水酸化ナトリウム水溶液をそれぞれとり，右の図Ⅰのような装置を用いて，ビーカー内の液体に電流が流れるかどうかを調べた。下の表Ⅰは，その結果をまとめたものである。

図Ⅰ

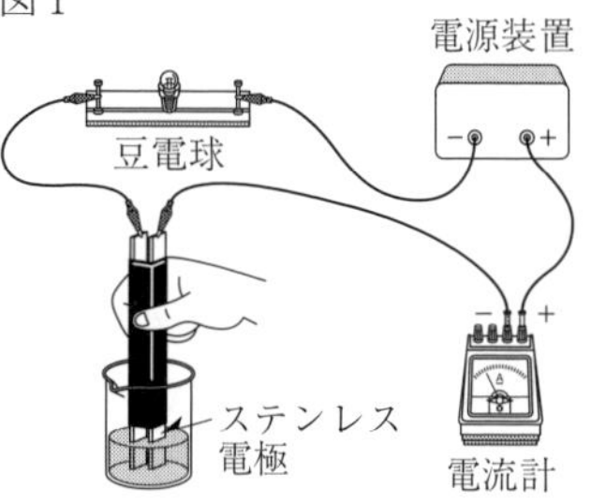

表Ⅰ

調べたもの	蒸留水	食塩水	砂糖水	うすい塩酸	うすい水溶化ナトリウム水溶液
調べた結果	流れない	流れる	流れない	流れる	流れる

(1) 次の㋐～㋓のうち，砂糖のように蒸留水にとかしても電流が流れない物質として最も適当なものを一つ選んで，その記号を書け。（　　）

㋐ 塩化銅　㋑ 硝酸カリウム　㋒ レモンの果汁　㋓ エタノール

(2) 水酸化ナトリウムは，蒸留水にとけると陽イオンと陰イオンを生じる。水酸化ナトリウムから生じる陽イオンと陰イオンを，イオン式でそれぞれ書け。

陽イオン（　　）陰イオン（　　）

実験Ⅱ 亜鉛板，銅板，アルミニウム板をそれぞれ2枚ずつ用意し，そのうち2枚を金属板X，Yとして用い，右の図Ⅱのようにうすい塩酸を入れたビーカーに2枚の金属板X，Yを入れて光電池用モーターをつなぎ，モーターが回るかどうかを調べた。下の表Ⅱは，金属板X，Yをいろいろな組み合わせに変えて実験をおこない，モーターが回るかどうかを調べた結果をまとめたものである。

図Ⅱ

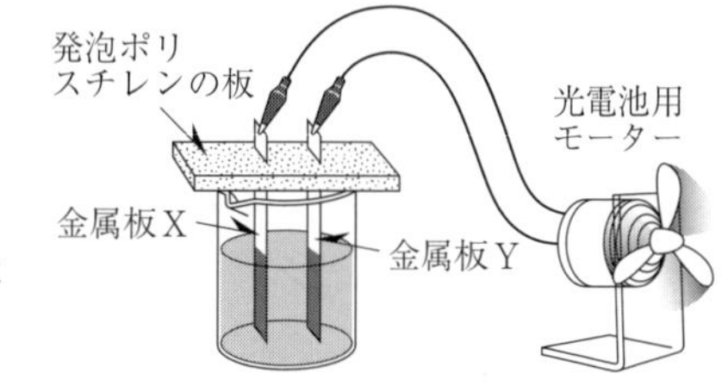

表Ⅱ

金属板X	亜鉛板	亜鉛板	亜鉛板	銅板	銅板	アルミニウム板
金属板Y	亜鉛板	銅板	アルミニウム板	銅板	アルミニウム板	アルミニウム板
調べた結果	回らない	回る	回る	回らない	回る	回らない

(3) 実験Ⅱにおいて，金属板Xとして亜鉛板を，金属板Yとして銅板を用いると，モーターが回った。しばらくモーターが回ったあとで亜鉛板と銅板をとり出すと，亜鉛板がとけているようすが見られた。次の文は，亜鉛板と銅板とうすい塩酸が電池としてはたらいているときのようすについて述べようとしたものである。文中の2つの〔　〕内にあてはまる言葉を，㋐，㋑から一つ，㋒，㋓から一つ，それぞれ選んで，その記号を書け。（　　と　　）

モーターが回っているとき，亜鉛は電子を失って亜鉛イオンになっている。このとき，電子は導線中を〔㋐　亜鉛板→モーター→銅板　　㋑　銅板→モーター→亜鉛板〕の向きに移動しており，亜鉛板は〔㋒　＋(プラス)極　　㋓　－(マイナス)極〕になっている。

(4) 図Ⅱで，うすい塩酸のかわりに食塩水を入れたビーカーに2枚の金属板X，Yを入れてモーターをつなぎ，金属板X，Yの組み合わせを変えてモーターが回るか調べたところ，どの組み合わせにおいても表Ⅱと同じ結果が得られた。次に，食塩水のかわりに砂糖水を入れたビーカーに2枚の金属板X，Yを入れてモーターをつなぎ，金属板X，Yの組み合わせを変えて同じように実験をしたところ，金属板X，Yの組み合わせをどのように変えてもモーターは回らなかった。これらのことから考えて，モーターが回るためにはどのような条件が必要であると考えられるか。簡単に書け。

(　　　　　　金属板と，うすい塩酸や食塩水のように，　　　　がとけてイオンが含まれている水溶液を用いる必要がある。)

(5) 身のまわりにある電池の多くは，物質がもつ化学エネルギーを，化学変化によって電気エネルギーに変換してとり出している。このような電池には，使いきりタイプで充電ができない一次電池と，充電によりくり返し使える二次電池がある。次の㋐～㋓のうち，一次電池はどれか。一つ選んで，その記号を書け。(　　　)

㋐　鉛蓄電池　　㋑　アルカリ乾電池　　㋒　ニッケル水素電池　　㋓　リチウムイオン電池

B　物質の分解について調べるために，次の実験をした。これに関して，あとの(1)～(5)の問いに答えよ。

実験　右の図のように，酸化銅と乾燥した炭素粉末をよく混ぜ合わせた混合物を，試験管aに入れて熱すると，気体が発生して試験管bの石灰水が白くにごった。十分に熱して気体が発生しなくなってから，ガラス管を試験管bから抜き，ガスバーナーの火を消した。ゴム管をピンチコックでとめて冷ましてから，試験管aの中に残った固体の質量をはかった。この方法で，酸化銅12.00gに対して，混ぜ合わせる炭素粉末を0.30g，0.60g，0.90g，1.20g，1.50gにして，それぞれ実験した。下の表は，その結果をまとめたものである。炭素粉末を0.90g混ぜ合わせて反応させたときは，酸化銅と炭素粉末がすべて反応し，赤色の銅のみが残った。

図

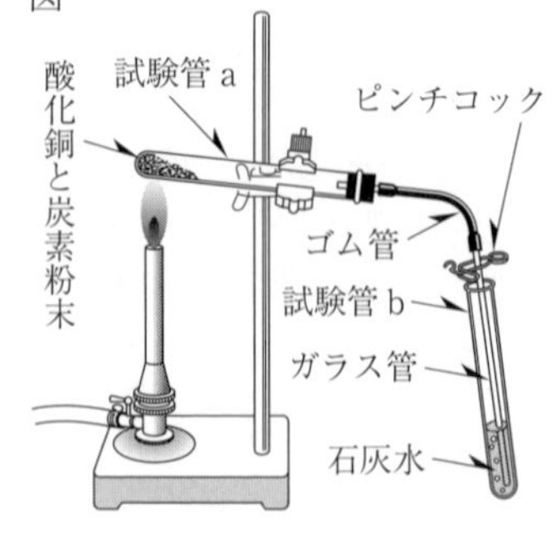

表

混ぜ合わせた炭素粉末の質量[g]	0.30	0.60	0.90	1.20	1.50
酸化銅と炭素粉末をよく混ぜ合わせた混合物の質量[g]	12.30	12.60	12.90	13.20	13.50
試験管aの中に残った固体の質量[g]	11.20	10.40	9.60	9.90	10.20

(1) 次の文は，実験についての花子さんと先生の会話の一部である。文中のP，Qの□内にあてはまる最も適当な言葉を，それぞれ書け。P(　　　)　Q(　　　)

花子：どうしてガスバーナーの火を消す前にガラス管を石灰水から取り出さなければならないのですか。

先生：もし，ガラス管を石灰水から取り出さずにガスバーナーの火を消してしまうと，石灰水が[P]して，試験管aが割れてしまうおそれがあるからです。そのため，火を消す前にガラス管を石灰水から取り出さなければなりません。

花子：そうなんですね。では，火を消したあと，ゴム管をピンチコックでとめるのはなぜですか。

先生：火を消すと熱された試験管aが少しずつ冷めていき，空気が試験管aに吸いこまれてしまいます。すると，試験管a内でどのようなことが起こると考えられますか。

花子：あ，試験管a内の銅が，吸いこまれた空気中の[Q]してしまい，試験管aの中に残った固体の質量が変化してしまうかもしれません。

先生：そうですね。そのように質量が変化することを防ぐために，火を消したあと，ゴム管をピンチコックでとめるのです。

(2) 実験で発生した気体は，石灰水を白くにごらせたことから，二酸化炭素であることがわかる。次の文は，二酸化炭素について述べようとしたものである。文中の2つの〔　〕内にあてはまる言葉を，㋐，㋑から一つ，㋒，㋓から一つ，それぞれ選んで，その記号を書け。

(　　と　　)

二酸化炭素は，無色，無臭の気体であり，水に少しとけ，その水溶液は〔㋐ 酸　㋑ アルカリ〕性を示す。空気よりも密度が大きいので，〔㋒ 上方　㋓ 下方〕置換法で集めることができるが，水に少しとけるだけなので，水上置換法を用いることもできる。

(3) 実験における，混ぜ合わせた炭素粉末の質量と，発生した二酸化炭素の質量との関係を，グラフに表せ。

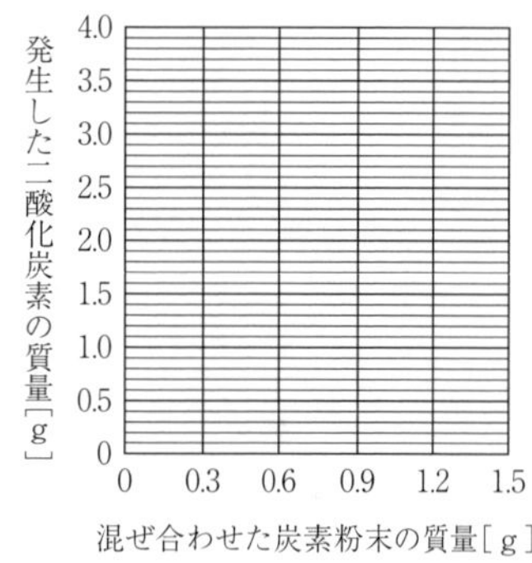

(4) この実験で用いた酸化銅は，銅原子と酸素原子が1：1の割合で結びついたものである。この酸化銅が炭素粉末によって酸素をうばわれ，赤色の銅となり，二酸化炭素が発生するときの化学変化を，化学反応式で表せ。(　　　　)

(5) 実験において，炭素粉末を0.60g混ぜ合わせて反応させたとき，反応後の試験管aの中には，銅が何g生じていると考えられるか。(　　g)

④ 次のA，B，Cの問いに答えなさい。

A 次の実験Ⅰ，Ⅱについて，あとの(1)～(5)の問いに答えよ。

実験Ⅰ 下の図Ⅰのような装置を用いて，6V—3Wの電熱線P，6V—6Wの電熱線Q，6V—12Wの電熱線Rに電流を流したときの，水の上昇温度を調べる実験をした。6V—3Wの電熱線は6Vの電圧を加えたときに消費電力が3Wになる電熱線のことである。まず，発泡ポリスチレンのカップの中に，85gの水を入れ，室温と同じくらいになるまで放置しておいた。次に，スイッチを入れ，電熱線Pに6.0Vの電圧を加え，水をときどきかき混ぜながら，1分ごとに水温を測定した。このとき，電流計の値は0.50Aを示していた。その後，電熱線Pを電熱線Q，電熱線Rにとりかえ，それぞれの電熱線に6.0Vの電圧を加えて，同じように実験をした。下の図Ⅱは，電熱線P～Rを用いて実験したときの，電流を流した時間と水の上昇温度との関係をグラフに表したものである。

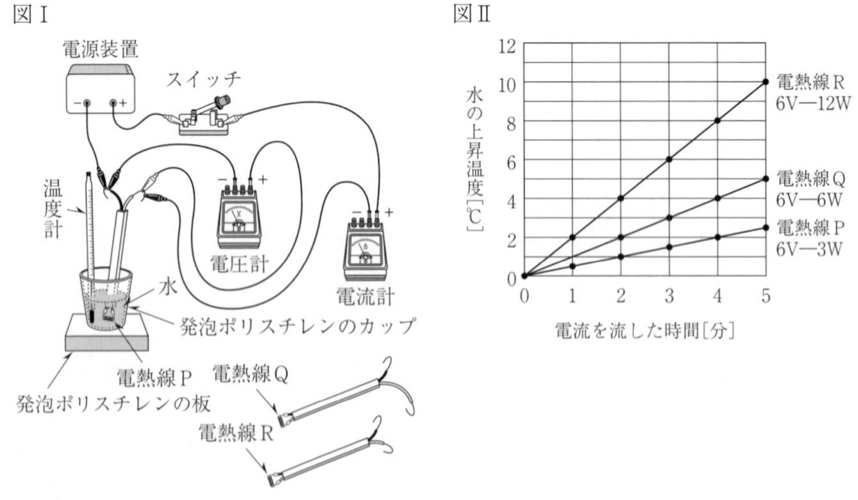

(1) 電熱線Pの抵抗は何Ωか。(　　　Ω)

(2) 次の文は，実験Ⅰの結果から考えて，わかることを述べようとしたものである。文中のX，Yの［　　］内にあてはまる最も適当な言葉を簡単に書け。

X(　　　　　　　　　　　　　　)

Y(　　　　　　　　　　　　　　)

どの電熱線においても，水の上昇温度は，［　X　］。また，電流を流した時間が同じであれば水の上昇温度は，［　Y　］。

(3) 次の文は，電熱線Qと電熱線Rについて述べようとしたものである。文中の2つの〔　〕内にあてはまる言葉を，㋐，㋑から一つ，㋒～㋔から一つ，それぞれ選んで，その記号を書け。

(　　と　　)

電熱線Qの抵抗は，電熱線Rの抵抗より〔㋐ 大きい　㋑ 小さい〕。また，電熱線Rに加える電圧を電熱線Qに加える電圧の$\frac{1}{2}$倍にしたとき，電熱線Rの消費電力は電熱線Qの消費電力と比べて〔㋒ 大きい　㋓ 変わらない　㋔ 小さい〕。

実験Ⅱ　実験Ⅰで用いた電熱線Pと電熱線Qを用いて右の図Ⅲのように，電熱線Pと電熱線Qをつなぎ，電圧を加えて，水の上昇温度を調べる実験をした。まず，発泡ポリスチレンのカップの中に，水85gを入れ，室温と同じくらいになるまで放置しておいた。次に，スイッチ②は切ったままでスイッチ①を入れ，電熱線Pに6.0Vの電圧を加え，水をときどきかき混ぜながら，水の上昇温度を調べた。スイッチ①を入れてから1分後に，スイッチ②を入れ，引き続き，水の上昇温度を調べた。このときも，電圧計の値は6.0Vを示していた。

図Ⅲ

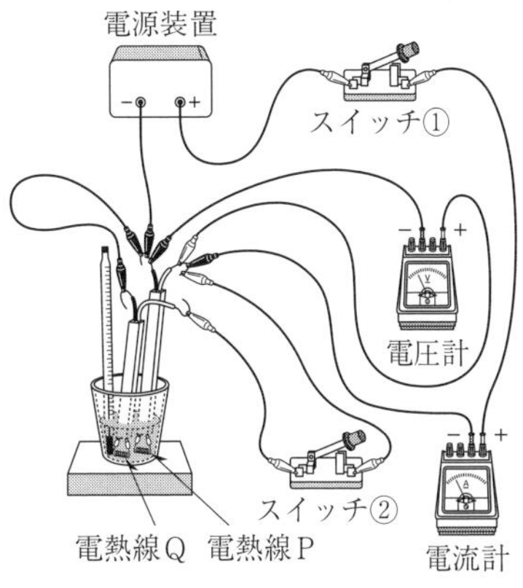

(4)　スイッチ②を入れたとき，電流計の値は何Aを示しているか。(　　　A)

(5)　実験Ⅰの結果から考えて，実験Ⅱの電熱線P，Qを入れたカップの水温は，スイッチ①を入れて電流を流し，1分後にスイッチ①は入れたままで，スイッチ②を入れて，さらに4分間電流を流したとき，何℃上昇したと考えられるか。(　　　℃)

B　斜面上での小球の運動を調べる実験をした。これに関して，あとの(1)～(5)の問いに答えよ。

実験　右の図Ⅰのように，なめらかな板で斜面をつくり，斜面上のK点に小球を置き，静かに手を離した。手を離してから0.1秒ごとの小球の位置をストロボ写真にとったところ，図Ⅰのようになった。図Ⅰ中のL～O点は，手を離してからの0.1秒ごとの小球の位置である。

図Ⅰ

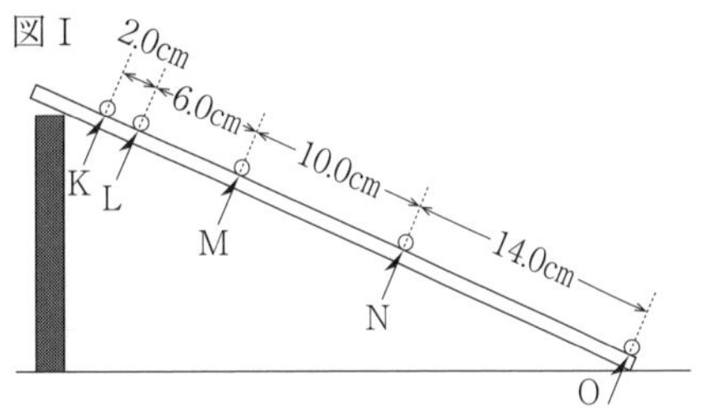

(1)　図1で，L点とN点の間の小球の平均の速さは何m/sか。(　　　m/s)

(2)　次の文は，この実験において，小球にはたらく力と小球の運動について述べようとしたものである。文中の2つの〔　　〕内にあてはまる言葉を，㋐～㋒から一つ，㋓～㋕から一つ，それぞれ選んで，その記号を書け。(　　　と　　　)

図Ⅰで，小球がL点を通過してからO点に達するまで，小球にはたらく斜面に平行な下向きの力は〔㋐　大きくなっていく　　㋑　一定である　　㋒　小さくなっていく〕。また，小球がN点にあるときから斜面にそって5.0cm下る時間は，小球がM点にあるときから斜面にそって5.0cm下る時間に比べて〔㋓　長い　　㋔　変わらない　　㋕　短い〕。

(3)　図Ⅰにおいて，小球はK点では位置エネルギーだけをもっており，この位置エネルギーは，小球が斜面を下るにつれて減少し，減少した分だけ，小球の運動エネルギーが増加する。小球がO点に達したときには，小球は運動エネルギーだけをもっている。小球がM点に達したとき，小球の位置エネルギーが小球の運動エネルギーの3倍であったとすると，M点での小球の運動エネルギーは，O点に達したときの小球の運動エネルギーの何倍であると考えられるか。

(　　　倍)

(4)　図Ⅰの装置を用いて，はじめに小球を置く斜面上の位置だけをK点より低い位置に変えて，同じように実験をしたところ，小球は，手を離れてから0.3秒後にO点に達した。このとき，はじめに小球を置いた位置はK点から斜面にそって下向きに何cmの位置であったと考えられるか。(　　　cm)

(5)　太郎さんは，ジェットコースターのコースの模型を作り，小球を転がしてその運動を観察した。下の図Ⅱは，そのときのようすを示したものである。また，下の図Ⅲは，太郎さんが作成したジェットコースターのコースの模型を真横から見たときのようすを模式的に表したものである。P点に小球を置き，静かに手を離すと，小球はQ点，R点，S点，T点を通過し，P点と同じ高さになるU点まで達した。小球がQ点，R点，S点，T点にあるときの小球の速さをそれぞれq，r，s，tとする。エネルギーの関係から考えて，q～tを小球の速さが大きい順に並べかえたとき，1番目と4番目はそれぞれどれになると考えられるか。その記号を書け。

1番目(　　　)　4番目(　　　)

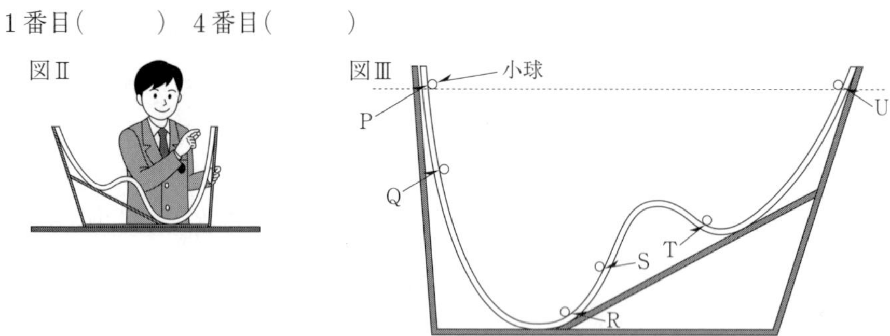

C　音に関して，次の(1)，(2)の問いに答えよ。

(1)　光は非常に速く伝わるが，音は光ほど速くは伝わらない。光の速さに比べて音の速さが遅いことがわかる身近な一つの例について，簡単に書け。

(　　　　　　　　　　　　　　　　　　　　)

(2)　右の図Ⅰのように，モノコードを用いて，弦の張りの強さを変えずにいろいろな大きさと高さの音を出す実験をした。次の文は，その実験結果について述べようとしたものである。文中の2つの〔　　〕内にあてはまる言葉を，㋐，㋑から一つ，㋒，㋓から一つ，それぞれ選んで，その記号を書け。(　　　と　　　)

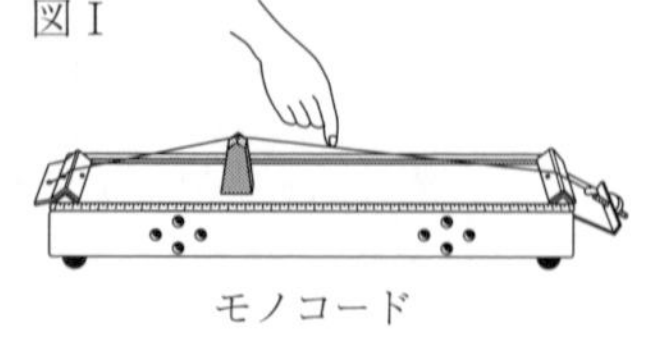

下の図Ⅱ～Ⅴは，モノコードの弦をはじいていろいろな大きさと高さの音を出しているときのようすを模式的に示したものである。モノコードの弦をはじいて，下の図Ⅱと図Ⅲのように音を出しているときを比べると，より大きい音を出しているのは下の〔㋐　図Ⅱ　　㋑　図Ⅲ〕のように振動しているときであり，下の図Ⅳと図Ⅴのように音を出しているときを比べると，より高い音を出しているのは下の〔㋒　図Ⅳ　　㋓　図Ⅴ〕のように振動しているときである。

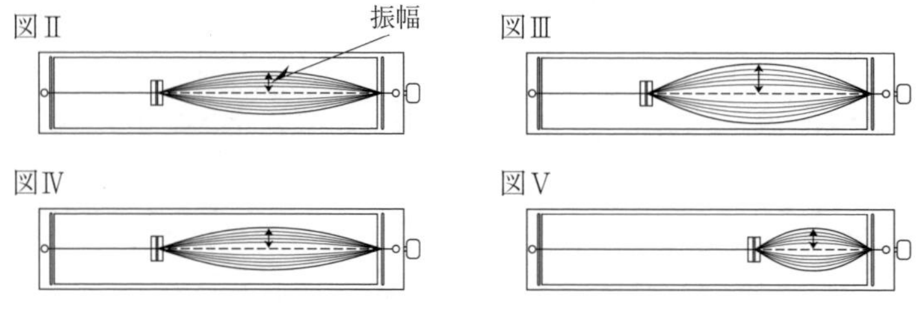

4　あなたは国語の授業の中で、若者たちが中心となって生み出し、使っている、いわゆる「若者言葉」について議論しています。最初にクラスメートの花子さんが、次のような意見を発表しました。あなたなら、花子さんの発言に続いてどのような意見を発表しますか。あなたの意見を、あとの条件1～条件3と〔注意〕に従って、解答欄に書きなさい。

花子――私は、若者言葉には優れた特徴があると思います。若者言葉を使って友人と会話すると、仲間意識や一体感が生まれ、楽しい気分になり、会話も弾みます。若者言葉は、私たちのコミュニケーションを豊かにする可能性を持っていると思います。

条件1　花子さんの意見をふまえて、「若者言葉」に対するあなたの意見を書くこと。

条件2　身近な生活における体験や具体例を示しながら書くこと。

条件3　原稿用紙の正しい使い方に従って、二百五十字程度で書くこと。ただし、百五十字（六行）以上書くこと。

〔注意〕

一　部分的な書き直しや書き加えなどをするときは、必ずしも「ますめ」にとらわれなくてよい。

二　**題名や氏名は書かないで**、本文から書き始めること。また、本文の中にも氏名や在学（出身）校名は書かないこと。

(150)

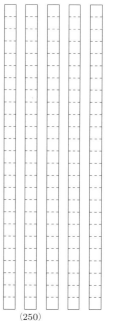

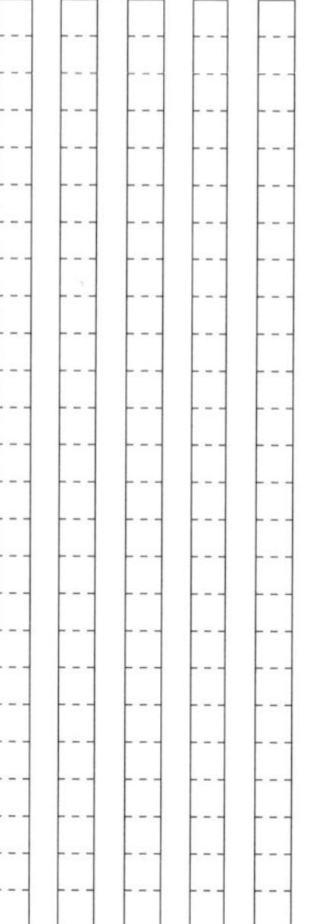

(250)

と同時に、平和な社会でなければ対話は成り立たないという相互に必要とする関係

(八)　⑥の契機の意味として最も適当なものを、次の1～4から一つ選んで、その番号を書け。(　　)

1　一つの物事を成り立たせる約束
2　未来を見とおす重要な手掛かり
3　ある事象を生じさせるきっかけ
4　自分たちにとっての大きな利益

(九)　この文章の1～8の八つの段落を、三つのまとまりに分けるとどうなるか。次の1～4から最も適当なものを一つ選んで、その番号を書け。(　　)

1　(123)―(4)―(5678)
2　(123)―(456)―(78)
3　(12)―(3456)―(78)
4　(1)―(234)―(5678)

(十)　本文を通して筆者が特に述べようとしていることは何か。次の1～4から最も適当なものを一つ選んで、その番号を書け。(　　)

1　平和構築を目的とし、様々な人々と対話していくことで自分と他者との差異を認識し、互いに妥協し合う合理的な文化を生み出していくべきである
2　平和をめざし、相互に連帯していく中で、互いの差異により生まれる考えの違いを限りなく少なくするための対話文化を追求することが重要である
3　平和構築を目的とし、従来の関係を互いに保ちつつ、対話により生じた相互の小さな差異を認め合うような開かれた文化を創造していくべきである
4　平和の構築をめざして、他者との差異を認めつつ、互いに互いを変容させながら相互に結びつくことを目的とした対話文化を築くことが大切である

より。一部省略等がある。)

(一)　a～dの＝＝のついているかたかなの部分にあたる漢字を楷書で書け。

a(　　らう)　b(　　せなく)　c(　　めて)　d(　　)

(二)　①に「普通」の代わりに「空気」という言葉を使ってもよいかもしれないとあるが、筆者はなぜこのようにいうのか。それを説明しようとした次の文の□内にあてはまる最も適当な言葉を、本文中からそのまま抜き出して、十五字程度で書け。

□□□□□□□□□□□□□□□

人々は「普通」と呼ばれる基準によって結びついてはいるが、「普通」とは不確かで、□ではないために、われわれはその存在を意識することもなく、知らず知らずのうちに受け入れているから

(三)　②にこの押し付けられた他律的な規律を内面化し、それに合わせようと固執しとあるが、これは、具体的にはどうすることであると筆者はいっているか。それを説明しようとした次の文のア、イの□内にあてはまる最も適当な言葉を、本文中からそのまま抜き出して、アは十字以内、イは二十五字程度でそれぞれ書け。

ア □□□□□□□□□□

イ □□□□□□□□□□□□□□□□□□□□□□□□□

人々は、一見、どこから発せられるかわからないようで、実際には□ア□から発せられる、□イ□といったものに従えという命令を自らのものとして取り入れ、その基準に自分自身をかたくなに合わせようとすること

(四)　③のなろの活用形を、次の1～4から一つ選んで、その番号を書け。(　　)

1　未然形　2　連用形　3　仮定形　4　命令形

(五)　本文中の□内に共通してあてはまる言葉は何か。次の1～4から最も適当なものを一つ選んで、その番号を書け。(　　)

1　内面的　2　階層的　3　合理的　4　民主的

(六)　④に哲学対話の問いとあるが、哲学対話の問いはどのようなものであり、どうすることで社会を結びつけていくと筆者はいっているか。「哲学対話の問いは」という書き出しに続けて、本文中の言葉を用いて七十字程度で書け。

哲学対話の問いは□□ことで社会を結びつけていく

(七)　⑤に対話と平和の関係は、さらに緊密であるとあるが、対話と平和の関係はどのようなものであると筆者はいっているか。次の1～4から最も適当なものを一つ選んで、その番号を書け。(　　)

1　対話が戦争を避けるための平和的手段となり得る上に、平和への思いが他者との対話を哲学的なものに変えていくという互いに強く結びついた関係

2　哲学的な対話をしていくことは民主的な社会の構築につながる以前に、平和的な社会の構築にも欠かすことのできない条件になってくるという関係

3　開かれた対話をしていくことは戦争を回避し平和を生み出す源になるだけでなく、その平和をより堅固に構築し直していくことにもなるという関係

4　対話をすることが平和を作り出し保持していくための条件である

他者を排除しようとする。本人は「普通」に③なろうと頑張っているのに、「普通」ではないくせに「ノウノウと生きている」人々がbユルせなくなる。日本の社会は、この「普通」、すなわち、権威や権力への恭順によって個人が結びついている□な構造をしている。

3 「普通」によって成り立っている社会には対話はない。対話をするならば、何が尊ぶべき規範であるかを議論できるだろう。それはこれまでの「普通」とは異なる規範かもしれない。だから、権威と権力に執着する者は対話を恐れる。

4 ④哲学対話の問いは、私たちの世界の分類法を「～とは何か」という問いによって問いただす。それは、現在の私たちの社会における物事の区別の仕方と、それに伴う物事の扱い方を再検討しようとする。「礼儀とは何か」と問うときに私たちは、何が礼儀であり、どのような行動をとれば人に礼を尽くしたといえるのかをcアラタめて議論する。それは、現在の社会における社会的な関係を考え直すことである。「仕事は何のためにあるのか」と問うことは、労働が人間にとってどのような意義を持つのか、生活と仕事のバランスや仕事の社会的な意味を問い直すことである。それは、社会の労働のあり方を変更する可能性を探ることである。「なぜ」という問いで、私たちはさまざまな事象と行為の究極の目的を探る。「なぜ勉強するのか」という問いは、現在の勉強が自分の将来の人生のあり方と目的にどのようにつながっているのかを問い直している。哲学対話が、子どもに考えさせ、子どもに対話させるのは、他者とともに人間の世界を組み直していくためである。対話は、「普通」を求める□な社会では決して得られない人間的な絆(きずな)によって社会を連帯させるのである。

5 最終的に私が主張したいことは、哲学対話を教育する目的は平和の構築の仕方を学ぶことにあることである。

6 事実として、民主主義国家内では市民戦争が起きることはほとんどなく、また民主主義国家間でも戦争がきわめて生じにくい。これは、民主主義がすべての人間が参加できる開かれた対話を基礎にした社会であることから来ている。哲学対話が民主的な社会の構築に資する(役立つ)とすれば、それは平和の構築にも資するはずである。

7 しかし⑤対話と平和の関係は、さらに緊密である。子どもの哲学の第一の意義は、真理を探求する共同体に誰をも導き入れ、互いが互いの声を傾聴し、自分を変える準備をしながら対話を行うことにある。これは戦争を止める最後の平和的手段なのだ。対話は、平和を作り出し、それを維持する条件だからである。対話とは、国際社会に見られるように、戦争を回避するための手段である。また、平和は対話を行うための条件である。平和とは対話できる状態のことであり、対話することが平和を保証する。対話において、人は互いの差異によって同じ問いに結びつく。話し合えない人として特定の「非合理な」他者を対話の相手から外していくことは、もはや互いに互いを変化させる⑥契機を失うことである。自らを変化させることのない人々の間には、妥協以外には、争いの可能性しか残されていない。平和とは、人々が対話できる状態だと定義できるだろう。

8 したがって、対話の文化を構築することとは平和構築に他ならない。対話は、戦争を、互いに結びついた差異へと変換する。対話すること、しかも誰もが参加できるもっとも広いテーマによって哲学的な対話をすることは、子どもの教育にとって、もっともdユウセンすべき必須の活動である。

(河野哲也「人は語り続けるとき、考えていない　対話と思考の哲学」)

後には六条の御息所が、葵の上の従者たちにひどく恥をかかされます。この事件でプライドを傷つけられた六条の御息所は、生霊（いきりょう）となり葵の上を呪い殺してしまうのです。

太郎――そういうお話だったのですね。六条の御息所のふるき例に触れ、「源氏物語」の車争いのできごとを読者に思い起こさせることで、[　　]がより際立（きわだ）つように感じます。

先生――その通りです。この言葉があることで、作品の内容がより深まりをみせています。

1　恥をかかされ人々に笑われないよう、人目につく場所からすぐに退散した小松内府の用心深さ

2　騒動を起こさないためにあらかじめ準備をし、人々が困らないようにした小松内府の思いやり

3　人々に迷惑をかけ恨みをかわないよう、自分の従者たちを厳しくいましめた小松内府の統率力

4　事の成り行きを正確に予想し、誰と争っても負けることのないよう準備した小松内府の競争心

3　次の文章を読んで、あとの㈠～㈩の問いに答えなさい。なお、1～8は段落につけた番号です。

1　現代の日本社会では、人々を結びつけているのは、「普通」と呼ばれる基準である。「普通」とされている基準に合わせることで、自分が多くの人と一緒であることを確認する。しかしその「普通」とは明確には何のことかがよくわからず、自分で選んだり決めたりしたものでもない。私たちは「普通」と呼ばれる他律的な基準を、暗黙のうちに強制されている。①「普通」の代わりに「空気」という言葉を使ってもよいかもしれない。ここで、「普通」とされていることは、「平均的」とか「通常の」を意味するのではない。「普通」とは、どこからともなく世間が求めてくる、個人が到達すべき水準のことを意味している。つまり、会社の暗黙の慣習に合わせるのが「普通」であり、学校では協調行動ができるのが「普通」である。ここでの「普通」とは能力ばかりを指しているのではない。暗黙の規律やローカルな慣習、多くの人が同調している流行に従うのが「普通」である。「普通」とは、「それに合わせよ」という、どこから発せられているのかわからない命令である。公私を厳密に切り分け、公の場では私事を慎み、公の流れを妨げてはならない。その公の流れこそが、「普通」であり、「空気」である。そして、実際には、「普通」を命じているのは特定の権威や権力である。その権威と権力の流れにaサカらうのは「普通」ではない。したがって、「普通」という言葉には、権威や権力への恭順と、それに従う人々への同調という二つの圧力が働いている。

2　多くの人々は、②この押し付けられた他律的な規律を内面化し、それに合わせようと固執しつつも、そうなりきれないでいる。そして、そこから生じた自己否定的な感情を他者へと投げつけ、「普通ではない」

2　次の文章を読んで、あとの(一)~(五)の問いに答えなさい。

小松内府(注1)、賀茂祭(注2)見むとて、車四五両ばかりにて(注3)、一条大路に出で給へり。物見車はみな立てならべて、すきまもなし。「いかなる車か、のけられむずらむ」と、①人々目をすましたるに、ある便宜(注4)の所なる車どもを、引き出しけるを見れば、みな、人も乗らぬ車なりけり。かねて見所を取りて、人をわづらはさじのために、②空車を五両立て置かれたりけるなり。そのころの内府の綺羅(注5)にては、③いかなる車なりとも、あらそひがたくこそありけめども、④六条の御息所のふるき例もよしなく(注6)やおぼえ給ひけむ。さやうの心ばせ(注7)、情深し。

(「十訓抄」より)

(注1)　小松内府＝平清盛の子、平重盛。内府とは内大臣のこと。
(注2)　賀茂祭＝京都の賀茂神社の祭り。
(注3)　車四五両ばかりにて＝牛車四、五両ほどで。
(注4)　便宜の所なる＝都合のよさそうな所にある。
(注5)　綺羅＝栄華。
(注6)　よしなく＝好ましくないと。
(注7)　心ばせ＝心配り。

(一)　本文中のさやうは、現代かなづかいでは、どう書くか。ひらがなを用いて書きなおせ。(　　)

(二)　①に人々目をすましたるにとあるが、人々がこのようにしたのはなぜか。次の1~4から最も適当なものを一つ選んで、その番号を書け。(　　)

1　小松内府が、どこに車で移動しようとしているのか知りたかったから
2　小松内府が、誰の乗った車を探そうとしているのか知りたかったから
3　小松内府が、どの車を立ちのかせようとしているのか気になったから
4　小松内府が、どうして停車を禁じようとしているのか気になったから

(三)　②に空車とあるが、これはどのようなもののことをいっているのか。本文中からそのまま抜き出して、五字程度で書け。

(四)　③にいかなる車なりとも、あらそひがたくこそありけめとあるが、筆者はどのような思いからこのようにいったと考えられるか。次の1~4から最も適当なものを一つ選んで、その番号を書け。(　　)

1　小松内府なら、どこでも好きな場所で見物できただろうという思い
2　小松内府なら、気づかれずに見物するのは難しいだろうという思い
3　小松内府なら、どのような人にも配慮を忘れないだろうという思い
4　小松内府なら、最も早く見物場所へ到着していただろうという思い

(五)　次の会話文は、④の六条の御息所のふるき例についての、先生と太郎さんの会話の一部である。会話文中の□内にあてはまる最も適当な言葉を、あとの1~4から一つ選んで、その番号を書け。(　　)

先生——この六条の御息所のふるき例とは、「源氏物語」の「車争い」と呼ばれるできごとを指しています。

太郎——「源氏物語」というと、平安時代の物語ですね。車争いは聞いたことはあるけれど、詳しくは知りません。どんなお話ですか。

先生——「六条の御息所」と「葵の上」という、二人の女性が関係するお話です。賀茂祭を訪れた六条の御息所の一行と葵の上の一行は、車の場所をめぐって激しく争うことになり、最

(四) ③のないは、次の1～4のうちの、どのないと同じ使われ方をしているか。同じ使われ方をしているものを一つ選んで、その番号を書け。( )

1 二人がしていることに違いはない
2 この重い荷物は簡単には運べない
3 散らかっている部屋は美しくない
4 今あきらめるなんてもったいない

(五) ④に鶴田さんは、しくしくと泣きだしたとあるが、なぜ鶴田さんは泣きだしたと考えられるか。次の1～4から最も適当なものを一つ選んで、その番号を書け。( )

1 クラス全体がやっとまとまってきた中で、より団結力を強めていけるよう頑張っていたのに、それを批判された上に誰も助けてくれなかったから
2 クラス全体が歌の練習に無気力な中で、行事を成功させようとひとりで奮闘していたのに、反発されやりこめられてしまったのが悔しかったから
3 クラス全体が思うようにまとまらない中で、金賞をとることに価値を見いだして何とか頑張ってきたのに、その努力さえも冷たく否定されたから
4 クラス全体が練習に熱心とはいえない中で、みんなで歌いたいという思いから一生懸命に声をかけていたのに、心ない言葉を言われ傷ついたから

(六) ⑤に口が言う代わりに、両手を動かして弾きはじめたとあるが、このときのオレはどのような思いでピアノを弾きはじめたと考えられるか。その思いを**クラス**という語を用いて、六十字以内で書け。

思い

(七) 本文中には、音楽室の中に、オレの弾くピアノ伴奏の音だけが鳴り続けている様子が表されている一文がある。その一文として最も適当なものを見つけて、初めの五字を抜き出して書け。

(八) 本文中のオレの気持ちを述べたものとして最も適当なものはどれか。本文全体の内容をふまえて、次の1～4から一つ選んで、その番号を書け。( )

1 伴奏者への立候補を通して気持ちを明確に伝えることの大切さが認識され、困ったときでも必ず助けてくれる友人のありがたさを実感している
2 伴奏者になり意気込む中でクラスの思いを一つにする困難さを実感したが、状況に合わせて演奏するやりがいを感じ意欲がさらに高まっている
3 教室の重い空気を変えることができた自分に自信が生まれ、クラスが思うようにまとまらなくても最後には必ず成功するだろうと確信している
4 先生やクラスメートに応援されていることが誇らしく、伴奏者の立場から合唱を成功させるための方法を何とか見つけようと必死になっている

オレと同じく、勇気を出してだれかが歌いだしてくれれば……。期待しながら弾いたのに、楽譜の最後まで来てしまった。だったらもう一度。こんなにいい曲なんだ。声が聞こえるまで、弾けばいい。オレは、夢中でくり返した。

曲の真ん中あたりまできた時、山川さんが、鶴田さんの手を引っぱって、ピアノの横まで来て、歌いだした。

山川さんの声が、ピアノに乗ったと思ったら、つぎにひとり、男子の声が重なってきた。それから、だんだんと声は増えて、ちらっと見ると、鶴田さんも歌っていたので、ほっとしながら、一番を弾きおえた時。

ガラッと音楽室のドアがあいて、久保先生が顔を出した。

「お、いい調子。みんながんばってるな」

ちょうどすぐ近くにいた菅山くんを、ニコニコしながら d激励した。

「期待してるからな。金賞はどうでも、歌は楽しめ」

まさか。先生は、今の様子を見ていた?

オレたちが、おたがいに、まごつきながらもぞもぞする中で、

「あ、ああ、はい」

菅山くんは、答えにつまっていた。

オレは、菅山くんが帰らなくてよかったと思った。こうして、みんなで歌いはじめられたんだ。これなら、だいじょうぶかもしれない。

それからの練習で、だんだん声もそろってきた。人の声は、いつも同じじゃない。「生もの」だ。弾きながら聞いているうちにわかってきた。だから、その時の歌の調子に合わせて、オレは、ピアノのテンポや強さを加減できるように努力した。

家での練習も、ラストスパートだ。

（横田明子「四重奏（カルテット）デイズ」より。一部省略等がある。）

(一)　a～dの＝＝のついている漢字のよみがなを書け。

a（　　）　b（　　）　c（　　き）　d（　　）

(二)　①に下を見て、えっ?ってなったとあるが、このときのオレの気持ちはどのようなものだと考えられるか。次の1～4から最も適当なものを一つ選んで、その番号を書け。（　　）

1　クラス内の重苦しい雰囲気にある程度理解を示しつつもなぜかいら立ちを覚え、知らず知らずのうちにとっていた自分の行動に驚き戸惑う気持ち

2　クラス内が一つにならない状況を理解しているものの、クラスの重い空気にそぐわない音をたてて貧乏ゆすりをしている自分を面白く思う気持ち

3　クラス内のしらけた空気に不満を持ちつつも仕方のないことだと納得していたつもりだったのに、思いのほかいら立っている自分にあせる気持ち

4　クラス内で遠慮しあう状況に納得ができずいら立つだけでなく、何もできないままにただ貧乏ゆすりを繰り返す自分をも腹立たしいと思う気持ち

(三)　②にとたん、オレは急に不安におそわれたとあるが、なぜオレはこのような気持ちになったのか。それを説明しようとした次の文のア、イの□内にあてはまる最も適当な言葉を、本文中からそのまま抜き出して、アは十五字以内、イは十字以内でそれぞれ書け。

ア［　　　　　　　　　　　　　　　］　イ［　　　　　　　　　　］

無意識の指の動きが、［ア］だと気づき、自分のピアノへの思いが自覚されて伴奏者に立候補したが、［イ］しているように見られるのではないかと心配になったから

標だ。この伴奏を納得がいくように弾く。

「わかりました。任せてください！」

大口をたたいてしまった。そのままの勢いで、さっそく感じをつかんでみようと思い、音楽室に行った。

それから二週間。六年生の各クラスが、放課後順番に音楽室に集まって、歌の練習をした。塾やおけいこがある子は、家で歌うのが宿題になった。練習に出ても、ふざけてばかりでまともに歌おうとしないやつもいた。

二回目の練習の時も、学級委員の鶴田さんが、必死にまとめようとしていた。

「みんなで金賞目指そうよ」

ところが、ひとりが、鶴田さんにいじわるな質問をした。いつもテストで、鶴田さんと一、二番を競っている菅山くんだ。

「金賞とって、どうなるんだよ。賞状をもらうだけじゃん。あほらし」

「みんなで歌って金賞とれれば、うれしいでしょ」

鶴田さんは真面目に答えたのに、ふふんと鼻で笑われた。

「鶴田は一番が好きなんだよな。つきあってられ③ないよ。勝手にやれば」

「そんなこと言わないで。歌おうよ。ね。六年最後の行事なんだし。お願いっ」

「お願いってなに？　鶴田のために歌え、ってこと？」

わざとやりこめているようだ。

「そんなこと言ってない。あたしはみんなで歌おうと思っただけで……」

「だから、歌いたくないって言ってるだろ。ひとりで仕切るなよっ」

菅山くんは、一度言いだしたら引っこまずに、言い負かしてくるタイプだ。それがわかっているので、だれも取りなそうとはしない。そっぽを向いたきりだ。

④鶴田さんは、しくしくと泣きだした。横で友だちの山川さんが、こっそり「だいじょうぶ？」と顔をのぞきこんだまま、いっしょにうつむいてしまった。

菅山くんは、しらっと言った。

「みんな帰ろうよ。ぼく、塾の宿題があるんだ。練習は、はい、おしまい」

みんなが、ざわめきだした。あちこちで顔を見合わせている。

オレも、ピアノのイスにすわったまま、どうしようかとおろおろした。

鶴田さんはみんなで歌いたい。菅山くんは、歌いたくない。でも、これはきっと、ふたりだけの問題じゃない。音楽室の中で、クラスのひとりずつのちがった気持ちが、ごちゃ混ぜになっている。

だったら、同じ歌を歌えばいいじゃないか。オレは思った。歌いたくても歌いたくなくても、今ここで同じ音を聞いたらどうだろう。だったら、弾いてみよう。

オレは、ぐっと勇気を出した。⑤口が言う代わりに、両手を動かして弾きはじめた。

初めの二十秒間は、前奏だ。それに続いて、歌がはじまる。

だけど、突然、c響きはじめたピアノといっしょに歌いだす子はいなかった。みんな、ぎょっとして、身を固くしているようだ。それでも、オレは、弾くのを止めなかった。オレは、ピアノを弾くって決めたんだ。それには、みんなに歌ってもらわなくちゃ、なんにも始まらない。そのために、家で毎日、たくさん練習をしているんだ。

三十秒、四十秒……。オレの指から、ピアノのカラオケが流れていく。

国語

時間　五〇分
満点　五〇点

1　次の文章は、幼い頃から習っているピアノを続けるかどうかで悩んでいる小学六年生のオレ（沢くん）と担任の久保（くぼ）先生やクラスメートの菅山（すがやま）くん、山川さんたちが、学級委員の鶴田さんの司会のもとで、合唱コンクールのクラスのピアノ伴奏者を決めようとしているものの、なかなか決まらない場面に続くものである。これを読んで、あとの㈠～㈧の問いに答えなさい。

「六年最後の行事だぞ。だれか、ピアノで盛りあげてくれよ」

久保先生が、明るく見まわしたが、教室は、静かなまんまだ。

オレは、自分の席からこっそり首を回して、何人かをちらちら見た。どの子も、下やそっぽを向いて、自分から手をあげる感じじゃなさそうだ。

ピアノ伴奏は、責任があるし、失敗したら、みんなになにを言われるかわからない。それに、ひとりだけ目立つのもいやだ、ってこともある。かといって、だれかをa推薦して、あとでうらまれるのもごめんだ。それもわかる。

けれど、クラスにただようどんよりとした空気を吸ったり吐いたりしているうちに、なんだか無性にイライラしてきた。机がカタカタ音をたてるので、①下を見て、えっ?ってなった。無意識にオレ、貧乏ゆすりをしていた。おまけにひざの上で、両手の指をツンツンとはじいている。いつのまにか、ひどくおちつかなくなっていたんだ。

『今日の議題　ピアノ伴奏者決め』

鶴田さんが書いた白い文字が、正面の黒板に宙ぶらりんで浮かんでいる。

それをながめながら、オレは考えた。イライラするのは、本当に、このじとっとした雰囲気のせいなんだろうか。

ますます強くなる貧乏ゆすりのひざの上で、ツンツンする指も止まらない。オレは、はっとした。この動きは、ピアノを弾いている指と同じじゃないか。

だれかが言いだせばいいことなのに。さっきからそう思っていた。そのだれかって、もしかして……。じつは、このオレだ。オレがピアノを弾きたいって思っているんだ。

オレは、おなかにぐっと力を入れた。

「やってもいいよっ」

みんなの視線がいっせいに集まった。

②とたん、オレは急に不安におそわれた。ひとりで空まわりしてるやつだ、って思われたらどうしよう。

でも、鶴田さんは、ほっとしたようだ。

「わあ、よかった。沢くん、ピアノ習ってるものね。ありがとう！」

「上手（うま）くできるかわかんないけど。オレ、歌うと音程はずしそうなんで」

てれくさくなったので、冗談を言ったら本気にされた。

なんかいい感じに教室の空気がほぐれて、『帰りの会』は終わった。

そのあとオレは、伴奏用のb楽譜をもらいに、職員室へ行った。

「沢、引き受けてくれてありがとな。あとは任せた！」

肩をバシッとたたかれた。

「任せた」なんて言われると責任重大だけど、初めて、自分で決めた目

2021年度／解答

数　学

1 【解き方】(1) 与式 $= 2 + 5 - 4 = 3$

(2) 与式 $= 3 \times 4 \times (-4) = -48$

(3) 両辺を3でわって，$4x - y = 2$　移項して，$4x - 2 = y$　よって，$y = 4x - 2$

(4) 与式 $= 2\sqrt{3} - \dfrac{9\sqrt{3}}{3} = 2\sqrt{3} - 3\sqrt{3} = -\sqrt{3}$

(5) 与式 $= x(y-6) + (y-6)$　$y - 6 = \mathrm{A}$ とおいて，与式 $= x\mathrm{A} + \mathrm{A} = (x+1)\mathrm{A} = (x+1)(y-6)$

(6) 解の公式より，$x = \dfrac{-5 \pm \sqrt{5^2 - 4 \times 1 \times 2}}{2 \times 1} = \dfrac{-5 \pm \sqrt{17}}{2}$

(7) 絶対値は，㋐は3，㋑は0，㋒は2だから，小さい順に，㋑→㋒→㋐

【答】(1) 3　(2) -48　(3) $y = 4x - 2$　(4) $-\sqrt{3}$　(5) $(x+1)(y-6)$　(6) $x = \dfrac{-5 \pm \sqrt{17}}{2}$

(7) ㋑(→)㋒(→)㋐

2 【解き方】(1) $\angle \mathrm{DOA} = 180° - 90° - 20° = 70°$　円周角の定理より，$\angle \mathrm{ACD} = \dfrac{1}{2}\angle \mathrm{DOA} = \dfrac{1}{2} \times 70° = 35°$

(2) ア．㋐ △OCAは，AC：OA = 4：6 = 2：3で，1：$\sqrt{3}$ でないから，∠OCA = 60°ではない。㋑ ∠BAC = 90°より，正しい。㋒ ∠OCAは90°でないから，誤り。㋓ 辺OAと線分CDはねじれの位置だから，誤り。

イ．△ABCで三平方の定理より，$\mathrm{AB} = \sqrt{8^2 - 4^2} = 4\sqrt{3}$ (cm)で，$\triangle \mathrm{ABC} = \dfrac{1}{2} \times 4\sqrt{3} \times 4 = 8\sqrt{3}$ (cm^2)だから，三角すいOABCの体積は，$\dfrac{1}{3} \times 8\sqrt{3} \times 6 = 16\sqrt{3}$ (cm^3)　DからABに垂線DHを引くと，DH：OA = BD：BO = 1：2だから，$\mathrm{DH} = 6 \times \dfrac{1}{2} = 3$ (cm)　よって，三角すいDBCPの体積について，$\dfrac{1}{3} \times \triangle \mathrm{BCP} \times 3 = 16\sqrt{3} \times \dfrac{1}{3}$ が成り立つ。したがって，$\triangle \mathrm{BCP} = \dfrac{16\sqrt{3}}{3}$ (cm^2)だから，$\dfrac{1}{2} \times \mathrm{BP} \times 4 = \dfrac{16\sqrt{3}}{3}$ が成り立つ。これを解いて，$\mathrm{BP} = \dfrac{8\sqrt{3}}{3}$ (cm)

(3) △ABCで三平方の定理より，$\mathrm{AC} = \sqrt{5^2 - 3^2} = 4$ (cm)　仮定と平行線の錯角より，∠CEB = ∠ABE = ∠CBEだから，CE = CB = 3cm　右図のようにEから直線BCに垂線EFを引くと，∠ABC = ∠ECF，∠ACB = ∠EFC = 90°だから，△ABC∽△ECF　よって，CF：EF：EC = 3：4：5だから，$\mathrm{CF} = \dfrac{3}{5}\mathrm{EC} = \dfrac{9}{5}$ (cm)，$\mathrm{EF} = \dfrac{4}{5}\mathrm{EC} = \dfrac{12}{5}$ (cm)　したがって，△EBFで，$\mathrm{BE} = \sqrt{\left(3 + \dfrac{9}{5}\right)^2 + \left(\dfrac{12}{5}\right)^2} = \dfrac{12\sqrt{5}}{5}$ (cm)

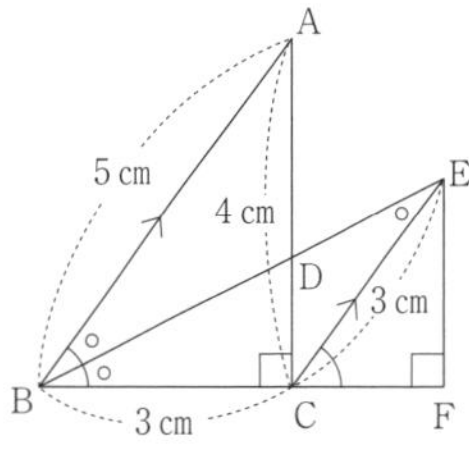

【答】(1) 35°　(2) ア．㋑　イ．$\dfrac{8\sqrt{3}}{3}$ (cm)　(3) $\dfrac{12\sqrt{5}}{5}$ (cm)

3 【解き方】(1) $\dfrac{0.5 \times 3 + 1.5 \times 4 + 2.5 \times 2 + 3.5 \times 1}{10} = \dfrac{16}{10} = 1.6$ (km)

(2) 2枚の1のカードを1x, 1yとおくと，取り出し方は，$(a,\ b)$＝(1x, 1y)，(1x, 2)，(1x, 3)，(1x, 4)，(1y, 1x)，(1y, 2)，(1y, 3)，(1y, 4)，(2, 1x)，(2, 1y)，(2, 3)，(2, 4)，(3, 1x)，(3, 1y)，(3, 2)，(3, 4)，(4, 1x)，(4, 1y)，(4, 2)，(4, 3)の20通りで，$a \geqq b$となる場合は，下線を引いた11通りだから，求める確率は$\dfrac{11}{20}$。

(3) ア．$x=0$で最大値$y=0$，$x=2$で最小値，$y=-\dfrac{1}{3}\times 2^2=-\dfrac{4}{3}$となるので，$-\dfrac{4}{3}\leqq y \leqq 0$　イ．$y=-\dfrac{1}{3}x^2$に$x=-3$を代入して，$y=-\dfrac{1}{3}\times(-3)^2=-3$より，C$(-3,\ -3)$　点Bはy軸に対して点Aと対称でB$(3,\ 9a)$とおけるから，直線BCの傾きは，$\dfrac{9a-(-3)}{3-(-3)}=\dfrac{9a+3}{6}=\dfrac{3a+1}{2}$と表せる。よって，$\dfrac{3a+1}{2}=\dfrac{5}{4}$が成り立つから，これを解いて，$a=\dfrac{1}{2}$

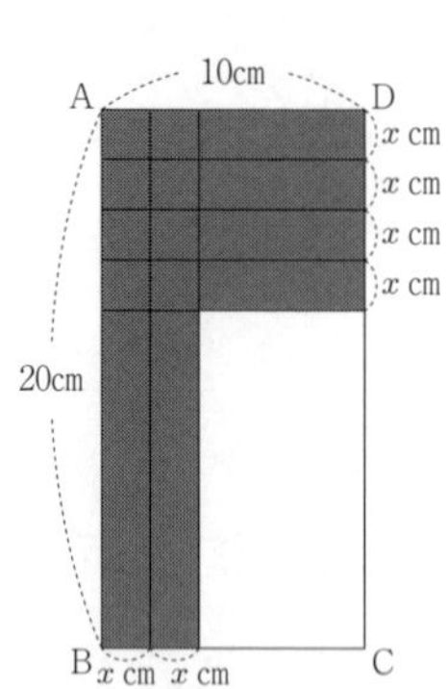

(4) 右図のように，ABに平行にはりつけたテープをすべてAB側にずらし，ADに平行にはりつけたテープをすべてAD側にずらすと，テープがはられていない部分の面積について，$(20-4x)(10-2x)=20\times10\times0.36$が成り立つ。展開して整理して，$x^2-10x+16=0$より，$(x-8)(x-2)=0$だから，$x=8,\ 2$　ここで，$4x<20$より，$x<5$，$2x<10$より，$x<5$だから，$x=2$は適するが，$x=8$は適さない。

【答】(1) 1.6 (km)　(2) $\dfrac{11}{20}$　(3) ア．$-\dfrac{4}{3}\leqq y\leqq 0$　イ．$\dfrac{1}{2}$　(4) (xの値) 2

4 【解き方】(1) ア．それぞれの高さごとに，上の面の黒い長方形の2辺の長さの組み合わせを考える。高さ1cmのとき，(1cm, 6cm)，(2cm, 3cm)　高さ2cmのとき，(1cm, 3cm)　高さ3cmのとき，(1cm, 2cm)　高さ6cmのとき，(1cm, 1cm)　よって，5通り。イ．nが素数qの2乗のとき，黒い長方形の2辺の長さの組み合わせは，高さ1cmのとき，(1cm, q^2cm)，($q$cm, $q$cm)　高さ$q$cmのとき，(1cm, $q$cm)　高さq^2cmのとき，(1cm, 1cm)　よって，このような場合に$m=4$となるので，$n=25$または49

(2) ア．$4\times1+2\times1+1\times3+0\times1=9$(点)　イ．1枚は表で2枚は裏が出た回数は，$10-1-a-b=9-a-b$(回)　よって，$0\times a+1\times1+2\times(9-a-b)+4\times b=-2a+2b+19$(点)　ウ．次郎さんの得点の合計は，イより，$(-2a+2b+19)$点。また，太郎さんの得点の合計は，$4\times a+2\times1+1\times(9-a-b)+0\times b=3a-b+11$(点)　2人の得点について，$-2a+2b+19=3a-b+11+7$　移項して整理して，$5a-3b=1$……①　表が出た枚数の合計について，$3\times a+2\times1+1\times(9-a-b)+0\times b=12$　整理して，$2a-b=1$……②　①，②をa，bの連立方程式として解いて，$a=2$，$b=3$

【答】(1) ア．5　イ．25(または，49)

(2) ア．9(点)　イ．$-2a+2b+19$(点)　ウ．(aの値) 2　(bの値) 3

5 【答】(1) △FGHと△IEHにおいて，対頂角は等しいから，∠FHG＝∠IHE　FG∥EIより，錯角が等しいから，∠GFH＝∠EIH　2組の角がそれぞれ等しいから，△FGH∽△IEH

(2) 点Cと点Gを結ぶ。△CDEと△CBGにおいて，仮定より，DE＝BG　四角形ABCDは正方形だから，CD＝CB，∠CDE＝∠CBA＝90°　∠CBG＝180°－∠CBA＝90°　よって，∠CDE＝∠CBG　2組の辺とその間の角がそれぞれ等しいから，△CDE≡△CBG　したがって，∠DCE＝∠BCG……①　CE＝CG……②　線分CFは∠BCEの二等分線だから，∠ECF＝∠BCF……③　∠DCF＝∠DCE＋∠ECF，∠GCF＝∠BCG＋∠BCFだから，①，③より，∠DCF＝∠GCF……④　CD∥FGより，錯角は等しいから，∠DCF＝∠GFC……⑤　④，⑤より，∠GCF＝∠GFC　2つの角が等しいから，△GCFは二等辺三角形。よって，CG＝FG……⑥　②，⑥より，CE＝FG

英　語

1 【解き方】A.「ケンタはバイオリンを弾いた」と言っている。

B.「9人の生徒は野球が一番好きだ」,「3人の生徒は水泳が一番好きだ」と言っているので，①が野球で④が水泳となる。残りの②と③はバドミントンかバスケットボールであるが,「バドミントンはバスケットボールよりも人気がある」と説明している。

C.「その(山の)写真を撮りませんか？」という提案に対する応答。エの「それはよい考えですね」が適切。

D. エレンは「明日の朝，7時20分に図書館の前で会おう」と言ったが，サムが「早すぎる」と言ったので，時間を「7時50分」に変更した。また，エレンは，翌日は晴れるので「何か飲むもの」を持って来るように言っている。

E. No.1. ユウタとジュンコはいつ公園へ行ったか？→「土曜日の午後，ユウタは彼のクラスメイトのジュンコと一緒に公園へ行った」と言っている。No.2. ジュンコは電話でユウタに何をするように言ったか？→ジュンコは「彼女（母親）に『ありがとう』と言うだけでいいのよ」と伝えた。No.3. ユウタの母親が喜んだのはなぜか？→ユウタが母親に手紙を渡し，感謝の気持ちを述べたから。

【答】A. ③　B. ア　C. エ

D. (Ellen と Sam の待ち合わせ場所) 図書館(の前)

(Ellen と Sam の待ち合わせ時刻) (午前) 7 (時) 50 (分)

(Ellen が Sam に持って行くほうがよいと言ったもの) 飲み物 (同意可)

E. No.1. イ　No.2. イ　No.3. ウ

◀全訳▶ A. ケンタは昨日，昼食後にバイオリンを弾きました。

B. 私たちのクラスで最も人気があるスポーツはサッカーです。そして，9人の生徒は野球が一番好きです。バドミントンはバスケットボールよりも人気があります。水泳はそれほど人気がありません。3人の生徒は水泳が一番好きです。

C.

レオ　　：あの美しい山を見て！

エミリー：わあ，私は今までこんなに美しい山を見たことがないわ。

レオ　　：その写真を撮らない？

D.

エレン：私の妹のリサは，明日テニスの試合があるの。あなたも行かない？

サム　：うん。ぼくはそれを見たいよ。

エレン：それじゃあ，明日の朝，7時20分に図書館の前で会いましょう。

サム　：わあ，それはぼくには早すぎるよ。

エレン：7時50分に会うのはどう？　そのテニスの試合は9時に始まるの。

サム　：わかった。彼女がその試合で勝つといいね。

エレン：私はとてもわくわくしているわ。ああ，何か飲むものを持って来たほうがいいわよ。明日は晴れるから。

E. ユウタは中学生です。土曜日の午後，ユウタは彼のクラスメイトのジュンコと一緒に公園へ行きました。彼女は彼に「母の日は明日よ。あなたはお母さんのために何をするつもりなの？」と言いました。彼は「今までそのことを考えたこともなかったよ。きみはどうなの？」と言いました。彼女は「私は花を買うつもりよ」と言いました。彼は驚いて「ぼくは今までお母さんにプレゼントをしたことがないよ」と言いました。そのとき，彼は母親に何か特別なものをあげる決心をしました。

その夜，ユウタは彼の母親に何を買うかについて考えましたが，良いプレゼントが何も思いつきませんでした。彼は残念に思いました。それで，彼は彼の母親のプレゼントについてたずねるために，ジュンコに電話をしました。彼は「ぼくはお母さんに何をあげるか決めることができないんだ。どうしたらいいかな？」と言いました。ジュンコは「心配しないで，ユウタ。彼女に『ありがとう』と言うだけでいいのよ」と答えました。

母の日に，家族と夕食を食べたあと，ユウタは母親に「お母さん，今日は母の日だ。プレゼントはないけれど，お母さんへの手紙があるよ。良い母親でいてくれてありがとう」と言いました。このことは彼の母親を喜ばせました。

No.1.　ユウタとジュンコはいつ公園へ行きましたか？

No.2.　ジュンコは電話で，ユウタに何をするように言いましたか？

No.3.　ユウタの母親はなぜ喜びましたか？

2 **【解き方】** (1) (a) 次にメアリーは「いいえ。これが初めてです」と答えている→「あなたは今までにここへ来たことがありますか？」。(b) メアリーがサキに「あなたは彼女（レジ係）のかばんを持っているのですか？」とたずね，サキは直後に「彼女を知ってさえいません」と言っている→「いいえ，持っていません」。(c) 続けてメアリーは自分の国でのマイバッグについて説明している→「それは私の国でも同じです」。(d) サキが「私は『マイバッグ』は英語だと思っていました」と言っている→「はい，それは英語です」。

(2) 直前でメアリーが「何を」買うつもりかと質問しているので，「卵」を最も強く発音する。

(3) does があることから，空欄に入るのは一般動詞の原形である。「～を意味する」= mean ～。

【答】 (1) (a) カ　(b) ア　(c) キ　(d) エ　(2) イ　(3) mean

◀全訳▶

サキ　　：ここは私がいつも行くスーパーマーケットよ。今までにここへ来たことはある？

メアリー：ううん。これが初めてよ。良さそうに見えるわね。ところで，何を買うつもりなの？

サキ　　：私はケーキを作るために卵が必要なの。

メアリー：わかったわ。行きましょう。

（買い物のあと）

メアリー：私はレジ係が「『マイバッグ』をお持ちですか？」と言ったのを聞いたわ。彼女はあなたに “Do you have ‘my’ bag?” と言ったのね？

サキ　　：ええ，彼女はそう言ったわ。

メアリー：それじゃあ，あなたは彼女のかばんを持っているの？

サキ　　：いいえ，持っていないわ。私は彼女を知ってさえいないわ。

メアリー：それはどういう意味なの？

サキ　　：「『マイバッグ』をお持ちですか？」は「プラスチック製のレジ袋は必要ですか？」ということよ。もしプラスチック製のレジ袋が必要なら，この店では5円かかるの。日本では去年の7月に，すべての店が私たちにプラスチック製のレジ袋の料金を請求し始めたのよ。

メアリー：ああ，なるほど！　それは私の国でも同じよ。私はいつも「マイバッグ」を持ち歩いているわ。でも私の国では，英語で reusable bag と言うわ。

サキ　　：本当？　私は「マイバッグ」は英語だと思っていたわ。

メアリー：ええ，それは英語よ。でも私たちは「再使用可能な袋」と言うために，それらの単語は使わない。それは違った言い方よ。

サキ　　：なるほど。それはおもしろいわね！

3 **【解き方】** (1)「私はたくさん英語を使って，彼と『話すこと』を楽しんだ」。「～することを楽しむ」= enjoy ～ing。

(2)「ある日，私たちがテレビを見ていた『とき』，日本の歌舞伎がテレビのコマーシャルで流れた」。「～するとき」= when ～。

(3)「A を B に連れて行く」= take A to B。

(4) 直前で「歌舞伎には長い歴史がある」と言っていることから，「それは『伝統的な』日本文化の一つだ」とする。「伝統的な」= traditional。

(5) 隆史がとても悲しく感じたのは，トムの質問にうまく答えることが『できなかった』から。「～することができなかった」= could not ～。

(6)「彼女は歌舞伎が好きで，金丸座で撮影されたたくさんの写真を私に見せてくれた」という意味の文。「A に B を見せる」。show A B。

(7)「異なる言語を話している多くの人々」は現在分詞を用いて表す。speaking different languages が後ろから many people を修飾する形になる。

(8)「～と同じくらい…」= as … as ～。

(9)「だから私は今，歴史や食べ物，有名な場所『のような』日本のことを勉強している」。「～のような」= such as ～。直前の名詞の具体例をあげるときに用いる表現。

【答】 (1) talking　(2) エ　(3)（例）My parents took me to the place　(4) ウ　(5) イ
(6) showed me a lot of pictures　(7)（例）I saw many people speaking different languages
(8) was as important as learning about other countries　(9) ア

◀全訳▶　英語を勉強することは，新しい世界への扉を開くことができます。私はそのことを友人のトムから学びました。彼はイギリスの出身で，去年，私の家に滞在していました。彼は日本が好きで，日本文化を学ぶために日本へ来ました。私はたくさん英語を使って，彼と話すことを楽しみました。

ある日，私たちがテレビを見ていたとき，日本の歌舞伎がテレビのコマーシャルで流れました。すると，トムは言いました，「ああ，歌舞伎だ！　歌舞伎は約 10 年前にロンドンの劇場で上演されたんだ。ぼくの両親はぼくをその場所に連れて行ってくれた。それはぼくには初めての経験で，それから歌舞伎に興味を持つようになったんだ。隆史，きみが一番好きな歌舞伎の作品は何かな？」　私は言いました，「わからないよ…。ぼくは今までに本物の歌舞伎を見たことがないんだ」　トムは驚いたように見え，言いました，「歌舞伎には長い歴史がある。それは伝統的な日本文化の一つだ。だから，ぼくはすべての日本人が歌舞伎について知っていると思っていたよ」　私は彼からの質問にうまく答えることができなかったので，とても悲しく感じました。

その次の日，私は歌舞伎について質問するために祖母を訪ねました。彼女は歌舞伎が好きで，金丸座で撮られたたくさんの写真を私に見せてくれました。それらの写真は私をわくわくさせました。すぐに，私はトムと一緒に歌舞伎を見るために金丸座へ行くことを決め，歌舞伎作品のためのチケットを 2 枚買いました。

その日，金丸座に着いたとき，私は異なる言語を話している多くの人々を見ました。トムは私に言いました，「ほらね，歌舞伎は他の国々でとても人気があるんだ。日本人は素晴らしい文化を持っているんだよ！」　私はそれを聞いて本当にうれしく思いました。歌舞伎を見たあと，私は歌舞伎に興味を持つようになり，他の日本文化についてもっと知りたいと思いました。

その経験から，私は自分の国について学ぶことは，他の国について学ぶことと同じくらい大切だと思いました。英語を勉強することは私の視野を広げ，私は日本文化をより理解する機会を得ました。だから私は今，歴史や食べ物，有名な場所のような，日本のことを勉強しています。私は英語をより一生懸命に勉強して，将来，他の国の人々に日本のたくさんの良い点を伝えるつもりです！

4 **【解き方】** (1)「私たちの部は『楽しく』ないので，参加するのをやめるつもりだ」。fun は「楽しみ，楽しいこと」という意味の名詞。

(2) 直前にある Ken wants elderly people to enjoy music がその内容になる。want A to ～ =「A に～してもらいたい」。

(3) 健の質問にお年寄りの一人が「私はあなたたちの学校の校歌が聞きたい」と答えている→「あなたたちはどんな音楽が聞きたいですか？」という意味の英文を書く。

(4) ユキと他の部員たちは彼ら（お年寄りの人たち）に校歌を歌って，学校での日々を「思い出し」てもらいたいと思った。

(5) ユキたちが老人ホームで音楽を演奏し，大切なことを学ぶ場面。それまで，ユキたちは「コンテストで優勝すること」について考えていた。

(6) 直前にある make the audience happy through our music がその内容になる。make A B =「A を B にする」。

(7) (a) 学校の近くで会ったとき，健はユキに彼の祖母に会いに来るように言ったか？→第 2 段落の後半を見る。ユキのほうから一緒に行くことを申し出たので，no で答える。(b) 老人ホームで，誰が健にピアノを弾いてほしいと頼んだか？→第 3 段落の前半を見る。頼んだのは健の祖母の昌子。

(8) ㋐ 第 1 段落の最後の 2 文を見る。健がブラスバンド部に参加するのをやめると言ったとき，ユキは何も言えなかった。㋑「健は祖母と音楽について話すためによく老人ホームを訪れていた」。第 2 段落の 3 文目を見る。正しい。㋒ 第 3 段落の後半を見る。ユキが驚いたのは，ピアノを弾いているときの健が楽しそうだったから。㋓ 第 4 段落の前半を見る。ブラスバンドの部員たちがお年寄りの人たちを訪ねたのは，自分たちの演奏を彼らに聞いてほしかったから。㋔「部員たちが校歌を演奏したとき，多くのお年寄りの人たちが一緒にそれを歌った」。第 4 段落の後半を見る。正しい。㋕ ブラスバンド部の部員たちが観客の中に老人ホームのお年寄りの人たちを見つけて緊張したという記述はない。

【答】 (1) エ　(2) お年寄りの人たちに，音楽を楽しんでもらいたい(という願い)（同意可）

(3)（例）What music would you like to listen to　(4) ウ　(5) ア

(6) 自分たちの音楽をとおして観客を幸せにすること（同意可）

(7)（例）(a) No, he didn't　(b) Masako did　(8) ㋑(と)㋔

◀全訳▶　ユキは中学生です。彼女はブラスバンド部のリーダーとして一生懸命に取りくんでいました。彼女の学校はブラスバンドで有名なので，すべての部員はコンテストで優勝したいと思っていました。彼らは一生懸命練習し，コンテストで優勝するために何をすべきかについてよく話し合いました。しかし，彼らの音楽には何かが足りませんでした。彼らはいらいらしていました。ある日，部員の一人である健が「ぼくたちの部は楽しくないから，参加するのをやめるつもりだ」と言いました。ユキは彼に何も言うことができませんでした。

土曜日の午後，ユキは学校の近くで健に会いました。彼は彼の祖母に会うために老人ホームへ行くところでした。彼は「ぼくのおばあさんは音楽が好きだから，ぼくはよく音楽について話すために彼女を訪ねるんだ」と言いました。ユキは彼に「私は今，家へ帰るところだけれど，あなたと一緒に行ってもいい？」と言いました。彼は驚いたように見えましたが，「いいよ」と言いました。

老人ホームで，健の祖母の昌子はユキに「あなたたちはもうすぐコンテストがあるでしょう？」と言いました。ユキは彼女に「はい。でも，私たちはコンテストで優勝することができないと思います」と言いました。昌子はユキを見て，それから健に「いつものようにピアノを弾いてちょうだい」と言いました。彼がピアノを弾き始めたとき，すべてのお年寄りたちが集まってきました。ピアノを弾いている間，健は時々彼らと話しました。ユキは昌子に「まあ！　健を見てください！　なんて楽しそうな顔でしょう！　彼は私たちの部では楽しそうに見えません」と言いました。昌子はユキに「健はお年寄りの人たちに音楽を楽しんでもらいたいと思っていて，彼らもまた彼の願いを理解しているのよ。彼らは本当に楽しそうに見えるでしょう？」と言いました。ユキは彼らの楽しそうな顔を見ました。彼らは音楽をとおしてひとつになっているように見えました。

2 週間後に，ユキと健，そして他の部員たちはその老人ホームを訪れました。彼らはお年寄りの人たちに自分たちの音楽を聞いてもらいたかったのです。最初，部員たちはいつものように音楽を演奏しました。そのあと健はお年寄りたちに「どんな音楽を聞きたいですか？」とたずねました。彼らの一人が「私はあなたたちの学校の校歌が聞きたいわ。私たちの多くはあなたたちの学校を卒業したの」と答えました。ユキと他の部員たちは，彼らにその歌を歌って，学校での日々を思い出してもらいたいと思い，それをゆっくりと演奏することにしました。彼らが校歌を演奏し始めたとき，観客は興奮し始めて，彼らの多くがそれを幸せそうに歌いました。ユキは健に「今まで，私たちはコンテストで優勝することを考えていたわ。でも，大切なことは観客をどのように幸せにするかについて考えることなのね」と言いました。健は彼女に「そうだね。それがぼくたちの音楽に足りなかったんだ！」と言いました。

2か月後，コンテストの日が来ました。ステージのかたわらで，部員たちはとても緊張していました。そのとき，健が「ぼくのおばあさんが観客の中にいるよ！」と言いました。老人ホームのお年寄りの何人かが彼らの音楽を聞くためにそこにいました。ユキは部員たちに「私たちの音楽をとおして観客を幸せにしましょう。そうすることによって，ここにいるすべての人がひとつになるわ」と言いました。部員たちはうれしそうに見えました。ユキは彼らに「さあ，行きましょう！」と言いました。

5 **【解き方】** 理由を複数述べる際には first，second のような副詞を文頭に置くと整理しやすい。また，for example（例えば）などの表現を用いて例をあげると，説得力のある文を作ることができる。

【答】（例1）a newspaper ／ It has many kinds of news on a page. So, we can get chances to know a lot of things. For example, we can learn about the environment, sports and the world. A newspaper can make us interested in many things.

（例2）the Internet ／ First, we can get information easily on the computer. Second, when we want to know something, we can look for it on the Internet. Third, there are a lot of videos on it. So, we can learn about what is happening in the world now.

社 会

1 【解き方】(1) a. アは内閣，ウ・エは国会の仕事。b.「国民審査の対象となる裁判官の所属する裁判所」とは最高裁判所のこと。違憲審査の最終的判断を下すため，「憲法の番人」と呼ばれている。d. 内閣不信任案の決議案が可決されてから10日以内に選択しなければならない。

(2) a. 納税額や人種などの条件を満たした人だけに選挙権を与える場合は制限選挙という。b. 小選挙区制では，得票数が一番多かった候補者が当選する。当選者以外に投票された票は死票といい，1区では70票，2区では100票，3区と4区ではそれぞれ90票となった。

(3) 独自の財源である地方税で歳入をまかなえない地方公共団体ほど，人口1人あたりの地方交付税交付金が多いことに着目。

(4) b. そのほか鉄道運賃や郵便料金，公立学校の授業料などもあてはまる。

(5) a. 不景気のときに採られる財政政策の例。「国債」とは，国が国民などからする借金のこと。b. 物価は，「需要量＜供給量」のときに下落し，「需要量＞供給量」のときに上昇する。c. 国債は歳出が歳入を上回るときに発行されるので，新規発行を抑制するためには，歳出を減らすか歳入を増やす政策を選択する必要がある。

(7) 1ドルを入手するには，点Aでは80円，点Bでは120円が必要なので，円でみた金額は増加している。

【答】(1) a. イ　b. ウ　c. 立憲主義　d. 衆議院を解散するか，総辞職（同意可）

(2) a. イ　b. エ

(3) (地方交付税交付金には，)地方公共団体の間の財政格差を減らす(という役割があるから。)（同意可）

(4) a. 公正取引委員会　b. 公共料金　(5) a. カ　b. イ　c. エ　(6) 男女雇用機会均等法　(7) エ

2 【解き方】(1) a. イとウは飛鳥時代，エは平安時代のできごと。b. 天皇が人民と土地を支配する中央集権体制を確立するために整えられた体制。c. 保元の乱は1156年のできごと。また，『新古今和歌集』は鎌倉時代に編集された。d. アは徳川吉宗，ウは松平定信，エは水野忠邦がおこなった改革の内容。

(2) b. 土一揆の目的の多くは，借金の帳消し（徳政）を求めることにあった。

(3) a. Ⓐは1590年，Ⓑは1600年，Ⓒは1603年，Ⓧは1573年，Ⓨは1615年のできごと。

(4) ㋑は1858年～1859年のできごとで，井伊直弼が尊王攘夷派の大名らを処罰した事件。

(5) b. 前年には板垣退助が自由党を結成した。c. 戦争中には増税も実施されており，勝利したにもかかわらず賠償金が得られなかったことを不満に思った国民の一部は暴動を起こすなどした。

(6) a. ㋓は1940年のできごと。b. 政党内閣では，多数党から内閣総理大臣や閣僚が選ばれていた。「五・一五事件」とは，当時の内閣総理大臣で立憲政友会総裁の犬養毅が，海軍の青年将校らに暗殺された事件。c. ㋐は1978年，㋑は1989年，㋒は1949年のできごと。d. ㋐は1950年に始まった。㋒は1950年代後半ごろから始まった日本の急激な経済成長のことで，1973年の石油危機により終わりを迎えた。

【答】(1) a. ア　b. (国ごとに)都から派遣された国司が，郡司として任命された地方の豪族を指揮して政治をおこなった。(同意可)　c. ㋐，新古今和歌集　d. イ

(2) a. 一遍　b. 利子を取ってお金を貸していたから。(または，高利貸しを営んでいたから。)（同意可）

(3) a. ウ　b. 武家諸法度　(4) ㋐(と)㋓

(5) a. 文明開化　b. 立憲改進党　c. (日清戦争に比べ，日露戦争は，)国民の負担や犠牲が大きかった(にもかかわらず，)賠償金が得られなかった(から。)（同意可）

(6) a. ㋓　b. 政党内閣による政治が終わった。(同意可)　c. ㋒→㋐→㋑　d. ㋑(と)㋓

3 【解き方】(1) a. 東京から見て地球の裏側にある地点（対蹠点(たいせきてん)）は，アルゼンチンの沖，大西洋上にあたる。b. ㋐は地中海性気候，㋑は熱帯雨林気候，㋒は砂漠気候における農牧業の特徴。c. ムハンマドがひらいた宗教で，唯一神アラーの教えを信仰する。アラーの教えは「コーラン」と呼ばれる聖典にまとめられている。d. オーストラリアは環太平洋造山帯には含まれない。日本，ニュージーランド，インドネシアでは巨大地震が

起こっていることもヒント。e. 輸出総額に占めるカカオ豆の輸出額の割合を求めることで，カカオ豆の国際価格の変化がコートジボワールの経済に与える影響の大きさを推しはかることができる。

(2) a. 実際の距離は(地図上の長さ)×(縮尺の分母)で求められるので，2.4 × 25000 を計算し，単位を直す。b. C の地域にある施設は，警察署と老人ホーム。c. 等高線の間隔の広いところは傾斜がゆるやかであり，狭いところは傾斜が急。d. 航空機は，小型・軽量で高価な製品の輸送に向いている点に注目。アは名古屋港，ウは東京港，エは千葉港。

(3) b. 日本列島付近では，夏は南東から，冬は北西から吹く。

(4) (東京都へ通勤・通学する人口)÷(人口)の数値が最も大きいのは埼玉県。

(5) 2011 年に発生した東日本大震災の際に起きた原子力発電所の事故により，日本の原子力発電所は一時的に操業を全面停止したことに注意。アは火力発電，ウは水力発電。

(6) a. 岩手県（盛岡市）と宮城県（仙台市）があてはまる。b. 秋田県では特に稲作がさかんなことがヒント。c. 「生産者についての情報を伝えています」や「消費者に直接新鮮な農産物を届けています」などの解答も可。

【答】 (1) a. D　b. ㊁　c. イスラム(教)　d. イ　e. ㋒

(2) a. (約) 600 (m)　b. ウ　c. (E の地域の傾斜の方が，)ゆるやかである。(同意可)　d. イ　e. 自然災害による被害を予測するため。(または，災害発生時の避難場所や防災関連施設などの情報を示すため。)(同意可)

(3) a. (右図)　b. 季節風(または，モンスーン)　(4) ウ

(5) (原子力発電) イ　(太陽光発電) エ

(6) a. 2　b. ウ　c. (例) 農薬をあまり使わない栽培方法を取り入れています

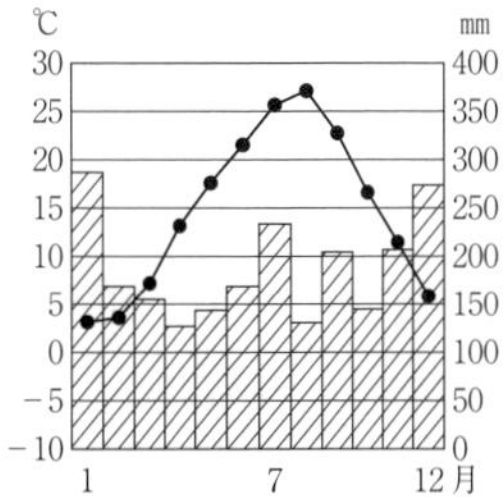

理　科

1 【解き方】A. (1) a. 北の空の星は，北極星を中心に反時計まわりに移動する。また，東の地平線からのぼった星は南の空を通り，西の地平線へ沈む。b. 1日のオリオン座の動きを観察すると，1時間に約15°，東から西へ動いていく。また，同じ時刻にオリオン座を観察すると，1か月に約30°，東から西へずれる。よって，1月1日の午後11時に南中したオリオン座が1か月後に南中するのは，$\frac{30°}{15°}$ = 2(時間)前の午後9時。また，1月1日の午後11時に南中したオリオン座が2か月後に南中するのは，$\frac{30° \times 2\text{(か月)}}{15°}$ = 4(時間)前の午後7時。

(2) a. 地軸の北極側が太陽の方に傾いているので夏至。b. ア. 地球がQの位置にあるとき，真夜中に観察すると，西の空にはいて座が見える。イ. 地球がQの位置にあるとき，明け方に観察すると，南の空にはふたご座が見える。ウ. 地球がSの位置にあるとき，真夜中に観察すると，南の空にはおとめ座が，西の空にはふたご座が見える。

B. (1) d. つぶの大きいれきは海岸から近い浅い海底に，つぶが小さい砂は海岸から遠い深い海底に堆積する。

(2) a. 図Ⅳより，凝灰岩の層の標高はPが最も低く，Rが最も高いので，北西にいくにつれて低くなっている。

【答】A. (1) a. (言葉) ㋐(と)㋓　(理由)(このような向きに星が動いて見えるのは，地球が)西(から)東(へ)自転している(ため。)(同意可)　b. ア　(2) a. イ　b. エ　c. 黄道

B. (1) a. ㋑(と)㋓　b. (れきの粒がまるみを帯びているのは，)流れる水で運ばれるときに角が削られた(ため。)(同意可)　c. イ　d. エ　(2) a. エ　b. ㋐(と)㋓

2 【解き方】A. (1) (観点①) 軟体動物であるイカには外とう膜がある。(観点②) ホニュウ類であるコウモリは胎生。(観点③) 両生類であるイモリは，子(幼生)のときはえらで呼吸し，親(成体)になると，肺と皮膚で呼吸する。

(3) Pは目，Qはろうと，Rはえら，Sは外とう膜。

C. (3) 分裂前に核の中の染色体が複製されて2倍になり，染色体が現れ (S)，中央に並び (T)，それぞれが縦に分かれて細胞の両端に移動し (R)，中央部分に仕切りができる (Q)。

【答】A. (1) (観点①) ウ　(観点②) ア　(観点③) イ　(2) 外骨格　(3) R　(4) a. ㋑(と)㋒　b. イ　(5) 相同器官

B. (1) 石灰水の変化が，植物のはたらき(によるものだということを確認するため。)(同意可)　(2) ウ

C. (1) (植物細胞どうしを)はなれやすく(するはたらき。)(同意可)　(2) ㋒　(3) イ　(4) 細胞質

(5) (複製前の細胞と分裂直後の細胞の)染色体の数を同じにする(ため。)(同意可)

3 【解き方】A. (1) 砂糖・エタノールは非電解質，塩化銅・硝酸カリウム・レモンの果汁は電解質。

(3) 電子が移動する向きと電流が流れる向きは反対。電流は，銅板→モーター→亜鉛板の向きに流れており，銅板が＋極，亜鉛板が－極になっている。

B. (3) 酸化銅と炭素粉末の混合物を十分に熱すると，二酸化炭素が発生する。発生した二酸化炭素の質量の分だけ，試験管aの中に残った固体の質量は，酸化銅と炭素粉末の混合物の質量よりも小さくなる。炭素粉末が0.30gのとき，酸化銅と炭素粉末の混合物12.30gを加熱すると，試験管aの中に11.20gの固体が残ったので，このときに発生した二酸化炭素の質量は，12.30(g) － 11.20(g) = 1.10(g)　同様に，炭素粉末が0.60g，0.90g，1.20g，1.50gのとき，発生した二酸化炭素の質量はそれぞれ，12.60(g) － 10.40(g) = 2.20(g)，12.90(g) － 9.60(g) = 3.30(g)，13.20(g) － 9.90(g) = 3.30(g)，13.50(g) － 10.20(g) = 3.30(g)

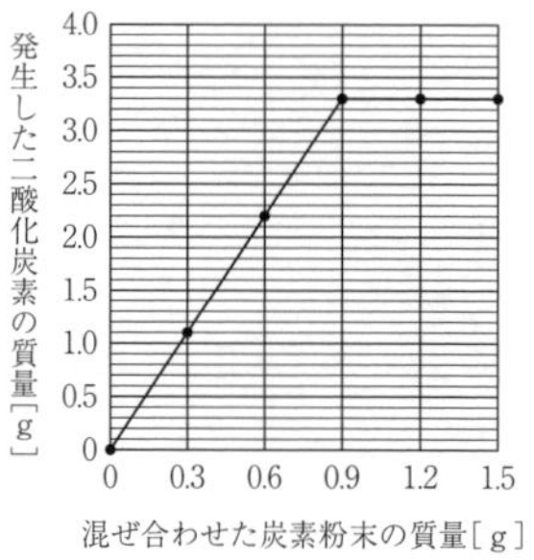

(5) 炭素粉末が0.90gのとき酸化銅12.00gと過不足なく反応して，銅9.60gができるので，炭素粉末を0.60g混ぜ合わせたときにできる銅の質量は，$9.60\,(\text{g}) \times \frac{0.60\,(\text{g})}{0.90\,(\text{g})} = 6.40\,(\text{g})$

【答】 A. (1) ㊁　(2)（陽イオン）Na^+　（陰イオン）OH^-　(3) ㋐(と)㊁

(4) 異なる種類の(金属板と，うすい塩酸や食塩水のように，)電解質(がとけてイオンが含まれている水溶液を用いる必要がある。)（同意可）　(5) ㋑

B. (1) P. 逆流　Q. 酸素と反応（それぞれ同意可）　(2) ㋐(と)㊁　(3)（前図）　(4) $2CuO + C \rightarrow 2Cu + CO_2$

(5) 6.40 (g)

4 **【解き方】** A. (1) 6Vの電圧を加えたときに電熱線Pに流れる電流は，$\frac{3\,(\text{W})}{6\,(\text{V})} = 0.5\,(\text{A})$　オームの法則より，電熱線Pの抵抗は，$\frac{6\,(\text{V})}{0.5\,(\text{A})} = 12\,(\Omega)$

(3) 6Vの電圧を加えたときに電熱線Qに流れる電流は，$\frac{6\,(\text{W})}{6\,(\text{V})} = 1\,(\text{A})$なので，電熱線Qの抵抗は，$\frac{6\,(\text{V})}{1\,(\text{A})} = 6\,(\Omega)$　6Vの電圧を加えたときに電熱線Rに流れる電流は，$\frac{12\,(\text{W})}{6\,(\text{V})} = 2\,(\text{A})$なので，電熱線Rの抵抗は，$\frac{6\,(\text{V})}{2\,(\text{A})} = 3\,(\Omega)$　したがって，電熱線Qの抵抗は，電熱線Rの抵抗より大きい。また，電熱線Rに加える電圧を，$6\,(\text{V}) \times \frac{1}{2} = 3\,(\text{V})$にしたとき，電熱線Rに流れる電流は，$\frac{3\,(\text{V})}{3\,(\Omega)} = 1\,(\text{A})$なので，消費電力は，$3\,(\text{V}) \times 1\,(\text{A}) = 3\,(\text{W})$　よって，電熱線Rの消費電力は電熱線Qの消費電力と比べて小さい。

(4) スイッチ②を入れたとき，電熱線P・Qともに6Vの電圧が加わっている。電熱線Pに流れる電流は0.5A，電熱線Qに流れる電流は1Aなので，電流計の値は，$0.5\,(\text{A}) + 1\,(\text{A}) = 1.5\,(\text{A})$

(5) スイッチ①だけを入れたとき，電熱線Pにしか電流が流れない。電熱線Pに電流が流れた時間は，1（分）＋4（分）＝5（分）　電熱線Pの発熱によって上昇した温度は，図Ⅱより，$2\,(℃) \times \frac{5\,(分)}{4\,(分)} = 2.5\,(℃)$　電熱線Qに電流が流れた時間は4分なので，電熱線Qの発熱によって上昇した温度は，図Ⅱより，4℃。よって，上昇した温度は，$2.5\,(℃) + 4\,(℃) = 6.5\,(℃)$

B. (1) L点からN点までの距離は，$6.0\,(\text{cm}) + 10.0\,(\text{cm}) = 16.0\,(\text{cm})$より，0.16m。小球が移動するのにかかった時間は，$0.1\,(\text{s}) \times 2 = 0.2\,(\text{s})$　よって，平均の速さは，$\frac{0.16\,(\text{m})}{0.2\,(\text{s})} = 0.80\,(\text{m/s})$

(2) N点を通過する小球の方が，M点を通過する小球よりも速いので，小球がN点にあるときから斜面にそって5.0cm下る時間は，小球がM点にあるときから斜面にそって5.0cm下る時間に比べて短い。

(3) 小球がM点に達したときの運動エネルギーの大きさを1とすると，位置エネルギーの大きさは，$1 \times 3 = 3$　力学的エネルギーの大きさは，$1 + 3 = 4$　O点に達したときの位置エネルギーは0なので，力学的エネルギー保存の法則より，O点に達したときの運動エネルギーの大きさは4。よって，$\frac{1}{4} = 0.25$（倍）

(4) K点に小球を置き，手を離してから0.3秒後にはN点に達する。K点からN点までの距離は，$2.0\,(\text{cm}) + 6.0\,(\text{cm}) + 10.0\,(\text{cm}) = 18.0\,(\text{cm})$　小球が，手を離れてから0.3秒後にO点に達したことから，O点から斜面にそって上向きに18.0cmの位置に小球を置いたとわかる。この位置からK点までの距離は，$18.0\,(\text{cm}) + 14.0\,(\text{cm}) - 18.0\,(\text{cm}) = 14.0\,(\text{cm})$

(5) 小球が低い位置にあるほど，小球がもつ位置エネルギーの大きさは小さくなり，運動エネルギーの大きさは大きくなっていく。よって，r，s，t，qの順になる。

C. ⑴ 解答例の他に，打ち上げ花火の光が見えてから音が聞こえるまでに，少し時間がかかること，などでもよい。

⑵ 弦の振幅が大きいほど，より大きい音を出している。また，弦が振動する部分の長さが短いほど振動数が多くなり，より高い音を出している。

【答】A. ⑴ 12 (Ω)

⑵ X. 電流を流した時間が長いほど大きい　Y. 電熱線の消費電力が大きいほど大きい（それぞれ同意可）

⑶ ㋐(と)㋔　⑷ 1.5 (A)　⑸ 6.5 (℃)

B. ⑴ 0.80 (m/s)　⑵ ㋑(と)㋕　⑶ 0.25 (倍)　⑷ 14.0 (cm)　⑸ (1番目) r　(4番目) q

C. ⑴ (例) いなずまの光が見えてから音が聞こえるまでに，少し時間がかかること。⑵ ㋑(と)㋓

国　語

1 【解き方】㈡ ピアノ伴奏者に「自分から手をあげる」者がいないことや「だれかを推薦」する者がいないことについて，彼らの気持ちも「わかる」と思いながらも，「クラスにただようどんよりとした空気」に「なんだか無性にイライラ」し，「無意識」に「貧乏ゆすり」をして指を「はじいて」いたことに気づき，意外に思っている。

㈢ ア．指の「動き」について，「オレ」が「はっとした」ことに着目する。イ．直後に「どうしよう」と不安を感じている。

㈣ 活用がある付属語の助動詞。1・3は，活用のある自立語で，言い切りの形が「～い」となる形容詞。4は形容詞「もったいない」の一部。

㈤「まともに歌おうとしない」者がいる中，「みんなで歌おう」とクラスメイトに「必死に」呼びかけたのに，菅山くんに「わざとやりこめ」るような「いじわるな」ことを言われたことから考える。

㈥ 音楽室の中で，「クラスのひとりずつのちがった気持ちが，ごちゃ混ぜになっている」と気づいた「オレ」は，「だったら，同じ歌を歌えばいいじゃないか」「今ここで同じ音を聞いたらどうだろう」と思い，ピアノを弾き始めている。

㈦「いっしょに歌いだす子はいなかった」ので，「オレ」の弾くピアノだけが鳴り響いているところを探す。歌の伴奏だけを録音したものにたとえている。

㈧ ピアノを弾くことでクラスメイトの心を一つにしようとした「オレ」は，人の声や気持ちは「いつも同じじゃない」と感じ，その時のみんなの調子に合わせて「ピアノのテンポや強さを加減できるように努力した」と前向きになっている。

【答】㈠ a．すいせん　b．がくふ　c．ひび(き)　d．げきれい　㈡ 1

㈢ ア．ピアノを弾いている指と同じ（13字）　イ．ひとりで空まわり　㈣ 2　㈤ 4

㈥ 同じ音を聞き，同じ歌を歌うことで，クラスのひとりずつのちがった気持ちがごちゃ混ぜになった状況が変わるのではないかという(思い)（59字）（同意可）

㈦ オレの指か　㈧ 2

2 【解き方】㈠「au」は「ô」と発音するので，「やう」は「よう」にする。

㈡ 見物の牛車が「すきま」なく立ち並んでいて，「いかなる車か，のけられむずらむ」と人々が思ったことをおさえる。

㈢「人をわづらはさ」ないために「立て置」いていた車のことで，それらが「引き出」された様子に着目する。

㈣「内府の綺羅」に注目。栄華をきわめていた小松内府なら，「いかなる車」も争えなかっただろうという筆者の思いをおさえる。

㈤ 最後の「さやうの心ばせ，情深し」に着目する。小松内府が「人も乗らぬ車」をあらかじめ置いておくことで「あらそひ」を起こさず場所を得たことについて，「『源氏物語』の車争い」のようなことを起こさないようにしたという「心ばせ」に筆者は感心している。

【答】㈠ さよう　㈡ 3　㈢ 人も乗らぬ車　㈣ 1　㈤ 2

◀口語訳▶　小松内府が，賀茂祭を見ようとして，牛車四，五両ほどで，一条大路にお出かけになった。見物の牛車が立ち並んで，すき間もなかった。「どの車が，のけられるのだろう」と，人々が注目していたところ，ある都合のよさそうな所にある数両の車を，引き出したのを見ると，どれも，人が乗っていない車であった。あらかじめ見物する場所をとっておいて，他人に迷惑をかけまいとして，から車を五両立てておいたのであった。その当時の内府の栄華にあっては，どのような車であっても，争うことはできないけれども，六条の御息所の古い例を好ましくないとお思いになっていたのであろう。そのような心配りは，情趣深いものである。

3 【解き方】㈡ 前で，現代の日本社会では「『普通』と呼ばれる基準」に合わせることで多くの人と一緒であることを確認しており，その「普通」について「明確には何のことかがよくわからず…ものでもない」と述べている。

㈢「この押し付けられた他律的な規律」とは「普通」を指しているので，「普通」がもっている圧力の元をおさえる。前で，現代の日本社会では「暗黙の規律やローカルな慣習，多くの人が同調している流行に従うのが『普通』」だが，この「どこから発せられているのかわからない命令」ともいえる「普通」は，実は「特定の権威や権力」によって命じられていると述べている。

㈣「なろ」は動詞の「なる」が活用したもの。動詞「なる」は，「なら」「なろ」（未然形），「なり」（連用形），「なる」（終止形），「なる」（連体形），「なれ」（仮定形），「なれ」（命令形）と活用する。

㈤「権威や権力」「それに従う人々」「『普通ではない』他者」など，分類されたさまを表す言葉を考える。

㈥ すぐあとの文で，「それは，現在の私たちの社会における物事の区別の仕方と，それに伴う物事の扱い方を再検討しようとする」と述べている。また，「問い」の意味として，「『なぜ』という問いで…さまざまな事象と行為の究極の目的を探る」と述べていることにも着目する。そのようなことから，「他者とともに人間の世界を組み直していく」哲学対話は，「人間的な絆によって社会を連帯させる」と述べている。

㈦ あとで，「対話は，平和を作り出し，それを維持する条件」であり，「平和は対話を行うための条件である」と述べている。

㈨ 1～3段落で，現代の日本社会では「普通」という基準が人々を結びつけていると述べ，4段落で，「普通」とは異なる規範を議論する「哲学対話」を取り上げている。そして「私が主張したいこと」として，5段落以降で，哲学対話することの意義について説いている。

㈩ 7・8段落で，「対話」は「差異」がある人々を結びつけて「互いに互いを変化させる契機」になるとしている。また，「対話の文化を構築することとは平和構築に他ならない」のだから，哲学的な対話を教育の中にも優先して取り入れていくべきだと述べている。

【答】㈠ a. 逆(らう)　b. 許(せなく)　c. 改(めて)　d. 優先　㈡ 自分で選んだり決めたりしたもの（15字）

㈢ ア. 特定の権威や権力　イ. 暗黙の規律やローカルな慣習，多くの人が同調している流行（27字）

㈣ 1　㈤ 2

㈥（哲学対話の問いは）現在の私たちの社会における物事の区別の仕方と扱い方を再検討し，さまざまな事象と行為の究極の目的を探るものであり，他者とともに人間の世界を組み直す（ことで社会を結びつけていく）（72字）（同意可）

㈦ 4　㈧ 3　㈨ 1　㈩ 4

4 【答】（例）

状況や会話の相手によって，若者言葉を使うべきではない場面があります。祖父と話をしたときに若者言葉を使ってしまい，誤解されたことがあるからです。

祖父がその言葉に興味を持ったので，日本語について話し合う楽しい機会となりましたが，年齢が上の人に対しては標準的な言葉遣いをするほうが良いと感じました。言葉は時代とともに変わるので，若者言葉の一つがのちに全世代で使われる可能性もあります。一般的な言葉遣いと若者言葉の両方を使いこなせるように，日ごろから言葉の選び方に慎重になっておくべきだと思います。（249字）

香川県公立高等学校
（一般選抜）

2020年度
入学試験問題

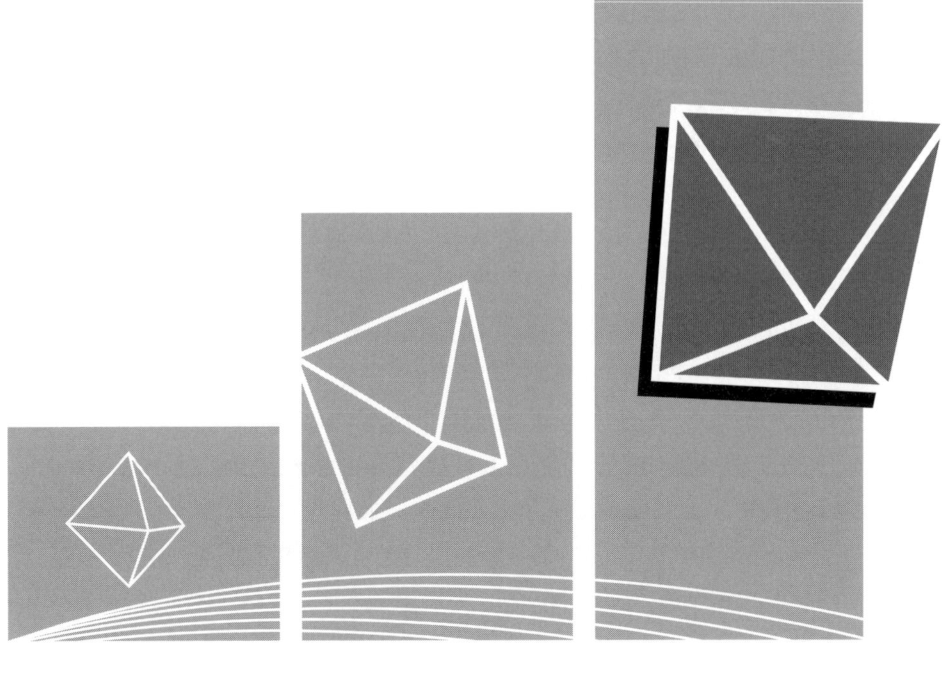

数学

時間　50分　　　　満点　50点

1　次の(1)～(7)の問いに答えなさい。

(1)　$10 \div (-2) + 4$ を計算せよ。(　　　)

(2)　$a = -3$ のとき，$a^2 - 4$ の値を求めよ。(　　　)

(3)　$9 \times \dfrac{2x-1}{3}$ を計算せよ。(　　　)

(4)　$(x-1) : x = 3 : 5$ が成り立つとき，x の値を求めよ。$x =$ (　　　)

(5)　$(3\sqrt{2}+1)(3\sqrt{2}-1)$ を計算せよ。(　　　)

(6)　$x(x+1) - 3(x+5)$ を因数分解せよ。(　　　)

(7)　$\sqrt{180a}$ が自然数となるような自然数 a のうち，最も小さい数を求めよ。$a =$ (　　　)

2　次の(1)～(3)の問いに答えなさい。

(1)　右の図のような，正方形ABCDがある。辺CD上に，2点C，Dと異なる点Eをとり，点Bと点Eを結ぶ。線分BE上に，点Bと異なる点Fを，AB = AFとなるようにとり，点Aと点Fを結ぶ。

∠DAF = 40°であるとき，∠EBCの大きさは何度か。(　　　度)

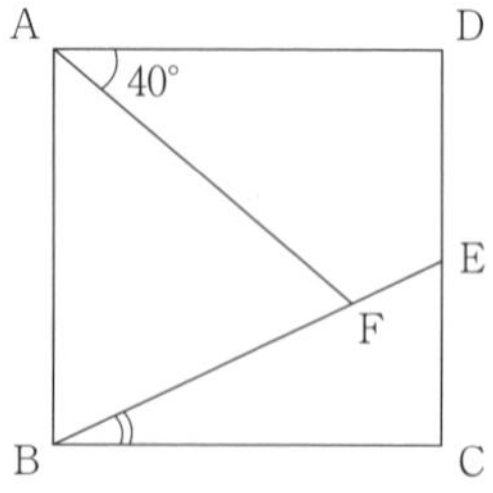

(2)　右の図のような三角柱があり，AB = 6 cm，BC = 3 cm，CF = 7 cm，∠DEF = 90°である。辺AD上に点Pをとり，点Pと点B，点Pと点Cをそれぞれ結ぶ。

三角すいPABCの体積が 15cm^3 であるとき，次のア，イの問いに答えよ。

ア　次の㋐～㋓の辺のうち，辺BCとねじれの位置にある辺はどれか。正しいものを1つ選んで，その記号を書け。(　　　)

㋐　辺EF　　㋑　辺DF　　㋒　辺AC　　㋓　辺BE

イ　線分PBの長さは何cmか。(　　　cm)

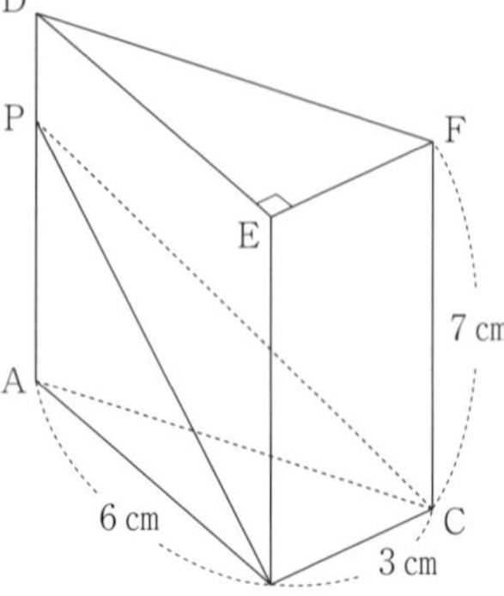

(3)　右の図のように，∠BAC = 90°の直角三角形ABCがあり，辺ABを1辺にもつ正方形ABDEと，辺BCを1辺にもつ正方形BCFGを，それぞれ直角三角形ABCの外側につくる。また，点Dと点Gを結ぶ。

AB = 4 cm，BC = 6 cmであるとき，△BDGの面積は何 cm^2 か。

(　　　cm^2)

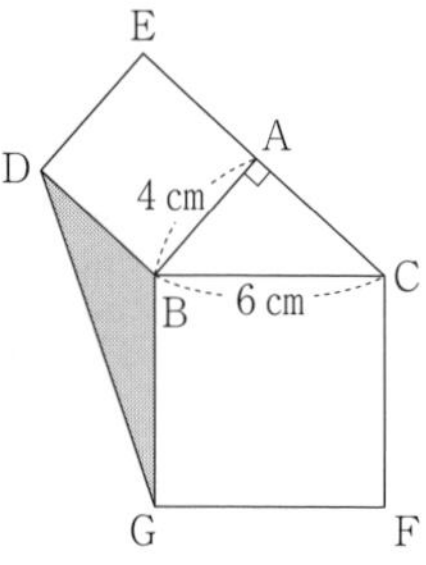

3 次の(1)～(4)の問いに答えなさい。

(1) 1から6までのどの目が出ることも，同様に確からしい2つのさいころA，Bがある。この2つのさいころを同時に投げるとき，2つの目の数の積が9以下になる確率を求めよ。(　　　)

(2) 右の図は，花子さんのクラスの生徒30人について，通学時間をヒストグラムに表したものである。このヒストグラムでは，たとえば，通学時間が30分以上40分未満である生徒が4人いることを表している。このヒストグラムから，この30人の通学時間の最頻値を求めると何分になるか。

(　　　分)

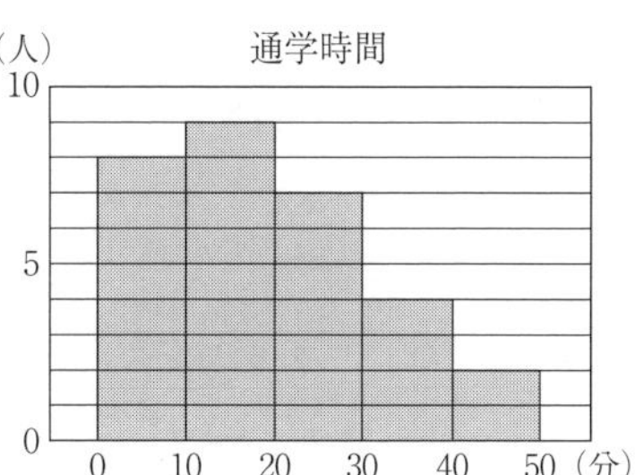

(3) 右の図で，点Oは原点であり，放物線①は関数 $y = \frac{1}{2}x^2$ のグラフで，放物線②は関数 $y = x^2$ のグラフである。

点Aは放物線①上の点で，その x 座標は－4である。点Bは y 軸上の点で，その y 座標は正の数である。また，直線ABをひき，放物線②との交点のうち，x 座標が正の数である点をCとする。

これについて，次のア，イの問いに答えよ。

ア 関数 $y = x^2$ について，x の値が1から4まで増加するときの変化の割合を求めよ。(　　　)

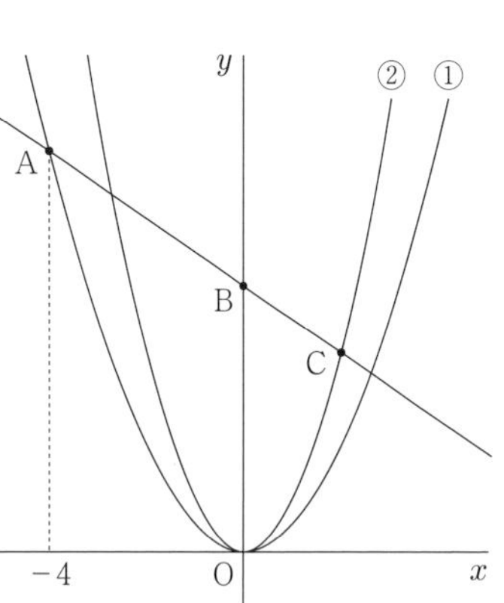

イ AB : BC ＝ 2 : 1であるとき，直線ABの式を求めよ。y ＝(　　　)

(4) 太郎さんの所属するバレーボール部が，ある体育館で練習することになり，この練習に参加した部員でその利用料金を支払うことにした。その体育館の利用料金について，バレーボール部の部員全員から1人250円ずつ集金すれば，ちょうど支払うことができる予定であったが，その体育館で練習する日に，3人の部員が欠席したため，練習に参加した部員から1人280円ずつ集金して，利用料金を支払ったところ120円余った。このとき，バレーボール部の部員全員の人数は何人か。バレーボール部の部員全員の人数を x 人として，x の値を求めよ。x の値を求める過程も，式と計算を含めて書け。

x の値を求める過程(　　　　　　　　　　　　　　　　　　　　　　　　)

答　x の値(　　　)

4　次の(1)，(2)の問いに答えなさい。

(1)　平方数とは，自然数の2乗で表すことができる数である。たとえば，25は，5^2と表すことができるので平方数である。下の表は，1から20までの自然数nを左から順に並べ，平方数n^2と差$n^2-(n-1)^2$のそれぞれの値をまとめようとしたものである。あとの文は，この表についての花子さんと太郎さんの会話の一部である。

これについて，あとのア，イの問いに答えよ。

自然数n	1	2	3	4	5	6	7		16		20
平方数n^2	1	4	9	16	25	36	49		256		400
差$n^2-(n-1)^2$	1	3	5	7	9	11	13		a		39

花子：表の1番下の段には，奇数が並んでいるね。

太郎：それは，差$n^2-(n-1)^2$を計算すると，$2n-1$になるからだね。

花子：ところで．その差の中には，たとえば9のように，平方数が含まれているね。

太郎：その9は$25-16=9$で求めたね。

花子：そう，$5^2-4^2=3^2$であることから，$3^2+4^2=5^2$が成り立つよね。つまり，三平方の定理の逆から，3辺の長さが3，4，5の直角三角形が見つかるね。

太郎：そうか。その場合，$2n-1$が9のときのnの値は5で，$n-1$の値は4だから，3辺の長さが3，4，5の直角三角形が見つかるということだね。このようにすれば，他にも3辺の長さがすべて自然数の直角三角形を見つけることができそうだよ。

花子：差の$2n-1$が平方数になっているところに注目すればいいから，次は$2n-1$が25のときを考えてみようよ。このとき，nの値は13だから，$5^2+12^2=13^2$が成り立つことがわかるから，3辺の長さが5，12，13の直角三角形が見つかるね。

太郎：この方法で，その次に見つかる3辺の長さがすべて自然数の直角三角形は，$2n-1$が49のときだから，その場合は3辺の長さが[P]の直角三角形だね。

ア　表中のaの値を求めよ。a＝(　　　)

イ　会話文中のPの[　　]内にあてはまる3つの自然数を求めよ。(　　　)

(2)　右の図のような△ABCがあり，AB＝10cm，BC＝20cmで，△ABCの面積は90cm^2である。

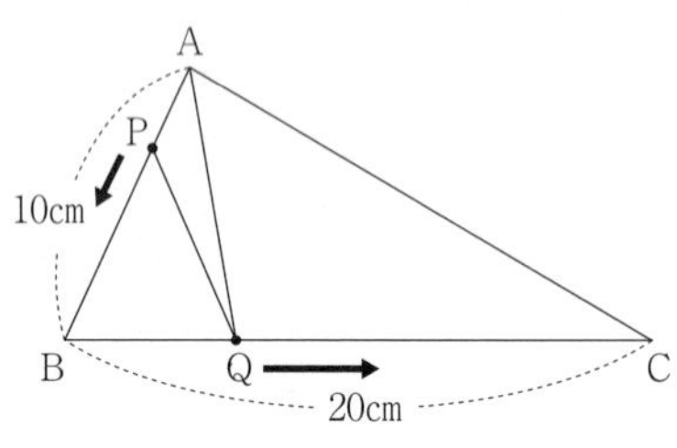

点Pは，点Aを出発して，毎秒1cmの速さで，辺AB上を点Bまで動く点である。点Qは，点Pが点Aを出発するのと同時に点Bを出発して，毎秒2cmの速さで，辺BC上を点Cまで動く点である。

これについて，次のア～ウの問いに答えよ。

ア　点Pが点Aを出発してから3秒後にできる△ABQの面積は何cm^2か。(　　　cm^2)

イ　点Pが点Aを出発してからx秒後にできる△APQの面積は何cm^2か。xを使った式で表せ。(　　　cm^2)

ウ　$0<x\leqq 9$とする。点Pが点Aを出発してからx秒後にできる△APQの面積に比べて，そ

の１秒後にできる△APQの面積が３倍になるのは，xの値がいくらのときか。xの値を求める過程も，式と計算を含めて書け。

xの値を求める過程(　　　　　　　　　　　　　　　　　　　　　　　　　　　　　　)

答　xの値(　　　　)

5　右の図のような，線分ABを直径とする円Oがある。点Cは円周上の点で，∠AOCは鈍角である。円Oの円周上で，点Cと異なる点Dを，BC = BDとなるようにとる。点Cを通り，直線ADに垂線をひき，その交点をEとし，直線CEと円Oとの交点のうち，点Cと異なる点をFとする。また，点Oを通り，直線AFに垂線をひき，その交点をGとする。点Bと点Fを結ぶ。

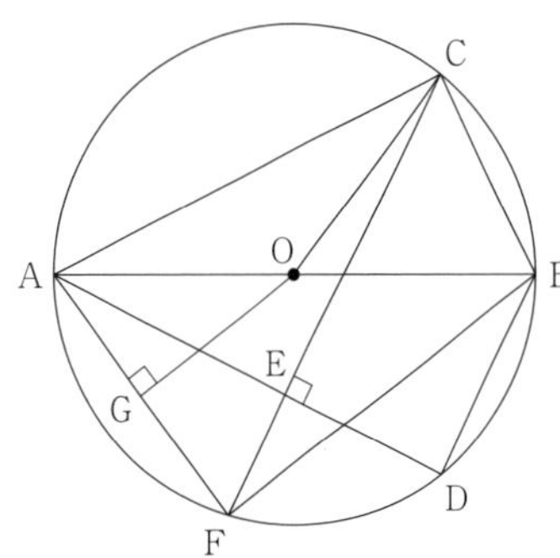

このとき，次の(1)，(2)の問いに答えなさい。

(1)　△AGO ∽ △AFBであることを証明せよ。

(2)　直線AFと直線BDの交点をHとするとき，△ABC ≡ △AHDであることを証明せよ。

(　　　　　　　　　　　　　　　　　　　　　　　　　　　　　　　　　　　)

英語

時間　50分　　　満点　50点

（編集部注）放送問題の放送原稿は英語の末尾に掲載しています。
音声の再生についてはもくじをご覧ください。

1　英語を聞いて答える問題

A　絵を選ぶ問題（　　　）

①

②

③

④

B　曜日の組み合わせを選ぶ問題（　　　）

月	火	水	木	金	土	日
1	2	3	4	5	6	7
8	9	10	11	12	13	14
15	16	17	18	19	20	21
22	23	24	25	26	27	28
29	30	31				

ア　月曜日，水曜日　　イ　火曜日，日曜日　　ウ　月曜日，木曜日，金曜日
エ　火曜日，水曜日，土曜日

C　応答を選ぶ問題（　　　）

ア　It's by the door.　　イ　There is an umbrella.　　ウ　They are in your school.
エ　Ask your teacher.

D　対話の内容を聞き取る問題

Sachiko が支払う金額（　　　ドル）　店員が Sachiko に提案したこと（　　　　　こと）

E　文章の内容を聞き取る問題　No.1（　　　）　No.2（　　　）　No.3（　　　）

No.1　ア　From China.　　イ　From Canada.　　ウ　From the U.K.
　　　エ　From Australia.

No.2　ア　To teach English.　　イ　To borrow some books.　　ウ　To say sorry to Aya.
　　　エ　To play video games with Ken.

No.3　ア　He said that it was difficult to teach English.
　　　イ　He said that he wanted to talk with Steve more.
　　　ウ　He said that he should know more about Japanese.
　　　エ　He said that he tried to study English harder than Aya.

2 次の対話文は，日本の中学校に来ている留学生のEllenと，クラスメートのMisaの会話である。これを読んで，あとの(1)～(3)の問いに答えなさい。(＊印をつけた語句は，あとの㊟を参考にしなさい。)

Misa: Hello, do you like school life in Japan?

Ellen: Hi, Misa. Yes. There are many events.

Misa: [(a)]

Ellen: Yes, such as sports day, chorus contest, and school trip.

Misa: What did you enjoy the most?

Ellen: I enjoyed sports day the most. Can I ask you a question about the school events?

Misa: [(b)]

Ellen: Our school had an *emergency drill last week, and a teacher talked about an earthquake in this *area in the near future. Did you know about it?

Misa: Yes. ①We may have a big earthquake. So, our school has a *hazard map. Have you ever seen it?

Ellen: No. [(c)]

Misa: It's a map which shows you the dangerous places in *disasters. ②If you know about the map, you will be [ ] to save your life when a disaster happens. [(d)]

Ellen: Sure. I should know it!

㊟ emergency drill：防災訓練　area：地域　hazard map：ハザードマップ　disaster(s)：災害

(1) 本文の内容からみて，文中の(a)～(d)の[ ]内にあてはまる英文は，次のア～クのうちのどれか。最も適当なものをそれぞれ一つずつ選んで，その記号を書け。

(a)(　　) (b)(　　) (c)(　　) (d)(　　)

ア I'll call you back.　イ Do you think so many?　ウ What is the hazard map?

エ No, you didn't.　オ Why don't we go to the event?

カ Did you make the hazard map?　キ Yes, of course.

ク Do you want to go and look at it?

(2) 下線部①の英文の中で，ふつう最も強く発音される語は，次のア～エのうちのどれか。最も適当なものを一つ選んで，その記号を書け。(　　)

We(ア) may have(イ) a big(ウ) earthquake(エ).

(3) 下線部②を，「もし，あなたがその地図について知っていれば，災害が起きたとき，あなたはあなたの命を救うことができるでしょう。」という意味にするには，[ ]内に，どのような語を入れたらよいか。最も適当な語を一つ書け。(　　)

3 次の文章は，中学生の秀二(しゅうじ)が，香川県のある島を訪れたときの出来事について英語の授業でおこなったスピーチである。これを読んで，あとの(1)〜(9)の問いに答えなさい。（＊印をつけた語句は，あとの㊟を参考にしなさい。）

This summer, I visited my friend, Hisao. He lives on an *island in Kagawa. He said to me, "Have you ever heard of *Setouchi Triennale? It is held *once every three years in many places in Kagawa and Okayama. We can see a lot of *works of art in my island, too. People from other countries also come here to see them." I said, "That ①［　　］ interesting! I want to go and see the works."

The next day, while we were walking around the island, we saw a lot of works of art ②(make) by many *artists from all over the world. ③We (pictures　our　of　favorite　taking　works　enjoyed).

When we were waiting for the bus, a woman asked me in English, "Hi. I'm looking for a *restroom near here. ④あなたはそれがどこにあるのかを知っていますか。" I knew the place ⑤［　　］ I said to her, "I'm sorry. I don't know...." At that time, I didn't want to *make a mistake when I used English. Then, she looked sad and left there. I felt very sorry about it. ⑥When I was in such a *situation, (perfect　I　speak　to　thought　needed　I) English.

When I came home, I talked about it to my father. He said to me, "Don't be ⑦［　　］ of making mistakes. Just try first. *Practice makes perfect." I could understand what he wanted to tell me. I think he wanted to say that experience is one of the most important things in our lives. *The Olympics and the Paralympics will be held in Tokyo soon. So, we will have more chances to talk with people from other countries. For example, we can join international events and help people as a volunteer. Also, we can make friends from other countries through communication.

*Thanks to this experience, now I am trying to speak English ⑧［　　］ worrying about making mistakes. In the future, I want to be a *tour guide for people from other countries. ⑨私は彼らに日本についての新しいものを見つけてほしいです。

㊟ island：島　Setouchi Triennale：瀬戸内国際芸術祭　once every three years：3年ごとに1度
work(s)：作品　artist(s)：芸術家　restroom：トイレ　make a mistake：間違う
situation：状況　practice makes perfect：習うより慣れよ
the Olympics and the Paralympics：オリンピックとパラリンピック
thanks to 〜：〜のおかげで　tour guide：観光ガイド

(1) ①の［　　］内にあてはまる語は，本文の内容からみて，次のア〜エのうちのどれか。最も適当なものを一つ選んで，その記号を書け。（　　　）

ア sees　イ sounds　ウ means　エ hears

(2) ②の（　）内の make を，最も適当な形になおして一語で書け。（　　　）

(3) 下線部③が，「私たちは，私たちの大好きな作品の写真を撮るのを楽しみました。」という意味になるように,(　　) 内のすべての語を,正しく並べかえて書け。

We (　　　　　　　　　　　　　　　　　　　　　　　　　　　　).

(4) 下線部④の日本文を英語で書き表せ。

(　　　　　　　　　　　　　　　　　　　　　　　　　　　　　　)?

(5) ⑤の□内にあてはまる語は,本文の内容からみて,次のア～エのうちのどれか。最も適当なものを一つ選んで,その記号を書け。(　　　)

ア but　イ because　ウ and　エ so

(6) 下線部⑥の(　　) 内のすべての語を,本文の内容からみて,意味が通るように,正しく並べかえて書け。

When I was in such a situation, (　　　　　　　　　　　　　　　　) English.

(7) ⑦の□内にあてはまる語は,次のア～エのうちのどれか。最も適当なものを一つ選んで,その記号を書け。(　　　)

ア interested　イ surprised　ウ necessary　エ afraid

(8) ⑧の□内にあてはまる語は,本文の内容からみて,次のア～エのうちのどれか。最も適当なものを一つ選んで,その記号を書け。(　　　)

ア through　イ by　ウ for　エ without

(9) 下線部⑨の日本文を英語で書き表せ。

(　　　　　　　　　　　　　　　　　　　　　　　　　　　　　　).

4　次の英文を読んで，あとの(1)～(8)の問いに答えなさい。（＊印をつけた語句は，あとの㊟を参考にしなさい。）

Takumi is a junior high school student. One day, when he was cleaning his classroom, he talked to one of his classmates, Emma, a student from London. He said to her, "I don't like cleaning. Why do we have to clean our school?" She said, "You don't like cleaning? When I was in my country, I heard that Japanese people like cleaning, so I thought Japan is the cleanest place in the world. I found it was true when I came to Japan." Takumi agreed but asked, "① [　　　　　]?" Emma answered, "Yes, I do. I can't *explain well why I like cleaning, but I feel very good after cleaning places with friends. You are Japanese, but you don't like cleaning. I'm sorry but it is strange to me...."

After Takumi came back home, he told his mother about the thing Emma said to him. Then she said to him, "Have you heard that some Japanese soccer fans cleaned the stadium even after their team *lost an international game?" He answered, "No, I haven't." Then she continued, "OK. It became *news all over the world and people *admired such *conduct. However, it is not a ② [　　　] thing for us Japanese to clean places we use, right? We have learned *cooperation, *responsibility, and *gratitude for things through cleaning time in school. Now some schools in the world try to begin this Japanese way of *education. It is '③ [　　　] through cleaning'." Then Takumi said, "I have thought that we students clean our school just to make it clean. But now I understand why I have to clean my school. I have to change my *attitude toward cleaning." His mother said, "Yes, you should do ④ so. I hope Emma will be happy when she sees the change of your attitude."

The next day, when Takumi saw Emma at school, he said to her, "Let's look for places to clean and make our school clean." Emma said, "Sure! ⑤ I'm really happy to hear that!" They *listed places and began to clean them *one by one after school. Some students also started to join them, and their *activity spread to the whole school.

After three months, almost all the places they listed were cleaned. Then Takumi said to Emma, "Why don't we list places to clean in our community? Now more than twenty students have joined our activity, so we can *divide the places among us and decide what to do and when to finish it. By doing so, each student can ⑥ [　　　] for their places, right?" Emma said, "That's a good idea! I'm sure we will have the gratitude for *ordinary things around us, too." Their activity started to spread *outside their school.

㊟　explain：説明する　　lost：lose（負ける）の過去形　　news：ニュース
admired：admire（称賛する）の過去形　　conduct：おこない
cooperation：協働（協力して共に働くこと）　　responsibility：責任
gratitude for ～：～への感謝　　education：教育　　attitude toward ～：～に対する態度
listed：list（一覧表にする）の過去形　　one by one：ひとつひとつ　　activity：活動
divide：分担する　　ordinary：ありふれた　　outside ～：～の外へ

(1) ①の［　　］内には，拓海(たくみ)の質問が入る。本文の内容を参考にして，その質問を4語以上の英文一文で書け。ただし，疑問符，コンマなどの符号は語として数えない。

(　　　　　　　　　　　　　　　　　　　　　　　　　　　　　　　)?

(2) ②の［　　］内にあてはまる語は，本文の内容からみて，次のア～エのうちのどれか。最も適当なものを一つ選んで，その記号を書け。(　　　)

ア special　イ happy　ウ useful　エ favorite

(3) ③の［　　］内にあてはまる語は，本文の内容からみて，次のア～エのうちのどれか。最も適当なものを一つ選んで，その記号を書け。(　　　)

ア answering　イ taking　ウ checking　エ learning

(4) 下線部④の so が指しているのはどのようなことがらか。日本語で書け。

(　　　　　　　　　　　　　　　　　　　　　　　　　　　　　　　)

(5) 下線部⑤に，I'm really happy to hear that!とあるが，Emma は拓海のどのような誘いをうれしく思ったのか。その内容を日本語で書け。

(　　　　　　　　　　　　　　　　　　　　　　　　　　　という誘い)

(6) ⑥の［　　］内にあてはまるものは，本文の内容からみて，次のア～エのうちのどれか。最も適当なものを一つ選んで，その記号を書け。(　　　)

ア list international games　イ find many people　ウ have the responsibility

エ change their school

(7) 次の(a)，(b)の質問に対する答えを，本文の内容に合うように，それぞれ3語以上の英文一文で書け。ただし，ピリオド，コンマなどの符号は語として数えない。

(a) How did Emma feel after she cleaned places with her friends?

(　　　　　　　　　　　　　　　　　　　　　　　　　　　　).

(b) Did Takumi understand why he should clean his school after listening to his mother's story?

(　　　　　　　　　　　　　　　　　　　　　　　　　　　　).

(8) 次の㋐～㋕のうちから，本文中で述べられている内容に合っているものを二つ選んで，その記号を書け。(　　と　　)

㋐ Emma didn't hear anything about Japan when she was in London.

㋑ Emma thought Japan was cleaner than any other country in the world.

㋒ Takumi's mother said that students cleaned their schools just to make them clean.

㋓ Takumi's mother hoped Emma was glad to know the change of his attitude toward cleaning.

㋔ Takumi and Emma listed places to clean in their school and cleaned them every weekend.

㋕ Takumi and Emma decided to clean their community with their teachers.

5 あなたは，日本の伝統的なものや行事などについて，海外の人に紹介することになりました。次の三つのうちから一つ選んで，それを説明する文を，あとの〔注意〕に従って，英語で書きなさい。

( ).
( ).
( ).
( ).

うどん	相撲	七夕
udon	*sumo*	*tanabata*

〔注意〕

① 4文で書き，一文の語数は5語以上とし，短縮形は一語と数える。ただし，ピリオド，コンマなどの符号は語として数えない。

② 選んだものや行事などを，海外の人に伝えることを考えて，まとまりのある内容で書くこと。

③ 日本独特のものの名前は，ローマ字で書いてもよい。

〈放送原稿〉

今から，2020 年度香川県公立高等学校入学試験「英語を聞いて答える問題」を始めます。問題用紙問題1を見てください。また，解答用紙の問題1のところも見てください。

問題は，A，B，C，D，Eの5種類です。

Aは，絵を選ぶ問題です。今から，Kumikoが昨日の朝食の前にしたことについて，説明を英語で2回くりかえします。よく聞いて，その説明にあてはまる絵を，①から④の絵の中から一つ選んで，その番号を書きなさい。

Kumiko gave the flowers some water before breakfast yesterday.

（くりかえす）

次は，Bの問題です。Bは，曜日の組み合わせを選ぶ問題です。問題用紙のカレンダーを見てください。今から，美術館の留守番電話のメッセージを英語で2回くりかえします。よく聞いて，今週，美術館が一日中閉まっている曜日の組み合わせとして適当なものを，アからエのうちから一つ選んで，その記号を書きなさい。

Thank you for calling. Our art museum is closed on Monday. You can enjoy our art museum from Tuesday to Sunday. But this week it will be closed on Thursday and Friday. And on Wednesday it will also be closed in the afternoon. Thank you.

（くりかえす）

次は，Cの問題です。Cは，応答を選ぶ問題です。今から，MikeとMikeのお母さんの対話を英語で2回くりかえします。よく聞いて，Mikeの最後のことばに対するMikeのお母さんの応答として最も適当なものを，アからエのうちから一つ選んで，その記号を書きなさい。

Mike: It is raining now. I lost my umbrella. I can't find it.

Mike's mother: Do you want to use mine?

Mike: Yes! Where is it?

（くりかえす）

次は，Dの問題です。Dは，対話の内容を聞き取る問題です。今から，店員とSachikoの対話を英語で2回くりかえします。よく聞いて，Sachikoが支払う金額，および店員がSachikoに提案したことを，それぞれ日本語で書きなさい。

Salesclerk: Hello. May I help you?

Sachiko: Yes, please. I'm looking for a map of this city. Do you have one?

Salesclerk: Yes. It is 9 dollars.

Sachiko: OK, I'll take it. Do you know any famous places to see near here?

Salesclerk: There is a beautiful lake near here. People usually go there by bus. But if you have time, how about walking to that place?

Sachiko: All right. I'll try it. Thank you.

（くりかえす）

最後は，Eの問題です。Eは，文章の内容を聞き取る問題です。はじめに，Kenについての英文を読みます。そのあとで，英語でNo.1，No.2，No.3の三つの質問をします。英文と質問は，2回くりかえします。よく聞いて，質問に対する答えとして最も適当なものを，アからエのうちからそれぞれ一つずつ選んで，その記号を書きなさい。

Ken is a junior high school student. He likes English. He has a sister, Aya. She is 10 years old. One day, Aya said to Ken, "There is a boy who is from China in my class. We call him Steve. He speaks English very well, but he cannot speak Japanese well. So, can you teach Japanese to him? He will visit our house this weekend to borrow some books."

On Sunday, Steve visited Ken and Aya. Ken said to him, "Hi, I'm Ken. You are studying Japanese, right?" Steve said, "Yes. But some Japanese words are too difficult for me. For example, I don't know the difference between '*Gomennasai*' and '*Sumimasen*'." Ken said, "Hmm, that is difficult." They talked with each other in English and in Japanese and had a good time.

That night, when Aya was eating dinner with her family, she said, "I'll study English harder to talk with Steve more." Then Ken said, "I have to know more about Japanese to help Steve."

質問です。

No.1　Where does Steve come from?

No.2　Why did Steve visit Aya's house on Sunday?

No.3　What did Ken say when he was eating dinner with his family?

(英文と質問をくりかえす)

これで「英語を聞いて答える問題」を終わります。

社会

時間　50分　　　　満点　50点

1　次の(1)〜(4)の問いに答えなさい。

(1)　花子さんは，美化委員の役割として，クラスの清掃計画の案をつくることになった。次の㋐〜㋓の観点は，花子さんが案をつくる上で，みんなが納得できるものにするために，効率と公正の考え方にもとづいて考えたものである。次の㋐〜㋓のうち，効率の考え方にもとづいて考えた観点として最も適当なものはどれか。一つ選んで，その記号を書け。(　　　)

㋐　時間内で清掃を終えるために，それぞれの清掃場所に何人の生徒が必要か

㋑　クラスの生徒全員が清掃に参加しているか

㋒　当番の割りあてが，一部の生徒に過大な負担となっていないか

㋓　清掃計画の案に対する意見をクラスの生徒全員からきく機会を設けているか

(2)　わが国の政治のしくみに関して，次のa〜eの問いに答えよ。

a　太郎さんは，社会科の授業で，日本国憲法はわが国の最高法規であり，憲法改正については，厳格な手続きや条件が定められていることを学んだ。憲法改正の発議について，賛成か反対かを問う衆参両議院での投票結果が，次の図のようになったとする。あとの文は，この投票結果の場合における憲法改正の発議について述べようとしたものである。文中の〔　　〕内にあてはまる言葉を，㋐，㋑から一つ選んで，その記号を書け。また，文中の□内には，憲法改正の発議ができるかできないかの理由が入る。その理由を**総議員**という言葉を用いて，簡単に書け。

記号(　　　)

理由(　　　　　　　　　　　　　　　　　　　　　　　　　　　　　　　　　)

衆議院における投票結果

反対 75

総議員数 465
投票総数 465

賛成 390

参議院における投票結果

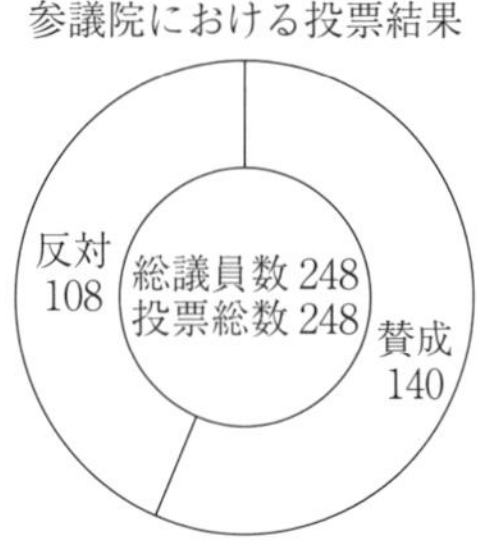

上のような結果の場合，日本国憲法の規定により，国会は憲法改正を発議することが〔㋐　できる　　㋑　できない〕。その理由は□ためである。

b　太郎さんは，社会科の授業で，基本的人権は最大限尊重されなければならないが，公共の福祉によって制限される場合があることを学んだ。次の表は，公共の福祉によって自由権が制限される事例をまとめようとしたものである。あとのア〜エのうち，表中の X 内にあてはまる言葉として最も適当なものはどれか。一つ選んで，その記号を書け。(　　　)

公共の福祉によって自由権が制限される事例	制限される自由権の種類
・他人の名誉を傷つける行為を禁止すること	表現の自由
・新しい道路を建設するために住居の立ち退(の)きを求めること ・耐震基準を満たさない建物の建築を禁止すること	X

ア　財産権　　イ　思想・良心の自由　　ウ　黙秘権　　エ　苦役からの自由

c　わが国では，国民の中からくじなどで選ばれた人が，裁判に参加する制度が2009年から実施されている。この制度では，重大な犯罪についての刑事裁判が対象となり，国民が裁判に参加することにより，司法に対する国民の理解と信頼が深まることが期待されている。この制度は何と呼ばれるか。その呼び名を書け。(　　　)

d　わが国では，国民の自由や権利を守るために，国会，内閣，裁判所が互いに抑制し合い，均衡を保つことで，権力が集中しないようにしている。次のア～エのうち，内閣の権限でおこなわれるものはどれか。一つ選んで，その記号を書け。(　　　)

ア　違憲審査権（違憲立法審査権）を行使する　　イ　国政調査権を行使する
ウ　最高裁判所長官を指名する　　エ　外国と結ぶ条約を承認する

e　次の表は，ある人物の経歴の一部を示したものである。あとのア～エのうち，次の表から考えて，この人物が28歳の時に選挙で当選して就いた職はどれか。一つ選んで，その記号を書け。
(　　　)

22歳	大学を卒業し，国会議員の秘書となる
28歳	初めて選挙に立候補し，当選する
30歳	28歳で当選して就いた職において解職請求があったが，失職せずにすむ
32歳	4年の任期を終え，2期目に向けて立候補する

ア　衆議院議員　　イ　参議院議員　　ウ　都道府県の知事　　エ　都道府県議会の議員

(3)　花子さんは，社会科の授業で，できるだけ環境への負担を減らすためには，循環型社会の形成に向けた取り組みが必要であることを学習し，自分でできることを考えてみた。次のⒶ，Ⓑのカードは，花子さんが考えた提案をまとめたものであり，リデュース，リユース，リサイクルのいずれかにあてはまる。あとのア～エのうち，その組み合わせとして最も適当なものはどれか。一つ選んで，その記号を書け。(　　　)

Ⓐ　家族への提案
　ストローを使用しないようにすることで，プラスチックのごみを減らす

Ⓑ　生徒会への提案
　ペットボトルを分別して回収することで，再資源化を図る

ア〔Ⓐ　リデュース　　Ⓑ　リユース〕　イ〔Ⓐ　リデュース　　Ⓑ　リサイクル〕
ウ〔Ⓐ　リユース　　Ⓑ　リデュース〕　エ〔Ⓐ　リサイクル　　Ⓑ　リデュース〕

(4)　次の文は，「わたしたちの暮らしと消費税」をテーマに，すずさんたちの班が討論した内容の一部である。これを読んで，あとのa～fの問いに答えよ。

すず：わが国では，1989年に消費税が導入されて以来，消費税の増税について，さまざまな意見が交わされてきました。皆さんの意見はどうですか。

太郎：消費税は，所得に関係なく，同じ金額の商品を購入したら同じ金額の税金を負担するしくみなので，逆進性があります。消費税の増税には疑問をもっています。

花子：これからの①社会保障を幅広い世代で支える②財源として，消費税増税は必要だと思います。わが国の消費税率は，諸外国と比べて，そんなに高くはありません。また，消費税は他の税金に比べて，③景気が後退していても税収が確保できる安定的な財源です。

太郎：景気との関係でいうと，1990年代において，消費税増税のあと，景気が悪化して，増税前よりもむしろ法人税や所得税による税収が下がってしまうこともありました。④経済活動全体への影響を考えると，増税はやはり慎重に考えるべきではないでしょうか。

花子：経済への悪影響を小さくするためには，技術革新を促して⑤企業の競争力を高めたり，諸外国でもおこなわれているように，食料品の税率を下げたりすることなども考えられます。

すず：国民の公平な税負担のあり方について話し合ってきましたが，私たちは納税者の一人として，政府が税金を有効に使っているのか，関心をもって見ていく必要があります。

a　下線部①に社会保障とあるが，次のA～Dは，わが国の社会保障の四つの柱について説明したものである。社会保障の四つの柱の説明とその呼び名の組み合わせとして正しいものは，あとのア～エのうちのどれか。一つ選んで，その記号を書け。（　　　）

A　病気やけがで医療を受けた者，一定の年齢に達した者などへの給付

B　伝染病，感染症の予防や公害対策などの環境改善

C　生活保護法にもとづく最低限度の生活の保障

D　障害者や高齢者，児童などへの支援

ア〔A　社会福祉　　B　公衆衛生　　C　公的扶助　　D　社会保険〕

イ〔A　社会保険　　B　公的扶助　　C　公衆衛生　　D　社会福祉〕

ウ〔A　社会保険　　B　公衆衛生　　C　公的扶助　　D　社会福祉〕

エ〔A　社会福祉　　B　公的扶助　　C　公衆衛生　　D　社会保険〕

b　下線部②に財源とあるが，次のア～エのうち，地方公共団体の自主財源を増額する政策として最も適当なものはどれか。一つ選んで，その記号を書け。（　　　）

ア　国庫支出金を増やす　　イ　地方交付税交付金を増やす　　ウ　税源を国から地方に移す

エ　地方債の発行を減らす

c　下線部③に景気とあるが，景気の安定化を図る金融政策を実施しているのは日本銀行である。日本銀行は，一般の銀行とは異なり，「銀行の銀行」と呼ばれている。それは日本銀行がどのような役割を果たしているからか。簡単に書け。

（日本銀行が，　　　　　　　　　　　　　　　　　　　　役割を果たしているから。）

d　下線部④に経済活動全体とあるが，右の図は，経済の循環を示そうとしたものであり，図中の ━▶ は，モノやサービス，お金などの流れを示している。図中のXには，家族や個人などの経済活動の単位を表す言葉が入る。Xにあてはまる最も適当な言葉を書け。また，次のア～エのうち，図中にPで示した ━▶ にあてはまるものとして最も適当なものはどれか。一つ選んで，その記号を書け。

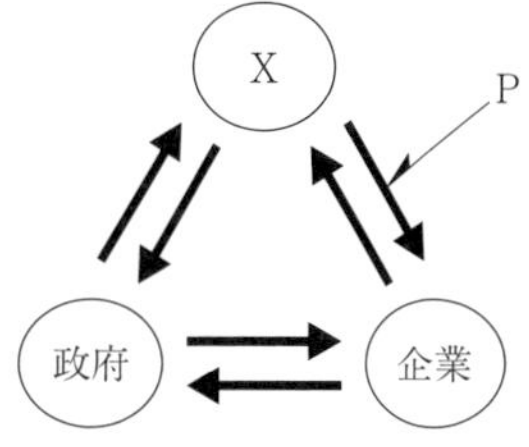

言葉(　　　)　記号(　　　)

ア　税金　　イ　賃金　　ウ　公共サービス　　エ　労働力

e　下線部⑤に企業の競争力とあるが，市場での競争の結果，商品を供給する企業が１社だけの状態は独占と呼ばれるのに対し，商品を供給する企業が少数である状態は一般に何と呼ばれるか。その呼び名を書け。(　　　)

f　次の㋐～㋒の資料は，太郎さんと花子さんが，討論の中で自分の意見を支える根拠として用いたものである。次の㋐～㋒のうち，太郎さんのみが用いた資料として適当なものを一つ，花子さんのみが用いた資料として適当なものを一つ，太郎さんも花子さんも用いた資料として適当なものを一つ，それぞれ選んで，その記号を書け。

太郎さんのみが用いた資料(　　　)　花子さんのみが用いた資料(　　　)

太郎さんも花子さんも用いた資料(　　　)

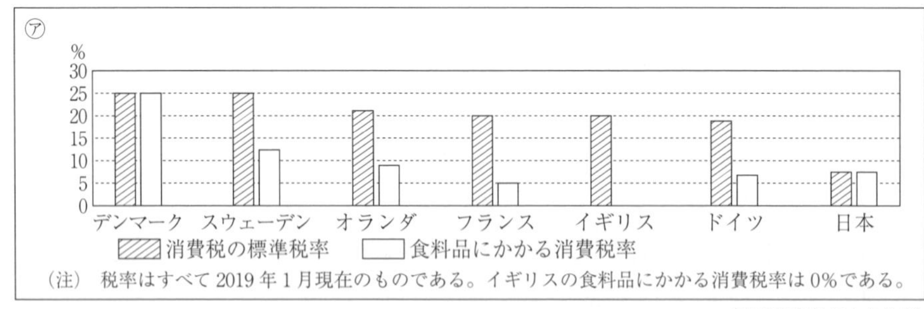

(財務省資料により作成)

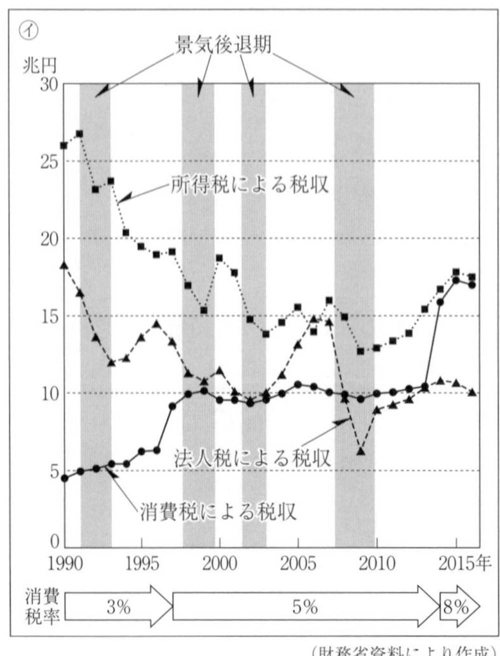

(財務省資料により作成)

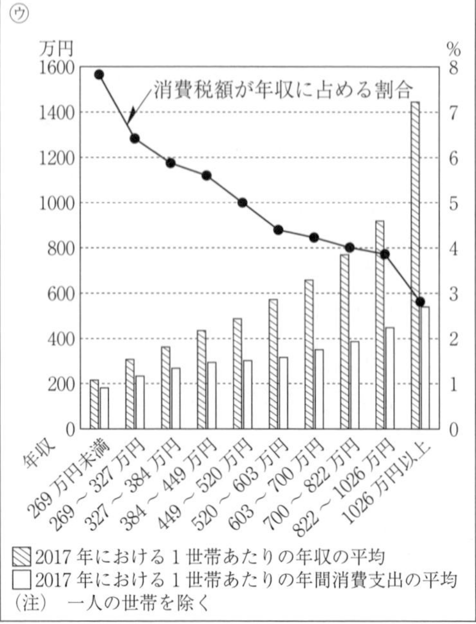

(総務省資料により作成)

2 次の(1)～(9)の問いに答えなさい。

(1) 中学生のすずさんは，わが国の古代についての学習のまとめとして歴史新聞をつくることにした。次の資料Ⓐ～Ⓒは，その取材メモの一部である。これを見て，あとのa～cの問いに答えよ。

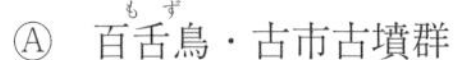

Ⓐ 百舌鳥(もず)・古市古墳群

・大仙(だいせん)（大山）古墳を含む49基の古墳が世界文化遺産に登録された

Ⓑ ①柿本人麻呂の碑

・柿本人麻呂が現在の坂出(さかいで)市沙弥(しゃみ)島に立ち寄り，歌をよんだ

Ⓒ ②桓武(かんむ)天皇の政治改革

・政治を立て直そうとした
・東北地方に大軍を送り，支配を広げた

a 資料Ⓐの写真は，世界文化遺産に登録された「百舌鳥・古市古墳群」を写したものの一部である。この古墳群の中でも大仙（大山）古墳は，5世紀頃につくられたわが国で最大の前方後円墳であり，大和政権（ヤマト王権）の勢力の大きさを示すものと考えられている。中国の南朝の歴史書には，5世紀頃から大和政権（ヤマト王権）の王が南朝の皇帝にたびたび使者を送っていたことが記録されている。大和政権（ヤマト王権）の王が中国の南朝の皇帝にたびたび使者を送っていたのはなぜか。その理由を**朝鮮半島**という言葉を用いて，簡単に書け。

( )

b 下線部①に柿本人麻呂とあるが，この人物が現在の坂出市沙弥島に立ち寄ってよんだ歌は，奈良時代に大伴家持(おおとものやかもち)らによってまとめられたとされる歌集に収められている。天皇や貴族だけでなく，防人(さきもり)や農民がつくった歌も収められたこの歌集は何と呼ばれるか。その呼び名を書け。

( )

c 下線部②に桓武天皇とあるが，次のア～エのうち，桓武天皇がおこなったことについて述べたものはどれか。一つ選んで，その記号を書け。( )

ア 和同開珎(わどうかいちん)を発行した

イ 口分田の不足に対応するため，墾田永年私財法を定めた

ウ 都を平城京から長岡京にうつした

エ 菅原道真(すがわらのみちざね)の提案により，遣唐使の派遣の停止を決定した

(2) 次の文は，鎌倉時代の武士について述べようとしたものである。文中の□内にあてはまる最も適当な言葉を書け。また，文中の二つの〔 〕内にあてはまる言葉を，㋐，㋑から一つ，㋒，㋓から一つ，それぞれ選んで，その記号を書け。

言葉( ) 記号(と)

鎌倉幕府の将軍に忠誠を誓い，その家来となった武士は□と呼ばれ，幕府から荘園(しょうえん)や公領の〔㋐ 守護 ㋑ 地頭〕などに任命された。また，武士の間では，〔㋒ 栄西 ㋓ 日蓮(にちれん)〕らによって宋(そう)から伝えられた禅宗が広く受け入れられ，幕府も積極的に保護した。

(3)　次の㋐～㋒のできごとが，年代の古い順に左から右に並ぶように，記号㋐～㋒を用いて書け。
(　　→　　→　　)

㋐　イエズス会によって，大友氏らキリシタン大名の使節がローマ教皇のもとへ派遣された
㋑　フランシスコ・ザビエルが，キリスト教を伝えるために鹿児島に上陸した
㋒　重い年貢(ねんぐ)の取り立てやキリスト教徒への弾圧に抵抗して，島原・天草一揆(いっき)がおこった

(4)　太郎さんは，友人と一緒に参加した瀬戸内国際芸術祭について調べた。次の資料は，この芸術祭のテーマについて述べた文章の一部である。これを見て，あとのa，bの問いに答えよ。

「海の復権」をテーマに掲げ，美しい自然と人間が交錯し交響してきた瀬戸内の島々に活力を取り戻し，瀬戸内が地球上のすべての地域の「希望の海」となることを目指しています。

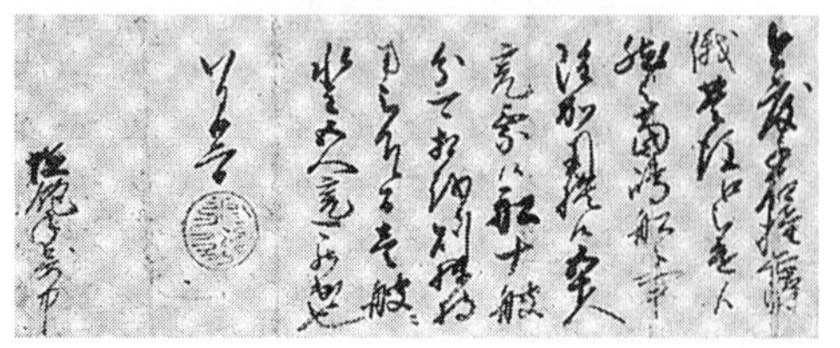

a　下線部に瀬戸内の島々とあるが，右の写真は，豊臣秀吉が全国統一をめざす戦いの中で，瀬戸内海の塩飽(しわく)諸島の人々に与えた朱印状を写したものの一部である。豊臣秀吉は，太閤(たいこう)検地をおこない，統一した基準で全国の田畑の面積やよしあしを調べ，収穫量を米の体積である石高で表した。この太閤検地の結果，武士は領地から年貢を徴収する一方，石高に応じてどのようなことが義務づけられるようになったか。簡単に書け。
(石高に応じて　　　　　　　　　　　　　　　　　　　　こと。)

b　太郎さんは，この芸術祭が開催された瀬戸内には多くの港町が発展しており，江戸時代にはこれらの港町が大阪とつながり，当時の大阪は各地から多くの物資が集まることで，商業の中心として発展していったことを知った。次のア～エのうち，江戸時代の物資の輸送について述べたものとしてあてはまらないものはどれか。一つ選んで，その記号を書け。(　　)

ア　東北地方から日本海沿岸をまわって大阪まで物資を運ぶ西廻(まわ)り航路がひらかれた
イ　大阪と江戸を結ぶ航路では，定期的に物資を輸送する菱垣廻船(ひがきかいせん)や樽(たる)廻船が活躍した
ウ　五街道が整備され，手紙や荷物を運ぶ飛脚の制度がつくられた
エ　問（問丸）と呼ばれる荷物の保管や輸送をおこなう業者が活躍するようになった

(5)　右の写真は，本居宣長(もとおりのりなが)が学問の研究を続けた鈴屋(すずのや)と呼ばれる書斎を写したものの一部である。本居宣長は18世紀後半に「古事記伝」をあらわして，ある学問を大成させた。この学問は，当時の社会を批判する考えや天皇を尊ぶ思想と結びつき，幕末の尊王攘夷(じょうい)運動にも影響をあたえた。18世紀後半に本居宣長によって大成されたこの学問は何と呼ばれるか。その呼び名を書け。(　　)

(写真提供：本居宣長記念館)

(6)　アメリカは，1854年に日米和親条約によりわが国を開国させ，さらに，貿易を始めることを強く要求した。そのため，江戸幕府は，1858年に日米修好通商条約を結んだが，この条約はわが国にとって不利な不平等条約であり，この条約の改正には長い年月を費やすことになった。1858年に結ばれた日米修好通商条約の内容のうち，どのようなことがわが国にとって不利であったか。二つ簡単に書け。

(　　　　　　　　　　　　　　　　　　こと。)(　　　　　　　　　　　　　　　　　　こと。)

(7)　右の略年表を見て，次のa～dの問いに答えよ。

年代	できごと
1867	①王政復古の大号令が出される
1868	五箇条の御誓文が出される　↑Ⓟ
1880	国会期成同盟が結成される　↓
1912	②第一次護憲運動がおこる
1925	③治安維持法が成立する

a　年表中の下線部①に王政復古の大号令とあるが，この王政復古の大号令によって成立した新政府は，さらに徳川慶喜(よしのぶ)に対して官職や領地の返還を求めた。このことをきっかけとしておこった，1868年の鳥羽(とば)・伏見(ふしみ)の戦いに始まり，約1年5か月にわたる，新政府軍と旧幕府側との戦争は何と呼ばれるか。その呼び名を書け。(　　　)

b　年表中のⓅの時期におこったできごととしてあてはまらないものは，次のア～エのうちのどれか。一つ選んで，その記号を書け。(　　　)

ア　新橋・横浜間に鉄道が開通した

イ　徴兵令が出され，20歳になった男子に兵役が義務づけられた

ウ　内閣制度がつくられ，初代内閣総理大臣に伊藤博文(いとうひろぶみ)が任命された

エ　学制が公布され，6歳以上の子どもに教育を受けさせるように定められた

c　年表中の下線部②に第一次護憲運動とあるが，これは憲法にもとづく政治を守ることをスローガンとする運動であり，民衆もこれを支持した。この運動の結果，陸軍や藩閥に支持されたある内閣が退陣した。この内閣の内閣総理大臣はだれか。次のア～エから一つ選んで，その記号を書け。(　　　)

ア　大隈重信(おおくましげのぶ)　　イ　桂太郎(かつら)　　ウ　原敬(たかし)　　エ　近衛文麿(このえふみまろ)

d　年表中の下線部③に治安維持法とあるが，この法律が成立した1925年に，わが国では選挙権が与えられる有権者の資格が変わった。右の表は1924年と1928年にそれぞれ実施された衆議院議員総選挙における有権者数と全人口に占める有権者数の割合を，それぞれ示したものである。1928年のわが国における全人口に占める有権者数の割合を1924年と比較すると，大幅に増加していることがわかる。わが国における全人口に占める有権者数の割合が大幅に増加したのは，1925年に有権者の資格がどのようになったからか。簡単に書け。(　　　　　　　　　　　　　　　　　　　　　　　　　　)

	有権者数(万人)	全人口に占める有権者数の割合(%)
1924年	329	5.6
1928年	1241	19.8

(総務省資料により作成)

(8)　右の絵画は，ある人物が明治時代に描いた「湖畔」である。この人物は，フランスで絵画を学び，明るい画風の西洋画を描いて，わが国に欧米の新しい表現方法を紹介した。この絵画を描いたのはだれか。次のア～エから一つ選んで，その記号を書け。(　　　)

ア　尾形光琳(こうりん)　　イ　横山大観　　ウ　狩野芳崖(かのう)

エ　黒田清輝

(9)　20世紀の国際関係に関して，次のa，bの問いに答えよ。

a　次の㋐～㋒のできごとが，年代の古い順に左から右に並ぶように，記号㋐～㋒を用いて書け。

(　　→　　→　　)

㋐　国際連盟が設立される

㋑　ワシントン会議が開かれる

㋒　ベルサイユ条約が結ばれる

b　1955年にインドネシアで，第二次世界大戦後に植民地支配から独立した国々を中心に，植民地支配の反対や冷戦の下での平和共存の路線が確認されたある会議が開かれた。この会議は何と呼ばれるか。その呼び名を書け。(　　　)

3 次の(1)～(8)の問いに答えなさい。

(1) 次の略地図は，緯線と経線が直角に交わる地図で，経線は等間隔で引かれている。この略地図を見て，あとのa～eの問いに答えよ。

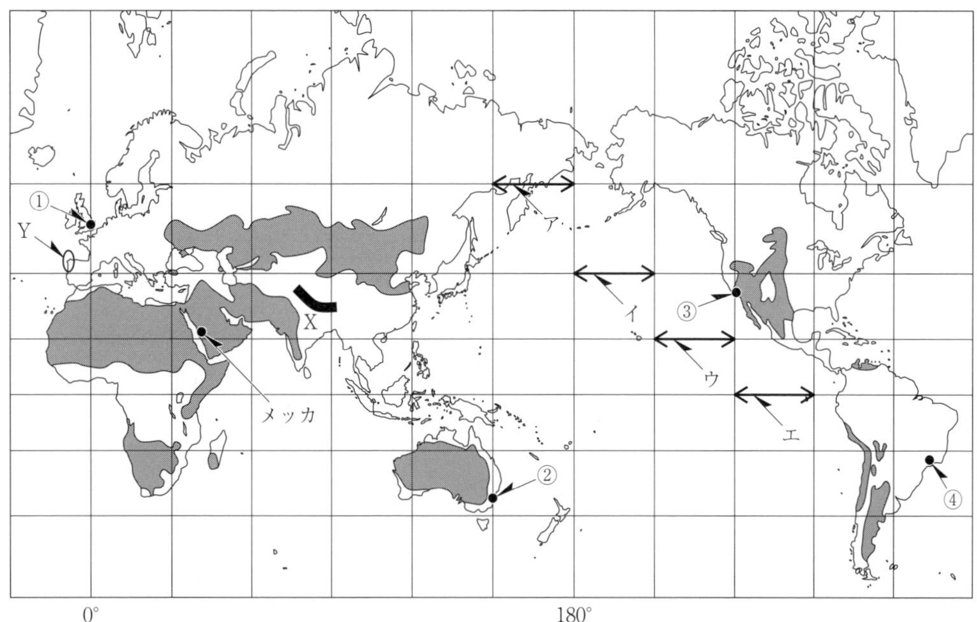

a 略地図中のア～エの⟷で示した長さは，地図上ではすべて同じであるが，実際の距離はそれぞれ異なっている。略地図中のア～エの⟷のうち，実際の距離が最も長いものはどれか。一つ選んで，その記号を書け。(　　)

b 次の表は，略地図中に①～④で示した都市の標準時子午線をそれぞれ示したものである。略地図中の①～④の都市のうち，わが国との時差が最も大きい都市はどれか。一つ選んで，その番号を書け。(　　)

都市	①	②	③	④
標準時子午線	経度0度	東経150度	西経120度	西経45度

c 略地図中にXで示した山脈を含む，ヨーロッパからアジアにつらなる造山帯は何と呼ばれるか。その造山帯名を書け。(　　造山帯)

d 略地図中に▇▇で示した地域は，ある気候帯の分布を示したものである。また，右のグラフは，この気候帯に属する略地図中のメッカの月平均気温と月降水量を表したものである。この気候帯は何と呼ばれるか。次のア～エから一つ選んで，その記号を書け。(　　)

ア 熱帯　イ 乾燥帯　ウ 温帯　エ 寒帯

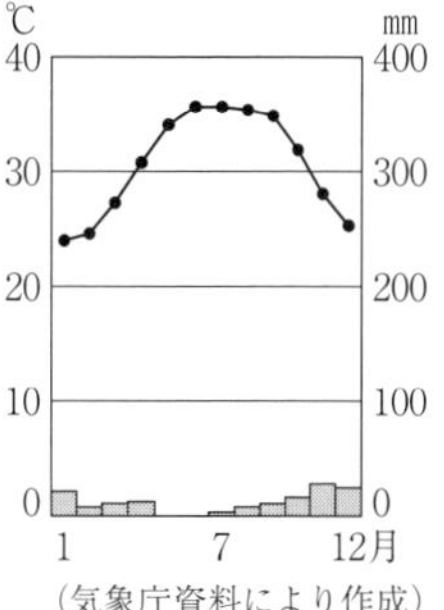

(気象庁資料により作成)

e 略地図中にYで示した地域の海岸には，わが国の志摩半島，三陸海岸のように，山地が海にせまり，奥行きのある湾と小さな岬が連続する入り組んだ海岸がみられる。このような海岸の地形は何と呼ばれるか。その呼び名を書け。(　　)

(2)　次の資料Ⅰは，中国の年降水量を，資料Ⅱは，中国の1月の平均気温をそれぞれ示したものである。資料Ⅰ，Ⅱからわかることについて述べたあとの㋐～㋓のうち，誤っているものはどれか。一つ選んで，その記号を書け。(　　　)

資料Ⅰ　中国の年降水量

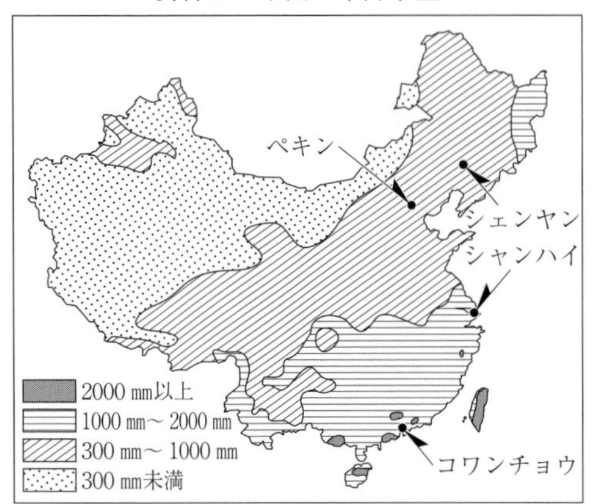

資料Ⅱ　中国の1月の平均気温

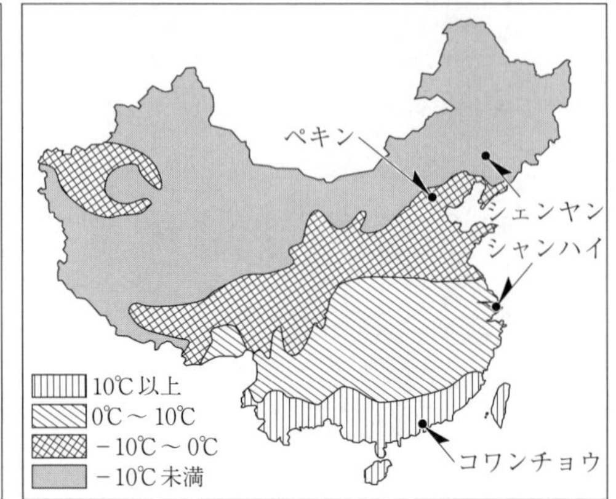

(「中国地図帳」などにより作成)

㋐　ペキンの年降水量は，1000mm 未満である
㋑　シェンヤンの1月の平均気温は，－10℃未満である
㋒　シェンヤンとコワンチョウの年降水量を比べると，コワンチョウの方が多い
㋓　シャンハイの年降水量は，1000mm 未満であり，1月の平均気温は，0℃以上である

(3)　次の略地図中に（網かけ）で示した範囲は，わが国の領海と排他的経済水域を示そうとしたものである。また，次の表は，アメリカ合衆国，ブラジル，オーストラリアとわが国の国土面積，領海と排他的経済水域を合わせた面積を示したものである。わが国が，国土面積に比較して，領海と排他的経済水域を合わせた面積が広いのはなぜか。簡単に書け。

(　　　　　　　　　　　　　　　　　　　　　　　　　　　　　　　　　　　　　　)

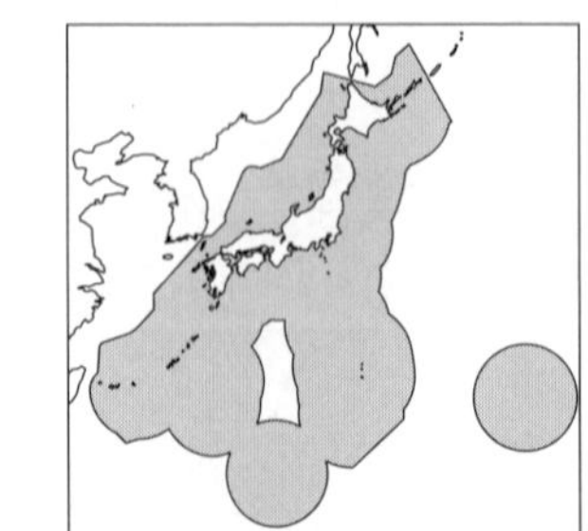

国名	国土面積(万km²)	領海と排他的経済水域を合わせた面積(万km²)
アメリカ合衆国	983	762
ブラジル	852	317
オーストラリア	769	701
日本	38	447

(「海洋白書 2015」により作成)

(4)　次の地形図は，旅行で島根県を訪れた中学生のりょうたさんが，奥出雲(おくいずも)町で地域調査をおこなった際に使用した，国土地理院発行の2万5千分の1の地形図（湯村）の一部である。これに関して，あとのa～eの問いに答えよ。

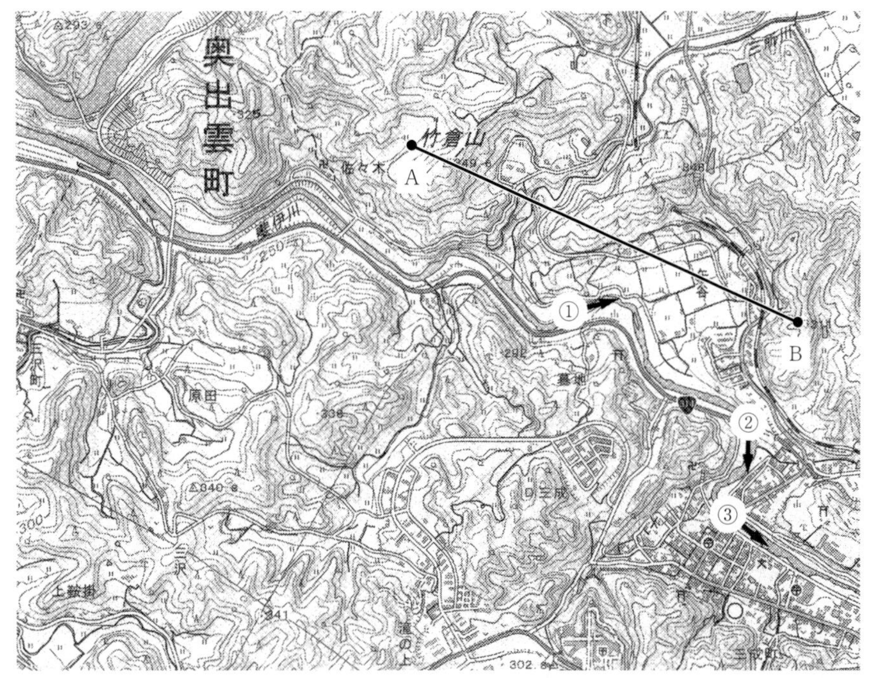

(国土地理院発行２万５千分の１地形図により作成)

a　地形図中の町役場と交番を結んだ直線距離を，この地図上で約1.6cmとするとき，この間の実際の距離は約何mか。その数字を書け。(約　　　m)

b　次のア～エのうち，地形図中のA—Bの断面図として最も適当なものはどれか。一つ選んで，その記号を書け。(　　　)

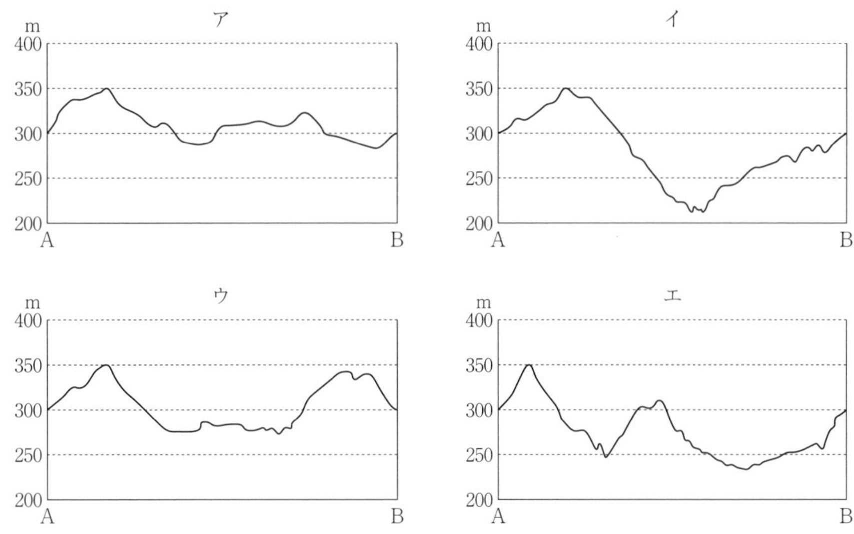

c　次のア～ウの写真は，りょうたさんが地形図中の①～③のいずれかの地点から，矢印の向きの風景を撮影したものである。①の地点と②の地点から撮影した写真として最も適当なものは，それぞれア～ウのうちのどれか。一つずつ選んで，その記号を書け。

①(　　　)　②(　　　)

ア

イ

ウ

d　りょうたさんは，奥出雲町では，かつて砂鉄と木炭を使用して鉄を作るたたら製鉄が盛んにおこなわれていたことを知り，わが国の鉄鋼業について調べた。次の資料Ⅰは，2017年の鉄鋼業の製造品出荷額等の上位4県における鉄鋼業の製造品出荷額等とその事業所数をそれぞれ示したものである。また，資料Ⅱは，わが国の主な鉄鋼工場の位置を示したものである。資料Ⅰ，Ⅱからわかることを述べたあとのア～エのうち，誤っているものはどれか。一つ選んで，その記号を書け。(　　　)

資料Ⅰ

	鉄鋼業の製造品出荷額等（百億円）	鉄鋼業の事業所数
愛知県	232	486
兵庫県	195	259
千葉県	168	230
広島県	126	143
全国	1756	4051

(注)　従業員3人以下の事業所を除く

(経済産業省資料により作成)

資料Ⅱ

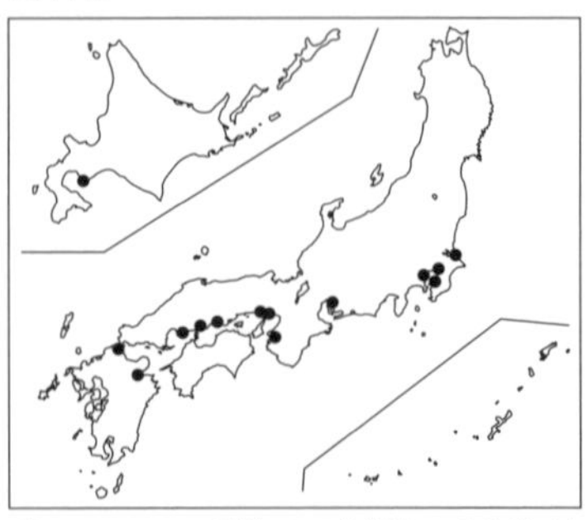

(「データでみる県勢2017年版」により作成)

ア　鉄鋼業の製造品出荷額等の上位4県は，太平洋ベルトを構成する工業地帯や工業地域を有する県である

イ　わが国の主な鉄鋼工場は，臨海部に立地している

ウ　鉄鋼業の製造品出荷額等の上位3県の合計額が，全国の鉄鋼業の製造品出荷額等に占める割合は，30％以上である

エ　愛知県と広島県の1事業所あたりの鉄鋼業の製造品出荷額等を比べると，愛知県の方が多い

e　りょうたさんは，斐伊(ひい)川には尾原(おばら)ダムなどのダムが設置されていることを知った。わが国の川は，アマゾン川などの大陸にある川に比べ，標高の高いところから海までの短い距離を急流となって流れる特徴があるため，川の上流には多くのダムが建設されている。これは主に，農業，工業などの産業や生活に必要な水を確保したり，水力発電をおこなったりする目的がある。このように水資源を活用する以外に，ダムにはどのような目的があると考えられるか。簡単に

書け。

( )

(5) 花子さんは，わが国の農業に興味をもち，その特色について調べた。次の資料Ⅰは，花子さんが，わが国の農業の特色についてまとめたものの一部である。また，資料Ⅱは，2017年における北海道，茨城県，新潟県，鹿児島県の農業産出額の総計と米，野菜，畜産の産出額についてそれぞれ示そうとしたものである。資料Ⅱ中のア～エのうち，資料Ⅰから考えると，鹿児島県にあてはまるものはどれか。一つ選んで，その記号を書け。( )

資料Ⅰ

【わが国の農業の特色】
- 稲作がとくに盛んな地域は，北海道や東北地方，北陸などである
- 北海道や近郊農業がおこなわれている地域では，野菜の生産が盛んである
- 畜産の産出額が多い地域は，大規模な経営がおこなわれている北海道や九州地方南部などである

資料Ⅱ

	農業産出額の総計(億円)	米の産出額(億円)	野菜の産出額(億円)	畜産の産出額(億円)
ア	12762	1279	2114	7279
イ	5000	221	657	3162
ウ	4967	868	2071	1336
エ	2488	1417	352	517

(農林水産省資料により作成)

(6) 次のア～エのグラフはそれぞれ，右の略地図中の小樽(おたる)，松本，敦賀(つるが)，延岡(のべおか)のいずれかの都市の月平均気温と月降水量を表したものである。松本にあたるものはア～エのうちのどれか。一つ選んで，その記号を書け。( )

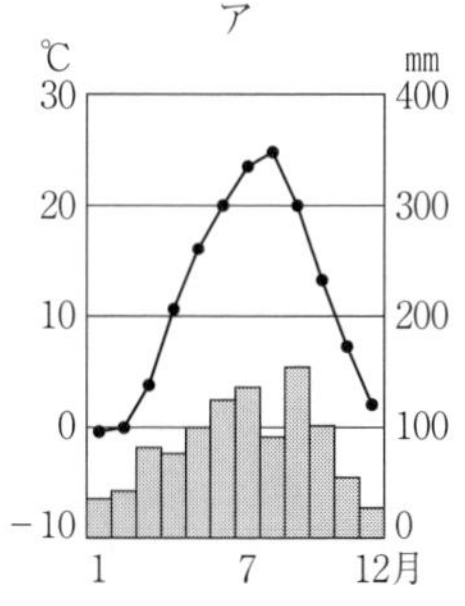

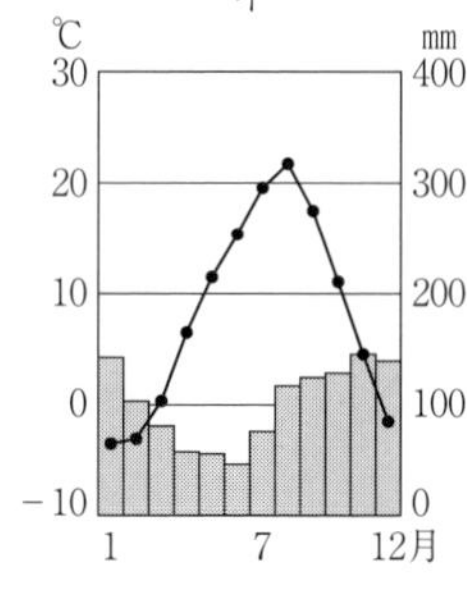

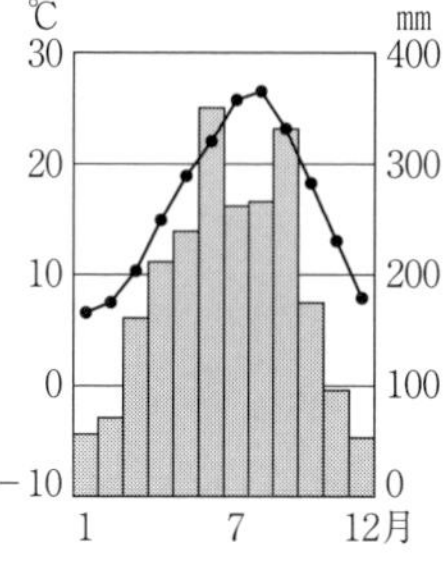

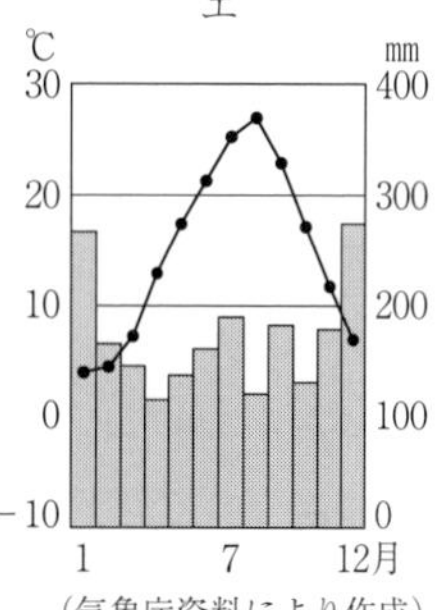

(気象庁資料により作成)

(7) 貿易に関して，次のa，bの問いに答えよ。

a わが国は，加工貿易を通して発展してきた。加工貿易とはどのような貿易か。**原料** **工業製品**の二つの言葉を用いて，簡単に書け。

( )

b 次の資料Ⅰ，Ⅱは，わが国の1960年と2017年における輸入品の構成と輸出品の構成をそれぞれ示したものである。資料Ⅰ，Ⅱからわかることについて述べたあとのア～エのうち，正し

いものはどれか。一つ選んで，その記号を書け。(　　　)

資料Ⅰ　わが国の輸入品の構成

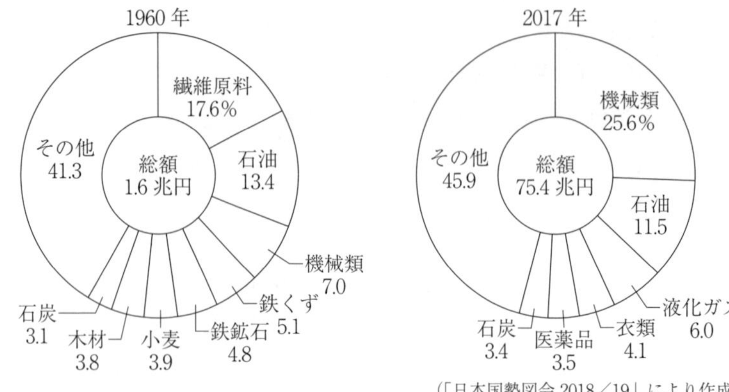

(「日本国勢図会 2018／19」により作成)

資料Ⅱ　わが国の輸出品の構成

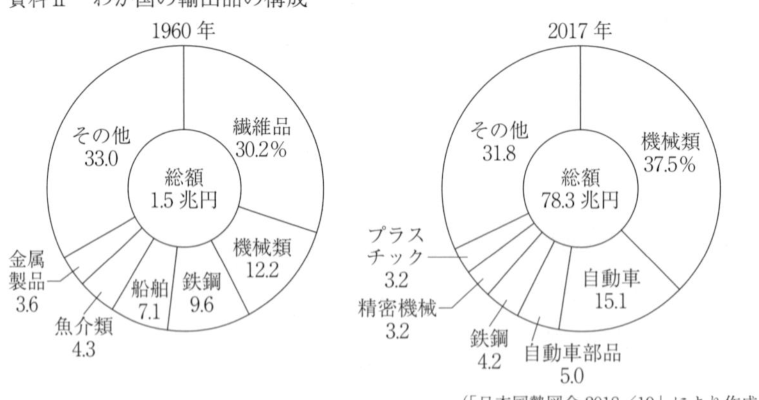

(「日本国勢図会 2018／19」により作成)

ア　1960 年と 2017 年はそれぞれ，輸入総額に比べて輸出総額の方が多い

イ　機械類の輸出額は，1960 年と比べて 2017 年の方が少ない

ウ　石油の輸入額は，1960 年と比べて 2017 年の方が多い

エ　2017 年の自動車の輸出額は，10 兆円よりも少ない

(8)　右のグラフは，四国地方と四国地方以外を行き来するときに利用した交通手段のうち，船舶，航空機，鉄道，自動車の利用者について，それぞれの年間の延べ人数の推移を示そうとしたものである。グラフ中のA～Dは，船舶，航空機，鉄道，自動車のいずれかを示している。次のア～エのうち，Aにあたる交通手段はどれか。一つ選んで，その記号を書け。(　　　)

ア　船舶　　イ　航空機　　ウ　鉄道　　エ　自動車

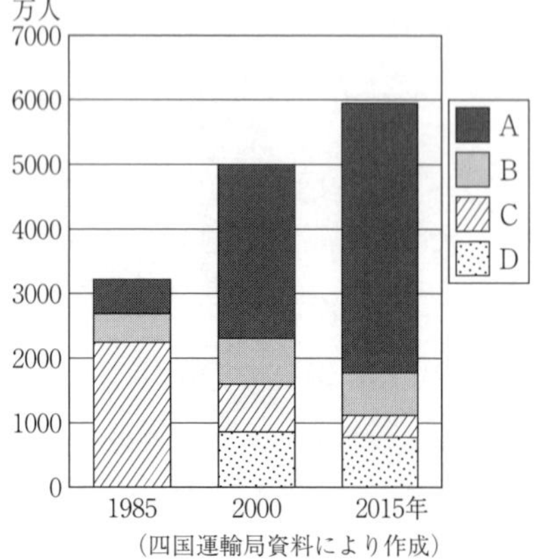

(四国運輸局資料により作成)

理科

時間　50分　　　　満点　50点

1　次のA，Bの問いに答えなさい。

A　気象に関して，次の(1)～(3)の問いに答えよ。

(1)　右の図Ⅰは，日本付近の4月のある日の天気図を示したものである。これに関して，次のa，bの問いに答えよ。

図Ⅰ

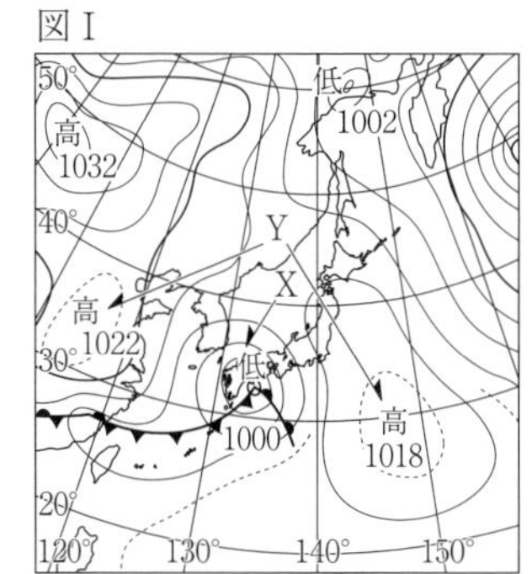

a　図Ⅰ中のXは低気圧を示している。北半球の低気圧における地表をふく風と中心付近の気流を表したものとして，最も適当なものを，次の㋐～㋓から一つ選んで，その記号を書け。

(　　　)

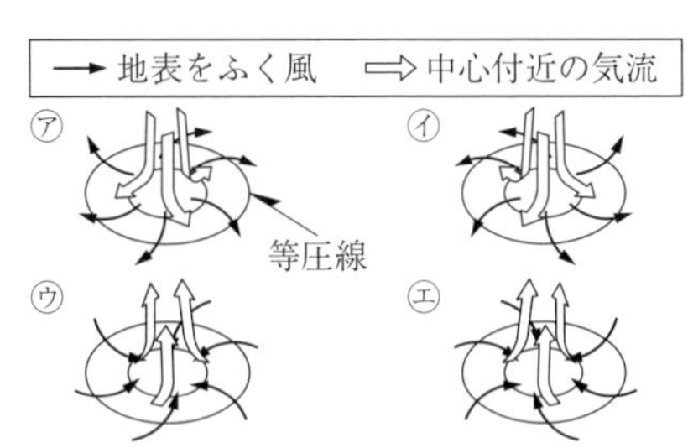

b　次の文は，日本付近における春の天気の特徴について述べようとしたものである。文中の□内にあてはまる最も適当な言葉を書け。(　　　)

図Ⅰ中にYで示した移動性高気圧の前後には，図Ⅰ中にXで示したような温帯低気圧ができやすい。春には，これらの高気圧と低気圧が，中緯度帯の上空をふく□風と呼ばれる西寄りの風の影響を受けて日本付近を西から東へ交互に通過するため，「春に三日の晴れなし」とことわざにあるように，春の天気は数日の周期で変わることが多い。

(2)　右の図Ⅱは，日本付近のつゆ(梅雨(ばいう))の時期の天気図を示したものである。次の文は，つゆ明けのしくみについて述べようとしたものである。文中のP～Rの□内にあてはまる言葉の組み合わせとして最も適当なものを，あとの表のア～エから一つ選んで，その記号を書け。(　　　)

図Ⅱ

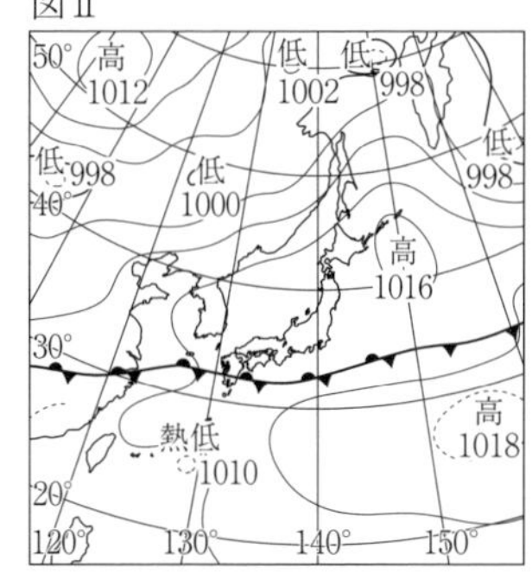

つゆが明けるころには梅雨前線の[P]側の[Q]が勢力を強めてはり出し，梅雨前線が[R]に移動する。こうしてつゆ明けとなる。

	P	Q	R
ア	北	シベリア気団(シベリア高気圧)	南
イ	北	小笠原気団(太平洋高気圧)	南
ウ	南	シベリア気団(シベリア高気圧)	北
エ	南	小笠原気団(太平洋高気圧)	北

(3)　右の図Ⅲは，日本付近の8月のある日の天気図を示したものである。太郎さんは，夏にこのような気圧配置になる理由を調べるために，次の実験をした。これに関して，あとのa，bの問いに答えよ。

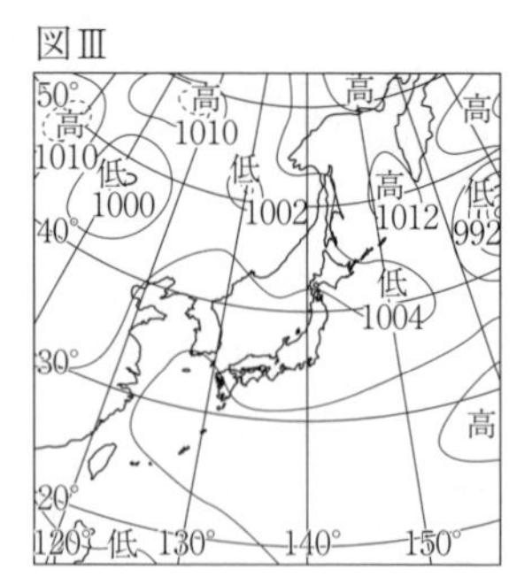

実験　下の図Ⅳのように，同じ大きさのプラスチック容器に砂と水をそれぞれ入れて，透明なふたのある水槽の中に置いた。この装置をよく日の当たる屋外に置き，3分ごとに15分間，温度計で砂と水の温度を測定し，その後，火のついた線香を入れてふたを閉め，しばらく観察した。下の図Ⅴは，砂と水の温度変化を，下の図Ⅵは，線香の煙のようすを示したものである。

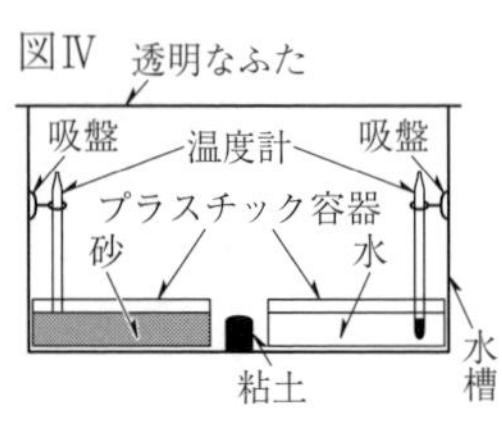

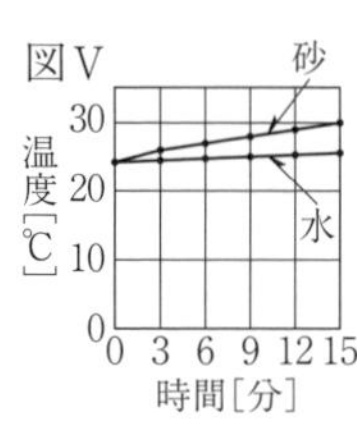

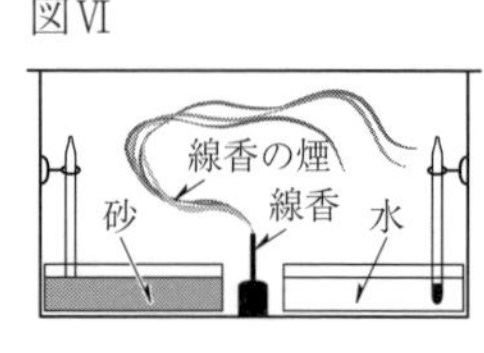

a　図Ⅵから，空気は砂の上で上昇し，水の上で下降していることがわかった。砂の上の空気が上昇したのはなぜか。その理由を，図Ⅴの結果から考えて**密度**の言葉を用いて書け。

（日が当たったとき，砂は水と比べて　　　　　　。このため，砂の上の空気が，水の上の空気より　　　　　　ため。）

b　日本付近の夏の気圧配置と季節風は，この実験と同じようなしくみで起こると考えられる。日本付近の夏の気圧配置と季節風について述べた文として最も適当なものを，次の㋐～㋓から一つ選んで，その記号を書け。（　　　）

㋐　ユーラシア大陸の方が太平洋よりもあたたかくなり，ユーラシア大陸上に高気圧が，太平洋上に低気圧が発達するため，北西の季節風がふく

㋑　ユーラシア大陸の方が太平洋よりもあたたかくなり，ユーラシア大陸上に低気圧が，太平洋上に高気圧が発達するため，南東の季節風がふく

㋒　太平洋の方がユーラシア大陸よりもあたたかくなり，太平洋上に低気圧が，ユーラシア大陸上に高気圧が発達するため，北西の季節風がふく

㋓　太平洋の方がユーラシア大陸よりもあたたかくなり，太平洋上に高気圧が，ユーラシア大陸上に低気圧が発達するため，南東の季節風がふく

B　天体について，次の(1)～(3)の問いに答えよ。

(1)　右の図Ⅰは，地球の半径を1としたときの太陽系の8つの惑星の半径と，それぞれの惑星の密度の関係を表したものである。これに関して，次のa，bの問いに答えよ。

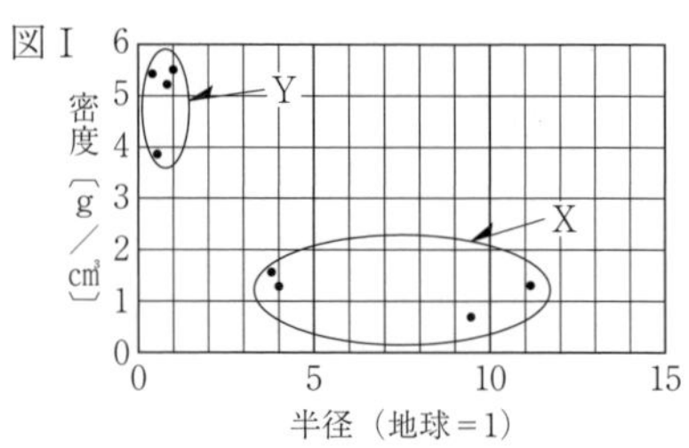

a　太陽系の8つの惑星は，その特徴から，図Ⅰ中にX，Yで示した2つのグループに分けられる。Xのグループは何と呼ばれるか。その名称を書け。（　　　　型惑星）

b　図Ⅰより，Yのグループの惑星は，Xのグループの惑星に比べて，半径は小さく，密度は大き

いということがわかる。このことのほかに，Yのグループの惑星の特徴について，簡単に書け。

(Yのグループの惑星は，Xのグループの惑星に比べて，質量は　　　，太陽からの距離は　　　。)

(2) 日本のある地点で，金星を観察した。これについて，次のa，bの問いに答えよ。

a 右の図Ⅱは，地球を基準とした太陽と金星の位置関係を模式的に示したものである。天体望遠鏡を使って同じ倍率で図Ⅱ中の地球の位置から金星を観察したとき，金星の位置が図Ⅱ中のPの位置にあるときに比べて，Qの位置にあるときの金星の見かけの大きさと欠け方は，どのように変化するか。次のア～エのうち，最も適当なものを一つ選んで，その記号を書け。(　　　)

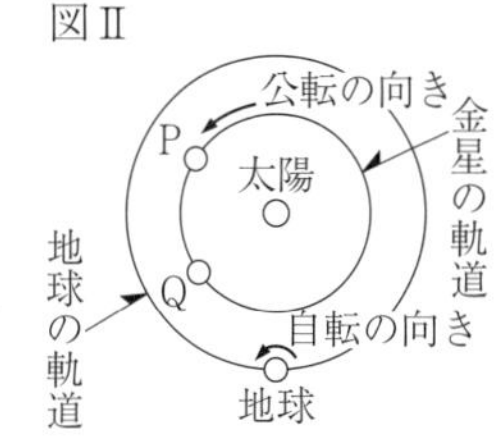

ア 見かけの大きさは小さくなり，欠け方は小さくなる

イ 見かけの大きさは小さくなり，欠け方は大きくなる

ウ 見かけの大きさは大きくなり，欠け方は小さくなる

エ 見かけの大きさは大きくなり，欠け方は大きくなる

b 下の図Ⅲは，ある日の太陽と金星と地球の位置関係を模式的に示したものである。地球は太陽のまわりを1年で1回公転する。それに対して，金星は太陽のまわりを約0.62年で1回公転する。図Ⅲに示したある日から地球は，半年後に図Ⅳに示した位置にある。このときの金星の位置として最も適当なものを，図Ⅳ中のR～Uから一つ選んで，その記号を書け。また，次の文は，図Ⅲに示したある日から半年後に，日本のある地点から，金星がいつごろ，どの方向に見えるかについて述べようとしたものである。文中の2つの〔　　〕内にあてはまる言葉を，㋐～㋒から一つ，㋓～㋖から一つ，それぞれ選んで，その記号を書け。

位置(　　　)　言葉(　　　と　　　)

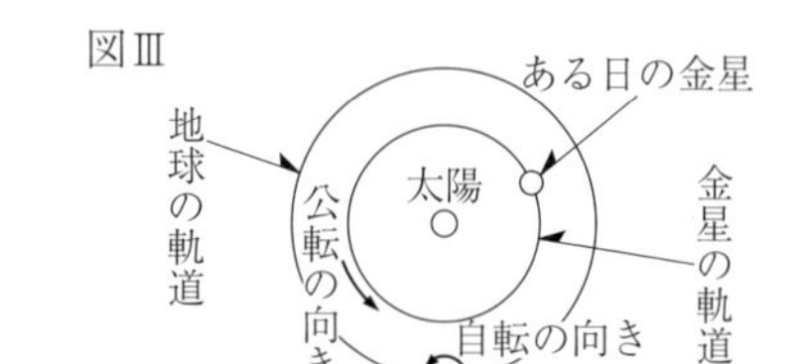

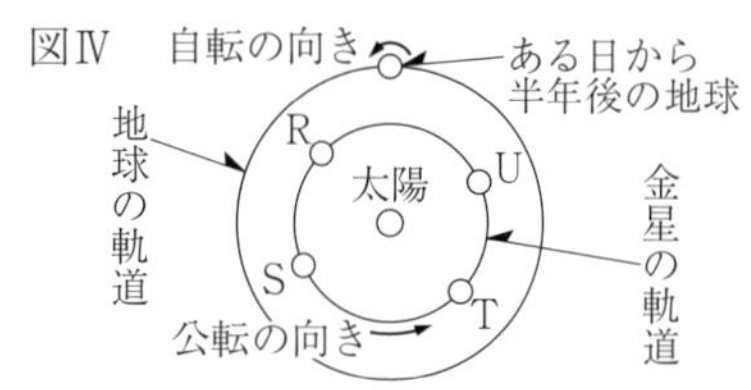

金星は〔㋐ 日の出直前　㋑ 真夜中　㋒ 日の入り直後〕に，〔㋓ 北　㋔ 天頂付近　㋕ 東　㋖ 西〕の空に見える。

(3) 次の文は，太陽系のある天体について述べようとしたものである。文中の□内に共通してあてはまる言葉として最も適当なものを，あとのア～エから一つ選んで，その記号を書け。

(　　　)

太陽系の天体には，惑星以外にもさまざまな天体があり，2019年，日本の探査機「はやぶさ2」が探査したことで知られている□「リュウグウ」もその一つである。□は，主に火星と木星の軌道の間に数多く存在する天体で，太陽のまわりを公転しており，不規則な形をしているものが多い。

ア 衛星　　イ 小惑星　　ウ すい星　　エ 太陽系外縁天体

2　次のA，B，Cの問いに答えなさい。

A　刺激に対する反応に関して，次の(1)，(2)の問いに答えよ。

(1)　右の図Ⅰのように，太郎さん，花子さん，次郎さんが順に手をつないでいる。花子さんは，太郎さんに右手をにぎられると，すぐに次郎さんの右手をにぎり，刺激に対する反応について調べた。これに関して，次のa，bに答えよ。

図Ⅰ

a　次の文は，花子さんが，太郎さんに右手をにぎられてから，次郎さんの右手をにぎるまでの刺激の信号の伝わるようすについて述べようとしたものである。文中の□内にあてはまる最も適当な言葉を書け。

(　　　)

花子さんが，太郎さんに右手をにぎられると，刺激の信号が末しょう神経である感覚神経を通って，□神経である脳やせきずいに伝わる。そのあと，信号が末しょう神経である運動神経を通って運動器官に伝わり，次郎さんの右手をにぎった。

b　花子さんは，ヒトが反応するのにかかる時間に興味をもち，図書館で調べたところ，脳での判断に0.10秒から0.20秒かかり，信号が神経を伝わる速さが40m/sから90m/sであることがわかった。右の図Ⅱは，右手で受けた刺激の信号が脳に伝わり，脳で判断してから，命令の信号が左うでの筋肉まで伝わる経路を模式的に表したものである。図Ⅱ中のPは，感覚神経と運動神経がせきずいとつながっているところを表している。右手からPまでが75cm，Pから脳までが25cm，Pから左うでの筋肉までが55cmと仮定する。この仮定と，花子さんが図書館で調べた数値から考えて，右手で刺激の信号を受けとってから，脳で判断し，左うでの筋肉に伝わるまでの時間が最も短くなるとき，その時間は何秒と考えられるか。(　　　秒)

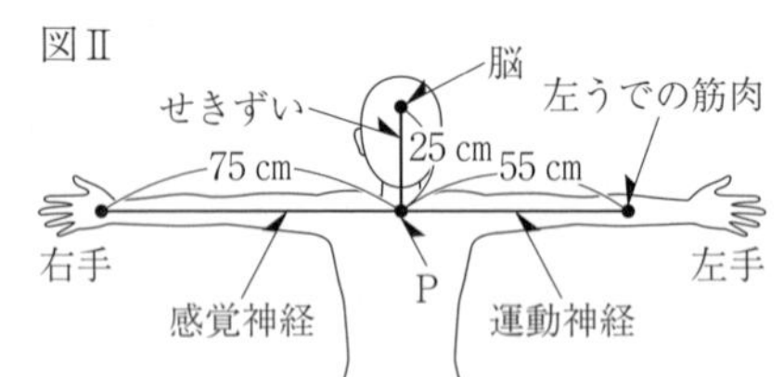

図Ⅱ

(2)　右の図Ⅲは，熱いものにふれてしまい，とっさに手を引っ込めるときのようすを模式的に示そうとしたものである。これに関して，次のa～cの問いに答えよ。

a　熱いものにふれてしまい，とっさに手を引っ込めるときのように，刺激に対して無意識におこる反応は何と呼ばれるか。その名称を書け。(　　　)

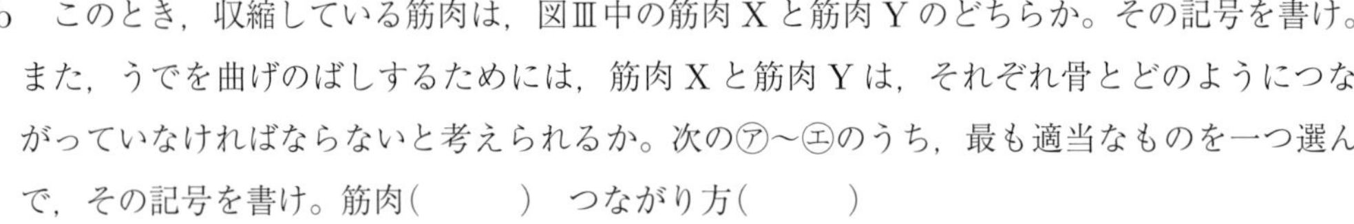

図Ⅲ

b　このとき，収縮している筋肉は，図Ⅲ中の筋肉Xと筋肉Yのどちらか。その記号を書け。また，うでを曲げのばしするためには，筋肉Xと筋肉Yは，それぞれ骨とどのようにつながっていなければならないと考えられるか。次の㋐～㋓のうち，最も適当なものを一つ選んで，その記号を書け。筋肉(　　　)　つながり方(　　　)

㋐
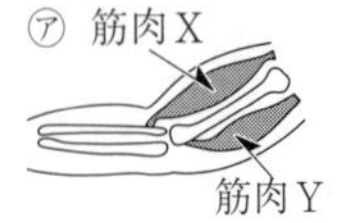

㋑
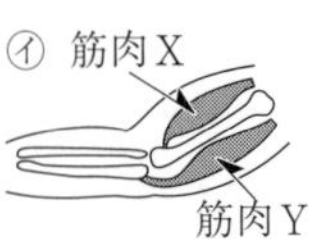

㋒
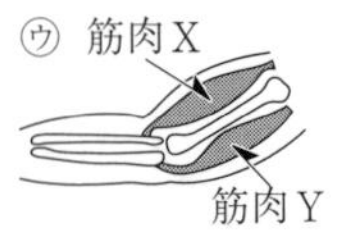

㋓
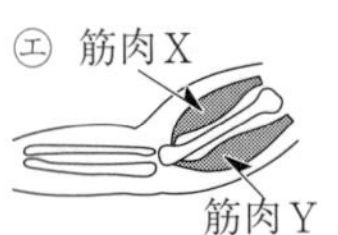

c　次の文は，熱いものに手がふれてしまったときの反応について述べようとしたものである。文中の〔　　〕内にあてはまる最も適当な言葉を，㋐～㋒から一つ，㋓～㋕から一つ，それぞれ選んで，その記号を書け。(　　　と　　　)

熱いものにふれてしまうと，無意識に手を引っ込める反応が起こる。このとき，手を引っ込める信号を出すのは，〔㋐　脳　　㋑　せきずい　　㋒　筋肉〕である。また，熱いと意識するのは〔㋓　脳　　㋔　せきずい　　㋕　手の皮膚〕である。

B　下の図は，さまざまな植物を，からだのつくりやふえ方の特徴をもとに，なかま分けしたものである。これに関して，次の(1)～(4)の問いに答えよ。

図

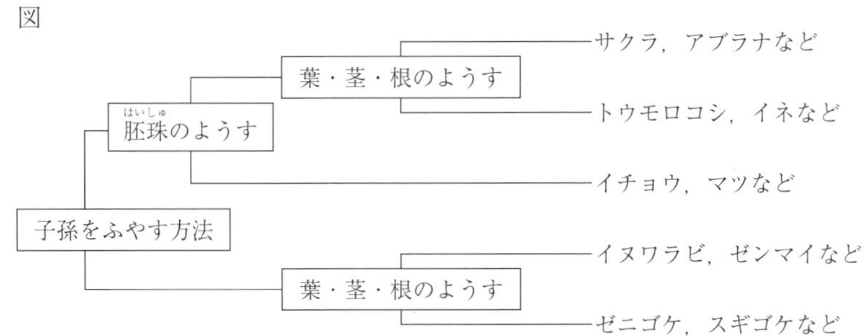

(1)　次の文は，図中に示した子孫をふやす方法について述べようとしたものである。文中の［　　］内にあてはまる最も適当な言葉を書け。(　　　)

植物には，サクラ，トウモロコシ，イチョウなどのように種子をつくって子孫をふやすものと，イヌワラビやゼニゴケなどのように種子をつくらず［　　］をつくって子孫をふやすものがある。

(2)　図中のサクラにできた「さくらんぼ」は，食べることができる。また，図中のイチョウは，秋ごろになると，雌花がある木にオレンジ色の粒ができるようになる。この粒は，イチョウの雌花が受粉したことによってできたものであり，乾燥させたあと，中身を取り出して食べられるようにしたものを「ぎんなん」という，次の文は，「さくらんぼ」と「ぎんなん」のつくりのちがいについて述べようとしたものである。文中のP～Sの［　　］内にあてはまる言葉の組み合わせとして，最も適当なものを，上の表のア～エから一つ選んで，その記号を書け。(　　　)

	P	Q	R	S
ア	子房	果実	胚珠	種子
イ	子房	種子	胚珠	果実
ウ	胚珠	果実	子房	種子
エ	胚珠	種子	子房	果実

「さくらんぼ」の食べている部分は［ P ］が成長した［ Q ］であり，「ぎんなん」の食べている部分は［ R ］が成長した［ S ］の一部である。

(3)　次の㋐～㋓のうち，図中のアブラナとトウモロコシのからだのつくりについて述べたものとして，最も適当なものを一つ選んで，その記号を書け。(　　　)

㋐　アブラナの茎の維管束は散らばっており，トウモロコシの茎の維管束は輪の形に並んでいる

㋑　アブラナの子葉は１枚であり，トウモロコシの子葉は２枚である

㋒　アブラナの葉脈は網目状であり，トウモロコシの葉脈は平行である

㋓　アブラナはひげ根をもち，トウモロコシは主根とそこから伸びる側根をもつ

(4)　次の文は，図中のイヌワラビとゼニゴケのからだのつくりについて述べようとしたものである。文中の〔　　〕内にあてはまる言葉を，㋐，㋑から一つ，㋒，㋓から一つ，それぞれ選んで，その記号を書け。(　　　と　　　)

イヌワラビには，葉・茎・根の区別が〔㋐　あり　　㋑　なく〕，ゼニゴケには，維管束が〔㋒　ある　　㋓　ない〕。

C　生態系における生物の役割やつながりに関して，次の(1)，(2)の問いに答えよ。

(1)　下の図は，ある森林の生態系における炭素の循環を模式的に示したものである。これに関して，あとのa，bの問いに答えよ。

図

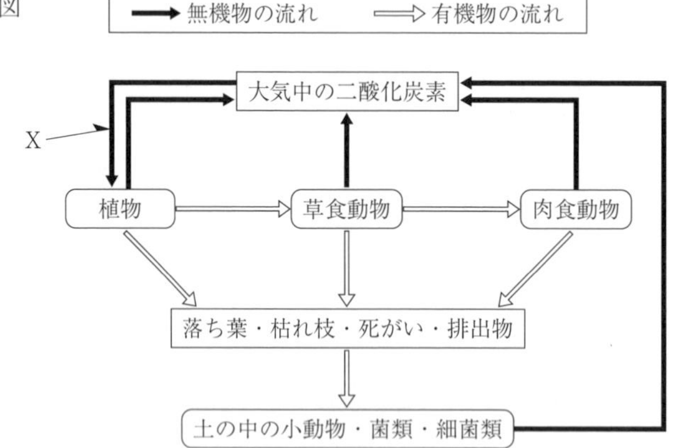

a　図中にXで示した炭素の流れは，植物のあるはたらきによるものである。このはたらきは何と呼ばれるか。その名称を書け。(　　　)

b　次のア～エのうち，図中の生物について述べたものとして誤っているものを一つ選んで，その記号を書け。(　　　)

ア　土の中の小動物には，落ち葉などを食べて二酸化炭素を放出しているものがいる

イ　肉食動物は消費者と呼ばれ，有機物を消費している

ウ　生態系における生物は，植物，草食動物，肉食動物の順に数量が少なくなることが多い

エ　草食動物は，肉食動物に食べられることから，生産者と呼ばれている

(2)　土壌中の微生物のはたらきについて調べるために，次のような実験をした。

ある森林の落ち葉の下から土を採取してビーカーに入れ，そこに水を加えてよくかき回し，布でこして，ろ液をつくった。試験管Aと試験管Bに同量のろ液を入れ，試験管Bのみ沸騰するまで加熱した。試験管Bをよく冷やしてから，試験管Aと試験管Bに同量のデンプン溶液を加え，ふたをした。3日間放置したあと，各試験管にヨウ素液を加えて，色の変化を観察した。下の表は，そのときのヨウ素液の色の変化についてまとめたものである。試験管Aの色が変化しなかった理由を**微生物**の言葉を用いて，簡単に書け。

(　　　　　　　　　　　　　　　　　　　　　　　　　　　　　　　　　　　　)

表

	試験管A	試験管B
ヨウ素液を加えたあとの色の変化	変化なし	青紫色になった

3 次のA，Bの問いに答えなさい。

A 物質のとけ方について調べるために，次の実験Ⅰ～Ⅲをした。これに関して，あとの(1)～(5)の問いに答えよ。

実験Ⅰ 5つのビーカーに20℃の水を100gずつはかりとり，それぞれのビーカーに塩化銅，砂糖，硝酸カリウム，ミョウバン，塩化ナトリウムを50gずつ入れてよくかき混ぜ，それぞれのビーカー内のようすを調べた。下の表Ⅰは，その結果をまとめたものである。

表Ⅰ

調べたもの	塩化銅	砂糖	硝酸カリウム	ミョウバン	塩化ナトリウム
調べた結果	すべてとけた	すべてとけた	とけ残りがあった	とけ残りがあった	とけ残りがあった

(1) 実験Ⅰで水にとけた塩化銅 $CuCl_2$ は，水溶液中で銅イオンと塩化物イオンに電離している。その電離のようすを，化学式とイオンの記号を用いて表せ。(　　→　　+　　)

実験Ⅱ 砂糖を100gはかりとり，実験Ⅰで50gの砂糖がすべてとけたビーカー内に，少しずつ入れてよくかき混ぜ，その砂糖がどれぐらいまでとけるか調べた。その結果，はかりとった100gの砂糖はすべてとけた。

(2) 実験Ⅱでできた，砂糖をとかした水溶液の質量パーセント濃度は何％か。(　　％)

(3) 右の図Ⅰは，実験Ⅱで砂糖を入れてかき混ぜたあとのビーカー内での砂糖の粒子のようすを，モデルで表したものである。このとき，ビーカー内の水溶液の濃さはどの部分も均一になっており，水溶液の温度は20℃であった。このビーカーを一日置いたあとで水溶液の温度をはかると，温度は20℃のままであった。次の㋐～㋓のうち，一日置いたあとのビーカー内での砂糖の粒子のようすを表したモデルとして，最も適当なものを一つ選んで，その記号を書け。(　　)

図Ⅰ

砂糖の粒子

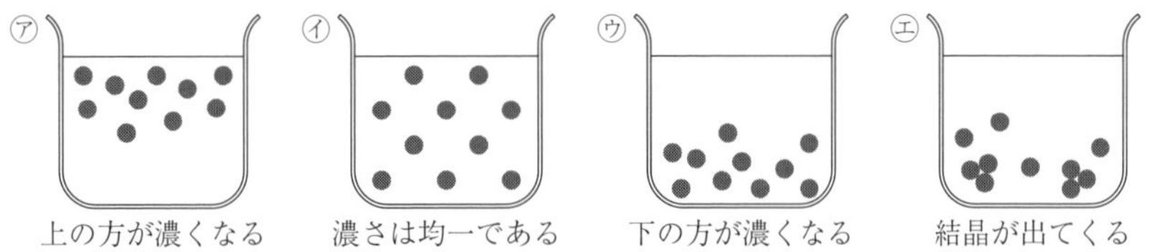

実験Ⅲ 実験Ⅰでとけ残りがあった硝酸カリウム，ミョウバン，塩化ナトリウムについてさらに調べるため，3つの試験管に20℃の水を5.0gずつ入れて，硝酸カリウム，ミョウバン，塩化ナトリウムをそれぞれ2.5gずつ入れた。下の図Ⅱのように，それぞれの物質を入れた試験管をビーカー内の水に入れ，温度をはかりながらガスバーナーでゆっくりと加熱し，ときどき試験管をビーカーからとり出して，ふり混ぜながら試験管内のようすを調べた。下の表Ⅱは，ビーカー内の水の温度と試験管内のようすをまとめたものである。

図Ⅱ

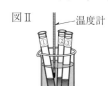

温度計
① ② ③

表Ⅱ

	硝酸カリウム	ミョウバン	塩化ナトリウム
40℃	すべてとけていた	とけ残りがあった	とけ残りがあった
60℃	すべてとけていた	すべてとけていた	とけ残りがあった
80℃	すべてとけていた	すべてとけていた	とけ残りがあった

(4) 下の図Ⅲ中にA〜Cで表したグラフは，砂糖，硝酸カリウム，ミョウバンのいずれかの溶解度曲線であり，Dのグラフは塩化ナトリウムの溶解度曲線である。実験Ⅱ，Ⅲの結果から，図Ⅲ中のA〜Cのグラフは砂糖，硝酸カリウム，ミョウバンのどの溶解度曲線であると考えられるか。その組み合わせとして最も適当なものを，下の表のア〜エから一つ選んで，その記号を書け。(　　　)

図Ⅲ

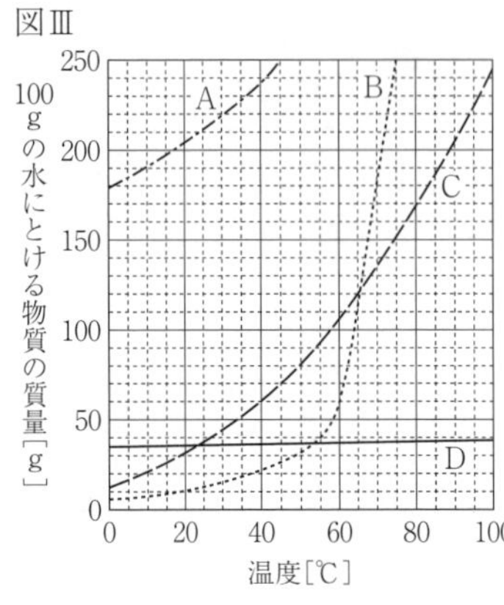

	A	B	C
ア	ミョウバン	硝酸カリウム	砂糖
イ	硝酸カリウム	ミョウバン	砂糖
ウ	砂糖	硝酸カリウム	ミョウバン
エ	砂糖	ミョウバン	硝酸カリウム

(5) 図Ⅲから，塩化ナトリウムは80℃の水100gに38gとけることがわかる。実験Ⅲで温度が80℃のとき，水5.0gと塩化ナトリウム2.5gを入れた試験管内にとけ残っている塩化ナトリウムは何gと考えられるか。(　　　g)

B 物質の分解について調べるために，次の実験Ⅰ，Ⅱをした。これに関して，あとの(1)〜(3)の問いに答えよ。

実験Ⅰ 右の図Ⅰのような装置を用いて，水に水酸化ナトリウム水溶液を加えて電流を流すと，水が電気分解されて，それぞれの電極で気体が発生した。

図Ⅰ

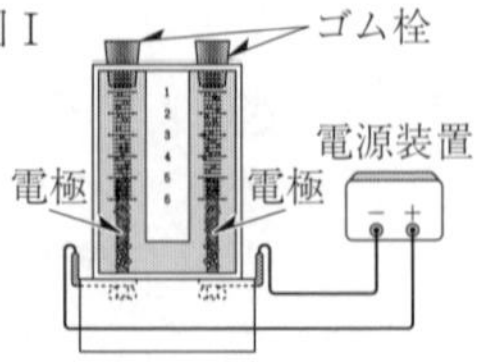

ゴム栓　電源装置　電極　電極

(1) 次の文は，実験Ⅰについての先生と太郎さんの会話の一部である。これに関して，あとのa〜cの問いに答えよ。

先生：太郎さん，水を電気分解したときにそれぞれの電極で発生した気体は何ですか。

太郎：はい。陰極で発生した気体は水素で，①陽極で発生した気体は酸素です。

先生：そうですね。つまり，水を電気分解すると，②水素と酸素が発生するということですね。では，この化学変化の化学反応式を書いてください。

太郎：はい。水分子の化学式はH_2Oで，水素分子はH_2，酸素分子はO_2なので，右の図Ⅱのようになります。

図Ⅱ

$H_2O \rightarrow H_2 + O_2$
(太郎さんが初めに書いた化学反応式)

先生：その化学反応式では，式の左辺と右辺，つまり化学変化の前後で，[P]原子の数が違いますね。

太郎：では，[P]原子の数を同じにするために，水分子の係数を2にすればいいですか。

先生：それだけでは，今度は，式の左辺と右辺で，[Q]原子の数が等しくなりませんね。

太郎：ということは，正しい化学反応式は，右の図Ⅲのようになりますか。

先生：その通りです。

図Ⅲ

R
（太郎さんが書き直した化学反応式）

a　文中の下線部①に陽極で発生した気体は酸素とあるが，気体が酸素であることを確認するため，右の図Ⅳのように，火のついた線香を陽極に発生した気体に近づける操作をおこなったとき，どのような結果が確認できればよいか。簡単に書け。

図Ⅳ

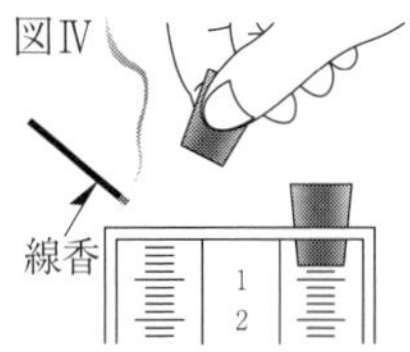

（火のついた線香を陽極に発生した気体に近づけると，　　　　　　ことを確認する。）

b　文中の下線部②に水素とあるが，次のア～エのうち，水素について述べたものとして，最も適当なものを一つ選んで，その記号を書け。（　　　）

ア　石灰水を白く濁らせる

イ　鼻をさすような特有の刺激臭がある

ウ　非常に軽い気体で，物質の中で密度が最も小さい

エ　空気中に含まれる気体のうち，最も体積の割合が大きい

c　文中のP，Qの□内と，図Ⅲ中のRの□内にあてはまるものの組み合わせとして，最も適当なものを，右の表のア～エから一つ選んで，その記号を書け。（　　　）

	P	Q	R
ア	酸素	水素	$2H_2O \rightarrow H_2 + 2O_2$
イ	酸素	水素	$2H_2O \rightarrow 2H_2 + O_2$
ウ	水素	酸素	$2H_2O \rightarrow H_2 + 2O_2$
エ	水素	酸素	$2H_2O \rightarrow 2H_2 + O_2$

実験Ⅱ　下の図Ⅴのように，酸化銀の黒い粉末をステンレス皿に入れて加熱したあと，よく冷やしてから質量をはかった。この操作を繰り返しおこない，ステンレス皿の中の物質の質量の変化を調べた。下の図Ⅵは，5.8gの酸化銀の粉末を用いて実験したときの結果を表したものである。この実験で，酸化銀の黒い粉末は，少しずつ白い固体に変化し，3回目に加熱したあとは，すべて白い固体になり，それ以上は変化しなかった。このときの質量は5.4gであった。また，③白い固体を調べると銀であることがわかった。

図Ⅴ

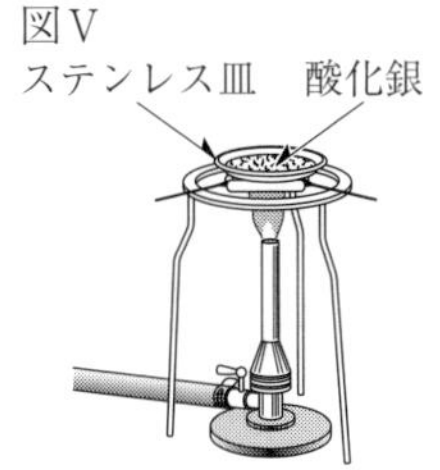

図Ⅵ

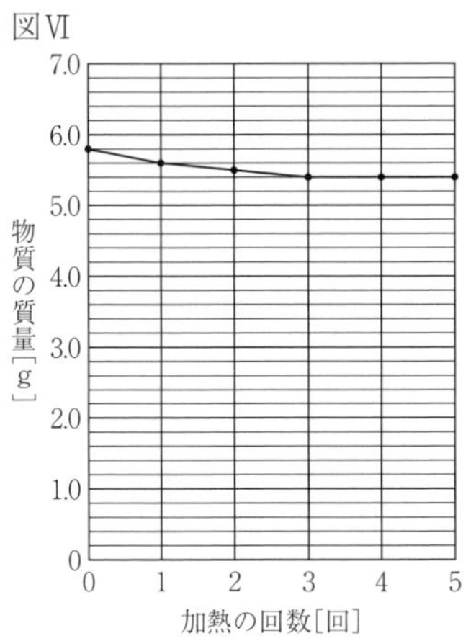

(2)　下線部③に白い固体を調べるとあるが，次の文は，実験Ⅱにおいて，加熱後に残った白い固体の性質を調べる操作とその結果について述べようとしたものである。文中のX，Yの［　　］内にあてはまる言葉の組み合わせとして，最も適当なものを，右の表のア～エから一つ選んで，その記号を書け。(　　　)

	X	Y
ア	黒くなり	流れなかった
イ	黒くなり	流れた
ウ	光沢が出て	流れなかった
エ	光沢が出て	流れた

ステンレス皿に残った白い固体は，金づちでたたくとうすく広がり，その表面をみがくと［X］，電気を通すかどうか調べたとき，電流が［Y］。このことから，この白い固体には金属特有の性質があることがわかった。

(3)　実験Ⅱにおいて，酸化銀の粉末5.8gを1回目に加熱したあと，ステンレス皿の中の物質の質量をはかると，5.6gであった。このとき，ステンレス皿の中にできた銀は何gと考えられるか。

(　　　g)

4　次のA，B，Cの問いに答えなさい。

A　浮力に関する実験をした。これに関して，次の(1)，(2)の問いに答えよ。

実験　下の図Ⅰのように，高さ4.0cmの円柱のおもりを，ばねばかりにつるすと1.1Nを示した。次に，おもりをばねばかりにつるしたまま，下の図Ⅱのように，おもりの底を水を入れたビーカーの水面につけた。さらに，ばねばかりを下げながら，水面からおもりの底までの距離が4.0cmになるところまでゆっくりとおもりを沈めた。下の図Ⅲは，水面からおもりの底までの距離と，ばねばかりの示す値の関係をグラフに表したものである。

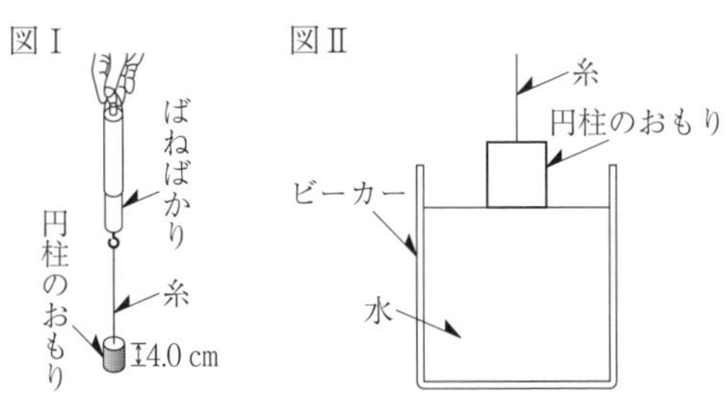

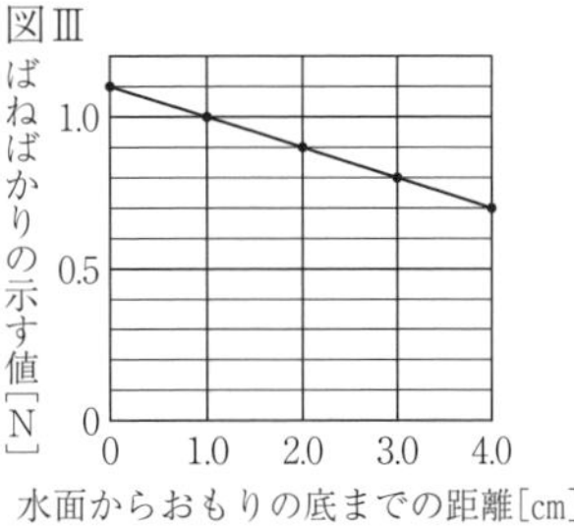

(1)　実験の結果から考えて，水面からおもりの底までの距離と，おもりにはたらく浮力の大きさとの関係を，グラフに表せ。

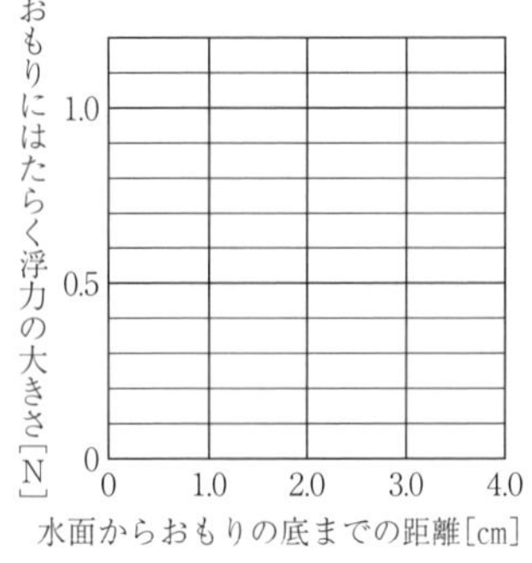

(2)　実験で用いたおもりを，水面からおもりの底までの距離が7.0cmになるところまで沈めたとき，おもりにはたらく水圧を模式的に表すとどうなるか。次の㋐～㋓のうち，最も適当なものを一つ選んで，その記号を書け。(　　　)

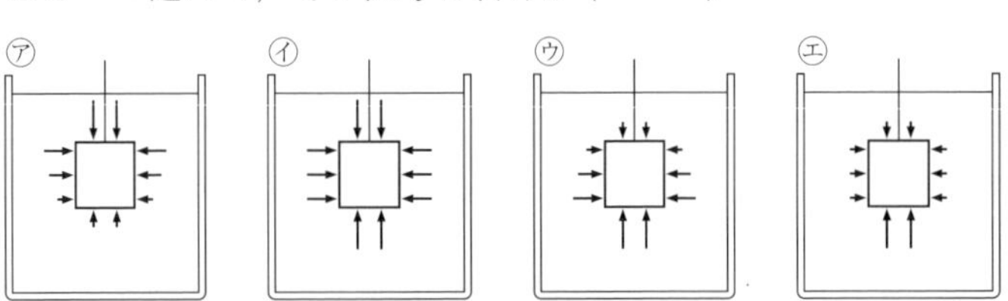

B　仕事と仕事率に関する実験Ⅰ・Ⅱをした。これに関して，あとの(1)～(5)の問いに答えよ。

実験Ⅰ　右の図Ⅰのように，おもりを滑車にとりつけ，この滑車に糸をかけ，糸の一端をスタンドに固定し，もう一端をばねばかりに結びつけた。次に，おもりが図Ⅰの位置より20cm高くなるように，ばねばかりを4.0cm/sの一定の速さで真上に引き上げた。このとき，ばねばかりは5.0Nを示していた。

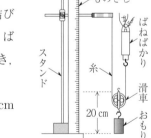

図Ⅰ　ものさし　ばねばかり　スタンド　糸　滑車　20 cm　おもり

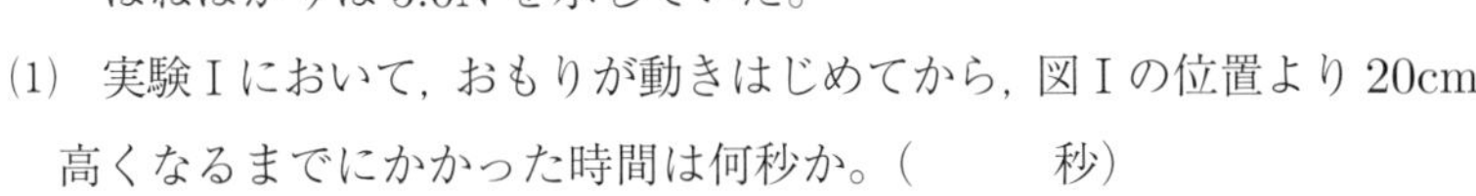

(1)　実験Ⅰにおいて，おもりが動きはじめてから，図Ⅰの位置より20cm高くなるまでにかかった時間は何秒か。(　　　秒)

(2)　実験Ⅰにおいて，糸がおもりをとりつけた滑車を引く力がした仕事の大きさは何Jか。(　　　J)

(3)　次の文は，実験Ⅰにおけるおもりのエネルギーの変化について述べようとしたものである。文中の2つの〔　　〕内にあてはまる言葉を，㋐，㋑から一つ，㋒～㋔から一つ，それぞれ選んで，その記号を書け。(　　　と　　　)

おもりが動きはじめてから，1秒後から4秒後までの間に，おもりの〔㋐ 運動 ㋑ 位置〕エネルギーは増加するが，おもりの〔㋒ 運動 ㋓ 位置 ㋔ 力学的〕エネルギーは変化しない。

実験Ⅱ 下の図Ⅱのように，花子さん，太郎さん，春子さんは，それぞれおもりP，おもりQ，おもりRにつけたひもを天井に固定した滑車にかけ，その一端を真下に引き下げて，それぞれのおもりが図Ⅱの位置より2.0m高くなるまでひもを引き，その高さでとめた。おもりを引き上げ始めてから，2.0mの高さでとめるまでの時間をはかり，そのときの仕事率を調べた。下の表は，その結果をまとめたものである。

図Ⅱ

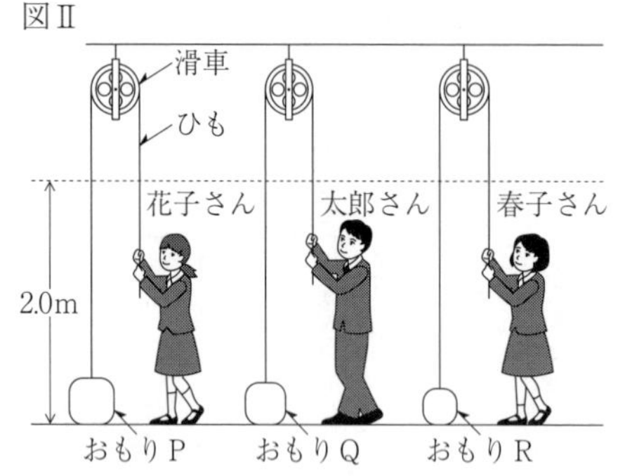

表

引く人	花子さん	太郎さん	春子さん
おもり	P	Q	R
おもりの重さ[N]	240	210	110
時間[秒]	6.0	5.0	2.5

(4) 次の文は，重さと質量について述べようとしたものである。文中の2つの〔 〕内にあてはまる言葉を，㋐，㋑から一つ，㋒，㋓から一つ，それぞれ選んで，その記号を書け。

(と)

重さと質量は，区別して使う必要がある。〔㋐ 重さ ㋑ 質量〕は場所によって変わらない物質そのものの量であり，地球上と月面上でその大きさは変わらない。また，ばねばかりは物体の〔㋒ 重さ ㋓ 質量〕を測定するので，地球上と月面上で同じおもりをつり下げたとき，異なる値を示す。

(5) 実験Ⅱにおいて，おもりP，おもりQ，おもりRを図Ⅱの位置より2.0m高くなるまで引き上げるときの，それぞれのひもがおもりを引く仕事率のうち，最も大きい仕事率は何Wか。

(W)

C 電流と磁界に関する実験をした。これに関して，あとの(1)～(5)の問いに答えよ。

実験 右の図Ⅰのような装置を用いて，スイッチを入れたとき，コイルには電流が流れ，コイルが動いた。

図Ⅰ

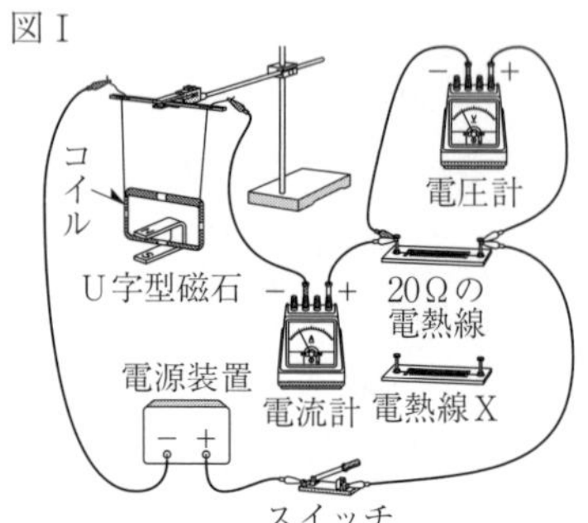

(1) スイッチを入れたとき，電流計は180mAを示していた。このとき，抵抗の大きさが20Ωの電熱線につないだ電圧計は何Vを示していると考えられるか。(V)

⑵　右の図Ⅱのように，コイルにA→B→C→Dの向きに電流を流した。このとき，コイルのB→Cの向きに流れる電流のまわりには磁界ができる。このコイルのB→Cの向きに流れる電流がつくる磁界の向きを磁力線で表した図として最も適当なものを，次の㋐～㋓から一つ選んで，その記号を書け。（　　　）

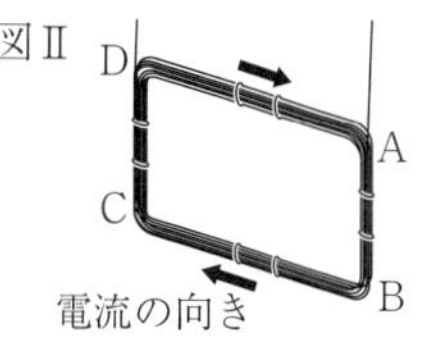

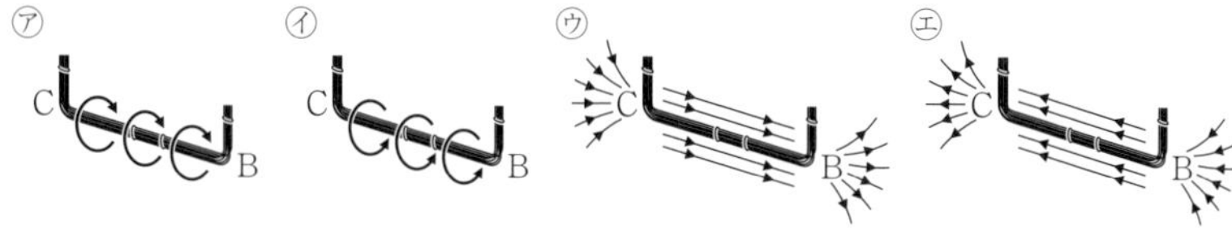

⑶　この実験において，コイルの動き方をより大きくするためには，どのようにすればよいか。その方法を一つ書け。（　　　　　　　　　　　）

⑷　図Ⅰの装置を用いて，電熱線Xを抵抗の大きさが20Ωの電熱線に並列につないでからスイッチを入れた。電源装置の電圧を変化させ，20Ωの電熱線と電熱線Xの両方に4.8Vの電圧を加えたところ，電流計は400mAを示した。電熱線Xの抵抗は何Ωか。（　　　Ω）

⑸　コイルに流れる電流が磁界から受ける力を利用したものとして，モーターがある。下の図Ⅲ，図Ⅳは，コイルが回り続けるようすを示そうとしたものである。次の文は，コイルのEFの部分に流れる電流と，コイルのEFの部分が磁界から受ける力について述べようとしたものである。文中の2つの〔　　〕内にあてはまる言葉を，㋐，㋑から一つ，㋒，㋓から一つ，それぞれ選んで，その記号を書け。（　　と　　）

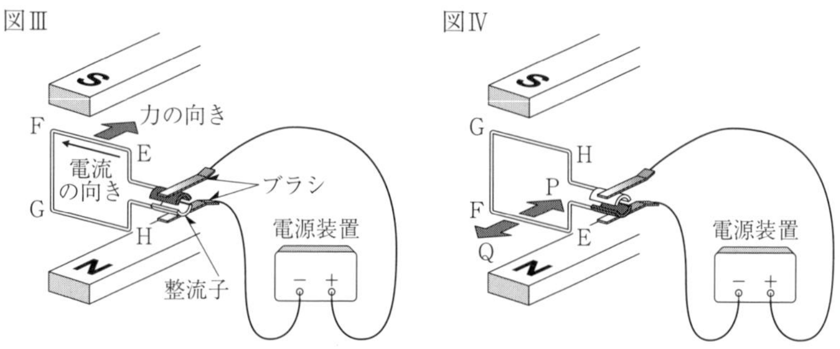

図Ⅲは，コイルにE→Fの向きに電流を流したときに，コイルのEFの部分が，磁石がつくる磁界から受ける力の向きを矢印（➡）で示している。このコイルが図Ⅲの状態から，180度回転して図Ⅳのようになったときに，コイルのEFの部分に流れる電流の向きは〔㋐　E→F　㋑　F→E〕となり，コイルのEFの部分が，磁石がつくる磁界から受ける力は図Ⅳ中の〔㋒　P　㋓　Q〕の矢印の向きである。

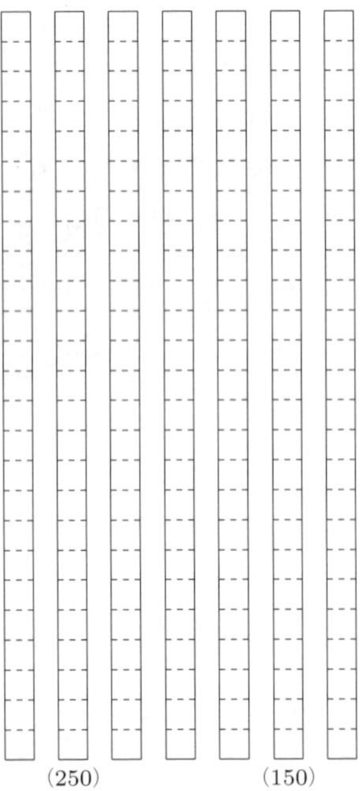

(250)　(150)

(八) ⑦に割り切ろうとあるが、「割り切る」の意味として最も適当なものを、次の1～4から一つ選んで、その番号を書け。（　　）

1 他人の心中を推し量る　2 思い切って受け入れる
3 きっぱりと結論を出す　4 困難なことを排除する

(九) 次の〔　〕内の文は、第5段落～第11段落のいずれかの段落の最後に続く文である。それはどの段落か。最も適当な段落の番号を書け。（第　段落）

〔しかし、このこともまた、科学が自己の領域を越えた越権行為をしようとすることに外なりません。〕

(十) 本文を通して筆者が特に述べようとしていることは何か。次の1～4から最も適当なものを一つ選んで、その番号を書け。（　　）

1 科学が驚異的に発展している現在、自然の奥には神の力が存するという考え方は意味をなさないので、しっかりと事実を見つめることが大切である

2 われわれは時として科学と哲学は互いに対立関係にあると考えるが、元来科学は哲学から派生していったもので、科学と哲学は不可分なものである

3 科学は現在では人類の脅威となる可能性があるので、科学の持つ価値をしっかりと見極めたうえで、科学的知識を利用するように努めねばならない

4 われわれが科学を賢明に駆使して生きるには、哲学によって価値の問題にしっかりと向き合うことが必要だということを、十分に認識すべきである

4 あなたの学校の図書委員会では、読書に親しんでもらうために、スローガン（標語）を考えることになりました。その結果、次のA、Bの二つのスローガンが提案され、この中から一つを採用することになりました。あなたなら、どちらを読書に親しんでもらうためのスローガンとして選びますか。AとBの違いと、どちらのスローガンを採用するのがよいかについて、あなたの意見を、あとの条件1～条件3と〔注意〕に従って、解答用紙（その二）に書きなさい。

A 「出会おう　まだ見ぬ多くの本に」
B 「見つけよう　心にずっと残る一冊を」

条件1 二段落構成で書くこと。
条件2 第一段落にはAとBの違いについて書き、第二段落にはどちらのスローガンを採用するのがよいかについてのあなたの意見を、その理由がよくわかるように、身近な生活における体験などを示しながら、具体的に書くこと。
条件3 原稿用紙の正しい使い方に従って、二百五十字程度で書くこと。ただし、百五十字（六行）以上書くこと。

〔注意〕
一 部分的な書き直しや書き加えなどをするときは、必ずしも「ますめ」にとらわれなくてよい。
二 **題名や氏名は書かないで**、本文から書き始めること。また、本文の中にも氏名や在学（出身）校名は書かないこと。

(岩崎武雄「哲学のすすめ」より。一部省略等がある。)

(一) a～dの══のついているかたかなの部分にあたる漢字を楷書で書け。a(　　) b(　　) c(　　に) d(　　)

(二) ①にこのような考えとあるが、これはわれわれが科学と哲学をどのように考えようとすることをいっているのか。それを説明しようとした次の文のア、イの□内にあてはまる最も適当な言葉を、本文中からそのまま抜き出して、それぞれ十字以内で書け。

われわれが科学と哲学を対立するものとみなして、科学の時代である現代において、哲学は今となっては ア ものだと考えようとしたり、哲学が事柄の真実のすがたをとらえるものであるのに対して、科学は事柄をただ イ ものであると考えようとしたりすること

ア □□□□□□□□□□　イ □□□□□□□□□□

(三) ②に科学は事実についての知識を得ようとするものとあるが、これはどのようなことをいっているのか。次の1～4から最も適当なものを一つ選んで、その番号を書け。(　　)

1 科学は、科学自身が適切な価値判断を行うために、客観的な事実を見つけ出そうとするものであるということ
2 科学は、人間生活をより豊かにするために、事実についての価値判断を試みようとするものであるということ
3 科学は、価値判断を伴わずに、事実がどのようなものであるかを明らかにしようとするものであるということ
4 科学は、事実についての価値判断を避けることで、より多くの知識を獲得しようとするものであるということ

(四) ③に単に事実がいかにあるかということにとどまらず、事実の奥にある本質をとらえようとした当時の哲学とあるが、当時の哲学は何と何を混同して、何ができると考えていたところに問題があったと筆者はいっているのか。「当時の哲学は」という書き出しに続けて、本文中の言葉を用いて三十字以内で書け。

当時の哲学は □□□□□□□□□□□□□□□□□□□□□□□□□□□□□□ と考えていたところに問題があった

(五) ④のれは、次の1～4のうちの、どのれと同じ使われ方をしているか。同じ使われ方をしているものを一つ選んで、その番号を書け。(　　)

1 校長先生が全校集会で話されます
2 遠く離れた故郷がしのばれた
3 雨に降られて試合は延期になった
4 友人に紹介されて挨拶をした

(六) ⑤にいっさいの問題は科学によって解決されると考えるとあるが、これは、科学はどのようなものであると考えることか。それを説明しようとした次の文の□内にあてはまる最も適当な言葉を、第1段落～第4段落からそのまま抜き出して、漢字二字で書け。□□

科学は □ であると考えること

(七) ⑥にわれわれは、どんな目的のためにも科学的知識を利用することができるのですとあるが、科学的知識を利用するにあたって、われわれにはどのような存在でいることが求められ、哲学を用いてどのように生きてゆく必要があると筆者はいっているのか。「われわれには」という書き出しに続けて五十五字以内で書け。

われわれには □□□ 生きてゆく必要がある。

独立していったが、それはそれ以前の哲学にあっては、価値の問題と事実の問題とが意識的に分けられていず、そのため哲学は事実の問題についても発言する権利があると考えていたからではなかったかと思うのです。

6 このことは、たとえばその当時の哲学が、「自然の奥には神の力がある」というような主張をしていたことを見てもわかると思われます。「自然の奥に神の力がある」ということは、それ自身としては事実に関する判断です。なぜなら、それは自然の奥に事実神の力があるということを述べているからです。しかし同時にそれは、神の力というような価値的な概念を考えることによって、価値判断という意味をもっていることはaヒテイできません。その奥に神の力が存するなら、自然というものもまた価値高いものであるという見方が、そこに含まれることになるからです。このように価値の問題と事実の問題が区別されていなかったため、哲学は事実についても判断を下しうると考えられていたわけです。こうして哲学は科学と対立したのです。

7 しかし、事実についての判断に関しては、哲学は科学に譲らねばなりませんでした。なぜなら、人間は事実について知ろうとするとき、単に事実がいかにあるかということを知ることができるのみであり、この人間の知識の本質的性格をはっきり自覚したのが科学であったからです。③単に事実がいかにあるかということにとどまらず、事実の奥にある本質をとらえようとした当時の哲学は、この点でまったく誤っていたといわねばなりません。科学はbセイコウし、そして哲学に対して不信の目を向けて、続々と哲学から独立してゆきました。

8 だが、このことはけっして哲学にとって悲しむべきことではなかったのではないかと思わ④れます。なぜなら、このことによって、価値と事実の問題がまったく異なるものであるということを、われわれは十分に知ることができたからです。われわれは哲学の領域は価値判断であるということをはっきり意識すべきです。そうすれば、哲学が科学と対立するというような誤解はまったく氷解してしまうでしょう。

9 同様にまた、われわれが、科学が事実についての知識であるということを忘れて、⑤いっさいの問題は科学によって解決されると考えるとき、科学は哲学と対立するにいたります。

10 科学が驚くべき発展をとげている現在、われわれはともすると、このような誤りに陥りがちです。しかし、科学というものが事実についての知識であるということさえ、しっかり頭においておけば、われわれはこの種の誤りから免（まぬか）れることができるでしょう。われわれが人間として生きてゆくかぎり、われわれはcツネに価値判断を行わねばなりません。価値判断を行わないでは、自分の行為を選ぶことができないからです。そしてこの価値判断の問題は、事実についての知識である科学の領域外の問題です。⑥われわれは、どんな目的のためにも科学的知識を利用することができるのです。

11 もしもわれわれがこの点を忘れ、科学によっていっさいを⑦割り切ろうとすると、われわれは人間みずからのつくりだした科学によって、かえってdシハイされてしまうという結果になってしまうのではないでしょうか。科学は人類にとってかえって害悪をもたらすものとなるのではないでしょうか。科学をつくりだした人間はあくまでも科学を自由に用いる、科学の主人としてとどまらねばなりません。そして、このためには、われわれは科学によっては解決できない価値の問題が存するということ、そしてまた哲学というものが必要であるということを、十分に理解しなければならないと思うのです。

(二) ②に制止してとあるが、保昌が家来を制止したのはなぜか。それを説明しようとした次の文の□内にあてはまる言葉を、本文中からそのまま抜き出して、五字以内で書け。□

老翁の振る舞いを見て、□ではないと感じたため

(三) ③にさればこそ。致頼にてありけりとあるが、これはどういう意味か。次の1〜4から最も適当なものを一つ選んで、その番号を書け。（　）

1　やはりそうだった。あれは致頼だったのだ
2　なぜそう思うのか。致頼であるはずがない
3　そうだろう。致頼に似ていると思ったのだ
4　そうだったのか。致頼だとは思わなかった

(四) 本文中には、「　」で示した会話の部分以外に、もう一箇所会話の部分がある。その会話の言葉はどこからどこまでか。初めと終わりの四字をそれぞれ抜き出して書け。初め□　終わり□

(五) ④にいみじき高名なりとあるが、保昌は人々からどのようなところを評価されたと考えられるか。次の1〜4から最も適当なものを一つ選んで、その番号を書け。（　）

1　老翁の態度に誰よりも腹立たしさを感じたが、表には出さずに家来たちの行き過ぎた行動をくい止め、その場をやり過ごしたところ
2　老翁の様子から勇猛な人物ではないかと気づき、決して見くびることなく適切に状況を判断し、何事もなくその場をおさめたところ
3　老翁の言動に家来たちの身の危険を感じ取り、彼らを守るためにあえて弱者を演じることにより、うまくその場を切り抜けたところ
4　老翁の雰囲気から手ごわい人物だと判断し、相手を見下したような家来の言動を厳しく罰して、何とかその場の危機を逃れたところ

3　次の文章を読んで、あとの(一)〜(十)の問いに答えなさい。なお、1〜11は段落につけた番号です。

1　われわれはときどき、「科学か哲学か」という形で、問題を考えようとします。現代は科学の時代であるから、哲学というようなものはもはや存在理由をもたないとか、あるいは科学というものは事象を単に外面的にしか見ないものであり、哲学こそ事象の真相をとらえるものであるとかいうような考えは、いずれも、「科学か哲学か」という形で問題を考え、その問題に対してなんらかの解答を与えようとするものといえるでしょう。

2　しかしわたくしは、①このような考えは根本的に誤っているのではないかと考えます。「科学か哲学か」という問題提出そのものが間違っているのです。誤って立てられたこの問題に対して、どういう解答を与えようとも、その解答の正しいはずはありません。哲学と科学はけっして相対立するものではありません。むしろ両者は相補うべきものといわねばなりません。

3　哲学と科学が対立するものと考えられるのは、ただ哲学がその本来の領域を越えようとし、また科学が自分を万能と考えようとするときです。

4　哲学が価値判断という問題を取り扱うにとどまらず、事実の問題にまで、口をさしはさもうとすると、そこには当然科学との衝突が生じてきます。なぜなら、②科学は事実についての知識を得ようとするものですから、もしも哲学が事実について科学とは異なった知識をもつことができると主張するならば、科学が正しいか哲学が正しいか、という問題が生じてくるからです。

5　近世になってから、自然科学をはじめとして多くの科学が哲学から

先の利益を追うのではなく、その結果がいつか、じかにではなくとも［イ］ということを疑わずに働くことであると喜一は考えている

(七) 本文中には、静けさの中、集中力が高まっていく翔太の様子が幻想的に表されている一文がある。その一文として最も適当なものを見つけて、初めの五字を抜き出して書け。［　　　　　］

(八) 本文中の翔太の気持ちを述べたものとして最も適当なものはどれか。本文全体の内容をふまえて、次の1～4から一つ選んで、その番号を書け。（　）

1 喜一との対話を通し、働くことについて思いを巡らせる中、思いがけず自分を高く評価する喜一の言葉を聞いて前向きな感情を抱き始めている

2 有機農業に一心に取り組む喜一の話を聞き、その生き方に共感を覚えて、自分も家族のためにさらに仕事に励みたいと気持ちを新たにしている

3 様々な困難を乗り越えて農業に取り組んできた喜一と、定職に就かず今も親に頼っている自分を比較して、これではいけないと焦り始めている

4 苦労を重ね農業に精を出してきた喜一と語り合う中で、祖父として自分を温かく見つめる喜一のやさしさに気づき、その愛情をかみしめている

2 次の文章は、丹後（現在の京都府北部）の国司である藤原保昌が任国（国司として任命された国）へ向かう途中で起きた出来事について書かれたものである。なお、保昌は武人としても名高い人物であった。これを読んで、あとの(一)～(五)の問いに答えなさい。

丹後守保昌、任国に下向(注1)の時、与謝の山にて、白髪の武士一騎①あひたりけり。木の下に少しうち入りて、笠をかたぶけて立ちたりけるを、国司の郎等(注2)いはく、「この老翁、なんぞ馬より下りざるや。とがめ下ろすべし」といふ。ここに国司のいはく、「一人当千の馬の立てやうなり。ただものにあらず。あるべからず」と②制止して、うち過ぐるあひだ、三町ばかりさがりて(注3)、大矢右衛門尉致経あひたり。国司に会釈のあひだ、致経いはく、「ここに老翁や一人、あひ奉りて候ひつらむ。あれは父平五大夫(注4)にて候ふ。堅固の田舎人にて、子細(注5)を知らず。さだめて(注6)無礼をあらはし候ふらむ」といひけり。致経過ぎてのち、国司、「③さればこそ。致頼にてありけり」といひけり。保昌、かれが振舞を見知りて、さらに侮らず。郎等をいさめて、無為(注7)なりけり。④いみじき高名なり。

（「十訓抄」より）

（注1）下向＝都から地方へ行くこと。　（注2）郎等＝家来。
（注3）三町ばかりさがりて＝三町ほど遅れて。町は距離の単位。一町は約一〇九メートル。
（注4）平五大夫＝致経の父である平致頼。武人として名高い。
（注5）子細＝詳しい事情。
（注6）さだめて＝きっと。
（注7）無為＝無事。

(一) ①のあひたりは、現代かなづかいでは、どう書くか。ひらがなを用いて書きなおせ。（　　）

翔太はおかしくなった。もうミニバンのローンも関係なくなっている。なりゆきでとしか言いようがない。

「だがな。それが本来の意味での仕事かもしれん。今はわけがわからなくても、いつかわかる日がくる。おまえは一年以上かけて本当の仕事をしてきたんだ。俺が保証してやる」

ふいに胸が熱くなり、翔太は狼狽（あわてふためくこと）した。経験したことのない感情だった。

（浜口倫太郎「シンマイ！」より。一部省略等がある。）

㈠ a～dの＝＝のついている漢字のよみがなを書け。

a（　　）b（　　み）c（　　）d（　　えて）

㈡ ①に「なるほどなあ」と翔太は膝を叩いたとあるが、なぜ翔太は喜一の考えを聞いて膝を叩いたと考えられるか。次の1～4から最も適当なものを一つ選んで、その番号を書け。（　　）

1 便利な方法を捨てることで考え方が整理でき、より効率的な方法を生み出せるということを発見したから

2 逃げ場をなくすことで固い意志を持つことができ、必死に考え新たな発想が得られることに感心したから

3 遠回りで困難な手段をとればとるほど、それに見合った大きな利益が手に入るということを理解したから

4 昔ながらの不便なやり方にこだわりつつ、今どきのやり方や考え方を取り入れていることに共感したから

㈢ ②のあえての品詞は何か。次の1～4から最も適当なものを一つ選んで、その番号を書け。（　　）

1 動詞　2 連体詞　3 副詞　4 接続詞

㈣ ③に過去を振り返るように、喜一が体を沈ませた。それから小さく息を吐いたとあるが、このとき喜一はこれまでのどのような人生を振り返ってこのような行動をとったと考えられるか。次の1～4から最も適当なものを一つ選んで、その番号を書け。（　　）

1 米を作ることを家族のために仕方なく選んだものの、心の奥にある別の生き方への未練を断ち切れなかった人生

2 農薬を使えない厳しい制約の中で、自分なりに知恵をしぼり工夫を重ねて生き生きと米作りにはげんできた人生

3 有機農業を始めるきっかけでもあり、米作りへの情熱を理解してくれた今は亡き妻と歩んできたこれまでの人生

4 家族を養うためには農家として生きるほかなく、それを当然のことだと受け止めて米作りに打ち込んできた人生

㈤ ④に翔太は同意の笑みを浮かべるとあるが、このとき翔太が喜一の言葉に同意して笑みを浮かべたのは、自分のどのようなところが、米作りのどのようなところと同じだと感じたからだと考えられるか。「自分の、」という書き出しに続けて、本文中の言葉を用いて六十字以内で書け。

自分の、［　　　　　］

［　　　　　］ところと同じだと感じたから

㈥ ⑤に本当の意味での仕事だとあるが、喜一は、本当の意味での仕事とはどのようなことであると考えているのか。それを説明しようとした次の文のア、イの［　］内にあてはまる最も適当な言葉を、本文中からそのまま抜き出して、アは十字以内、イは十五字以内で書け。

ア［　　　　　］　イ［　　　　　］

生業が［ア］のことであるのに対して、本当の意味での仕事は目

「答えてくれんのかよ」
「今は気分がいいからな」
喜一が右斜め上を指さした。
「希美子(きみこ)がきっかけだな」
鴨居(かもい)の上だ。ばあさんの遺影が飾られている。
「希美子って……ばあさんか」
「そうだ。希美子は病弱だったからな。農薬を使わない安全な米を食べさせてやろうと思っただけだ。昔は今ほど農薬が安全じゃなかったからな。ただそれだけのつまらん理由だ」
じじいも親父(おやじ)もばあさんが好きだったんだな……
ばあさんは自分が生まれる前に亡(な)くなっている。一度でいいから会ってみたかったな、と翔太はふと思った。
「じゃあじじいはなんで農家になったんだ?」
③過去を振り返るように、喜一が体を沈ませた。それから小さく息を吐いた。
「……理由なんてない。これしかなかったからだ。家族を養うためには、俺が米を作って生計を立てるしか道がなかった。俺の世代の人間はみんなそうだ」
ただ、それはあきらめ混じりの息ではない。なるべくしてそうなった。そんな実感が込められていた。
翔太が背中のうしろで両手をついた。
「そうかあ。俺みてえに何がしたいのかわかんねえってのは贅沢(ぜいたく)な悩みなんだなあ」
「今の若い奴(やつ)らは選択肢が多すぎる。だから迷うんだ」
④翔太は同意の笑みを浮かべる。「ほんとだな。米と同じだな」

喜一がだしぬけに訊(き)いた。
「……翔太、おまえ仕事と生業(なりわい)の違いがわかるか?」
「なんだそりゃ。どっちも同じだろうが?」
「今の連中はそう思ってるがな。本来はc若干意味が異なるもんだ」
「何がどう違うんだよ?」
「生業ってのはすぐに金になる仕事だ。農家で例えるなら田植えをしたり、稲刈りをしたりするのが生業だ。これはすぐに金になるのはわかるな?」
翔太はうなずいた。
「けれど仕事ってのはそうじゃない。荒地を耕して新しい田んぼを作るための準備をすることだ。これはすぐには金にならない。つまり目先ではなく、先をd見据えて働いている。これが仕事だ」
「ふーん」と翔太は話をまとめる。「じゃあ今すぐじゃなくても将来金になるために働くことが仕事なのか?」
「……いや、それだけじゃないな」
喜一が一旦言葉を切った。自分で言っておいて、しっくりいかない様子だ。そして、こう言い換えた。
「金にならないかもしれない。なんの意味もないかもしれない。ただ、いつか巡り巡って自分や他の人間に返ってくる。そう信じて働くこと——それが、⑤本当の意味での仕事だ」
「そう信じて、ね……」
一応理解はできたが、どうもぴんとこない。
「翔太、おまえは今、自分がなんのために米作っているのかわからないだろう?」
「まあな」

国語

時間　五〇分
満点　五〇点

1　次の文章は、今は定職に就いていない二十二歳の翔太(しょうた)が、自分が買ったミニバン(乗用車の一種)のローン(貸付金)を父親に返済してもらうかわりに、米作りの名人である祖父の喜一(じじい)のもとで一年間米作りを習うという約束を父親とかわしたが、約束の一年を終えた翌年の米作りもなりゆきで手伝うことになり、田植えの終わった頃のある晩、喜一と家で語り合う場面に続くものである。これを読んで、あとの(一)〜(八)の問いに答えなさい。

「じゃあ、じじいはなんで農薬を使わねえんだよ」

喜一が即答した。

「選択肢を減らすためだな」

「はっ、なんだそりゃ?」

「農薬を使うという選択肢が入れば、余計な雑念が浮かぶ。雑草が生えたり、稲が病気になると農薬を使いたくなる。そしてそれは間違った選択じゃない」

「間違ってねえんだろ。じゃあ使えばいいじゃねえか」

「だがそれによって考える力は失われる。何か問題が起きたら、何も考えず農薬を使うようになる。人間とはそういうものだ。必ず楽な方に楽な方に流れたがる」

それには覚えがある。去年田んぼが雑草まみれになったとき、除草剤をぶちまけたい a 衝動に駆られ、それをおさえるのに難儀した。

「だが、農薬を絶対に使わないと心に決めて逃げ道を断てばどうだ。どうすれば無農薬でうまい米を作れるか。雑草を生やさずにいられるか。病気にならない丈夫な稲を育てられるか。懸命に考えるようになる。農薬に頼れないんだ。自分の頭と手を使うしか方法がない。そうすれば新しい知恵や工夫が生まれる。それが考える力ってことだ」

①「なるほどなあ」と翔太は膝を叩(たた)いた。

②あえて選択肢を減らすことで、自身の覚悟と思考を強める。聞いたことのない考えだった。

「じゃあよ。どうしてじじいは有機(化学肥料や農薬の使用をひかえる有機農業のこと)をやり始めたんだ」

「……質問が多いな」と喜一がぼそりと言い、顎を右にふった。そこには将棋盤があった。「それ以上答えて欲しけりゃやることがあるだろう?」

翔太はにやりと笑った。

「じゃあ、コテンパンに負かして答えてもらうか」

二人で将棋をうち始める。

乾いた駒音と虫の音が溶け合い、現実感が薄れていく。何もかも忘れて将棋に没頭する。久しぶりの感覚だった。

体調を考慮して手加減してやるか。そう考えていたのだが、思ったよりも喜一が強い。以前よりも数段実力が増している。

このじじい、特訓してやがったな……

とたんに焦(あせ)りを覚えた。序盤、中盤の攻防で負けている。ねばり強さが俺の真骨頂だ、と敵陣に王将を進めるが、喜一は手をゆるめない。結局、翔太の負けとなった。

してやられた気分だ。どうやら自分を打ち負かす機会を狙っていたらしい。もうひと勝負 b 挑みたかったが、それも野暮だ。負けておいてやる。

「質問はどうして有機やり始めたかだったな?」

2020年度／解答

数学

1 【解き方】(1) 与式$=-5+4=-1$

(2) $a=-3$を代入して，与式$=(-3)^2-4=9-4=5$

(3) 与式$=3(2x-1)=6x-3$

(4) 比例式の性質より，$5(x-1)=3x$　かっこを外して，$5x-5=3x$　移項して整理すると，$2x=5$より，$x=\frac{5}{2}$

(5) 与式$=(3\sqrt{2})^2-1^2=18-1=17$

(6) 与式$=x^2+x-3x-15=x^2-2x-15=(x+3)(x-5)$

(7) $180a$が自然数の2乗になればよい。180を素因数分解して，$180=2^2\times3^2\times5=(2\times3)^2\times5$より，最も小さい$a$の値は，$a=5$

【答】(1) -1　(2) 5　(3) $6x-3$　(4) $(x=)\ \frac{5}{2}$　(5) 17　(6) $(x+3)(x-5)$　(7) $(a=)\ 5$

2 【解き方】(1) $\angle BAF=90^\circ-40^\circ=50^\circ$　$\triangle ABF$はAB = AFの二等辺三角形だから，$\angle ABF=(180^\circ-50^\circ)\div2=65^\circ$　よって，$\angle EBC=90^\circ-65^\circ=25^\circ$

(2) ア．辺BCと平行でなく，交わらない辺だから，辺DF。イ．PAの長さを$h$cmとおくと，三角すいPABCの体積は，$\frac{1}{3}\times\triangle ABC\times PA=\frac{1}{3}\times\frac{1}{2}\times3\times6\times h=3h$と表される。三角すいPABCの体積は$15cm^3$だから，$3h=15$より，$h=5$　よって，$\triangle PAB$で三平方の定理より，$PB=\sqrt{5^2+6^2}=\sqrt{61}$cm

(3) 右図のように，直線DBにGから垂線をひき，交点をHとおく。$\triangle ABC$と$\triangle HBG$は，$\angle BAC=\angle BHG=90^\circ$，BC = BG，$\angle ABC=90^\circ-\angle CBH$，$\angle HBG=90^\circ-\angle CBH$より，$\angle ABC=\angle HBG$だから，直角三角形で，斜辺と1つの鋭角がそれぞれ等しいので，$\triangle ABC\equiv\triangle HBG$　$\triangle ABC$で，三平方の定理より，$AC=\sqrt{6^2-4^2}=\sqrt{20}=2\sqrt{5}$ (cm)より，$HG=2\sqrt{5}$cm　よって，$\triangle BDG=\frac{1}{2}\times DB\times GH=\frac{1}{2}\times4\times2\sqrt{5}=4\sqrt{5}$ (cm^2)

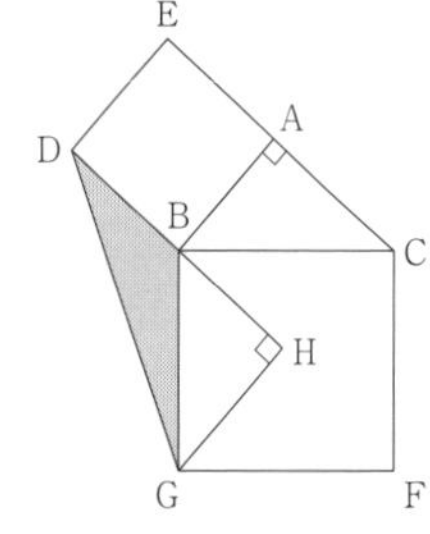

【答】(1) 25(度)　(2) ア．㋑　イ．$\sqrt{61}$ (cm)　(3) $4\sqrt{5}$ (cm^2)

3 【解き方】(1) 2つのさいころの目の出方は，$6\times6=36$(通り)　目の数の積が9以下になるのは，(A，B) = (1，1)，(1，2)，(1，3)，(1，4)，(1，5)，(1，6)，(2，1)，(2，2)，(2，3)，(2，4)，(3，1)，(3，2)，(3，3)，(4，1)，(4，2)，(5，1)，(6，1)の17通りだから，求める確率は，$\frac{17}{36}$。

(2) 最頻値は，最も度数の多い10分以上20分未満の階級の階級値となるから，$\frac{10+20}{2}=15$(分)

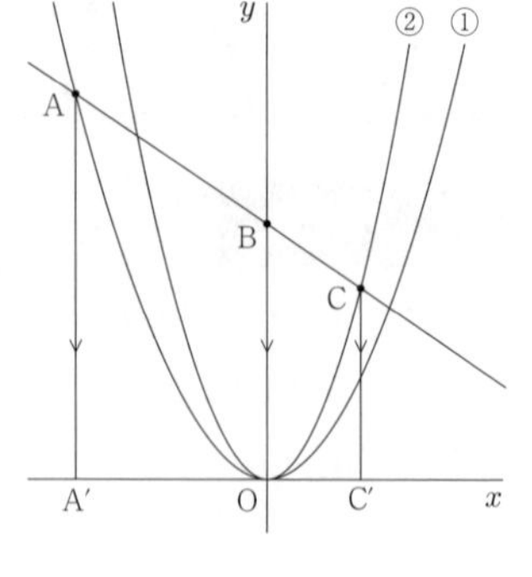

(3) ア．$\frac{4^2-1^2}{4-1}=\frac{15}{3}=5$　イ．右図のように，A，Cからx軸に垂線をひき，交点をA′，C′とおく。CC′ ∥ BO ∥ AA′ より，A′O：OC′ = AB：BCとなり，A′O = 0 −(− 4) = 4 だから，4：OC′ = 2：1　比例式の性質より，2OC′ = 4 から，OC′ = 2　よって，点Cのx座標は$x=2$だから，$y=x^2$に$x=2$を代入して，$y=2^2=4$より，C (2, 4)　また，$y=\frac{1}{2}\times(-4)^2=8$より，A (− 4, 8)　直線ACは，傾きが，$\frac{4-8}{2-(-4)}=-\frac{2}{3}$だから，直線の式を，$y=-\frac{2}{3}x+b$とおいて，点Cの座標を代入して，$4=-\frac{2}{3}\times 2+b$より，$b=\frac{16}{3}$　よって，求める式は，$y=-\frac{2}{3}x+\frac{16}{3}$

(4) 体育館の利用料金は，$250x$円。また，$(x-3)$人から280円ずつ集めて支払うと120円余るので，体育館の利用料金は，$280(x-3)-120$(円)と表せる。よって，$250x=280(x-3)-120$を解いて，$x=32$

【答】 (1) $\frac{17}{36}$　(2) 15 (分)　(3) ア．5　イ．$(y=)-\frac{2}{3}x+\frac{16}{3}$　(4) (xの値) 32

4 **【解き方】** (1) ア．$a=256-15^2=256-225=31$　イ．$2n-1=49$より，$n=25$，$n-1=24$だから，$7^2+24^2=25^2$が成り立つ。よって，3辺の長さの自然数は，7，24，25。

(2) ア．点Pが点Aを出発してから3秒後，BQ = 2 × 3 = 6 (cm)だから，$\triangle ABQ=\triangle ABC\times\frac{BQ}{BC}=90\times\frac{6}{20}=27$ (cm^2)　イ．点Pが点Aを出発してからx秒後，AP = $x$cm，BQ = $2x$cmより，$\triangle ABQ=\triangle ABC\times\frac{2x}{20}=90\times\frac{x}{10}=9x$ (cm^2)　$\triangle APQ=\triangle ABQ\times\frac{AP}{AB}$となるから，$\triangle APQ=\triangle ABQ\times\frac{x}{10}=9x\times\frac{x}{10}=\frac{9}{10}x^2$ (cm^2)　ウ．$(x+1)$秒後にできる△APQの面積は，$\frac{9}{10}(x+1)^2$だから，$\frac{9}{10}(x+1)^2=3\times\frac{9}{10}x^2$が成り立つので，$(x+1)^2=3x^2$　展開して整理すると，$2x^2-2x-1=0$　解の公式より，$x=\frac{-(-2)\pm\sqrt{(-2)^2-4\times2\times(-1)}}{2\times2}=\frac{2\pm2\sqrt{3}}{4}=\frac{1\pm\sqrt{3}}{2}$　$\frac{1-\sqrt{3}}{2}<0$より，$x=\frac{1-\sqrt{3}}{2}$は適さない。$0<\frac{1+\sqrt{3}}{2}\leqq 9$より，$x=\frac{1+\sqrt{3}}{2}$は適する。

【答】 (1) ア．$(a=)$ 31　イ．7，24，25　(2) ア．27 (cm^2)　イ．$\frac{9}{10}x^2$ (cm^2)　ウ．(xの値) $\frac{1+\sqrt{3}}{2}$

5 **【答】** (1) △AGOと△AFBにおいて，共通な角だから，∠GAO = ∠FAB……①　仮定より，∠AGO = 90°　ABは直径だから，∠AFB = 90°　よって，∠AGO = ∠AFB……②　①，②より，2組の角がそれぞれ等しいから，△AGO ∽ △AFB

(2) △ABCと△ABDにおいて，ABは共通　仮定より，BC = BD　ABは直径だから，∠ACB = ∠ADB = 90°　直角三角形の斜辺と他の1辺がそれぞれ等しいから，△ABC ≡ △ABD　よって，AC = AD……①　△ABCと△AHDにおいて，∠ADH = 180° − ∠ADB = 90°　よって，∠ACB = ∠ADH……②　$\overparen{AC}$に対する円周角は等しいから，∠ABC = ∠AFC　∠AFC = ∠AFEだから，∠ABC = ∠AFE……③　また，仮定より，∠AEF = 90°　よって，∠ACB = ∠AEF……④　∠BAC = 180° − ∠ACB − ∠ABC，∠HAD = ∠FAE = 180° − ∠AEF − ∠AFE　③，④より，∠BAC = ∠HAD……⑤　①，②，⑤より，1組の辺とその両端の角がそれぞれ等しいから，△ABC ≡ △AHD

英　語

1 【解き方】A. give A B =「A に B を与える」。

B. 月曜日が休館日であるが，今週はそれに加えて木曜日と金曜日が休み。水曜日は午後のみ休みだと言っている。

C. マイクは「それ（傘）はどこにある？」とたずねているので，それがある場所を答えている文を選ぶ。

D. (Sachiko が支払う金額) サチコは「9 ドル」の地図を買った。(店員が Sachiko に提案したこと) How about walking to ～?=「～まで歩いてはどうですか？」。

E. No.1. アヤがスティーブを a boy who is from China（中国出身の少年）と説明している。No.2. to borrow some books =「何冊かの本を借りるために」。不定詞で理由・目的を説明している。No.3. ケンはスティーブを助けるために「もっと日本語について知らなければならない」と言っている。

【答】A. ④　B. ウ　C. ア

D. (Sachiko が支払う金額) 9 (ドル)　(店員が Sachiko に提案したこと) 湖まで歩いていく(こと) (同意可)

E. No.1. ア　No.2. イ　No.3. ウ

◀全訳▶　A. クミコは昨日，朝食前に花に水をやりました。

B. お電話ありがとうございます。当美術館は月曜日は閉館しています。火曜日から日曜日まで当美術館を楽しんでいただけます。しかし今週は木曜日と金曜日は閉館いたします。また水曜日の午後も閉館となります。ありがとうございます。

C.

マイク　　：今雨が降っているね。ぼくは傘を失くしたんだ。見つからないんだよ。

マイクの母：私のを使う？

マイク　　：うん！　それはどこにあるの？

D.

店員　：こんにちは。お手伝いしましょうか？

サチコ：はい，お願いします。私はこの市の地図を探しています。ありますか？

店員　：はい。それは 9 ドルです。

サチコ：わかりました。それをいただきます。この近くにどこか見るべき有名な場所がありますか？

店員　：この近くに美しい湖がありますよ。人々はたいていバスでそこに行きます。でももし時間がおありなら，その場所まで歩いてはいかがですか？

サチコ：いいですね。試してみます。ありがとう。

E. ケンは中学生です。彼は英語が好きです。彼にはアヤという妹がいます。彼女は 10 歳です。ある日，アヤはケンに「私のクラスに中国出身の男の子がいるの。私たちは彼をスティーブと呼んでいるわ。彼はとても上手に英語を話すけれど，日本語は上手ではないの。だから彼に日本語を教えてあげてくれる？　彼は何冊かの本を借りに今週末私たちの家に来るの」と言いました。

日曜日に，スティーブはケンとアヤを訪ねました。ケンは彼に「やあ，ぼくはケンだよ。きみは日本語を勉強しているんだね？」と言いました。スティーブは「はい。でも日本のことばのいくつかはぼくには難しすぎます。例えば，『ごめんなさい』と『すみません』の違いがわかりません」と言いました。ケンは「うーん，それは難しいな」と言いました。彼らは英語と日本語でお互いに話をして，楽しく過ごしました。

その晩，アヤは家族と夕食を食べていたとき，「スティーブともっと話をするために，私は英語をもっと一生懸命に勉強するわ」と言いました。するとケンは「ぼくはスティーブを助けるために，もっと日本語について知らなければならないよ」と言いました。

No.1. スティーブはどこの出身ですか？

No.2. スティーブは日曜日になぜアヤの家を訪れましたか？

No.3. ケンは家族と夕食を食べているときに何と言いましたか？

2 【解き方】(1) (a)「たくさんの学校行事がある」と言うエレンに対して，ミサが「そんなにたくさんあると思う？」と返している。(b)「あなたに質問してもいいですか？」という問いへの返答。(c) 直後でミサがハザードマップとは何か説明していることに着目する。(d) 前文でミサがハザードマップの説明をし，次にエレンが「もちろん」と答えていることから，それを見に行くよう誘うせりふが適切。

(2) 新しい情報や最も伝えたい語を強く読む。earthquake はすでに出ている単語なので，ここでは「大きい」が強調される。

(3) will be able to ～＝「～できるだろう」。

【答】(1) (a) イ　(b) キ　(c) ウ　(d) ク　(2) ウ　(3) able

◀全訳▶

ミサ　：こんにちは，日本での学校生活は気に入っている？

エレン：こんにちは，ミサ。ええ。たくさんの行事があるわね。

ミサ　：そんなにたくさんあると思う？

エレン：そうよ，運動会，合唱コンクール，遠足などね。

ミサ　：一番楽しかったのは何？

エレン：運動会が一番楽しかったわ。学校行事についてあなたに質問してもいい？

ミサ　：ええ，もちろんよ。

エレン：先週，私たちの学校で防災訓練があって，先生が近い将来にこの地域で起きる地震について話したわ。それについて知っていた？

ミサ　：ええ。大きな地震があるかもしれないわ。だから学校にはハザードマップがあるのよ。見たことはある？

エレン：いいえ。ハザードマップって何？

ミサ　：災害のときに危険な場所を示している地図よ。もし，あなたがその地図について知っていれば，災害が起きたとき，あなたはあなたの命を救うことができるでしょう。見に行ってみたい？

エレン：もちろん。私はそれを知っておくべきね！

3 【解き方】(1) sound ～＝「～のようだ，～のように聞こえる」。

(2) 過去分詞にする。made by many artists が，a lot of works of art を後ろから修飾する。

(3) enjoy ～ing＝「～することを楽しむ」。take a picture＝「写真を撮る」。

(4) Do you know ～?＝「あなたは～を知っていますか？」。know 以下は，間接疑問文〈疑問詞＋主語＋動詞〉にする。

(5)「トイレの場所を知っていた」と「私は知りませんと言った」という逆の内容をつなぐ接続詞を入れる。

(6) I thought ～＝「私は～と思った」。needed to ～＝「～することが必要だった」。perfect English＝「完璧な英語」。

(7) be afraid of ～ing＝「～することを恐れる」。

(8) without ～ing＝「～することなしに，～しないで」。

(9) want A to ～＝「A に～してほしい」。

【答】(1) イ　(2) made　(3) enjoyed taking pictures of our favorite works　(4) Do you know where it is

(5) ア　(6) I thought I needed to speak perfect　(7) エ　(8) エ

(9)（例）I want them to find new things about Japan

◀全訳▶　この夏，私は友だちのヒサオを訪ねました。彼は香川にある島に住んでいます。彼は私に「瀬戸内国際芸術祭のことを聞いたことがある？　それは3年ごとに1度，香川と岡山のたくさんの場所で行われているんだ。私の島でもたくさんの芸術作品を見ることができる。他の国からの人々もそれらを見にここに来るよ」と言いました。私は「それはおもしろそうだ！　作品を見に行きたいな」と言いました。

次の日，私たちは島を歩いている間に，世界中のたくさんの芸術家によって作られたたくさんの芸術作品を見ました。私たちは，私たちの大好きな作品の写真を撮るのを楽しみました。

私たちがバスを待っていたとき，女性が英語で私に「こんにちは。私はトイレを探しています。あなたはそれがどこにあるかの知っていますか？」とたずねました。私はその場所を知っていましたが，彼女に「すみません，知りません…」と言いました。その頃，私は英語を使うとき，間違いたくなかったのです。それから彼女は悲しそうにして，そこを去りました。私はそのことをとても申し訳なく思いました。そのような状況にいるとき，私は完璧な英語を話す必要があると考えていたのです。

私は家に帰ったとき，父にそれについて話をしました。彼は私に「間違うことを恐れてはいけないよ。まずはただやってみるんだ。『習うより慣れろ』だよ」と言いました。私は彼の言いたいことがわかりました。その経験は私たちの人生の中で最も大切なことの一つである，と彼は言いたかったのだと思います。オリンピックとパラリンピックがまもなく東京で開催されます。だから，私たちには他の国からの人々と話をする機会がもっとあるでしょう。例えば，私たちは国際的な行事に参加して，ボランティアとして人々を手伝うことができます。また，私たちはコミュニケーションを通して他の国出身の友だちをつくることができます。

このような経験のおかげで，今，私は間違うことを恐れずに英語を話そうとしています。将来，私は他の国からの人々のための観光ガイドになりたいと思っています。私は彼らに日本についての新しいものを見つけてほしいです。

4 **【解き方】**(1) エマの返事が Yes, I do. なので，Do you ～? という疑問文を作る。また，直後の「なぜ掃除が好きかうまく説明できない」というエマのせりふから，拓海は掃除が好きかたずねたと判断する。

(2) it is not ～ for A to …＝「A にとって…することは～でない」。a special thing＝「特別なこと」。

(3) 同文の it は日本式の教育を指す。learning＝「学ぶこと，学習」。

(4) do so は直前の拓海のせりふの change my attitude toward cleaning を指す。

(5) 直前の拓海のせりふを見る。Let's ～＝「～しよう」。look for ～＝「～を見つける，探す」。places to clean＝「掃除すべき場所」。make A B＝「A を B にする」。

(6) 同文の doing so は自分たちの中で掃除する場所を分担し，何をするか，いつそれを終えるのかを決めることを指す。have the responsibility for ～＝「～への責任を持つ」。

(7) (a)「エマは友だちといろいろな場所を掃除したあと，どのように感じましたか？」。第 1 段落の後半を見る。彼女はとても気持ち良く感じた。(b)「拓海は母の話を聞いたあと，なぜ学校を掃除すべきかわかりましたか？」。第 2 段落の後半を見る。Yes で答える。

(8) ㋐ 第 1 段落の中ほどを見る。エマはロンドンにいたとき，日本人は掃除が好きで，日本はきれいな場所だと聞いていた。㋑「エマは日本が世界の他のどんな国よりきれいだと思った」。第 1 段落の中ほどを見る。正しい。㋒ 第 2 段落の後半を見る。生徒がただ学校をきれいにするためだけに掃除しているのだと考えていたのは拓海。㋓「拓海の母は，掃除に対する拓海の態度の変化を知ってエマが喜ぶと思った」。第 2 段落の最後の文を見る。正しい。㋔ 第 3 段落を見る。拓海とエマは学校の中の掃除すべき場所を一覧表にして，放課後にそれらを掃除した。㋕ 文中に先生に関する記述はない。

【答】(1)（例）Do you like cleaning　(2) ア　(3) エ　(4) 掃除に対する態度を変えること（同意可）

(5) 掃除すべき場所を見つけて，私たちの学校をきれいにしよう（という誘い）（同意可）　(6) ウ

(7)（例）(a) She felt very good　(b) Yes, he did　(8) ㋑(と)㋓

◀全訳▶　拓海は中学生です。ある日，彼は教室を掃除していたとき，ロンドン出身の生徒でクラスメイトの 1 人であるエマと話をしました。彼は彼女に「ぼくは掃除が好きではないんだ。なぜぼくたちは学校を掃除しなければならないんだろう？」と言いました。彼女は「掃除が好きではないの？　私は自分の国にいたとき，日

本人は掃除が好きだから，日本は世界で最もきれいな場所だと聞いたわ。私は日本に来たとき，それは本当だと思ったの」と言いました。拓海は同意しましたが「きみは掃除が好きなの？」とたずねました。エマは「ええ，好きよ。なぜ掃除が好きか私はうまく説明できないけれど，友だちといろいろな場所を掃除したあと，とても気持ちがいいわ。あなたは日本人だけど，掃除が嫌いなのね。悪いけど私には意外だわ…」と答えました。

拓海は帰宅したあと，エマが彼に言ったことについて母に話しました。すると彼女は彼に「自分たちのチームが国際試合に負けたあとでも，スタジアムを掃除した日本のサッカーファンがいたことを聞いたことがある？」と言いました。彼は「いや，ないよ」と答えました。それから彼女は「いいわ。それは世界中でニュースになって，人々がそのようなおこないを称賛したわ。でも，私たち日本人にとって，使った場所を掃除するのは特別なことではないわよね？　私たちは学校の清掃時間を通して協働，責任，そしてものへの感謝を学んでいるのよ。今世界のいくつかの学校では，この日本式の教育を始めようとしているわ。それは『清掃による学習』よ」と続けました。それから拓海は「ただ学校をきれいにするためだけに，ぼくたち生徒は掃除しているのだと思っていた。でも今，なぜ学校を掃除しなければならないのかわかったよ。ぼくは掃除に対する態度を変えないといけないな」と言いました。彼の母は「そうね，そうすべきよ。エマがあなたの態度の変化を見たら，喜ぶと思うわ」と言いました。

次の日，拓海は学校でエマに会ったとき，彼女に「掃除すべき場所を探して学校をきれいにしよう」と言いました。エマは「もちろんよ！　それを聞いてとてもうれしいわ！」と言いました。彼らは場所を一覧表にして，放課後にひとつひとつそれらを掃除し始めました。何人かの生徒も彼らに加わり始め，彼らの活動は学校中に広がりました。

3か月後，彼らが一覧表にしたほとんどすべての場所は掃除されました。そのとき拓海はエマに「地域で掃除すべき場所を一覧表にするのはどうかな？　今や20人以上の生徒が活動に加わっているから，ぼくたちの中で場所を分担して，何をするか，いつそれを終えるのかを決められる。そうすることで，それぞれの生徒が自分の場所に責任を持つことができるよね？」と言いました。エマは「それはいい考えね！　私たちのまわりのありふれたものにも，きっと感謝するようになると思うわ」と言いました。彼らの活動は学校の外へ広がり始めました。

5 **【解き方】** 例1は「うどんは日本で人気のある料理です。それにはたくさんの食べ方があります。例えば，私たちはたまご入りのあたたかいうどんである釜玉を楽しむことができます。香川は日本においてうどんで有名です」。例2は「相撲は伝統的な日本のスポーツです。それはレスリングの一種です。私たちはテレビでそれを見るのを楽しむことができます。他の国出身の力士もいます」。例3は「七夕は日本で人気のある行事の一つです。それはたいてい7月7日に行われます。私たちはその夜，空に美しい星を見つけようとします。また，私たちは小さな紙に願いを書きます」。

【答】（例1）*Udon* is a popular dish in Japan. It has many ways to eat. For example, we can enjoy *kamatama*, hot *udon* with egg. Kagawa is famous for *udon* in Japan.

（例2）*Sumo* is a traditional Japanese sport. It is a kind of wrestling. We can enjoy watching it on TV. There are some players from other countries.

（例3）*Tanabata* is a popular event in Japan. It is usually held on July 7. We try to find beautiful stars in the sky that night. Also, we write our wishes on small pieces of paper.

社　会

1 **【解き方】** (1) ㋑～㋓は公正の考え方にもとづく観点。

(2) a. 憲法改正の発議には，各議院で総議員の3分の2以上の賛成を必要とする。この例では，衆議院では3分の2以上の賛成を得たが，参議院では得られなかったため，発議はできない。b.「公共の福祉」とは，社会全体の共通の利益のこと。d. アは裁判所，イとエは国会の権限でおこなわれる。e. 選挙に立候補できる年齢は，アとエが25歳以上，イとウが30歳以上。この人物は28歳で当選したのでアかエのどちらか。次に30歳で「解職請求があった」ことに注目。解職請求は，衆議院議員にはおこなえないので，就いた職は地方議会議員ということになる。

(3) リデュースはごみの発生を抑えること，リユースは再利用，リサイクルは再資源化のこと。

(4) b. 自主財源とは，地方公共団体が自主的に徴収できる財源のことで，地方税などが該当する。アとイは依存財源とよばれる国から分配される財源が増える策。エの地方債の発行による資金調達も依存財源だが，発行を減らすことは依存財源の減額を意味する。c. 日本銀行には，「銀行の銀行」以外にも，「発券銀行」「政府の銀行」の役割がある。d.「家計」は，企業に労働力を提供し，その対価として賃金を受け取っている。また，家計は，政府に税金を支払う代わりに公共サービスを受ける関係にある。f. 太郎さんは消費税に逆進性があること，花子さんは食料品の税率にそれぞれ興味を持っている点に注目。

【答】 (1) ㋐

(2) a.（記号）㋑（理由）参議院で総議員の3分の2以上の賛成を得られていない（同意可） b. ア
c. 裁判員制度 d. ウ e. エ

(3) イ

(4) a. ウ b. ウ c.（日本銀行が，）一般の銀行に対して資金の貸し出しや預金の受け入れをおこなう（役割を果たしているから。）（同意可） d.（言葉）家計 （記号）エ e. 寡占 f.（太郎さんのみが用いた資料）㋒（花子さんのみが用いた資料）㋐ （太郎さんも花子さんも用いた資料）㋑

2 **【解き方】** (1) a. 中国の歴史書である『宋書』倭国伝には，倭の五王が南朝の宋に使いを送ったことが記されている。内容は，倭の王としての地位と，朝鮮半島北部の高句麗に対抗するために，朝鮮半島南部の地域を支配する将軍の地位を認めてほしいというものだった。c. アは元明天皇，イは聖武天皇，エは宇多天皇がおこなったこと。

(2) 鎌倉幕府の将軍と御家人は，土地を仲立ちとした封建関係で結ばれていた。「守護」は国ごとに置かれ，御家人の統制や取り締まりをおこなった。また，「日蓮」は日蓮宗（法華宗）を開いた僧。

(3) ㋐は1582年，㋑は1549年，㋒は1637年のできごと。

(4) b. エは，おもに中世における輸送について述べた文。

(6) 領事裁判権の撤廃は1894年，関税自主権の回復は1911年の条約改正で実現した。

(7) a. 函館五稜郭の戦いで終結した。b. アとエは1872年，イは1873年，ウは1885年のできごと。d. 1925年に制定された普通選挙法の内容を答える。ただし，この時，女性には選挙権が与えられなかった。

(9) a. ㋐は1920年，㋑は1921年～1922年，㋒は1919年のできごと。b. 反植民地主義や民族自決などを含む平和十原則が確認された会議。

【答】 (1) a. 朝鮮半島の南部における軍事的な指揮権を認めてもらおうとしたから。（または，鉄を確保するために，朝鮮半島の国々に対して優位に立とうとしたから。）（同意可） b. 万葉集 c. ウ

(2)（言葉）御家人 （記号）㋑（と）㋒ (3) ㋑→㋐→㋒

(4) a.（石高に応じて）軍役を果たす（または，戦いに必要な人や馬の確保を請け負う）（こと。）（同意可） b. エ

(5) 国学 (6) わが国に関税自主権がない（こと。） アメリカに領事裁判権を認める（こと。）（それぞれ同意可）

(7) a. 戊辰戦争 b. ウ c. イ d. 25歳以上のすべての男性に与えられることになったから。（または，納税

額によって制限されなくなったから。)(同意可)

(8) エ (9) a. ㋒→㋐→㋑ b. アジア・アフリカ会議(または，バンドン会議)

3 【解き方】(1) a. メルカトル図法では，高緯度地域になるほど，実際の距離よりも引き伸ばされて描かれているので，実際の距離は赤道が最も長くなる。b. 最も日付変更線の東側に近い位置にある都市を選ぶ。c. 太平洋を取り囲むようにつらなる造山帯は，環太平洋造山帯という。d. 年間を通した降水量が少ないことに注目。

(2)「シャンハイの年降水量」は1000mm〜2000mmとなっている。

(3) 島国の排他的経済水域は広くなる傾向にある。また，日本は7000以上の島から成り立っていることも広くなる理由となる。

(4) a. 実際の距離は，(地図上の長さ)×(縮尺の分母)で求められる。1.6 × 25000から40000cm = 400mとなる。b. B地点の手前に低地が見えること，また，そこからB地点にかけて急激な上り坂となっていることがわかる。c. ① 手前から川，水田，山という順で見える。② 川の向こう側に集落が見える点に注目。d. 1事業所あたりの製造品出荷額等は，愛知県で232 ÷ 486 ≒ 0.48 (百億円)，広島県で126 ÷ 143 ≒ 0.88 (百億円)なので，広島県の方が多い。

(5) アの北海道に次いで畜産の産出額が多い。ウは茨城県，エは新潟県。

(6) 松本市は，年間を通して降水量が少なく，夏と冬の気温差が大きい中央高地の気候に属する。イは北海道の気候に属する小樽，ウは太平洋側の気候に属する延岡，エは日本海側の気候に属する敦賀の雨温図。

(7) a. 日本は工業の原料や燃料の自給率が極端に低い国のため，加工貿易が発展してきた。b. ア．1960年は，輸入総額が1.6兆円で，輸出総額は1.5兆円。イ．機械類の輸出額は，1960年は1.5 × 0.122 = 0.183 (兆円)，2017年は78.3 × 0.375 = 29.3625 (兆円)。エ．2017年の自動車の輸出額は，78.3 × 0.151 = 11.8233 (兆円)。

(8) 1988年から1999年にかけて，四国地方と本州をつなぐ本州四国連絡橋が開通した。Bはイ，Cはア，Dはウ。

【答】(1) a. エ b. ③ c. アルプス・ヒマラヤ(造山帯) d. イ e. リアス海岸 (2) ㊁

(3) 細くつらなった島国だから。(または，離島が多いから。)(同意可)

(4) a. (約) 400 (m) b. エ c. ① イ ② ウ d. エ

e. 河川の水量を調整する。(または，気象災害に備える。)(同意可)

(5) イ (6) ア (7) a. 原料を輸入して工業製品を輸出する貿易。(同意可) b. ウ (8) エ

理科

1 **【解き方】** A. (1) a. 低気圧では，低気圧の中心に向かって反時計回りにふきこむような風がふき，上昇気流が発生する。

(2) 停滞前線である梅雨前線は，日本の南東の海上に発達する小笠原気団と日本の北東の海上に発達するオホーツク海気団の勢力がほぼ等しくなってできる。

(3) b. 大陸は海洋よりもあたたまりやすいので，大陸の地表面が熱せられて上昇気流が発生し，低気圧が発達する。

B. (1) a. 太陽系の惑星は，大きさや密度のちがいから，地球型惑星（水星，金星，地球，火星）と木星型惑星（木星，土星，天王星，海王星）に分けられる。b. 太陽系の惑星は，太陽に近い方から，水星，金星，地球，火星，木星，土星，天王星，海王星。

(2) a. 見かけの大きさは地球に近いほど大きい。また，Q の位置では光が当たる面の地球に向ける割合が少ないので，欠け方は大きい。b. 金星が半年（0.5 年）で公転する角度は，$360° \times \dfrac{0.5\,(年)}{0.62\,(年)} \fallingdotseq 290°$　図Ⅲのある日の金星の位置から 290° 公転すると，図Ⅳの T の位置になる。図Ⅳの地球から見て，T の位置にある金星は太陽の左側に離れているので，金星は太陽よりおくれて西に沈む。

(3) ア．惑星のまわりを公転している天体。ウ．氷やちりが集まってできた天体。エ．海王星より外側の軌道を公転する天体。

【答】 A. (1) a. ㋒　b. 偏西　(2) エ

(3) a.（日が当たったとき，砂は水と比べて）あたたまりやすく高温になる(。このため，砂の上の空気が，水の上の空気より)あたためられて膨張し，密度が小さくなった(ため。)（同意可）　b. ㋑

B. (1) a. 木星(型惑星)　b.（Y のグループの惑星は，X のグループの惑星に比べて，質量は)小さく(，太陽からの距離は)小さい(。)（同意可）　(2) a. エ　b.（位置）T　（言葉）㋒(と)㋖　(3) イ

2 **【解き方】** A. (1) b. 反応するのにかかる時間が最も短くなるとき，脳での判断に 0.10 秒かかり，信号が神経を伝わる速さが 90m/s となる。信号が伝わった距離は，$75\,(\mathrm{cm}) + 25\,(\mathrm{cm}) + 25\,(\mathrm{cm}) + 55\,(\mathrm{cm}) = 180\,(\mathrm{cm})$ より，1.8m。信号が伝わるのにかかった時間は，$\dfrac{1.8\,(\mathrm{m})}{90\,(\mathrm{m/s})} = 0.02\,(\mathrm{s})$　よって，$0.10\,(\mathrm{s}) + 0.02\,(\mathrm{s}) = 0.12\,(\mathrm{s})$

(2) b. うでを曲げるときには，筋肉 X が収縮し，筋肉 Y がゆるむ。うでをのばすときには，筋肉 X がゆるみ，筋肉 Y が収縮する。筋肉 X，Y とも関節をこえて骨についている。c. 反射では，刺激が脳に伝わる前にせきずいで直接命令が出される。脳で考えたり判断したりする時間がないので，とっさの反応ができる。また，せきずいから命令が出されるのとは別に，脳に刺激の信号が伝わるので，反応より遅れて熱いと意識する。

B. (2) 被子植物では受精が行われると，子房は成熟して果実になり，子房の中にある胚珠は成熟して種子になる。裸子植物には子房がなく，胚珠がむき出しになっている。

(3) アブラナは双子葉類で，子葉は 2 枚・葉脈は網目状・根は主根と側根・茎の維管束は輪の形に並ぶ。トウモロコシは単子葉類で，子葉は 1 枚・葉脈は平行・根はひげ根・茎の維管束は散らばっている。

C. (1) a. 植物は，光合成で二酸化炭素をとり入れ，呼吸で二酸化炭素を放出する。b. 草食動物は消費者。

(2) ろ液には土壌中の微生物が含まれている。試験管 B では，ろ液を沸騰させたので微生物は死滅している。よって，デンプンは微生物に分解されることなく残っているので，ヨウ素液と反応して青紫色になった。

【答】 A. (1) a. 中枢　b. 0.12(秒)　(2) a. 反射　b.（筋肉）X　（つながり方）㋒　c. ㋑(と)㋓

B. (1) 胞子　(2) ア　(3) ㋒　(4) ㋐(と)㋓

C. (1) a. 光合成　b. エ　(2) 森林の土に含まれていた微生物が，デンプンを分解したから。(同意可)

3【解き方】A. (2) とかした砂糖の質量は，50 (g) + 100 (g) = 150 (g) なので，質量パーセント濃度は，

$$\frac{150\ (\mathrm{g})}{(100 + 150)\ (\mathrm{g})} \times 100 = 60\ (\%)$$

(3) 砂糖の粒子がバラバラにわかれて，水の粒子の間に入り込み均一に混ざりあう。この状態は時間がたっても変わらない。

(4) 水 5.0g にそれぞれの物質を 2.5g 入れたので，水 100g にそれぞれの物質を，$2.5\ (\mathrm{g}) \times \frac{100\ (\mathrm{g})}{5.0\ (\mathrm{g})} = 50\ (\mathrm{g})$ 入れたことと同じになる。図Ⅲより，A は 20 ℃で約 205g までとけるので，実験Ⅱより砂糖。B は 40 ℃では 50g はとけないのでミョウバン。C は 40 ℃では 50g がとけるので硝酸カリウム。

(5) 80 ℃の水 5.0g にとける塩化ナトリウムの質量は，$38\ (\mathrm{g}) \times \frac{5.0\ (\mathrm{g})}{100\ (\mathrm{g})} = 1.9\ (\mathrm{g})$　よって，2.5 (g) − 1.9 (g) = 0.6 (g)

B. (1) a. 酸素はものを燃やすはたらきがある。b. アは二酸化炭素，イはアンモニアなど，エは窒素。c. 化学反応式の左辺と右辺で，水素原子・酸素原子の数を等しくする。

(3) 酸化銀 5.8g がすべて分解して銀 5.4g ができたので，銀 5.4g と化合していた酸素の質量は，5.8 (g) − 5.4 (g) = 0.4 (g)　1 回目の加熱で発生した酸素の質量は，5.8 (g) − 5.6 (g) = 0.2 (g)　5.6g の物質は酸化銀と銀からなるので，0.2g の酸素と化合していた銀の質量を求めればよい。よって，$5.4\ (\mathrm{g}) \times \frac{0.2\ (\mathrm{g})}{0.4\ (\mathrm{g})} = 2.7\ (\mathrm{g})$

【答】A. (1) $CuCl_2 \rightarrow Cu^{2+} + 2Cl^{-}$　(2) 60 (%)　(3) ㋑　(4) エ　(5) 0.6 (g)

B. (1) a. (火のついた線香を陽極に発生した気体に近づけると,) 線香が炎を出して激しく燃える (ことを確認する。) (同意可)　b. ウ　c. イ　(2) エ　(3) 2.7 (g)

4【解き方】A. (1) 図Ⅲより，水面からおもりの底までの距離が 1.0cm のとき，ばねばかりの示す値は 1.0N なので，おもりにはたらく浮力の大きさは，1.1 (N) − 1.0 (N) = 0.1 (N)　以下同様に求めて点を打ってグラフをかく。

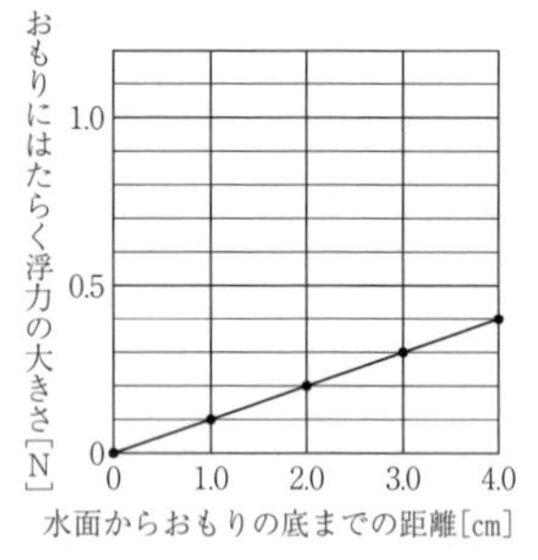

(2) 水中の物体には深さに比例して水圧がはたらくので，おもりの底面にはたらく水圧の方が上面にはたらく水圧より大きくなる。

B. (1) 動滑車を使うと，ばねばかりを引き上げる距離はおもりを引き上げる距離の 2 倍になるので，20 (cm) × 2 = 40 (cm)　よって，$\frac{40\ (\mathrm{cm})}{4.0\ (\mathrm{cm/s})} = 10\ (\mathrm{s})$

(2) 1 N の力で力の向きに 1 m 動かすときの仕事の大きさが 1 J なので，40cm = 0.4m より，5.0 (N) × 0.4 (m) = 2.0 (J)

(3) 位置エネルギーの大きさは高さに比例する。おもりは仕事をされているので，力学的エネルギーは大きくなる。

(4) 質量は上皿てんびんを用いて測定できる。

(5) 花子さんの仕事の大きさは，240 (N) × 2.0 (m) = 480 (J)　仕事率は，$\frac{480\ (\mathrm{J})}{6.0\ (\mathrm{s})} = 80\ (\mathrm{W})$　太郎さんの仕事の大きさは，210 (N) × 2.0 (m) = 420 (J)　仕事率は，$\frac{420\ (\mathrm{J})}{5.0\ (\mathrm{s})} = 84\ (\mathrm{W})$　春子さんの仕事の大きさは，110 (N) × 2.0 (m) = 220 (J)　仕事率は，$\frac{220\ (\mathrm{J})}{2.5\ (\mathrm{s})} = 88\ (\mathrm{W})$

C. (1) 180mA = 0.18A なので，オームの法則より，0.18 (A) × 20 (Ω) = 3.6 (V)

⑵ 電流のまわりには，電流が進む方向に向かって時計回りの磁界ができる。

⑶ 解答例の他に，コイルの巻き数を増やす・より強力なU字型磁石にかえる，などでもよい。

⑷ 20 Ωの電熱線に流れる電流は，$\frac{4.8\,(\mathrm{V})}{20\,(\Omega)} = 0.24\,(\mathrm{A})$　並列回路の各電熱線に流れる電流の和は回路全体に流れる電流と等しいので，電熱線Xに流れる電流は，400mA = 0.4Aより，0.4 (A) − 0.24 (A) = 0.16 (A)　電熱線Xにも4.8Vの電圧が加わるので，電熱線Xの抵抗の大きさは，$\frac{4.8\,(\mathrm{V})}{0.16\,(\mathrm{A})} = 30\,(\Omega)$

⑸ 整流子が電流の向きを逆にしているので，磁石がつくる磁界から受ける力の向きも逆になり，同じ向きの回転が続く。

【答】 A. ⑴ (前図)　⑵ ㋒

B. ⑴ 10 (秒)　⑵ 2.0 (J)　⑶ ㋑(と)㋒　⑷ ㋑(と)㋒　⑸ 88 (W)

C. ⑴ 3.6 (V)　⑵ ㋐　⑶ (例) コイルに流れる電流を大きくする。⑷ 30 (Ω)　⑸ ㋑(と)㋓

国　語

1【解き方】㈡「農薬を使うという選択肢」を減らして「逃げ道を断てば」懸命に考えるようになり，その結果「新しい知恵や工夫が生まれる」という喜一の言葉を聞いた翔太は，そのような「自身の覚悟と思考を強める」考えに納得して膝を叩いている。

㈢ 活用のない自立語で，用言を修飾する語。「減らす」を修飾している。

㈣「なんで農家になったんだ？」と聞かれた喜一が，「なるべくしてそうなった」という実感をこめて小さく息を吐き，「これしかなかったからだ。家族を養うためには」と答えていることから考える。

㈤「ほんとだな。米と同じだな」に注目。「農薬を使うという選択肢が入れば，余計な雑念が浮かぶ」と考える喜一が，そのことと重ねて「今の若い奴らは選択肢が多すぎる。だから迷うんだ」と言ったことで，「何がしたいのか」がわからずに将来を決められない翔太も，その「若い奴ら」の一人なのだと気づかされている。

㈥ ア．仕事と生業は「何がどう違うんだよ？」と聞かれた喜一は，「生業ってのはすぐに金になる仕事だ」と答えている。イ．喜一は，生業とは違って仕事は「すぐには金にならない」とふまえて，「いつか巡り巡って自分や他の人間に返ってくる…それが，本当の意味での仕事だ」と話している。

㈦ 喜一と将棋をうち始めた翔太が，「駒音と虫の音」を耳にしながら，「何もかも忘れて将棋に没頭」していることに着目する。

㈧「何がしたいのか」がわからずにいた翔太は，「本当の意味での仕事」とは何かを喜一から教えられたものの「どうもぴんとこない」と感じたが，「おまえは一年以上かけて本当の仕事をしてきたんだ。俺が保証してやる」と喜一から言われ，自分が認められたように思って胸を熱くしている。

【答】㈠ a．しょうどう　b．いど(み)　c．じゃっかん　d．みす(えて)　㈡ 2　㈢ 3　㈣ 4

㈤（自分の，）選択肢が多すぎて何がしたいのかわからなくなって迷うところが，米作りの，農薬を使うという選択肢が入ると余計な雑念が浮かぶ(ところと同じだと感じたから)（59字）（同意可）

㈥ ア．すぐに金になる仕事（9字）　イ．自分や他の人間に返ってくる（13字）　㈦ 乾いた駒音　㈧ 1

2【解き方】㈠ 語頭以外の「は・ひ・ふ・へ・ほ」は「わ・い・う・え・お」にする。

㈡「白髪の武士」の「一人当千の馬の立てやう」に気づいた保昌は，「ただものにあらず」と思い，「白髪の武士」を馬から下ろそうとした家来を止めている。

㈢「さればこそ」は，思った通りという意味。「白髪の武士」を「ただものにあらず」と見抜いていた保昌は，その正体が武人として名高い致頼であったと知って，やはり「ただもの」ではなかったのだと合点している。

㈣ 発言を示す「いはく」や，引用を表す助詞「と」に着目する。「国司に会釈」した後で致経が，「白髪の武士」の正体を語り，彼の「無礼」についてわびていることばをおさえる。

㈤「白髪の武士」がただものではないと見抜いて「侮らず」，「白髪の武士」を馬から下ろそうと言った家来を止めて「無為」にやり過ごしたところを，人々は評価している。

【答】㈠ あいたり　㈡ ただもの　㈢ 1　㈣（初め）ここに老　（終わり）候ふらむ　㈤ 2

◀口語訳▶　丹後守保昌は，任地に行く時，与謝の山で，一人の白髪の武士と出会った。木の下に少し入って，笠を傾けて立っているのを，保昌の家来が，「この老人は，どうして馬から下りないのだ。注意して下りさせよう」と言った。ここで保昌は，「一騎当千の馬の立ち姿である。ただものではない。ひかえなさい」と制止して，通り過ぎると，三町ほど遅れて，大矢右衛門尉致経と会った。保昌に会釈すると，致経は，「ここで老人が一人，お会い申し上げたでしょう。あれは父の平五大夫でございます。堅固の田舎者で，詳しい事情を知りません。きっと無礼なふるまいをしたことでしょう」と言った。致経が去った後，保昌は，「やはりそうだった。あれは致頼だったのだ」と言った。保昌は，その振る舞いから彼がただものではないとわかって，決してあなどらなかった。家来をいさめて，無事であった。とても評価の高い人物である。

3 【解き方】㈡ 第1段落で,「科学か哲学か」という視点でのありがちな考え方として,「哲学」については「現代は科学の時代であるから,哲学というようなものはもはや存在理由をもたない」という考えを挙げ,続いて「科学」については「科学というものは事象を単に外面的にしか見ないもの」だという考えを挙げている。

㈢ 前で,「哲学が価値判断という問題を取り扱うにとどまらず…科学との衝突が生じてきます」と述べていることから,「哲学」は「価値判断」を扱うものであり,「科学」は「事実」を扱うものであるという,それぞれの「本来の領域」をおさえる。

㈣ 当時の哲学について前で,「『自然の奥には神の力がある』というような主張をしていたこと」を例に挙げ,「価値の問題と事実の問題が区別されていなかった」ので「哲学は事実についても判断を下しうると考えられていた」と述べている。

㈤ 自発。1は尊敬。3と4は受け身。

㈥ 第3段落で,「哲学と科学が対立する」のは,「科学が自分を万能と考えようとするとき」だと述べている。

㈦ 人間が科学に支配されないよう「人間はあくまでも科学を自由に用いる,科学の主人としてとどまらねばなりません」とした上で,そのためには「科学によっては解決できない価値の問題が存するということ」を理解し,「自分の行為を選ぶ」ために必要な「価値判断」には「哲学というものが必要であるということ」もまた理解しなければならないと述べている。

㈨ 脱落文の,科学の「自己の領域を越えた越権行為」に注目。9段落の,「科学が事実についての知識であるということ」を忘れて,「いっさいの問題」を科学によって解決しようとすることを指している。

㈩ 最後の段落で,人間が科学に支配されることのないよう「科学を自由に用いる」には,「科学によっては解決できない価値の問題が存するということ」,そして,この価値判断には「哲学というものが必要であるということを,十分に理解しなければならない」と述べている。

【答】 ㈠ a. 否定　b. 成功　c. 常(に)　d. 支配　㈡ ア. 存在理由をもたない　イ. 外面的にしか見ない

㈢ 3

㈣ (当時の哲学は)価値の問題と事実の問題を混同して,事実についても判断できる(と考えていたところに問題があった) (29字) (同意可)

㈤ 2　㈥ 万能

㈦ (われわれには)科学を自由に用いる科学の主人という存在でいることが求められ,哲学を用いて価値判断を行い自分の行為を選んで(生きてゆく必要がある) (52字) (同意可)

㈧ 3　㈨ (第)9(段落)　㈩ 4

4 **【答】** (例)

Aの「出会おう」は受け身な言い方だが,Bの「見つけよう」には積極的な姿勢を感じる。また,Aは「多くの本」との出会いをすすめているが,Bは「一冊」の本との出会いをすすめている。

私は,Bのスローガンを採用するのがよいと考える。中学一年生のときに読んだ一冊の本は,今でも私の心に残っており,これからも繰り返し読むことで,今後の私の人生の支えになっていくと思う。心に残り続ける一冊の本を見つければ,それは宝物になるので,多くの人に自分の宝物を見つけてほしい。(239字)

~MEMO~

2025年度 受験用
公立高校入試対策シリーズ(赤本) ラインナップ

入試データ	前年度の各高校の募集定員,倍率,志願者数等の入試データを詳しく掲載しています。
募集要項	公立高校の受験に役立つ募集要項のポイントを掲載してあります。ただし,2023年度受験生対象のものを参考として掲載している場合がありますので,2024年度募集要項は必ず確認してください。
傾向と対策	過去の出題内容を各教科ごとに分析して,来年度の受験について,その出題予想と受験対策を掲載してあります。予想を出題範囲として限定するのではなく,あくまで受験勉強に対する一つの指針として,そこから学習の範囲を広げて幅広い学力を身につけるように努力してください。
くわしい解き方	模範解答を載せるだけでなく,詳細な解き方・考え方を小問ごとに付けてあります。解き方・考え方をじっくり研究することで応用力が身に付くはずです。また,英語長文には全訳,古文には口語訳を付けてあります。
解答用紙と配点	解答用紙は巻末に別冊として付けてあります。 解答用紙の中に問題ごとの配点を掲載しています(配点非公表の場合を除く)。合格ラインの判断の資料にしてください。

府県一覧表

3021 岐阜県公立高
3022 静岡県公立高
3023 愛知県公立高
3024 三重県公立高【後期選抜】
3025 滋賀県公立高
3026-1 京都府公立高【中期選抜】
3026-2 京都府公立高【前期選抜 共通学力検査】
3027-1 大阪府公立高【一般選抜】
3027-2 大阪府公立高【特別選抜】
3028 兵庫県公立高
3029-1 奈良県公立高【一般選抜】
3029-2 奈良県公立高【特色選抜】
3030 和歌山県公立高
3033-1 岡山県公立高【一般選抜】
3033-2 岡山県公立高【特別選抜】
3034 広島県公立高
3035 山口県公立高
3036 徳島県公立高
3037 香川県公立高
3038 愛媛県公立高
3040 福岡県公立高
3042 長崎県公立高
3043 熊本県公立高
3044 大分県公立高
3046 鹿児島県公立高

滋賀県特色選抜・学校独自問題

2001 滋賀県立石山高
2002 滋賀県立八日市高
2003 滋賀県立草津東高
2004 滋賀県立膳所高
2005 滋賀県立東大津高
2006 滋賀県立彦根東高
2007 滋賀県立守山高
2008 滋賀県立虎姫高
2020 滋賀県立大津高

京都府前期選抜・学校独自問題

2009 京都市立堀川高・探究学科群
2010 京都市立西京高・エンタープライジング科
2011 京都府立嵯峨野高・京都こすもす科
2012 京都府立桃山高・自然科学科

2025 年度受験用

公立高校入試対策シリーズ 3037

香川県公立高等学校

別冊

解答用紙

●この冊子は本体から取りはずしてご使用いただけます。

●解答用紙（本書掲載分）をダウンロードする場合はこちら↓
https://book.eisyun.jp/

※なお，予告なくダウンロードを終了することがあります。

英俊社

●解答用紙の四隅にあるガイドに合わせて指定の倍率で拡大すると，実物とほぼ同じ大きさでご使用いただけます(一部例外がございます)。

数学解答用紙

受検番号

問題1

(1)	
(2)	
(3)	
(4)	$x=$　　　，$y=$
(5)	
(6)	
(7)	◯ → ◯ → ◯

問題2

(1)		度
(2)	ア	cm
	イ	cm^2
(3)		cm^2

問題3

(1)		
(2)		
(3)	ア	
	イ	$a=$
(4)	証明	

問題4

(1)	ア	◯ と ◯
	イ	$n=$
(2)	ア	cm^3
	イ	cm^2
	ウ	xの値を求める過程 答　xの値

問題5

(1) 証明

(2) 証明

G A H F B D C E

◇K17(171—3)

※実物の大きさ：173％拡大（B4用紙）

英語解答用紙

受検番号

問題1	A	〇
	B	〇
	C	
	D	Manabu が今年の夏に行く都市
		Manabu が日本を出発する日　　月　　日
		Manabu が今回その都市でしようとしていること
	E	No. 1　No. 2　No. 3
問題2	(1)	(a)　(b)　(c)　(d)
	(2)	
	(3)	
問題3	(1)	
	(2)	
	(3)	
	(4)	?
	(5)	Hiraga Gennai ＿＿＿ to grow it in Kagawa.
	(6)	Like this, ＿＿＿.
	(7)	
	(8)	
	(9)	.
問題4	(1)	
	(2)	
	(3)	
	(4)	?
	(5)	という発言
	(6)	
	(7)	(a) .
		(b) .
	(8)	〇 と 〇
問題5		I think ＿＿＿ is better.

◇K19(171—5)

※実物の大きさ：173% 拡大（B4 用紙）

社 会 解 答 用 紙

受検番号

問題1

(1)			
(2)			
(3)			
(4)	a	言葉	
		記号	○
	b		
(5)	太郎さんの意見		○
	花子さんの意見		○
(6)			
(7)	内容		
	記号		○ と ○
(8)	○ と ○ と ○		
(9)	a		
	b		○
	c		

問題2

(1)	記号	○
	言葉	
(2)	a	
	b	
(3)	a	
	b	
	c	○ → ○ → ○
(4)	幕府や藩に　特権。	
(5)		
(6)	a	
	b	
	c	
(7)	a	○ と ○
	b	寺内正毅内閣と比べて原敬内閣は，
(8)	a	○ → ○ → ○
	b	
(9)		

問題3

(1)	a		
	b		
	c	12月　日　時	
	d	内容	雨が，
		記号	○ と ○
(2)	a		
	b		○
	c		
	d	記号	
		内容	
	e	○ と ○	
	f	遠洋漁業の漁獲量	加工品を含む水産物輸入量
	g		
(3)	フランス		スウェーデン
(4)			

◇K18(171—4)

※実物の大きさ：173% 拡大（B4 用紙）

理　科　解　答　用　紙

受検番号	

問題1

A	(1)		木星型惑星は地球型惑星に比べて，
	(2)	a 位置関係	○
		a 見える時間と方向	
		b 内容	地球よりも，＿＿＿＿＿＿していている
		b 記号	○
	(3)		
	(4)		○ と ○
B	(1)	a	
		b	○ と ○ と ○
		c	
	(2)		
	(3)		○ と ○

問題2

A	(1)			
	(2)			
	(3)			
B	(1)			
	(2)			○
	(3)			被子植物では，
	(4)			
C	(1)	a		
		b		○ と ○
		c		
	(2)	a	記号	○
		a	理由	植物の細胞には，＿＿＿＿＿＿ため。
		b		

問題3

A	(1)	○
	(2)	数値 ＿＿ 記号 ○
	(3)	
	(4)	記号 ○ 化学式 ＿＿
	(5)	プラスチックには＿＿＿＿＿＿という性質があるため，＿＿＿＿＿＿という問題。
B	(1)	
	(2)	
	(3)	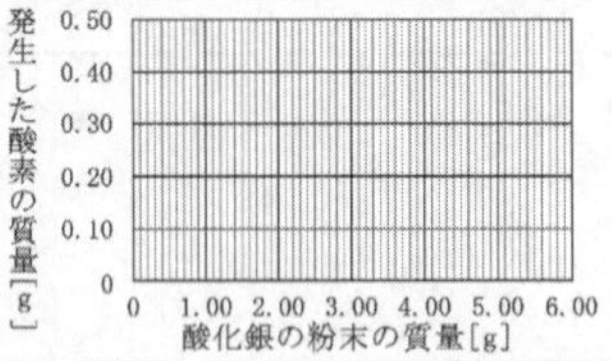
	(4)	2 Ag_2O →
	(5)	g

問題4

A	(1)		
	(2)		Ω
	(3)		J
	(4)	記号	○ と ○
		数値	
	(5)	数値	記号 ○
B	(1)		○
	(2)		○ と ○
C	(1)		m/s
	(2)	P	
		Q	
	(3)		cm
	(4)		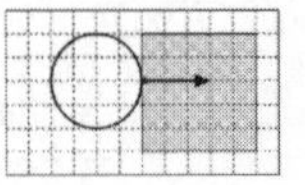
	(5)	言葉	
		記号	○ と ○

◇K20(171—6)

※実物の大きさ：173% 拡大（B4 用紙）

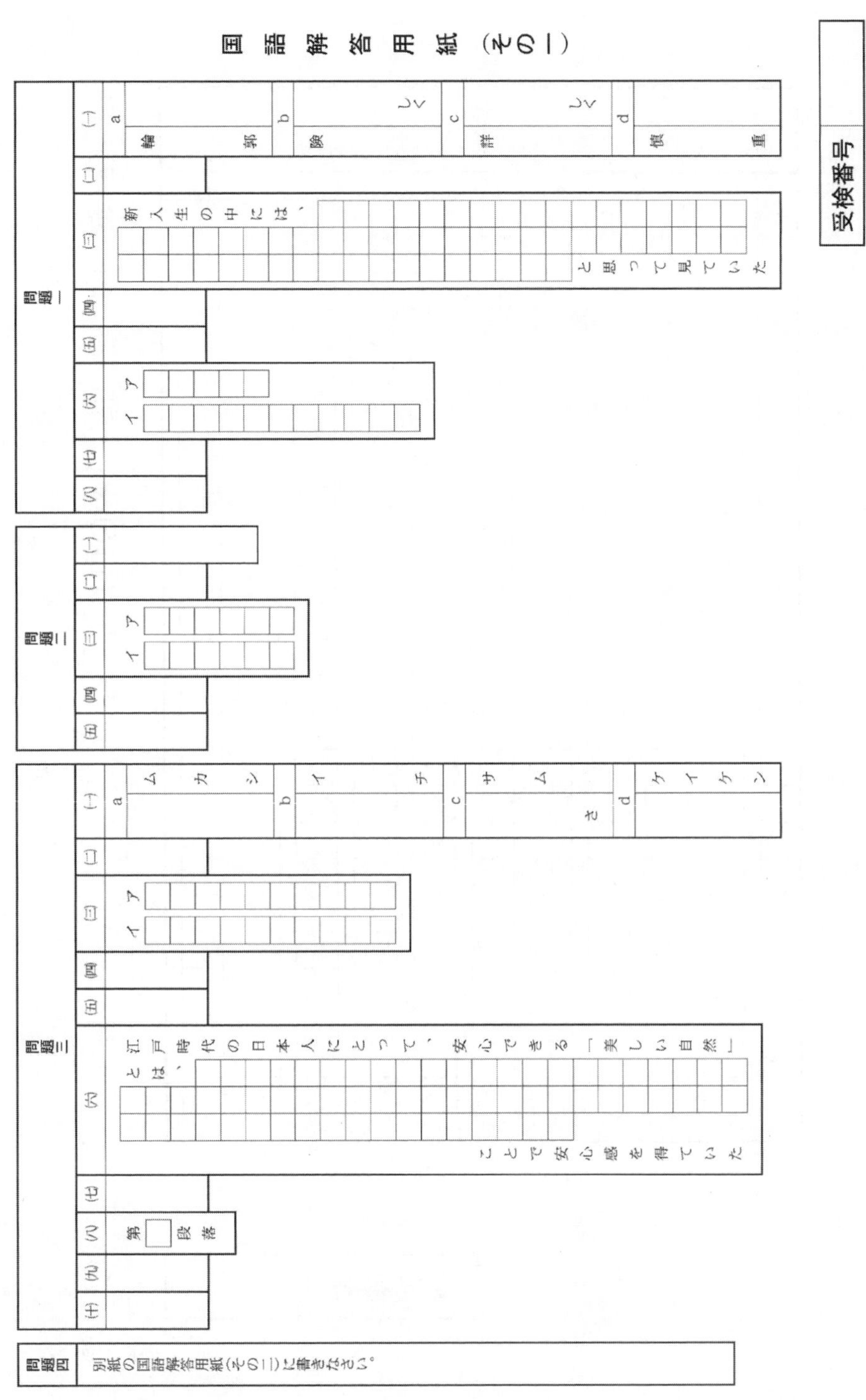

国語解答用紙（その一）

受検番号

問題一
(一) a 輪郭　b 険しく　c 詳しく　d 貴重
(二)
(三) 新入生の中には、
と思って見ていた
(四)
(五)
(六) ア　イ
(七)
(八)

問題二
(一)
(二)
(三) ア　イ
(四)
(五)

問題三
(一) a ムカシ　b イチ　c サムさ　d ケイケン
(二)
(三) ア　イ
(四)
(五)
(六) 江戸時代の日本人にとって、安心できる「美しい自然」とは、
ことで安心感を得ていた
(七)
(八) 第　段落
(九)
(十)

問題四 別紙の国語解答用紙（その二）に書きなさい。

◇K15(171—1)

※実物の大きさ：173% 拡大（B4 用紙）

国語解答用紙（その二）

問題四

(250)　(150)

1行25字

受検番号	

◇K16(171—2)

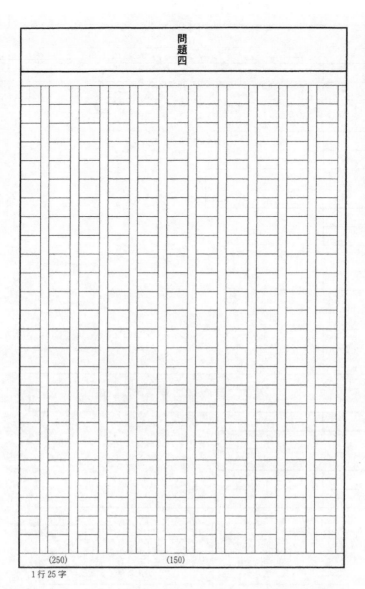

※実物の大きさ：122% 拡大（B5 用紙）

問題一　解答用紙

(200)　(150)

1行25字

受検番号	

問題一　解答用紙

（一）

（二）

（三）

明治維新のころの翻訳の過程で生まれた新たな翻訳語が、

という役割を果たしたことについて、当時の翻訳家への敬意を示そうとしている

受検番号

※実物の大きさ：122% 拡大（B5 用紙）

問題２　解答用紙

受検番号	

(1)	$n=$	
(2)	ア	証明
	イ	倍

※実物の大きさ：122% 拡大（B5 用紙）

問題２　解答用紙

受検番号	

(1)	ア	個
	イ	
(2)	ア	証明
	イ	cm²

※実物の大きさ：122% 拡大（B5 用紙）

問題３　解答用紙

受検番号	

(1)	a	
	b	
	c	
	d	
	e	I have never tried a kimono, so I ______________________________.
(2)	①	
	②	

※実物の大きさ：122% 拡大（B5 用紙）

問題３　解答用紙

受検番号	

(1)	
(2)	I said to you, "____________________?"
(3)	In Kagawa, ____________________ a good time.
(4)	I have been there many times, so I can ____________________.
(5)	

※実物の大きさ：122% 拡大（B5 用紙）

■一般選抜

【数　　学】

問題1. ⑴1点　⑵～⑺2点×6　問題2. ⑴2点　⑵2点×2　⑶2点
問題3. ⑴2点　⑵2点　⑶2点×2　⑷3点　問題4. ⑴2点×2　⑵ア. 2点　イ. 2点　ウ. 3点
問題5. ⑴3点　⑵4点

【英　　語】

問題1. A. 1点　B. 2点　C. 2点　D. 1点×3　E. №1. 1点　№2. 1点　№3. 2点
問題2. 1点×6　問題3. ⑴～⑶1点×3　⑷～⑹2点×3　⑺1点　⑻1点　⑼2点
問題4. ⑴1点　⑵2点　⑶1点　⑷2点　⑸2点　⑹1点　⑺1点×2　⑻2点×2　問題5. 4点

【社　　会】

問題1. ⑴～⑷1点×5（⑷aは完答）⑸2点（完答）⑹1点　⑺2点（完答）⑻2点　⑼1点×3
問題2. ⑴～⑶1点×6（⑴は完答）⑷2点　⑸1点　⑹1点×3　⑺a. 1点　b. 2点　⑻1点×2
⑼1点
問題3. ⑴a. 1点　b. 1点　c. 2点　d. 2点（完答）
⑵a. 1点　b. 1点　c. 2点　d～f. 1点×3（d・fは各完答）　g. 2点　⑶1点（完答）⑷1点

【理　　科】

問題1. A. ⑴1点　⑵a. 2点　b. 1点　⑶1点　⑷1点
B. ⑴a. 1点　b. 1点　c. 2点　⑵1点　⑶1点
問題2. A. ⑴1点　⑵1点　⑶2点　B. 1点×4　C. 1点×5
問題3. A. 1点×5　B. ⑴～⑷1点×4　⑸2点
問題4. A. ⑴～⑶1点×3　⑷2点　⑸1点　B. 1点×2
C. ⑴～⑷1点×4　⑸2点

【国　　語】

問題一. ㈠1点×4　㈡2点　㈢2点　㈣1点　㈤1点　㈥2点　㈦1点　㈧2点
問題二. ㈠1点　㈡1点　㈢2点　㈣2点　㈤2点
問題三. ㈠1点×4　㈡1点　㈢2点　㈣1点　㈤1点　㈥～㈩2点×5
問題四. 8点

■自己推薦選抜

【総合問題】

問題一.　10点　問題一. ㈠3点　㈡2点　㈢5点
問題2. ⑴2点　⑵4点×2　問題2. ⑴ア. 1点　イ. 2点　⑵ア. 4点　イ. 3点
問題3. ⑴a～d. 1点×4　e. 2点　⑵2点×2　問題3. 2点×5

数学解答用紙

受検番号

問題1		
(1)		
(2)		
(3)		
(4)		
(5)		
(6)	$a=$	
(7)	◯	

問題2		
(1)		度
(2)	ア	cm
	イ	cm^3
(3)		cm

問題3		
(1)	$y=$	
(2)		
(3)	◯ と ◯	
(4)	ア	
	イ	aの値を求める過程
		答　aの値

問題4		
(1)	ア	
	イ	
(2)	ア	本
	イ	$y=$
	ウ	x, yの値を求める過程
		答　xの値　　　，yの値

問題5	
(1)	証明
(2)	証明

H A E F G B C I D

◇K17(532—3)

※実物の大きさ：173% 拡大（B4 用紙）

英語解答用紙

受検番号

問題1	A	〇	B		C	
	D	待ち合わせ場所				
		待ち合わせ時刻	午前 ____ 時 ____ 分			
		Yuji が Nancy に持ってくるように言ったもの				
	E	No. 1		No. 2		No. 3

問題2		
(1)	(a) (b) (c) (d)	
(2)		
(3)		

問題3	
(1)	
(2)	
(3)	Please ____.
(4)	
(5)	____.
(6)	
(7)	____.
(8)	
(9)	I think Kagawa ____.

問題4	
(1)	
(2)	
(3)	____?
(4)	
(5)	____ という発言
(6)	
(7)	(a) ____.
	(b) ____.
(8)	〇 と 〇

問題5

I think ____ is better.

____.
____.
____.
____.

◇K19(532—5)

※実物の大きさ：173% 拡大（B4 用紙）

受検番号

社　会　解　答　用　紙

問題1		
(1)		
(2)	a	
	b	○ と ○
	c	
(3)		
(4)		
(5)	a	
	b	しくみ。
(6)		○
(7)		
(8)	a	○ と ○ と ○
	b	
(9)	a	と　が両立しにくい
	b	
	c	

問題2			
(1)			
(2)			
(3)	a		
	b		○ → ○ → ○
	c	記号	○
		言葉	
(4)	a		
	b		
(5)	a		
	b		問屋が，　しくみ。
(6)			○ と ○
(7)	a		
	b		○ → ○ → ○
	c		○
(8)	a		
	b		満州国を　ことや，日本軍の　ことが決議された。
	c		
	d		

問題3			
(1)	a		
	b		3月　日　時
	c		造山帯
	d	記号	○ と ○
		内容	
(2)	A		
	B		
(3)	a		
	b		
(4)			わが国と，アメリカ合衆国やヨーロッパ諸国との間で，
(5)			○ → ○ → ○
(6)	a		約　m
	b		
	c		
	d		
	e		

◇K18(532—4)

※実物の大きさ：173% 拡大（B4 用紙）

理 科 解 答 用 紙

受検番号	

問題1

A	(1)	a	の位置
		b	記号 ○
			言葉
		c	
		d	○ と ○
		e	
	(2)		ため。
B	(1)	a	○ と ○
		b	
		c	○
	(2)	a	○ と ○
		b	
		c	

問題2

A	(1)	a	生殖
		b	㋐→○→○→○→○
	(2)		
B	(1)		エタノールにつけることによって，　ため。
	(2)		
	(3)		P ○　Q ○
	(4)		
C	(1)	a	器官
		b	○
		c	
	(2)	a	○ と ○
		b	
		c	肺胞がたくさんあることで，　から。

問題3

A	(1)	
	(2)	Ⓓと Ⓔに操作 ○ をおこなったとき，　ほうの水溶液の種類が　であることがわかり，　ほうの水溶液の種類が　であることがわかる。
	(3)	○ と ○
	(4)	→ ＋
	(5)	イオン
B	(1)	から。
	(2)	g
	(3)	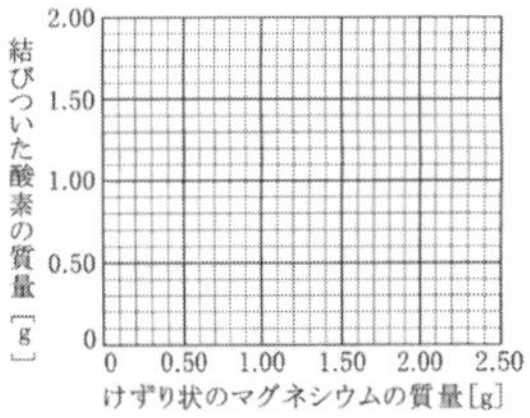結びついた酸素の質量[g] 2.00 1.50 1.00 0.50 0 0　0.50　1.00　1.50　2.00　2.50 けずり状のマグネシウムの質量[g]
	(4)	○ → ○ → ○

問題4

A	(1)	○
	(2)	○ と ○
B	(1)	V
	(2)	○ と ○
	(3)	V
	(4)	
	(5)	
C	(1)	
	(2)	J
	(3)	
	(4)	1番目　　3番目
	(5)	N

◇K20(532—6)

※実物の大きさ：173% 拡大（B4 用紙）

国語解答用紙（その一）

受検番号

問題一

㈠ a 不思議　b 乾いた　c 弾んだ　d 透きとおって

㈡

㈢

㈣ ア　イ

㈤ この筆で、　ものだととらえたから

㈥

㈦

㈧

問題二

㈠

㈡

㈢

㈣ 初め　終わり

㈤

問題三

㈠ a カコウ　b イツブウ　c セッキョク的　d ゲンミツ

㈡

㈢

㈣

㈤ 知識や理論や技法が　ため

㈥

㈦

㈧

㈨ ア　イ

㈩

問題四　別紙の国語解答用紙（その二）に書きなさい。

◇K15(532—1)

※実物の大きさ：173% 拡大（B4 用紙）

国語解答用紙（その二）

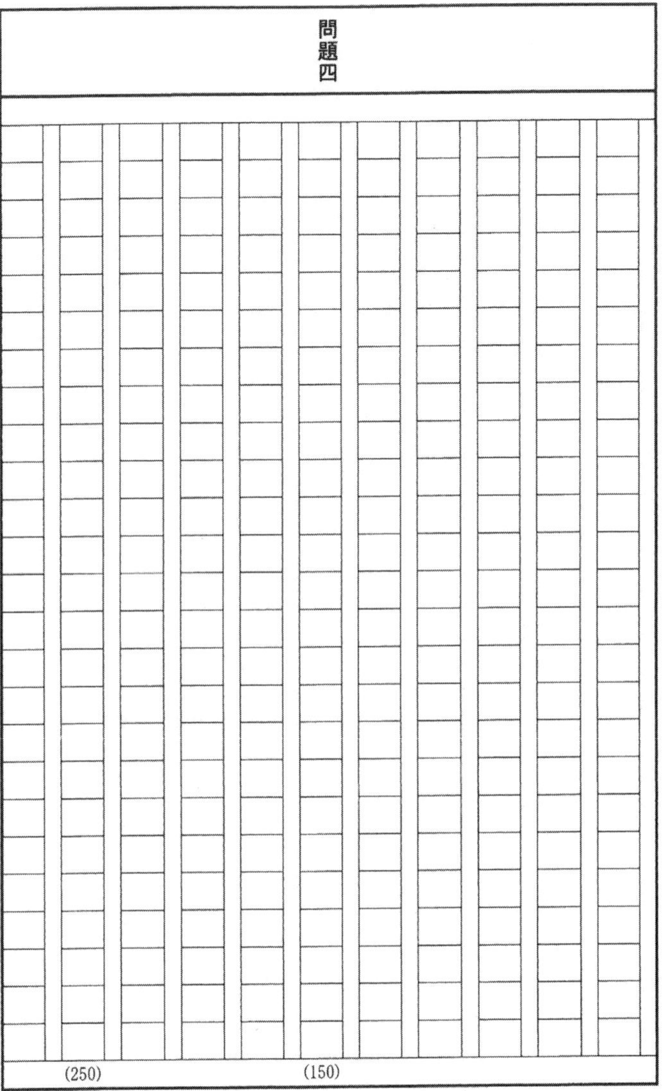

問題四

(250)　(150)

1行25字

受検番号

◇K16(532—2)

※実物の大きさ：122%拡大（B5用紙）

■一般選抜

【数　　学】

問題1. ⑴1点　⑵〜⑺2点×6　**問題2.** 2点×4　**問題3.** ⑴〜⑶2点×3　⑷ア．2点　イ．3点
問題4. ⑴2点×2　⑵ア．2点　イ．2点　ウ．3点　**問題5.** ⑴3点　⑵4点

【英　　語】

問題1. A．1点　B．2点　C．2点　D．1点×3　E．№1．1点　№2．1点　№3．2点
問題2. 1点×6　**問題3.** ⑴1点　⑵1点　⑶2点　⑷1点　⑸2点　⑹1点　⑺2点　⑻1点　⑼2点
問題4. ⑴1点　⑵2点　⑶2点　⑷1点　⑸2点　⑹1点　⑺1点×2　⑻2点×2　**問題5.** 4点

【社　　会】

問題1. 1点×15　**問題2.** ⑴〜⑺1点×13（⑶cは完答）⑻a．1点　b．2点　c．1点　d．1点
問題3. ⑴a．1点　b．2点　c．1点　d．2点（完答）⑵2点　⑶1点×2　⑷〜⑹1点×7

【理　　科】

問題1. 1点×12（A⑴bは完答）**問題2.** 1点×13（B⑶は完答）
問題3. A．⑴1点　⑵2点　⑶〜⑸1点×3　B．⑴1点　⑵2点　⑶1点　⑷1点
問題4. A．1点×2　B．⑴1点　⑵1点　⑶2点　⑷1点　⑸1点　C．⑴〜⑷1点×4　⑸2点

【国　　語】

問題一. ㈠〜㈢1点×6　㈣〜㈥2点×3　㈦1点　㈧2点
問題二. ㈠1点　㈡2点　㈢1点　㈣2点　㈤2点
問題三. ㈠1点×4　㈡2点　㈢1点　㈣2点　㈤2点　㈥1点　㈦1点　㈧〜㈩2点×3
問題四. 8点

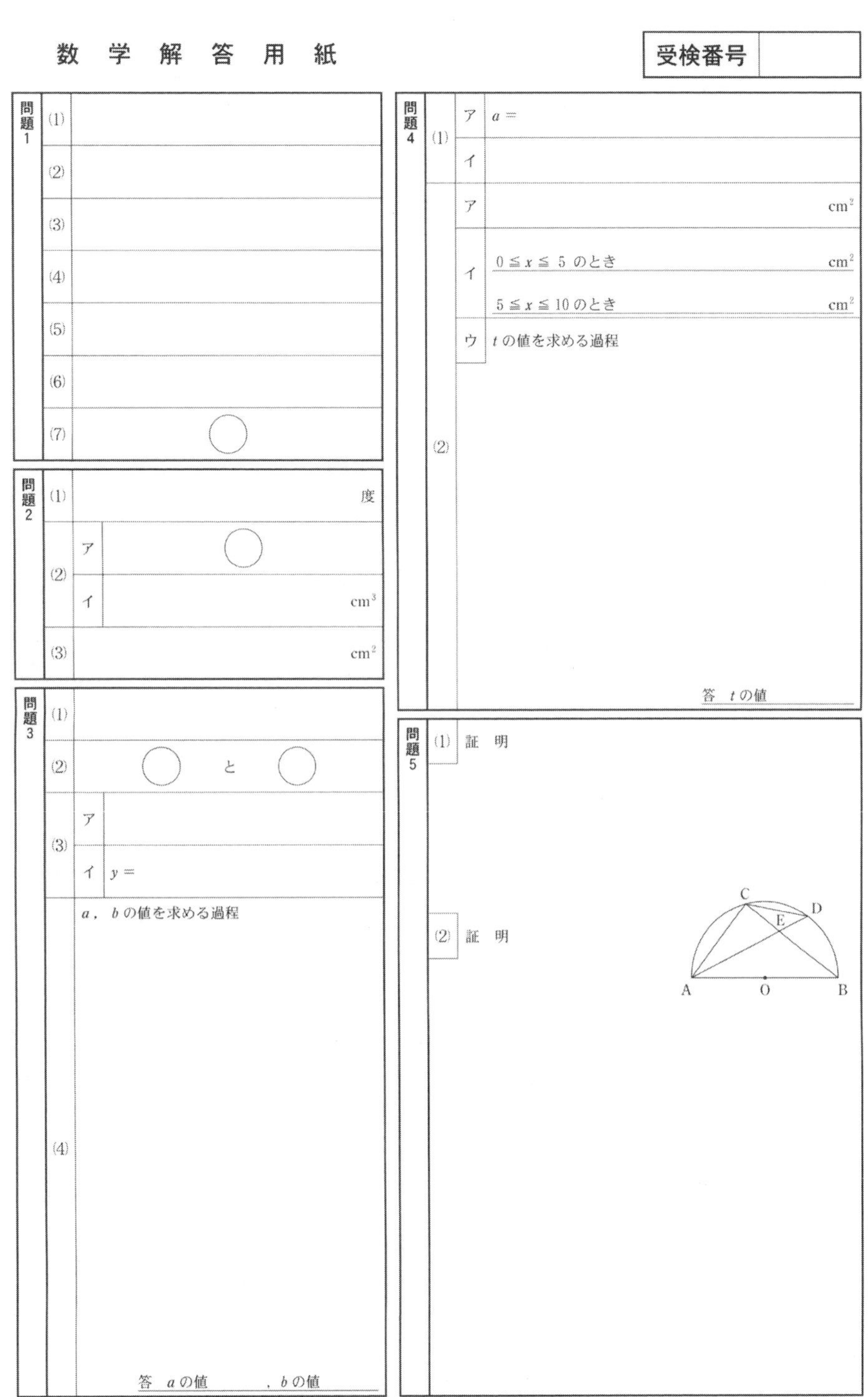

数　学　解　答　用　紙

受検番号

問題1

(1)	
(2)	
(3)	
(4)	
(5)	
(6)	
(7)	○

問題2

(1)		度
(2)	ア	○
	イ	cm^3
(3)		cm^2

問題3

(1)		
(2)		○　と　○
(3)	ア	
	イ	$y=$
(4)		a，b の値を求める過程 答　a の値　　　，b の値

問題4

(1)	ア	$a=$
	イ	
(2)	ア	cm^2
	イ	$0 \leqq x \leqq 5$ のとき　cm^2 $5 \leqq x \leqq 10$ のとき　cm^2
	ウ	t の値を求める過程 答　t の値

問題5

(1)	証　明
(2)	証　明

◇K16(139—3)

※実物の大きさ：173% 拡大（B4 用紙）

英 語 解 答 用 紙

受検番号

問題1	A	○
	B	○
	C	
	D	Emiが行こうとしている場所
		Emiが選ぶ交通手段でその場所までかかる時間　＿＿分
		Emiが楽しみにしていること　＿＿こと
	E	No. 1 ／ No. 2 ／ No. 3
問題2	(1)	(a) ／ (b) ／ (c) ／ (d)
	(2)	
	(3)	
問題3	(1)	
	(2)	
	(3)	＿＿?
	(4)	
	(5)	A ＿＿ an expert.
	(6)	
	(7)	
	(8)	I ＿＿ in the world.
	(9)	Everyone, ＿＿.
問題4	(1)	＿＿?
	(2)	
	(3)	
	(4)	
	(5)	
	(6)	
	(7)	(a) ＿＿.
		(b) ＿＿.
	(8)	○ と ○
問題5		I think living in [　　] is better.

◇K18(139—5)

※実物の大きさ：173% 拡大（B4 用紙）

社　会　解　答　用　紙

受検番号

問題1

(1)			
(2)	a		
	b		
	c	記号	○
		理由	からである。
	d		
(3)			
(4)	a		○ と ○
	b		
	c		
	d		
	e		
(5)	a		
	b	記号	○
		言葉	

問題2

(1)		
(2)	a	
	b	
	c	
	d	○ と ○
	e	
(3)	a	
	b	○ → ○ → ○
	c	領民の信仰する宗教が　ことを証明させるため。
(4)	a	○ → ○ → ○
	b	
(5)	a	
	b	
	c	
	d	○ と ○
(6)		
(7)	a	○
	b	

問題3

(1)	a	
	b	時間　分
	c	大陸
	d	
	e	
(2)		歳 男 女 歳 / 80 70 60 50 40 30 20 10 0 / 12 10 8 6 4 2 0 2 4 6 8 10 12 %
(3)		○
(4)		
(5)	a	約　m
	b	
	c	○ と ○
	d	海流
	e	
	f	
(6)		火力発電の燃料の自給率が　ので，　から。

◇K17(139—4)

※実物の大きさ：173% 拡大（B4 用紙）

理　科　解　答　用　紙

受検番号	

問題1			
A	(1)	a	
		b	%
	(2)	a	hPa
		b	○ と ○
	(3)	a	○ と ○
		b	しめった空気の温度が下がることで，＿＿＿＿，雲ができます。
B	(1)	a	
		b	
		c	○ と ○
	(2)	a	○ と ○
		b	○
	(3)		

問題2			
A	(1)	P	Q
	(2)	肉食動物の数量が減少→○→○→○→もとの状態	
B	(1)	○	
	(2)	P	Q
	(3)	○ と ○	
	(4)	a	
		b	○ と ○
	(5)		
C	(1)		
	(2)	数値	記号 ○
	(3)		
	(4)		
	(5)		

問題3			
A	(1)	$H_2SO_4 + Ba(OH)_2 \rightarrow$	
	(2)	記号	○ と ○
		言葉	の法則
	(3)		
	(4)		g
B	(1)	○	
	(2)	メタンが燃焼するときには＿＿＿＿，水素が燃焼するときには＿＿＿＿という違いがある。	
	(3)	P	Q
	(4)	→ ＋	
	(5)	記号	
		性質	という性質。
	(6)		

問題4		
A	(1)	倍
	(2)	
	(3)	m/s
	(4)	○ と ○
	(5)	＿＿＿＿は，力のはたらく面積を小さくすることで圧力を大きくし，＿＿＿＿する道具である。
B	(1)	倍
	(2)	cm
C	(1)	○ と ○
	(2)	Ω
	(3)	縦軸：電熱線Qに流れる電流[mA]（ ）（ ）（ ）（ ）（ ）0　横軸：電熱線Qに加わる電圧[V]　0　1.0　2.0　3.0　4.0
	(4)	V
	(5)	倍

◇K19(139—6)

※実物の大きさ：173% 拡大（B4 用紙）

国語解答用紙（その一）

受検番号

問題一

(一) a 校庭　b 濃　わせて　c 丁寧　d 刻　まれて

(二) 川木に「勝ったときは徹のおかげだ」と言われ、これまで川木を　　　　ような点を意外に感じたから

(三)

(四)

(五)　　　　を知ったこと

(六)

(七)

(八)

問題二

(一)

(二)

(三)

(四)

(五)

問題三

(一) a タン　なる　b フクザツ　c セイサク　d ゼンテイ

(二)

(三) 物語は、それが語られたときの雰囲気や　　　　が求められると考えているから

(四)

(五)

(六) ア　イ

(七)

(八)

(九)

(十)

問題四 別紙の国語解答用紙（その二）に書きなさい。

◇K14(139—1)

※実物の大きさ：173% 拡大（B4 用紙）

国語解答用紙（その二）

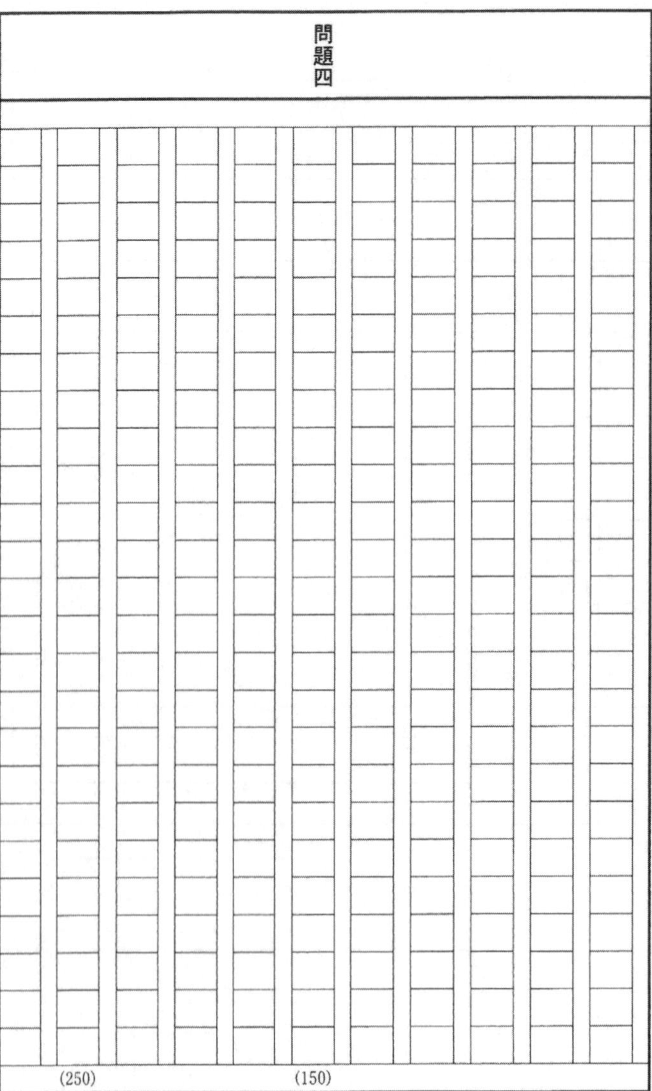

1行25字

受検番号

◇K15(139—2)

■一般選抜

【数　　学】

問題1. ⑴1点 ⑵〜⑺2点×6　問題2. 2点×4　問題3. ⑴〜⑶2点×4 ⑷3点
問題4. ⑴2点×2 ⑵ア. 2点 イ. 2点 ウ. 3点　問題5. ⑴3点 ⑵4点

【英　　語】

問題1. A. 1点 B. 2点 C. 1点 D. 順に, 1点, 1点, 2点 E. №1. 1点 №2. 1点 №3. 2点
問題2. 1点×6　問題3. ⑴1点 ⑵1点 ⑶2点 ⑷1点 ⑸2点 ⑹1点 ⑺1点 ⑻2点 ⑼2点
問題4. ⑴2点 ⑵1点 ⑶2点 ⑷1点 ⑸2点 ⑹1点 ⑺1点×2 ⑻2点×2　問題5. 4点

【社　　会】

問題1. ⑴1点 ⑵a. 1点 b. 1点 c. 2点 d. 1点 ⑶1点
⑷a. 1点 b. 1点 c. 2点 d. 1点 e. 1点 ⑸1点×2
問題2. 1点×18
問題3. ⑴a. 1点 b. 2点 c〜e. 1点×3 ⑵〜⑷1点×3 ⑸a〜d. 1点×4 e. 2点 f. 1点
⑹1点

【理　　科】

問題1. 1点×12　問題2. 1点×13（A⑴・B⑵・C⑵は各完答）
問題3. A. ⑴〜⑶1点×3（⑵は完答） ⑷2点 B. 1点×6（⑶・⑸は各完答）
問題4. A. 1点×5 B. ⑴1点 ⑵2点 C. ⑴〜⑷1点×4 ⑸2点

【国　　語】

問題一. ㈠1点×4 ㈡2点 ㈢1点 ㈣1点 ㈤2点 ㈥1点 ㈦2点 ㈧2点
問題二. ㈠1点 ㈡2点 ㈢2点 ㈣1点 ㈤2点
問題三. ㈠1点×4 ㈡1点 ㈢2点 ㈣2点 ㈤1点 ㈥2点 ㈦2点 ㈧1点 ㈨2点 ㈩2点
問題四. 8点

数　学　解　答　用　紙

受検番号	

問題1		
	(1)	
	(2)	
	(3)	$y =$
	(4)	
	(5)	
	(6)	
	(7)	○ → ○ → ○

問題2			
	(1)		度
	(2)	ア	○
		イ	cm
	(3)		cm

問題3			
	(1)		km
	(2)		
	(3)	ア	
		イ	$a =$
	(4)	x の値を求める過程 答　x の値	

問題4			
	(1)	ア	$p =$
		イ	
	(2)	ア	点
		イ	点
		ウ	a，b の値を求める過程 答　a の値　　，b の値

問題5		
	(1)	証　明
	(2)	証　明

◇K18(638—3)

※実物の大きさ：173% 拡大（B4 用紙）

英 語 解 答 用 紙

受検番号

問題1	A	○					
	B						
	C						
	D	Ellen と Sam の 待 ち 合 わ せ 場 所	の前				
		Ellen と Sam の 待 ち 合 わ せ 時 刻	午前 ＿＿ 時 ＿＿ 分				
		Ellen が Sam に 持 っ て 行 く ほ う が よ い と 言 っ た も の					
	E	No. 1		No. 2		No. 3	
問題2	(1)	(a)		(b)		(c)		(d)
	(2)						
	(3)						
問題3	(1)						
	(2)						
	(3)	＿＿＿＿.					
	(4)						
	(5)						
	(6)	She likes kabuki and ＿＿＿＿ which were taken in *Kanamaru-za*.					
	(7)	＿＿＿＿.					
	(8)	From that experience, I thought that learning about our own country ＿＿＿＿.					
	(9)						
問題4	(1)						
	(2)	＿＿＿＿ という願い					
	(3)	＿＿＿＿?					
	(4)						
	(5)						
	(6)						
	(7)	(a) ＿＿＿＿.					
		(b) ＿＿＿＿.					
	(8)	○ と ○					
問題5		I think getting information from ［　　　］ is better.					

◇K 20 (638—5)

※実物の大きさ：173% 拡大（B4 用紙）

社 会 解 答 用 紙

受検番号	

問題1

(1)	a	
	b	
	c	
	d	内閣は，　　　　しなければならない。
(2)	a	
	b	
(3)		地方交付税交付金には，　　　　という役割があるから。
(4)	a	
	b	
(5)	a	
	b	
	c	
(6)		
(7)		

問題2

(1)	a	
	b	国ごとに
	c	記号 ◯
		言葉
	d	
(2)	a	
	b	
(3)	a	
	b	
(4)		◯ と ◯
(5)	a	
	b	
	c	日清戦争に比べ，日露戦争は，　　　　にもかかわらず，　　　　から。
(6)	a	◯
	b	
	c	◯ → ◯ → ◯
	d	◯ と ◯

問題3

(1)	a	
	b	◯
	c	教
	d	
	e	◯
(2)	a	約　　　　m
	b	
	c	E の地域の傾斜の方が，
	d	
	e	
(3)	a	℃ 30 25 20 15 10 5 0 −5 −10 / mm 400 350 300 250 200 150 100 50 0 / 1 7 12月
	b	
(4)		
(5)		原子力発電　　　　太陽光発電
(6)	a	
	b	
	c	

◇K19(638—4)

※実物の大きさ：173% 拡大（B4 用紙）

理　科　解　答　用　紙

受検番号	

問題1

A	(1)	a	言葉	◯ と ◯
			理由	このような向きに星が動いて見えるのは，地球が＿＿から＿＿へ＿＿ため。
		b		
	(2)	a		
		b		
		c		
B	(1)	a		◯ と ◯
		b		れきの粒がまるみを帯びているのは，＿＿ため。
		c		
		d		
	(2)	a		
		b		◯ と ◯

問題2

A	(1)		観点① ＿＿ 観点② ＿＿ 観点③ ＿＿
	(2)		
	(3)		
	(4)	a	◯ と ◯
		b	
	(5)		
B	(1)		＿＿によるものだということを確認するため。
	(2)		
C	(1)		植物細胞どうしを＿＿するはたらき。
	(2)		◯
	(3)		
	(4)		
	(5)		複製前の細胞と分裂直後の細胞の＿＿ため。

問題3

A	(1)	◯
	(2)	陽イオン ＿＿ 陰イオン ＿＿
	(3)	◯ と ◯
	(4)	＿＿金属板と，うすい塩酸や食塩水のように，＿＿がとけてイオンが含まれている水溶液を用いる必要がある。
	(5)	◯
B	(1)	P ＿＿ Q ＿＿
	(2)	◯ と ◯
	(3)	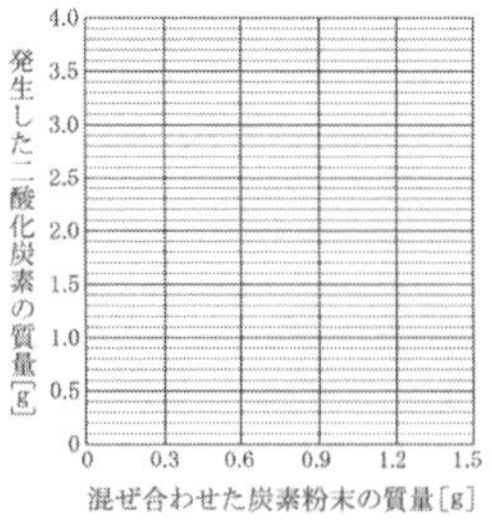
	(4)	
	(5)	g

問題4

A	(1)		Ω
	(2)	X	
		Y	
	(3)		◯ と ◯
	(4)		A
	(5)		℃
B	(1)		m/s
	(2)		◯ と ◯
	(3)		倍
	(4)		cm
	(5)		1番目 ＿＿ 4番目 ＿＿
C	(1)		
	(2)		◯ と ◯

◇K21(638—6)

※実物の大きさ：173% 拡大（B4 用紙）

国語解答用紙（その一）

受検番号

問題一

(一) a 推薦　b 楽譜　c 響き　d 激励
(二)
(三) ア　イ
(四)
(五)
(六) 思い
(七)
(八)

問題二

(一)
(二)
(三)
(四)
(五)

問題三

(一) a サカらう　b ユルせなく　c アラタめて　d ユウセン
(二)
(三) ア　イ
(四)
(五)
(六) 哲学対話の問いは ことで社会を結びつけていく
(七)
(八)
(九)
(十)

問題四　別紙の国語解答用紙（その二）に書きなさい。

◇K16(638—1)

※実物の大きさ：173% 拡大（B4 用紙）

国語解答用紙（その二）

受検番号

◇K17(638—2)

■一般選抜

【数　　学】

問題 1. ⑴ 1 点　⑵～⑺ 2 点×6　問題 2. 2 点×4　問題 3. ⑴～⑶ 2 点×4　⑷ 3 点
問題 4. ⑴ 2 点×2　⑵ア. 2 点　イ. 2 点　ウ. 3 点　問題 5. ⑴ 3 点　⑵ 4 点

【英　　語】

問題 1. A. 1 点　B. 2 点　C. 2 点　D. 1 点×3　E. №1. 1 点　№2. 1 点　№3. 2 点
問題 2. 1 点×6　問題 3. ⑴ 1 点　⑵ 1 点　⑶ 2 点　⑷ 1 点　⑸ 1 点　⑹～⑻ 2 点×3　⑼ 1 点
問題 4. ⑴ 1 点　⑵ 2 点　⑶ 2 点　⑷ 1 点　⑸ 1 点　⑹ 2 点　⑺ 1 点×2　⑻ 2 点×2　問題 5. 4 点

【社　　会】

問題 1. ⑴ a ～ c. 1 点×3　d. 2 点　⑵ 1 点×2　⑶～⑺ 1 点×8
問題 2. ⑴ a. 1 点　b. 2 点　c. 1 点　d. 1 点　⑵～⑷ 1 点×5　⑸ a. 1 点　b. 1 点　c. 2 点　⑹ 1 点×4
問題 3. 1 点×17（⑸は完答）

【理　　科】

問題 1. A. ⑴ a. 2 点　b. 1 点　⑵ 1 点×3　B. 1 点×6（⑵b は完答）
問題 2. 1 点×13（A⑴・A⑷a は各完答）
問題 3. A. 1 点×5（⑵・⑶は各完答）　B. ⑴～⑷ 1 点×4（⑴・⑵は各完答）　⑸ 2 点
問題 4. A. ⑴ 1 点　⑵ 2 点（完答）　⑶～⑸ 1 点×3（⑶は完答）
B. ⑴ 1 点　⑵ 1 点（完答）　⑶ 2 点　⑷ 1 点　⑸ 1 点（完答）　C. 1 点×2（⑵は完答）

【国　　語】

問題一. ㈠ 1 点×4　㈡ 1 点　㈢ 2 点（完答）　㈣ 1 点　㈤ 2 点　㈥ 2 点　㈦ 1 点　㈧ 2 点
問題二. ㈠ 1 点　㈡ 1 点　㈢～㈤ 2 点×3
問題三. ㈠ 1 点×4　㈡ 1 点　㈢ 2 点（完答）　㈣ 1 点　㈤ 1 点　㈥ 3 点　㈦ 2 点　㈧ 1 点　㈨ 2 点
㈩ 2 点
問題四. 8 点

数学解答用紙

受検番号

問題1		
(1)		
(2)		
(3)		
(4)	$x =$	
(5)		
(6)		
(7)	$a =$	

問題2		
(1)		度
(2)	ア	◯
	イ	cm
(3)		cm^2

問題3		
(1)		
(2)		分
(3)	ア	
	イ	$y =$
(4)	xの値を求める過程	答　xの値

問題4		
(1)	ア	$a =$
	イ	
(2)	ア	cm^2
	イ	cm^2
	ウ	xの値を求める過程 答　xの値

問題5	
(1)	証　明
(2)	証　明

C O A B E G F D

◇K 16(339—3)

※実物の大きさ：173% 拡大（B4 用紙）

英 語 解 答 用 紙

受検番号	

問題	小問	解答欄
問題1	A	○
	B	
	C	
	D	Sachiko が 支 払 う 金 額　＿＿＿ ドル
		店 員 が Sachiko に 提 案 し た こ と　＿＿＿ こと
	E	No. 1
		No. 2
		No. 3
問題2	(1)	(a)　(b)　(c)　(d)
	(2)	
	(3)	
問題3	(1)	
	(2)	
	(3)	We ＿＿＿.
	(4)	＿＿＿?
	(5)	
	(6)	When I was in such a situation, ＿＿＿ English.
	(7)	
	(8)	
	(9)	＿＿＿.
問題4	(1)	＿＿＿?
	(2)	
	(3)	
	(4)	
	(5)	＿＿＿ という誘い
	(6)	
	(7)	(a) ＿＿＿.
		(b) ＿＿＿.
	(8)	○ と ○
問題5		＿＿＿. ＿＿＿. ＿＿＿. ＿＿＿.

◇K18(339—5)

※実物の大きさ：173% 拡大（B4 用紙）

社　会　解　答　用　紙

受検番号

問題1

(1)			○
(2)	a	記号	○
		理由	ためである。
	b		
	c		
	d		
	e		
(3)			
(4)	a		
	b		
	c		日本銀行が，　役割を果たしているから。
	d	言葉	
		記号	
	e		
	f	太郎さんのみが用いた資料	○
		花子さんのみが用いた資料	○
		太郎さんも花子さんも用いた資料	○

問題2

(1)	a	
	b	
	c	
(2)	言葉	
	記号	○ と ○
(3)		○ → ○ → ○
(4)	a	石高に応じて　こと。
	b	
(5)		
(6)		こと。 こと。
(7)	a	
	b	
	c	
	d	
(8)		
(9)	a	○ → ○ → ○
	b	

問題3

(1)	a	
	b	○
	c	造山帯
	d	
	e	
(2)		○
(3)		
(4)	a	約　m
	b	
	c	①　②
	d	
	e	
(5)		
(6)		
(7)	a	
	b	
(8)		

◇K17(339—4)

※実物の大きさ：173% 拡大（B4 用紙）

理　科　解　答　用　紙

受検番号	

問題1

A	(1)	a	○
		b	＿＿＿＿風
	(2)		
	(3)	a	日が当たったとき，砂は水と比べて ＿＿＿＿。このため，砂の上の空気が，水の上の空気より ＿＿＿＿ ため。
		b	○
B	(1)	a	＿＿＿＿型惑星
		b	Yのグループの惑星は，Xのグループの惑星に比べて，質量は ＿＿＿＿，太陽からの距離は ＿＿＿＿。
	(2)	a	
		b	位置：
			言葉：○ と ○
	(3)		

問題2

A	(1)	a	＿＿＿＿神経
		b	秒
	(2)	a	
		b	筋肉：　　つながり方：○
		c	○ と ○
B	(1)		
	(2)		
	(3)		○
	(4)		○ と ○
C	(1)	a	
		b	
	(2)		

問題3

A	(1)		→ ＋
	(2)		%
	(3)		○
	(4)		
	(5)		g
B	(1)	a	火のついた線香を陽極に発生した気体に近づけると，＿＿＿＿ことを確認する。
		b	
		c	
	(2)		
	(3)		g

問題4

A	(1)	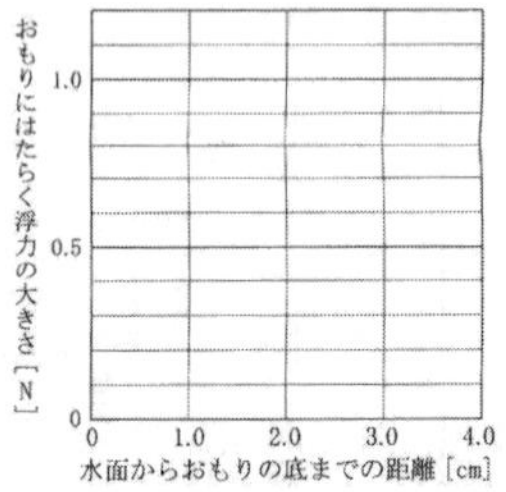
	(2)	○
B	(1)	秒
	(2)	J
	(3)	○ と ○
	(4)	○ と ○
	(5)	W
C	(1)	V
	(2)	○
	(3)	
	(4)	Ω
	(5)	○ と ○

◇K19(339—6)

※実物の大きさ：173% 拡大（B4 用紙）

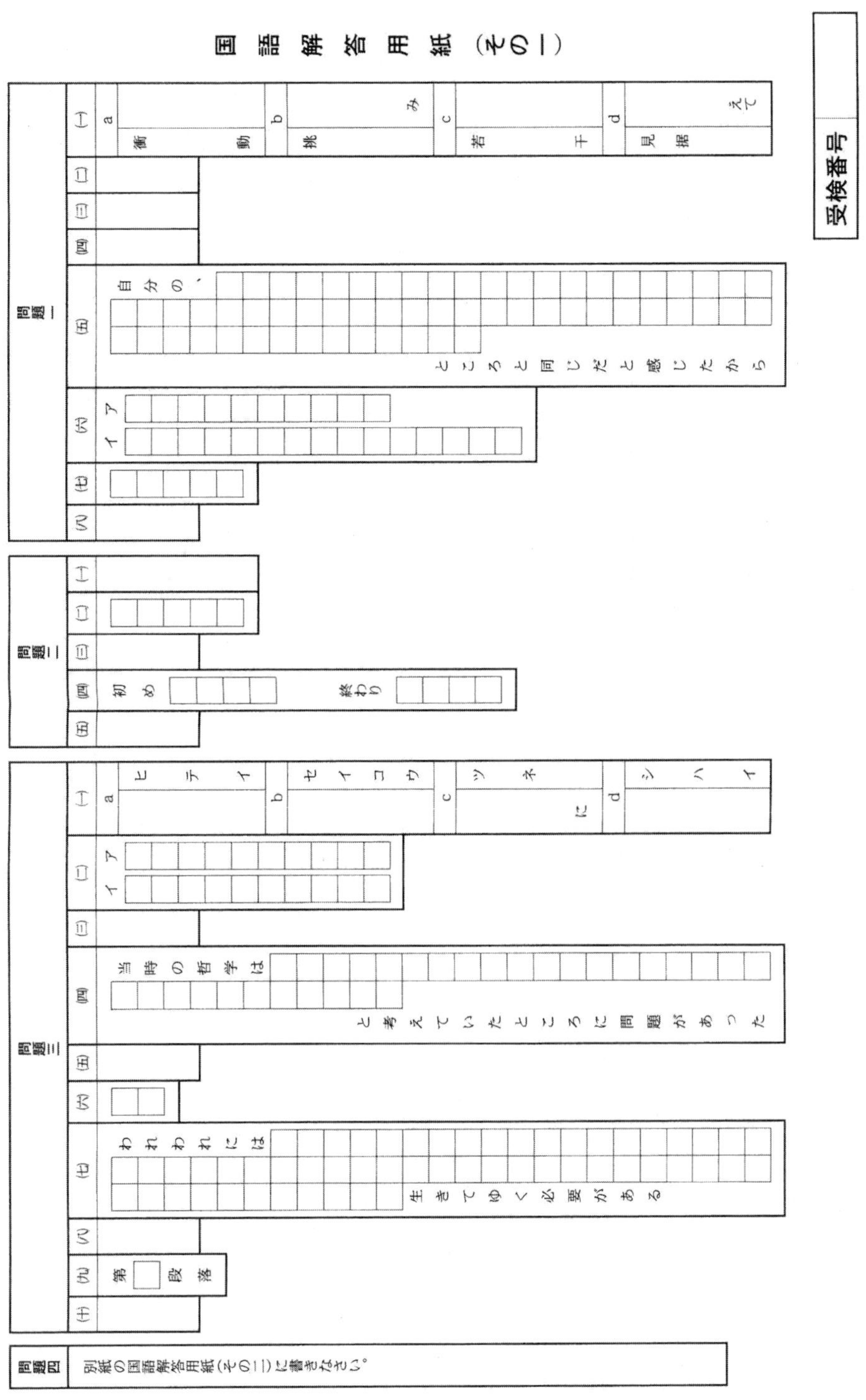

国語解答用紙（その一）

受検番号

問題一

(一) a 衝動　b 挑み　c 若干　d 見据えて

(二)

(三)

(四)

(五) 自分の、□□□…ところと同じだと感じたから

(六) ア □□□… イ □□□…

(七) □□□□□

(八)

問題二

(一)

(二) □□□□□

(三)

(四) 初め □□□□　終わり □□□□

(五)

問題三

(一) a ヒテイ　b セイコウ　c ツネに　d シハイ

(二) ア □□□… イ □□□…

(三)

(四) 当時の哲学は□□□…と考えていたところに問題があった

(五)

(六) □□

(七) われわれには□□□…生きてゆく必要がある

(八)

(九) 第□段落

(十)

問題四 別紙の国語解答用紙（その二）に書きなさい。

◇K14(339—1)

※実物の大きさ：173% 拡大（B4 用紙）

国語解答用紙（その二）

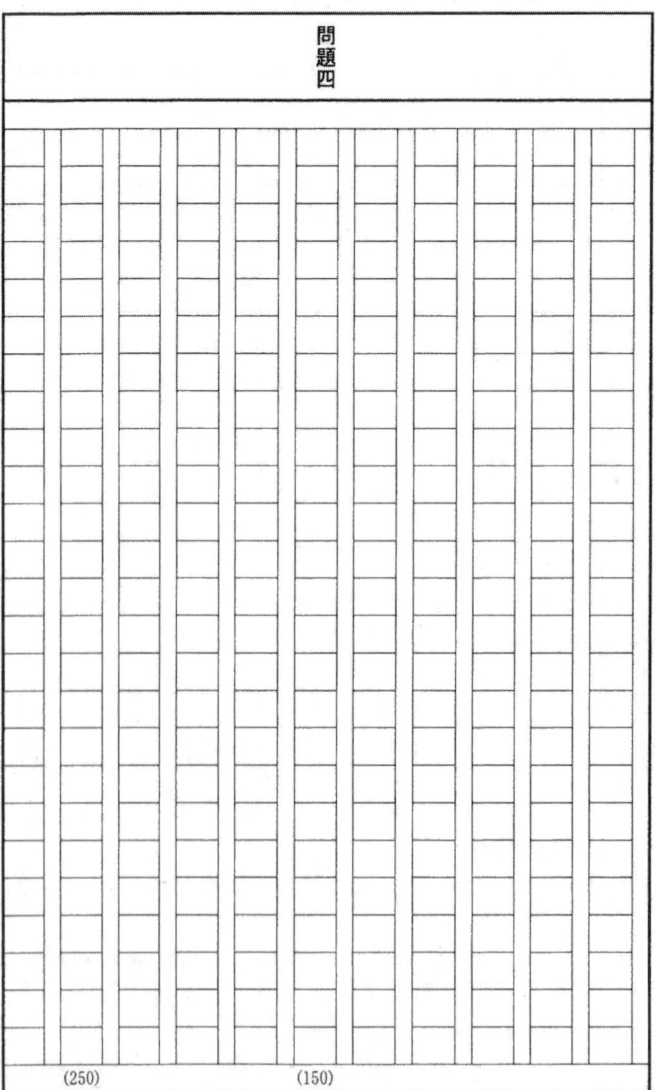

1行25字

受検番号

◇K15(339—2)

※実物の大きさ：122% 拡大（B5用紙）

■一般選抜

【数　学】

問題 1. ⑴ 1 点　⑵～⑺ 2 点×6　　問題 2. 2 点×4　　問題 3. ⑴～⑶ 2 点×4　⑷ 3 点
問題 4. ⑴ 2 点×2　⑵ア. 2 点　イ. 2 点　ウ. 3 点　問題 5. ⑴ 3 点　⑵ 4 点

【英　語】

問題 1. A. 1 点　B. 2 点　C. 2 点　D. 金額：1 点　提案：2 点　E. No.1. 1 点　No.2. 1 点　No.3. 2 点
問題 2. 1 点×6　　問題 3. ⑴ 1 点　⑵ 1 点　⑶ 2 点　⑷ 2 点　⑸ 1 点　⑹ 2 点　⑺ 1 点　⑻ 1 点　⑼ 2 点
問題 4. ⑴ 2 点　⑵ 1 点　⑶ 1 点　⑷ 2 点　⑸ 2 点　⑹ 1 点　⑺ 1 点×2　⑻ 2 点×2　　問題 5. 4 点

【社　会】

問題 1. ⑴ 1 点　⑵ a. 2 点　b ～ e. 1 点×4　⑶ 1 点　⑷ a ～ e. 1 点×5　f. 2 点
問題 2. ⑴～⑸ 1 点×9　⑹ 2 点　⑺～⑼ 1 点×7
問題 3. 1 点×17（⑷c は完答）

【理　科】

問題 1. A. ⑴ 1 点×2　⑵ 1 点　⑶ a. 2 点　b. 1 点　B. 1 点×6
問題 2. A. ⑴ a. 1 点　b. 2 点　⑵ 1 点×3　B. 1 点×4　C. 1 点×3
問題 3. A. 1 点×5　B. ⑴ 1 点×3　⑵ 1 点　⑶ 2 点
問題 4. A. 1 点×2　B. ⑴～⑷ 1 点×4　⑸ 2 点　C. ⑴～⑶ 1 点×3　⑷ 2 点　⑸ 1 点

【国　語】

問題一. ㈠～㈣ 1 点×7　㈤～㈧ 2 点×4　　問題二. ㈠ 1 点　㈡ 1 点　㈢～㈤ 2 点×3
問題三. ㈠ 1 点×4　㈡～㈣ 2 点×3　㈤ 1 点　㈥ 1 点　㈦ 2 点　㈧ 1 点　㈨ 2 点　㈩ 2 点
問題四. 8 点

~MEMO~

~MEMO~

~MEMO~

~MEMO~

~MEMO~